Urteilsbegründungen im „Hoge Raad van Holland, Zeeland en West-Friesland“ am Beispiel des Kaufrechts im Zeitraum 1704–1787

Rechtshistorische Reihe

Band 377

Peter Lang
Frankfurt am Main · Berlin · Bern · Bruxelles · New York · Oxford · Wien

Christian Brom

Urteilsbegründungen im „Hoge Raad van Holland, Zeeland en West-Friesland“ am Beispiel des Kaufrechts im Zeitraum 1704–1787

Peter Lang
Internationaler Verlag der Wissenschaften

Bibliografische Information der Deutschen Nationalbibliothek
Die Deutsche Nationalbibliothek verzeichnet diese Publikation in der Deutschen Nationalbibliografie; detaillierte bibliografische Daten sind im Internet über <http://www.d-nb.de> abrufbar.

Zugl.: Frankfurt (Main), Univ., Diss., 2007

Diese Arbeit wurde von
Herrn Prof. Dr. Albrecht Cordes
zur Aufnahme in diese Reihe empfohlen.

Umschlagabbildung:
Justitia – Sinnbild der Gerechtigkeit.
Dieser Bildausschnitt wurde einem Buch aus dem
17. Jahrhundert entnommen.

D 30
ISSN 0344-290X
ISBN 978-3-631-58318-0

www.peterlang.de

Danksagung

An erster Stelle möchte ich meinen Eltern für die jahrelange Unterstützung Dank sagen. Mein besonderer Dank gilt auch dem Graduiertenkolleg Europäische Rechtsgeschichte und dessen Mitgliedern für die materielle und immaterielle Förderung. Auch sollte an dieser Stelle die freundliche Hilfe durch die Mitarbeiter des Nationalarchivs in Den Haag und des Max-Planck-Instituts für europäische Rechtsgeschichte nicht unerwähnt bleiben.

Inhaltsverzeichnis

Literaturverzeichnis

Groot Geldersch Placaetboek.

Instructie van den Hogen Raade. In: Groot Placaet Book.

Nader ampliatie van de Instructien van den Hooge Rade en den Hove van Holland vom 24. März 1644. In: Groot Placaet Book., II, S. 779

Ahsmann, Margreet J. A. M.: Grotius als rechtsgelerde. In: Het Delfts orakel Hugo de Groot 1583–1645. Delft, 1983, S. 87–102

Alphen, Willem van: Papegay ofte Formulier-Boek van Alderhande Requesten, Mandamenten, Conclusien, Schrifturen, als anders, in de dagelijksche Practijke dienende voor de respective Hoven van Justitie in Holland. Band 1, Utrecht, 1712

Answaarden, R. van: Verkenningen in en grensgebied. Het requeste civile in de praktijk van de Grote Raad der Nederlanden (1460–1580). In: Verslagen en mededelingen van de stichting tot Uitgaaf der Bronnen van het Oud-Vaderlands Recht. 1994, S. 31–67

Apeldoorn, L. J. van: Observationes Processuum in Jure Consistentium in Curia Hollandiae Controversorum. Tydskrif vir Hedendaagse Romeins-Hollandse Reg, Band 2 (1938), S. 248–257

Aquin, Thomas von; Albertus-Magnus-Akademie Walberberg bei Köln (Hrsg.): Summa theologica – Vollständige, ungekürzte deutsch-lateinische Ausgabe. Band 18: Recht und Gerechtigkeit, 1953

Arangio-Ruiz: Compravendita.

Ariens, Th. A.: 400 jaar Hoge Raad. Advocatenblad 1982

Bailly, M.-Ch. le/Verhas, C. M. O.: Hoge Raad van Holland, Zeeland en West-Friesland (1582-1795) De hoofdlijnen van het procederen in civilie zaken voor de Hoge Raad zowel in eerste instantie als in hoger beroep. Hilversum und Verloren, 2006

Bauer, Martin: Periculum emptoris: eine dogmengeschichtliche Untersuchung zur Gefahrtragung beim Kauf. Berlin, 1998

Böckelmann, J. F.: Commentarius in Digesta Justiniani Imperatoris.

Becker, Christoph: Das Problem der Austauschgerechtigkeit. In: **Feenstra, Robert/Zimmermann, Reinhard (Hrsg.):** Das römisch-holländische Recht – Fortschritte des Zivilrechts im 17. und 18. Jahrhundert. Berlin, 1992

Beinart, B.: Wie was die skrywer van Bellum Juridicum? In: Huldigingsbundel Daniel Pont. Kapstadt, 1970, S. 1 -7

Bergh, L. P. C. van den: Overzigt van het archief der voormalige hooge rechtscollegien in Holland. In: Overzigt van het Nederlandse Rijks-Archief. Band 1, 1954

Bergh, L. P. C. van den: Qui habet commoda fere debet onera. In: Flores legum H. J. Scheltema oblati. 1971

Bijnkershoek, Cornelis van: De auctore auctoribusve authenticarum ... Diatriba. Leiden, 1699

Bijnkershoek, Cornelis van: Jurisprudentia vetus ante-Justinianea. Leiden, 1717

Bijnkershoek, Cornelis van: Quaestionum juris privati libri quattuor: quarum plerisque insertae sunt utriusque in Hollandia curiae res de his ipsis quaestionibus judicatae. Leiden, 1744

Blécourt, A. S. de: De geboorte van den Hoogen Raad van Holland en Zeeland. Tijdschrift foor Rechtsgeschiedenis, Band 2 (1920), S. 428–459

Blécourt, A. S. de/Fischer, H. F. W. D.: Kort begrip van het oud-vaderlandsch burgerlijk recht. Groningen, 1959

Boel, Tobias: Anmerkungen zu Joannes Loenius, Decisien en Observatien. 's Gravenhage, 1735

Bort, P.: Alle de wercken van Mr. Pieter Bort, Advocaat voor de Respective Hoven van Justitie in Hollandt, begrepen in ses tractaten, waarin verhandelt worden het Hollandts leenrecht, proceduijren in criminele saecken, de domeijnen van Hollandt, de hooge en ambachtsheerlijkheden, complaincte ende d'arresten. 's Gravenhage, 1681

Bosch, J. W.: Aanteekeningen betreffende de rolprocedure bij het Hof van Holland en den Hoogen Raad. Tijdschrift voor Rechtsgeschiedenis, Band 6 (1925), S. 439–484

Brunneman, Johan: Commentarius in Codicem Justinianeum. Leipzig, 1662

Bynkershoek, Cornelis van; Meijers, E. M./Blécourt, A. S. de/Bodenstein, H. D. J. (Hrsg.): Observationes Tumultuariae. Band 1, Haarlem, 1926

Bynkershoek, Cornelis van; Meijers, E. M. et al. (Hrsg.): Observationes Tumultuariae. Band 2, Haarlem, 1934

Bynkershoek, Cornelis van; Meijers, E. M. et al. (Hrsg.): Observationes Tumultuariae. Band 3, Haarlem, 1946

Bynkershoek, Cornelis van; Meijers, E. M./Fischer, H. F. W. D./Oosten, M. S. van (Hrsg.): Observationes Tumultuariae. Band 4, Haarlem, 1962

Caenegem, R. C. van: History of European Civil Procedure. In: International Encyclopedia of Comparative Law. Band XVI (Civil Procedure), Tübingen, 1973

Citters, J. de Witte van (Hrsg.): Contracten van Correspondentie en andere bijdragen tot de geschiedenis van het ambtsbejag in de Republiek der Vereinigde Nederlanden. Den Haag, 1873

Coing, Helmut: Europäisches Privatrecht. Band 1, 1985

Cujacius, J.: Tractatus IX ad Africanum.

Dauchy, S.: Les voies de recours extraordinaires. Proposition d'erreur et requête civile (de l'ordonnance de Saint Louis jusqu'à l'ordonnance de 1667). Paris, 1988

Dilcher, Hermann: Geldkondemnation und Sachkondemnation in der mittelalterlichen Rechtstheorie. Zeitschrift der Savigny Stiftung, Band 78 (1961), S. 278 ff.

Egmond, Florike: Hugo de Groot en de Hoge Raad: over connecties tussen geleerden, kunstenaars, juristen en politici. In: **Nellen, H. J. M./Trapman, J. (Hrsg.):** De Hollandse Jaaren van Hugo de Groot (1583-1621). Hilversum, 1996, S. 31–44

Faber, Antonius: Codex Fabrianus definitionum forensium, et rerum in Sacro Sabaudiae Senatu tractatarum, ad ordinem titulorum Codicis Iustinianei, quantum fieri potuit, ad usum forensem accommodatus, et in novem libros distributus. 1606

Feenstra, Robert: Die Klagbarkeit der pacta nuda. In: **Feenstra, Robert/ Zimmermann, Reinhard (Hrsg.):** Das römisch-holländische Recht – Fortschritte des Zivilrechts im 17. und 18. Jahrhundert. Berlin, 1992

Feenstra, Robert/van Warmelo, Paul/Zeffert: Some Cases heard in the Hooge Raad reported by Willem Pauw. 1985

Feenstra, Robert/Zimmermann, Reinhard: Das römisch-holländische Recht – Fortschritte des Zivilrechts im 17. und 18. Jahrhundert. Berlin, 1992

Fischer, H. F. W. D.: De geschiedenis van de reele executie bij koop. 1934

Fockema Andreae, S. J.: Het Oud-Nederlandsch Burgerlijk Recht. Band 2, 1906

Gall, H. C.: Rechtsgeleerde decisien, Aan de raadsheer Pieter Ockers toegeschreven aantekeningen betreffende uitspraken van het Hof (1656–1669) en de Hoge Raad (1669–1678) van Holland, Zeeland en West-Friesland. Amsterdam, 2002, Werken der Stichting tot uitgaaf der bronnen van het Oud-vaderlandse recht 27

Godding, Philippe: Le droit privé dans les Pays-Bas méridionaux du 12e au 18e siècle. 1987

Grotius, Hugo: De jure belli ac pacis libri tres. Amsterdam, 1631

Grotius, Hugo: Inleidinge tot de Hollandsche Rechtsgeleertheyt. 1631

Grotius, Hugo; Lee, Robert Waarden (Hrsg.): The Jurisprudence of Holland. Aalen, 1977

Guilhiermoz, P.: Enquêtes et procès. Étude sur la procédure et le fonctionen en Parlement de Paris au XIVe siècle. Paris, 1892

Heij, Alida Johanna Maria Kerckhoffs de: De Grote Raad en zijn functionarissen (1477–1531). Amsterdam, 1980

Heinisius, J.: Woordenboek der Nederlandsche Taal. 's Gravenhage, Leiden, 1924

Hoek, Jan van: Van iudicium rusticorum tot Salomonsoordeel - „Middelnde" rechtspleging in de Observationes Tumultuariae van Cornelis van Bijnkershoek. In: **Raa, C. M. G. ten (Hrsg.):** Au Jour d' Amour. Band 52, 1991, S. 36–55

Holk, L. E. van: Mr. Willem Pauw (1712–1787) Raadsheer en president van de Hooge Raad van Holland en Zeeland – Enkele biografische aantekeningen. Tijdschrift voor Rechtsgeschiedenis Band 30

Holk, L. E. van: L'origine et l'autorité des recueils de jurisprudence aux Pays-Bas. In: Netherlands reports to the VIIIth international congress of comparative law. 1970

Honsell, Heinrich: Quod interest im bonae-fidei-iudicium - Studien zum römischen Schadensersatzrecht. 1969

Huber, Ulrich: Heedendaegse Rechtsgeleertheyt, soo elders, als in Friesland gebruikelyk. Amsterdam, 1742

Huber, Ulrich: Praelectiones juris civilis. Frankfurt, 1749

Huijbrecht, Rob: Hugo de Groot als advocaat-fiscaal van het Hof van Holland, Zeeland en West-Friesland 1607–1614. In: **Nellen, H. J. M./Trapman, J. (Hrsg.):** De Hollandse jaren van Hugo de Groot (1583–1621). Hilversum, 1996, S. 45–56

Huijbrecht, Rob/Scheffers, S./Scheffers-Hofman, J.: Album Advocatorum, de advocaten van het Hof van Holland 1560–1811. Den Haag, 1997

Irving, M./Styn, C.: Gijseling, the historical development of proceeding in gijzeling in the provincial court of Holland from 1531. Leiden, 1931

Israel, Jonathan: The Dutch Republic. Oxford, 1995

Kappen, O. Moorman van: Met open buydel ende in baren Gelde, Enkele beschouwingen over het oud-vaderlandse familienaastingsrecht. 1973

Kaser, Max: Das römische Zivilprozessrecht. In: Handbuch der Altertumswissenschaften. 1966

Kaser, Max: Das römische Privatrecht. Band 1. Abschnitt, 2. Auflage. 1971

Keessel, Dionysius Godefridus van der; Warmelo, P. van/Coertze, L. I./ Gonin, H. L. (Hrsg.): Praelectiones iuris hodierni ad Hugonis Grotii introductionem ad iurisprudentiam Hollandicam. Amsterdam, 1961-1967

Kelly, John Maurice: Roman Litigation. 1966

Krikke, A./Faber, S.: Cornelis van Bynkershoek (1673–1743). In: **Veen, T. J./ Kop, P. C./Kwanten, C. H. N. (Hrsg.):** Zestig Juristen – Bijdragen tot een beeld van de geschiedenis der Nederlandse rechtswetenschap. 1987, S. 141–149

Kötz, Hein: Europäisches Vertragsrecht. Tübingen, 1996

Leeuwen, Simon van: Censura Forensis Theoretico-Practica. Leiden, 1662

Leeuwen, Simon van: Paratitula juris novissimi. Een kort Begrip van het Rooms-Hollands Regt. Leiden, 1664

Leeuwen, Simon van (Hrsg.): Costuymen van Rijnland. 1667

Leeuwen, Simon van: Het Rooms-Hollands-Regt. 9. Auflage. Amsterdam, 1720

Leeuwen, Simon van; Kotze, J. G. (Hrsg.): Commentaries on Roman-Dutch Law. London, 1886

Lesage, Xavier: Den Duerwaerder. Geschiedenis van het deurwaardersambt. Kapellen, 1993

Liefsting, Fokks Bernadus Coninck: De algemene beginselen van het bezitrecht en de Nederlandsche bezitactien. Leiden, 1869

Linde, A. van der (Hrsg.): Nederlandsche Geloofsbelijdenis. 2. Auflage. Nijmegen, 1865

Linden, J. van der: Verhandeling over de judicieele practijcq of form van procedeeren. Band 2, Leiden, 1798

Made, Simon van Groenewegen van der: Tractatus de legibus abrogatis et inusitatis in Hollandia vicinisque regionibus. Leiden, 1649

Masmejan, Lucien: La protection possessoire en droit romano-canonique médiéval (XIV siècle). Montpellier, 1990

Matthaeus, Antonius: De auctionationibus.

Medicus, Dieter: Id quod interest - Studien zum römischen Recht des Schadensersatzes. 1962

Meijers, E. M.: Uitgegeven en onuitgegeven rechtspraak van den Hoogen Raad en het Hof van Holland, Zeeland en West-Friesland. Tijdschrift voor Rechtsgeschiedenis, Band 1 (1918/1919), S. 400–421

Meijers, E. M.: Historische bijzonderheden omtrent de bezitsacties. In: Juri Sacrum 1882–20 januari–1932. Rechtsgeleerde opstellen. Leiden/Amsterdam, 1933, S. 103–117

Merula: Manier van procederen in de Provintien van Holland, Zeeland ende West-Vriesland, belangende civile zaaken. Delft, 1750

Monier, Raymond: La garantie contre les vices cachés dans la vente romaine. 1930

Mostert, D. F.: Uitwinning by die Koopkontrak in die Romeins-Hollandse Reg. Acta Juridica, 1967, S. 49 ff.

Neostadius, D. Cornelius: Decisiones Supremi Senatus Hollandiae, Zelandiae et Frisiae. In: Utriusque Hollandiae, Zelandiae, Frisiaeque, Curiae Decisiones. Item Tractatus de feudi Hollandici, Frisique Occidentalis Origine & Successione. Nec non Curiae Feudalis ejusdem Provinciae Observationum Feudisticarum Decades Sex. De Pactis Antenuptialibus. Den Haag, 1667

Neostadius, D. Cornelius; Bosman, F. J./Warmelo, P. van (Hrsg.): Observationes on decided cases concerning antenuptial contracts. Pretoria, 1986

Nève, Paul Lucien: Het Rijkskamergerecht en de Nederlanden - Competentie - territoir - archieven. Assen, 1972

Numan, O. W. Star: Cornelis Van Bynkershoek, Zijn Leven en Zijne Geschriften. Leiden, 1869

Oosten, M. S. van (Hrsg.): Systematisch Compendium der Observationes Tumultuariae van Cornelis van Bynkershoek. Haarlem, 1962

Oudenhoven, J. van: Out-Hollandt nu Zuyt-Hollandt, vervangende een generale beschrijvinge.

Pauw, Willem; Fischer, H. F. W. D. et al. (Hrsg.): Observationes Tumultuariae Novae. Band 1, Harlem, 1964

Pauw, Willem; Feenstra, R. et al. (Hrsg.): Observationes Tumultuariae Novae. Band 2, Harlem, 1967

Pauw, Willem; Koning-Bey, W. L. de/Holk, L. E. van/Soest, H. W. van (Hrsg.): Observationes Tumultuariae Novae. Band 3, Harlem, 1972

Peeters, B. J. G. M. Ides: Korte Inleiding op het verschijnsel willige condemnatie bij de Hoge Raad van Holland en Zeeland in de achttiende eeuw. Amsterdam

Perezius, A.: Praelectiones in XII libros Codicis Justiniani.

Peteghem, P. van: De Raad van Vlaanderen en staatsvorming onder Karel V (1515). Nijmegen, 1990

Poelgeest, L. van: Mr. Johan van Bleiswijk en zijn 'Observationes tumultuariae'. Tijdschrift voor Rechtsgeschiedenis, Band 55 (1987), S. 117–122

Poelgeest, L. van: De raadsheren van de Hoge Raad van Holland, Zeeland en West-Friesland. Bijdragen en Mededelingen voor Nederlandse Geschiedenis, 103 (1988), S. 20–52

Put, E.: Inventaris van het archief van de Raad van Brabant. Band Deel 1: Archief griffies, Brüssel, 1995

Raa, C. M. G. ten: Appèl à minima en reconventie. Deventer, 1972

Reibstein, Ernst: Von Grotius zu Bynkershoek. Archiv des Völkerrechts, Band 4 (1953/1954), 1–29

Rhee, C. H. van: Litigation and Legislation – Civil Procedure at First Instance in the Great Council for the Netherlands in Malines (1522–1559). Leiden, 1997

Rompaey, J. van: De Grote Raad van de hertogen van Bourgondië en het Parlement Mechelen. Brüssel, 1973

Sande, Ioannis à: Decisiones Frisicae sive rerum, in suprema Frisiorum curia indicatarum libri V. Leeuwen, 1664

Schorer, William: Anmerkungen zu Hugo Grotius, Inleydinge tot de Hollandsche Rechts-geleertheyt. In: **Maasdorp, A. F. S. (Hrsg.):** The Introduction to Dutch Jurisprudence of Hugo Grotius. Kapstadt, 1888

Schulze, Wolfgang Georg: Die laesio enormis in der deutschen Privatrechtsgeschichte. Dissertation, Wilhelms-Universität Münster, 1973

Sirks, A. J. B.: De Decisiën van Pieter Ockers (1628–1678). Tijdschrift voor Rechtsgeschiedenis, Band 71 (2003), S. 197–210

Sirks, A. J. B. (Hrsg.): Van Bijnkershoeks Observationes 2018-2913 - Index in Observationes tumultuarias. Den Haag, 2005

Sirks, A. J. B.: Recht gestern und heute – Mediation und ihre historischen Vorbilder, Festschrift zum 85. Geburtstag von Richard Haase. In: **Hengstl, Joachim/Sick, Ulrich (Hrsg.):** Gütliche Einigung im Holland des 18. Jh. Wiesbaden, 2006, S. 145–150

Sirks, A. J. B.: Aantekeningen van de raadsheer Willem Duirkant bij een zitting van de Hoge Raad van Holland, Zeeland en Westvriesland op 5 maart 1726. (unediert)

Smidt, J. Th. de: Na Vijfenzestig Jaar. In: Huldigingsbundel Paul van Warmelo. Pretoria, 1984, S. 20–29

Smidt, J. Th. de: Der »Hof van Holland« (1428–1811). In: **Diestelkamp, B. (Hrsg.):** Oberste Gerichtsbarkeit und zentrale Gewalt im Europa der frühen Neuzeit. Köln, Weimar, Wien, 1996, S. 153–163

Soest, H. W. van: Hoe vervaardigde raadsheer Willem Pauw zijn Observationes Tumultuariae Novae? In: **Ankum, J. A./Spruit, J.E./Wubbe, F. B. J. (Hrsg.):** Satura Roberto Feenstra sexagesimum quintum annum aetatis complenti ab alumnis collegis amicis oblata. 1985, S. 585–607

Swart, K. W.: Sale of officers in the seventeenth century. Den Haag, 1949

Teekens, M.: De deurwaarder. Leiden, 1954

Verhas, C. M. O.: Le Hoge Raad (1582–1795). In: **Diestelkamp, B. (Hrsg.):** Oberste Gerichtsbarkeit und zentrale Gewalt im Europa der frühen Neuzeit. Köln, Weimar, Wien, 1996, S. 127–152

Verhas, C. M. O.: De beginjaren van de Hoge Raad van Holland, Zeeland en West-Friesland. Den Haag, 1997

Verryn, Paulus: Tractatus Emptionis Venditionis, Quo Jus omne Romanum, quod ad eam materiam pertinet, nova plane ac succincta Methodo exhauritur. Köln, 1701

Vinnius, Arnoldus: In Quatuor Libros Institutionum Imperialium Commentarius Academicus et Forensis. Venedig, 1761

Voet: Commentarii ad Pandectas. Halle, 1776-1780

Vos, Wouter de: Regsgeskiedenis. Kapstadt: Juta en Kie, 1992

Vreede, G. W.: Hoge Raad van Holland, Zeeland en West-Friesland. In: Jaarboekje van de regterlijke magt, in het koningrijk der Nederlanden. 1839

Vreede, G. W.: Hoge Raad van Holland, Zeeland en West-Friesland. In: Jaarboekje van de regterlijke magt, in het koningrijk der Nederlanden. 1840

Vreede, G. W.: Hoge Raad van Holland, Zeeland en West-Friesland. In: Jaarboekje van de regterlijke magt, in het koningrijk der Nederlanden. 1841

Vries, D. de: Het groot revies in Friesland, 1593–1802. Ontwikkeling en manier van procederen, alsmede de andere voorzieningen tegen definitieve sententien van het Hof van Friesland van 1499 tot 1811. Groningen, 1984

Wagenaar, F. P.: „Dat de regeringe niet en bestaet by het corpus van de magistraet van Den Haag alleen“. De Societeit van's Gravenhage 1587–1802. Een onderzoek naar bureaucratisierung. Leiden, 1997

Wagner, Udo; Coing, Helmut (Hrsg.): Kap. Niederlande In Handbuch der Quellen und Literatur der neueren europäischen Privatrechtsgeschichte. Band 2, München, S. 1399–1417

Warmelo, Paul van: Registers op de Observationes Tumultuariae van Cornelis van Bijnkershoek en van Willem Pauw. 1971

Watson, Allan: The Evolution of Law. 1985

Wedekind, Wilhelmus George Philip Erich: Bijdrage tot de kennis van de ontwikkeling van de procesgang in civiele zaken voor het Hof van Holland in de eerste helft van de zestiende eeuw. 1971

Wesel, Uwe: Zur dinglichen Wirkung der Rücktrittsvorbehalte des römischen Kaufs. Zeitschrift der Savigny Stiftung, 85 (1968), S. 141 ff.

Wessels: History of the Roman-Dutch Law. Grahamstad, 1908

Wieacker, Franz: Römische Rechtsgeschichte. 1988

Wielant, Ph.: Practijke Civile. Amsterdam, 1968

Wijffels, A.: Qui millies allegatur. Les allégations du droit savant dans les dossiers du Grand Conseil du Malines (causes septentrionales, ca. 1460–1580). Amsterdam, 1956

Winkel, Laurens: Die Irrtumslehre. In: **Feenstra, Robert/Zimmermann, Reinhard (Hrsg.):** Das römisch-holländische Recht – Fortschritte des Zivilrechts im 17. und 18. Jahrhundert. Berlin, 1992

Wissenbach, J. J.: Exercitationes ad Quinquaginta Libros Pandectarum. 4. Auflage. Leipzig, 1673

Zimmermann, Reinhard: Das römisch-holländische Recht und seine Bedeutung für Europa. Juristenzeitung, 1990, S. 825–838

Zimmermann, Reinhard: Der Kaufvertrag. In: **Feenstra, Robert/Zimmermann, Reinhard (Hrsg.):** Das römisch-holländische Recht – Fortschritte des Zivilrechts im 17. und 18. Jahrhundert. Berlin, 1992

Zimmermann, Reinhard: The Law of Obligations – Roman Foundations of the Civilian Tradition. New York, 1990

Zurck, E. van: Codex Batavus. Delft, 1711

Abkürzungsverzeichnis

a.a.O	am angegebenen Ort
Anm.	Anmerkung
Art.	Artikel
B.	Buch
Bleis.	Bleiswijk
C.	Codex
Cap.	Capitulum
D.	Digesten
G.P.B.	Groot Placaat Book
Nov.	Novae
R.S.H.	Resolutien der Staaten von Holland
Obs.	Observationes
Tum.	Tumultuariae
TvR.	Tijdschrift voor Rechtsgeschiedenis
ZSS	Zeitschrift der Savigny-Stiftung

Anmerkungen

Bei der Angabe von Zitaten, die bei den älteren Autoren in der klassischen Form zu finden sind, wurde zwecks schnellerer Auffindbarkeit die moderne Zitierweise der Autoren gewählt.

Namen wurden in der niederländischen Schreibweise wiedergegeben.

Die Angabe Obs. Tum. ohne den Zusatz „Bleis." bezeichnen die Observationes Tummultuariae von Van Bijnkershoek. Wenn auf die Observationes Tumultuariae Novae von Pauw verwiesen wird, wird dies als Obs. Tum. Nov. gekennzeichnet.

Vorwort

Wenn ich über mein Promotionsvorhaben sprach, wurde ich mehrfach gefragt, wie ich auf dieses Thema gekommen bin. Dies verdanke ich dem glücklichen Umstand, dass Prof. Sirks in seiner Veranstaltung „Europäisches Vertragsrecht“, mehrfach auf die Observationes Tumultuariae von Van Bijnkershoek bzw. die Observationes Tumultuariae Novae von Pauw verwies, um die Lösungen aufzuzeigen, die das niederländische Recht des 18. Jahrhunderts für einzelne Probleme bot.

Als ich später Prof. Sirks wegen der Möglichkeit einer Promotion ansprach, meinte er, man könnte über den Hoge Raad im 18. Jahrhundert promovieren. Dieses Gebiet sei – mit Ausnahme des Prozessrechts – noch weitgehend unerforscht. Dieser Umstand allein macht die Sache für die Rechtsgeschichte noch nicht interessant. Hinzu kam, dass die Forschung im Bereich des römisch-holländischen Rechts bislang stets von der theoretischen Seite ausgegangen ist, und in einem Annex die Praxis angesprochen hat. Dies verwundert umso mehr, als die niederländischen Autoren in ihren theoretischen Werken die Praxis vor den Gerichten anführen. Es handelt sich bei den Werken um Literatur, die von Praktikern nicht nur für die Ausbildung, sondern auch für die Praxis geschrieben wurden. Grotius, Van Leeuwen und auch Van Bijnkershoek waren in erster Linie Praktiker, die für ihre theoretische Arbeit aus einem umfangreichen Schatz langjähriger Berufserfahrung als Advokat oder Richter schöpfen konnten. Ein Grund, weshalb bislang der umgekehrte Weg, d. h. die Behandlung theoretischer Probleme von der Praxis ausgehend, nicht unternommen wurde, ist der, dass es vor der Veröffentlichung der *Observationes* – mit Ausnahme der Entscheidungssammlungen von Neostadius – kaum veröffentlichtes Quellenmaterial zur Behandlung dieser Fragen gab. Auch der Umstand, dass die Quellen in Latein verfasst sind, schreckt heute viele zurück. Nicht zuletzt deshalb wurden schon bei der Edition der Quellen teilweise niederländische Inhaltsangaben angefügt bzw. eine Auswahl der Observationes ins Englische übersetzt.

Einen ersten Versuch, den umgekehrten Weg zu gehen, und die Rechtsprechung in den Vordergrund zu stellen, hat erstmals van Appeldoorn unternommen, nachdem der erste Band der Observationes Tumultuariae von Van Bijnkershoek 1926 veröffentlicht worden war. In seinem Kommentar zu Grotius' *Inleidinge* stellt er die in den Observationes von Van Bijnkershoek enthaltene Rechtsprechung in den Vordergrund. Allerdings beschränkt sich dieser Kommentar nur auf die im ersten Band veröffentlichten Observationes von Van Bijnkershoek und zeigt die Verbindungen zu Grotius auf. Verbindungen zu anderen Autoren und späteren Entscheidungen des Hoge Raad fehlen dagegen.

Dies erklärt freilich noch nicht, warum der Schwerpunkt der Arbeit gerade auf kaufrechtliche Aspekte gelegt wurde. Als Handelsnation spielten die Niederlande im 17.

und 18. Jahrhundert eine große Rolle.[1] Kaufverträge sind die am häufigsten geschlossenen Verträge. Dies hatte schon Grotius bemerkt.[2] Gerade das Vertragsrecht besitzt anders als andere Rechtsgebiete einen großen Gestaltungsspielraum. Wie die Praxis aus der Literatur bekannte Probleme gelöst hat, lässt sich besonders anschaulich am Kaufrecht verdeutlichen. Dass die Probleme oftmals mehrere Lösungen zuließen und dies im Hoge Raad zu unterschiedlichen Ansichten geführt hat, zeigen die Observationes ganz deutlich. Die Praxis verlangt die Lösung eines Einzelfalls. Die vor den Richtern stehenden Parteien begehren die – im Fall des Hoge Raads höchstrichterliche – Entscheidung ihres Rechtsstreits.

Die Arbeit auf die Lösung kaufrechtlicher Probleme zu beschränken, greift jedoch zu kurz. Denn anders als in der Theorie, wo der Sachverhalt als feststehend vorausgesetzt wird, und eine (oder mehrere) Lösung(en) für die Rechtsfrage angeboten werden, ist die Entscheidungsfindung in der Praxis ein Prozess. Dies gilt im wahrsten Sinne des Wortes. Es geht um das Voranschreiten von der Darstellung der Faktenlage und Rechtsansichten, über die Beweisaufnahme bis hin zur Entscheidung des Gerichts. Weil für das Verständnis der Entscheidung einer Sachfrage die Kenntnis des Verfahrensrechts erforderlich ist, will man ein möglichst vollständiges Bild von der Entscheidung erhalten, muss das Prozessrecht dem „materiellen Teil" vorausgehen. Hinzu kommt, dass es den Hoge Raad schon etwa 120 Jahre gab, bevor Van Bijnkershoek und Pauw Richter an diesem Kollegium waren. Der durch die *Observationes* abgedeckte Zeitrahmen bildet fast vollständig die letzten 80 Jahre der Tätigkeit des Gerichts ab.

Die Arbeit gliedert sich in drei Teile. Im ersten Teil werden zunächst die Probleme und die Fragestellung erörtert. Daran schließt sich ein kurzer Abschnitt an, der sich mit den Biographien der Autoren beschäftigt. In einem längeren Abschnitt, der mit „Der Hoge Raad" überschrieben ist, wird auf die Entstehung, die Personen und die Prozessführung des Gerichts eingegangen. In den darauf folgenden Abschnitten werden die Quellen, die Kriterien für die Auswahl der Quellen und die Vorgehensweise behandelt.

Im zweiten Teil werden dann die Probleme des Kaufrechts behandelt. Die Gliederung dieses Teils ist von den Themen der durch das Gericht entschiedenen Fälle beeinflusst. Oftmals kam es vor, dass in einer Entscheidung mehrere Fragen angesprochen wurden. Dennoch wurde das Ziel angestrebt, die Fälle thematisch einzelnen Fragenkomplexen zuzuordnen und sinnvolle, auf einander aufbauende Themenkomplexe zu bilden.

Zunächst geht es daher im zweiten Teil um eine kurze Abgrenzung gegenüber anderen Verträgen. Daran schließt sich ein Abschnitt an, der sich mit Fragen des Zustandekommens, der Beweislast und – im Überblick – mit den Rechtsfolgen des Kaufvertrags beschäftigt.

Darauf folgen Abschnitte zu den Pflichten des Käufers und des Verkäufers. Da sich die Käuferpflichten im Wesentlichen auf die Abnahme der Kaufsache und die Zahlung des Kaufpreises und ggf. der Zinsen beschränken, werden diese zuerst behandelt.

Die Übertragung von Grundstücken und die Befreiung von Lasten wird im Rahmen der Pflichten des Verkäufers behandelt. In diesem Abschnitt werden darüber hinaus

1 Siehe dazu Israel, Jonathan, The Dutch Republic. Oxford, 1995.

2 Grotius, Inleidinge, Lib. III, Kap. XIV, § 2. Vgl. dazu auch Vinnius, Lib. III, Tit. XXIV, Einleitung.

die Fragen zur Haftung wegen Nichterfüllung erörtert.

Auf diesen Abschnitt folgt dann ein Abschnitt, in dem Probleme im Zusammenhang mit Termingeschäften und Optionsverträgen erörtert werden, die nicht bereits zuvor behandelt wurden. Bevor dann auf die Probleme des Gefahrübergangs eingegangen wird, wird zunächst kurz auf die Probleme des Eigentumsübergangs im Zusammenhang mit der Einräumung von Zahlungsfristen eingegangen.

Im nächsten Abschnitt geht es um die Probleme der Gefahrtragung. Darauf folgen dann zwei Abschnitte, in denen die Haftung für Eviktion und für Sachmängel behandelt werden. In dem sich daran anschließenden Abschnitt geht es um Haftungsausschlüsse, da diese für Eviktion wie für Sachmängel gleichermaßen angewandt wurden.

Sodann werden Sonderregeln für den Verkauf bei Zwangsversteigerungen behandelt. Den Abschluss dieses Teils bilden zwei Abschnitte, in denen Fälle zum *jus retractus* und zur *laesio enormis* behandelt werden.

Im dritten Teil wird schließlich das Ergebnis der Arbeit zusammengefasst.

A. Einleitung

Gegenstand dieser Arbeit ist die Rechtsprechung des Hoge Raad zum Kaufrecht, d. h., wie unter verschiedenen Gesichtspunkten eine Entscheidung des Gerichts zustande kam. Hauptquelle für die Untersuchung sind dabei die Observationes Tumultuariae von Cornelis van Bijnkershoek und die Observationes Tumultuariae Novae von Willem Pauw.

Wie der Titel schon andeutet, muss eine Auswahl getroffen werden; dies gilt sowohl hinsichtlich der zu behandelnden Aspekte als auch hinsichtlich der zu behandelnden Fälle. Die Rechtsprechung und das Handeln des Hoge Raad insgesamt darzustellen, würde sowohl der Quantität als auch der Qualität der Entscheidungen des Hoge Raad nicht gerecht werden. Allein die Entscheidungen, die durch Bijnkershoek und Pauw überliefert werden, haben einen Umfang von ca. 5.000 Fällen, und damit ist wahrscheinlich weniger als die Hälfte der Entscheidungen aus dem Zeitraum von 1704 – 1787 aufgezeichnet.[1] Dies entspricht dem richterlichen Lebenswerk zweier Generationen über einen Zeitraum von 83 Jahren. Der Grund dafür liegt nicht zuletzt in der bloßen Anzahl der Fälle, sondern auch in dem überaus weiten Feld der juristischen Tätigkeit des Hoge Raad. Den größten Teil der juristischen Arbeit des Gerichts machen Entscheidungen auf dem Gebiet des Zivilrechts aus. Die Größenordnung kann mit etwa 80% der Fälle beziffert werden.[2] Einen weitaus kleineren Teil der Fälle sind solche, die man heute eher dem öffentlichen Recht zurechnen würde, eine Unterscheidung, die man so damals nicht traf. Politische Entscheidungen wurden den Staaten überlassen. Die Größenordnung der dem öffentlichen Recht zuzuordnenden Entscheidungen lässt sich mit etwa 10% der Fälle angeben. Weitere etwa 5% der Observationes betreffen Entscheidungen auf dem Gebiet des Strafrechts.

Aber auch qualitativ musste eine Auswahl getroffen werden. Viele Urteile fallen schon deswegen aus der Auswahl heraus, da es in diesen Entscheidungen lediglich um faktische und nicht um rechtliche Fragen ging. Ob die von einer Partei im Verfahren behauptete Tatsache wahr oder unwahr war, spielt für den Rechtshistoriker, anders als für den entscheidenden Richter, eine untergeordnete Rolle. Rechtshistorisch wichtiger ist dagegen die Frage, nach welchen Kriterien der Richter nun die Tatsache als erwiesen angesehen hat, also wonach sich sein Maßstab richtete. Was ließ er als Beweismittel

1 Verhas, Le Hoge Raad, S. 150 spricht von ca. 5.000 Fällen. Die Nummern von Bijnkershoek gehen bis 3317, bei Pauw sind es noch einmal 1806 Observationes. Diese Zahl wird auch dadurch, dass Bijnkershoek und Pauw manche Nummern auslassen oder doppelt verzeichnen, nicht wesentlich verfälscht.

2 Grundlage dieser Schätzung ist die Größenverteilung im systematischen Kompendium. Dies lässt sich allerdings auch auf die darin nicht enthaltenen Observationes von Pauw extrapolieren. Die Zuständigkeit des Gerichts hat sich auch zum Zeitpunkt des Handelns von Pauw nicht wesentlich geändert. Die hier gemachten Angaben lassen sich daher auch auf die Entscheidungen im Zeitraum von 1743-1787 übertragen. Verifiziert wurden die Aussagen auch durch einen Vergleich mit den Registern.

gelten, wonach beurteilte er die Glaubwürdigkeit von Zeugen etc. - Diese Fragen sind eher einer Analyse zugänglich als die Frage nach dem Geschehen, zumal es für letzteres auch ungleich weniger Quellen für den Hoge Raad gibt.

I. Probleme und Fragestellung

Kernfrage dieser Arbeit ist, wie die Rechtsprechung des Hoge Raad zustande gekommen ist. Dafür ist es aber notwendig, zunächst zu klären, was unter dem Begriff „Rechtsprechung des Hoge Raad" zu verstehen ist. Ist diese Prämisse geklärt, können die Aspekte untersucht werden, unter denen diese Frage beantwortet wird.

1. Rechtsprechung des Hoge Raad

Unter der „Rechtsprechung des Hoge Raad" sind die Entscheidungen zu verstehen, die der Hoge Raad im Untersuchungszeitraum getroffen hat. Das bedeutet Entscheidungen, so wie sie durch Van Bijnkershoek und Pauw überliefert werden. Durch die im niederländischen Nationalarchiv vorhandenen primären Quellen, insbesondere die *resolutien*, *sententien* und *dicta* lässt sich je nach Überlieferung der Ausgang eines Falles rekonstruieren. Es ist allerdings problematisch, von *der Rechtsprechung* oder *der Ansicht* des Hoge Raad zu sprechen und die Observationes als Beleg für die Sichtweise des Hoge Raad bei der Entscheidung einer juristischen Frage heranzuziehen.[3] Denn was kann man sich darunter vorstellen? Der Hoge Raad ist keine Einzelperson, sondern eine Gruppe von mehren Richtern. Jede Person hat ihre eigene Ansicht. Mit anderen Worten: dasjenige, was der Hoge Raad als Gericht ausspricht, stimmt nicht notwendigerweise mit den Ansichten der Richter im Hoge Raad überein. Wenn man präzise ist, kann man daher nicht von *der Ansicht des Hoge Raad* sprechen, wenn es nur eine Mehrzahl der Richter mit derselben Meinung gibt. Denn der Hoge Raad entscheidet mit der Mehrheit nur über die Zu- oder Aberkennung des geltend gemachten Anspruchs ohne Begründung (dies wurde erst nach 1815 in den Niederlanden üblich). Hinzu kam, dass die Entscheidungen selbst nicht publiziert wurden und auch die überwiegende Mehrzahl der Observationes zu ihrer Zeit nicht publiziert waren. Lediglich eine kleine Zahl von Observationes von Van Bijnkershoek wurden kurz nach dessen Tod in den Quaestiones Juris Privati veröffentlicht und Coren hatte im 17. Jh. eine solche Urteilssammlung veröffentlicht. Die Observationes von Van Bijnkershoek und Pauw konnten also auch insoweit nicht als Ausdruck des Hoge Raad als Richterkollegium wirken.

Heute dagegen ist es leichter von einer „(ständigen) Rechtsprechung" eines Gerichts zu sprechen, da uns auch die Begründungen zugänglich sind und die Gerichte aktiv eine Publikation ihrer Entscheidungen betreiben. Bei einem Richterkollegium ist es

3 Gleichwohl wird dies in einigen Aufsätzen gemacht, so z. B. im Aufsatz zur Konzililanzpraxis des Hoge Raad, Hoek, Jan van, Van iudicium rusticorum tot Salomonsoordeel - „Middelnde" rechtspleging in de Observationes Tumultuariae van Cornelis van Bijnkershoek. In: Raa, C. M. G. ten (Hrsg.), Au Jour d' Amour. Band 52, 1991. Obgleich im modernen deutschen Recht auch Schöffengerichte, Oberlandesgerichte, der Bundesgerichtshof und das Bundesverfassungsgericht Richterkollegien sind, spricht man meist unpräzise von der Gesamtheit. Zumindest für das Bundesverfassungsgericht ist dies ungenau, weil dort auch Minderheitenvoten veröffentlicht werden.

aber auch dann möglich, von einer „Ansicht“ des Gerichts zu sprechen, wenn dieses im konkreten Fall und u. U. auch in weiteren vergleichbaren Fällen einstimmig ein und dieselbe Meinung vertreten hat.

Dadurch, dass die Observationes heute die einzige publizierte Quelle darstellen,[4] diese noch dazu einen leichten Zugang zu den einzelnen Fällen bieten, verfällt man leicht in den Fehler, diese für die Meinung des Hoge Raad auszugeben. Dies lässt sich gleichwohl rechtfertigen, zumindest dann, wenn man in den Observationes eine ständige Folge von gleichlautenden Entscheidungen zu einem Thema besitzt, und wenn man sich der Gefahr einer solchen Aussage bewusst ist.

Wenn also im Folgenden von der „Rechtsprechung des Hoge Raad“ gesprochen wird, so ist dies stets so zu verstehen, dass dies den Beschluss der Mehrheit der Richter bezeichnet, so wie ihn die Autoren berichten.

2. Die Untersuchungsaspekte

Wie ausgeführt, geht es in dieser Arbeit darum, wie die Entscheidungen des Hoge Raad zustande gekommen sind. Van Bijnkershoek und Pauw können diese Frage beantworten, da die durch sie überlieferte Quelle uns Aufschluss über die Konstruktion der Meinung des Gerichtshofs liefert.

Es zeigen sich dabei verschiedene mögliche Aspekte, unter denen man die Kernfrage behandeln kann. Ein Aspekt ist der, wie die Richter mit dem *jus commune*, dem gemeinen Recht, umgehen. In welchem Verhältnis steht dazu das Statutarrecht? Darüber hinaus soll untersucht werden, wie die Rechtsprechung die – aus damaliger Sicht – neuere Dogmatik der Naturrechtsschule bei Grotius, Van Leeuwen, Huber und Voet in die Rechtspraxis übertragen hat. Es geht daher um die Begründung der Entscheidungen des Hoge Raad. Wie also argumentierten die Richter am Hoge Raad allgemein? Unter diesen Aspekten sollen die Entscheidungen des Gerichts untersucht werden. Da diese Gesichtspunkte ungleichgewichtig in den einzelnen Fällen in den Observationes auftreten, tritt auch in der Darstellung teils der eine, teils der andere Aspekt in den Vordergrund. Es sollen aber bei der Analyse der Fälle vor allem diese Punkte berücksichtigt werden.

Ein Grund für die Auswahl dieser Aspekte ist der, dass die Observationes die Beantwortung einer solchen Frage zulassen. Die Fragestellung ist daher von der Art der Quelle bedingt. Die Quellen liefern Aufschluss darüber, welche Rechtsgrundlage das Gericht für die Entscheidung herangezogen hat, besonders deshalb, weil die Observationes zum Teil durch die *resolutieboeken* ergänzt werden können, in denen die Voten und *advisen* der Ratsherren aufgezeichnet sind. Van Bijnkershoek gilt auf Grund seiner wissenschaftlichen Arbeit als letztes Glied in der Kette der niederländischen eleganten Schule.[5] In wie weit die Wissenschaft in der alltäglichen Praxis des Gerichts zur Be-

4 Gemeint ist eine direkte und nicht für eine Publikation bearbeitete Quelle, wie es für Coren oder für die Quaestiones Juris Privati von Van Bijnkershoek gilt.

5 Siehe z. B. Reibstein, Ernst, Von Grotius zu Bynkershoek. Archiv des Völkerrechts, Band 4 (1953/1954) für das Völkerrecht, und Feenstra, Robert/Zimmermann, Reinhard, Das römisch-holländische Recht – Fortschritte des Zivilrechts im 17. und 18. Jahrhundert. Berlin, 1992 für das Zivilrecht.

antwortung einer konkreten Frage beigetragen hat, wurde bislang für den Hoge Raad nicht untersucht.

Neben dem Inhalt der Entscheidung eines Gerichtshofs liefert vor allem deren Begründung eine Aussage über die Arbeitsweise der Richter. Durch die Aufklärung kam es auch in der Justiz zu einem Wandel. Von den Gerichten wurde nun verlangt, ihre Urteile auch gegenüber den Parteien zu begründen. Dies war ein Ausdruck von Rechtsstaatlichkeit der Justiz. Eine Kontrolle der Rechtsprechung durch den Bürger kann nur dann erfolgen, wenn die Betroffenen bzw. auch die Allgmeinheit erfahren, weshalb so entschieden wurde. Die Begründung eines Urteils ist außerdem ein Kennzeichen für die Unabhängigkeit der Justiz. Muss ein Urteil begründet werden, dann werden Eingriffe der Obrigkeit eher aufgedeckt. Dies führt zu der Frage, wie es im Vorfeld der französischen Revolution war, also bevor die Reformen auf dem Gebiet der Justiz in eine gesetzliche Form gegossen wurden. Hatte sich also für den Hoge Raad schon gerichtsintern eine modernen Ansprüchen genügende Begründungspraxis entwickelt?

Diese Arbeit soll also über die Darstellung der formellen Entscheidung des Gerichts hinausgehen, da diese lediglich die (teilweise) Zu- oder Aberkennung des geltendgemachten Antrags betrifft. Dies ließe sich auch allein mit den Resolutienbüchern und den erweiterten *sententien* und *dicta* beantworten.[6] Denn in diesen werden die Ansichten der Ratsherren in der Regel nur kurz dargestellt. Aufzeichnungen über die Diskussionen im Gerichtshof, sog. *deliberatien* sind für den Hoge Raad nicht vorhanden bzw. waren es auch nie. An diese Stelle treten die Observationes von Van Bijnkershoek und Pauw.

Neben den bereits dargestellten Gesichtspunkten sollen auch andere Aspekte eine Rolle spielen. Anhand der wissenschaftlichen Literatur, nicht zuletzt auch der Arbeiten von Van Bijnkershoek selbst, soll untersucht werden, wie der Hoge Raad mit einzelnen Rechtsinstituten des römischen Rechts umgegangen ist. Besonders interessieren dabei die Gesichtspunkte der Autoren, da ihre Sichtweise der Dinge einen im Vergleich zu anderen Gesichtspunkten oftmals größeren Raum einnimmt. Aber nicht nur der dogmatische Hintergrund der Entscheidungen soll hier hinterfragt werden, sondern es soll auch die Frage untersucht werden, von welchen sonstigen Gesichtspunkten der Hoge Raad sich hat leiten lassen. Wenn es zu Rechtsprechungsentwicklungen gekommen ist, sollen diese aufgezeigt werden. Überdies soll auch auf sachfremde, das heißt außerrechtliche Gesichtspunkte eingegangen werden, sofern diese bei der Entscheidung eine Rolle spielten. Weiter soll hinterfragt werden, ob für den Hogen Raad nur die Prozessökonomie oder die dogmatische Vertretbarkeit der Entscheidung im Vordergrund stand.

---

6 Diese Frage beantwortet Verhas in ihrer Arbeit für die Anfangszeit des Hoge Raad (Verhas, C. M. O., De beginjaren van de Hoge Raad van Holland, Zeeland en West-Friesland. Den Haag, 1997) und der unlängst erschienenen Arbeit mit M.-Ch. Le Bailly (Bailly, M.-Ch. le/Verhas, C. M. O., Hoge Raad van Holland, Zeeland en West-Friesland (1582-1795) De hoofdlijnen van het procederen in civilie zaken voor de Hoge Raad zowel in eerste instantie als in hoger beroep. Hilversum und Verloren, 2006). Dafür treten bei ihr Rechtsprechungssammlungen in den Hintergrund.

Ein weiterer Aspekt ist die Frage, welchen Einfluss die Tatsache hatte, dass die Entscheidungen den Parteien nur verkündet, nicht aber ihnen gegenüber begründet wurden. Konnte daher aus dem Umstand, dass über die Verfahren vor dem Hoge Raad außer durch die Parteien nichts nach außen dringen durfte, so etwas wie eine Kameraljurisprudenz entstehen, sodass also der Hoge Raad nur nach Billigkeit eine Situation einmal so, und das nächste Mal anders entschied?

3. Probleme der Vorgehensweise

Es stellt sich dann allerdings die Frage, in wie weit man so vorgehen darf. Nur dann nämlich, wenn es auch eine juristische Diskussion gab, ist eine solche Untersuchung zulässig. Dazu müssen zumindest drei Voraussetzungen erfüllt sein: Zum einen ist dies die personelle Besetzung des Gerichts. Auch wenn es nicht ausgeschlossen ist, dass nicht juristisch ausgebildete Entscheider juristisch argumentieren können, so ist es zumindest eher zu erwarten, dass juristisch gebildete Personen bei der Entscheidung einer juristischen Frage sich auch juristischer Argumente bedienen werden. Ohne vorweggreifen zu wollen, kann diese Frage für die Mitglieder des Hoge Raad aber für das 18. Jahrhundert bejaht werden. Diese hatten durchgehend eine juristische Ausbildung durchlaufen. Van Bijnkershoek genoss schon bei seinen Zeitgenossen auf Grund seiner rechtswissenschaftlichen Arbeit ein hohes Ansehen.

Zum zweiten kommt es darauf an, ob auch die Gelegenheit bestand, juristisch zu argumentieren. Wurde dies also den Richtern eingeräumt und haben diese auch diesen Spielraum genutzt? Diese Frage lässt sich anhand der *resolutien*, viel mehr aber noch anhand der Observationes bejahen. Zwischen den Ratsherrn fanden juristische Diskussionen statt. Jeder Ratsherr musste nach der *Instructie* (der Prozessordnung des Hoge Raad) ein Urteil und nach der Diskussion das Votum (die *sententie*) abgeben. Er musste seine Meinung darstellen und über die einzelnen Ansichten wurde im Gericht zum Erreichen einer Entscheidung auf breiter Basis diskutiert. Ein Ausschnitt aus diesen Diskussionen überliefern die Observationes von Van Bijnkershoek, Van Bleiswijk und Pauw. Gerade die Observationes von Van Bijnkershoek und Pauw stellen insoweit eine Besonderheit dar, dass sie eine sehr umfangreiche Sammlung der Rechtsprechung über 84 Jahre sind. Es kann also mit ihnen nicht nur der Blick auf die Entscheidung einer Fallkonstellation in einem bestimmten Fall gerichtet werden, sondern es ist auch möglich, weitere Entscheidungen für diese Konstellation zu finden.

Das dritte Problem ist, in wie weit man von einer juristisch begründeten Argumentation ausgehen kann, wenn die Urteile auf Grund der für den Hoge Raad geltenden Prozessordnung per Mehrheitsentscheid ergingen. Dies konnte dazu führen, dass nicht die juristisch am ehesten vertretbare Ansicht – so man eine solche für existent ansieht – sich bei der Entscheidung auch tatsächlich im Gericht durchsetzt. Gleichwohl versuchte aber der Hoge Raad stets eine Entscheidung mit breiter Basis zu treffen, nicht zuletzt deswegen weil er die in einem Verfahren getroffene Entscheidung auch in späteren Verfahren meist bestätigte. Auch schließt die nachfolgende Abstimmung über die Sachfrage nicht aus, dass diese im Vorfeld mit juristischen Argumenten diskutiert wurde.[7]

7 Siehe auch Sirks, Gütliche Einigung, S. 148, woraus klar wird, dass das Gericht bei schwer zu

Auch wenn man von den Verhandlungen in der Sitzung des Hoge Raad nur durch die Brille der Autoren Kenntnis erhält, kann man gleichwohl davon ausgehen, dass diese die anderen Ansichten sinngemäß wiedergeben, sie also den Konstruktionsprozess zuverlässig nachbilden.[8] Ein Vergleich mit den Resolutien, deren Umfang und damit deren Aussagekraft im Lauf der Jahre zunimmt, bestätigt dies.[9]

4. Die Bedeutung von Grotius, Groenewegen und Voet für die niederländische Rechtswissenschaft

Wenn zuvor von Naturrechtsschule gesprochen wurde, so ist dies ebenfalls näher zu definieren. Unter „Naturrechtsschule“ wird allgemein die wissenschaftliche Literatur des 17. und frühen 18. Jahrhunderts verstanden. Als Begründer dieser „Schule“ gilt Hugo Grotius. Seine wissenschaftlichen Leistungen, nicht nur auf dem Gebiet des Völkerrechts, waren für die niederländische Rechtswissenschaft prägend. So übte Grotius über zwanzig Jahre hinweg eine Tätigkeit als Advokat am Hof von Holland und dem Hoge Raad aus und beschäftigte sich intensiv mit dem holländischen Recht. Dies gilt nicht nur für die aus dieser Zeit stammenden Gutachten, sondern vor allem für die Schrift, die ihn zum „Grundsteinleger für die wissenschaftliche Beschäftigung mit dem in der Provinz Holland geltenden Recht,“[10] nämlich die *Inleidinge tot de Hollandsche rechts-geleertheyd*, machte. Dieses Werk, das für seinen Sohn Willem als Hand- und Lehrbuch verfasst wurde, war die erste Schrift, bei der man von einem *holländischen* Recht sprechen kann. Schon vor dessen offizieller Publikation 1631 waren Abschriften des Manuskripts im Umlauf. Noch im Jahr seines Erscheinens wurden vier weitere Auflagen gedruckt. Weitere Auflagen kamen in der Folgezeit hinzu, darunter auch eine mit Anmerkungen von Simon van Groenewegen van der Made. Diese Anmerkungen betreffen nicht allein Ergänzungen und Verweise auf die spätere Rechtspraxis, sondern enthält auch Quellenangaben, die Grotius beim Schreiben des Manuskrips in Gefangenschaft auf Loevestein 1619-1621 nicht hinzufügen konnte, da ihm nur eine sehr begrenzte Literatur zur Verfügung stand.[11] Das Werk besteht aus drei Büchern. Im ersten Band behandelt er nach einer allgemeinen Einleitung das Personenrecht, im zweiten Band das Sachenrecht und im dritten Band das Vertragsrecht.[12] Eine weitere Besonderheit dieses Werkes ist, dass es nicht in Latein, sondern auf Niederländisch verfasst wurde, da Grotius beabsichtigte, dass Rechtswissenschaft auch „in onze Duitsche moederstale“ betrieben werden kann. Nicht zuletzt deshalb wurde die *Inleidinge* auch in der zweiten Hälfte des 17. und im 18. Jahrhundert an der Universität von Leiden in

treffenden Entscheidungen, z. B. wegen kaum durchschaubarer Fakten, versuchte, die Parteien zu einer gütlichen Einigung zu bewegen. Siehe dazu auch S. 65.

8 Soest hat dies am Beispiel zweier Entscheidungen, zu denen Notizen Pauws aus der Sitzung erhalten sind, nachgewiesen (van Soest, S. 595). Pauw hielt die Ansichten seiner Kollegen in Stichworten fest. Ob Van Bijnkershoek ebenfalls während der Sitzungen Aufzeichnungen gemacht hat, ist nicht sicher.

9 Der Grund für die Zunahme liegt in einem Wechsel des Sekretärs im Jahr 1726. Eine besondere Anordnung, die Protokolle der Entscheidungen ausführlicher zu führen, gab es nicht.

10 Ahsmann, S. 91.

11 Ahsmann, S. 91 u. 93.

12 Grotius beabsichtigte noch einen vierten Band über das Prozessrecht zu verfassen, unterließ dies jedoch mit dem Hinweis auf Paulus Merulas *Manier van Procederen*.

den Vorlesungen über das „heedendaagse recht“ (das *heutige* Recht) verwendet. Bedeutung hat dieses Werk noch immer in Süd-Afrika, da das holländische Recht des 17. und 18. Jahrhunderts unter dem Namen Römisch-Holländisches Recht in der Kapkolonie gültig geblieben ist, nachdem diese 1806 von den Briten in Besitz genommen wurde. Das gleiche gilt im Übrigen auch für andere ehemals niederländische Kolonien, wie Guyana und Sri Lanka. Die Verwendung in Süd-Afrika führte zu weiteren englischen Übersetzungen dieses Werkes.

Ein weiteres wichtiges Werk der niederländischen eleganten Schule ist Simon van Leeuwens *De legibus abrogatis*. Wie aus dem Titel schon hervorgeht, beschäftigt sich dieses Werk mit Normen des römischen Rechts, die in den Niederlanden keine Geltung mehr hatten. Mit Voet's *Commentarius ad Pandectas*[13] trat wieder der römischrechtliche Aspekt des Rechts in den Niederlanden in den Vordergrund. Diese Arbeit erschien 1703, also etwa gleichzeitig mit dem Eintritt Van Bijnkershoeks in den Hoge Raad. Aus diesem Grund wurde für die Darstellung des „Stands“ vor allem auf diese Werke zurückgegriffen.

II. Die Autoren

Um den Kontext, in dem die Observationes Tumultuariae geschrieben wurden, zu verdeutlichen, folgt eine kurze biographische Übersicht über Leben und Werk der beiden Autoren. Da bereits eine umfangreiche Biographie über Cornelis van Bijnkershoek, dem juristisch bedeutenderen der beiden Autoren, existiert[14] und zu Willem Pauw[15] und Johan van Bleiswijk[16] jeweils Kurzbiographien herausgegeben wurden, sollen hier nur die wichtigsten Lebensdaten der Autoren dargestellt werden.

1. Cornelis van Bijnkershoek

Cornelis van Bijnkershoek[17] wurde am 29. Mai 1673 in Middelburg als einziges Kind des Cornelis Stephensen van Bijnkershoek und der Sara Remeus geboren. Sein Vater war von Beruf ein wohlhabender Seilmacher und als angesehene Person Kapitän der städtischen Bürgerwehr. Er besuchte ab 1684 die Lateinschule in Middelburg, wo er sich durch besonderen Eifer auszeichnete und als Klassenbester mehrfach mit Preisen ausgezeichnet wurde.[18] Neben dem obligatorischen Latein und Griechisch wurde er für ein späteres Studium der Theologie in Hebräisch unterrichtet. Sein Interesse galt auch

---

13 Voet, Commentarii ad Pandectas. Halle, 1776-1780.

14 Numan, O. W. Star, Cornelis Van Bynkershoek, Zijn Leven en Zijne Geschriften. Leiden, 1869.

15 Van Holk, TvR 30, S. 358–362.

16 Poelgeest, L. van, Mr. Johan van Bleiswijk en zijn 'Observationes tumultuariae'. Tijdschrift voor Rechtsgeschiedenis, Band 55 (1987).

17 Für die Schreibweise und richtige Aussprache des Namens finden sich unterschiedliche Angaben. Er selbst schrieb seinen Namen in lateinischen Werken mit Bynkershoek. In dieser Arbeit wird der Schreibweise in den Niederlanden gefolgt. Der Name wird richtig „Beinkershuk“ ausgesprochen. Der ei-Laut wird niederländisch mit „ij“ transkribiert, die Buchstabenfolge „oe“ als „u“ ausgesprochen. Van Bijnkershoeks Vorname wurde oftmals latinisiert als *Cornelius*. Siehe zur Schreibweise Star Numan, S. 24 f., Fn. 1.

18 Mit Ausnahme der letzten Klasse war er *optimum primus*, „der Beste von allen“ Krikke/Faber, S. 141.

der Mathematik. 1689 schloss er die Schule ab und zog an die Universität von Franeker, um Theologie zu studieren. Dort geriet er in den Streit zwischen Vitringa Sr. und Roël über die „ewige Generation Gottes".[19] Nachdem er sich auf die Seite Roëls gestellt hatte, war Van Bijnkershoek eine Karriere in der reformierten Kirche versperrt. Nicht zuletzt deswegen, aber auch mangels Interesse, wechselte Van Bijnkershoek im September 1691 ohne Wissen und Zustimmung seiner Eltern zur juristischen Fakultät.[20] Wichtigen Einfluss hatte dabei der Rechtsgelehrte Van Eck, der Van Bijnkershoek bei seinem Entschluss bestärkte. Unter ihm verteidigte er 1692 eine *Dissertatio de cumulatione et concursu actionum*, eine Arbeit über die Konkurrenz der *actiones*. Seine weiteren Lehrer waren Sebastiaan Schelkens und Ulrik Huber. 1693 folgte eine *Dissertatio, universi Juris Feudalis delineationem exhibens*. Dreimal verteidigte er unter Huber eine *Disputatio de Eunomia Romana*. Dazu kamen zwei *Disputationes ad l. Lecta 40 D. de rebus creditis*.[21] Seine Doktorarbeit, mit der er am 16. Mai 1694 zum *doctor iuris utriusque* promoviert wurde, trug den Titel *Disputatio de pactis iuris stricti contractibus in continenti adiectis*.[22] Der Promotor der Arbeit war Schelkens. Inwieweit diese Werke nicht von Van Bijnkershoek selbst, sondern aus der Hand seiner Lehrer stammen, wurde durch Star Numan dargelegt.[23]

Nach seinem Studium ließ sich Van Bijnkershoek als Advokat beim Hof von Holland nieder. Seine Arbeit und Ruf und Stellung der Advokaten betrachtete er abfällig ironisch. Ferner war Van Bijnkershoek während seiner Zeit als Advokat Herausgeber der Zeitschrift *Nieuwe Oprechte Haegse Mercuur, compleet. Behelsende Satyrique, Politique en Academische Reflexien*.[24] In dieser als Sammlung von ihm anonym herausgegebenen Zeitschrift ging er sehr kritisch mit den Mitgliedern seiner Zunft um und erregte auch wegen Äußerungen, die den sittlichen Rahmen dessen überschritten, was von seinen Zeitgenossen als tragbar angesehen wurde, öffentlichen Anstoß, der sogar soweit ging, diese Sammlung verbieten zu lassen. Van Bijnkershoek kaufte später einen Großteil der Auflage auf, da er befürchtete, dass dies mit seiner Stellung als Mitglied des Hoge Raad nicht vereinbar war.

In der Zeit als Advokat beim Hof von Holland begann er auch an einem *Corpus iuris Hollandici et Zelandici* zu arbeiten, in dem er die juristische Wissenschaft und Praxis zu verbinden suchte.[25] Außerdem erschienen in dieser Zeit die Werke *De auctore*

19 Linde, A. van der (Hrsg.), Nederlandsche Geloofsbelijdenis. 2. Auflage. Nijmegen, 1865, Art. 10.

20 Van Bijnkershoek hatte nur auf Wunsch seiner Eltern Theologie studiert. Krikke/Faber, S. 141.

21 Es handelt sich dabei um eine Arbeit über D. 12. 1. 40.

22 Es war eine Arbeit über formlose Nebenabsprachen, bei der die eine Partei sich bestimmte Befugnisse vorbehielt oder dieser der Gegenseite zugestand. Diese galten als Bestandteile der Hauptabrede und wurden als solche behandelt, wenn sie gleichzeitig mit ihr vereinbart wurden.

23 Star Numan, S. 43–49.

24 1. Aufl. den Haag 1699, 2. Aufl. Utrecht 1745.

25 Star Numan, S. 65. Dieses Werk wurde nicht herausgegeben, sollte aber, wie Numan 1869 schreibt, „nächstens zum Druck gegeben werden." Der Verbleib der Handschrift ist seit 1867 unbekannt. Es ist zu vermuten, dass sich die Handschrift noch immer in Privatbesitz befindet. Meijers schreibt im Vorwort zur Edition von Bd. 1 der Observationes, dass die drei Teile noch vorhanden seien, „iam extant", sie sind jedoch nicht in der Sammlung in der Universität Leiden vorhanden, die den Nachlass von Meijers aufgenommen hat. Nach Meijers, TvR 1, S. 413 handelt es sich um eine systematische Übersicht des allgemeinen und lokalen Rechts von Holland und Seeland in drei Teilen: den *Commentarius juris Hollandici*, *Commentarius de juri* (sic) *feudali Hollandico et Zelandico* und den *Farragines*. Er [Meijers] lasse es aber beruhen; es genüge anzugeben, dass es

auctoribusve authenticarum ... Diatriba[26] und *De dominio maris dissertatio,*[27] das von der Wissenschaft sehr begrüßt wurde. Der Versuch von Zar Peter den Großen auf seiner ersten Reise in die Niederlande 1699, Van Bijnkershoek nach Russland abzuwerben, hatte keinen Erfolg. Er zog eher eine Laufbahn an der Universität Franeker vor.

Am 23. April 1703 wurde er als Ratsherr am Hoge Raad von der seeländischen Stadt Tholen vorgeschlagen.[28] Zu diesem Zeitpunkt waren zwei vakante Ratsherrenstellen im Hoge Raad zu besetzen. Die Auseinandersetzungen zwischen den Staaten von Seeland und Holland über die Ernennung von Van Bijnkershoek zum Ratsherrn zogen sich über ein Jahr hin. Holland zögerte die Ernennung Van Bijnkershoeks hinaus, indem sie die Bedingung stellte, zunächst nur eine vorläufige Anstellung der Ratsherrn zu gestatten. Ferner ging es auch um die übermäßige Erhöhung der Belastung des Amtes durch Seeland, wogegen sich Holland wandte.[29] So kam es, dass Van Bijnkershoek erst 1704 Ratsherr wurde. Das erste Verfahren, an dem er als Ratsherr mitgewirkte, stammt vom 6. Juni 1704.[30] Während seiner Zeit als Mitglied des Hoge Raad trat Van Bijnkershoek als Co-Revisor zu Gunsten der Stadt Nijmegen in einem Streit in den Jahren 1705 und 1706 auf, der vor dem Hof von Geldern verhandelt wurde.[31] In den Jahren 1712, 1714 und 1740 trat er nochmals als Revisor bei Fällen in zweiter Revision in Friesland auf.[32]

Schon bei der Ernennung des Präsidenten 1722 (die Nachfolge Rosenbooom) forderte die Provinz Seeland, dass diesmal ein Seeländer zum Präsidenten des Hoge Raad zu ernennen sei, da seit 1582 bis dato nur Ratsherren aus der Provinz Holland den Vorsitz eingenommen hatten. Sie schlugen hierzu Van Bijnkershoek vor. Dieses Mal jedoch musste Seeland dem Druck des einflussreicheren Partners nachgeben und Simon Admiraal wurde zum Präsidenten des Gerichts ernannt. Seeland erhielt aber immerhin die Zusage, dass die Position bei der nächsten Ernennung mit einem Seeländer besetzt werde.

---

noch heute vorhanden sei, aber noch den Augen der Interessenten oder Neugieriger vorenthalten werde.

26 Bijnkershoek, Cornelis van, De auctore auctoribusve authenticarum ... Diatriba. Leiden, 1699. Es handelt sich hierbei um eine scharf formulierte Widerlegung Pagenstechers These, dass die sog. authenticae nicht von Irnerius stammen.

27 *Ad L. ΑΞΙΩΣΙΣ de Lege Rhodia de Jactu Liber Singularis et de Dominio Maris Dissertatio,* 1. Aufl. den Haag, 1703, 2. Aufl. 1744. Die zweite Edition wurde erneut ausgegeben in der Serie „The Classics of International Law" New York, 1923. In dieser Schrift wendet sich Van Bijnkershoek gegen Grotius These, dass das Meer mit Ausnahme kleiner Teile längs der Küste nicht für individuelles Staatseigentum fassbar ist.

28 Zum Ernennungsprozedere siehe unten S. 38.

29 Der direkte Ämterverkauf war verboten. In Seeland musste man allerdings ein öffentliches Amt verrichten, um für den Hoge Raad vorgeschlagen werden zu können. Dieses wurde mit einer Belastung versehen. Es handelt sich dabei um eine indirekte Form des Ämterverkaufs. Seeland hatte die Belastung für die Ernennung von Van Bijnkershoek auf 21.000 Gulden erheblich erhöht. Dagegen protestierte Holland vehement.

30 Es ist Obs. Tum. Nr. 32.

31 Plakaatboek Geldern, III, S. 00.

32 In Friesland galt die Ausnahme, dass eine Sache mehr als einmal in Revision behandelt werden konnte. Drei angesehene Rechtswissenschaftler aus Friesland und drei aus einer anderen Provinz bildeten ein Kollegium bei einer solchen *groot revisie.* Siehe Vries, D. de, Het groot revies in Friesland, 1593–1802. Ontwikkeling en manier van procederen, alsmede de andere voorzieningen tegen definitieve sententien van het Hof van Friesland van 1499 tot 1811. Groningen, 1984.

Nach dem Tod Admiraals 1724 wurde der beharrlichen Forderung Seelands nachgegeben und Van Bijnkershoek wurde Präsident des Hoge Raad, aber nicht weil er ein Seeländer war, davon sprechen die *resolutien* mit keinem Wort,[33] sondern „om de goede kennisse van den welgemelden Heere van Binckershoeck, soo in materie van Justisie als Politie, mitsgaders van sijne rechtvaardigheyt en getrouwheyt."[34] Ein Grund kann auch der gewesen sein, künftigen Forderungen Seelands eine Schranke zu setzen. Nicht zuletzt sein eigener Ehrgeiz[35] und gute Beziehungen haben ihm diese gut bezahlte Stelle verschafft.[36] Er erhielt als Ratsherr ohne Emolumente ein jährliches Gehalt von 2.550 Gulden (ab 1716 3.000 Gulden). Dies erhöhte sich auf 4.200 Gulden, nachdem Van Bijnkershoek Präsident geworden war. Dazu kamen noch verschiedene Zuschläge (*rapport-* oder *taxatiegelder* und Vergünstigungen).

Er heiratete Esther van Buyntenhem. Aus der Ehe gingen zwei Söhne und elf Töchter hervor, von denen nur die sechs Töchter überlebten. Nach dem Tod seiner Frau heiratete er 1726 Gerardina Cloot. Die Ehe blieb kinderlos. Am 16. April 1743 verstarb er in Den Haag.

Seine wichtigsten Werke sind die *Jurisprudentia vetus ante-Justinianea*,[37] *Observationum juris Romani libri quattuor*,[38] *Opuscula varii argumenti*,[39] *Observationes juris romani*,[40] *De foro legatorum tam in causa civili, quam criminali, liber singularis*,[41] *Quaestionum juris publici libri duo, quorum primus est de rebus bellicis, secundus de rebus varii argumenti.*[42] Erst nach seinem Tod wurden die *Quaestionum juris privati libri quattuor: quarum plerisque insertae sunt utriusque in Hollandia curiae res de his ipsis quaestionibus judicatae*[43] und noch viel später die *Observationes Tumultuariae* herausgegeben.

Bei seinen Zeitgenossen war Van Bijnkershoek sehr angesehen. Aber auch in späterer Zeit sah man sehr auf den „Herrn Präsidenten Bijnkershoek" zurück, wenngleich er für

---

33 Resolutien Holl. 1. Juni 1724, S. 302 – es findet sich auch in G.P.B. VI, S. 7-18.

34 „Wegen der guten Kenntnisse über den wohl genannten Herrn Van Bijnkershoek, sowohl in Sachen der Justiz als auch der Politik, sowie auch von seiner Gerechtigkeit und Treue." Resolutien Holl. 1. Juni 1724, S. 302.

35 Wessels, S. 335.

36 So schreibt Van Bijnkershoek in den Schutbladen zu Obs. Tum. Tom 8, VI, dass er nach dem Tod Rosenbooms nach Seeland fuhr und die Staaten der Provinz entschieden hätten, dass sich die ganze Provinz (die mit Holland um die Besetzung des Präsidenten konkurriert) für ihn einsetzen werde. Sie würden ihn mit einer *missive van voorschrijving* für diesen Posten empfehlen.

37 Bijnkershoek, Cornelis van, Jurisprudentia vetus ante-Justinianea. Leiden, 1717. Ein Werk zur Verteidigung der römischen Rechtsgelehrten gegen Angriffe.

38 1710.

39 Leiden 1719. Sammlung verschiedener Streitfragen des römischen Rechts, z. B. das Verbot, Kinder zu töten, zu verkaufen und auszusetzen. Hierin setzte er sich mit Gerard Noodt auseinander.

40 Leiden 1733. Werk über öffentliches Recht, hierbei vor allem Staats- und Völkerrecht.

41 1. Aufl. Leiden, 1721, 2. Aufl. 1744. Die zweite Edition wurde ebenfalls in die Serie „the Classics of International Law" Oxford und London, 1946 erneut herausgegeben. In diesem Werk betont Van Bijnkershoek die Fiktion der Exterritorialität von Gesandten.

42 Leiden, 1737. Dieses Buch über Gesandten- und Kriegsrecht erschien ebenfalls in der Serie „The Classics of International Law", Oxford und London, 1930.

43 Leiden, 1744. Bd. 1 behandelt die Zuständigkeit des Richters, in den Bänden 2 und 3 geht es um das Personen- und Erbrecht. In Band 4 behandelt Van Bijnkershoek See- und Versicherungsrecht, sowie internationales Privatrecht.

seine scharfe Kritik, auch gegenüber seinen Kollegen im Hoge Raad, berüchtigt war.[44] Wessels[45] verglich Van Bijnkershoeks Reformwirkung sogar mit der des englischen Lords Mansfield.

2. Willem Pauw

Willem Pauw ist der unbekanntere der beiden Autoren der Observationes. Er wurde in 's-Gravenhage am 10. Januar 1712 als Sohn des Anthony Pauw[46] geboren, der Advokat am Hof von Holland war. Pauw entstammte also, anders als Van Bijnkershoek einer Juristenfamilie. Seine Mutter, Wilhelmina Arnold, war die Tochter von Willem Arnold, einem Zeitungsherausgeber in Amsterdam. Pauw besuchte die Lateinschule in Den Haag, wo er bei seinem Abschluss 1727 in der Engelse Kerk eine *Oratio de vicissitudine regnorum et imperiorum* hielt, die gedruckt erschien.

Pauw studierte zunächst ab 1731 in Leiden bei J. O. Westenberg, J. J. Vitriarius und Gerard Noodt, danach 1733 in Utrecht. Dort waren seine Lehrer Cornelis van Eck, Everardus Otto und Jacobus Voorda. Am 22. Juni 1734 promovierte er in Utrecht mit einer Schrift *Varia iuris civilis capita,* die er Cornelius van Bijnkershoek widmete und 1737 nochmals gedruckt erschien. Diese Arbeit wurde, wie Pauw in der Einleitung schreibt, von Van Bijnkershoeks *Observationum iuris romani libri IV* veranlasst und beschäftigt sich mit der Kritik an Tribonian z. B. durch Hotman und deren Widerlegung.[47] Pauw bestritt die Kritik mit mehreren Beispielen; im Hauptteil der Arbeit *De geminationibus sive earundem legum repetitionibus contra Prateum* folgen noch sieben kurze Betrachtungen zu anderen Themen.

Er erhielt am 22. Juni 1734 seine Zulassung als Advokat beim Hof von Holland. Am 24. November 1741 wurde er als Nachfolger des verstorbenen Richters F. van der Hoop durch die Staaten von Seeland als Ratsherr am Hoge Raad angestellt und am 19. Dezember 1741 als solcher vereidigt. Die Staaten von Holland stimmten der Ernennung

---

44 Siehe z. B. den Vorwurf, dass die Richter nur zum Broterwerb eine Entscheidung nicht an die Parteien delegieren, s. S. 89. Auch Wessels, S. 339 f. bemerkt seinen scharfen Umgangston mit den Kollegen seines Standes, wenn er schreibt: "He was no great admirer of those lawyers who resorted to authorities merely to find some passage upon which to build their conclusions." Von der Kritik nimmt er in den Schutbladen zu Obs. Tum. Tom. 4, VII und Tom. 5, VI. auch den Präsidenten Rosenboom nicht aus, der mehrfach an den Sitzungen nicht teilgenommen und auch die Prozessakten nicht gelesen hatte, gleichwohl aber mitstimmte. Van Bijnkershoek kritisiert das scharf. In einem Fall vom 15. November 1715 (vermutlich Obs. Tum. Nr. 1185, eine *resolutie* fehlt) habe der Präsident sogar den *griffier* angewiesen, seinen Namen auf die *resolutie* zu schreiben, nur um in den Genuss des *rapportgeld* zu kommen. Die übrigen Richter beschlossen, den Präsidenten wegen des Verstoßes gegen die Instruktion und die *goede ordre* zu ermahnen und daran zu erinnern, dass er diese Praktik bei ihnen früher kritisiert habe. Van Bijnkershoek bezichtigt den Präsidenten auf den Schutbladen zu Obs. Tum. Tom. 6, VI sogar der Habgier, nachdem diesem von den Kuratoren der Universität von Leiden ein Katalog der Leidener Universitätsbibliothek geschenkt worden sei, er aber vom *griffier* einen gegenüber dem Wert von 12 Gulden völlig überhöhten Kaufpreis von 25 Gulden haben wollte. Rosenboom war ebenfalls Kurator der Leidener Universität.

45 Wessels, S. 339.

46 geb. in Arnheim 6. Februar 1678, gest. Den Haag, 24. März 1733.

47 Hotman hatte verschiedene Widerholungen und Verdoppelungen von Rechtsregeln in den Digesten und im Codex durch Tribonian angegriffen.

von Pauw zum Ratsherrn zwar zu, äußerten jedoch ihre Bedenken.[48] Hintergrund war die Vermutung, dass Pauw sich in das Amt eingekauft hatte, was gegen Bestimmungen verstieß, die das für den Hoge Raad untersagten. Pauw hatte zwar sein Amt nicht direkt käuflich erworben, jedoch betrug die Belastung seines städtischen Amtes 28.000 Gulden.[49]

Pauw's Vermögensverhältnisse entsprachen seinem Stand.[50] Er heiratete am 31. März 1743 Cornelia Margaretha van Bijnkershoek, die Tochter von Cornelis van Bijnkershoek. Über diese Beziehung erhielt er dann durch den Nachlass seines Schwiegervaters die Observationes und führte dessen Arbeit fort.

Die von ihm hinterlassenen Schriften sind nicht sehr zahlreich. Neben der erwähnten gedruckten Rede zum Abschluss der Lateinschule erschienen 1743 anonym die *Observationes iuris civilis romani*[51], die sich mit *l. 31 § 2 D ad senatusconsultum Trebellianum* und der *geminatio* beschäftigen. Ein Hauptteil ist wiederum der Verteidigung von Tribonian gewidmet.

Man schreibt Pauw außerdem die Fortsetzung der Vorrede von Van Bijnkershoeks posthum erschienenen *Qaestionum iuris privati libri quattuor* zu. Außer den 10 Bänden der *Observationes Tumultuariae Novae,* die aber nicht zu seinen Lebzeiten, sondern erst im Zeitraum von 1964–1972 veröffentlicht wurden,[52] ist kein weiteres Schrifttum bekannt, das Pauw zugerechnet werden kann.

Die juristische Tätigkeit Pauws beschränkte sich jedoch nicht nur auf seine Rolle als Ratsherr am Hoge Raad. Ab September 1748 war er für neun Monate bis Mai 1749 im Auftrag des Prinzen von Oranien mit F. H. Baron von Wassenaar van Katwijk vermittelnd tätig bei der Beilegung von Streitigkeiten zwischen der Bürgerschaft und *vroedschap* in einigen holländischen Städten. Als Kommissare von Prinz Willem IV. besuchten sie Haarlem, Leiden, Gorinchem, Schoonhoven, Brielle, Alkmaar, Hoorn, Medemblik, Enkhuizen, Edam, Purmerend und Monnikendam. Sie tagten mit den Stadtregierungen, untersuchten Beschwerden, brachten diese zur weiteren Untersuchung nach Den Haag, bestellten einige neue Magistrate und beendeten ihren Besuch mit dem Verlesen einer Proklamation des Prinzen. Dies wurde von den Zeitgenossen begrüßt,[53] zu einer wirklichen Änderung der Regierung kam es allerdings nicht,[54] wohl auch deshalb, weil Pauw sich gegenüber der bestehenden Regierung sehr zurückhaltend verhielt. Dies war die einzige Abwesenheit in Staatssachen. Danach befand sich Pauw nur noch auf Reisen zur Verhandlung von Revisionssachen;[55] mehrfach nahm er für ei-

48 Van Holk, TvR 30, S. 360 m. w. N.

49 Der vehemente Protest Hollands hatte an der Praxis also faktisch nichts geändert. Zum Ernennungsprocedere siehe S. 38.

50 Sein jährliches Einkommen betrug 2.550 Gulden, nach der Berufung zum Präsidenten 4.200 Gulden.

51 Observationum juris civilis romani liber singularis, Den Haag, 1743

52 Pauw, Willem; Fischer, H. F. W. D. et al. (Hrsg.), Observationes Tumultuariae Novae. Band 1, Harlem, 1964, Pauw, Willem; Feenstra, R. et al. (Hrsg.), Observationes Tumultuariae Novae. Band 2, Harlem, 1967 und Pauw, Willem; Koning-Bey, W. L. de/Holk, L. E. van/Soest, H. W. van (Hrsg.), Observationes Tumultuariae Novae. Band 3, Harlem, 1972.

53 De memorien van Mr. Diderik van Bleyswik, 1734-1755, hrsg. durch Th. Jorissen [Werken Hist. Genootschap], Utrecht 1887, S. 87 f.

54 Van Holk, TvR 30, S. 361.

55 1755 6 Wochen in Geldern (vor Obs. Tum. Nov. Nr. 541), 1757 (vor Obs. Tum. Nov. Nr. 623),

nige Tage wegen Familienangelegenheiten an den Verhandlungen des Hoge Raad nicht teil,[56] in den letzten Jahren häuften sich dann die Fehltage wegen Krankheit.[57]

Seine politische Einstellung kann man aus der Rede entnehmen, die er anlässlich der Ernennung von H. Mollerus zum Präsidenten des Hoge Raad als ältester Ratsherr hielt:

> 't Is immers die Justitie, die een volk verheft, 't is de Justitie die tot hiertoe geweest is en, zoo wij hopen, altoos blijven zal een der kostelijkste paarlen aan de Kroon van dit Gemeenebest en wij verzeekeren ons mitsdien, aangemoedigt door vorige exempelen, dat het kragtdadig maintien van dezelve altoos zal zijn en blijven een der voornaamste zorgen van den Souverain.[58]

Noch deutlicher wird dies aus seiner Rede, die er am 22. März 1784 anlässlich seiner Ernennung zum Präsidenten des Hoge Raad hielt:

> „'t Is immers die Justitie, ... die een volk verheft, en zonder handhaving van dewelke geene maatschappij hoegenaamt kan in wezen blijven ..."[59]

Pauw übte das Amt des Präsidenten dann ab dem 10. Dezember 1784 bis zu seinem Tod am 24. Juli 1787 aus. Ab 1784 hatte er auch das Amt des *Hoofdingeland* von Delfland inne.

Im Konflikt zwischen den Patrioten und dem Statthalter ergriff Pauw Partei für das Haus Oranien. Dies wurde in einigen Strafverfahren deutlich, die der Hoge Raad 1785 und 1786 zu entscheiden hatte: „Sie [die Patrioten] kennzeichnete nur ihr Hass gegen das Haus Oranien." Er fürchtete, dass die 1785 entstandenen Unruhen, falls sie nicht schnell unterdrückt würden, zu einem Umsturz führten, wobei die „sichere Regierungsform" in eine schlechte geändert werden sollte. Aus den Observationes geht ferner hervor, dass Pauw Voltaire und Montesquieu gelesen hat.[60]

Pauw war bei seinen Zeitgenossen sehr angesehen. „Ein Herr, der durch seine persönliche Begabungen von ausnehmender Aufmerksamkeit, Beobachtungsgabe und Eifer, gepaart mit einer unermüdlichen Arbeitsamkeit, nun hinreichend ein halbes Jahrhundert (bis auf einige Jahre weniger) Beweis von besonderer Kunde und Fähigkeit an den

1761 (vor Obs. Tum. Nr. 795) und 1766 (vor Obs. Tum. Nov. Nr. 989) in Brabant.

56 1754 vor Obs. Tum. Nov. Nr. 534 14 Tage; 1761 vor Obs. Tum. Nov. Nr. 810 acht Tage; 1764 vor Obs. Tum. Nov. Nr. 900 einige Tage; vor Obs. Tum. Nov. Nr. 911 wegen Krankheit und Tod der Ehefrau. Vor Obs. Tum. 981, vor Obs. Tum. Nr. 1695 einige Tage.

57 1753 vor Obs. Tum. Nov. Nr. 462 sieben Wochen, 1760 vor Obs. Tum. Nov. Nr. 746 14 Tage, 1772 vor Obs. Tum. Nov. Nr. 1171 acht Tage, 1777 vor Obs. Tum. Nr. 1387 einige Tage, 1780 vor Obs. Tum. Nov. Nr. 1540 15 Wochen, 1784 vor Obs. Tum. Nov. Nr. 1691 drei Wochen, 1785 vor Obs. Tum. Nov. Nr. 1738 einige Tage.

58 Es ist immer die Justiz, die ein Volk erhebt, es ist die Justiz, die bis jetzt eine der köstlichsten Perlen an der Krone von diesem Gemeinenbesten gewesen ist und, so hoffen wir, fortwährend bleiben soll und wir versichern uns somit, ermutigt durch einige vorige Exempel, dass das tatkräftige Aufrechterhalten derselben fortwährend seine der vornehmsten Sorgen des Souveräns sein und bleiben soll.

59 „Es ist immer die Justiz, ... die ein Volk erhebt und ohne deren Wahrung keine Gesellschaft überhaupt im Bestand bleiben kann ..."

60 In der Edition der Obs. Tum. Nov. befindet sich am Ende ein Register der zitierten Literatur.

Tag gelegt hat,"[61] so der älteste Ratsherr De Mauregnault bei der Ernennung Pauws zum Präsidenten. Pauw lässt sich daher als konservativer Jurist charakterisieren, der zwar die Probleme und gesellschaftlichen Fragen seiner Zeit gekannt hat, darauf aber im Hinblick auf sein Amt mit Zurückhaltung reagiert hat.

3. Johan van Bleiswijk

Noch weniger als von Pauw ist von Johan van Bleiswijk bekannt.[62] Johan van Bleiswijk wurde am 12. September 1684 in Woudrichem als Sohn des dortigen Pfarrers Cornelis van Bleiswijk (1649–1703) und Geertrui van Cleef, der Tochter des Bürgermeisters von Schiedam, geboren. Der Name „Van Bleiswijk" tritt recht häufig in den Verzeichnissen der *vroedschap* (Bürgerschaft) und Bürgermeister von Delft auf. Johan van Bleiswijk war der Onkel des Ratspensionärs von Holland Pieter van Bleiswijk. Johan studierte an der Universität von Leiden zusammen mit seinen späteren Kollegen Hendrik van Hees und Adriaan de Grande Rechtswissenschaften. Am 7. September 1705 promovierte er bei Gerard Noodt mit einer Schrift *De jure adcrescendi,* die seinen Verwandten und seinem Promotor gewidmet war. Acht Tage nach seiner Promotion wurde er Advokat beim Hoge Raad, später auch beim Hof von Holland. Am 18. April 1717 heiratete er in den Haag Agatha Vallensis (1687–1719), die Tochter des Ratsherrn am Hof von Holland Jacob Vallensis und Maria van Bleiswijk. Die Ehe blieb kinderlos. Van Bleiswijk heiratete nach dem frühen Tod seiner Ehefrau nicht noch einmal.

Van Bleiswijk wurde Nachfolger des Ratsherrn am Hoge Raad Feltrum de Vries. Auch bei seiner Ernennung gab es Auseinandersetzungen der Städte; Van Bleiswijk wurde aber durch seine Verwandten in der Stadt Delft gefördert. Am 22. September 1723 nahm Van Bleiswijk erstmalig an den Sitzungen des Hoge Raad teil. Er blieb Ratsherr bis zu seinem Tod. Van Bleiswijk verwaltete die gerichtsinterne Kasse des Hoge Raad, aus der den Ratsherrn und dem Personal Sonderprämien gezahlt wurden. Nach dem Tode Van Bijnkershoeks wollte Van Bleiswijk dessen Nachfolger als Präsident des Hoge Raad werden. Die Nominierung des Nachfolgers geschah in der Reihenfolge des Alters. Dies hatte zur Folge, dass der 71-jährige Seeländer Nicolaas Ketelaer an erster, Hendrik van Hees an zweiter und Van Bleiswijk erst an dritter Stelle stand. Ketelaer hatte als Seeländer keine Chance, da die Benennung Van Bijnkershoeks zum Päsidenten bereits ein Zugeständnis an die Provinz Seeland war.[63] Van Hees erhielt bei der Bewerbung um das Amt Unterstützung durch seine Verwandten in Rotterdam, Van Bleiswijk durch seine Familie in Delft. Van Hees wurde daraufhin Präsident und Van Bleiswijk nahm als „einfacher" Ratsherr bis zum 7. Oktober 1747 an den Sitzungen des Hoge Raad teil. Er verstarb am 13. März 1748 in Den Haag. Es ist nicht bekannt, dass Van Bleiswijk außer seinen „Observationes", die bis jetzt unediert blieben, weiteres Schrifttum hinterlassen hat. Über die Bekanntschaft der

61 „Een Heer, die door zijn personeele begaaftheeden van uitnemende attentie, opmerkentheid en iever, gevoegd bij eene onvermoeide laborieusheid, nu genoegzaam een halve Eeuw (op eenige weinige jaaren na) preuves van bijzondere kunde en bequaamheid heeft aan den dag gelegt", Nationalarchiv invent. Hooge Raad Nr. 1525.

62 Die folgenden Angaben stammen von Poelgeest, L. van, Mr. Johan van Bleiswijk en zijn 'Observationes tumultuariae'. Tijdschrift voor Rechtsgeschiedenis, Band 55 (1987).

63 Siehe oben S. 29.

Familien Van Bleiswijk und Bisdom sind die Manuskripte in die Sammlung Bisdom gelangt, die sich seit 1834 im Nationalarchiv befinden.

III. Der Hoge Raad

Für das Verständnis der Entscheidungen des Hoge Raad ist es notwendig, auch die Geschichte dieses Gerichtshofs zu beleuchten. Aber nicht allein die Geschichte des Hoge Raad als Institution, sondern auch seine Aufgaben und Zuständigkeiten sollen in diesem Abschnitt behandelt werden. Daneben stehen auch prozessuale Fragen. Die Kernfrage, wie der Hoge Raad zu einer Entscheidung kam, ist auf rechtlicher Ebene unter zwei von einander abhängigen und sich gegenseitig bedingenden Gesichtspunkten zu sehen: des materiellen Rechts einerseits und des Prozessrechts auf der anderen Seite.

Ohne Wissen um den historischen und prozessualen Hintergrund, vor dem die Entscheidungen in den Observationes stehen, ist es schwer möglich, diese angemessen zu würdigen. Nicht zuletzt auch der prozessuale Rahmen muss dabei beleuchtet werden, da dies unmittelbaren Einfluss auf die Entscheidungspraxis des Hoge Raad hatte. Oftmals ist die materielle Entscheidung der Sachfrage nur im Lichte des Prozessrechts verständlich. Im wesentlichen stützt sich dieser Teil auf die Vorarbeiten von Verhas.[64]

1. Zur Entstehung des Hoge Raad

Der Hoge Raad konnte vor den Zeiten, in denen Van Bijnkershoek und Pauw bei diesem Gericht ihren Dienst versahen, bereits auf eine mehr als 120-jährige Geschichte zurückblicken. Die Entstehung dieses Gerichts ist nicht eindeutig fixierbar, jedoch kann die Entstehung des Hoge Raad als eine Folge der Loslösung der Niederlande vom Heiligen Römischen Reich angesehen werden. Schon unter den Burgundern waren die Niederlande im Verhältnis zum Rest des Reiches relativ selbständig. Als zentralen Appellationshof hatten die Burgunder den Großen Rat von Mechelen eingerichtet. Die aufkommenden Spannungen im 16. Jh. zwischen den nach Unabhängigkeit strebenden nördlichen Provinzen mit dem übrigen Teil des Reichs machte es ab 1576 und sicher ab 1581 unmöglich, beim Großen Rat von Mechelen in Appellation zu gehen.[65] Einerseits befand sich dieses Gericht auf dem Gebiet der katholischen und reichstreuen südlichen Niederlande, also faktisch im feindlichen Ausland. Allein dies ließ schon den Weg zum Gericht nicht mehr zu. Auf der anderen Seite war der Große Rat von Mechelen mit kaisertreuen Richtern besetzt, und sollte gerade den Machtanspruch des Kaisers sichern und den antizentralistischen Tendenzen entgegenwirken. Aus diesem Grund hätte eine Anerkennung dieses Gericht durch die nach Unabhängigkeit strebenden Provinzen eine

64 Verhas, C. M. O., De beginjaren van de Hoge Raad van Holland, Zeeland en West-Friesland. Den Haag, 1997, Verhas, C. M. O., Le Hoge Raad (1582–1795). In: Diestelkamp, B. (Hrsg.), Oberste Gerichtsbarkeit und zentrale Gewalt im Europa der frühen Neuzeit. Köln, Weimar, Wien, 1996 und Bailly, M.-Ch. le/Verhas, C. M. O., Hoge Raad van Holland, Zeeland en West-Friesland (1582-1795) De hoofdlijnen van het procederen in civilie zaken voor de Hoge Raad zowel in eerste instantie als in hoger beroep. Hilversum und Verloren, 2006.

65 Vgl. auch Obs. Tum. Nr. 8.

faktische Unterwerfung unter die Oberhoheit Habsburgs bedeutet. Damit verdankte der Hoge Raad letztendlich dem Erfordernis einer Berufungsinstanz seine Existenz.[66]

Aber auch aus einem anderen Grund hatte der Statthalter von Holland und Seeland Wilhelm von Oranien, der theoretisch als Statthalter nur erster Diener des Staates war, aber als souveräner Prinz von Oranien und auf Grund seiner Rolle beim Aufstands eine große Autorität besaß,[67] ein Interesse, dem Fehlen einer dritten Instanz ein Ende zu bereiten. Innerhalb der Provinz Holland strebte das noch immer bestehende oberste Provinzialgericht, der Hof von Holland, seinerseits nach Autonomie gegenüber dem politischen Machtanspruch Wilhelms.

Um diesen Machtanspruch durchzusetzen, suchte Wilhelm von Oranien den Hof von Holland in irgendeiner Weise zu kontrollieren. Eine auch politisch durchsetzbare Möglichkeit bestand darin, über den Hof noch ein weiteres Gericht zu setzen, um die Entscheidungen noch einmal überprüfen zu lassen. So kam es, dass die Staaten von Holland am 1. April 1580 entschieden, einen Appellationshof in Harlem einzurichten.[68]

Gleichwohl ist es Wilhelm von Oranien, der in der Eingangsformel der Instruktion des Hoge Raad von 1582 zum Ausdruck bringt, dass *er*, dem die Herrschaft über Holland, Seeland und Friesland übertragen worden sei, dem Gericht die Prozessordnung gebe.[69]

Aus dem Umstand, dass zwei Gerichtshöfe mit ähnlichen Aufgaben an einem Ort versammelt waren, folgte in den Anfangsjahren ein ständiger Kampf um die Kompetenzen der beiden Gerichte. Diese Fragen nach der Kompetenz des Hoge Raad gegenüber dem Hof lähmte in den ersten Jahren die Entscheidungstätigkeit beider Gerichte. Im Untersuchungszeitraum spielten diese Fragen jedoch eine untergeordnete Rolle. Die Hierarchie von Hof und Hoge Raad war zu Gunsten des letzteren Gerichts geklärt.

---

66 Verhas, Beginjaren, S. 138.

67 Van Bijnkershoek meint in seiner Einleitung Obs. Tum. Nr. 7, dass man auf Grund des Vertrags zwischen Holland und Seeland vom 5. April 1576 (G.P.B. H 2123), auf den Wilhelm in der Einleitung zur Instruktion für den Hoge Raad bezug nimmt, sogar der Auffassung sein könnte, dem Statthalter sei die Königswürde für die Zeit des Aufstands zuerkannt worden. Van Bijnkershoek relativiert dies aber dadurch, dass der Vertrag nicht für alle Städte Hollands oder Seelands gültig gewesen bzw. von ihnen anerkannt worden sei.

68 Van den Bergh, Overzigt van het archief, S. 197.

69 Van Bijnkershoek (Obs. Tum. Nr. 7) sieht allein in dieser Tatsache ebenfalls ein Zeichen dafür, dass damit Wilhelm von Oranien seine Ambitionen auf die Königswürde geltend gemacht hat, und muss dies relativieren, indem er das unter dem Hinweis auf den „allgemeinen Zusammenhang des Vertrags" nur für die Kriegssituation gelten lassen will. Der Grund dafür liege darin, dass die gesetzgeberische Funktion Wilhelm als Aufgabe außerhalb seiner Stellung als Graf zugekommen sei. Gegen die Funktion als König spreche zudem, dass Wilhelm von Oranien keine Gesetze habe einbringen können. Van Bijnkershoek will aber als frischgebackener Ratsherr, der er zu diesem Zeitpunkt war, nicht gleich die Legitimität der Prozessordnung seines Gerichts untergraben und bricht daher diese Untersuchung ab. Die Staaten von Holland hätten jedenfalls durch ihre Delegierten und die Ratsherrn des Hoge Raad am 21. Februar 1582 die Instruktion gebilligt und später weiter bestätigt, ebenso auch die Staaten von Seeland bei späteren Änderungen oder Ergänzungen der Instruktion. Schließlich sei die Macht des Statthalters zeitlich begrenzt gewesen und *ipso jure* erloschen. Dass sich Van Bijnkershoek mit einer Königsherrschaft Wilhelms von Oranien deswegen so eingehend auseinandersetzt, ist darauf zurückzuführen, dass zu zum Zeitpunkt der Aufzeichnung der Observation Wilhelm III., König von England und Statthalter der Niederlande in Personalunion, erst zwei Jahre tot war.

Noch ein weiterer Faktor war für die Einrichtung des Hoge Raad von Bedeutung. Der Hoge Raad sollte als rechtsvereinheitlichendes Gericht für alle niederländischen Provinzen fungieren, nicht nur für die auf die Fläche bezogene größte und politisch und wirtschaftlich wichtigste[70] Provinz Holland.[71] Dieses Ziel konnte der Hoge Raad tatsächlich jedoch nur mittelbar erreichen. Denn die Oberhoheit des Gerichts erkannte später nur die Provinz Seeland an,[72] so dass der Hoge Raad formell keine Vereinheitlichung der Rechtsprechung für die ganzen Niederlande bewirken konnte. Da die Provinz West-Friesland von Holland mitverwaltet wurde, fiel sie ebenfalls in den Verwaltungsbereich des Gerichts. Über die Provinzen Holland, Seeland und West-Friesland hinaus hatte der Hoge Raad jedoch keine Rechtsprechungsgewalt. Die übrigen Provinzen (Groningen, Overijssel, Gelderland und Utrecht) verweigerten dem Hoge Raad die Anerkennung. Auch dies war ein Ausdruck der für das niederländische Selbstverständnis wichtigen Souveränität aller Provinzen. Die Niederländische Republik war kein zentral verwalteter Staat, sondern eine Union unabhängiger Provinzen, bei der die politisch mächtigste Provinz durch die Generalstaaten verschiedene gemeinsame Aufgaben übernahm.

Den Hoge Raad als „Nachfolger“ des Großen Rats von Mechelen zu bezeichnen, wie dies z. B. Van Bijnkershoek und auch Ariens tun,[73] trifft allerdings nur bedingt den Kern. Van Bijnkershoek sah den Hoge Raad schon in der Tradition des Großen Rats. Denn Urteile des Großen Rats aus der Zeit vor der Loslösung der Niederlande wurden weiterhin als Rechtsansicht akzeptiert (soweit sie zumindest nicht Religion oder politische Fragen betrafen). Gleichwohl war der Hoge Raad ein eigenständiges, von den übrigen Nachbarländern (und den Provinzen, für die der Hoge Raad keine Zuständigkeit besaß) unabhängiges und neues Richterkollegium. Deshalb geht die Bezeichnung des Hoge Raad als direkten „Nachfolger“ des Großen Rats von Mechelen fehl.

Zum Tagungsort des Hoge Raad für die *audientie van de rol*, d. h. die mündliche Verhandlung, und *pleitkammer* (der Ort für die Plädoyers), bestimmte man die *Pijn-Kammer* des Hofs von Holland im *Binnenhof* in Den Haag. Als Ratskammer für die

70 Zimmermann, JZ, S. 826.

71 Die Staaten von Holland äußerten bei der Einrichtung des Gerichts die Hoffnung, dass auch die Provinz Utrecht, die räumlich der Provinz Holland nahe lag, sich der Jurisdiktion des Hoge Raad unterwerfe, Resolutie vom 21. November 1579. Verhas, Beginjaren, S. 70 Fn. 39 vermutet, dass sich Utrecht deswegen mit der Anerkennung zurückhielt, weil Utrecht auf einen Anschluss an ein neu zu schaffendes zentrales Rechtskollegium bei den Generalstaaten wartete. Dazu kam es allerdings nie.

72 Die Anerkennung geschah sukzessiv. Mit dem Vertrag vom 3. August 1587 erhielten die Seeländer zwei Sitze im Hoge Raad. Van Bijnkershoek meint in Obs. Tum. Nr. 5 der erste Vertrag, mit dem die Provinz Seeland ins Spiel kam, sei der vom 6. Oktober 1587. Dies stimmt nicht. Van Bijnkershoek hat aber insoweit Recht, als sich Seeland durch den Vertrag vom 6. Oktober 1587 zunächst nur für drei Jahre der Jurisdiktion des Hoge Raad unterwarf, diese Regelung aber mit dem Vertrag vom 20. September 1596 auf Dauer bestätigte, bzw. einfach wie selbstverständlich danach weitergeführt habe, siehe Obs. Tum. Nr. 6. Reibungspunkt zwischen den Provinzen war bis in die Zeit von Van Bijnkershoek nicht die Anerkennung des Gerichts, sondern die Besetzung des Präsidentenamts.

73 Van Bijnkershoek, Obs. Tum. Nr. 1. Ariens, S. 354 beschränkt diese Aussage zumindest auf die Funktion als Appellationskollegium. Van Bijnkershoek, Obs. Tum. Nr. 1 bezieht sich dabei auf Grotius, Apologet. C. 1 p. m. 9 und Neostadius, De pactis antenuptialibus, Observatio Nr. 5.

Beratungen des Gerichts wurde *de Stove* eingerichtet.[74] Die Ratskammer des Hoge Raad wurde schön dekoriert und war viel größer als die des Hofs. Der Hoge Raad verfügte darüber hinaus über einen Bibliothekssaal und eine Schreibstube.[75]

2. Die Personen am Hoge Raad

Bei den Personen, die am Hoge Raad beschäftigt bzw. am Verfahren beteiligt waren, kann man zwei Gruppen, interne und externe Mitglieder des Gerichts,[76] unterscheiden. Auf der einen Seite stehen die dauerhaft am Gericht beschäftigten Mitglieder. Diese werden fest bezahlt. Zur ersten Gruppe sind die Richter und der Präsident des Hoge Raad, sowie die Gerichtsbeamten zu zählen. Der zweite Typus sind Personen, die im Umfeld des Verfahrens auftraten. Zu dieser zweiten Gruppe gehören die Advokaten und Prokuratoren. Sie kamen nur bei der Verhandlung des Verfahrens ins Spiel und wurden von den Parteien bezahlt.

a) Ratsherren und Präsident des Hoge Raad

Die wichtigsten Personen am Hoge Raad waren die Richter. Dem Richterkollegium oblag die Verhandlung und Entscheidung der Fälle. Dieses Kollegium bestand aus neun ordentlichen Richtern und einem Präsidenten.

(1) Die Richter

Das Verfahren der Ernennung zum Richter war kompliziert und sollte Rücksicht auf die Souveränität der Provinzen nehmen. Nach der Instruktion von 1582 sollten die Staaten von Holland bei vakanten Stellen drei Personen benennen, von denen die „Hoge Overigheyt" oder der Prinz (was später auf den Statthalter überging) eine wählen und anstellen musste. Der Hoge Raad hatte dabei nur eine beratende Funktion.[77] Die Kandidaten durften bei ihrer Bewerbung keine Absprachen über das Antreten des Amtes treffen und hatten bei Amtseintritt gegenüber den Staaten von Holland einen Eid abzulegen, um sich von jeder direkten oder indirekten Amtssucht frei zu machen.[78] Der Richter wurde dann auf Lebenszeit ernannt.

Die Anerkennung des Hoge Raad durch Seeland änderte auch das Ernennungsprozedere. Durch Art. 17 des Vertrags vom 3. August 1587 hatte die Provinz Seeland im Hoge Raad zwei der zehn Sitze, wobei aber vor Van Bijnkershoek niemals der Sitz des

74 De Blécourt, S. 446.
75 Van Soest, „Hoge Raad", S. 13.
76 Eine Unterscheidung die Put, S. 15 schon für den Rat von Brabant getroffen hat.
77 Instructie Hoge Raad, Art. XVI, Vreede, Jaarboek 1840, S. 19.
78 Instructie Hoge Raad, Art. XVII. Ämterkauf durch Abschließen von *contracten van correspondentie* war in der Republik jedoch eine weit verbreitete und im großen Maße akzeptierte Form von Amtssucht. Siehe Witte van Citters, Contrtacten van correspondentie; Vreede, Jaarboek 1840, S. 20–24. Auch Van Bijnkershoek betrieb bei seiner Ernennung diese Praxis, wenngleich Numan das bestreitet und Van Bijnkershoek dies stets weit von sich wies. Siehe Star Numan, S. 74–84. Zumindest hatte Van Bijnkershoek Probleme, den Reinigungseid ablegen zu dürfen. Aktenkundig ist, dass sich Van Bijnkershoek an den Ratspensionär von Seeland wandte und von ihm Unterstützung erhielt, Star Numan, S. 78.

Präsidenten mit einem Seeländer besetzt wurde. Es wurden nun zur Ernennung in der Regel sechs Personen vorgeschlagen.[79] Mit der Verlängerung des Vertrags von 1587 im Jahre 1596[80] erhielt Seeland im Hoge Raad drei Sitze. Nachdem diese durch Seeländer besetzt waren, wurden die freien Sitze entsprechend der Verteilung auf die Provinzen besetzt, wenn ein Ratsherr ausschied.[81]

Für das Richteramt vorgeschlagen wurden in Seeland nur solche Personen, die ein Amt in den Städten der Provinz bekleideten. In der Zeit Van Bijnkershoeks hatte sich hierbei eine Reihenfolge für das Vorschlagsrecht unter den sechs Städten dieser Provinz[82] herausgebildet. Das sog. *Instrumentum pacis* wurde zwar erst 1708 abgefasst, war aber schon bei der Ernennung von Van Bijnkershoek Usus.[83] Die Stadt, die an der Reihe war, verkaufte sodann die Ernennung, bzw. eigentlich das Amt, das zur Ernennung zum Richter Voraussetzung war, an den Meistbietenden.[84] Der Verkauf galt nur in der Provinz Seeland, in Holland war dies seit 1579 für alle Ernennungen verboten.[85] Obwohl diese Praxis im Widerspruch zur Instruktion stand,[86] überging man dies aus finanziellen und machtpolitischen Gründen. 1751 schließlich ordnete Wilhelm IV. an, dass die Benennung des Richters seitens der Städte durch den Statthalter gebilligt werden musste. An der Praxis des Ämterkaufs änderte auch diese Anordnung nichts.[87]

Der zum Richter Vorgeschlagene musste dann von den Staaten der jeweils anderen Provinz zugelassen werden. War dies geschehen, leistete der Bewerber in der Anfangszeit des Hoge Raad seinen Eid gegenüber den Staaten seiner Provinz.[88] Im 18. Jahrhundert galt dies nicht mehr, sondern der Ratsherr hatte seinen Eid nur noch gegenüber den Staaten zu leisten, von denen er ausgewählt worden war.[89] Vorgeschlagen wurden im 18. Jh. vor allem an den Universitäten Utrecht und Leiden ausgebildete Juristen.[90] Für Bewerber galt ein Mindestalter von 25 Jahren.[91] Bei Amtsantritt musste

79 GPB IV, Bl. 842.
80 R.S.H. 20. September 1596. G.P.B. II, 848.
81 Vertrag vom 3. August 1587.
82 Goes, Tholen und Flissingen besetzten dabei die Stellen am Hoge Raad, Middelburg, Veere und Zierikzee die beim Hof.
83 Van Citters, S. 249 f. (speziell für den Hoge Raad S. 253, Art. VIII). Van Poelgeest, Bijdragen, S. 29–33.
84 Deswegen kam Kritik an der Ernennung des Ratsherrn Pauw auf.
85 Swart, S. 70–78.
86 Instructie Hoge Raad, Art. XVII.
87 Van Poelgeest, Bijdragen, S. 30–33.
88 Nader Tractaat von 1596, GPB. II, S. 846, vgl. Obs. Tum. Nr. 3.
89 Obs. Tum. Nr. 3.
90 Verhas, Le Hoge Raad, S. 139. In der Frühphase konnten auch nicht juristisch Qualifizierte das Amt eines Richters am Hoge Raad bekleiden. Es gab allerdings bereits in der Frühphase Gelehrte im Hoge Raad, s. z. B. Egmond, S. 41 f. So wurden die Arbeiten von Neostadius, *De Pactis antenuptialibus rerum judicatarum observationes* (Leiden 1594), *De feudi juris scripti Hollandici Westfrisique successione, nec non Observationum feudisticarum decas prima, ex rebus judicatis curiae feudalis Hollandiae, Zelandiae, Frisiaeque selecta*, Den Haag 1602 (zu den *Curiae Hollandiae, Zelandiae et West-Frisiae decisiones* von 1617 siehe S. 96) und Rombout Hogerbeets, *Van 't aen-leggen ende volvoeren der processen voor de respectieve Hoven van Justitie in Holland*, Haarlem 1631 durch die Rechtsprechung inspiriert. Im übrigen war Grotius auch *advocaat-fiscaal* am Hogen Raad, konnte also für seine dogmatischen Werke auf praktische Erfahrungen zurückgreifen.
91 Vreede, Jaarboek 1840, S. 24 f.

der Richter gegenüber dem Hoge Raad schwören, Geheimnisse nicht zu offenbaren.[92] Ein Verstoß dagegen konnte im Wiederholungsfall die Entlassung des Richters zur Folge haben.

Die Ernennung der Richter erfolgte auf Lebenszeit. Dies hatte zur Folge, dass sie ihren Dienst grundsätzlich auch auf Lebenszeit verrichteten.[93] Es kam allerdings vor, dass sich ein Richter entlassen ließ, um eine andere Funktion zu auzuüben.[94] Das Amt des Richters am Hoge Raad bildete den Abschluss einer juristischen Laufbahn, die zumeist davor als Advokat oder in der Verwaltung der Städte begonnen hatte. Seiner Stellung nach entsprach es dem eines Richters am Hof oder der Kammer des Grafen.[95] Auffällig ist, dass es keinen Richter gab, der vor seiner Beschäftigung am Hoge Raad Professor gewesen war. Die Richter am Hoge Raad waren im 18. Jahrhundert juristisch qualifizierte Praktiker.[96]

Obwohl das Amt des Richters am Hoge Raad in der Regel lebenslang ausgeübt wurde, gab es keine Vorschrift, die die Unabsetzbarkeit des Richters sicherte.[97] Die Entlassung des Richters war allerdings eine seltene Ausnahme.[98] Dem Richter drohte allerdings die Entlassung als disziplinarische Folge, wenn er z. B. gegen das Geheimhaltungsgebot verstieß.[99]

Die gesellschaftliche Herkunft des Bewerbers spielte eine recht große Rolle. Ein erheblicher Teil der Richter entstammte einer Familie, die schon Richter an diesem Gerichtshof gestellt hatten.[100] Auch die Familien, die politisch einflussreiche Funktionen in den Städten oder den Staaten ausübten, waren häufig im Hoge Raad vertreten,[101] daneben Angehörige wohlhabender Kaufleute.[102] Angehörige des Adels spielten dabei nur eine untergeordnete Rolle.[103] Nicht zuletzt Dank des *instrumentum pacis* konnte auch eine Person aus einer weniger wohlhabenden und einflussreichen Familie im 18. Jh. eine Stelle im Hoge Raad bekommen.[104] Van Bijnkershoek ist dafür das beste Beispiel, dass nicht allein die Herkunft, sondern auch Fähigkeit und persönlicher Ehrgeiz

92 Siehe Obs. Tum. Nr. 3.

93 Verhas, Le Hoge Raad, S. 145 beziffert die Anzahl der Richter, die lebenslang dieses Amt versahen, auf 82%.

94 Das Verbot bezog sich nur darauf, während der Arbeit als Richter in einer anderen Institution oder einem Regierungsamt tätig zu sein (Nader Ampliatie, Art. 7). Meistens traten die Ratsherren dann in den diplomatischen Dienst. Hogerbeets wurde Pensionär in Leiden, (Vreede, Jaarboek 1839, S. 38, Vosbergen wurde Mitglied in den Generalstaaten (Vreede, Jaarboek 1839, S. 41)

95 De Smidt, Hof van Holland, S. 160.

96 Verhas, Le Hoge Raad, S. 145 f.

97 Vreede, Jaarboek 1840, S. 37 f.

98 Verhas, Le Hoge Raad, S. 134. Van Brederode z. B. wurde entlassen, weil er sich weigerte, die Anhänger der englischen Arminianer zu verurteilen. Van Zurck, XXV, Nr. 2.

99 Instructie Hoge Raad, Art. XI–XIII. Die Pflicht zur Geheimhaltung bestand nicht nur gegenüber Verfahrensfremden, sondern auch gegenüber den Parteien.

100 Zum Beispiel die familiären Verbindungen Peter van Hiniossa mit Van Brederode und dessen Verbindungen zu Oldenbarnevelt in den Anfangsjahren des Hoge Raad, Egmond, S. 39–43. Aber auch noch im 18. Jh. kamen zur juristischen Qualifikation oftmals familiäre Beziehungen hinzu, bzw. bedingten sich gegenseitig. Beispiel hierfür ist Willem Pauw: Er entstammte einer Juristenfamilie, studierte Rechtswissenschaften, heiratete aber auch eine der Töchter Van Bijnkershoeks.

101 Egmond, S. 39–41.

102 Van Poelgeest, Bijdragen, S. 24.

103 Von 17 Präsidenten des Hoge Raad stellten sie nur drei, Verhas, Le Hoge Raad, S. 142 f.

104 Verhas, Le Hoge Raad, S. 143 zählt für das 18. Jahrhundert 7 *homines novi*.

für das Bekleiden einer Stelle als Richter und Präsident ein Kriterium war. Ob die Ernennung bei der Stellenbesetzung im Hoge Raad eine Rolle spielte, lässt sich mit dem untersuchten Quellenmaterial nicht belegen. Im Hinblick auf die Kritik, die Van Bijnkershoek in Bezug auf die fehlende Qualität der Richter bzw. wie diese ihre Qualifikation erlangten, lassen sich Rückschlüsse darauf ziehen, wie Van Bijnkershoek über die Arbeit gedacht hat. Da mit der Ausübung des Richteramts auch Funktionen in der reformierten Kirche verbunden waren, war die Zugehörigkeit zu dieser Konfession eine Voraussetzung für die Ausübung des Richteramts.[105]

Die wichtigsten Aufgaben der Richter waren die Entscheidung über die Zulassung eines Verfahrens, dann die Leitung der Verhandlung als Kommissar (*commissair van de rol*), ferner die Leitung der Beweiserhebung bei der *enqueste*, die Vorbereitung und Teilnahme bei den Beratungen des Kollegiums und die Entscheidung des Falls. Mit dem Richteramt verbunden waren auch andere Ehrenämter. Eine weitere recht häufig von Richtern des Hoge Raad ausgeübte Funktion war die des *hoofdingeland*.[106] Die Ausübung anderer Ämter, insbesondere Deichgrafenämter waren den Mitgliedern des Hoge Raad untersagt, da dies bei zu entscheidenden Fällen zu Interessenkonflikten geführt hätte. Ein solcher möglicher Interessenkonflikt wurde aber für das Amt des *hoofdingeland* nicht gesehen, da dieses lediglich eine Kontrollfunktion hatte.[107] Eine andere Funktion, die Richter ausübten, war die Mitgliedschaft in Kommissionen, z. B. im Auftrag des Statthalters. So wurden Van Bijnkershoek und Pauw mehrfach als Kommissare zur Streitschlichtung in den Städten eingesetzt.

Gerade im Hinblick auf Befangenheit oder Bestechung hatte der Hoge Raad ein für die damalige Zeit sehr aufgeklärtes Verständnis. Um die Unabhängigkeit der Richter zu sichern, war es ihnen verboten, Geschenke anzunehmen,[108] oder von anderen Institutionen Lohn zu empfangen.[109] Gleichwohl gab es Versuche, mit Geschenken das Urteil des Richters zu beeinflussen. Hierbei wählte das Gericht bei kleinen Geschenken, insbesondere solchen in Naturalien, die Lösung, dass der Richter das Geschenk zwar behalten durfte, er aber eine Summe an die Armen bezahlen musste. Van Bijnkershoek sah eine solche Beeinflussung weniger streng als seine Kollegen. So berichtet Pauw am 20. Februar 1750,[110] dass der Präsident im Rat erklärt habe, er habe ein halbes Lamm bekommen, ohne recht zu wissen, von wem. Nachdem er es schon verzehrt hatte, habe er bemerkt, dass es von einer Frau stammte, die ein Jahr zuvor ein Verfahren am Hoge Raad anhängig hatte. Er bot deshalb an, dessen Wert den Armen zukommen zu lassen. Da er jedoch stets in einer Freundschaftsbeziehung zu der Frau stand und er üblicherweise ein solches Geschenk von ihr zu bekommen und auch sie zu beschenken pflegte, entschied man, dass dieser Fall nicht in die Bestimmungen des Verbots von Geschenken fiel. Ein Richter durfte auch nicht an einer Entscheidung mitwirken, in

---

105 Verhas, Le Hoge Raad, S. 140. Dies galt für die Ausübung aller öffentlichen Ämter. Die Verbindung weltlicher und geistlicher Funktionen macht dies aber plausibel.

106 Vorstand einer *waterschap*, d. h. der Eigentümer von am Meer gelegenen Grundstücken. Vorsitzender der *waterschap* war der Deichgraf.

107 De Vries, „Geschapen tot ieders nut“, S. 335.

108 Instructie Hoge Raad, Art. X.

109 Verhas, Le Hoge Raad, S. 132 f.

110 Bijlagen zu Obs. Tum. Nov., Bd. 1.

der ein Blutsverwandter Partei war.[111] Auch durfte ein Richter nicht zugleich mit seinem Vater, Sohn, Bruder oder Neffen eine Sitzung abhalten.[112] Nach einem Erlass der Staaten von Holland vom 23. März 1669[113] durfte ein Ratsherr auch nicht *commissaris* oder *rapporteur* in einem Fall sein, in dem ein Sohn, Schwiegersohn oder Bruder als Advokat oder Prokurator auftrat.[114]

Darüber hinaus war die Bezahlung des Richters am Hoge Raad so gut, dass aus diesem Grund kaum ein Anlass für die Bestechlichkeit eines Richters bestand. Der Richter am Hoge Raad wurde von seiner Provinz bezahlt. Die Höhe der Besoldung war aber für alle Richter gleich, obwohl hinsichtlich der Abzüge Unterschiede bestanden. Der normale Richter am Hoge Raad erhielt im 18. Jahrhundert ein jährliches Gehalt von 2.550 Gulden, ab 1716 3.000 Gulden. Dieses „Grundgehalt" erhöhte sich für den Präsidenten auf 4.200 Gulden.[115] Darüber hinaus waren Richter und Präsident von verschiedenen Verbrauchssteuern, Zöllen und anderen Lasten oder Diensten befreit. Dies galt auch für deren Witwen, sofern sie nicht erneut verheiratet waren.[116] Allerdings unterlag das Amt, wie die meisten anderen Ämter auch, einer Last zu Gunsten der anstellenden Provinz. Der direkte Kauf des Richteramts war nicht gestattet. Gleichwohl war der Verkauf von Ämtern allgemein eine wichtige Einnahmequelle für die Provinz. Um die direkte Simonie für das Richteramt, die letztendlich auch zu einem Ansehensverlust des Gerichts geführt hätte, zu umgehen, wurden die Ämter in Seeland mit einer Zahlungslast vergeben. Diese Belastung wurde von der Besoldung abgezogen.[117]

Eine weitere Einnahmequelle der Richter bildete die Beteiligung an den Verfahrenskosten. Sie erhielten ein Teil der Emolumente und die Strafgebühren.[118] Gleichwohl ist aus den Observationes nicht zu erkennen, dass die Richter aus Interesse an den Gebühren anders entschieden hätten.[119]

111 Nach G.P.B. VIII, 706 (Resolution von 1602) wurde ein Ratsherr *gewraakt* oder musste freiwillig zurücktreten, wenn eine Prozesspartei mit ihm im 6. Grad, in Erbsachen im 10. Grad verwandt war. Siehe auch Van Poelgeest, Bijdragen, S. 41. In der Praxis kam es aber vor, dass der Präsident versuchte mitzustimmen, obwohl dessen Schwager Partei war, vgl. Obs. Tum. 1193 vom 7. Dezember 1715. Die Kritik Van Bijnkershoeks auf den Schutbladen zu Obs. Tum. Tom. 5, VI hatte allerdings Erfolg: ...sed a me monitus abstinuit, nam, ipso rogante, sententiam non dixissem. Pro h. deum atque hominum fidem!

112 Instructie Hoge Raad, Art. XIV, Vreede, Jaarboek 1840, S. 25 f.. Insoweit zeigte die Instruktion schon Erfahrungen aus anderen Gerichten, in denen es ebenfalls zu einer Häufung der Ämter in den Familien kam.

113 G.P.B. III, 662.

114 vgl. Obs. Tum. Nr. 25. Aus den Schutbladen zu Obs. Tum. Tom. 4, VII ergibt sich, dass dies in der Praxis nur teilweise beachtet wurde. Der Ratsherr Schaep wurde am 26. November 1711 als *rapporteur* übergangen, weil sein Bruder Advokat in diesem Fall war. In Obs. Tum. 893 vom 30. September 1712 hingegen trat Rosenbooms Großneffe Willem Rosenboom als Advokat auf, was den Präsidenten aber nicht hinderte, am Verfahren teilzunehmen.

115 Van Poelgeest, Bijdragen, S. 37 1581 erhielt der Präsident 1200 Gulden und ein ordentlicher Ratsherr 700 Gulden De Blécourt, S. 445. Ab 1662 wurde dies auf 750 Gulden erhöht.

116 Instructie Hoge Raad, Art. VI.

117 Siehe oben S. 29.

118 Aus den Beilagen zu Obs. Tum. Nov., Bd. 1 ergibt sich, dass auch die Kammerdiener einen Anteil an den Emolumenten erhalten haben.

119 Van Bijnkershoek kritisiert aber den Präsidenten Rosenboom auf den Schutbladen zu Obs. Tum. Tom. 5, VI vom 15. November 1715 (vermutlich Obs. Tum. Nr. 1185) dafür, dass er, um in den Genuss des *rapportgeld* zu kommen, seinen Namen auf die *resolutie* schreiben ließ, ohne

Das Gericht war in seiner Entscheidung juristischer Fragen keinen Weisungen unterworfen.[120] Solche direkten Weisungen konnten in den untersuchten Fällen nicht gefunden werden. Dabei ist allerdings zu differenzieren zwischen juristischen und politischen Fragen. Wenn ein Fall eine politische Frage betraf, hielt sich der Hoge Raad stets mit einer Entscheidung des Falls zurück[121] und verwies an die politischen Organe, also die Generalstaaten oder die Staaten der Provinzen. Eine Einmischung in politische Fälle wollte das Gericht nicht und war ihm auch verboten.[122] Es kam in besonders politisch brisanten Fällen dazu, dass der Hoge Raad die Auslegung von Edikten den Staaten überließ.[123] Umgekehrt konnte es aber vorkommen, dass das Gericht von den Generalstaaten den Auftrag erhielt, in einem Verfahren, das an sie zur Entscheidung gekommen war,[124] das Urteil zu sprechen. Die juristische Kompetenz des Gerichts wurde also von dem politischen Gremium respektiert und geachtet. Die Richter waren in ihrer Entscheidung auch nicht gerichtsintern an Weisungen bei ihrer Entscheidung gebunden. Das Weisungsrecht des Präsidenten beschränkte sich nur auf die Geschäftsverteilung dahingehend, wer in einem Fall Berichterstatter sein sollte, ein Weisungsrecht bei der Entscheidung von Rechtsfragen hatte er nicht und es ist auch kein Fall bekannt, dass sich der Präsident ein solches Recht anmaßte.

(2) Der Präsident

Die besondere Eigenschaft des Hoge Raad als Richterkollegium zeigt sich auch in der Funktion des Präsidenten. Er hatte bei der Abstimmung kein höheres Stimmrecht als die anderen Ratsherren,[125] auch wenn seine Ansicht im Gericht auf Grund seines besonderen Ansehens ein höheres Gewicht hatte. Dies äußerte sich aber nur in Form seiner Autorität, nicht in Form des Stichentscheids.

Der Präsident leitete die Sitzungen des Kollegiums. Die Entscheidungen des Gerichts waren aber auch in Abwesenheit des Präsidenten gültig. Das Schwergewicht seiner Tätigkeit lag in der Administration des Gerichts. So oblag ihm die Sachverteilung als *primus inter pares* und er trat nur selten als *rapporteur* auf. Ferner verrichtete der Präsident die Funktion des Siegelbewahrers. Die Ernennung des Präsidenten erfolgte nach dem Alter. Wie die Benennung von Bleiswijk aber zeigt, wurden davon auch

---

mitentschieden oder mitgestimmt zu haben.

120 Siehe Instructie Hoge Raad, Art. IX und Verhas, Le Hoge Raad, S. 135. Van Bijnkershoek hebt dies in Obs. Tum. Nr. 10 besonders hervor. Auch die Tatsache, dass das Gericht seine Urteile per Mehrheitsentscheid fällte, verhinderte eine äußere Einflussnahme. Es kam vor, dass das Gericht eine Entscheidung traf, die dem Statthalter oder den Generalstaaten nicht gefiel.

121 Verhas, Le Hoge Raad, S. 129.

122 *resolutie* vom 12. Juli 1674 G.P.B., III, S. 495, 669. Van Bijnkershoek bemerkt in Obs. Tum. Nr. 27, dass dies auch später noch oft verfügt worden sei, sich die Gerichte (gemeint sind der Hof von Holland und der Hoge Raad) aber gleichwohl daran nicht halten würden.

123 So war es z. B. im Fall von Sjako. Obs. Tum. Nrn. 1455, 1458 und 1460. In diesem Fall beraubte sich der Hoge Raad letztendlich seiner Entscheidung durch die Bitte um Auslegung des Edikts durch die Staaten.

124 So kam es z. B. vor, dass ein Verfahren aus einer Besitzung der Ost- oder Westindischen Compagnie über den Hof der Besitzung und den Gouverneur schließlich an die Generalstaaten gelangt war, von ihnen dann an den Hoge Raad zur Entscheidung delegiert wurde.

125 In der Entscheidung Obs. Tum. Nr. 52 erbost sich Van Bijnkershoek sogar darüber, dass sich der Präsident dies anmaße.

Ausnahmen gemacht. Vor Cornelius van Bijnkershoek hatte allerdings niemals ein Seeländer dieses Amt inne.

b) Gerichtsbeamte

Neben den Richtern waren am Hoge Raad auch weitere Personen tätig. Hierbei vertrat der *procureur-generaal* (procurator generalis) die Interessen des „Staates", während *griffier* und *deurwaarder* als administrative Beamte tätig waren.

(1) procureur-generaal und advocaat-fiscaal

Der *procureur-generaal*[126] war als Exponent des fürstlichen Zentralisationsstrebens[127] auch in der Zeit der Republik eine Institution am Hoge Raad, auf die nicht verzichtet wurde. Bestand seine Aufgabe in der Zeit vor der Souveränität der Niederlande in der Vertretung des Fürsten in seinen partikularen Rechten und Besitzen sowie bei Sachen, die ihn als Souverän angingen,[128] so verlagerte sich seine Funktion im Hoge Raad auf die Vertretung der Obrigkeit. Beistand erhielt der *procureur-generaal* bei dieser Aufgabe in der Frühzeit durch den *advocaat-fiscaal*.[129] Nach dem Vertrag zwischen den Ständen von Holland und Seeland vom 6. August 1643[130] übernahm der *proceur-generaal* auch die Funktion des *advocaat-fiscaal*, so dass der *advocaat fiscaal* im Untersuchungsraum nicht mehr vor dem Hoge Raad auftrat.[131]

Auch wenn der *procureur-generaal* kein Mitglied des Hoge Raad war und einzeln als Prozesspartei auftrat, konnte er ausnahmsweise bei der Beratung des Urteils beigezo-

126 Der Titel *procureur-generaal* könnte mit „Generalprokurator" übersetzt werden. Dieser Begriff ist aber in der deutschen Sprache nicht geläufig. Die moderne Übersetzung mit Generalstaatsanwalt impliziert ein Schwergewicht seiner Tätigkeit bei der Vertretung des Staates in Strafsachen. Die Funktion in Strafsachen verrichtete der procureur-generaal am Hoge Raad ebenfalls, jedoch war dies nicht der Schwerpunkt seiner Tätigkeit. Deshalb wird im Folgenden eine Übersetzung des Begriffes unterlassen.

127 Van Peteghem, S. 75.

128 Kerckhoffs-de Heij, S. 26.

129 Instructie Hoge Raad, Art. LI: „*Dat den advocaet fiscael, ende procureur generael van Hollant, die by desen hier toe worden gelast, na haar vermogen, de rechten, domeynen, jurisdictien, hoogheyt ende authoriteyt van den lande bewaren, beschermen ende voorstaen sullen.*" Auch in diesem Fall ist eine Übersetzung schwierig. Das Amt allein auf den Begriff „Fiskal" zu reduzieren, führt dazu, die Zweiteilung der Funktionen *Advokat* und *Prokurator* zu überspringen, die sich in den Namen auch der Vertreter des „Staates" wiederfinden. Diese Zweiteilung spiegelt letztendlich dieselbe Zweiteilung wider, die auch bei den „gewöhnlichen" Parteien bestand.

130 G.P.B. II 2377.

131 Die Aufgaben zwischen *procureur-generaal* und *advocaat-fiscaal* waren aber auch in der Anfangszeit nicht klar getrennt, so dass es vorkam, dass beide Funktionen von einer Person ausgeübt wurden. Die Instruktion beauftragte den *advocaat-fiskaal* in fiskalischen Sachen zu prozessieren und dabei die Schriftstücke zu unterzeichnen, Instructie Hoge Raad, Art. LVI. Seine Funktion entsprach insoweit der des Fiskals (*procurator fiscalis*) beim Reichskammergericht, Nève, S. 65 f. Ab März 1604 bestand formal eine genaue Abgrenzung der Ämter für den Hof und den Hoge Raad, Huijbrecht, S. 46–54. Ab diesem Zeitpunkt bestanden die den Ämtern am Hof von Holland zukommenden Befugnisse auch für den Hoge Raad, Huijbrecht, S. 46. Ein *advocaat-fiscaal* konnte seit dem auch unabhängig vom *procureur-generaal* vor Gericht tätig sein. Er vertrat dabei stets die Obrigkeitsorgane, niemals Privatpersonen und blieb dem *procureur-generaal* gegenüber weisungsgebunden.

gen werden. Er konnte nicht aus eigener Initiative einen Prozess anstrengen, sondern bedurfte dazu des Anratens oder des Befehls des Hoge Raad, der Staaten oder der *rekenkamer*. Erhielt der *procureur-generaal* einen solchen Auftrag, konnte er ihn nicht ablehnen.[132] In dieser Eigenschaft trat er dann als Bewahrer der Staatsfinanzen auf. Ein anderes Gebiet, auf dem der *procureur-general* auf Ersuchen der Staaten tätig wurde, war die niedere Rechtsprechung und die dazu gehörende Einziehung von Bußen.[133] Es ist allerdings unbekannt, ob er einen Anspruch auf die von ihm eingezogenen Bußen (z. B. die des *fol appèl*[134]) hatte.[135] In Strafsachen war der *procureur-generaal* als öffentlicher Ankläger *ex officio* Partei. Ihm oblag dann die Strafverfolgung auch bei der Aburteilung auf Staatskosten. Er durfte dabei nicht aus Kostengründen von der Strafverfolgung absehen.[136] Schließlich trat der *procureur-generaal* auch in Lehnssachen vor dem Hoge Raad auf. Verhas[137] vermutet, dass er nach Absetzung des obersten Lehnsherrn diese Aufgabe verrichtete. In diesem Fall fungierte er als Vertreter des oberstern Lehnsherrn, d. h. der Staaten.

Wenn der *procureur-generaal* auf Ersuchen des Hoge Raad einen Prozess anstrengte, geschah dies meist auf Grund von Fakten, die in einem Verfahren ans Licht kamen. Betrafen diese Fakten ernste Übertretungen oder eine Straftat, wurde er zugezogen und stellte eine Untersuchung an. In diesen Verfahren hatte er dann die Funktion des öffentlichen Anklägers. Die Rolle des *procureur-generaal* war aber nicht nur auf die Klage beschränkt. Er konnte auch beklagte Partei sein, oder bei bürgerlichrechtlichen Verfahren einer der Parteien beitreten.[138] Dies galt z. B. bei Beleidigung. Es war ferner möglich, dass der *procureur-generaal* den Prozess im Namen der Parteien führte. Wenn er die Ansprüche beider Seiten vertreten wollte, intervenierte er als unabhängiger Dritter im Prozess. Brachte sich der *procureur-generaal* auf Obrigkeitsseite ein, musste er den Prozess zu Ende führen, selbst wenn die ursprünglichen Parteien einen Vergleich erreicht hatten oder aus dem Prozess ausschieden.[139]

Ein Auftreten für die Obrigkeit führte aber nicht notwendigerweise zu einem Urteil zu Gunsten des *procureur-generaals*. Für die Anfangszeit stellte Verhas die Behauptung auf, dass der Hoge Raad nicht zwangsläufig die Belange der Staaten bediente.[140] Seine enge Beziehung zum Hoge Raad führte nicht dazu, dass er anders oder besser behandelt wurde als die anderen Prokuratoren. Die Besoldung hatten die Staaten bestimmt. In den Verfahren im Namen der Obrigkeit hatte der *procureur-generaal* die Eingaben aufzusetzen und leitete die vorbereitende Untersuchung. Möglicherweise konnte er für eine solche Untersuchung wie die Advokaten der Parteien abrechnen.[141] Bei der weite-

132 Instructie Hoge Raad, Art. LII.
133 In diesem Fall trat er als öffentlicher Ankläger auf. Verhas, Beginjaren, S. 50.
134 Es handelt sich dabei um eine Buße für das Einlegen eines Rechtsmittels, das von vorneherein keine Aussicht auf Erfolg hatte, z. B. nur um die Vollstreckung aufzuschieben.
135 Verhas, Beginjaren, S. 50.
136 Instructie Hoge Raad, Art. LXII.
137 Verhas, Beginjaren, S. 50.
138 Instructie Hoge Raad, Art. LV.
139 Instructie Hoge Raad, Art. LXI.
140 Verhas, Beginjaren, S. 51.
141 Instructie Hoge Raad, Art. LVII oder er konnte vor Vereinigung der Ämter den *advocaat-fiscaal* damit beauftragen.

ren Prozessführung fungierte er wie die übrigen Prokuratoren, d. h. in allen Verfahren hatte er die Sachen beizutragen. So ersuchte er um *provisie van justitie*, bekam Anweisungen vom Gericht wegen der durchzuführenden Prozesshandlungen, reichte die Schriftsätze ein und war bei der Beweisführung zugegen. Seine Aufgabe war es auch, die Inventare zu erstellen und zu unterschreiben, die seinem Prozessbündel beigefügt waren.[142] Er hatte ein Register von allen Sachen zu führen, worin er Haupt- oder beigeordnete Partei war, und musste jeden Monat gegenüber dem Hoge Raad den Fortgang seiner Prozesse verteidigen.[143]

(2) Der griffier

Ein weiterer Gerichtsbeamter, der auch häufig in den Observationes erwähnt wird, war der Schriftführer (nl. *griffier*). Der *griffier* war aus dem Amt des Sekretärs entstanden,[144] Er fungierte beim Hoge Raad als eine Art Haupt-Sekretär. Der *griffier* war das Bindeglied zwischen den Parteien und dem Gericht. Die Klage über lange Prozesse war nicht zuletzt auch eine Folge administrativer Probleme. Alle Handlungen der Parteien gingen über den *griffier* zum Gericht und wieder zurück. Die Wichtigkeit dieses Amtes wurde von den Staaten dadurch zum Ausdruck gebracht, dass sie ihn als „hoofd-officie op het stuk van Justitie“ bezeichneten.[145] Gerade bei der Neu-Einrichtung des Hoge Raad hatte der *griffier* eine wichtige Funktion.[146]

Später erfolgte die Benennung des *griffier* durch die Staaten. Der Hoge Raad war bei dem Vorschlag beratend tätig.[147] Diese Beamten mussten sich wie die Richter bei ihrer Indienststellung durch einen Eid gegen Amtsgier freimachen.[148] Die Kandidaten für das Amt wurden in einer gemeinschaftlichen Sitzung von Vertretern beider Provinzen gewählt.[149] Die Arbeitsbelastung des Schriftführers war so groß, dass schon früh ein stellvertretender Schreiber angestellt wurde. Dieser behielt allerdings zunächst seine Funktion als ordentlicher Sekretär am Hof von Holland. Der Schriftführer war für die Arbeit seines Stellvertreters verantwortlich.[150]

In späterer Zeit kam noch ein weiterer *griffier* hinzu, wobei dann jede Provinz ihren eigenen *griffier* ernannte. Die Wichtigkeit der Funktion kam auch dadurch zum Ausdruck, dass beide *griffiers* wie die Richter von der Steuerpflicht freigestellt waren.[151]

---

142 Instructie Hoge Raad, Art. LVII.

143 Instructie Hoge Raad, Art. LXIII. Die Register sind nicht vollständig erhalten geblieben.

144 Van Rompaey, S. 193–196, und Kerckhoffs-de Heij, S. 47.

145 R.S.H., 23. Dezember 1581.

146 Nicht zuletzt deshalb wurden in einem formellen Verfahren zunächst drei Personen nominiert, woraus Wilhelm von Oranien einen zukünftigen *griffier* benennen sollte. Zu seinen ersten Aufgaben gehörte es, alle Verfahren vom Großen Rat von Mechelen an den Hoge Raad zu ziehen, wozu die Zustimmung einer der Parteien genügte. Darüber hinaus hatte der *griffier* den Tagungsort des Gerichts zu suchen.

147 Instructie Hoge Raad, Art. XVI.

148 Instructie Hoge Raad, Art. XVII. Schon 1587 wurde auch das freiwillige Ausscheiden oder Verkaufen des Sekretärs, *rentmeisters van exploiten*, *deurwaarder* und Boten-Ämter ausdrücklich verboten, G.P.B. II, 1423.

149 Vertrag von 1596, Art. II-IV. Siehe auch *Accord tusschen Holland en Zeeland over 't nomineren en stellen van den President en Griffier in den Hoogen Raade* vom 6. August 1643.

150 Instructie Hoge Raad, Art. II.

151 Instructie Hoge Raad, Art. VI.

Die *griffiers* waren zur ausschließlichen Verrichtung ihres Amtes für den Hoge Raad und wie die Richter zur Geheimhaltung verpflichtet.[152]

Zur Verrichtung ihrer Dienste mussten der *griffier* und sein Stellvertreter in der Zeit von Ostern bis zum 1. Oktober morgens von 7.30 Uhr bis 10 Uhr in der Ratskammer anwesend sein. In der anderen Hälfte des Jahres von halb neun bis elf Uhr. In den Nachmittagsstunden hatten sie von drei bis fünf Uhr zur Verfügung zu stehen.[153] Bei Verstoß gegen die Anwesenheitspflicht drohten Strafen.[154] Der *griffier* hatte auch eine Kontrollfunktion, indem er die Anwesenheit der Ratsherren verzeichnete und dies alle drei Monate an die Kasse (ontvangers) meldete, welche die Fehlzeiten bei der Bezahlung der Gehälter verrechnete.[155] Ihnen oblag auch das Führen der Prozessrolle und das Ausstellen der Akten und Urteile.[156] Sie führten darüber hinaus getrennte Register für alle wichtigen *adviezen* und für die *plakkaten* mit den Briefen, die sich darauf bezogen.[157] Ein weiteres gesondertes Register, das sie zu führen hatten, war das der Prozesse, worin der *procureur-generaal* oder in der Frühzeit der *advocaat-fiscaal* Partei war.[158] Schließlich verzeichneten sie alle Anordnungen und Ordonanzen, welche die Wirkung eines Urteils hatten, in einem gesonderten Register, sowie alle *geextendeerten sententien* und alle *willige condemnaties*.[159]

Bei den *enquesten*, den Untersuchungen zur Beweiserhebung, konnte der Präsident den *griffier* oder seinen Stellvertreter zu Adjunkten des ermittelnden Kommissars benennen. Die Vergütung richtete sich dabei danach, wo die Untersuchung stattfand.[160]

Der *griffier* nahm auch die Gelder für den Berichterstatter (*rapportgeld*) in Empfang. Gegen Zahlung der Gebühr für das Urteil musste er das *dictum* sofort an die Partei aushändigen.[161] Er war auch für das Ausfertigen und Vorlesen des Urteils in der *audientie* verantwortlich.[162]

Wenn der *griffier* oder einer seiner Schreiber auf Ersuchen des Präsidenten die Prozessbündel zur Erstellung des Berichts abholte, konnte er hierfür eine Vergütung verlangen.[163] Der *griffier* nahm nur die Prozessbündel in Empfang, die ein Inhaltsverzeichnis besaßen, in dem alle Urkunden verzeichnet waren, die in dem Bündel enthalten waren.

---

152 Instructie Hoge Raad, Art. XI und XII.

153 Van Bijnkershoek vermerkt in Obs. Tum. Nr. 18, dass das Gericht die Schriftführer nur bei den von Holländern zu entscheidenden Fällen hinzuzog.

154 Instructie Hoge Raad, Art. XXIV.

155 Instructie Hoge Raad, Art. XXV f. Die Abwesenheit der Richter wurde nur bei Genehmigung durch den Präsidenten oder seines Stellvertreters gestattet.

156 Instructie Hoge Raad, Art. LXIV.

157 Instructie Hoge Raad, Art. LXV. Diese sind aber für die Frühzeit nicht vollständig erhalten, siehe Verhas, Beginjaren, S. 54. In den Beilagen zu Obs. Tum. Nov., Bd. 1 berichtet Pauw, dass bei der Abschaffung der Prozesspakete und Einführung der Sammlungen im Jahr 1749 und 1750 eine sehr große Zahl von sehr ausführlichen *plakkaten* und Ordonanzen ans Licht gekommen seien und deshalb am 20. Februar 1750 entschieden wurde, dass wegen ihres Umfanges eine Inhaltsangabe in das Register eingefügt und auf die Ordonantien verwiesen werden solle.

158 Instructie Hoge Raad, Art. LXVI.

159 Instructie Hoge Raad, Art. LXVII. Art. LXVIII erwähnt schließlich ein gesondertes Register von Urteilen, die auf Ersuchen des Hofs erweitert werden.

160 Instructie Hoge Raad, Art. XXXV, XXXVIII und XXXIX.

161 Instructie Hoge Raad, Art. XLI.

162 Instructie Hoge Raad, Art. XLIV und XLV.

163 Instructie Hoge Raad, Art. XLVI.

Nach Eingang der Prozessunterlagen konnte der Inhalt nur noch auf Anordnung des Gerichts oder mit Zustimmung beider Parteien geändert werden.[164]

Jede vom *griffier* erstellte Urkunde musste einzeln bezahlt werden. Für eine erste Ausstellung bekam der *griffier* zwei Stuiver, für einen Akt und für Verfügungen über Eingaben vier Stuiver, für eine *akte dispositief* acht Stuiver etc.[165]

(3) Sekretäre

Die Sekretäre des Hofs von Holland waren auch im Hoge Raad tätig.[166] Sie gehörten nicht zum festen Personal des Gerichts, konnten aber als Adjunkt des Kommissars bei einer *enqueste* fungieren.[167] Für einen solchen Auftrag erhielten sie dieselbe Vergütung wie der *griffier*. Die Sekretäre waren wie die Schriftführer befugt, die Eingaben der Parteien entgegenzunehmen. Sie mussten diese dem Präsidenten aushändigen, der sie sodann unter den Ratsherren verteilte.

Die Instruktion verlangte, dass die Sekretäre in der Ratskammer warten mussten, bis die Ratsherren die Bittschriften gelesen und darüber einen Beschluss getroffen hatten. Diese Verfügung mussten sie auf der Stelle auf den Rand des *requests* apostillieren.[168] Die so apostillierten Bittschriften wurden danach unter den Sekretären verteilt, um daraus ein *mandement*,[169] die Zulassung des Verfahrens, zu erstellen, das sie in eigenem Namen unterschrieben.[170] Für alle ihre Tätigkeiten erhielten sie von den Parteien Gebühren.[171]

(4) Ontvangers van de exploiten

Auch diese Beamte waren Sekretäre mit besonderer Funktion und fester Anstellung beim Hoge Raad. Sie zogen wie beim Großen Rat von Mechelen[172] die Bußen ein und tätigten die Auszahlungen für die Dienstreisen der Ratsherren und des anderen Personals. Die *ontvangers van de exploiten* erhielten dabei zunächst kein festes Salär,

---

164 Instructie Hoge Raad, Art. LXX.

165 Instructie Hoge Raad, Art. LXXI-LXXXV.

166 Instructie Hoge Raad, Art. III.

167 Instructie Hoge Raad, Art. XXXV, XXXVIII und XXXIX.

168 Instructie Hoge Raad, Art. LXXXVI. Verhas vermutet allerdings, dass die Apostillen vom *griffier* und nicht durch die Sekretäre geschrieben wurden, da alle Apostillen in derselben Handschrift geschrieben sind, Verhas, Beginjaren, S. 56, Fn. 178.

169 In den Quellen wird neben der französischen Schreibweise *mandement* oftmals auch die niederländische Schreibweise *mandament* verwendet. Beide Schreibweisen sind gleichbedeutend.

170 Instructie Hoge Raad, Art. LXXXVII und LXXXVIII.

171 Für die Ausgabe von *requesten civile*, *besloten brieven* und *appointementen* erhielten sie 6 Stuiver je Urkunde. Bei *mandementen* verdoppelte sich die Vergütung und für die Siegelung auf beide Urkunden erhielten sie zwei Stuiver. Die Aufstellung eines *beneficie van inventaris* (Inventar z. B. über eine Erbschaft) lieferte 50 Stuiver, das Siegel 51 Stuiver, Instructie Hoge Raad, Art. LXXXIX–XCIII. Für die Ausstellung anderer Urkunden erhielten sie eine Vergütung je Blatt, Instructie Hoge Raad, Art. CLVIII. Wenn die Sekretäre ohne Grund die Schrift größer oder kleiner wählten, oder die Schriftstücke grundlos verlängerten, konnte ihnen eine Korrektur auferlegt werden. Jeder Sekretär war dabei für die Arbeit seiner Schreiber verantwortlich, Instructie Hoge Raad, Art. CLXIII.

172 Kerckhoffs-de Heij, S. 57 f.

sondern den 25. Pfennig der Einnahmen.[173] 1584 wurde dieses auf den 15. Pfennig erhöht[174] und im selben Jahr bekamen sie noch ein festes Einkommen von jährlich 50 Gulden.[175] Ab 1585 wurde dieser Betrag verdoppelt.[176] Die Schaffung des Hoge Raad führte damit auch zu einer Professionalisierung in der Administration. Die Entwicklung ging dabei weg von einer „Gewinnbeteiligung“, hin zu einer festen Entlohnung der Verwaltungsbeamten.

(5) Deurwaarder

Eine weitere Schnittstelle zwischen den Parteien und dem Gericht waren die *deurwaarders* (Gerichtsvollzieher, Gerichtsdiener). Ihrer bediente man sich beim Verklagen der Parteien und der Vollstreckung der Urteile.[177] Die ursprüngliche Funktion dieser Beamten scheint noch durch den niederländischen Namen *deurwaarder* „Türwächter“ hindurch, da sie den Zugang zum Sitzungsraum bewachten.[178]

Beim Hoge Raad gab es zwei unterschiedliche Gruppen von *deurwaarders*: Die einen, die sogenannten *eerste deurwaarders*, fungierten als Assistenten bei den Ratssitzungen. Ihre Aufgabe war die Bewachung der Ratskammer und die Ordnung in der Sitzung. In der Anfangszeit hatte der Hoge Raad nur einen *eerste deurwaarder*. Später wurde diesem ein weiterer beigeordnet. Neben den polizeilichen Aufgaben überbrachten sie in Den Haag die Ladungen. Außerhalb von Den Haag hatten sie allerdings keine Befugnis.[179] Wenn richterliche Anordnungen außerhalb von Den Haag vollstreckt werden sollten, kam die zweite Gruppe zum Zug, die *ordinaris* und *extraordinaris deurwaarders* des Hofs von Holland. Diese insgesamt 12 Beamten erledigten die Aufträge außerhalb des Gerichts. Hierunter fielen z. B. die Untersuchungsbefugnis bei der Klageerhebung.[180] Sollten diese für den Hogen Raad tätig werden, mussten sie vor dem Präsidenten des Hoge Raad einen Eid ablegen und diesen auf dem Rücken ihres Kommissionsbriefs schriftlich bestätigen.[181] Nach dem Vertrag von 1587 wurden zur Beschleunigung des Verfahrens zwei *deurwaarders* in Middelburg und einer in Zierikzee angestellt, denen alle *deurwaarders* in den Städten unterstanden.[182]

Die *deurwaarders* erhielten ab 1598 eine feste Besoldung von 200 Gulden. Bei den Kosten für die Vornahme von Handlungen wurde zwischen den beiden Gruppen differenziert. Die Vergütung richtete sich dabei nach der Art der Handlung.[183]

---

173 RSH, 20. März 1582.
174 RSH, 9. Februar 1584.
175 RSH, 26. April 1584.
176 RSH, 28. Mai-19 Juni 1585.
177 Verhas, Beginjaren, S. 57.
178 Lesage, S. 45.
179 Instructie Hoge Raad, Art. IV und GPB II, S. 1094 (4. September 1584).
180 Das *mandement* enthielt eine Klausel *„indien U blijke“*, die es dem *deeurwaarder* erlaubte, die Anordnungen auszuführen, wenn die Einwendungen des *suppilant* den Befunden entsprachen. Siehe Van Rhee, Kap. 4.5.1 und Lesage, 45–70.
181 Instructie Hoge Raad, Art. V
182 Teekens, S. 21–22.
183 Die *eersten deurwaarders* bekamen für ihre Aufgaben in Den Haag 12 Stuiver und für die Ausführung eines *defaults* (Verzug der zu Gericht geladenen Partei) zwei Stuiver. Die anderen *deurwaarders*, welche die Aufträge außerhalb ihrer Residenz ausführten, bekamen dafür pro Tag 16 Stuiver. Sie durften für die Tagesreisen nicht mehr anrechnen als notwendig, wobei fünf Meilen

Wenn ein *deurwaarder* an den Wohnort des Verurteilten kam, um das Urteil zu vollstrecken, musste er sich erst an den örtlichen *schouten* wenden und diesen um Hilfe bei der Vollstreckung bitten, die ihm dieser nicht verweigern durfte. Leistete die Partei Widerstand oder wurde dem *deurwaarder* die Hilfe versagt, meldete er den Vorfall an den *advocaat-fiscaal*.[184] Zur Verhinderung von Amtsmissbrauch durften die *deurwaarders* nur im Beisein von zwei zum Ort gehörigen Schöffen oder Geschworenen Gegenstände in Beschlag nehmen oder verkaufen. Die Vermutung der Rechtsgültigkeit ihrer Handlungen galt nur für die Ausübung des Amtes und nicht für das, was vorher oder danach geschah.[185] Bei Amtsmissbrauch waren die *deurwaarders* persönlich haftbar und konnten dafür bestraft werden.[186] Im Extremfall konnte dies sogar zur Amtsenthebung führen. Der Hoge Raad trat in solchen Fällen als Disziplinargericht auf. Die bei der Vollstreckung benachteiligte Partei konnte den *deurwaarder* verklagen.

Eine schriftliche Anordnung des Gerichts, die nicht ordnungsgemäß ausgeführt wurde, musste erneut ausgefertigt werden. Ein recht häufig auftretender Fehler war, dass die *deurwaarder* nicht den Ausspruch des Gerichts abwarteten und sofort mit der Schätzung oder Vollstreckung begannen. Als Amtszeichen trugen die *deurwaarders* einen Stock mit dem Wappen des von ihnen vertretenen Gerichtshofs. Die Tatsache, dass die Urteile des Hoge Raad im Unterschied zum Reichskammergericht vollstreckbar waren, und auch tatsächlich vollstreckt wurden, zeigt den Einfluss des Gerichts. Nur wenn auch die Durchsetzung einer Entscheidung sichergestellt ist, hat die Entscheidung für die Parteien einen praktischen Nutzen.

(6) Weitere Beamte und Bedienstete

Um verschlossene Briefe zu überbringen, wurden Boten verwendet. Sie trugen ihren Auftrag in einer Dose mit durchscheinendem Deckel an einem seidenen Band um den Nacken, wodurch das Wappen des Gerichts zu sehen war.[187]

Ferner waren am Hoge Raad ein *penningmeester* und zwei Schreiber der Kanzlei, zwei Kammerdiener, ein Beheizer für die Räume (*boutefeu*) und ein *denunciateur van het uur*[188], sowie eine Reinigungskraft beschäftigt. Der Hoge Raad konnte die Reinigungskraft und den Beheizer selbständig benennen,[189] während die Kammerbewahrer von den Generalstaaten angestellt wurden.[190] Diese „Ämter“ wurden teilweise von einer einzigen Person ausgeübt.[191]

als eine Tagesreise galten, Instructie Hoge Raad, Art. CXVII–CXX. Assistierte ein *deurwaarder* einem Kommissar bei einer *enqueste*, bekam er dafür eine Vergütung von 24 Stuiver, Instructie Hoge Raad, Art. XL. Es war ihnen nach Art. XXVII Instructie Hoge Raad verboten, mehr als ihre Entlohnung von den Parteien zu verlangen.

184 Instructie Hoge Raad, Art. CVII–CIX, Teekens, S. 25.

185 Teekens, S. 24.

186 Instructie Hoge Raad, Art. CXV–CXVI.

187 Teekens, S. 23.

188 Ein Bote zur Zeitangabe.

189 Van Poelgeest, Bijdragen, S. 45.

190 Pauw, Bijlagen zu Obs. Tum. Nov., Bd. 1.

191 Pauw, Bijlagen zu Obs. Tum. Nov.,Bd. 1 berichtet 1748, dass nach dem Tod des C. Weldijk, der das Amt des *denunciateur van 't uur* und des *boutefeu* ausgeübt hatte, S. Warnier, der jüngste Schreiber in der *griffie* angestellt und entschieden wurde, dass dieser der Witwe eine Summe von

c) Advokaten und Prokuratoren

Eine weitere wichtige Gruppe von Personen im Umfeld des Hoge Raad waren die Advokaten und Prokuratoren. Wenngleich sie nicht unmittelbar zu den Mitgliedern des Gerichts zu zählen sind, war ihr Verhältnis zum Gericht doch so eng und dauerhaft, dass sie dem Umfeld des Hoge Raad zuzurechnen sind. Die Anzahl der Prokuratoren gibt Vreede für das 18. Jh. mit vier an, die speziell an den Hoge Raad gebunden waren. Dazu kamen noch acht Prokuratoren beim Hof von Holland.[192] Damit hatte ihre Zahl gegenüber dem vorigen Zeitraum abgenommen.[193]

Die Bezahlung ihrer Dienste erhielten sie im Unterschied zu den bereits beschriebenen Personen am Gerichtshof von den Parteien. Die Advokaten und Prokuratoren nahmen die Prozesshandlungen vor. Es bestand für den Hoge Raad Vertretungszwang.[194] Eine Selbstvertretung der Parteien gab es noch vor dem Burgundischen Hofrat;[195] durch das Aufkommen des gelehrten Rechts und des schriftlichen Verfahrens war es den Parteien weder möglich noch erlaubt, sich vor Gericht selbst zu vertreten. Jede Partei wurde daher vor Gericht durch einen Advokaten und einen Prokurator vertreten. Beide Ämter waren strikt getrennt und durften nicht von einer Person wahrgenommen werden. Erschien die Partei allein vor Gericht, waren die Richter im 18. Jh. verpflichtet, der Partei einen Prokurator und Advokaten zuzuweisen.[196] Während der Verhandlung mussten die Parteien sich des Prokurators bedienen. Das Hinzuziehen eines Advokaten für das Aufsetzen des *rekest* durfte allerdings auch unterbleiben. Die Auswahl des Prokurators unter den zugelassenen Prokuratoren stand den Parteien frei.

Die Rolle der Advokaten und Prokuratoren entsprach der, die sie schon am Großen Rat von Mechelen hatten. Die Advokaten nahmen die Prozesshandlung vor Gericht vor. Ihre Aufgabe war es, die Klage und deren Erwiederungen sowie die *conclusies in rechte* zu formulieren.[197] Sie erstellten die Schriftsätze und hielten die Plädoyers. Die Advokaten der Parteien mussten die Schriftsätze nach § 27 der Nader Ampliate van de Instructie vom 24. März 1644 vierzehn Tage vor der Verhandlung austauschen.[198]

Die Prokuratoren hingegen übernahmen die rechtliche Vertretung.[199] Sie nahmen wie schon beim Großen Raad von Mechelen[200] ebenfalls an der Sitzung teil und reichten die Schriftsätze ein. Den Prokuratoren oblag es auch, ein Register von allen Pro-

---

jährlich 100 Gulden zur Disposition des Hoge Raad auszahlen sollte, und sie die Dienstwohnung zu räumen habe.

192 Vreede, Jaarboek 1841, S. 29.

193 Verhas, Beginjaren, S. 61 f. spricht für die Anfangszeit noch von 23 Prokuratoren.

194 Verhas, Beginjaren, S. 63.

195 Van Rompaey, S. 257 f.

196 Wielant, S. 113.

197 Instructie Hoge Raad, Art. CXXIII; Huijbrecht/Scheffers/Scheffers-Hofman, S. 11–15.

198 Van Bijnkershoek bemerkt in Obs. Tum. Nr. 2064, dass diese Frist häufig entgegen der ausdrücklichen Gesetzesvorschrift auf acht Tage verkürzt worden und es zu Verzögerungen gekommen sei, weil diese Frist nicht eingehalten werden konnte. Deshalb habe das Gericht am 14. September 1724 angeordnet, nunmehr diese Vorschrift genau zu beachten. Bei Verstoß sollte der Prokurator mit einer Buße von 6 Gulden und 6 Stuivern belegt werden. Beruhte die Verzögerung auf einem Verschulden des Advokaten, wurde dem Prokurator der Rückgriff gegen den Advokaten gestattet.

199 Deshalb hafteten die Prokuratoren auch für die Buße wegen Verzögerung, siehe Fn. 198.

200 Kerckhoffs-de Heij, S. 60.

zessen zu führen, an denen sie beteiligt waren. Sie mussten sich zu jeder Zeit für ihre Sachen verantworten können. Wenn einer ihrer Fälle zur Verhandlung anstand, zeigten sie dies tags zuvor dem betroffenen Advokaten zusammen mit dem Hinweis an, welche Handlung in der Sache vorgenommen werden musste. Hatte die Partei während der vorherigen Sitzung eine bestimmte Anweisung erhalten, so war es die Aufgabe des Prokurators, die Partei davon in Kenntnis zu setzen. Kam er dieser Pflicht nicht nach und die Sache wurde infolgedessen verschleppt, kostete dies ihn sechs Stuiver, für die er selbst haften musste. Wenn der Advokat rechtzeitig in Kenntnis gesetzt worden war, er aber seinen Auftrag nicht fertig hatte, kostete dies ihn zehn Stuiver.[201] Die Advokaten und Prokuratoren, deren Sachen verhandelt wurden, mussten sich im Sommer ab zehn Uhr und im Winter ab elf Uhr bei der Sitzung befinden. Sie durften sich an Verhandlungstagen nicht außerhalb von Den Haag aufhalten, es sei denn, sie hatten einen Vertreter bestimmt und diesen vollständig über die Sache unterrichtet. Unerlaubte Abwesenheit kostete den Advokaten sechs Stuiver und einen Prokurator vier Stuiver pro Sache, sofern diese dadurch in Rückstand geriet.[202]

Advokaten benötigten, anders als die Prokuratoren, für ihre Zulassung einen Abschluss einer bekannten Universität.[203] Bevor sie vor Gericht auftreten durften, mussten sie vom Hoge Raad zugelassen und vereidigt werden. Die Erfordernisse Zulassung und Vereidigung galten auch für die Prokuratoren.

Das Amt des Prokurators wurde, obgleich es keine hoheitliche Funktion darstellte, an den meistbietenden verkauft.[204]

Das Honorar der Advokaten und Prokuratoren wurde durch die Instruktion des Hoge Raad bestimmt.[205] Diese Beträge wurden im Jahre 1596 auf Ersuchen der Advokaten und Prokuratoren von den Staaten von Holland und Seeland verdoppelt.[206] Da sich die Bezahlung der Advokaten nach dem Umfang der Schriftstücke richtete, führte dies dazu, dass der Umfang der Schriftsätze oftmals größer war als erforderlich.[207] Die Instruktion bestimmte daher, dass die Schriftstücke keine unnötigen Ausführungen und Wiederholungen haben durften. Als Strafe war eine Geldbuße und eine zeitliche Suspendierung vorgesehen. Konnte sich eine Partei die Kosten des Prokurators nicht leisten, so konnte *pro Deo* geklagt werden.[208]

Alle Schriftsätze mussten durch den verantwortlichen Advokaten unterzeichnet werden.[209] Mit der Unterschrift übernahmen sie die Verantwortung für den Schriftsatz.[210] Die Schriftsätze durften keine Beleidigungen oder Beschimpfungen enthalten.[211] Ferner

201 Instructie Hoge Raad, Art. CXXII und CXXIV.
202 Instructie Hoge Raad, Art. CXXV und CXXVI.
203 Kerckhoffs-de Heij, S. 60 und Instructie Hoge Raad, Art. CXXI.
204 Swart, S. 71. Es konnte deshalb auch weiterveräußert werden, wie z. B. Obs. Tum. Nr. 1035 zeigt. Siehe dazu unten S. 211.
205 Instructie Hoge Raad, Art. CXL–CXLIX und CLXIV für die Advokatoren und Instructie Hoge Raad, CL–CLXII und CLXIV für die Prokuratoren.
206 GPB II, 1443 (14. Mai 1596 und 16. Januar 1597).
207 Wie für den *griffier* galten auch für die Advokaten und Prokuratoren Vorschriften über das zu verwendende Papier. Instructie Hoge Raad, Art. CLXIII.
208 Aber auch dann durfte der Umfang der Schriftsätze nicht überhand nehmen.
209 Instructie Hoge Raad, Art. CXXVII.
210 Instructie Hoge Raad, Art. CXXXII.
211 Instructie Hoge Raad, Art. CXXX.

war es den Advokaten untersagt, in Verfahren eines anderen Advokaten aufzutreten, es sei denn, dieser war verhindert oder durch die Parteien entlassen und vollständig bezahlt.[212] Verstarb ein Prokurator, dann hatte dies nicht zur Folge, dass der vom Hoge Raad vereidigte Nachfolger automatisch dessen Fälle übernahm. Um einen Wechsel des Prokuratoren gültig werden zu lassen, mussten die Parteien ein Ersuchen um *procureur acceptant* an den Hoge Raad richten, wonach die Prozessvertretung an den Prokurator ihrer Wahl zugewiesen wurde. Ebenso wie der *procureur-generaal* waren auch die Prokuratoren verpflichtet, ein Inventar der Fälle zu führen, bei denen sie beteiligt waren.[213] In den von den Advokaten und Prokuratoren unterzeichneten Prozessunterlagen musste sich auch ein Dokument über die Bestellung des Prokurators befinden, das von dem *griffier* oder einem Sekretär unterzeichnet sein musste.[214] Es oblag den Prokuratoren auch, auf die Vollständigkeit der Prozessunterlagen zu achten.[215] Wenn der procureur-generaal von der Sache betroffen war, musste das Prozessbündel eingereicht werden, nachdem er die Unterlagen auf Vollständigkeit hin untersucht und das Inventar unterzeichnet hatte.[216] Ferner mussten sowohl Advokaten als auch Prokuratoren ein Register über ihre Tätigkeiten für die Parteien führen. Nach Erlass des Urteils hatten sie zwei Jahre Zeit, um die Vergütung zu verlangen. Sie durften den Parteien deren Prozessunterlagen nicht mit der Behauptung vorenthalten, dass sie noch nicht bezahlt hatten. Sie konnten ihre Forderungen beim Hoge Raad einklagen.[217]

3. Die Prozessführung des Hoge Raad

Die Prozessführung am Hoge Raad hatte ihre Wurzeln im römisch-kanonischen Prozessrecht. Dies hatte sich im Parlament von Paris in einer neuen Art der Verfahrensführung niedergeschlagen. Eine Mischung aus einheimischen Regeln und dem römisch-kanonischen Prozessrecht erzeugte dort ein neues Verfahrensrecht. Dieses wurde von den Burgundischen Herzögen übernommen, die zur Vereinheitlichung der Rechtsprechung den Großen Rat von Mechelen schufen. Eine weitere wichtige Quelle für den *stijl van procederen* am Hoge Raad war die Prozessführungstradition am Hof von Holland und die theoretische Arbeit von Philip Wielant in seinem bekannten Werk *Practijke Civile* zur Prozessführung.[218] Die Schaffung eines neuen Gerichtshofs bot aber auch die Gelegenheit, die Prozessordnung neu schriftlich zu fixieren. Der Hoge Raad gab sich dabei selbst eine Prozessordnung, die der Prozessordnung des Hofs von Holland entsprach. Ergänzt wurde die Instruktion später von weiteren Ordonanzen, wenn die Entwicklungen Anlass zur Reform boten. Die Prozessordnung, der „stijl te procederen", war für den Hoge Raad in der Instructie van den Hoogen Raad geregelt. Die Prozessordnung entsprach weitgehend der des Hofs von Holland. Diese wiederum basierte in weiten Teilen auf der Ordonnanz für den Großen Rat von 1559.[219]

212 Instructie Hoge Raad, Art. CXXXI.
213 Instructie Hoge Raad, Art. CXXXIII f.
214 Instructie Hoge Raad, Art. CXXXVI.
215 Instructie Hoge Raad, Art. CXXXVII f.
216 Instructie Hoge Raad, Art. CXXXIX.
217 Instructie Hoge Raad, Art. CLXV f.
218 Van Caenegem, S. 66 f.
219 Verhas, Beginjaren, S. 77 Fn. 6 und De Smidt, Hof van Holland, S. 163

a) Zuständigkeit

Die Zuständigkeit des Hoge Raad lässt sich unter mehreren Aspekten beurteilen. Dabei sind drei Arten der Zuständigkeit zu unterscheiden, die persönliche (*ratio personae*), örtliche (*ratio territorii*) und instanzielle Zuständigkeit (*ratio instantii*), wenngleich die einzelnen Aspekte der Zuständigkeit Interdependenzen aufwiesen. Eine scharfe Abgrenzung zwischen den Bereichen ist daher schwierig. Es kam vielmehr darauf an, wer in welcher Weise vor dem Hoge Raad klagen konnte. Eine Mehrzahl der Regelungen erscheint als Privileg, so dass es den Parteien oblag, sich darauf zu berufen. Nur aus Gründen der Übersichtlichkeit werden daher im Folgenden die einzelnen Aspekte getrennt untersucht.

(1) Die persönliche Zuständigkeit (ratio personae)

Die persönliche Zuständigkeit gibt Auskunft darüber, wer vor dem Hoge Raad klagen konnte. So hatten fremde Kaufleute, die keinen Wohnsitz in Holland oder Seeland besaßen, das Privileg in erster (und letzter) Instanz ihre Klage zu führen.[220] Dies sollte den Handel befördern, da für eine effektive Abwicklung von Geschäften langwierige Prozesse nicht dienlich sind.[221] Mit Einverständnis der Parteien konnte das Verfahren aber auch vor dem örtlichen Gericht verhandelt und dort durch einen *arrest* (ein unanfechtbares Endurteil) abgeschlossen werden,[222] was für fremde Kaufleute den Vorteil bot, dass nicht alle Verfahren notwendigerweise vor dem Hoge Raad verhandelt werden mussten.

Ebenso wie die Kaufleute besaßen auch die Mitglieder des Hoge Raad sowohl in straf- als auch in zivilrechtlichen Streitigkeiten das Vorrecht, in erster Instanz vor dem Hoge Raad zu prozessieren. Für die Anwendbarkeit dieser Regelung genügte es, wenn nur eine Person, die Vertragspartei war, zum Hoge Raad gehörte.[223] Zu dieser bevorrechtigten Gruppe gehörten auch die beim Hoge Raad zugelassenen Advokaten und Prokuratoren. Der Hoge Raad war ferner Disziplinargericht für sein Personal.

Darüber hinaus sind keine weiteren Gruppen bekannt, die das Vorrecht besaßen, in erster Instanz vor dem Hoge Raad zu klagen. Selbst der Adel besaß dieses Privileg nicht, sondern er musste seine Klagen vor dem Hof von Holland erheben. Auch besonders schutzbedürftige Personen, wie Witwen, Waisen, alte Leute und „junge Töchter" (*personae miserabiles*) wurden in erster Instanz nur vor dem Hof gehört.[224]

Neben dem Privileg, vor dem Hoge Raad in erster Instanz zu klagen, gab es auch dessen Umkehrung, d. h. dass Personen nicht der Rechtsprechungsgewalt des Hoge Raad unterworfen waren. So waren alle Mitglieder der Universität von Leiden von der Rechtsprechungsgewalt des Hoge Raad ausgenommen und nur der Vierschaar der Universität, d. h. dem universitätseigenen Gericht, unterworfen. Es war allerdings erlaubt, dass die Personen, die der Rechtsprechungsgewalt der Universität unterworfen waren,

220 Instructie Hoge Raad, Art. XVIII.
221 Van der Linden, Buch 1, Teil VI, S. 81.
222 Der Begriff *arrest* bezeichnet daneben auch die Verhaftung eines Schuldners. Dies ist hier aber nicht gemeint. Der Begriff wurde doppelt verwendet.
223 Van der Linden, Buch 1, Teil VI, S. 83 f..
224 Merula, Lib. IV, Tit. II, Cap. IX.

aus eigenen Stücken den Fall einem anderen Gericht übertrugen. Ebenso unterlagen auch Soldaten nur der Rechtsprechung ihrer Vorgesetzten bzw. konnten bei kriminellen Vergehen vor dem Hof von Holland verklagt werden.[225]

(2) Die örtliche Zuständigkeit (ratio territorii)

Das Gebiet, auf das sich die Rechtsprechungsgewalt des Hoge Raad bezog, war von 1582–1587 nur die Provinz Holland und Westfriesland. Westfriesland entspricht den heutigen Provinzen Noord-Holland und Zuid-Holland, einschließlich des Gebiets um Zevenbergen, heute Noord-Brabant. Im Gegensatz zum Hof von Holland besaß der Hoge Raad kein eigenes Territorium, auf dem er in erster Instanz Recht sprechen konnte. Die örtliche Zuständigkeit des Gerichts bestimmte sich entweder nach dem Wohnort des Beklagten (*forum rei*) oder nach der Art der geltendgemachten Forderung (*ratio materiae*). Es genügte dazu, dass die Güter, auf die sich der Fall bezog, in der Provinz Holland lagen oder dass sich der Beklagte in Holland aufhielt. Wenn ein Beklagter nicht in Holland blieb, ersuchte der Gegner mit der *clausule van authorisatie eninsinuatie* um die Erlaubnis, eine Person, die außerhalb des Gebiets wohnte, verklagen zu dürfen.[226] Es konnte auch vorkommen, dass der Hoge Raad bei der Beteiligung eines Fremden das Verfahren an den „competente rechter“ (das zuständige Gericht), also das des Wohnorts des Beklagten verwies. Im Untersuchungszeitraum wurde die Zuständigkeit des Hoge Raad in Berufungssachen, anders als in seiner Anfangszeit, von allen Städten Hollands anerkannt.[227]

225 Merula, Lib. IV, Tit. XL, Cap. III, 5, siehe Anm. c (durch Gerard de Haas).

226 Ein Fremder durfte sich dann nicht mehr auf seine Fremdheit berufen, wenn er das Verfahren vor dem Hoge Raad akzeptiert hatte (nl. *obedientie*). War ein Ausländer beteiligt, der zwar einen Wohnort und Gerichtsstand in den Niederlanden gewählt hatte, sich aber zeitweise im Ausland aufhielt, konnte er gesonderte Verhandlungstermine verlangen. Obs. Tum. Nr. 2020.

227 Zu Beginn verweigerte Dordrecht als einzige holländische Stadt die Anerkennung des Hoge Raad, s. Resolutionen vom 20. März 1581, 29. Oktober 1584 und 3. August 1587. Nach Auseinandersetzungen erklärte sich Dordrecht am 1. Janur 1592 schließlich dazu bereit, die Rechtsprechungsgewalt des Hoge Raad anzuerkennen. Dazu Verhas, Beginjaren, S. 69 f. Bei Pauw findet sich in seinen Beilagen zu Obs. Tum. Nov. Bd. 1. die Notiz, dass Van de Wall in den Anmerkungen zu den Hantvesten, privilegien etc. van Dordrecht, S. 1557, berichte, der Hoge Raad sei durch Willem I. nur auf Vorrat eingerichtet worden und die Regierung von Dordrecht habe dies so verstanden, dass dieses Kollegium mit dem Tod des Prinzen sich erledigt habe. Dies habe sie auch bei verschiedenen Gelegenheiten zu erkennen gegeben; danach sei jedoch die Regierung der Neigung der anderen Städte gefolgt und habe diese Auffassung aufgegeben und den Hoge Raad im Jahr 1592 anerkannt. Besonders bemerkenswert sei hierzu das Dekret der Staaten von Holland vom 9. März 1592, in dem die Wahl des neuen Präsidenten behandelt werde. Dort erklärten die Gesandten von Dordrecht, dass sie mit dem Hoge Raad zufrieden seien und anordneten, Entscheidungen (*appointementen*), Urteile und Ordonanzen von nun an anzuererkennen, ebenso wie es in allen anderen Städten von Holland und Westfriesland getan wird, in allen Angelegenheiten, ohne Ausnahme, auch soweit die Privilegien und das Stapelrecht betroffen seien, unter der Voraussetzung, dass allezeit durch seine Exzellenz zur Lektüre und Entscheidung von Angelegenheiten, die das Stapelrecht angehen, drei oder vier Rechtsgelehrte zu den Herren des Hogen Rad abgeordnet werden sollen, um über die Sachen und Streite einzustehen, zu beraten und zu entscheiden, die Stapelrecht und -ordonanz betreffen ... [und dass] auf Ersuchen der anderen Städte in Prozessen von Wichtigkeit, die ihre Freiheiten, Privilegien und ihre Befugnisse angehen, die durch den Hogen Rad entschieden werden sollen, ebenso drei oder vier neutrale Rechtsgelehrte von seiner Exzellenz beauftragt werden sollen, um mit und neben den o. a. Herren des Hogen Raad so wie

Neben Holland war der Hoge Raad auch für die Provinz Seeland zuständig. Zu diesem Gebiet gehörte allerdings nicht Zeeuws-Vlaanderen, das ein Gebiet der Generaltität war. Das Verhältnis zwischen den Provinzen Holland und Seeland war enger als das zwischen den übrigen Provinzen in der Republik, gerade auch im Hinblick auf die Rechtsprechung. Dies war letztendlich auch in gewisser Weise auf eine Abhängigkeit von der mächtigeren Provinz Holland, dem politischen und wirtschaflichen Zentrum der Niederlande, zurückzuführen. So besaß Seeland keinen Gerichtshof, der seine Zuständigkeit auf die ganze Provinz hin erstreckte. Wenn Seeländer ein Urteil des lokalen Gerichts überprüfen lassen wollten, mussten sie bis 1669 beim Hof von Holland Berufung einlegen, dessen Zuständigkeitsbereich bis dahin über die Grenzen der Provinz Holland hinaus ging.[228]

In der Rechtsprechung des Gerichts fühlten sich die Staaten von Seeland benachteiligt, weshalb sie anfangs der Verstärkung der Macht noch durch einen weiteren Gerichtshof ablehnend gegenüber standen.[229] Trotzdem versuchten die Staaten von Holland in der Folge Seeland in der Rechtsprechung an sich zu binden, und machten den Staaten von Seeland 1583 das Angebot zwei Ratsherrn in dem Gericht zu stellen im Gegenzug für die Anerkennung des Gerichts.

Für die anderen niederländischen Provinzen war der Hoge Raad nicht zuständig, obwohl es vorkam, dass auch Einwohner dieser Provinzen vor dem Hoge Raad klagten.

(3) Die instanzielle Zuständigkeit (ratio instantii)

Im Hinblick auf die instanzielle Zuständigkeit muss zwischen den Verfahren in erster Instanz und denen nach Berufung differenziert werden. Der Begriff „Berufung“ ist hier allgemein zu verstehen, also dahingehend, dass bereits ein Urteil oder anderer Rechtsakt vorhanden ist, gegen den ein Rechtsmittel bei dem höheren Gericht eingelegt

die [zuvor] Genannten über die Äußerung zu befinden, zu beraten und zu entscheiden. („... tevreden te zijn den H.R. en de beveelen, appointementen, sententien en ordonnantien van dien van nu voortaen te agnosceren en doen agnosceren, gelijk in alle andere steden van Hollant en Westfrieslandt gedaan wort, in alle zaken, geene uitgezondert, ook die de privilegien en 't recht van den stapele belangende zijn, mits dat er altijd bij zijne Excellentie over en tot de lecture en judicature van de zaken 't stapelrecht aangaande 3 of 4 regtsgeleerden beneffens den herren van den H.R. zullen worden gecommiteert om te staan, adviseren en resolveren over de zaken en differentien concernerende 't recht en ordonnantie van den stapele ... dat op 't versoek van andere steeden in de processen van importantie, haare vrijheden, privilegien en gerechtigheden aangaande, die bij den H.R. zullen worden getermineert, van gelijke 3 of 4 neutrale regtsgeleerden bij zijn Excellentie zullen worden gecommitteert om met en benevens de voors. heeren van den H.R. over de uittinge van hen te staan, adviseren en resolveren als voren.")

228 Durch Vertrag vom 7. Juni 1669 G.P.B. III, S. 668, in dem die Staaten beider Provinzen auch eine Entscheidung gegen die Verbindung von Hoge Raad und Hof von Holland traffen, waren Seeländer von der Rechtsprechungsgewalt des Hofs von Holland ausgenommen, verblieben aber unter der Hoheit des Hoge Raad. Hiervon ausgenommen war nur die Kompetenz in Strafsachen: Nach § 4 des Vertrags durften seeländische Senatoren nicht über holländische Strafsachen und umgekehrt holländische Senatoren nicht über seeländische Strafsachen entscheiden, vgl. auch Obs. Tum. Nr. 17.

229 De Blécourt, S. 41. Die Abhängigkeit führte auch in der Folge auf Seiten der Staaten Seelands zu einem Gefühl der Benachteiligung durch den größeren Nachbarn, vgl. auch die Auseinandersetzungen um die Benennung der Ratsherren und später um das Stellen des Präsidenten des Gerichts.

wurde, also *appèl* und *reformatie*. Er umfasst hier auch die Anfechtung des Urteils bei demselben Gericht, was beim Hoge Raad möglich war und *revisie* genannt wurde.

In zivilrechtlichen Sachen, einschließlich Handelssachen, war der Hoge Raad befugt, in erster Instanz (*eerste aanleg*) sein Urteil zu sprechen.[230] Ferner gehörten als Prärogativ des Hoge Raad als höchstes Gericht Besitzsachen zu seinem Zuständigkeitsbereich in erster Instanz.[231] Dies führte in der Anfangszeit des Gerichts zu einem Kompetenzwirrwarr, da auch der Hof von Holland nach dem Wegfall des Großen Rats von Mechelen vor der Schaffung des Hoge Raad diese Funktion wahrnahm. Ab 1660 schließlich ging man dazu über, ein *mandement van complainte* oder *van spolie*, das durch einen der Höfe verliehen wurde, dies dem jeweils anderen Gericht anzuzeigen, damit sich dieses einer (gegenteiligen) Entscheidung enthielt.[232]

Das Recht, ein Verfahren, insbesondere Strafsachen, in erster und letzter Instanz beim Hoge Raad zu führen, entstammte dem Recht des Fürsten, ein Verfahren ansich zu ziehen und an seinem Hofgericht entscheiden zu lassen. Diese Funktion konnte der Hoge Raad schon mangels Fürst nach dem Abschwur der Niederlande nicht haben. Insoweit hatte der Hoge Raad kein Recht, Strafsachen in erster und letzter Instanz zu verhandeln. Der Hoge Raad bestand erst nach 1581. Etwas anderes galt für den Großen Rat von Mechelen. In seinem Zuständigkeitsterritorium gab es allerdings noch einen Fürsten. Gleichwohl kam es immer wieder vor, dass Strafsachen auch in erster Instanz vor dem Hoge Raad verhandelt wurden.[233] Der Hoge Raad unterließ es, seine Kompetenzen zu überschreiten, indem er versuchte, Verfahren an sich zu ziehen.[234] So ist aus dem Untersuchungszeitraum kein Fall bekannt, in dem der Hoge Raad aus sich heraus aktiv wurde und ein Verfahren an sich zog. Es war stets so, dass entweder die Parteien, der *procureur-generaal*, die Generalstaaten oder die Staten von Holland das Gericht anriefen oder dem Gericht die Entscheidung eines Falles übertrugen bzw. um Rechtsgutachten ersuchten. Der wichtigste Zuständigkeitsbereich des Hoge Raad in sachlicher Hinsicht war seine Zuständigkeit in Berufung (*appèl* und *reformatie*). Dazu zählten die Fälle, die man früher begrifflich unter die Provokation (nl. *provocatie*) fasste.[235] In dieser Weise angreifbar waren vor allem Urteile des Hofs von Holland.[236]

230 Für den Untersuchungszeitraum findet sich bei Van der Linden, II, VI, S. 181–197 eine umfangreiche Liste aller Einzelfälle.

231 Instructie Hoge Raad, Art. XIX.

232 Dieses Vorgehen wurde durch die Resolution vom 3. März 1661, GPB VII, 922 gebilligt. Durch Vertrag zwischen dem Hoge Raad und dem Hof vom 28. Juli 1684, GPB VII, 982 kamen die beiden Gerichtshöfe überein, das Verfahren über das *mandament van complainte* oder *maintenue* auszusetzen, wenn die Gegenseite zuvor ein *mandement poenaal* beantragt hatte. Auf diesen Vertrag nahm der Hoge Raad in den Entscheidungen Obs. Tum. Nr. 1708 und 2307, sowie Obs. Tum. Nov. Nr. 800 Bezug, damit keine widersprüchlichen Entscheidungen aufkommen konnten.

233 Van Bijnkershoek nimmt dies in Obs. Tum. Nr. 2 als selbstverständlich hin und meint, dass darin eine Erweiterung der Kompetenz gegenüber dem Großen Rat vorliegt. Ausnahmen bestünden gem. §§ 8–10 des Vertrags zwischen Holland und Seeland von 1596 nur für die Befugnis in Strafsachen über Seeländer, d. h. hinsichtlich des persönlichen Ausschlusses der Richter über Angehörige der jeweils anderen Provinz in Kriminalsachen zu entscheiden, Obs. Tum. Nr. 17. Siehe dazu oben Fn. 228.

234 Verhas, Beginjaren, S. 118.

235 Die Autoren Van Bijnkershoek und Pauw verwenden bei der Schilderung der Fälle die Begriffe *appellatio* und *provocatio* synonym.

236 Instructie Hoge Raad, Art. XXI.

Gegen Urteile von Deichgrafen und *hoogheemraden* konnte auch unmittelbar appelliert werden.[237] Durch Dekret der Staaten von Holland vom 19. März 1622[238] wurde auch die Berufung gegen einstweilige Entscheidungen (*interlocutoire* und *fiduciaire vonnissen*) der lokalen Gerichte beim Hof von Holland und bei entsprechenden Entscheidungen des Hofs von Holland beim Hoge Raad beschnitten.[239] Diese Beschränkung wurde in der Praxis allerdings kaum beachtet, wie Van Bijnkershoek in Obs. Tum. Nr. 2045 bemerkt. Trotz dieses Dekrets seien mehrfach Berufungen zugelassen worden, wenn das Verfahren oder das angegriffene einstweilige Urteil nichtig war.[240] Zwar ließ die Instruktion des Hoge Raad ein Überspringen der Instanz zu (*omisso medio*),[241] es kam aber in der Praxis selten vor.[242] Ansonsten überschritt der Hoge Raad bzgl. des *appél* gegen Urteile von lokalen Gerichten nicht seine Befugnisse, sondern verwies die Parteien an den Hof von Holland mit dem *committimus*. Der Vorteil, und wohl auch oftmals der Grund, weswegen an den Hoge Raad appelliert wurde, war die aufschiebende Wirkung des Rechtsmittels hinsichtlich der Vollstreckung des untergerichtlichen Urteils. Diese Wirkung trat automatisch bei Sachen ein, deren Streitwert 300 Gulden überschritt.[243] Dies galt allerdings nicht bei einem *mandement om ontfangen te werden als appellant*, einer speziellen Form der Appelation. Hier trat die aufschiebende Wirkung erst nach dem Erscheinen vor Gericht ein. Vor dem Hoge Raad waren alle Einreden oder Ersuche aus der Unterinstanz angreifbar.[244] Bei Verfahrensfehlern konnte auch gegen Zwischenurteile der Unterinstanz Berufung eingelegt werden, sofern der Streitwert 1.500 Gulden überstieg, was sich ab 1728 auf 3.000 Gulden erhöhte.[245] Um den Streitgegenstand dem Gericht (und auch der Gegenseite) anzuzeigen, musste hier eine Kopie des Zwischenurteils an den *rekest*[246] angeheftet werden.[247] Neben dem *appèl* war auch *reformatie* möglich.[248]

Unzulässig war dagegen die Berufung gegen *arreste* des Hoge Raad,[249] Streitigkeiten in politischen Angelegenheiten, bei Alimentation, im Deichwesen, bei Staatseinkünften

237 Instructie Hoge Raad, Art. XXII.

238 Van Alphen, 23 S. 304..

239 Dasselbe galt nach Instructie Hoge Raad, Art. CCLXXXVI auch für die Revision.

240 In der besagten Entscheidung Obs. Tum. Nr. 2045 habe aber kein so erheblicher Fehler vorgelegen. In der auf diese Entscheidung folgenden Obs. Tum. Nr. 2046 wird die Berufung gegen eine einstweilige Entscheidung ebenfalls abgelehnt.

241 le Bailly/Verhas, S. 14 ist hier anderer Ansicht.

242 Ein Beispiel ist die Entscheidung Obs. Tum. Nr. 2582. Hier geschah dies aus Übereinkunft der Parteien. Weitere Fälle, auf die nicht näher eingegangen wird, in denen die Parteien *omisso medio* direkt zum Hoge Raad gingen, sind z. B. Obs. Tum. Nr. 2111, Obs. Tum. Nov. Nr. 190, 375, 480, 511.

243 Instructie Hoge Raad, Art. XXI.

244 Van der Linden, II, XXIV S. 325.

245 Vreede, Jaarboek 1840, S. 27.

246 Es handelt sich hierbei um das Ersuchen um Rechtsprechung in dem Fall.

247 Instructie Hoge Raad, Art. CIII.

248 Die *reformatie* hatte gegenüber dem *appèl* den Vorteil, dass der *reformant* ein Jahr Zeit hatte, um dieses Rechtsmittel einzulegen, während der *appèl* sofort nach Erlass des Urteils eingelegt werden musste. Dafür hatte die *reformatie* keine die Vollstreckung aufschiebende Wirkung. Das Urteil blieb gegen Kaution vollstreckbar. Auch die Buße für das unbegründete Einlegen des Rechtsmittels (*boete van fol appèl*) war geringer. Die *reformatie* unterschied sich inhaltlich nicht vom *appèl*. S. Wedekind, 159–161.

249 Instructie Hoge Raad, Art. C. Gemeint sind mit *arreste* hier die Endurteile des Hoge Raad.

oder der Instandsetzung von Brücken und Wege, außer es bestand keine Dringlichkeit.[250] Ferner war die Appellation verboten bei *complainte* oder *sauvegarde*.[251] Dies hatte zur Folge, dass der Richter, der eine solche Entscheidung getroffen hatte, auch über das Rechtsmittel befinden musste. Ab 1725 konnten auch endgültige Urteile in possessorischen Sachen nicht mehr angegriffen werden.[252] Das Verbot der Appellation bestand auch gegen eine *voluntaria condemnatio* (*willige verordeeling* oder *willige condemnatie*) des Hofs.[253] Auch in Strafsachen war eine weitere Appellation beim Hoge Raad unzulässig. Dies lehnte man im Hinblick auf eine effektive Strafverfolgung ab und sah darin einen Widerspruch zu einem Geständnis des Angeklagten.[254]

Gegen Urteile, in denen Offizieren Geldbußen auferlegt wurden, war nur eine *reformatie* (Reformation), die keine aufschiebende Wirkung hatte, zulässig, nicht dagegen ein *appèl*,[255] und der Betroffene hatte die Geldbuße beim Gericht zu hinterlegen. Dieses galt nicht bei durch ein Schiedsurteil auferlegten Summen und Geldbußen, die höher als 300 Gulden waren.[256] Allgemein galt, dass bei Bagatellsachen, vor allem Bußen, eine aufschiebende Wirkung nicht eintrat, und statt dessen nur um Reformation ersucht werden konnte.

Es gab daneben noch einen anderen Weg, ein Verfahren vor den Hoge Raad zu bringen. Ein Streit konnte auch nach einem Schiedsentscheid (*arbitrage*) dem Hogen Raad vorgelegt werden. Die mit der Schiedsentscheidung unzufriedene Partei ersuchte dann den Hoge Raad um ein *mandement van reductie*. Der Fall wurde dann mit aufschiebender Wirkung wie eine Appellation, ohne dieselbe wie eine Reformation behandelt. Meistens wurde das Verfahren aber an den Hof mit einer *committimus*-Klausel weitergeleitet. Da man die Vereinbarung über einen Schiedsrichterentscheid als angreifbare Übereinkunft ansah, ersuchte man in diesem Fall meist indirekt um Aufhebung dieser Übereinkunft durch ein *mandement van relief*, d. h. die Wiederherstellung des früheren Zustands (*restitutio in integrum*).[257]

Mit der in der Praxis selten[258] vorkommenden Funktion als Revisionsinstanz (*revisie*) erschöpft sich seine Tätigkeit als Gericht für Verfahren nach Berufung. In einem solchen Verfahren konnten auch Urteile des Hoge Raad, die grundsätzlich Endurteile

---

250 Instructie Hoge Raad, Art. CI.

251 Es handelt sich hierbei um Verfahren, in denen der Beklagte in Person geladen wurde. Instructie Hoge Raad, Art. CII, vgl. Obs. Tum. Nr. 2097: Die Erkenntnis über den Fall darf dem Richter in der niedrigeren Instanz nicht entzogen werden.

252 Accommodement tusschen de beide Hoven van Justitie vom 26. Juni 1725, Art. 4. Schon die Instruktion schloss eine *revisie* dagegen aus. Die Instruktie spricht vor allem deshalb an den meisten Stellen von *revisie*, weil der Hoge Raad zunächst als Revisionsinstanz gedacht war.

253 Auch dies wurde formell erst am 25. Juni 1725 durch Art. 3 *Accommodement tusschen de beide Hoven van Justitie* verboten. Davor konnte aber über ein *relief* mit *committimus* an den Hof von Holland diesem die Entscheidung über die *willige condemnatie* übertragen werden.

254 GPB II, S. 1062, Resolution vom 10. September 1591; Vreede, Jaarboek 1840, S. 27 f. Das Geständnis galt als das (auch durch Folter) anzustrebende Beweismittel für den wahren Geschehensablauf. Nur auf Grund der eingestandenen Schuld durfte eine Verurteilung erfolgen.

255 Instructie Hoge Raad, Art. CCXVII.

256 Van der Linden, II, XXIV, S. 338 f.

257 Van Leeuwen, Rooms-Hollands-Regt, Bd. 4, Teil XLII, S. 494–496.

258 Van Bijnkershoek berichtet z. B. in der Entscheidung Obs. Tum. Nr. 2628, fortgesetzt in Nr. 2678 von einer Revision. Van Oosten, § 99 III führt unter dem Stichwort *revisie* bei Van Bijnkershoek nur die Fälle Obs. Tum. 224, 648, 923, 1160 und 2057 auf.

waren, noch einmal dem Gericht vorgelegt werden.[259] Der Revisionsführer musste dazu innerhalb von drei Monaten nach *litiscontestatio* ein *mandament van revisie* von den Staaten von Holland erbitten,[260] und das Verfahren vor dem Hoge Raad innerhalb eines Jahres weiter betreiben.[261] Der Bittschrift musste nach einer Entscheidung des Hoge Raad vom 11. September 1725 das angefochtene Urteil zur Beschleunigung des Verfahrens beigefügt sein.[262] Für die Entscheidung eines solchen außergewöhnlichen Falls wurden extra weitere sieben Richter bestimmt.[263] Fünf von ihnen wurden aus angesehenen Rechtsgelehrten der Ratspensonäre der Städte und zwei aus den Ratsherren des Hofs von Holland gewählt, die bei der zu revidierenden Entscheidung nicht mitgewirkt hatten.[264] Eine Revision hatte nur in dem Fall eine die Vollstreckung aufschiebende Wirkung, wenn aus der Vollstreckung ein irreparabler Schaden erwuchs.[265] Bei der Revision war keine weitere Beweisaufnahme möglich, so dass der Hoge Raad auch nicht die Vorlage neuer Urkunden akzeptierte. Das Verfahren erfolgte ausschließlich auf der Basis der vorhandenen Urkunden[266]

Am häufigsten sind bei Van Bijnkershoek und Pauw die Fälle, in denen der Hoge Raad die dritte Instanz über dem lokalen Schöffengericht und dem Hof von Holland bildet. In Einzelfällen kam es sogar zu einem vierstufigen Instanzenzug. So war in Wechsel-, Schiffsversicherungs- und Seesachen und bei Bagatellsachen ein weiteres Gericht dem lokalen Schöffengericht vorgeschaltet.[267]

(4) Weitere Aufgaben des Hoge Raad

Eine besondere Funktion nahm der Hoge Raad auch bezüglich der Gebiete der West-Indischen- und Ost-Indischen-Kompanie ein. In diesen Gebieten war der Instanzenzug von den lokalen Gerichten über den Gouverneur hin zu den Generalstaaten, die der Souverän in diesen Besitzungen waren.[268] Die Generalstaaten delegierten solche Fälle

259 Der sog. *recursus ad principem*. Siehe dazu Ariens, S. 356 f.

260 Instructie Hoge Raad, Art. CCLXXXII; vgl. Obs. Tum. Nr. 2121.

261 Instructie Hoge Raad, Art. CCLXXXIV; ebd. Obs. Tum. Nr. 2121.

262 Obs. Tum. Nr. 2182.

263 Instructie Hoge Raad, CCLXXXII.

264 So ist es auch in der Entscheidung 2628 (bzw. 2678) geschehen, was allerdings die Entscheidungsfindung erheblich erschwerte, da eine Entscheidung 7 gegen 8 getroffen wurde. Van Bijnkershoek lässt aber anklingen, dass die fünf Adjunkten von den Staaten von Holland, Männer gewesen seien, an deren Richtereigenschaft und Rechtsverstand erheblich zu zweifeln war. ('quo jure [decretum est] (d. V.) amplius non disputo, contentus monere, quinque adjunctos ex Ordinum Hollandiae Collegio, fuisse homines, ut mihi quidem videbatur, nullius judicii et nullius jurisprudentiae.' „Auf Grund welchen Rechtes entschieden wurde, führe ich nicht weiter aus, ich bin damit zufrieden zu erwähnen, dass fünf Adjuncten aus dem Kollegium der Staaten von Holland Leute von keinerlei Urteilskraft und Rechtswissenschaft waren, wie mir freilich schien.") Milder dagegen war er zu den Adjunkten aus dem Hof: „Quod non dixero de duobus, ex Curia adjunctis." Lakonisch bemerkt er: „Sed verum est, sententias numerari, non ponderari" („Aber wahr ist: Urteile werden gezählt, nicht gewichtet.") Hierzu siehe auch S. 76

265 Siehe z. B. den Sjakoo-Fall. Hier beschränkte der Hoge Raad die Revision in kriminellen Fällen.

266 Vgl. Obs. Tum. Nr. 2055. Van Bijnkershoek und ein anderer Richter meinen aber, man könne von Amts wegen das Verfahren ändern und es sei nicht verboten, die Sache mündlich weiter zu verhandeln (*de sake beschreven*).

267 So geschehen z. B. in Obs. Tum. Nov. Nr. 78, 190, 493, 534, 552 und 553.

268 Die Kompanien übten kraft ihrer Charta die Verwaltung einschließlich der Justiz für den Souverän aus. Dazu hatten sie eine eigene gerichtliche Organisation eingeführt, die derjenigen in den

dann zur Entscheidung an den Hoge Raad. So kam es, dass oft auch Fälle aus den überseeischen Besitzungen, z. B. West-Indien, vor diesem Gericht verhandelt wurden. Der Hoge Raad nahm aber auch eine Funktion als Regierungsorgan wahr. Dies galt z. B. im Hinblick auf Verwaltungsaufgaben in Den Haag in der so genannten *Societeit.*[269] Die Aufgaben betrafen z. B. die Errichtung und Unterhaltung des Seuchenhauses.

b) Sitzungsperiode

In der Sitzungsperiode galt für alle Tage außer Sonntag und Montag Anwesenheitspflicht der Richter. Die Sitzungsperiode umfasste das ganze Jahr, wovon aber die Ferienzeit ausgenommen war. Ferien war der komplette Monat August,[270] die Weihnachtszeit,[271] Aschermittwoch, Ostern, zwei Wochen ab Pfingsten und Christi Himmelfahrt.[272] Es bestand dabei seitens der Richter wenig Interesse die Ferienzeit zu verkürzen. So verlängerte sich der Hoge Raad die Sommerferien schon 1704 um eine weitere Woche auf den 9. September, den zweiten Montag in diesem Monat.[273] Auch mit dieser umfangreichen Ferienzeit lässt sich die lange Dauer der Verfahren erklären. Die Sitzungen des Hoge Raad dauerten in der Sommerzeit von 7 Uhr, im Winter von 8 Uhr bis abends. Nicht vollendete Termine wurden dann am Folgetag fortgesetzt.

c) Verfahren in erster Instanz

Zur Verdeutlichung des Verfahrens soll im Folgenden nun ein typisches Verfahren erster Instanz, das Verfahren in *rauw actie* geschildert werden, da anhand dessen der übliche Prozessgang klar wird. Alle übrigen Verfahren weichen in den angegebenen Punkten davon ab. Wenn dabei von strengen Verfahrensvorschriften gesprochen wird, so sind diese nicht als absolute Vorschriften anzusehen, sondern es ist zu berücksichtigen, dass von nahezu jeder Vorschrift eine Befreiung oder Erleichterung vom Gericht bzw. von den Generalstaaten, der sog. *requeste civil*, erlangt werden konnte.[274] Auch dies war ein Grund für die Verzögerung des Verfahrens.

Niederlanden entsprach.

269 Verhas, Le Hoge Raad, S. 130 f. Siehe dazu auch die Studie Wagenaar, F. P., „Dat de regeringe niet en bestaet by het corpus van de magistraet van Den Haag alleen". De Societeit van's Gravenhage 1587–1802. Een onderzoek naar bureaucratisierung. Leiden, 1997.

270 Die sog. *feriae caniculares* dauerten bis zum ersten Montag im September.

271 Die Weihnachtszeit dauerte vom 22. Dezember bis zum ersten Dienstag nach dem 6. Januar. Van Bijnkershoek berichtet aber auch von Entscheidungen, die innerhalb dieser Zeit getroffen wurden und es finden sich in den *resolutienboeken* Entscheidungen, die auf Tage datiert sind, an denen eigentlich Gerichtsferien waren.

272 Instructie Hoge Raad, Art. VIII.

273 Obs. Tum. Nr. 42. Van Bijnkershoek spricht darüber seine Missbilligung aus und stimmt zusammen mit dem Präsidenten dagegen. 1710, als dies erneut zur Debatte stand, ergänzt Van Bijnkershoek, dass er dann allein tapfer dagegen war.

274 Der *requeste civil* konnte an vielen Stellen zu einer Erleichterung des Verfahrens führen, Van Answaarden, S. 44–53. Über die Entstehung und Wirkungen des *requeste civil* siehe Dauchy, S., Les voies de recours extraordinaires. Proposition d'erreur et requête civile (de l'ordonnance de Saint Louis jusqu'à l'ordonnance de 1667). Paris, 1988.

(1) Einleitung des Prozesses

Der Weg zum Gericht war das im Vergleich zu heute seltenere Vorgehen, einen Streit zu entscheiden, bzw. seine Interessen durchzusetzen. Man versuchte viel öfter, sich gütlich zu einigen, bevor man vor Gericht zog. Dies lag nicht zuletzt an der langen Dauer und den hohen Kosten der Verfahren. Auch das Ansehen litt, wenn man nach langem Prozessieren schließlich doch verlor. Gleichwohl bot der Gang zum Gericht den Vorteil, Hilfe von Seiten der Obrigkeit bei der Durchsetzung des Anspruchs bzw. dessen Abwehr zu erhalten.

Um einen Prozess beim Hoge Raad einzuleiten, musste der Kläger zunächst ein *mandement* (ein Ersuchen um Mandat) erlangen.[275] Kein *mandament* war erforderlich, wenn der Beklagte, der in Den Haag oder Haag-Ambacht, dem Umland von Den Haag, wohnte, *in cas van salaris* verklagt wurde, oder wenn der Streitwert unter 400 Gulden lag.[276] In diesen Fällen genügte die Entscheidung auf dem Petitionsbrief. Mit einer Eingabe an das Gericht, dem *rekest*, begehrte der *suppliant* vom Hoge Raad, einen *deurwaarder* zu ermächtigen, die Gegenseite vor das Gericht zu laden. Darin musste der Kläger begründen, weshalb er die Gegenseite vor Gericht rufen wollte. Diese Eingabe hatte dabei formalen Voraussetzungen zu genügen.[277]

Dienstag- und Freitagnachmittag[278] mussten die Sekretäre alle Ersuchen, die sie empfangen hatten, an den Präsidenten des Hoge Raad übergeben. Dieser verteilte sie dann an die Ratsherren, die über das Ersuchen entschieden.[279] Dabei wurde nicht über die Sache selbst, sondern lediglich über die Zulassung der Klage entschieden. Wurde dem Ersuchen stattgegeben, erhielt der Kläger eine sog. *provisie van justitie* oder *mandement.*[280] Es ist nicht klar, worin in der Anfangszeit genau der Unterschied dieser Begriffe liegt. Wedekind sieht die *provision de justice* als einen Auftrag an den *deurwaarder*, um die Gegenseite vorzuladen.[281] Van Rhee dagegen sieht die *provisie van justitie* allgemeiner als Auftrag an das Gericht, Recht zu sprechen.[282] Im Untersuchungszeitraum waren die *provisien van justitie* die *besloten missiven*, womit die Gegenpartei unter Wahrung der Diskretion (wie bei Notablen, hohen Edelleuten, und Magistraten im Amt) aufgerufen wurde, vor Gericht zu erscheinen. Ein *mandement*, oder *open brief* oder *venue en cour* dagegen war eine öffentliche Urkunde.[283]

Die Entscheidung (*appointement*) über die Annahme des Verfahrens wurde durch den Schriftführer in einer *apostille*, einer Marginalie auf der Petitionsschrift, niedergelegt. Meistens wurde dem Ersuchen stattgegeben. Dann lautete die Apostille *fiat ut petitur*. Dieses *mandement* musste dann innerhalb eines Jahres ausgeführt wer-

275 Diese vorausgehende Entscheidung über das Verfahren lässt sich mit der Revisionszulassung des BGH oder dem römisch-rechtlichen Edikt vergleichen.

276 Van der Linden, S. 115.

277 Zu dem genauen vierteiligen Aufbau der Petition aus (1) Vorstellung der Partei und des Anspruchs, (2) Beschreibung der Umstände, (3) dem eigentlichen Ersuchen (*dispositief*) und (4) der Bitte um Erfüllung, *fiat ut petitur* s. Verhas, Beginjaren, S. 78 f.

278 Instructie Hoge Raad, Art. XCIV.

279 Instructie Hoge Raad, Art. LXXXVI.

280 Van Rhee, 53 f.

281 Wedekind, S. 46 f.

282 Van Rhee, S. 53 f.

283 Van der Linden, Buch II, Teil I, S. 118–121.

den, sonst musste erneut eine *provisie van justitie* erlangt werden.[284] War eine Partei mit dieser Entscheidung der Kommissare nicht zufrieden, konnte sie dagegen *reauditie* (Reaudition) einlegen und es kam zur Verhandlung vor dem ganzen Richterkollegium.[285] Für dieses Rechtsmittel hatte sie drei Tage Zeit.[286] Weitere Tatsachen durften sie in der *reauditie* nicht beibringen und auch keine neuen Anträge stellen.[287]

Wenn die Sache mit einer *committimus*-Klausel an ein bestimmtes Gericht übertragen wurde, wurde dies in der *apostille* angegeben.[288] Auch die Zuerkennung von anderen besonderen Verfügungen, wie z. B. eine *clausule van surceantie* (oder *mandement van surcheance* bzw. *surséance*)[289] konnte in die *apostille* aufgenommen werden. Hatte das Ersuchen überhaupt keine rechtliche Grundlage, konnte das *mandement* auch verweigert werden.[290] Dagegen konnte der Prokurator des Klägers *reauditie* vor dem ganzen Gericht einlegen. Lautete aber auch dort die Antwort *nihil*, waren dagegen keine weiteren Rechtsmittel, auch nicht vor dem Hof statthaft.[291]

Das Ausfertigen und Unterzeichnen des *mandements*, das *minuteren*, oblag dann den Sekretären. Die Petition und das *mandement* wurden zusammengeheftet und dem Präsidenten übergeben, der den Inhalt von beiden überprüfte, bevor er das *mandement* siegeln ließ.[292] Das *mandement* wurde dann dem Prokurator des Klägers gegeben, der dies an den *deurwaarder* weitergab. Dieser Gerichtsbeamte hatte die in dem Schreiben angeordneten Akte auszuführen.

Ein *mandement* konnte auch eine Klausel *van blijckene* (*s'il vous appert*) enthalten. Diese Verfügung gestattete dem *deurwaarder* eine *informacie precedente* durchzuführen, d. h. eine vorhergehende Untersuchung über das Zutreffen von Tatsachen im eingereichten *rekest* durchzuführen.[293] Wenn die Ladung in Den-Haag oder Haag-Ambacht auszuführen war, waren die *eerste deurwaarders* zuständig. Befugnisse in anderen Orten hatten sie nicht.

Der *deurwaarder* ging sodann zum Beklagten und verkündete ihm gegenüber die Apostille oder das *mandement*. Protestierte der Betroffene gegen die Maßnahmen oder verweigerte er deren Erfüllung, dann kündigte der *deurwaarder* der Gegenseite das Datum an, wann der Verteidiger die Gründe für seine Weigerung darlegen und auf die Klage erwidern musste, die ebenfalls an dem Gerichtstag formuliert werden sollte. Der *deurwaarder* vermerkte dies und heftete diesen Vermerk (*relacie* oder *relation*) an das *mandement*.[294]

Bei Abwesenheit der zu verklagenden Person konnte der Gerichtsvollzieher das *mandement* einem anderen Erwachsenen im Haus übergeben, oder an einen Nachbarn,

284 Van der Linden, S. 135.
285 So ist es z. B. in der Entscheidung Obs. Tum. Nr. 980 geschehen.
286 Instructie Hoge Raad, Art. CLXXVII. Diese Regel wurde streng beachtet, vgl. Obs. Tum. Nr. 2074.
287 Van der Linden, II, XXIII, S. 318 f.
288 Wörtlich bedeutet dieser Begriff „übertragen“, „anvertrauen.“
289 Diese Verfügung gewährte der Partei eine Zahlungsaussetzung.
290 „nihil (ut petitur)“.
291 Van der Linden, Buch II, Teil I, S. 123.
292 Instructie Hoge Raad, Art. LXXXVIII.
293 Lesage, S. 46.
294 Lesage, S. 47 f.

wenn er die Ladung dem eigentlich Verklagten bekannt machen wollte. Wenn niemand den Auftrag in Empfang nehmen wollte oder in der Nähe war, musste der Gerichtsvollzieher eine Kopie des *mandaments* mit Angabe des Gerichtstermins an die Haustür des Beklagten heften.[295]

Wenn die Ladung dem Beklagten bekannt gegeben war, musste der Gerichtsvollzieher ihm eine schriftliche Ladung aushändigen. Die Kopie wurde um eine *korte acte van 't exploit* (Kurzgefasste Ausfertigung) ergänzt, worin die Ladung und der Sitzungstermin angegeben wurden. Verlangte der Kläger am ersten Sitzungstag ein *namptissement* (eine Sicherheitsleistung) der geforderten Summe, musste der *deurwaarder* dem Beklagten eine Kopie der Dokumente übergeben, worauf der Kläger seine Forderung stützte. Diese Regelung beschränkte die Möglichkeit, einen weiteren Termin zusätzlich zu verlangen, um auf das *namptissement* zu antworten.

Es war üblich, die Namen der klägerischen Prozessvertreter am Rand der Kopie des *mandement* zu benennen, um diese rechtzeitig informieren zu können. Die Angabe des Namens von Prokurator und Advokat hatte auch den Zweck, dass man dadurch vermied, dass die Parteien dieselben Prozessvertreter benannten.

Da die beiden *eersten deurwaarders* nur innerhalb von Den Haag und Haag-Ambacht tätig werden konnten, musste, wenn ein Beklagter außerhalb dieses Bezirks wohnte, die Petitionsschrift eine *clausule van authorisatie en insinuatie* (Ermächtigung zur Ladung) enthalten.[296] Der *deurwaarder* begab sich dann zu der äußersten Grenze seines Territoriums und näherte sich soweit als möglich dem Wohnort des Beklagten. Im Grenzort verlas er vom Rathaus aus das *mandement* öffentlich und schlug eine Kopie davon an.[297] Eine zweite Kopie, mit der Ladung und den zugehörigen Abschriften wurde in einer verschlossenen Botschaft dem Beklagten zugesandt. Der Bote erstattete dem *deurwaarder* Bericht.

War der Beklagte unbekannt, was z. B. in Erbschaftssachen der Fall sein konnte, wenn unklar war, wer Erbe ist, konnte man mit einer *clausule van edicte* (*ad valvas curiae*) klagen. In diesem Fall wurde die Kopie an die Tür des Gerichtsgebäudes des Hoge Raad geheftet.

Wenn bei mehreren Beklagten einer die Ladung für die anderen annehmen wollte, erstellte der *deurwaarder* eine neue Akte und ließ sich dies von dem Beklagten unterzeichnen. Diese heftete er dann an das *mandement*.

Um den Parteien die Möglichkeit zu geben, bei Gericht zu erscheinen, durfte die Sitzung für Einwohner von Holland und West-Friesland frühestens 14 Tage nach Ladung stattfinden, bei Seeländern frühestens nach drei Wochen.[298] Der späteste Sitzungstermin war außer in den Ferien ein Monat nach Ladung.[299] Sitzungstag war stets der Dienstag und unbeendete Sitzungen wurden an den darauffolgenden Tagen fortgesetzt.

Über die Ladung der Gegenseite durch den *deurwaarder* musste dieser einen Bericht

295 Instructie Hoge Raad, Art. CV.

296 Siehe S. 55.

297 Eine öffentliche Ladung (bei einem bekannten Beklagten) durch Anschlag an der Tür des Hoge Raad, wie sie beim Hof von Holland üblich war, gab es beim Hoge Raad nicht; vgl. Obs. Tum. Nr. 2126.

298 Van der Linden, S. 133.

299 Instructie Hoge Raad, Art. CXII.

erstellen. Auch dieser Bericht wurde an das *mandement* angeheftet und dem Prokurator des Klägers gegeben, damit dieser beweisen konnte, dass die Ladung ordentlich erfolgt war. Dies war dann von Bedeutung, wenn der Beklagte trotz ordentlicher Ladung nicht erschienen war. In diesem Fall konnte der Kläger ein *default*[300] verlangen. Wurde der Beklagte nicht ordentlich geladen, konnte er die *exceptie van nulliteit van de citatie* (Einrede der unrichtigen Ladung) erheben, wodurch er der Rechtsverfolgung entkam.[301]

(2) Die rolprocedure

Die weiteren Schritte wurden dann am Gericht ausgeführt. Die Sitzung trug den Namen *rolprocedure.*[302] Das Verfahren war bis dahin aber noch nicht ordentlich eingeleitet, die „Rechtshängigkeit" im formalen Sinne war noch nicht eingetreten.

An der Sitzung nahmen neben den Advokaten und Prokuratoren ein, meistens zwei ordentliche Richter des Hoge Raad teil, die sog. *commissarissen van de rol* oder *rolcommissarissen.* Sie hörten die Parteien an und trafen die Entscheidung über den weiteren Verlauf der Sache.[303] Ihre Aufgabe war vor allem die Vermittlung. Nicht selten versuchten sie, die Parteien zu einem Vergleich zu bewegen.[304] Solche Fälle wurden von Van Bijnkershoek nur dann aufgezeichnet, wenn eine Erörterung des Falls im Gremium erfolgte oder er mit einem erfolgreichen Vergleich rechnete.[305]

300 Das ist ein Versäumnisurteil gegen den Beklagten. Siehe dazu unten S. 82.

301 Van der Linden, S. 136.

302 Der englische Begriff dafür lautet *cause-list* oder *cause-list sitting*, franz. *rolle*, niederl. *rol* (nach dem Ort, an dem die Sitzung stattfand und der Prozessrolle (also der Liste der Verfahren)), einfach auch Termin/Sitzung.

303 Siehe dazu S. 68.

304 Sirks, A. J. B., Recht gestern und heute – Mediation und ihre historischen Vorbilder, Festschrift zum 85. Geburtstag von Richard Haase. In: Hengstl, Joachim/Sick, Ulrich (Hrsg.), Gütliche Einigung im Holland des 18. Jh. Wiesbaden, 2006 nennt als Fallgruppen (1) Situationen, in denen bei einer Abstimmung (mit allen anwesenden Ratsherrn) ein Patt entstanden war, (2) das Gericht der (prozessual) eigentlich unterlegenen Partei z. B. aus humanitären Gründen helfen wollte, (3) die Tatsachen nicht ausreichend festgestellt werden konnten, (4) um beide Parteien vor in den Augen der Richter sinnlosen und ruinösen weiteren Verfahren zu bewahren oder (5) wegen Geringwertigkeit des Streitgegenstandes oder (6) aus Gerechtigkeitsgründen.

305 Schutbladen zu Obs. Tum. Tom. 1, VIII: Credo in Senatu nostro tot causas transactione sopiri, quot sententia judicis, idque vel antequam vel postquam ad Senatum relatae sunt, mediantibus hoc et illo casu Commissariis ... Atque hinc optimarum litium observationes intercidunt, nihil enim refert annotare, qua judicata non sunt, quamvis nonnumquam in Senatu lecta, exploratis etiam in vago Senatorum sententiis. Aliquando etiam Senatus solet rite sententiam dicere, et dein tentare transactiones. Ex litis causis eas notavi, de quarum transactione desperabam, vano etiam quandoque augurio, eas autem neglexi, quas transactum iri credebam, ut saepissime accidit ... (Ich glaube, dass in unserem Senat ebenso viele Fälle durch einen Vergleich abgeschlossen werden, wie durch das Urteil eines Richters, und zwar sowohl bevor als auch nachdem sie dem Senat berichtet wurden, wobei die Kommissare in diesem und jenem Fall vermitteln ... Und dazu zählen die Notizen über die besten Rechtsstreitigkeiten; nichts nämlich bringt es, die [Verfahren] aufzuzeichnen, die nicht entschieden wurden, obgleich einige im Hoge Raad gelesen wurden, wobei auch die Urteile der Richter manchmal ganz allgemein eingeholt werden. Manchmal pflegt der Hoge Raad mit Recht ein Urteil zu sprechen, und danach Vergleiche zu versuchen. Von den Rechtsfällen habe ich diese notiert, über deren Vergleich ich zweifelte, manchmal sogar in bloßer Wahrsagerei, diese aber habe ich übergangen, von denen ich meine, dass sie im Vergleich enden werden, wie es häufig geschieht ...)

Der Sitzung wohnten auch der *griffier* und die *deurwaarders* bei. Letztere zogen die verhängten Strafen ein.

Die Anwesenheit der Advokaten und Prokuratoren bei der Sitzung war verpflichtend. Der Mangel daran war oftmals Anlass, neue Anordnungen zu erlassen, die dies durch Erhöhung der Bußen sicherstellen sollten. Generell gab die „Ordnung" des Prozesses im eigentlichen Wortsinne mehrfach Anlass, neue Instruktionen und Ordonnanzen (Prozessordnungen) zu erlassen. Hierunter fielen Verbote, dazwischenzureden, sich zu unterhalten, die angewiesenen Plätze einzunehmen und beizubehalten etc.[306]

Wenn eine Person der Rechtsprechungsgewalt des Hoge Raad unterlag, hieß dies noch nicht, dass sie auch in eigenem Namen vor Gericht auftreten konnte. So wurden verheiratete Frauen in der Regel durch ihre Männer vertreten, unter deren Vormundschaft sie standen. Witwen dagegen klagten stets im eigenen Namen. War der Mann handlungsunfähig, dann konnte ebenfalls seine Frau für ihn den Prozess führen. Minderjährige wurden im Verfahren durch ihren Vormund vertreten. Sie konnten sich allerdings auch vom Hoge Raad mit der *venia agendi* für handlungsfähig erklären lassen. Für größere Güter oder öffentliche Einrichtungen trat der *rentmeester* vor Gericht auf. Kaufleute, die sich im Ausland aufhielten, entsandten ihren Faktor, den sie vor Ort hatten, oder sonstige Beauftragte in das Verfahren. Namens des Schuldners trat manchmal auch der Bürge oder der Verwalter seiner Erbmasse vor Gericht auf. Prozesspartei konnten auch eine Gemeinschaft oder Einrichtungen sein. Die Bürgermeister oder andere Regierende einer Stadt führten dabei Kraft ihrer Funktion den Prozess oder benannten mit der Prozessführung beauftragte Personen.

Zunächst musste der Fall in die Prozessrolle, eine Liste mit allen anhängigen Verfahren, eingetragen werden (*conclusie van eis*). Die Eintragung war Aufgabe des Prokurators des Klägers. Um dies zu erreichen, d. h. seinen Fall auf der Rolle zu *presenteren*, übergab der Prokurator vor dem Sitzungstermin dem Schriftführer eine Notiz, worauf die Personalien, der Verfahrensgegenstand und die Handlung, wozu die *presentatie* diente, verzeichnet waren. Diese Angaben wurden vom Schriftführer auf der rechten Seite des Rollenregisters in der Reihenfolge eingetragen, in der sie eingereicht wurden.

Danach wurden die Verfahren zur Verhandlung aufgerufen. Zuvor mussten die Prokuratoren ihre Vertretung anzeigen, da der Prokurator der Gegenseite bei einem *default* eine Kopie davon erhielt.[307] An erster Stelle wurden Verfahren behandelt, bei denen der Prokurator-General auf eigenes Ersuchen beteiligt war. Danach wurden die Fälle verhandelt, in denen der Prokurator zu Gunsten einer der Parteien beteiligt war. Als nächstes folgten ältere Verfahren und schließlich alle neuen Fälle.[308]

Die Klage wurde vom Advokaten durch eine schriftliche *conclusie* erhoben. Mit Einreichen der schriftlichen Klage konnte der Gegenstand der Klage nur noch mit Mitwirken und Zustimmung der Gegenseite geändert werden.[309] Das Gericht war bei der Verurteilung der Parteien an den Klägerantrag gebunden,[310] weshalb der Kläger

306 Blécourt, A. S. de, De geboorte van den Hoogen Raad van Holland en Zeeland. Tijdschrift foor Rechtsgeschiedenis, Band 2 (1920).

307 Instructie Hoge Raad, Art. CLXIX.

308 Instructie Hoge Raad, Art. CLXVIII.

309 Van Rhee, S. 100 f.

310 Van Rhee, S. 100 f.

versuchte, den Antrag möglichst offen zu halten, um dem Richter eine gewisse Entscheidungsfreiheit einzuräumen.[311]

Die Schriftsätze (*libellus*) hatten einen festgelegten Aufbau. In der *narratio* wurden die Fakten des Falls dargelegt. Auf die *narratio* folgte in der *mineure* die Rechtsgrundlage des geltendgemachten Anspruchs. Den Abschluss des Schriftsatzes bildete der Antrag, die *conclusio*. Meist wurde der Schriftsatz eingereicht und in der Verhandlung mündlich erläutert. Es galt die Vorschrift, kurze Schriftsätze einzureichen. Ausschweifungen und Wiederholungen waren verboten.[312] Oftmals verzichteten die Advokaten in den Schriftsätzen auf die Darstellung der Gründe und verwiesen auf das *mandement*.[313] Inhaltlich ähnelte der Klageantrag sehr dem Ersuchen um das *mandement*. Wichtiges Element war auch ein Antrag zu den Prozesskosten (*eis van kosten*), da sich die Verurteilung auf den konkreten Antrag beschränkte. Eine Entscheidung zu den Kosten von Amts wegen gab es nicht. Die Parteien mussten daher die Verurteilung der Gegenseite zu den Kosten beantragen. Die Kostentragungspflicht oblag der unterlegenen Partei.[314] Gleichwohl wurde gegen die Vorschrift, kurze Schriftsätze einzureichen, häufig verstoßen, auch deshalb, weil die Advokaten nach der Länge ihrer Schriftsätze und nicht nach der Höhe des Streitwerts bezahlt wurden.

Dann wurde der beklagten Partei die Gelegenheit gegeben, sich gegen die Klage durch ihren Advokaten zu verteidigen. Zur Vorbereitung der Verteidigung wurde dem Advokaten des Beklagten meist einen Aufschub von 14 Tagen gewährt. Dies galt im 18. Jahrhundert dann nicht, wenn er bei der Klageerhebung bereits Kopien der Dokumente erhalten hatte, auf denen die Klage basierte. Ferner galt dies dann, wenn im *mandement* angeordnet worden war, dass die Sache am ersten Sitzungstag entschieden werden soll, oder wenn jemand verklagt wurde, um *procureur acceptant* zu stellen.[315] Es gab auch die Möglichkeit, diesen Termin einmal zu verlängern.[316]

Hatte der Prokurator des Beklagten angegeben, dass er seine Antwort vorbereitete, bedeutete dies, dass er auf *praeliminaire verzoeken*, das heißt das Verfahren aufschiebende Ersuche, verzichtete. Diese Ersuche mussten zur Prozessbeschleunigung am ersten Sitzungstermin erhoben werden (*simul et semel*). Kam der Prokurator des Klägers einem solchen Ersuchen nach, musste der Prokurator des Beklagten auf die eigentliche Forderung reagieren. Ein solches Ersuchen war zum Beispiel das Ersuchen um Kopie von Dokumenten, die im *mandement* angeführt wurden oder die Kopie eines Erlasses des Gerichtsvollziehers. Wohnte der Kläger außerhalb der Rechtsprechungsgewalt des Hoge Raad, ersuchte der Prokurator manchmal um das Stellen einer Kaution für die Prozesskosten.[317]

Mit der Erwiderung der Klage war eine entscheidende Situation im Verfahren, die *litiscontestatie* (lat. *litiscontestatio*), eingetreten. Wie im antiken römischen Recht, aus der dieser Begriff entnommen war, konnte der Kläger die geltend gemachte Kla-

---

311 Van der Linden, Buch II, Teil III, S. 147.
312 Instructie Hoge Raad, Art. CXXVII.
313 Eine sog. Darstellung ohne *middelen* (Mittel).
314 Instructie Hoge Raad, Art. CCLXXXI für die Revision. Diese hatte auch die außergerichtlichen Kosten zu tragen, vgl. Obs. Tum. Nr. 2212.
315 Van der Linden, Buch II, Teil IV, S. 154–155.
316 Instructie Hoge Raad, Art. CLXXX.
317 Van der Linden, II, IV, S. 156–160.

geforderung nicht mehr ändern, und sie auch nicht mehr erhöhen. Umgekehrt durfte der Beklagte nach der *litiscontestatie* keine deklinatorischen Einreden mehr geltend machen.

In seiner Klageerwiderung musste der Beklagte auf die Klage antworten oder dagegen eine Einrede (*exceptie*) erheben. Diese Einrede betraf die Unzulässigkeit und/oder die Unbegründetheit der Klage. Dies konnte auf unterschiedliche Weise geschehen:

Auf der einen Seite konnte durch *declinatoire* (deklinatorische) bzw. *prejudiciele exceptien* (präjudizielle Einreden) die Unzuständigkeit des Gerichts eingewendet werden, worüber der Hoge Raad unmittelbar zu befinden hatte, bevor weiter verhandelt werden konnte.[318] Dies ging dann mit dem Ersuchen um Verweisung an das zuständige Gericht (*renvoy* oder *renvoir*) einher. Ferner konnte die Einrede der Rechtshängigkeit (*exceptie van litispendentie*) oder die Einrede der Rechtskraft eines anderen Urteils, die sog. *exceptie van gewijsde/exceptio litis finitae* erhoben werden.[319] Wurden diesen Einreden stattgegeben, war der Prozess vor dem Hoge Raad damit beendet, andernfalls musste der Beklagte auf die Klage eingehen.

Als zweite Möglichkeit konnte man Beschwerde zur Vertagung des Verfahrens erheben, die sog. *dilatoire* (dilatorischen) Einreden. Sie zielten auf die Einstellung der folgenden Prozesshandlung, beendeten aber nicht mehr den Prozess. Darunter fielen z. B. Beschwerden gegen den Prokurator der Gegenseite.

Die dritte Art der Einreden waren die *peremptoire* (peremptorischen) Einreden, womit der Beklagte erreichen wollte, dass die Klage auf Grund von Verjährung, Vergleich, Erlass, Zahlung etc. abgewiesen wurde.

Einreden der zweiten und dritten Art wurden zusammen mit der Klageerwiderung eingereicht. Die Klageerwiderung schloss mit einem gegenteiligen Plädoyer, worin das Recht des Klägers auf die Forderung bestritten und die Abweisung der Klage verlangt wurde. Es war auch möglich, in die Offensive zu gehen und eine *eis in reconventie* (Widerklage) zu erheben.

Der Klageerwiderung des Beklagten konnte der Kläger erneut eine Erwiderung entgegenhalten, eine *repliek* (Replik). Dies konnte sofort oder wiederum nach einem Aufschub von zwei Wochen geschehen.[320] Auch darauf konnte der Beklagte mit einer *dupliek* (Duplik) reagieren. Dieses Spiel von Klägerschriftsatz und Verteidigung durch den Beklagten konnte sich in Form der Triplik und Quadruplik noch weiter fortsetzen. Der Beklagte hatte dabei stets das letzte Wort.[321]

Das Verfahren konnte hier aber auch schon mit einem Urteil beendet werden, wenn der Hoge Raad sich über die Sache im Klaren war.[322] Wenn sich die Parteien darauf einigen konnten, war dies der Zeitpunkt, einen Vergleich zu schließen.

Wenn dies nicht möglich war, entschieden sodann die beiden *commissarissen ter audientie van de rol* über das weitere Verfahren. Sofern dies möglich war, erließen sie ein *interlocutoir vonnis* (einstweiliges Urteil), das sog. *appointement dispositif.* Gegen diese Entscheidung konnten die Parteien Beschwerde einlegen, so dass die Entscheidung

318 Wedekind, S. 83.
319 Van Rhee, S. 111–116.
320 Van Rhee, S. 120.
321 Verhas, Beginjaren, S. 90.
322 Wedekind, S. 92.

von allen Ratsherren überprüft werden musste.[323]

Der weitere Gang des Verfahrens hing davon ab, ob sich die Parteien über Tatsachen (*in feiten*) oder über rechtliche Fragen (*in rechten*) stritten.

Im ersten Fall musste Beweis erhoben werden. Rechtliche Fragen konnte das Gericht unter Zuhilfenahme der Literatur entscheiden.[324] Dem entsprechend unterschied sich das *appointement dispositief*, wobei aber die Unterscheidung in der Praxis nicht so scharf gehandhabt wurde.[325] Ging der Streit um Tatsachen, die der Beklagte bestritt, lautete das *appointement* so, dass der Kläger „schrijven [muss] bij *intendit*" und diese Behauptungen beweisen musste. Brachte der Beklagte zusätzlich Tatsachen vor, mussten beide Parteien ihre Behauptungen beweisen. Die Richter erließen daraufhin ein *appointement in feiten contrarie*, worin den Parteien zum einen aufgegeben wurde, die behaupteten Tatsachen zu schildern und andererseits die Ausführungen der Gegenseite schriftlich zu entkräften. Auf Basis dieser Tatsachen wurde die Beweisaufnahme (*enqueste*) durchgeführt. Wenn der Streit keine Tatsachen betraf, sondern sich auf eine Rechtsfrage zuspitzte, wurde ein „appointement bij *memorien* (*en advertissementen van rechte*)" erlassen.[326] In einem Schriftsatz versuchten die Parteien dann, ihre Klage mit rechtlichen Argumenten zu untermauern.[327] Die Parteien mussten diese Schriftsätze in einem Prozessbündel innerhalb einer Frist (etwa ein Monat) beim *griffier* einreichen. Das Versäumen dieser Frist hatte eine Entscheidung auf Grund der vorhandenen Akte zur Folge. Der Prokurator, der seinen Schriftsatz nicht pünktlich einreichte, konnte aber eine Verlängerung der Frist (*prorogatie*) etwa um zwei Wochen bei Zustimmung der Gegenseite erwirken. Zusammen mit dem Einreichen der Unterlagen bekundeten dann die Parteien ihr Ersuchen um Recht. Dies bedeutete, dass sie nichts mehr hinzuzufügen hatten und dass alle notwendigen Informationen zur Entscheidung des Falls vorhanden waren. Dabei hatte das Prozessbündel vollständig und inventarisiert zu sein. Das Verfahren fand dann seinen Abschluss mit der Entscheidung durch den Richter.

(3) Die Beweisaufnahme (enqueste)

War das Verfahren in das Stadium des *appointement dispositief in feyten* getreten, folgte die Beweisaufnahme (*enqueste*).[328] Im Zwischenurteil wurde festgehalten, dass die Parteien ihre Behauptungen beweisen sollten. Das Gericht legte die zu beweisenden Punkte fest. Die Beweisthemen wurden durch die Antworten *per verbum credit vel non credit* bestimmt.

Der Präsident bestimmte zumeist einen, bei wichtigen Sachen auch zwei Kommissare, welche die *enqueste* (Untersuchung) leiteten. Dieser berichtete nach Abschluss die Untersuchungsergebnisse dem Gericht. Die Untersuchung fand nicht vor dem Gericht

---

323 *Reauditie*, siehe S. 63.
324 Wielant, VIII. VI. 2.
325 Wedekind, S. 65.
326 Instructie Hoge Raad, Art. CLXX.
327 Für den Hoge Raad existieren diese anders als für den Großen Rat von Mechelen nicht. Siehe Wijffels, S. 49–59.
328 Über Ursprung und Wirkung des Beweiserhebungsverfahrens siehe Guilhiermoz, P., Enquêtes et procès. Étude sur la procédure et le fonctionen en Parlement de Paris au XIVe siècle. Paris, 1892.

selbst statt. Der Kommissar war ebenfalls vom späteren Urteil ausgeschlossen. Die eigentliche Untersuchung konnte allerdings auch von dem Kommissar an eine andere geeignete Person delegiert werden,[329] insbesondere dann, wenn eine Untersuchung außerhalb des Gerichtsgebäudes stattfinden sollte. Dieser hatte dann die Ergebnisse seiner Untersuchung an seinen Auftraggeber weiterzuleiten. Der Kommissar wurde von einem *adjunct* begleitet. Dieser rekrutierte sich aus den *griffiers*, Sekretären, oder *deurwaarders* des Hoge Raad. Eine *enqueste* dauerte vormittags drei Stunden und nachmittags noch einmal zwei Stunden.[330] Der Termin für die Beweisaufnahme fand meist sechs Wochen später statt, was die Parteien um zweimal drei Wochen verlängern konnten.[331] Die Befugnis des Kommissars, die Beweisaufnahme durchzuführen, entstammte einer Urkunde, der sog. *commissie* oder *mandate*, oder einem *rekest*. Gegenstand der Beweisaufnahme waren Fakten, die in sog. *articuli* (Artikel) festgehalten wurden. Jeder Artikel durfte nur eine Tatsache enthalten.[332] Betrafen mehrere Artikel eine Tatsache, musste der Kommissar diese aus Gründen der Übersichtlichkeit zu einem Artikel zusammenfassen.[333]

Bei der Beweisaufnahme lassen sich drei Phasen ausmachen:
In der Vorbereitungsphase wurde die Urkunde durch die den Beweis erhebende Partei, die in Person erscheinen musste, an den Kommissar übergeben. Die Gegenpartei erklärte dann am Rand dieser Urkunde „per verbum credit vel non credit", ob sie diese Tatsache anerkenne (*credo*) oder bestreite (*non credo*), so dass nur über die Artikel, die mit *non credit* beantwortet wurden, Beweis erhoben werden musste. Schwieg die Partei, wurde dies als zugestanden angesehen.[334]

Daran schloss sich die zweite Phase, die Beweiserhebungsphase an. Als Beweismittel zugelassen waren u. a. Eid, Zeugen, Urkunden und der Augenschein (Untersuchung vor Ort *inspectie oculair*).[335] Die Parteien hingegen durften über ihre Sache nicht vernommen werden, wohl galt aber ihr Geständnis als Beweis. Mit Stimmenmehrheit – gegen die Stimmen von Van Bijnkershoek und noch zwei weiteren Ratsherren – wurden in der Entscheidung Obs. Tum. Nr. 2030 aber die eigenen Handelsbücher eines Kaufmanns als Beweismittel zugelassen.[336] In der Entscheidung Obs. Tum. Nr. 2050 hingegen lehnen die Richter einstimmig die Zulassung der Handelsbücher zum Beweis des Abschlusses eines Kaufvertrags ab und lassen den Beklagten zu einem *expurgatorice eed* zu. Insoweit gab es also keine klare Linie in der Rechtsprechung des Hoge Raad.

Das wichtigste Beweismittel waren Zeugen. Diese wurden einzeln über das Geschehen ohne die Parteien von dem Kommissar in Anwesenheit seines *adjunct* verhört. Dieser

329 Instructie Hoge Raad, Art. XXVIII, die sog. *surrogatie*.
330 Instructie Hoge Raad, Art. XXXV.
331 Instructie Hoge Raad, Art. CLXXXIV.
332 Instructie Hoge Raad, Art. CXXVIII.
333 Instructie Hoge Raad, Art. XXXII.
334 Instructie Hoge Raad, Art. CLXXXVII.
335 Wielant benennt 14 zugelassene Beweismittel, worunter auch Vermutungen, allgemeine Ansicht, Denuntiation von mehreren angesehenen Männern fallen. Wielant, VI, 5. Die o. a. Beweismittel waren allerdings die gebräuchlichsten Beweismittel und sie werden auch von Van Bijnkershoek und Pauw am häufigsten erwähnt.
336 Van Bijnkershoek lehnt eine Verwertung der Bücher selbst als „Teilbeweismittel" zusammen mit einem *suppletorice eed* zweier Zeugen ab.

schrieb die Aussagen auf. Der Kommissar las dann die Aussage noch einmal vor, worauf der Zeuge dann seine Aussage unterzeichnete oder mit seinem Zeichen versah.[337] Der Kommissar erstellte eine Akte (*proces verbaal*) über seine Untersuchung, worin er Ort und Zeit seiner Untersuchung verzeichnete. Am Rand musste er die Auslagen für die Zeugen schätzen.[338] Der Beweiswert einer Zeugenaussage war dabei abhängig von der Stellung der Person. Für den Beweis einer Tatsache durften höchstens sieben Zeugen auftreten. Besonders geringen Glauben schenkte der Hoge Raad den Aussagen von Angehörigen und Verwandten der Parteien. Eine sehr bedeutende Rolle für die Glaubwürdigkeit der Aussage des Zeugen spielte das Ansehen der Person. Ebenfalls zu den Zeugenaussagen zu zählen war die Aussage einer *turbe* (lat. *turba*). Wenn ein Beweis über das Gewohnheitsrecht, d. h. über das Vorliegen oder Nichtvorliegen bestimmter Handelsbräuche oder Sonderregelungen geführt werden sollte, genügte dazu nicht die Aussage eines Vertreters der Gruppe, sondern es bedurfte einer Gruppe von mindestens 10 Kennern des Gewohnheitsrechts,[339] welche die Aussage bestätigen mussten. Daher kam es nicht selten vor, dass eine Mehrzahl von Maklern oder Kaufleuten zum Hoge Raad zitiert wurde.[340] Der Aussage einer *turba* maß das Gericht jedoch nicht die Beweiskraft zu, wie sie für gewöhnliche Zeugenaussagen galt, insbesondere wenn diese mit einem Eid bekräftigt waren.

Ein weiteres wichtiges Beweismittel waren Urkunden. Der Beweis konnte mit öffentlichen Urkunden aber auch mit privat erstellten Urkunden geführt werden. Besondere formale Anforderungen an eine Urkunde wurden in den untersuchten Fällen nicht gestellt. Die Urkunden mussten allerdings schon bei Klageerhebung eingereicht werden und konnten nicht während der Verhandlung nachgereicht werden. Eine besondere Rolle bei der Beweisführung nahm die Eidesleistung ein. Diese konnte eine Parteiaussage ergänzen (nl. *suppletoire eed*, Ergänzungseid) oder eine Partei von einer Verdächtigung freimachen (nl. *purgatoire eed*, Reinigungseid). Diese Art der Bekräftigung hatte eine erhebliche Wirkung. In einer sehr von der Religion geprägten Gesellschaft schenkte man der Versicherung unter Anrufung Gottes weit mehr Glauben als dies heute in einer säkularen Gesellschaft der Fall ist.[341] Eine Aussage einer Partei wurde als besonders glaubwürdig angesehen, wenn die Partei dazu die Ableistung eines Eides anbot. Der Verteidiger hatte allerdings seinerseits die Möglichkeit, das Gegenteil zu beschwören.

Schließlich gab es auch den Augenscheinsbeweis. Dieser kam allerdings in den untersuchten Fällen nur wenig vor, was sich mit dem Gegenstand der Verfahren erklären lässt. Es ging vor allem um Streitigkeiten zwischen Kaufleuten oder Verfahren um den Erwerb von Grundstücken. Hierbei spielt faktisch der Augenschein eine weitaus geringere Rolle. Nur in Form der *saakbeschrijfing* (Beschreibung der Sache) oder der Inaugenscheinnahme durch einen oder mehrere Kommissare wurden Untersuchungen vor Ort vorgenommen.

337 Instructie Hoge Raad, Art. XXXI.

338 Die Zeugen erhielten nur ihre Auslagen für Anreise und Unterkunft erstattet, nicht dagegen für ihre Aussage. Instructie Hoge Raad, Art. XXXIV, Van Rhee, S. 175.

339 Van Rhee, S. 174.

340 Ein Beispiel hierfür ist Obs. Tum. Nov. Nr. 1025.

341 Bei der großen Revision des Beweisrechtes in den 1980er Jahren wurden Eide deswegen in den Niederlanden abgeschafft.

Mit der dritten und letzten Phase wurde die Beweiserhebung abgeschlossen. Hierbei erklärten die Parteien zunächst, dass sie keine weiteren Beweise erheben wollten (*conclusie in feyten*). In dieser Phase wurden zunächst die schriftlich aufgenommenen Aussagen in Gegenwart der Parteien verlesen (*publicatie van de enqueste*) und dann die Unterlagen beim *griffier* hinterlegt.[342] Durch die geheime Vernehmung sollte sicher gestellt werden, dass die Zeugen keine Repressalien durch die Parteien wegen ihrer Aussagen zu befürchten hatten. Gleichzeitig musste aber auch gewährleistet werden, dass die Parteien die Zeugenaussagen widerlegen konnten. Dazu hatten sie an dieser Stelle die Möglichkeit. Dass sich beides widerspricht, ist klar. Eine direkte Konfrontation der Zeugen mit den Parteien durch Fragen oder ein Kreuzverhör durch die Gegenseite, was zu einer Beschleunigung des Verfahrens geführt hätte, sah diese Art der Prozessführung nicht vor. Die Einwände wurden bei Zeugen *reprochen* genannt. Das Verhandeln über die Beweise nannte man *dienen van reprochen en salvatien.*[343] Dies geschah gegenüber dem Kommissar oder dem Gericht. Die Parteien hatten die Möglichkeit, die Zeugenaussagen in ihrer Glaubwürdigkeit anzugreifen, oder gegen ihre Aussagen Einwände zu erheben oder einen Widerspruch mit den Urkunden aufzudecken oder die Gültigkeit der Urkunde anzugreifen. Mit den *salvatien* konnte sich die so angegriffene Partei verteidigen. Die *reprochen* und *salvatien* durften sich allerdings nur auf die Zeugen oder schriftlichen Beweisstücke beziehen. Wenn es die Parteien wollten, konnten sie ein *motief van rechte* mit Rechtsausführungen vorlegen, dessen Inhalt der Gegenpartei nicht bekannt gegeben wurde.[344] Auch dies musste nicht sofort geschehen, sondern den Parteien wurden Fristen zur Untersuchung des Ergebnisses der Beweiserhebung eingeräumt. Die Verhandlung über das Ergebnis der Beweisaufnahme wiederholte sich dann noch einmal in der Rollensitzung, was sich in den *acten van dingtalen* niederschlug. Van Bijnkershoek und Pauw äußern sich allerdings über die Beweisführung in den Observationes Tumultuariae nur wenig.[345] Sie geben an, welche Art von Beweisen die Parteien beigebracht haben und führen an, ob die Aussagen von Zeugen glaubhaft waren oder nicht. Gründe für die Glaubwürdigkeit bzw. Unglaubwürdigkeit der Zeugen liefern die Autoren nur selten. Nur in Extremfällen, wenn widersprüchliche Aussagen darauf zurückzuführen waren, dass Verwandte zu Gunsten von ihren Angehörigen nicht die volle Wahrheit gesagt hatten, geben dies die Autoren an. Die Frage der Beweisführung steht auch nicht im Vordergrund des Interesses der Autoren, da es ihnen bei den Observationes um die Darstellung der Rechtsfragen des materiellen und gelegentlich auch des formellen Rechts, nicht um faktische Fragen ging. Deshalb werden Aussagen über die Beweisführung meist nur kurz dargelegt.

(4) Entscheidung

Das letzte Stadium des Prozesses war die Entscheidung. Zunächst wurde dazu die Debatte formell abgeschlossen (*akte van conclusie in rechte/conclusie in cause*). Dabei

342 Siehe für den Hof von Holland Wielant, VI, S. 29, Van Rhee, S. 170, Wedekind, S. 111 und Bosch, S. 453 f.

343 Instructie Hoge Raad, Art. CXC.

344 Instructie Hoge Raad, CXXIX.

345 In den Schutbladen zu Obs. Tum. Tom. II, VI nimmt Van Bijnkershoek die Zeugenaussagen und deren Widerlegungen ausdrücklich von seinen Berichten aus.

erklärten die Parteien, dass sie nach der Untersuchung aller Dokumente der Gegenseite keine weiteren Fakten oder Gegenstände einbringen werden (nl. *renuncieeren van productie*) und baten das Gericht um die Entscheidung des Falls.

Die Entscheidung des Falles erfolgte allerdings nicht automatisch, sondern die Parteien hatten *billetten* zu übergeben, um zu verhindern, dass Fälle, die bereits von den Parteien in der Zwischenzeit gütlich gelöst worden waren, noch gerichtlich entschieden wurden. Die Übergabe der *billetten* nahmen die Prokuratoren vor. Wer dieses Schriftstück mit der Bitte um Entscheidung an die Ratsherren einreichte, musste sicherstellen, dass die Sache von beiden Parteien entscheidungsreif war (nl. *in state van wijzen*) und alle Unterlagen entsprechend dem Inventar beigefügt waren.[346]

Sodann berief der Präsident des Hoge Raad ein Mitglied des Gerichts, das weder bei der Beweiserhebung noch sonst in dem Fall involviert war,[347] zum Berichterstatter (*rapporteur.*) Die Berufung des *rapporteur* musste gegenüber den Parteien geheim gehalten werden. Vermutete der Berichterstatter, dass sie von seiner Tätigkeit Kenntnis erhalten hatten, musste er den Fall zurückgeben, damit ein anderer ihn untersuchen konnte.[348] Die Verteilung des Amtes war dabei nicht fest geregelt und es gab auch zumindest in der Anfangszeit keine Spezialisierung der Richter auf einzelne Rechtsgebiete, in der Weise, dass einzelne Richter stets Berichterstatter bei Fällen in einem Gebiet waren.[349] Der Grund liegt darin, dass das *rapportgeld* eine erhebliche Quelle der Einkünfte war. Der Berichterstatter bekam die Hälfte des *rapportgeld*, der Rest ging an die bei der Verhandlung anwesenden Ratsherren.[350] Deshalb wurde darauf geachtet, dass diese Funktion reihum ausgeübt wurde. Zu einer Spezialisierung konnte es daher nicht kommen.

Die Höhe des *rapport-geld*, die die Ratsherren selbst festsetzten, richtete sich nach dem Aufwand, den der Berichterstatter bei seiner Arbeit hatte, und dem Umfang des Prozesses. Zu bezahlen hatte dies die Partei, die nach der Verkündung des Urteils eine gleichlautende Abschrift (*expeditie van de sententie*) verlangte.[351] Aber auch dies scheint in der Anfangszeit kein Grund gewesen zu sein, den Verteilungsplan zu Gunsten von einzelnen Richtern zu ändern.[352] Die Aufgabe des *rapporteur* war es, die Prozessakten an Hand des Inventars auf Vollständigkeit hin zu untersuchen.[353] Aus den Akten

346 Instructie Hoge Raad, Art. CCLVIII und f.

347 Instructie Hoge Raad, Art. XLVI.

348 Instructie Hoge Raad, Art. XLVIII. Aus den Schutbladen zu Obs. Tum. Tom. 8, VIII zum 16. Februar 1724 ergibt sich, dass dies auch beachtet wurde. In diesem Fall hatte der *rapporteur* diese Vermutung geäußert, nachdem ihm eine Partei einen Brief geschrieben hatte. Drei Ratsherren wollten hier keinen neuen *rapporteur* bestimmen, da die Autorin des Briefs, wie sich aus anderen Teilen des Schriftstücks ergeben hatte, von zweifelhaftem Geisteszustand gewesen sei. Aber die anderen drei meinten – wie Van Bijnkershoek bemerkt – mit Recht, dass die bloße Vermutung reiche.

349 Verhas, Beginjaren, S. 43.

350 Aus den Beilagen zu Obs. Tum. Nov. Bd. 1 ergibt sich, dass auch die Kammerdiener ebenfalls am *rapportgeld* beteiligt waren. Die Regelung sollte allerdings nur für die zu diesem Zeitpunkt tätigen Kammerbewahrer gelten. Die Kammerdiener hatten außerdem diese Vergünstigung geheimzuhalten.

351 Instructie Hoge Raad, Art. XLI.

352 Verhas, Beginjaren, S. 43.

353 Instructie Hoge Raad, Art. XLVII.

verfasste er dann eine kurze Übersicht oder einen Auszug.[354] Diese Auszüge sind beim Hoge Raad allerdings nicht in gesonderter Form erhalten. Rückschlüsse auf diese Extrakte findet man jedoch in den *resultien* etwa ab dem Jahr 1726 am Anfang einer *resolutie* in den *resolutieboeken*.[355] Der Einfluss des *rapporteur* auf die Entscheidung war in den untersuchten Fällen nicht so groß, dass bereits auf Grund seines Votums die Entscheidung vorgezeichnet war. Jedoch konnte er mit seinem Votum die spätere Diskussion beeinflussen. Die Prozessvorbereitung des *rapporteurs* ist allerdings nicht genau bekannt.[356]

Auf der Basis des Extrakts stellte der *rapporteur* dann in der Sitzung den Fall kurz vor und wies wohl auf die Probleme und Schwierigkeiten des Falls hin.[357] Wenn es möglich war, versuchten die Ratsherren schon an dieser Stelle, die Parteien zu einer gütlichen Beilegung des Streits zu bewegen.[358] Durch den Beschluss vom 13. Dezember 1708 sollte der Präsident „zu Beginn jeder Sache den Berichterstatter fragen, ob er zu einer Verhandlung *ten fine van accord* (zum Zwecke einer Einigung) neige oder nicht."[359] Konnte dies bejaht werden, dann erübrigte sich die Prüfung der Akten.

Nach dem Bericht des *rapporteur* gaben dann die Ratsherren ihre *advysen* (Ansichten) in der Reihenfolge des Alters ab. Zum Schluss gab der Präsident seine Stimme ab. Darauf wurde der Fall im Kollegium diskutiert. Mindestens sieben Richter, bei schwierigen Fällen alle neun Richter und der Präsident berieten den Fall. Es wurde vor allem bei Verfahren in erster Instanz darauf geachtet, dass eine ungerade Zahl von Richtern entscheidet, so dass bei Abwesenheit eines Richters abwechselnd ein weiterer Ratsherr ausschied.[360] In der Regel nahm an den Sitzungen auch der Präsident teil. Die Beratungen waren aber auch ohne seine Teilnahme gültig. Wenn der Souverän, d. h. der Statthalter oder die Generalstaaten, betroffen war, nahm an der Debatte zusätzlich der *procureur-generaal* und der *advocaat-fiscaal* an der Debatte der Ratsherren teil.

Die Richter versuchten hierbei stets eine breite Mehrheit für die Entscheidung zu finden. Konnte man sich nicht einigen, wurde die Verhandlung unterbrochen und die Richter untersuchten zu Hause mit Hilfe der Literatur die streitigen Punkte. Bisweilen unterbrach man die Verhandlung auch, um streitige Punkte zu klären oder die Parteien doch noch zu einem Vergleich zu bewegen.[361]

Am Ende der Beratung stand die Abstimmung. Jeder Ratsherr wurde nach seinem Votum, der *sententie*, gefragt. Zunächst gab der *rapporteur* sein Votum ab, sodann

354 Instructie Hoge Raad, Art. XLIV.

355 Vermutlich hat der *griffier* die *resolutie* mit Hilfe des Extrakts erstellt. Ab 1726 werden die *resolutien* nach einem Wechsel im Amt des *griffier* zunehmend ausführlicher.

356 Verhas, Beginjaren, S. 97.

357 Es gibt darüber keine genauen Angaben. Verhas, Beginjaren, S. 98 Fn. 110 vermutet, dass das Vorgehen dem des Hofs entsprach, s. Wedekind, S. 125. Im Großen Rat von Mechelen dagegen führte der Präsident in den Fall ein, s. Van Rhee, S. 195.

358 Van Hoek, S. 36.

359 Obs. Tum. Nr. 472. Siehe dazu Van Hoek, S. 36 Fn. 7.

360 Obs. Tum. Nov. vor Nr. 331: „Scilicet ita servat Senatus, ut si in prima, quam ajunt, instantia causa ad se defertur, ubi in conventione et reconventione petuntur quae recta sibi obstant, ne pari Senatorum numero collidantur suffragia, unus per vices absit, atque ita nunc abfui."

361 Van Hoek, S. 37 Fn. 8 nennt einige Fälle, in denen weitere Sachaufklärung betrieben werden musste. Es wurde den Parteien in einigen Fällen sogar die Möglichkeit eingeräumt, neue Beweise beizubringen oder sich weiter zu erklären, Van Hoek, S. 37 Fn. 9.

die übrigen Richter nach ihrem Alter, schließlich der Präsident. Die Reihenfolge der Stimmabgabe der einfachen Ratsherren war daher anders als beim Hof von Holland geregelt.[362] Das Stimmverhalten der Richter kann aus den *resolutien* ermittelt werden. Dem Urteil des *rapporteurs* pflichtete der (jeweils) nächste Ratsherr entweder mit „idem" bei oder er gab eine eigene Entscheidung ab. Teilte ein Ratsherr, der seine Stimme später abgab, eine bereits zuvor genannte (abweichende) Ansicht, dann lautete das Votum ebenfalls „idem" unter Hinzufügung des Namens, der diese Ansicht zuerst geäußert hatte.

Bei der Abstimmung ging es jedoch nur um den Urteilstenor. Auf die Begründung, weshalb ein Richter den Fall so entschied, kam es nicht an. Dies konnte also zu dem bemerkenswerten Ergebnis führen, dass alle Richter einstimmig ein und dieselbe Entscheidung in der Sache trafen, dies aber aus unterschiedlichsten Gründen geschah.

Wenn es unterschiedliche Argumentationen gab, führte das aber meistens auch zu unterschiedlichen Ergebnissen in der Sache. Der Hoge Raad war aber stets bemüht, Entscheidungen zu treffen, die eine breite Basis im Gericht hatten. Das Extrem, dass alle Richter unterschiedlicher Ansicht waren, kam nur sehr selten vor.[363] Nach Obs. Tum. Nr. 624 sollte sich ab dem 22. März 1710, wenn die Meinungen so auseinandergingen, dass sich die Ratsherren nicht einigen konnten, ein Ratsherr von der Beratung zurückziehen.

Es galt der Beschluss nach der Mehrheit der Stimmen.[364] Van Bijnkershoek stört sich daran wenig, wenn er in den Schutbladen schreibt:[365]

> ...Constat me non semper ejusdem sententiae fuisse, cuius Senatus, hoc est cujus plurium sententiam, nec fieri post aliter, et constat, me his casibus opinari, male fuisse judicatum, sed tamen, ut pontificii omnia suae Ecclesiae judicio relinquunt, etiam qua a judicio Ecclesiae sciunt discrepare, sic mea relinquo judicio Senatus. Nec sta me amo, ut ausim affirmare, me semper in eo, quod mihi visum est, justum et aequum adsecutum.[366]

Pauw bemerkt dazu in seinen Beilagen:[367]

> In Senatu nostro, ut in ceteris tribunalibus, numerantur sententiae et quod pluribus placuit, jus facit inter partes. Sed non male ad Senatum nostrum transtuleris, quod de tribunalibus Franciscis scribit elegans auctor

362 Beim Hof von Holland stimmte an zweiter Stelle der Kommissar ab, der die Beweiserhebung geleitet hatte. Wedekind, S. 126.

363 So war es z. B. in den Fällen Obs. Tum. Nr. 403 (Entscheidung 5:5), Obs. Tum. Nr. 624 und 1106 (Stimmengleichheit in mehreren Einzelfragen.

364 Instructie Hoge Raad, Art. I.

365 Schutbladen zu Obs. Tum. Tom. 1, VIII.

366 ...Sicher ist, dass ich nicht immer dasselbe Urteil getroffen habe wie der Senat, das heißt, das Urteil der Mehrheit, und es kann auch nicht anders sein. Und es steht fest, dass ich in diesen Fällen meine, dass schlecht geurteilt wurde, aber dennoch: Wie auch die Päpste alles dem Urteil ihrer Kirche überlassen haben, und vom Urteil der Kirche abzuweichen wussten, so [weiche] auch ich vom restlichen Urteil des Hoge Raad [ab]. Und es soll mir fern bleiben, dass ich zu bestätigen wage, dass er [der Hoge Raad] immer in dem, was mir recht und billig schien, gefolgt ist.

367 Diese sind in der Edition der Obsvervationes Tumultuariae Novae publiziert.

liter. persic. t. 2 epist. 34 f. "dans ce tribunal on prend les voix a la majeure; mais on a reconnu par experience, qu'il vaudroit mieux les recueillir a la mineure, et cela est bien naturel, car il y a tres peu d'esprits justes, et tout le monde convient, qu'il y en a une infinité de faux."[368]

Pauw war also nicht vom Mehrheitsprinzip überzeugt. Denn das Problem ist seiner Ansicht nach oft nicht, eine Mehrheit zu erreichen, sondern dass sich diese Mehrheit auf unterschiedliche Argumente stützt. Damit wird der Fall zwar im Sinne einer (auf ein Verfahren beruhenden) „Gerechtigkeit" richtig entschieden, kann aber dogmatisch auf tönernen Füßen stehen. Für diese Bemerkung fehlt allerdings ein konkreter Fallbezug. Seine Kritik ist jedoch nicht grundsätzlicher Natur, sondern bezieht sich auf in seinen Augen individuelle Charakterschwächen. Denn in einer weiteren Bemerkung ergänzt er:

> Nicht viel von der Wahrheit ist Quintilian weg, wenn er im Vorwort zu Buch 6 just. or. sagt, dass die Ausprägung von Streitfällen unbegrenzt ist, und sein wird, und dass sich in so vielen Jahrhunderten kein Fall zeigen wird, der vollkommen einem anderen gleicht; weshalb er mit Recht mahnt, dass der Kläger wissen, aufmerksam sein, finden, entscheiden und von sich selbst die Entscheidung verlangen soll. Was Fabius über den Kläger sagt, darf man mit Recht auf Richter übertragen.
> „Aber dies beschließt die Mehrheit; die Urteile werden nämlich nur gezählt, nicht gewichtet, und nichts anderes kann bei einer öffentlichen Entscheidung geschehen, in welcher nichts so ungleich ist wie die Gleichheit selbst." Plinius. Buch 2, Brief 12.

Beseitigen will er das Mehrheitsprinzip nicht, denn an gleicher Stelle heißt es:

> Es ist recht, dass einzelne in einer ganzen Sache, die verhandelt wird, unterschiedlicher Ansicht sind; was die Mehrheit beschließt, müssen die übrigen beachten. So mit Recht Plinius Buch 6, Brief 13.

Van Bijnkershoek äußert ebenfalls Kritik am Mehrheitsprinzip, bezieht sie aber eher auf die Einmischung durch Nichtjuristen, deren Unprofessionalität er rügt. Seine Kritik hat konkreten Fallbezug und findet sich in der bereits oben S. 60 erwähnten Entscheidung Obs. Tum. Nr. 2678.

Wie bereits erwähnt, wurde die *resolutie* vom *griffier* als Resultat der Abstimmung notiert. Die *resolutien* hatten meistens folgenden Aufbau:

---

368 In unserem Senat werden die Urteile gezählt, wie bei den übrigen Gerichten, und was die Mehrheit beschließt, lässt er unter den Parteien zu Recht werden. Aber man kann gut auf unseren Senat das übertragen, was ein eleganter Autor über die französischen Tribunale schreibt, liter. persic. Bd. 2 Brief 34 f. „in diesem Gericht nimmt man die Stimmen der Mehrheit; aber man hat durch Erfahrung erkannt, dass es besser wäre, die nach der Minderheit zu sammeln, und das ist ganz natürlich, weil es nur sehr wenig gerechte Charaktere gibt und alle Welt sich darin einig ist, dass es eine Unmenge an Falschheit gibt."

Resolutie in de saecke van [N.N.] impetrant in Rau Actie tegens [N.N.]
Rapport X
Rapporteur [N.N.]: ... [Zusammenfassung des Falls] [Entscheidungstenor: Zu-/Abweisung der Klage etc.]
[N.N.]: ... [Eigene Ansicht oder *idem* mit dem *rapporteur*]
[N.N.]: ... [Eigene Ansicht oder *idem* mit dem *rapporteur*/vorherigen Ratsherren]
[N.N.]: ... [Eigene Ansicht oder *idem* mit einem der vorhergehenden Ratsherren/*rapporteur*]
etc.
Praeses: ... [Eigene Ansicht oder *idem* mit einem der vorherigen Ratsherren/*rapporteur*]

Wenn mehrere Punkte entschieden werden mussten, was im *rapport* angegeben wurde, so wurde die Abstimmung pro Punkt wiederholt.

Eine *resolutie* musste nicht notwendigerweise zu einer endgültigen Entscheidung führen. Der Berichterstatter konnte auch erklären, dass nach seiner Meinung die Sache noch nicht entscheidungsreif war (*in staat was te termineren*). Dann ordnete das Gericht eine weitere Anhörung der Parteien an. In schwierigen Fällen, oder wenn die Meinungen ganz auseinander gingen, konnte die Abstimmung wiederholt werden, oder die Richter beriefen einen Kommissar dazu, um die Parteien zu einem Vergleich zu bewegen (*hen te verenigen is doenlijk*). Eine andere Möglichkeit war, dass die Richter beschlossen, einzelne Streitfragen (*difficulteyten*) getrennt zu entscheiden.

Die gesamte Beratung des Gerichts unterlag der strikten Geheimhaltung.[369] Selbst die an der Entscheidung beteiligten Richter mussten den Parteien unbekannt bleiben. Dadurch sollte die Unparteilichkeit des Urteils gesichert werden. Der Inhalt der Debatte wird in den „offiziellen" Quellen nicht erwähnt. Die eigentliche Rechtsfindung ist daher für den Hoge Raad kaum bekannt.[370]

Hatten die Richter schließlich eine Entscheidung getroffen, verfasste der Berichterstatter nach der Sitzung mit der *resolutie* den Urteilstenor, das *dictum*,[371] und händigte es dem Präsidenten aus, um die Entscheidung im Rat zu besprechen (*communiceren*). Der *rapporteur* sollte die Entscheidung an den *griffier* weiterleiten, der den Urteilsspruch auszuformulieren hatte. Nach einer erneuten Kontrolle der *geextendeerten sententie* durch den *rapporteur* sollte das Urteil schließlich verkündet werden. Verhas[372] vermutet dabei, dass insoweit von der Instruktion in der Praxis abgewichen wurde. Ein weiterer Ratsherr, der *lector*, kontrollierte nochmals den Tenor, bevor der *rapporteur* die Notiz an den *griffier* weiterleitete.

Urteile des Hoge Raad sind daher in zwei Formen im Nationalarchiv zu finden:

Die eine Form sind die durch den *griffier* nach der Sitzung geschriebenen *resolutien*. Die andere Form sind die *sententien*, welche vom *griffier* geschrieben und von ihm oder seinem Stellvertreter verkündet (*pronuncieert*) wurden.[373]

369 Instructie Hoge Raad, Art. XII.
370 Verhas, Beginjaren, S. 99.
371 „terstont als 't Proces gesloten sal zijn", Instructie Hoge Raad, Art. XLIV.
372 Verhas, Beginjaren, S. 171.
373 Instructie Hoge Raad, Art. XLV.

Die vom griffier ausgefertigten *sententien* enthielten in einer festgefügten Formel[374] den Urteilstenor.

> In der sake hangende vor den Hoogen Raade in Hollandt tusschen N.N. [Kläger mit Beruf und ggf. ehelichem Stand, ggf. mit Angabe des Vertreters] imp(etran)t. van Mand(ement). in cas relief d'appel ter Eene ende N.N. [Beklagter mit Beruf..., wie für den Kläger] ged(aagde). in 't voorts. cas ter ander zijde 't Hof met zijne etc. doende regt etc. interineert, ... [es folgt dann die genaue Entscheidung]
> Lecta in Senatu
> [Unterschrift des Präsidenten und des *rapporteur*].

Meistens ein bis zwei Tage, manchmal auch eine Woche später wurden die Urteile dann in einem Sammeltermin vom griffier oder seinem Stellvertreter mündlich verkündet.[375] Auf den *sententien* finden sich dann mit der Bezeichnung „geres." (geresolveert = erlassen) das Erlass- und mit „pron." (pronuncieert = verkündet) das Verkündungsdatum der Entscheidung. Nach der Verkündung der Entscheidung eines Endurteils war dann das Verfahren beim Hoge Raad beendet und letztinstanzlich entschieden.[376] Ein Endurteil, ein sog. „arrest", das schriftlich ergehen musste, konnte nicht mehr durch Appellation angegriffen werden.[377] Man konnte aber im Wege des Gnadenersuchs ein *mandament van relief* erlangen, in dem die verurteilte Partei von der Erfüllung des Spruchs befreit wurde. Der Hoge Raad konnte nach der Verkündung nicht noch einmal über diesen Fall entscheiden oder seine Entscheidung ändern. Es kam allerdings vor, dass erneut versucht wurde, eine Entscheidung des Gerichts zu verlangen, so z. B. die Interpretation eines bereits erlassenen Urteils.

Pauw[378] vermerkt hierzu in Ablehnung von Hubers Ansicht,[379] „wenn jemand anderes nach dem Ausgang der Entscheidungen über Urteile eine Interpretation haben will, geziemt es sich nicht, dass dieser häufiger vom Seitenweg der Wahrheit abirrt, da die Gründe, welche die Richter bewegten, in keiner Weise wie von den Anwesenden verstanden werden können."

Kein Urteil enthält eine Begründung. Dies war, wie an den meisten Obergerichten in Europa durch die Prozessordnung verboten.[380] Die Gründe dafür sind mehrfach. Einerseits fürchteten die Richter um den Verlust ihres Ansehens durch Aufdeckung von Unzulänglichkeiten der Richter. Ein anderer Grund, der sich vom Parlament von Paris herleitete, lag in der Verhinderung von Urteilsschelte. Da man oftmals von der rigiden Anwendung des Rechts abwich und aus Billigkeit heraus urteilte, hätte die Bekanntgabe der Urteilsgründe unzufriedenen Parteien und Juristen die Möglichkeit eingeräumt, Urteilsschelte zu betreiben. Dies wurde nicht als erstrebenswert angesehen.

374 Wiedergegeben ist hier die allgemeine Urteilsformel, es gibt allerdings auch andere Formeln, die bei anderen Typen von Verfahren verwendet werden.
375 Instructie Hoge Raad, Art. XLV.
376 Verhas, Beginjaren, S. 171.
377 Verhas, Beginjaren, S. 118 Fn. 2. Der gleiche Begriff wurde auch für den Arrest, also die Inhaftierung verwendet. Siehe dazu S. 85.
378 Bijlagen zu Obs. Tum. Nov. Bd. 1
379 Huber Orat. 1, Opera Minora S. 12.
380 Das galt z. B. auch für den Hof von Holland.

d) Appellation, Reformation und Revision

Die im vorigen Abschnitt dargestellten Verfahren in *rauw actie* waren zwar nicht selten, dennoch waren die meisten Verfahren vor dem Hoge Raad Appellationsverfahren gegen Urteile des Hofs oder von den Generalstaaten delegierte Sachen aus den Besitzungen der West-Indischen oder Ostindischen Kompanie.

Gab sich eine Partei mit einem Urteil nicht zufrieden, weil sie meinte, dass es zu unrecht gegen sie lautete, musste sie dies so schnell wie möglich dem Gericht mitteilen, welches das Urteil erlassen hatte. Der Grund dafür, dies sofort anzugeben, lag darin, dass die Ankündigung des Rechtsmittels dessen Vollstreckung verhinderte (*inhibitie*). Dies konnte die Partei unmittelbar nach der Verkündung des Urteils (*illico*) tun, was aber unüblich war. Die Partei hatte zum *interjecteren* maximal zehn Tage Zeit.[381] Damit wollte man sicherstellen, dass die Parteien nicht unüberlegt das Rechtsmittel einlegten und vor denselben Richtern (*renuncieren*), bzw. in der Berufungsinstanz (*acquiesceren*) wieder zurücknehmen. Eine solche Rücknahme konnte auch durch einen Vergleich geschehen. Der Unterschied der Erledigung des Berufungsverfahrens spiegelte sich auch in dem Schreiben wieder, das der Hoge Raad in diesem Fall dem Berufungsführer (*appellant*) zukommen ließ. Bei einem *acquiescement* erhielt er *brieven van oorlove* (*om te acquiesceren in de sententie*) oder *brieven van acquiescement van sententie*, bei einem Vergleich dagegen *brieven van aggreatie* oder *brieven van accord*. In dem Fall, dass noch keine Schriftstücke eingereicht waren, hatte dies zur Konsequenz, dass noch keine Buße fällig wurde.[382] Dasselbe galt für den Vergleich, wenn die Parteien am nächstfolgenden Sitzungstermin dies dem Gericht bekanntgaben.[383]

Wenn die Partei Berufung eingelegt hatte, musste sie innerhalb von sechs Wochen die Berufung weiterbetreiben (nl. *prosequeren*),[384] d. h. den *rekest* einreichen, das *mandement* zur Ausführung bringen und dafür sorgen, dass der erste Sitzungstermin festgesetzt wurde. Diese Frist musste eingehalten werden, um zu verhindern, dass sich die Partei wegen der aufschiebenden Wirkung des Rechtsmittels gänzlich der Vollstreckung entzog. Die einzige Möglichkeit, dieser ausschließenden Frist auf herkömmlichem Weg zu entgehen, war die *reformatie*.[385] Ging die Partei mit der Reformation vor, hatte der *reformant* ein Jahr Zeit, um seine Berufung zu betreiben.[386] Dieses Rechtsmittel hatte allerdings keine die Vollstreckung des Urteils *a quo* aufschiebende Wirkung.[387] Das angefochtene Urteil blieb gegen Kaution vollstreckbar. Ansonsten bestanden keine wesentlichen Unterschiede zwischen Berufung und Reformation.[388]

381 Instructie Hoge Raad, Art. CCXVI. Neostadius, Decisien, Decis. 85 gibt einen Hinweis darauf, dass diese Regelung auch beachtet wurde.

382 Instructie Hoge Raad, Art. CCXVIII.

383 Instructie Hoge Raad, Art. CCXIX.

384 Instructie Hoge Raad, Art. CCXVI. Neostadius, Decisien, Decis. 85 nennt hierfür 40 Tage.

385 Es blieb freilich immer noch eine *clausule van relief* einzureichen, um ein *mandement in cas relief d'appél* zu erlangen; Van Answaarden, S. 44–48. Die Gegenseite konnte ihrerseits den Verfahrensgang mit einem *mandement van anticipatie* versuchen zu beschleunigen.

386 Instructie Hoge Raad, Art. CCXVII.

387 Van der Linden, II, XXV, S. 359.

388 Dies gilt nur für den Hoge Raad.Verhas, Beginjaren, S. 103 Fn. 129. An anderen obersten Gerichtshöfen, wie z. B. dem Großen Rat von Mechelen waren Reformation und Appellation sowohl hins. des Verfahrens als auch hins. der Rechtsfolgen zu differenzieren. Erstere hatte einen

Das weitere Verfahren ähnelte dann dem Verfahrensgang in erster Instanz.[389] Es handelte sich bei der Berufung um ein neues Verfahren, was ein erneutes Laden der Parteien verlangte. Dem ging ebenfalls ein *rekest* mit dem Ersuchen um Mandat voraus.[390] Der Hoge Raad verfuhr schließlich damit wie mit einem „einfachen" *rekest*.[391] Das daraufhin erlassene Mandat enthielt einige weitere Besonderheiten, z. B. eine *clausule van intimatie* , mit der der Sitzungstermin auch der Unterinstanz bekannt gemacht wurde, so dass diese ihr Urteil verteidigen konnte, ein Recht, das die Gerichte in der Praxis aber nicht wahrnahmen. Die Anfechtung des Urteils hatte auch keine negativen Auswirkungen für den Richter.[392] Ferner enthielten *mandamente* auf Appellationen auch eine *clausule van inhibitie*,[393] was der *reformant* auch mit einem *rekest* erreichen konnte.[394] Bereits mit Verleihung einer solchen *clausule* konnte ein Rechtsstreit vorläufig entschieden sein.[395] Ferner konnte man sich durch eine *clausule van relief* von eigenen Versäumnissen und Verfahrensfehlern befreien lassen, was die ersuchende Partei oftmals vorsorglich tat. Hatte die Gegenseite trotz der aufschiebenden Wirkung der Berufung bereits die Vollstreckung des Urteils *a quo* in Angriff genommen, konnte sich die belastete Partei dagegen mit einem Ersuchen um *reparatie van attentaten* wehren. Der voreilige Gegner hatte dann am ersten Sitzungstermin entweder den daraus entstandenen Schaden zu ersetzen oder den alten Zustand wieder herzustellen.[396] Wenn dies während der Anhängigkeit beim Hoge Raad geschah, konnte die Partei auch später darum ersuchen. Bevor der Befehl an den Gerichtsvollzieher gesiegelt wurde, hatte der Berufungsführer ferner eine Sicherheitszahlung beim *rentmeester* (der Gerichtskasse) zu hinterlegen. Diese Summe verfiel als *boete van fol appèl*[397] an den Hoge Raad, wenn die Berufung leichtfertig in Angriff genommen wurde oder vollkommen unbegründet war. Eine solche Strafe gab es seit 1678 nicht nur für Appellationssachen, sondern auch für Verfahren in erster Instanz.[398] Bei Begründetheit der Klage bzw. Berufung erhielt der Berufungsführer die Summe zurück.[399] Gleiches galt auch, wenn das Verfahren durch einen Vergleich beendet werden konnte.[400] Die Höhe der Buße betrug im Untersuchungszeitraum bei Appellationen 75 Gulden, bei einer Reformation

---

endgültigen Charakter und implizierte eine grundlegende Behandlung der Sache. Siehe Van Rompaey, S. 346 f. und 451. Beim Hoge Raad verwischten sich eher diese Unterschiede.

389 Siehe S. 61 ff.

390 Dieses unterschied sich nur dadurch vom einfachen *mandement*, dass es zu der Darstellung der Sache noch eine Übersicht über die vorangegangenen Prozesse und das angegriffene Urteil besaß. Letzteres bildete die Grundlage für den Erlass oder die Verweigerung der *clausule van inhibitie*. Auch diese Petitionsschrift endete mit dem *dispositief*.

391 Siehe oben S. 62.

392 Wielant, IX, 15, 6.

393 Dies ist eine Klausel, die die aufschiebende Wirkung anordnete.

394 Sein Rechtsmittel, die *Reformation*, hatte diese Wirkung grundsätzlich nicht. Am ersten Sitzungstag wurde darüber mit Zustimmung der Gegenseite entschieden.

395 Siehe für den Hof von Holland Obs. Tum. Nr. 227. Dazu unten S. 147.

396 Möglich war auch eine Buße wegen *attemptaet*.

397 Statt des Begriffs *boete van fol appèl* verwendete man auch die Begriffe *boete van revisie* oder lateinisch *poena frivolae revisionis* bzw. *poena frivolae appellationis*. Van Hoek, S. 35 Fn. 1 und S. 39 Fn. 16 weist darauf hin, dass diese Begriffe zusammenhängen.

398 Obs. Tum. Nr. 24.

399 Siehe Obs. Tum. Nr. 24.

400 Van Hoek, S. 39 Fn. 16.

36 Gulden.[401] Dies hatte der *reformant* alleine zu tragen, wenn ihm die aufschiebende Wirkung zugesprochen worden war. Sie verfiel allerdings, wenn das Urteil zur Vollstreckung kam.[402]

Mit dem Einlegen des Rechtsmittels beabsichtigte die sich im Unrecht sehende Partei die Aufhebung oder Änderung des früheren Urteils. Es konnte aber auch die Rechtmäßigkeit des früheren Urteils als ganzes zur Diskussion stehen. Am ersten Sitzungstermin musste der Rechtsmittelführer seine Beschwerde (*grieven*) vorbringen. Betraf die Beschwerde nur Teile des Urteils, hatte der Beschwerdeführer diese zu bezeichnen[403] und auch nur dieser Teil wurde dann vom Hoge Raad untersucht. Der Rest des Urteils kam dann zur Vollstreckung. Es konnte auch sein, dass beide Parteien mit der Entscheidung unzufrieden waren und daher beide Seiten in Berufung gingen. Wer zuerst das Rechtsmittel einlegte, konnte dann auch zuerst seine Beschwerde dartun. Allerdings hatte die Gegenseite auch die Möglichkeit, eine Art Widerklage[404] zu erheben, nl. *grieven a minima proponeren* oder lat. *gravamina* .[405] Wie der Fall Obs. Tum. Nr. 1524 zeigt, war es auch möglich, eine Art „Sammelberufung“ zu führen, in der mehrere Entscheidungen des Hofs, die einen Sachverhalt betrafen, zusammen angefochten wurden.

Wie bereits ausgeführt, glich die Prozessführung in Berufung dem Prozedere im Verfahren in erster Instanz. Dem entsprechend musste auch in der Berufung ein Antrag auf die Prozesskosten gestellt werden, worin aber auch die Kosten der Unterinstanz einbezogen werden konnten. Die Gegenseite erhob einen entsprechenden gegensätzlichen Antrag. Da die weitaus meisten Verfahren in der Unterinstanz ab dem 17. Jh. schriftlich geführt wurden, konnte nach Lage der Akten entschieden werden[406] und es wurde auf eine erneute Beweiserhebung verzichtet,[407] da dies ein erneutes langwieriges Verfahren bedeutet hätte. Beriefen sich die Parteien dagegen auf neue Tatsachen, dann konnte nicht *ex actis* entschieden werden, sondern es wurde eine erneute Untersuchung angestellt. Dazu bedurfte es wiederum eines *appointement dispositief*, womit die Parteien aufgerufen wurden, binnen drei Wochen[408] ihre Unterlagen und die neuen Tatsachen einzureichen.[409] Um dieses Verfahren zu beschleunigen, kam es in der Praxis (zumindest des 17. Jahrhunderts) auch vor, dass der Hoge Raad von sich aus

401 Nader Ampliatie, Art. 10.

402 Instructie Hoge Raad, Art. CCXXXII.

403 Instructie Hoge Raad, Art. CCXX.

404 Diese kann mit der „Anschlussberufung“ in der ZPO verglichen werden.

405 Ob mit diesem Verteidigungsmittel nur die Gegenstände angegriffen werden konnten, die der Berufungsführer in die Appellation/Reformation eingeführt hatte, oder eine allgemeine Verteidigung geführt werden konnte, ist unklar. ten Raa, S. 9 geht für das 17. Jh. von einer solchen Beschränkung aus. Eine Anwendbarkeit des Rechtsmittels auf Appellation *und* Reformation unterstellt Verhas, Beginjaren, S. 109. Im 18. Jh. genügte, wie Obs. Tum. Nr. 1472 zeigt, für die Zulässigkeit die Beschwer (Zu der Entscheidung siehe unten S. 190).

406 Instructie Hoge Raad, Art. CLXXI.

407 Bei Appellation gegen Zwischenurteile und wenn das Verfahren mündlich geführt wurde, musste dagegen in das Beweiserhebungsverfahren übergeleitet werden. Instructie Hoge Raad, Art. CLXXII.

408 Instructie Hoge Raad, Art. CCXXII f.

409 Wollte man diese später ergänzen, bedurfte es nach Instructie Hoge Raad, Art. CXIII eines *requeste civile*, der aber keinen Aufschub verlieh.

stillschweigend eine *absolutie van de instantie* verlieh und den Kläger erneut anhörte, um eine in den Augen des Gerichts offensichtlich unbegründete Klageabweisung der ersten Instanz selbst zu erledigen.[410] Eine Zurückverweisung gab es nicht. Umgekehrt konnte der Hoge Raad von sich heraus nicht einfach entscheiden.[411]

Damit war das Verfahren vor dem Hoge Raad nicht, wie heute bei vielen obersten Gerichten üblich, nur auf die Entscheidung von Rechtsfragen beschränkt, sondern der Hoge Raad war gelegentlich auch Tatsacheninstanz und konnte über den Rechtsstreit im vollen Umfang entscheiden, ohne dass es sich um außergewöhnliche Fälle handelte.

Darüber hinaus war es auch möglich, dass der Hoge Raad in zwei Instanzen gleichzeitig über eine Sache entschied, nämlich in Fällen, in denen das Gericht in Berufung über ein Urteil des Hofs und in einem Annexverfahren erster Instanz zu entscheiden hatte.[412] Der Hoge Raadunterschied genau zwischen den beiden Klagen und untersuchte beide Forderungen jeweils getrennt voneinander.[413]

e) Besondere Verfahren und Abweichungen

In diesem Abschnitt werden die Verfahrenstypen behandelt, die nicht den Verfahren in erster Instanz oder dem Verfahren nach Berufung entsprachen. Hierunter fällt das Vorgehen bei Säumnis einer Partei, das die Weichen für ein anderes Weiterverhandeln in einem „normalen" Prozess stellte. Gleiches galt für die verkürzten Verfahren.

Neben diesen Abweichungen von gewöhnlichen Verfahren, gab es auch Verfahren eigener Art. Zu diesen sind die Verfahren des einstweiligen Rechtsschutzes (Arrest und Strafmandat/Strafbefehl), die Besitzklagen und Rechtsmittel zur Wiedereinsetzung oder Befreiung zu zählen. Diese haben noch gewisse Ähnlichkeit mit den „einfachen Verfahren" in erster Instanz bzw. nach Appellation oder Reformation.

Nur noch wenig Ähnlichkeit mit dem gewöhnlichen Verfahren hatten, bzw. gar nicht in diese Kategorien passten, die Verfahren bei der freiwilligen Unterwerfung unter die Vollstreckung (die sog. *willige condemnatie*). Gleichwohl waren sie aber auch in den Observationes nicht so selten, dass sie in der Darstellung vernachlässigt werden könnten.

(1) Das Verfahren bei Nichterscheinen einer der Parteien

Erschien eine der Parteien in einem Verfahren erster Instanz oder nach Berufung nicht (*non comparitie*), hatte dies erhebliche Nachteile für diese Partei zur Folge. Erschien kein Vertreter des Beklagten, ersuchte der Prokurator des Klägers um *default* (den

410 Neostadius, Decisien, Decis. 106.

411 Neostadius, Decisien, Decis. 106: „Judex enim dum absolvit ab Observantia Judicii, nihil disponit de ipsa causa. Atque ita contraria enuntiarunt isti Judices, vel quae simul subsistere nequeunt, quo casu, cum Judex Pedaneus semel Officio sit functus, sive bene sive male, causa non amplius ad eum devolvitur."

412 Obs. Tum. Nr. 2952 zeigt eine solche Situation: Der Kläger ging gegen die Witwe eines Käufers in Berufung vor und zugleich verklagte er beim Hoge Raad wegen Sachzusammenhangs den Makler in erster Instanz (*rauw actie*). Siehe hierzu S. 123.

413 Im konkreten Fall führte dies jedoch zur selben Entscheidung, da die Mehrheit beide Klagen im Ergebnis für unbegründet hielt.

Erlass eines Versäumnisurteils).[414] Dies hatte allerdings nicht sofort zur Konsequenz, dass der Beklagte den Prozess verlor. Bei Verfahren in erster Instanz verlor der Beklagte beim ersten *default* die Möglichkeit, die *declinatoire exceptie* zu erheben. Nach dem zweiten *default* büßte er die *dilatoire excepties* ein. Das dritte Versäumnis hatte den Verlust der *peremptoire excepties* zur Folge und dem Kläger wurde seitens des Gerichts die Zustimmung gewährt, ein *intendit* vorzulegen. In diesem vom Advokaten eingereichten Dokument plädierte der Kläger auf Verlust des Rechts des Beklagten zur Verteidigung und auf seine Verurteilung. Ferner fügte der Kläger alle Prozessunterlagen bei und erbat die Entscheidung. Wenn der Hoge Raad zu seinen Gunsten nach Lage der Akten entschied, wurde der Beklagte wegen Versäumnis verurteilt. Aber auch dies hatte noch nicht zur Folge, dass der Beklagte auch die Prozesskosten tragen musste. Für die Kostenfestsetzung wurde der Beklagte erneut geladen, um über die Kosten zu verhandeln (*declaratie van kosten over te nemen*). Jedesmal nach einem Versäumnisurteil bedurfte es eines neuen *mandement*. Der Beklagte konnte darüber hinaus zu jedem Zeitpunkt in die Verhandlung eintreten. In diesem Fall ersuchte sein Prokurator am Verhandlungstermin die Befreiung vom Versäumnis (*purge van default*).[415]

Fehlte der Kläger, konnte der Beklagte *comparuit* verlangen. Dies attestierte dem Beklagten dessen Anwesenheit und Verteidigungsbereitschaft. Weil die Klage unterlassen wurde, erhielt der Beklagte die Befreiung von der Rechtsverfolgung (*absolutie van de instantie* oder *oorlof van den hove*) und den Kosten.[416]

Bei einer Berufung änderte sich das Verfahren dahingehend, dass die Berufung für *desert* erklärt wurde, wenn der Berufungsführer nicht erschien. Der Hoge Raad bestätigte das ursprüngliche Urteil und der Berufungsführer musste die *boete van fol appèl* tragen.[417] Dies galt auch, wenn er seine Berufung nicht innerhalb des Termins weiter verfolgte.[418]

Kam der Berufungsbeklagte (*geïntimeerde*) nicht, wurde er auf eigene Kosten erneut geladen. Beim zweiten Fernbleiben führte das Gericht das Verfahren ohne ihn nur mit den Akten der Vorinstanz (*ex eisdem actis*) weiter. Er musste aber dann als *defaillant* in jedem Fall die Prozesskosten tragen.[419] Wenn das Verfahren noch nicht *in geschrifte stond*, das heißt schriftlich niedergelegt war, wurde nach dem zweiten Säumnis das zugrundeliegende Urteil insoweit aufgehoben, als es den Beklagten betraf.[420]

Die Tatsache, dass das Fehlen einer Partei den Verlust des Verfahrens nach sich ziehen konnte, zeigt die Effektivität des Gerichts. Zwar konnte der Hoge Raad die Parteien nicht zwingen zu erscheinen, denn die Hoheit über das Verfahren hatten immer die Parteien; wenn das Fernbleiben allerdings keine Konsequenzen hatte, führte dies unnötig zur Verlängerung und Verzögerung des Verfahrens.

414 Wörtlich übersetzt bedeutet der Begriff „default" „Missachtung (des Gerichts)", d. h. die Nichtanerkennung der Rechtsprechungsgewalt des Gerichts. Damit erklären sich die Nachteile für den Säumigen.

415 Van der Linden, II, Teil III, S. 149–151.

416 Instructie Hoge Raad, Art. CCI.

417 Instructie Hoge Raad, Art. CCXXV. Das Auferlegen der Gerichtskosten war also eine Geldbuße für das mutwillige Anrufen des nächsthöheren Gerichts.

418 Instructie Hoge Raad, Art. CCXXVI.

419 Instructie Hoge Raad, Art. CCXXVIII.

420 Instructie Hoge Raad, Art. CCXXIX.

(2) Verkürzte Verfahren

Zu den Verfahren, die schneller erledigt werden konnten, gehörte das Prozedere bei *vrijwaring* (Gewährleistung).[421] Bei einem solchen Verfahren war es notwendig, dass bereits ein Prozess am Hoge Raad anhängig war. Meinte in diesem Verfahren eine Partei, dass sie nicht oder nur teilweise für die Forderung haftbar war, konnte sie ein *mandament van garant* oder *indemniteit* erhalten, damit ein Dritter für den Schaden haftbar gemacht werde, der ihr aus dem Prozess drohte.[422] Ein Anwendungsfall für dieses Verfahren war die Situation, wenn ein Verkäufer eines Grundstücks dem Käufer Lasten verschwiegen hatte, auf Grund derer der Käufer nun von dem Inhaber des Rechts verklagt worden war. Eine weitere mögliche Konstellation konnte sein, dass das Eigentum einer verkauften Sache von einem Dritten rechtlich eingefordert wurde. In diesen Fällen konnte der so in Anspruch genommene den Verkäufer um Beistand (*garant*) bitten. Diese Konstellation kommt in den Observationes allerdings nicht vor, sondern nur die Konstellation, dass Käufer und Verkäufer gegeneinander klagten. Mit *indemniteit* ersuchte jemand, der kraft eines Versprechens ein persönliches Recht hatte, um von einem anderen schadlos gehalten zu werden.

Ein weiterer Fall für ein solches besonderes Verfahren war die Fortsetzung von unterbrochenen Prozessen. Da die Prozessführung beim Versterben einer Partei nicht automatisch durch die Erben fortgesetzt wurde, musste dies die Gegenseite durch ein *mandement om de arrementen* vom Erben verlangen, verbunden mit einem *procureur acceptant*, um erneut einen Prokurator zu bestellen. Ein *procureur acceptant* war auch notwendig, wenn der Prokurator starb. Da keine Verpflichtung zur Fortführung eines Verfahrens bestand, konnte der Beklagte das Verfahren für unterbrochen (*interrupt*) erklären lassen und eine Befreiung von der Rechtsverfolgung *absolutie van de instantie* erhalten. Dazu musste er um ein *mandement van interruptie* ersuchen, wenn nach Jahr und Tag keine Prozesshandlungen durch die Gegenseite mehr vorgenommen wurden.[423] Die Konsequenz einer solchen Klage gegen den untätigen Kläger führte dann zu einer Erledigung des Verfahrens.

Schließlich fällt unter diesen Typ das Vorgehen bei Streitigkeiten im Zusammenhang mit der Vollstreckung. Darunter fielen auch die Streitigkeiten über die Herabsetzung der Prozesskosten (*diminueren*), insbesondere die für den Prokurator der siegreichen Partei (*triumphant*), die der Verlierer ebenfalls tragen musste.[424] Nach Schätzung durch den Hoge Raad musste die Gegenseite diese Kosten dann akzeptieren.

Ein anderer Bereich war die Vollstreckung selbst. Der Schuldner konnte, wenn das Urteil nicht sofort vom Sieger durch den *griffier* zur Vollstreckung *executorie* ausgefertigt wurde, inzwischen gestorben oder unter Vormundschaft gestellt oder das Urteil verjährt sein. Ein entsprechender Fall bestand, wenn der *deurwaarder* inzwischen verstorben war. Dagegen konnte der Sieger ein *mandement te zien decerneren* verlangen.

---

421 Zu Verstehen ist dieser Begriff allerdings nicht im Sinne von Mangelfreiheit der Sache, sondern im römisch-rechtlichen Sinne des Beistandleistens. Siehe zu den materiellrechtlichen Problemen unten, S. 175 ff. im Rahmen der Haftung für Eviktion.

422 Van der Linden, II, XIII, S. 250 f.

423 Van der Linden, II, XVI, S. 261–264.

424 Der Prokurator des Siegers durfte aus seinen Kosten allerdings kein Geschäft machen.Van der Linden, II, VIII, S. 221–225.

(3) Arrest und Strafmandat

Die Beschlagnahme von Gütern (*beslag*) oder die Verhaftung einer Person (*gijseling*) nannte man *arrest*. Zweck eines *arrest* musste die Bezahlung von Geldschulden sein, wenn der Schuldner geflohen war oder ein Verdacht dazu bestand. Ein *arrest* konnte im 18. Jahrhundert auch dann verliehen werden, wenn die Vermutung bestand, dass dem Schuldner wegen früherer Vollstreckungen die Verarmung drohte.[425] Nicht nur der Hoge Raad, sondern jedes Gericht konnte einen *arrest* grundsätzlich gegen jede Person und jedes Gut verleihen, was der Sicherung von Ansprüchen gerade auch bei Handelsbeziehungen mit niederländischen Kaufleuten diente. Ausnahmen bestanden nur für Personen oder Güter, die auf Grund von besonderen Privilegien von der Verurteilung durch einen fremden, d. h. nicht für diese Person kompetenten Richter, ausgenommen waren. Dieses Instrument entfaltete unmittelbare Wirkung und diente dem einstweiligen Rechtsschutz. Das hatte den Vorteil, dass der Beklagte nicht erst langwierig verklagt werden musste. Dagegen konnte der Inhaftierte *antidotaal* oder Berufung einlegen. Letzteres setzte freilich den Erlass des *arrest* durch ein unteres Gericht voraus.

Durch *mandement poenaal* konnte eine Partei die unerlaubte Vollstreckungslegung eines Urteils verhindern oder, dass die betroffene Partei während des Verfahrens nichts mehr am Streitobjekt veränderte. Es diente auch zur Erzwingung der Durchsetzung eines Vertrags oder eines Urteils. Eine Abgrenzung des *mandement poenaal* gegen besitzrechtliche Verfahren ist teilweise schwer möglich.

Ebenfalls in den Bereich der gerichtlichen Verbote fällt der *bevel poenaal*. Durch ihn wurde einer Partei die Vornahme einer Handlung untersagt oder geboten, etwas zu unterlassen. Die Vornahme einer Handlung dagegen konnte mit einem *bevel poenaal* nicht angeordnet werden, er diente vielmehr nur der Beendigung einer Beeinträchtigung. Mit dem Arrest hatte der *bevel* gemeinsam, dass er dem einstweiligen Rechtsschutz zuzuordnen ist, da auch dieses Rechtsmittel unmittelbare Geltung entfaltete. Ein solch scharfer Eingriff war nur unter der Bedingung zulässig, dass das Recht des Antragstellers unbestreitbar war, nämlich die Vornahme von Handlungen, die das Recht unwiderbringlich beseitigten, bzw. begründete Befürchtungen, dass es zu solchen Handlungen kommen könnte, und das Fehlen von anderen Mitteln, womit der Antragssteller den gleichen Effekt bewirken konnte.[426] Wegen der strengen Voraussetzungen kam dieses Rechtsmittel im Untersuchungszeitraum nur selten zur Anwendung.

(4) Besitzklagen

Bei Besitzklagen unterschied man zwischen petitorischen (*petitoire*) und possesorischen (*possessoire*) Klagen. Erstere betrafen Forderungen auf Grund des Eigentums und letztere bezogen sich auf den Besitz. Die petitorischen Forderungen hatten die

---

425 Van der Linden, II, XVIII, S. 269. Bort, P., Alle de wercken van Mr. Pieter Bort, Advocaat voor de Respective Hoven van Justitie in Hollandt, begrepen in ses tractaten, waarin verhandelt worden het Hollandts leenrecht, proceduijren in criminele saecken, de domeijnen van Hollandt, de hooge en ambachtsheerlijkheden, complaincte ende d'arresten. 's Gravenhage, 1681 erwähnt das nicht.

426 Van der Linden, II, XIX, S. 286.

Schwierigkeit, dass der Anspruchsteller sein Eigentum beweisen musste. Dies war bei Immobiliareigentum mangels eines Registers wie das Grundbuch oftmals schwierig. Wer also im Besitz war, konnte dies oftmals durchsetzen.[427] Aus dem gelehrten Recht entnahm man die Vorstellung, dass zuerst eine possessorische Klage erhoben werden musste, bevor man eine petitorische Klage erheben konnte.[428] Man unterschied drei Arten von Besitzklagen: die *complainte*, *maintenue* und *spolie*.

Mit der *complainte* konnte sich die Partei gegen Besitzstörungen wehren. Der Kläger (*impetrant*) musste dazu anführen, dass er mindestens Jahr und Tag im Besitz oder Gebrauch eines Guts oder Rechts war und dass die Gegenseite ihm diesen Besitz oder Gebrauch verhinderte.[429] Die Verteidigung des Besitzrechtes mit der *complainte* war allerdings nur bei Immobiliarsachen und Rechten statthaft.

Wer dagegen weniger als Jahr und Tag im Besitz der Sache oder des Rechts war, konnte um *maintenue* ersuchen. Bei dieser Besitzklage genügte schon die Befürchtung der Beeinträchtigung.[430] Ferner musste man keinen Schaden nachweisen. Das *mandement van maintenue* (oder lat. *interdictum uti possidetis*) half daher gerade bei kleineren Besitzstörungen, die zwar nicht verhinderten, dass man im Besitz der Sache blieb, jedoch gleichwohl dem Antragssteller hinderlich waren. Durch dieses Mandat erhielt der Antragssteller während des Verfahrens nicht den Besitz der Sache, sondern er musste warten, bis ihm das Gericht die *recredentie* verlieh. Dieses Rechtsmittel hatte seine Wurzeln im Kirchenrecht, dem Patronatsrecht. Durch ein *mandement van maintenue* konnte dem Besitzer, der den Besitz zwar nicht mit Gewalt an sich genommen hatte, aber gleichwohl gegen ein Recht verstieß, z. B. indem er auf dem Grundstück liegende Steuern dem Grundherren nicht zahlte, die Ausübung des Besitzes untersagt werden.

Die *spolie* schließlich fand in den Fällen Anwendung, wenn eine Sache mit Gewalt weggenommen wurde und diente zur Rückgabe oder *redintegratie* des Objekts. Diese Besitzklage rührte aus dem kanonischen Recht[431] her und wurde auf weltliche Angelegenheiten übertragen. Raum bestand für die *spolie* nur dort, wo eine *complainte* unzulässig war. So konnte mit der *spolie* die Wegnahme von beweglichen Sachen abgewehrt werden. Diese Besitzklage gewährte den Zugriff auf die Sache, auch wenn sie sich bei Dritten befand, wenn dieser sie in Kenntnis des rechtlichen Makels übernommen hatte (nl. *desbewust* lt. *scienter receperat*). Bei der *spolie* fehlten *restablissement* und *recredentie*.[432] Die Rückgabe einer Sache mit Hilfe der *spolie* zu verlangen, war auch deswegen wirkungsvoll, da der Beklagte keine Widerklage erheben konnte.[433] Eine

427 Liefsting, S. 185 Fn. 124: „In een tijd, toen bij gebrek van kadaster en eigendomstitels, en daarenboven bij vele wisselingen en onordelijkheden van binnenlandsch bestuur, het bewijs van eigendom dikwijls onmogelijk moet geweest zijn, gold de regel: *Zalig zijn de bezitters*, zeker in dubbele kracht. – Voorloopig in het bezit hehandhaaft te worden moet dus dikwijls hebben gelijk gestaan met volledige toewijzing."

428 Masmejan, S. 336.

429 Instructie Hoge Raad, Art. CXCV.

430 Wielant, I, XIII.

431 Insbesondere Decretum Gratiani, causa 3, qu. 1 und 2 c. 2, qu. 2, und Decretum Gregorianum, De Rest. Spoliatorum (2, 13): Bischöfe, die ihrer Diözese beraubt werden.

432 Meijers, Juri Sacrum, S. 108.

433 Van der Linden, II, XXII, 314, Masmejan, S. 394.

weitere Besonderheit der *spolie* war, dass die Prüfung der Rechtmäßigkeit unter moralischen Gesichtspunkten erfolgte,[434] da der Begriff *spolie* Gewalt oder Plünderung implizierte, auch wenn keine physische Gewalt ausgeübt worden war. Die *spolie* hatte einen strafähnlichen Charakter, vergleichbar mit dem modernen Begriff der „Verbotenen Eigenmacht". Im 18. Jh. konnte man das *mandement van spolie* auch mit dem *mandement van maintenue* kombinieren.[435]

Bei den Besitzklagen ist zu berücksichtigen, dass auf Grund der Resolution der Staaten von Holland vom 10. September 1661[436] sowohl der Hof von Holland als auch der Hoge Raad in gleicher Weise befugt waren, ein *mandement van spolie* oder ein *mandement van complainte* zu verleihen und dies dem jeweils anderen Hof mitzuteilen, damit sich dieser der Entscheidung der Sache enthielt.[437]

(5) Wiederherstellung und Gnade

Nach dem Wegfall des Landesherrn als Institution für Gnadenerlasse und Garantie (*middel van herstel en gunsten*) nahm der Hoge Raad einen Teil dieser Funktion der „Hoge Overheid" (Staaten von Holland) wahr. Ein Teil dieser Funktion war das Verleihen der *beneficie van inventaris*. Nicht hierzu gehörten allerdings Gnadengesuche gegen Strafurteile.[438]

Wenn eine Person starb, und der Erbe im Unklaren über die Schulden des Erblassers war, für die er bei Antritt der Erbschaft auch mit seinem ganzen früheren Vermögen haftete, konnte sich der Erbe durch die Erstellung eines Inventars davon freimachen. Dazu musste er innerhalb von sechs Wochen nach dem Erbfall ein *beneficie van inventaris* verlangen. Dadurch musste der Erbe die Gläubiger nur aus der Erbmasse befriedigen und haftete nicht mit seinem eigenen Vermögen.[439]

Ein weiteres Rechtsmittel aus diesem Bereich war das *beneficie van cessie*. Durch ein *beneficie van cessie* (Haftverschonung) behielt ein zahlungsunfähig gewordener Schuldner seine persönliche Freiheit, wenngleich er dadurch seine Ehre einbüßte und den Gläubigern das Vermögen zur Verfügung stellen musste. Mit einem *beneficie van cessie* war eine *committimus*-Klausel an das örtliche Gericht seines Wohnortes bzw. der nächstgelegenen Stadt verbunden, den Schuldner nicht in Haft zu nehmen. Gingen die Zahlungsschwierigkeiten des Schuldners nicht so weit, dass er in Haft genommen werden musste, konnte er vom Hoge Raad einen Zahlungsaufschub erlangen (*brieven van atterminatie* oder *inductie*).

434 Obs. Tum. Nr. 2505.

435 Van der Linden, II, XXII, 313.

436 G.P.B. VII, Bl. 922 nach einer Übereinkunft zwischen Hof und Hoge Raad nach Anregung der Staaten von Holland vom 10. September 1660.

437 Liefsting, S. 165, Fn. 100, der diese Besonderheit der Instruktion von 1581 zuschrieb, sah hierin einen Nachteil für die Effektivität des Gerichts.

438 Der Hoge Raad lehnte in der Entscheidung Obs. Tum. Nr. 2127 ein Gnadengesuch, das die Staaten von Holland an den Hoge Raad zur Entscheidung weitergeleitet hatten, gegen ein Todesurteil ab, weil das Gericht nur nach dem Gesetz zu urteilen habe. In der späteren Berufung gegen das Urteil des Hofs von Holland (Obs. Tum. Nr. 2161) hob der Hoge Raad das Todesurteil unter Hinweis auf die Notwehr auf und bestätigte die sechsjährige Verbannung des Schöffengerichts von Enchhuisen.

439 Van der Linden, Lib. II, Kap. XXX, S. 389.

Eine dritte Funktion, die dem Hoge Raad als oberstem Gericht zukam,[440] war die Möglichkeit, auf Ersuchen eine Partei von ihrer Rechtshandlung oder deren Folgen zu befreien.[441] Dies geschah, wenn sie um *relief*, „Entlassung" oder „Befreiung" ersuchte. Dabei unterschied man zwischen dem *substantiëlen* und *judiciëlen relief.* Während letzteres eine Partei von prozessualen Handlungen befreite, konnte die erste Form auch eine materielle Rechtsänderung, z. B. die Beseitigung eines Vertrags zur Folge haben. Für einen *judiciëlen relief*, z. B. wegen einer verspäteten Prozesshandlung, musste die Partei am nächsten Verhandlungstermin einen *requeste civile* oder *clausule van relief* einreichen und dann auf Grund dessen *gereleveert*, d. h. von der Prozesshandlung befreit werden. Mit einem *mandement van relief*, der materiellrechtlichen Alternative, wurde die Person aus einem Vertrag entlassen. Anwendungsfälle für den materiellen *relief* war die *laesio enormis* oder die Aufhebung eines Vertrags auf Grund von Trunkenheit.[442]

(6) Die willige condemnatie (voluntaria condemnatio)

Ein Titel eigener Art, der sehr häufig vorkam,[443] war die *willige condemnatie* (lat. *voluntaria* oder auch *spontanea condemnatio*).[444] Er unterschied sich von den üblichen Verfahren am Hoge Raad insoweit, als dieser Titel in einer Situation vor einem Streit verlangt wurde, um ihn nicht wirklich rechtlich ausfechten zu müssen, gleichwohl aber die zwischen den Parteien bestehende Uneinigkeit zu beseitigen.

Damit diente die *voluntaria condemnatio* der schnellen Erledigung eines Streitpunkts.[445] Es war entscheidend, dass sich die Parteien über die Erledigung des Streites inhaltlich einig waren und nicht nur darüber, Schiedsrichter anzurufen. In diesem Punkt lag der Unterschied zwischen *willige condemnatie* und der Schiedsgerichtsbarkeit. Die Parteien mussten also entweder bereits einen Vergleich geschlossen haben oder es musste eine Entscheidung von Schiedsrichtern vorliegen. Deren Entscheidung konnte allerdings ihrerseits wieder mit der *willige condemnatie* bekräftigt werden.[446]

---

440 Van der Linden, IV, I, S. 171.

441 Instructie Hoge Raad, Art. XXIII.

442 Van Leeuwen, Rooms-Hollands-Regt, S. 547, Rn. 10. Siehe dazu unten auch S. 114.

443 Das Register, Van Warmelo, enthält unter dem Stichwort „willige veroordeling" bei Van Bijnkershoek 393 und bei Pauw 168 Einträge.

444 nl. „(ge)willigde condemnatie", engl. „willing decree". Ein entsprechender deutscher Begriff ist nicht bekannt. Die Begriffe „Schuldanerkenntnis", oder „Anerkenntnisurteil" bringen zwar einen den Kern treffenden Anerkennungsgehalt zum Ausdruck, passen jedoch gleichwohl nicht, weil wie Obs. Tum. Nov. Nr. 519 zeigt, eine *willige condemnatie* auf ein notarielles Schuldanerkenntnis verlangt werden konnte, und ein Anerkenntnisurteil ein streitiges Verfahren voraussetzt. Am besten ließe sich der Begriff sinngemäß mit „freiwillige" oder „bereitwillige Verurteilung" übersetzen oder mit „im Voraus akzeptiertes Urteil" umschreiben. Gleichwohl befriedigt auch diese Übersetzung nicht.

445 Van Rompaey, S. 357.

446 Das galt allerdings dann nicht, wenn die *willige condemnatie* nur die Bestimmung enthielt, dass der Schiedsrichter wieder über sein eigenes Urteil befinden sollte, Obs. Tum. Nr. 53. Die Mehrheit der Richter begründet dies damit, dass durch die *willige condemnatie* das Urteil des Schiedsrichters zum Urteil des Hoge Raad würde. Streitigkeiten über die Auslegung des Urteils seien dann als Streitigkeiten über das eigene Urteil des Hoge Raad anzusehen, aus dem Grund, weil der Hoge Raad sich auch allezeit zur Kenntnisnahme von Streitigkeiten befugt erachtet hat, die aus den Entscheidungen von Schiedsrichtern auf Grund von Kompromissen entstanden sind, und die mit

Bevor eine *willige condemnatie* beantragt werden konnte, war es erforderlich, dass eine Vereinbarung bestand, die in eigenhändiger oder notarieller Urkunde niedergelegt sein musste. Die *voluntaria condemnatio* war eine Art Sicherungsmittel für Verträge oder Vereinbarungen. War ein Schiedsgerichtsurteil mit einer *willigen condemnatie* bekräftigt, so hatte die Gegenseite nicht mehr die Möglichkeit, dieses mit der *reductie* anzugreifen.[447]

Aber auch die Einhaltung anderer Verträge bzw. einzelner Teile dieser Verträge konnten mit einer *willige condemnatie* zusätzlich gesichert werden.[448] Wenn sich eine Vertragspartei durch das Akzeptieren der *willigen condemnatie* unterwarf, hatte dies zur Folge, dass die Gegenseite dann sofort mit dem Titel die Erfüllung der Vereinbarung verlangen konnte.[449] Die *willige condemnatie* musste von der Partei, die sie forderte, beim Hoge Raad beantragt werden. Das Gericht prüfte dann nur, ob die Übereinkunft wirklich aus einem freiwilligen Vertrag zwischen den Parteien entstammte und ob an der äußeren Form der Akte nichts fehlte.[450] Im 18. Jahrhundert untersuchte der Hoge Raad darüber hinaus die *willige condemnatie* auch materiell. Gegenstand der Prüfung war, ob die Parteien dazu fähig waren, einen solchen Vertrag zu schließen. Ferner untersuchte das Gericht, ob keine Willensmängel vorlagen oder eine Partei benachteiligt wurde. Auch die Rechte Dritter durften nicht angetastet werden und Art und Umfang der Verpflichtung mussten ausreichend bezeichnet sein. Der Hoge Raad erließ eine *willige condemnatie*, wenn nicht besonders schutzwürdige Interessen verletzt wurden. Besonders schutzwürdigen Interessen galten insbesondere die Verträge eines Vormunds mit einem Mündel und Angelegenheiten von Minderjährigen.[451] Aber auch extrem einseitigen Situationen, in der sich eine Partei vollständig in die Hände der Gegenseite übergab, wurde eine *willige condemnatie* durch den Hoge Raad verweigert.[452]

Die Häufigkeit des Titels war so groß, dass Van Bijnkershoek schon in seinem Einleitungsteil – unabhängig von einem konkreten Fall – die Voraussetzungen der *willige condemnatie* anführt. Er schreibt in Obs. Tum. Nr. 31:

> Bevor der Hoge Raad die verurteilt, die aus eigenem Willen verurteilt zu werden begehren, pflegt er zwei (Dinge) besonders zu prüfen:

---

der *willige condemnatie* bekräftigt wurden. Folge dessen sei, dass es dann vorbei sei mit einem erheblichen Teil der Fälle, wenn nicht sogar mit einem Drittel aller Verfahren. Van Bijnkershoek kritisiert freilich die Konsequenz dessen, dass eine Vielzahl von Verfahren in unterschiedlicher Instanz anhängig werden, die sonst durch die Schiedsrichter selbst entschieden werden könnten, nur um der Liebe der Richter zur Rechtsprechung Willen oder wegen ihres Broterwerbs. Van Bijnkershoek sieht es nicht ein, weshalb die Parteien dies auf Kosten des Hoge Raad nicht selbst tun sollen.

447 Van Leeuwen, Rooms-Hollands-Regt, S. 547, Rn. 10.

448 Dies gilt auch für Kaufverträge. Insbesondere bei Grundstückskaufverträgen war dies möglich. Den Begriff *willige condemnatie* daher mit „Vergleich" zu übersetzen (Winkel, S. 242 f.), ist daher ungenau: Die Vergleiche wurden mit der *willige condemnatie* zusätzlich bekräftigt und gesichert.

449 Verhandelt wurden vor dem Hoge Raad meist solche *willige condemnaties* des Hoge Raad, in Einzelfällen berichtet Van Bijnkershoek auch von einer *willigen condemnatie* des Hofs von Holland. Unbekannt sind dagegen *willige condemnaties* von lokalen Gerichten.

450 Van der Linden, II, IX, S. 231.

451 Van Hoek, S. 43.

452 Obs. Tum. Nr. 808.

A. ob das Begehr dem allgemeinen Recht (*jus publicum*) widersprechen würde,

B. ob die Sache eines Minderjährigen untersucht wird.

Wenn jenes (der Fall ist), folgt niemals eine *condemnatio*, wenn dieses (dagegen der Fall ist), nur nach vorheriger Prüfung und Genehmigung des Magistrats des Ortes, an dem der Beklagte wohnt.

Es ging in diesen Fällen also um den Schutz der Minderjährigen, insbesondere, weil oftmals Verträge zwischen dem Vormund und dem Minderjährigen mit der *willige condemnatie* zusätzlich gesichert werden sollten, es also zu einer besonderen Konfliktlage kam.

Auch dann, wenn die *willige condemnatie* für einen Vertrag verlangt wurde, bei dem der Vertragsgegenstand zweifelhafter Natur war, verweigerte der Hoge Raad diesen Titel. Schließlich durfte auch keine *willige condemnatie* erlassen werden, wenn dies die Befugnis des Hoge Raad beeinträchtigt hätte. Er unternahm somit in dieser Weise eine Kontrolle der Vereinbarkeit der Verträge mit dem *Ordre Public* und dem Recht.[453]

Ihr Ursprung wird vor allem in der Regelung des Streits durch die Parteien selbst unter Zuhilfenahme „staatlicher" Organe gesehen, die dem Rechtsakt Geltung verliehen. Gerade das Interesse, dass die Parteien selbst eine Lösung des Verfahrens finden, ist besonders lange im niederländischen Verfahren ausgeprägt.[454]

Anders als in der Anfangszeit kam es recht häufig vor, dass es von den Parteien ausging, eine willige condemnatie auf einen Vertrag zu erlassen.[455] Auch nahm die Anzahl dieses Titels erheblich zu im Vergleich zur Anfangszeit.[456]

Da die *willige condemnatie* als ein normales Urteil angesehen wurde,[457] konnte es unmittelbar zur Vollstreckung gegeben werden. Für seine Vollstreckung galten dieselben Regeln.[458] Allerdings wurde die *willige condemnatie* nicht öffentlich verkündet (*publice pronuntiata*) und war dadurch Dritten nicht offenbar.

Es gibt im modernen Recht keine Entsprechung für die *willige condemnatie.* Ähnlichkeiten weist dieser Titel mit der Unterwerfung unter die sofortige Vollstreckung (vgl. § 794 Nr. 5 ZPO) und dem Anerkenntnisurteil nach § 307 ZPO auf. Die Unterwerfung unter die sofortige Vollstreckung muss allerdings, anders als die *willige condemnatie*, nicht von einem Gericht erlassen werden. Vom Anerkenntnisurteil unterscheidet sich die *willige condemnatie* insoweit, als dass mögliche Konflikte mit Einreichung des Vertrags schon im Voraus entschieden werden sollen.[459] Um die Beseitigung eines solchen Titels

453 Peeters, S. 26–43.

454 Van Hoek, S. 42 geht sogar soweit, zu sagen, dass es der Hoge Raad im 18. Jahrhundert gewohnt war, die Parteien Richter über ihre eigenen Angelegenheiten sein zu lassen, dabei mitzuwirken, indem er sich als „Richter im alten Sinne" („rechter in oude zin") auftrat, das heißt als Richter wie im mittelalterlich-germanischen Verfahren.

455 Verhas, Beginjaren, S. 153 f..

456 Verhas, Beginjaren, S. 154.

457 Die Zusammenfassung zu Obs. Tum. Nr. 958 geht davon aus, dass die *willige condemnatie* lediglich eine Bestätigung eines Vertrags sei. Van Hoek, S. 41 Fn. 28 ist insoweit mit Recht anderer Ansicht.

458 Instructie Hoge Raad, Art. CCLXIII, CCLXV und f. Gerade dies spricht für die Charakterisierung der *willige condemnatie* als Urteil.

459 Van Hoek, S. 41.

zu erschweren, erhöhte das Gericht z. B. auch die Beweislastanforderungen in der Entscheidung Obs. Tum. Nov. Nr. 1521.

Unentschieden war lange Zeit, ob die Möglichkeit bestand, gegen eine *willige condemnatie* des Hofs von Holland Berufung beim Hoge Raad einzulegen.[460] Durch Art. 3 *Accommodement tusschen de beide Hoven van Justitie* wurde dies am 26. Juni 1725 endgültig dahingehend entschieden, dass fortan kein *appèl* oder eine *reformatie* gegen eine *willige condemnatie* des Hofs erhoben werden durfte. Es war auch schon in der Zeit davor nicht zulässig, *appèl* gegen eine *willige condemnatie* des Hofs einzulegen. Der Gerichtshof behalf sich in diesem Fall allerdings mit einem *relief* und verwies das Verfahren mit einer *committimus*-Klausel an den Hof zurück. Dies blieb auch nach der Verfahrensreform der zu beschreitende Weg.[461] Der Hof von Holland konnte dann selbst über die Begründetheit des Ersuchens befinden. Diese Entscheidung wiederum war mit der *reformatie* oder *appellatie* angreifbar.

Eine Berufung gegen eine *willige condemnatie* des Hoge Raad war nicht mehr möglich,[462] auch nicht beim Hoge Raad selbst. Indem die eine Partei also beim Hoge Raad um eine *willige condemnatie* ersuchte und mit ihrem Ersuchen erfolgreich war, konnte sie im Voraus jedes gerichtliche Verfahren ausschließen. Gerade darin lag der Vorteil für die ersuchende Seite und das Risiko für den Gegner. Dies erklärt, weshalb der Hoge Raad an den Erlass eines solchen Urteils diese hohne Anforderungen stellte.

Es gab jedoch auch Situationen, in denen der Hoge Raad selbst über eine bereits erteilte *willige condemnatie* entschied, und gegen sie eine *restitutio in integrum* verlieh.[463] Gleichwohl geschah dies nur als Ausnahme,[464] nämlich dann, wenn zu einer *laesio enormis* noch ein gerechter Grund (*justa causa*) für die Restitution beigebracht wurde. In der o. a. Entscheidung berief sich der Kläger zusätzlich auf seine Minderjährigkeit. Minderjährigkeit, so meinte der Hoge Raad, sei zwar eine solche *justa causa*, jedoch hatte der Kläger in der zitierten Entscheidung gleichwohl keinen Erfolg, da er als Volljähriger noch gebilligt hatte, was er als Minderjähriger getan hatte. Als Ausweg aus dieser Situation versuchte der Hoge Raad auf dem Vergleichswege zu einer Einigung zu gelangen, was auch gelang.

f) Vollstreckung

Alle Urteile des Hoge Raad waren bis zehn Jahre nach der Verkündung vollstreckbar.[465] Danach oder bei Versterben des Verurteilten musste man ein *mandement om executie te zien decerneren* erhalten. Die Vollstreckung eines Urteils bestand aus zwei Teilen, die *liquidatie* und die *executie*. Zunächst wurden in einem summarischen Verfahren *de plano* durch die Parteien einem Ratsherrn die Rechnungen vorgelegt.[466]

460 Van der Linden, II, IX, S. 232.
461 Peeters, S. 57.
462 Van Hoek, S. 42, Fn. 30.
463 Obs. Tum. Nov. Nr. 264.
464 „Adversus voluntarias H.R. condemnationes non facile restitutionem in integrum largiti solet Senatus;" „Gegen *willige condemnaties* des Hoge Raad gewährt der Senat üblicherweise nicht einfach eine *restitutio in integrum*."
465 Instructie Hoge Raad, Art. CCLXIII.
466 Instructie Hoge Raad, Art. CCLXII.

Dieser Ratsherr erstattete den übrigen Bericht, um dann z. B. die Höhe des Schadens, einschließlich des Interesses zu bestimmen. Bedurfte es weiterer Informationen, konnten die Parteien sich dazu erklären oder Unterlagen einreichen.[467] Bei einer Berufung hatte der Sieger die Wahl, ob er das Gericht der Unterinstanz oder den Hoge Raad mit der Überwachung der Vollstreckung beauftragen wollte.[468] Um das Urteil zu vollstrecken, musste der *deurwaarder* dem Prokurator der unterlegenen Partei einen Tag bezeichnen, wann diese dem Urteil Folge zu leisten hatte.[469] War dieser Termin verstrichen, ohne dass die Gegenseite etwas anbot, konnte die vollstreckende Partei auf die Güter zugreifen. Hierbei hatte sie vorsichtig vorzugehen und durfte wegen einer kleinen Summe nicht in ein großes Gut vollstrecken, es sei denn, der Schuldner hatte nur ein unteilbares Besitztum. Der vom Hoge Raad Verurteilte konnte sich der Vollstreckung nicht widersetzen oder dagegen Berufung einlegen. Wenn aber in Sachen Dritter vollstreckt wurde, gab der *executeur* einen Termin an, wann dieser die Gründe gegen die Vollstreckung vor dem Hoge Raad geltend machen konnte. In der Zwischenzeit war die Vollstreckung aufgeschoben.[470] Die Vollstreckung in bewegliche und unbewegliche Güter erfolgte durch deren öffentliche Versteigerung.[471]

Dritte, die meinten, ein Recht an der versteigerten Sache zu haben, konnten dies bei der Versteigerung geltend machen. Diese *opposanten* wurden nach dem letzten Gebot aufgerufen, um zum Einverständnis des Verurteilten und des voraussichtlichen Käufers ihre Einspruchsgründe darzulegen.[472] Der letzte Bieter musste sich mit dem Anspruchsteller vor dem Hoge Raad auseinandersetzen.[473] Ein unbegründeter Einspruch hatte das Tragen der Kosten zzgl. einer Buße zur Folge.[474] Diejenigen, die eine persönliche oder hypothekarische Schuld vom Verurteilten oder dem verkauften Gut zu fordern hatten, weshalb sie ein Vorzugsrecht wegen ihrer Forderung besaßen, konnten eine *eis van preferentie* beim Hoge Raad einreichen. Darüber hatte dann der Hoge Raad vor Besiegelung des Kaufs zu befinden.[475] Auch dritte Gläubiger konnten zur Befriedigung ihrer Forderungen das Verfahren über die Vollstreckung weiterführen, wenn der erste Gläubiger (*impetrant van decreet*), der die Versteigerung angeregt hatte, diese nicht weiter betrieb.[476]

Die Verurteilung zur Vornahme einer Handlung (*ad factum*) führte bei Weigerung des Schuldners zu dessen Verhaftung (nl. *gijseling* lt. *custodia civilis*, dt. „Schuldhaft").[477] Diese Problematik war lange Zeit in der Literatur streitig.[478] Im deutschen

467 Instructie Hoge Raad, Art. CCLXI f.
468 Instructie Hoge Raad, Art. CCLXIV.
469 Instructie Hoge Raad, Art. CCLXV.
470 Instructie Hoge Raad, CCLXVI.
471 Siehe dazu S. 215 ff.
472 Instructie Hoge Raad, Art. CCLXIX.
473 Instructie Hoge Raad, Art. CCLXXI.
474 Instructie Hoge Raad, Art. CCLXXII.
475 Instructie Hoge Raad, Art. CCLXXIII.
476 Instructie Hoge Raad, Art. CCLXXIV.
477 Instructie Hoge Raad, Art. CCLXXV Siehe dazu Irving, M./Styn, C., Gijseling, the historical development of proceeding in gijzeling in the provincial court of Holland from 1531. Leiden, 1931. Beispiele hierfür sind Neostadius, Decisien, Decis. 50 (der Verkäufer hatte sich geweigert, das Grundstück zu übergeben), oder Obs. Tum. Nr. 1085 (Übergabe der Waren).
478 Vgl. dazu Fischer, H. F. W. D., De geschiedenis van de reele executie bij koop. 1934, für das

usus modernus befürwortete die herrschende Lehre[479] die Gleichstellung von *dare*-Obligationen mit den *facere*-Obligationen und erkannte eine rechtlich erzwingbare Leistungsverpflichtung an. Dem folgte auch die niederländische Rechtswissenschaft.[480]

Kam der Schuldner der Forderung selbst nach einem Monat Haft nicht nach, konnte sie in Zahlung einer Geldsumme umgewandelt werden, die der Schuldner innerhalb von zwei Wochen zu zahlen hatte. Bis zur Erfüllung der Schuld blieb er allerdings in Haft.[481] In der Praxis konnte es auch geschehen, dass dann Gegenstände des Schuldners zur Befriedigung des Gläubigers versteigert wurden, wenn auch die Haft nichts an der beharrlichen Weigerung des Schuldners änderte.[482] Die regulären Kosten der Haft hatte der Kläger zu tragen. Die außerordentlichen Kosten einer *gijseling* hatte jedoch der Schuldner selbst zu tragen.[483] Darüber, welche Handlung wie geschuldet war, wurde in der Praxis oftmals erneut vor dem Hoge Raad verhandelt.[484] Man nannte dieses Verfahren dann *procederen in gijselinge* (ein Verfahren *in Schuldhaft* führen).

g) Zwischenergebnis

Aus der sehr formalistischen Prozessführung, die dem römisch-kanonischen Prozess entstammte, lässt sich herleiten, warum auch die Verfahren am Hoge Raad sehr langwierig waren, wie es öfters von Van Bijnkershoek gerügt wurde. Die Gründe dafür lagen darin, dass die Parteien sich mit einem Urteil nicht zufrieden gaben, aber auch in der Organisation. Eine Rolle spielte auch der große Umfang der Ferien und die Arbeitsüberlastung, die zumindest im Zeitraum bis etwa 1730 sehr hoch war. Danach nimmt die Anzahl der Fälle ab. Dies zeigen die von den Autoren in den Observationes aufgezeichneten Fälle und die *resolutien*. Daneben führten Eingriffe der Administrative, der Tod einer der Parteien, Verzögerungen wegen der Abgabe der Klageerwiderung, Petitionen durch die Parteien und das aufwändige Beweiserhebungsverfahren zur Verlängerung der Verfahren. Dies führte in der Folgezeit zu mehreren Versuchen, das Verfahren zu beschleunigen – wohl z. T. ohne Erfolg, da die getroffenen Regelungen oftmals mit gleichlautenden Vorschriften wiederholt werden mussten.

Wenn man nach der Ursache forscht, stößt man darauf, dass viele Gründe nicht beseitigt wurden. So wurden die Sommerferien (gegen den Widerstand Van Bijnkershoeks)

Mittelalter Dilcher, S. 278 ff. und den frühen *usus modernus* Coing, S. 432 ff.. Im klassischen römischen Recht wurde der Grundsatz *omnis condemnatio pecuniaria*: Jede Verurteilung musste sich letztendlich auf einen Geldbetrag richten. Siehe dazu Gai. 4. 48. 51, Kaser, Zivilprozessrecht, S. 286 ff. und Kelly, S. 69 ff.

479 Zimmermann, Kaufvertrag, S. 167.

480 Van Groenewegen, zu C. 4. 54. 4 unter Verweis auf die genannte Entscheidung Neostadius, Decisien, Decis. 50, Wesenbeck und Covarruvias. Ebenso waren Grotius, Inleidinge, Lib. III, Kap. XV, § 6., Van Leeuwen, Censura Forensis, Lib. IV, Cap. XIX, § 10, Vinnius, 3. 24. pr. 3 ff., Huber, Praelectiones, zu D. 28. 5. 5 und später Van der Keessel, 1290 dieser Ansicht. Nur Voet, zu D. 19. 1. 14 versuchte, die klassisch römisch-rechtliche *condemnatio pecuniaria* aufrecht zu erhalten.

481 Instructie Hoge Raad, Art. CCLXXVI.

482 Neostadius, Decisien, Decis. 50.

483 Siehe Neostadius, Decisien, Decis. 1 für das 16. Jahrhundert, eine Entscheidung des Großen Rats von Mechelen. Als gewöhnliche Kosten wurde 1 Gulden pro Tag im Sommer und 1,25 im Winter (der Aufschlag galt für die Heizung) angesetzt.

484 So ist es z. B. in Obs. Tum. Nr. 44 geschehen.

sogar um eine Woche verlängert, die Zahl der Richter wurde nicht erhöht,[485] und es kam zu Verzögerungen auf Grund des Versterbens einer Partei oder deren Vertreter.

IV. Quellen

Diesem Abschnitt sei die Bemerkung vorweggeschickt, dass der Aufsatz von Meijers[486] noch immer eine gute Übersicht über die noch nicht edierten Quellen liefert, der zugleich der Anstoß für die Publikation der *Observationes tumultuariae* war. Durch die Editionsarbeit, die allmählich das Puzzle zu einem vollständigeren Bild über die Rechtsprechung des Hofs und des Hoge Raad vervollständigt, wurde in der Zwischenzeit eine Aktualisierung erforderlich.[487] Aus der Art der Prozessführung ergibt sich, dass nur noch Quellen zur Prozessführung und dem Entscheidungstenor vorhanden sind, nicht dagegen solche, die auch eine Begründung des Urteils enthalten. Im Nationalarchiv finden sich für den Hoge Raad Quellen, die vor allem die Prozessführung[488] und die Entscheidung des Gerichts betreffen.[489] Ferner ist die Korrespondenz des Gerichts mit anderen Autoritäten erhalten. Es finden sich dort darüber hinaus Quellen, die sich mit kirchlichen Funktionen des Gerichts befassen und solche, welche die Verwaltungsaufgaben angeben sowie Abrechnungen. Einen Aspekt geben die *geëxtendeerde sententiën* wieder, mit denen sich zumindest die Anträge der Parteien und der Streitgegenstand rekonstruieren lassen. Daraus allerdings den Sachverhalt zu rekonstruieren, ist sehr schwierig, da in ihnen der Gegenstand des Urteils nur äußerst kurz angedeutet wird. Der Hintergrund des Streits lässt sich allenfalls fasettenartig beleuchten, die Gründe des Gerichts so, und nicht anders zu entscheiden, oder abweichende Ansichten und Mindermeinungen dagegen nicht.

Nähere Auskunft über die Anträge der Parteien und deren Vorbringen könnten dagegen die Prozessbündel liefern. Diese gingen, anders als beim Reichskammergericht, an die Parteien zurück, weshalb auch sie nur über die Sammlung von Familiennachlässen im Nationalarchiv zugänglich sind, soweit Privatpersonen beteiligt waren.[490] Dies kommt aber nur für einen kleinen Teil der Fälle, bei bedeutenden Persönlichkeiten in Betracht. Der Rest befindet sich, sofern er überhaupt noch erhalten ist, in Privatbesitz. Auskunft über die Gründe für eine Entscheidung liefern freilich auch sie nicht. Eine andere, zur Erschließung der Begründung aufschlussreichere Möglichkeit, sind schließlich die *resolutieboeken*.[491] Mit ihnen können die Voten den Richtern zu-

485 Dies hätte möglicherweise wiederum das komplizierte Gleichgewicht der Ratsherrn aus den unterschiedlichen Provinzen gestört und zu neuen Auseinandersetzungen über die Benennung der Personen geführt.

486 Meijers, E. M., Uitgegeven en onuitgegeven rechtspraak van den Hoogen Raad en het Hof van Holland, Zeeland en West-Friesland. Tijdschrift voor Rechtsgeschiedenis, Band 1 (1918/1919).

487 Smidt, J. Th. de, Na Vijfenzestig Jaar. In: Huldigingsbundel Paul van Warmelo. Pretoria, 1984.

488 Rekesten, die Prozessrollen, Intimatien, Register der Akten von Schriftsätzen, Plädoyers der Prokuratoren.

489 Die Kurzfassungen und ausführlichen Fassungen der Sententien, Resolutionen der Sententien und verschiedene Register dazu. Ferner gehören dazu umfangreiche Register der Urteile, der Eingaben des procureur-generaal, und Aktenauszüge.

490 Soweit Städte, Gemeinden oder Stiftungen etc. beteiligt sind, ist ggf. ein Rückgriff auf deren Archive möglich.

491 Siehe oben S. 77.

geordnet werden. Sie geben Aufschluss darüber, in wie weit gewisse Richter stets eine Ansicht vertreten haben. Weshalb sie aber so entschieden, und was ihre anfänglich abgegebene Ansicht war, wird auch aus diesen *resolutien* nicht deutlich. Andererseits sieht man auch hier, dass eine Entscheidung des Hoge Raad von verschiedenen Meinungen getragen sein konnte. Insoweit sind sie, weil private Aufzeichnungen fehlen, die aussagekräftigste Quelle für die Entscheidungsgründe. Es muss daher festgehalten werden, dass sich aus dem zwar reichlich vorhandenen Material gleichwohl nicht die Argumentation und die Beweggründe der Richter ermitteln lassen. Man kann damit, wenn überhaupt, nur schwerlich die Frage beantworten, ob der Hoge Raad als solcher eine Meinung zu einem juristischen Problem hat und inwiefern die Richter juristisch argumentieren. Schon wegen der Geheimhaltungspflichten, denen die Richter unterlagen, fehlen offizielle Quellen, mit der man die Verfahrensinterna ermitteln kann. An diese Stelle können daher nur die privaten Aufzeichnungen und Sammlungen von Unterlagen der Richter treten.

Für den Hoge Raad sind für das 18. Jahrhundert die Sammlungen von Adriaan de Grande (Ratsherr von 1726–1754, anschließend bis zu seinem Tod 1763 war er Präsident des Gerichts),[492] erhalten, ferner die Materialien von Jacob Bisdom (advocaat fiscaal) und dessen Sohn Dirk Rudolph Wijckerheld Bisdom (Ratsherr von 1788-1795).[493] Diese Sammlungen, die sich im Nationalarchiv in Den Haag befinden, sind zwar sehr umfangreich, jedoch nicht geordnet. Besonders bei Jacob Bisdom überwiegt das Strafrecht. Ebenfalls in der *collectie Bisdom* befindet sich die aus der Hand von Johan van Bleiswijk stammenden *Observationes tumultuariae rerum a supremo in Hollandia senatu judicatarum quibus ut senator interfui, quas et quatenus notandas putavi*. Diese Sammlung enthält, wie der Titel schon angibt, nur die Fälle, die Van Bleiswijk für aufzeichnenswert gehalten hat. Insgesamt umfasst diese Handschrift 268 Seiten mit 156 Entscheidungen, fast ausschließlich erb- und familienrechtliche Fälle, für den Zeitraum von 1723–1741.[494] Neben dieser noch immer unedierten Quelle von Van Bleiswijk[495] wurde schon ein kleiner Teil der Sammlung Cornelis van Bijnkershoeks im 18. Jahrhundert publiziert. Bereits kurz nach seinem Tod gab Pauw 1744 die *Quaestiones juris privati* heraus. Diese Sammlung enthält 117 Observationes in thematisch sortierter Folge. Band 1 enthält Verfahrens- und Kompetenzfragen (10 Observationes),[496], Band 2 behandelt Ehegüterrecht und Vertragsrecht. Er enthält 34 Fälle.[497] In Band 3 werden Probleme des Erb- und Familienrechts und die Bodmeierei (32 Fälle)[498] behandelt. Band 4 betrifft Fragen des Seerechts und enthält 40

492 Van Poelgeest, TvR, 55, S. 118.

493 Van Poelgeest, TvR, 55, S. 119.

494 Er selbst verstarb 1748.

495 Ein Mikrofilmabzug der Observationes von Van Bleiswijk konnte mir durch das Nationalarchiv dankenswerter Weise zur Verfügung gestellt werden.

496 Ausdrücklich angeführt werden die Obs. Tum. Nr. 365, 1844, 1918, 1732, 2576, 3032, 1855, 1859, 1259 und 2452.

497 Erwähnt werden die Observationes Obs. Tum. Nr. 537, 2016, 1571, 2208, 2478, 325, 2267, 210, 349, 2947 (in der Edition 2948 A), 3210, 3240, 1693, 1974 (gehört zu Obs. Tum. Nr. 1693), 902, 1440, 753, 1305 (gehört zu 753), 1613, 1696 (gehört zu 1613), 1764 (der Fall gehört zu 1613, nicht wie in der Edition zu Obs. Tum. Nr. 1513 zugeordnet), 1640, 2292, 3026, 3080 (gehört zu 3026), 1572, 2798, 2044, 2640, 2271, 2557, 2558, 2819, 2878, 3230, 3231, 2490, 3101, 3286.

498 Es handelt sich hierbei um die Observationes Obs. Tum. Nr. 3194, 2018, 2698, 1835, 2151, 3194,

Fälle.[499] Das Werk stammt aus der Hand Van Bijnkershoeks, blieb allerdings aus Gesundheitsgründen unvollendet, wie er im Vorwort der *Quaestiones* vermerkt.[500] Van Bijnkershoek hat seine Observationes als Vorentwurf für seine Quaestiones benutzt. Da die Quaestiones eine wissenschaftliche Abhandlung sind, wurden die Observationes als Fallbeispiele direkt in den Text aufgenommen. Gerade im ersten Band übernimmt Van Bijnkershoek teilweise wortwörtlich die Formulierungen aus den Observationes. Dies gilt vor allem für die Darstellung des Sachverhalts. Einzelne Wendungen überarbeitete er bzw. gebrauchte andere Begriffe. Er lässt dabei die niederländischen Zitate aus dem Vorbringen der Parteien oder Verträgen weg oder kürzt sie auf das Notwendigste. Sofern das Vorbringen der Parteien für die Darstellung des Falls unabdingbar ist, verwendet er hierfür fast ausnahmslos die lateinische Sprache. Bisweilen ändert er auch die Anonymisierung der Parteien. Größere Unterschiede weisen dagegen auch schon in Band 1 die Ausführungen bezüglich der Entscheidung des Gerichts auf: Van Bijnkershoek lässt grundsätzlich die Angabe weg, wer bei Gericht anderer Ansicht war und nennt nur noch die Anzahl der Ratsherren.[501] Die scharfen Formulierungen, in wie weit – seiner Ansicht nach – eine andere Entscheidung vertretbar war, lässt Van Bijnkershoek in den Quaestiones weg. Ab dem zweiten Band löst sich Van Bijnkershoek zunehmend von den Formulierungen aus den Observationes und spricht die Fälle nur noch hinsichtlich der rechtlichen Kernfragen an.

Auch für das vorangehende Jahrhundert sind Entscheidungssammlungen für den Hoge Raad aus der Hand von beteiligten Richtern vorhanden. Die älteste Urteilssammlung ist die Cornelis van der Nieustad (Cornelius Neostadius) zugeschriebene Sammlung *Utriusque Hollandiae Zelandiae Frisiaeque Curiae Decisiones* aus dem Jahr 1617.[502] Die erste Ausgabe enthielt 19 Entscheidungen *decisiones Supremi Senatus*, wobei zwei hiervon dem Großen Rat von Mechelen, die übrigen dem Hoge Raad zuzuordnen sind. Von wem diese Entscheidungen stammen, ist unbekannt. In der zweiten Ausgabe von 1627 wuchs die Anzahl der Entscheidungen höchstrichterlicher Entscheidungen auf 104, wobei 15 Entscheidungen (davon 2 des Großen Rats) aus der Vorauflage ebenfalls enthalten sind. Vier Entscheidungen, die das Lehnsrecht betrafen, wurden weggelassen. Die dritte Auflage von 1644 schließlich enthält 129 Entscheidungen des Hoge

---

2234, 1106, 163, 218, 828, 870, 1611, 3136, 391, 601, 650, 890, 1067, 1602, 2013, 2080, 2914, 2644, 1498, 2363, 3154, 2017, 2091, 1422, 2221 und 746.

499 Es sind Obs. Tum. 1467, 296, 380, 1290, 1332, 1357, 1363, 1374, 1375, 1542, 1579, 1621, 1623, 1641, 1647, 1819, 1873, 1916, 2124, 2185, 2191, 2242, 2449, 2459, 2492, 2554, 2646, 2647, 2900, 3074, 3122, 3148, 3168, 3173, 1320, 2808, 255, 941, 1720 und 676.

500 „Hoc opus minus perfectum est, quam constitueram; Centum Capita ei destinaveram, quae continerent totidem Quaestiones Juris Privati: sed ab anno aetatis sexagesimo sexto deficere coepit oculorum acies, et in dies magis magisque defecit, sic ut ad candelam nullus aut exiguus eorum fuerit usus ..."

„Dieses Werk ist weniger vollendet als ich es vorhatte; einhundert Kapitel hatte ich für dieses vorgesehen, welche die ganzen Quaestiones Juris Privati enthalten sollen: Aber seit dem 66. Lebenshahr begann die Sehkraft meiner Augen abzunehmen, und nimmt Tag um Tag mehr und mehr ab, so dass ich sie bei Kerzenlicht gar nicht mehr oder nur noch wenig gebrauchen konnte."

501 In Tom. 1–4 der Observationes gibt Van Bijnkershoek manchmal noch die Namen der Ratsherren an, die eine abweichende Meinung vertraten.

502 Sie wurde Neostadius über 300 Jahre zugeschrieben. Van Apeldoorn, S. 250, wies nach, dass zumindest die Sammlung von 41 Urteilen des Hofs von Pelgrim van Loo stammt.

Raad. In dem Werk von Neostadius *De pactis antenuptialibus rerum judicatarum observationes*[503] werden unter den insgesamt 129 Entscheidungen 23 des Hoge Raad zu Eheverträgen kommentiert. Eine kleine nicht auf eine bestimmte Materie beschränkte Zusammenstellung von 41 Urteilen enthält die Sammlung von Jacob Gerritsz. Coren, *Observationes XLI rerum in supremo senatu Hollandiae, Zelandiae et Frisiae judicatarum.*[504] Ferner weist Neostadius noch auf drei weitere Sammlungen hin, nämlich die der Ratsherren Pelgrim van Loo, Reinout van Brederode und Rombout Hogerbeets. Auch Simon van Leeuwen hat eine eigene Urteilssammlung besessen, die er in seinem Buch *Een kort Begrip van het Rooms-Hollandsch Recht* gebrauchte.[505] Nicht zu vergessen sind die Decisiën von Pieter Ockers, die erst kürzlich herausgegeben wurden.[506] Darüber hinaus wurden einzelne Urteile in Sammlungen von Urteilen anderer Gerichte aufgenommen. Zu nennen sind hier die *Sententiën en gewezen zaken van den Hoogen en Provincialen Raad in Holland, Zeeland en West-Vriesland* aus dem Jahre 1662, worin sich auch 21 Entscheidungen des Hoge Raad befinden. Daneben sind durch Andries Swaenswijck sechs Arreste des Hoge Raad in seinem *Bellum Juridicum ofte den Oorlogh der Advocaten* von 1683 erhalten.[507] Noch weniger, nämlich lediglich zwei Entscheidungen, zitiert Anthonis Duyck in seinen *Decisien en resolutien van den Hove van Holland.*[508] Auch die Sammlung eigenartiger Fälle der Gerichtshöfe in Holland (*Verzameling van merkwaardige gewijsden der Gerechtshoven in Holland*) von J. van der Linden aus dem Jahr 1803 enthält 16 Entscheidungen des Hoge Raad.[509] Alle diese Sammlungen, insoweit sie überliefert sind, enthalten also entweder nur wenige Entscheidungen, oder nur zu bestimmten Rechtsgebieten, und immer für einen eng beschränkten Zeitraum. Eine durchlaufende und breite Sammlung hieraus zu rekonstruieren ist nicht möglich. Eine über längere Zeit gehende und umfangreichere Quelle, aus der man die Begründungen für die Urteile des Hoge Raad im 18. Jahrhundert ermitteln kann, war daher lange Zeit ein Desideratum.

1. Die Observationes Tumultuariae von Cornelis van Bijnkershoek und Willem Pauw

Die Lücke der fehlenden Quellen füllen die Observationes Tumultuariae. Sie sind nahezu die einzige Quelle, die mehr als nur eine summarische Auskunft über das Was

503 Es erschien 1594 in Leiden. Neu mit einer Übersetzung herausgegeben Neostadius, D. Cornelius; Bosman, F. J./Warmelo, P. van (Hrsg.), Observationes on decided cases concerning antenuptial contracts. Pretoria, 1986.

504 Coren (oder Cooren) war Mitglied des Hoge Raad von 1621–1631.

505 Leeuwen, Simon van, Paratitula juris novissimi. Een kort Begrip van het Rooms-Hollands Regt. Leiden, 1664.

506 Gall, H. C., Rechtsgeleerde decisien, Aan de raadsheer Pieter Ockers toegeschreven aantekeningen betreffende uitspraken van het Hof (1656–1669) en de Hoge Raad (1669–1678) van Holland, Zeeland en West-Friesland. Amsterdam, 2002, Werken der Stichting tot uitgaaf der bronnen van het Oud-vaderlandse recht 27. Die Autorschaft von Ockers konnte durch Sirks nachgewiesen werden, Sirks, Decisiën van Pieter Ockers, S. 201–204.

507 Ediert von M. Beinart 1970, der die fälschliche Zuschreibung an Simon van Leeuwen aufdeckte. Beinart, S. 6.

508 Van Holk, L'origine et l'autorité, S. 9.

509 Van Holk, L'origine et l'autorité, S. 11.

und Warum einer Entscheidung geben können. Es ist ein einmaliges Angebot an Informationen über Gerichtsinterna des Hoge Raad sowohl hinsichtlich ihrer Art als auch hinsichtlich des Umfangs. Für die südafrikanische Rechtswissenschaft, so schreibt de Vos,[510] seien die Werke von allergrößter Wichtigkeit, da sie ein deutliches Bild der Anpassung des römisch-holländischen Rechts durch den obersten Gerichtshof bis fast zum Ende seines Bestehens in den Niederlanden geben. Für ein Verständnis des Rechts in der Praxis gegenüber dem, was Autoren uns mitteilen, seien sie unentbehrlich.

Bei den Observationes handelt es sich um Berichte aus erster Hand von zwei einflussreichen Ratsherren und späteren Präsidenten des Gerichts. Das weitere besondere Merkmal ist der große Zeitraum von mehr als 80 Jahren, den die Entscheidungssammlung abdeckt. Wie Van Bijnkershoek vermerkt, zeichnete er das – seiner Ansicht nach – juristisch Wertvolle fast vollständig auf.[511] Dies verdient es, dass an dieser Stelle näher auf diese Quelle eingegangen wird.

a) Die Handschrift

Die Handschrift der im 20. Jahrhundert beinahe in Vergessenheit geratenen Observationes Tumultuariae befindet sich in der Universitätsbibliothek in Leiden. Vor der Edition befand sich das Manuskript in Privatbesitz,[512] bis sie Meijers 1914 wiederentdeckte. Seine Existenz war vor der Edition nur wenigen bekannt.[513] Es gibt allerdings einige Verweise auf dieses Werk in der von Pauw verfassten Vorrede von Van Bijnkershoeks Quaestones Juris Privati.

Die Observationes Tumultuariae von Van Bijnkershoek umfassen im Original 14 Bände von einem Blattformat, das etwas größer als DIN A4 ist. Die Seiten des Manuskripts sind doppelseitig auf der rechten Blatthälfte eng und klein beschrieben. Der Erhaltungszustand der Quelle ist noch recht gut, die Seitenränder sind jedoch beschädigt. Auf der linken Seite befinden sich Korrekturen und Ergänzungen von der Hand des Autors. Es sind allerdings keine Korrekturen durch Pauw an den Observationes von Van Bijnkershoek zu erkennen. Die Bände 10–14 des Manuskripts der Observationes von Van Bijnkershoek weisen erhebliche Bleistiftmarkierungen durch den Eigentümer oder die Herausgeber der Quellen, jedenfalls von späterer Hand, auf.[514] Andere Anmerkungen oder Kennzeichnungen von fremder Hand, insbesondere solche von Pauw, sind im Manuskript Van Bijnkershoeks nicht zu finden.

Die Handschrift von Van Bijnkershoek ist sehr klein und an einigen Stellen nur schwer leserlich. Viel deutlicher und daher besser lesbar ist die Hand von Pauw. Der Erhaltungszustand der Handschrift von Pauw ist wesentlich besser als die Manuskripte von Van Bijnkershoek.

---

510 De Vos, S. 203.

511 Siehe z. B. Schutbladen zu Obs. Tum. Tom. 1, VIII.

512 Der letzte Nachkomme Van Bijnkershoeks, der die Handschrift besaß, war H. A. C. Chais van Buren. Nach dessen Tod – er verstarb kinderlos – gelangte die Handschrift 1889 in das Lager eines Antiquariats.

513 Star Numan führt die Observationes in der Darstellung der Werke Van Bijnkershoeks auf, deren Fortsetzung durch Pauw erwähnt er nicht.

514 Der Schrift nach zu urteilen nach stammen diese Anmerkungen eher aus dem 20. Jh. und sind wahrscheinlich von Meijers.

Die „Observationes“ sind nahezu durchgehend in Latein geschrieben. An einigen Stellen wechseln die Autoren ins Niederländische. Dies geschieht immer dann, wenn es den Autoren auf den Wortlaut ankommt. Hierbei kommt es vor, dass mehrfach mitten im Satz die Sprache gewechselt wird. Auffällig ist dabei, dass Van Bijnkershoek offensichtlich seine Gedanken in Niederländisch verfasst und dann in die lateinische Satzkonstruktion eingebettet hat. Vor allem Van Bijnkershoek verwendet einige sprachliche Auffälligkeiten, wie zum Beispiel seine Vorliebe, das Plusquamperfekt in der Verbform zu verdoppeln,[515] der koordinierenden Konjunktion „vel“ einen potenzialen Nebensinn zu geben. Wenn er sich bei seiner Äußerung nicht sicher ist, äußert er dies mit „atque adeo“ (= oder vielmehr). Häufig verwendet er auch altgriechische Worte, wenn er dies für treffender als einen lateinischen Ausdruck hält.[516] Das Interesse der Autoren geht dahin, sich kurz zu fassen; gleichwohl werden die syntaktischen Konstruktionen bisweilen sehr umfangreich und schwer verständlich.

b) Die Edition der Observationes

Der Rechtswissenschaft ist heute durch die Publikation der Observationes, die im Zusammenhang mit der Veröffentlichung anderer Quellen der niederländischen Rechtsprechung geschah, ein einfacherer Zugang zu den Observationes geschaffen worden. Fast 140 Jahre waren die Observationes *terra incognita*, nicht zuletzt deswegen, weil die Autoren diese mit einem Publikationsverbot belegt hatten.

(1) Das Publikationsverbot

Van Bijnkershoek hatte 1740, vier Jahre vor seinem Tod, in seinem Testament angeordnet, dass er die noch nicht edierten Handschriften einem Sohn oder, falls er ohne männlichen Nachkommen verstürbe, sie dem seiner Schwiegersöhne hinterlasse, der juristisch qualifiziert sei. Für den Fall, dass keine seiner drei Töchter heirate, hatte Van Bijnkershoek vorgesehen, dass dann die jeweils älteste Tochter einen geeigneten männlichen Nachkommen aus der Familie auswählen sollte, dem die Manuskripte zu übergeben seien. In jedem Fall aber verbot er die Veröffentlichung oder den Verkauf der Manuskripte, „... omdat dezelve niet zijn tot die perfectie gebragt als ook omdat hij, heer testateur, daarvan al een voornaam gebruyk gemaakt heeft in zijne uitgegeve schriften.“[517] Da Van Bijnkershoek keine Söhne hinterließ, kamen die Manuskripte an seinen Schwiegersohn Willem Pauw, der die Arbeit seines Schwiegervaters in den 10 Bänden der *Observationes Tumultuariae Novae* fortsetzte. Pauw seinerseits war bei der Verfügung über den Verbleib der Manuskripte nach seinem Tod noch strenger als sein Schwiegervater. Da es sich nicht gehöre, dass ein jedermann Kenntnis vom Inhalt der Manuskripte habe, ordnete auch er ebenfalls die Weitergabe nur innerhalb der Familie an und bestimmte, dass die Manuskripte eher zu verbrennen als außerhalb

515 Statt „ -us erat“, verwendet er „... -us fuerat.“

516 Beispiele hierfür sind: ἄπορος, wenn der Schuldner zahlungsunfähig wird, ἀποχή für Quittung oder πρωτοπραξία, für das Vorzugsrecht eines Gläubigers gegenüber anderen Gläubigern.

517 „... Weil dieselben nicht zur Perfektion gebracht wurden und weil er, der Herr Testator, davon vornehmlich in seinen ausgegebenen Schriften Gebrauch gemacht hat.“ Van Bijnkershoek, Edition Obs. Tum. Bd. 1, Vorwort S. IV.

der Familie zu veröffentlichen seien. Dieses Schicksal blieb den Manuskripten jedoch erspart.[518]

Es waren also zwei Gründe, weswegen Van Bijnkershoek die Veröffentlichung der Manuskripte in seinem Nachlass verbot. Einerseits deshalb, weil schon ein großer Teil dessen von ihm ausgearbeitet worden sei,[519] was aber nicht oder nur beschränkt für die Observationes Tumultuariae galt. Kleine Teile der Observationes Tumultuariae sind in den posthum herausgegebenen Quaestiones Iuris Privati enthalten.[520] Der andere Grund lag darin, dass Van Bijnkershoek seine Observationes noch für unvollendet erachtete. Pauw verbot die Veröffentlichung der Manuskripte aus einem anderen Grund. Ihr Inhalt war seines Erachtens so brisant, dass es sich nicht gehörte, dass sie in die Öffentlichkeit getragen werden.

Dieses Publikationsverbot wirkte noch so stark nach, dass sich die Herausgeber im Jahr 1926 genötigt sahen, dagegen erheblichen Argumentationsaufwand zu betreiben. Die Möglichkeit des Testators, seinen Willen aufzuerlegen, beschränke sich nur auf wenige Generationen, andererseits sollte auch die Rechtswissenschaft Anteil am noch unbekannten Werk des wegen seiner übrigen Werke bedeutenden Juristen haben. Neben ihrer Eigenschaft als private Aufzeichnung seien sie auch (rechts)historisch bedeutende Dokumente. Etwas anderes sei möglicherweise die Veröffentlichung persönlicher Briefe, die nüchternen Notizen Van Bijnkershoeks dagegen würden vom Verbot weniger tangiert.[521] Meijers meint damit, dass die Erben durch den Verkauf der Manuskripte auch „moralisch“ den Anspruch, die Veröffentlichung zu untersagen, verwirkt hätten. Möglicherweise bezieht sich dies auch gegen eine Meijers bekannte, aber nicht genannte Person, die noch im Besitz des Manuskripts des Corpus Juris Hollandici war und die gegen eine Veröffentlichung war.

Im Hinblick auf die Geheimhaltungspflicht entgegneten die Editoren, dass sich dies nur auf die Zeit von Van Bijnkershoek und Pauw selbst beziehen könne. Van Bijnkershoek selbst habe schon eine andere Ansicht gehabt, wie sich aus den Qaestiones Iuris Privati ergebe.[522] Aber zu dem Zeitpunkt der Edition war auch das Archiv des Hoge Raad schon zugänglich und es gab kein Beratungsgeheimnis mehr, so dass sich aus Geheimhaltungspflichten für die Editoren ebenfalls kein Veröffentlichungshindernis ergab.[523]

Gegen den Einwand, die Observationes seien nicht vollendet, wehrten sich die Editoren damit, dass die Quaestiones zwar bisweilen eine verbesserte Sprache aufwiesen, andererseits aber die Observationes teilweise in diesem Werk einfach wortwörtlich übernommen werden. Auch werde der historische Wert nicht durch eine schlechtere Qualität der Sprache vermindert. Es mag sein, dass die Sprache für Van Bijnkershoeks Ansprüche noch zu schlecht war, gleichwohl ist das Latein durchgehend auf hohem sprachlichen Niveau, was auch die Editoren bewunderten.[524]

518 Meijers, TvR 1, S. 415–416über die Vererbung der Manuskripte.
519 Van Bijnkershoek meinte damit wohl die Manuskripte der Werke, die er selbst ediert oder zur Edition vorbereitet hatte.
520 Siehe oben S. 95.
521 Van Bijnkershoek, Edition Obs. Tum. Bd. 1, Vorwort S. V f.
522 Van Bijnkershoek, Edition Obs. Tum. Bd. 1, Vorwort S. V f.
523 Van Bijnkershoek, Edition Obs. Tum. Bd. 1, Vorwort S. V f.
524 Van Bijnkershoek, Edition Obs. Tum. Bd. 1, Vorwort S. VI.

(2) Die Edition

Die Edition der 14 Bücher der Observationes Tumultuariae war zunächst in drei Bänden geplant. Für die 10 Bücher Observationes Tumultuariae Novae waren ebenfalls drei Bände vorgesehen. Ein siebenter Band sollte einen kompletten Index der ganzen Werke enthalten. Im Appendix jedes dieser Bände sollte eine niederländische Inhaltsangabe der Entscheidungen angefügt sein. Die Umsetzung dieses Vorhabens verhinderte jedoch der zweite Weltkrieg. Bis dahin konnte die Edition bis zum zweiten Band in dieser Form durchgeführt werden. Band 1[525] enthält die Observationes von Nr. 1–1041, Band 2[526] die Nrn. 1042–2017.

Der Edition der Quelle in Band 3 sollte bald noch eine Ergänzung mit den niederländischen Inhaltsangaben folgen. Dies ist erst 2005 geschehen.[527] Da Meijers die Edition nach dem zweiten Weltkrieg möglichst schnell fortsetzen wollte, enthielt der dritte Band[528] auch nicht alle Observationes von Van Bijnkershoek, sondern nur die Nrn. 2018–2913. Den Rest, die Nrn. 2914–3317, edierten im Jahre 1962 Meijers, Fischer und van Oosten in einem vierten Band.[529]

Für diesen Teil sind Inhaltsangaben noch immer Desiderata. Die Edition der Observationes Tumultuariae Novae erfolgte, wie geplant in drei Bänden.[530] Auch hier hat man auf die Inhaltsangaben verzichtet, dagegen aber pro Band ein kumuliertes Wortregister aufgestellt. Zum Umfeld der Editionswerke ist ferner noch das *Systematisch Compendium* der Observationes Tumultuariae von Van Oosten[531] zu zählen. Hierin wurden die wichtigsten zu einem Themenkomplex erlassenen Entscheidungen systematisch geordnet, aufgeführt und beschrieben. Gegenstand des systematischen Kompendiums sind allerdings nur die Observationes von Van Bijnkershoek. Pauws Werk wurde ausgespart, da die Edition zu diesem Zeitpunkt noch nicht fertig war.

Schließlich ist in Süd-Afrika noch ein alphabetisches Register der Entscheidungen herausgegeben worden.[532] Dieses umfasst die Observationes beider Autoren.

Eine komplette Übersetzung aller Fälle fehlt.[533] Es existiert lediglich eine Übersetzung von 51 Fällen der Observationes Tumultuariae Novae von Feenstra, Van War-

525 Bynkershoek, Cornelis van; Meijers, E. M./Blécourt, A. S. de/Bodenstein, H. D. J. (Hrsg.), Observationes Tumultuariae. Band 1, Haarlem, 1926.

526 Bynkershoek, Cornelis van; Meijers, E. M. et al. (Hrsg.), Observationes Tumultuariae. Band 2, Haarlem, 1934.

527 Prof. Feenstra stellte mir vorher die Quellen zur Verfügung und eine Edition erfolgte mit Sirks, A. J. B. (Hrsg.), Van Bijnkershoeks Observationes 2018-2913 - Index in Observationes tumultuarias. Den Haag, 2005.

528 Bynkershoek, Cornelis van; Meijers, E. M. et al. (Hrsg.), Observationes Tumultuariae. Band 3, Haarlem, 1946.

529 Bynkershoek, Cornelis van; Meijers, E. M./Fischer, H. F. W. D./Oosten, M. S. van (Hrsg.), Observationes Tumultuariae. Band 4, Haarlem, 1962.

530 Pauw, Willem; Fischer, H. F. W. D. et al. (Hrsg.), Observationes Tumultuariae Novae. Band 1, Harlem, 1964, Pauw, Willem; Feenstra, R. et al. (Hrsg.), Observationes Tumultuariae Novae. Band 2, Harlem, 1967 und Pauw, Willem; Koning-Bey, W. L. de/Holk, L. E. van/Soest, H. W. van (Hrsg.), Observationes Tumultuariae Novae. Band 3, Harlem, 1972

531 Oosten, M. S. van (Hrsg.), Systematisch Compendium der Observationes Tumultuariae van Cornelis van Bynkershoek. Haarlem, 1962.

532 Warmelo, Paul van, Registers op de Observationes Tumultuariae van Cornelis van Bijnkershoek en van Willem Pauw. 1971.

533 De Vos, S. 203 beklagt diesen Umstand.

melo und Zeiffert.[534] Die Edition der Handschrift von Van Bijnkershoek weist vor allem in den ersten beiden Bänden Fehler auf.[535] Auch der Titel der „Observationes" wurde nie vollständig wiedergegeben. Der vollständige Titel der Handschrift lautet: „Observationes tumultuariae rerum judicatarum ut et qua versantur circa formam procedendi maxime coram suprema Hollandia Zelandiaque Curia quae est Haga Batavorum Conscripta in usum privatum."[536] Dem folgt ein Teil, Obs. Tum. Nrn. 1-31, den man als Vorrede bezeichnen könnte. Van Bijnkershoek stellt in diesem Teil in assoziativer Ordnung die Entstehung des Gerichtshofs[537], die Prozessordnung,[538] den Kompetenzbereich des Gerichts[539], Stimmverteilung[540] sowie Änderungen und Ergänzungen der Instruktion von 1582 durch spätere Verträge[541] dar. Obs. Tum. Nr. 31 bildet die Überleitung zu der Entscheidungssammlung. Auch fehlen in Band 1 und 2 der Edition die manchmal mehrseitigen verwaltungstechnischen Anmerkungen auf dem Deckel und dem Schlussblatt in der Handschrift, die in den Bänden 3 und 4 der Edition jedoch aufgenommen wurden. Die fehlenden Teile werden 2008 veröffentlicht.

Die Marginalien wurden, wie eine Durchsicht aller Observationes von Van Bijnkershoek ergab, bei der Edition alle berücksichtigt und sind in der Edition enthalten. Sie wurden aber nicht immer als solche in der Edition vermerkt. Dort erscheinen die Marginalien entweder mit *[add.]* oder als Fußnote, oder sind gar nicht als spätere Ergänzung durch Van Bijnkershoek bezeichnet. Dies gilt vor allem bei den Bänden 1 und 2 der Edition. In ihnen scheint je nach Bearbeiter einer Observation die Angabe zu schwanken. Genauer ist die Bezeichnung in den Bänden 3 und 4. Hier wurden die Hinzufügungen nur durch Fußnoten verdeutlicht. Die Belege, die Van Bijnkershoek anführt, wurden von den Editoren in ihrer Form belassen. Um die Zitate leichter wiederzufinden, wurde die moderne Zitierweise in eckigen Klammern „[ ]" ergänzt. In der Edition von Bd. 1 der Observationes von Pauw fehlen ca. 80 Seiten des Indexes der Entscheidungen, in denen Pauw seine Entscheidungen und die von Van Bijnkershoek alphabetisch nach Themen sortiert aufgenommen hat. Diese sind zusammen mit der genannten Edition der niederländischen Zusammenfassungen zu den Observationes Tummultuariae Nr. 2018–2913[542] inzwischen ebenfalls herausgegeben worden. Der Index scheint im Entscheidungsregister von Warmelo nicht berücksichtigt worden zu sein.

534 Feenstra, Robert/van Warmelo, Paul/Zeffert, Some Cases heard in the Hooge Raad reported by Willem Pauw. 1985.

535 Am Ende von Band 2 der Edition befindet sich ein Verzeichnis der Errata aus Band 1. Gleichwohl enthält dies nur einen Teil der Fehler.

536 "Kurzgefasste Notizen der entschiedenen Sachen wie und soweit sie im Rahmen der Prozessinstruktion vor dem Hoge Raad, der in Den Haag besteht, zum Privatgebrauch verhandelt wurden." Erstaunlicherweise verwendet der Autor hier den Begriff „Suprema Curia", während er ansonsten den Hoge Raad ausschließlich mit „Senatus Supremus" bezeichnet und der Hof von Holland den Titel „Curia", meist mit dem Zusatz „Hollandia" trägt. Nur in Obs. Tum. Nr. 3 verwendet Van Bijnkershoek nochmals die Bezeichnung „Curia" für Hoge Raad.

537 Obs. Tum. Nrn. 1, 2, 7-9.

538 Obs. Tum. Nrn. 4 und 5.

539 Obs. Tum. Nrn. 6 und 7.

540 Obs. Tum. Nr. 11

541 Obs. Tum. Nr. 12-39.

542 Sirks, A. J. B. (Hrsg.), Van Bijnkershoeks Observationes 2018-2913 - Index in Observationes tumultuarias. Den Haag, 2005.

c) Inhalt der Quelle

Wenn im Folgenden von der „Rechtsprechung des Hoge Raad" gesprochen wird, so soll dies so verstanden werden, dass damit nicht die „Rechtsprechung des Hoge Raad an sich", sondern lediglich dasjenige gemeint ist, was durch die Observationes von Van Bijnkershoek und Pauw erhalten ist. Von der „Rechtsprechung an sich" kann schon deswegen nicht ausgegangen werden, da Van Bijnkershoek und Pauw nicht alles für erwähnenswert gehalten haben und sie auch nicht immer bei allen Fällen beteiligt waren, entweder durch die Zuteilung oder wegen Abwesenheit auf Grund einer Krankheit, Heirat oder aus sonstigen Gründen (z. B. Befangenheit wegen Verwandtschaft, oder weil er aus seiner Zeit als Advokat die Parteien vertreten hat).[543] Es finden sich in den Observationes vor allem die Entscheidungen des Hoge Raad im gemeinrechtlichen Bereich. Einen geringeren Teil machen Angaben zu administrativen Fragen aus. Die überwiegende Anzahl der Entscheidungen bilden Entscheidungen aus dem Bereich des Zivilrechts. Einen erheblich geringeren Teil nehmen Entscheidungen ein, die öffentliches Recht zum Gegenstand haben. Verschwindend gering sind Entscheidungen aus dem Bereich des Strafrechts. Darüber hinaus sind die Anteile von öffentlichem Recht und Strafrecht im rezipierten römischen Recht bezogen auf das rezipierte Zivilrecht sehr gering. Die Entscheidungen sind bei Van Bijnkershoek und Pauw nach dem Zeitpunkt, an dem sie im Hoge Raad diskutiert und entschieden wurden (*resolutie*, *decisie*), nicht nach dem Zeitpunkt ihrer Verkündung (*pronuntiatie*) geordnet. Da in der Regel dieses Datum angegeben wurde, konnten über diese Angabe die Observationes ihrer *resolutie* bzw. *decisie* zugeordnet werden. Letztere sind im Nationalarchiv in Den Haag zu finden.[544]

Der erste Band beginnt im Jahre 1704 mit der Entscheidung vom 6. Juni 1704 und der letzte Band von Bijnkershoeks Observationes endet 1744. Die Anzahl der Observationes spiegelt dabei auch die zunehmende Abnahme der Entscheidungstätigkeit wieder.[545] Vergleicht man die Anzahl der Observationes auf die Jahre hochgerechnet (abzüglich der Observationes, die Ergänzungen von früheren Fällen darstellen), so lässt sich ein signifikanter Rückgang der Entscheidungen belegen. Van Bijnkershoek gibt in den Schutbladen zwar an, dass er die Litertur und Gesetze nicht nennt.[546] In vielen

543 Van Bijnkershoek erwähnt in den Schutbladen zu Obs. Tum. Tom. 1, VIII, dass er auch die durch Vergleich geendeten Fälle nicht aufzeichnet, sondern nur die, bei denen es zu einer Diskussion der Richter kam, woraufhin ein Vergleich versucht wurde. Außerdem nimmt er grundsätzlich keine Verfahren in *gijselinge* auf, da es hierbei nur um die Durchsetzung der Entscheidung gehe, was nicht aufzeichnenswert sei. In den Schutbladen zu Obs. Tum. Tom. 2, VI und Tom. 3, VI hält er fest, dass er alle die Fragen auslässt, die nur faktischer Natur sind oder worin es um die Frage geht, ob eine Tatsache bewiesen ist (So auch in den Schutbladen zu Obs. Tum. Tom. 6, VIII: Quas causas hic retulerim, et majoris et minoris momenti, et in causis minoris momenti esse, quod notari meretur.) Ebenfalls nicht in seine Sammlung nimmt Van Bijnkershoek die Reskripte an den *commissaris van de rol* auf. Auch die Zeugenaussagen und deren Widerlegung nimmt er aus. Van Bijnkershoek erklärt, dass er auch nur die Fälle aufgenommen hat, bei denen er anwesend war.

544 Nationalarchiv Inventar-Nrn. 44 u. 45.

545 Pauw bemerkt ebenfalls 1754 eine „vermindering der practijcq" anlässlich von Klagen der Kammerbewahrer über geringer werdende Emolumenten.

546 Schutbladen zu Obs. Tum. Tom. 1, VIII: Auctoritates et leges non adduxerim. Ebenso in den Schutbladen zu Obs. Tum. Tom. 7, VI: De his Observaitonibus tumultuariis

Fällen hat er dies aber gleichwohl getan, so dass daraus die von ihm verwandte Literatur bzw. die Rechtsgrundlagen, auf die sich sein Votum stützte, entnommen werden kann.

d) Quellentypus

Van Bijnkershoek und Pauw überschreiben beide ihre Arbeit mit „Observationes Tumultuariae". Pauw fügt dem noch den Zusatz „Novae" hinzu. Schon der Titel „(Neue) kurz gefasste Beobachtungen" stellt einen Widerspruch zum Inhalt dar. Denn von „kurz gefassten Notizen" kann bei den Observationes nicht ausgegangen werden. Auch eine Übersetzung mit „In aller Eile gemachte Notizen" ginge vollkommen fehl, da Van Bijnkershoek und Pauw erheblichen Aufwand betrieben haben müssen, um ihre Erinnerungen niederzuschreiben. Das Attribut *tumultuaria* kann nicht auf eine schnelle Erstellung des Manuskripts bezogen werden, da schon der Charakter der Sprache für eine Ausarbeitung der Notizen spricht. Aber auch die Wortwahl teilweise mit Wortneuschöpfungen und die Stilistik Van Bijnkershoeks lässt erkennen, dass er nicht nur eilig die Fälle notiert hat, sondern sich eingehend mit dem Gegenstand und der Ausarbeitung seines Berichts beschäftigte. Dasselbe gilt auch für Pauw.

Wenn sich *tumultuaria* also nicht auf das Schreiben an sich bezieht, so kann es nur auf die Art der Gestaltung bezogen werden. Van Bijnkershoek und Pauw versuchen kurz und bündig die wichtigsten Gesichtspunkte des Falles darzustellen. Beginnend mit einer Einführung in den Sach- und Streitstand schildern sie danach zunächst auch die Entscheidungen der Unterinstanzen und erörtern dann die Erwägungen und Argumente im Hoge Raad, die das Gericht zu der ebenfalls kurz umrissenen Darstellung seiner Entscheidung bewogen haben. Van Bijnkershoek und Pauw sind stets darauf bedacht, nur die wichtigsten Gesichtspunkte zu nennen. Oft erklären sie selbst, dass sie an einer Stelle nun die unwichtigen Sachen übergehen[547] oder dass es ausreichend ist,

---

Auctoritates DD. rara addidi, cum, qui hac leget, lecturus sit ob auctoritatem Senatus; hororum nostrarum non sint ajentium et negantium catenas proferre, et longe ordine descirbere; quin nec Senatus auctoritate DD. movetur in jura dicundo, leges, solae leges, Senatorum animos regunt, et sine his vix quicquam valet ullius hominis auctoritas.

Scripsi tumultuarie, semper studui compendio, et cur non valet ad exemplum Pauli Iulii, qui scripsit imperialium sententiarum in cognitionibus praelatarum libros VI. Vides ibi speciem facti, vides rationes dubitandi et decidendi, nec quicquam ultra. Et hic mihi visum est sufficere.

(Über diese Observationes Tumultuariae

Die Digesten-Autoren habe ich selten hinzugefügt, weil, wer das liest, dies gegen die Anordnung des Senats lesen würde; Es ist nicht deren und unsere Sache, Ketten von bejahenden und verneinenden [Zitaten] vorzubringen, und in langer Reihe aufzuschreiben. Ja der Senat wird auch nicht bei der Rechtsprechung von den Digestenautoritäten bewegt, sondern die Gesetze und nur die Gesetze leiten die Ansichten der Ratsherren, und ohne diese ist die Autorität überhaupt keines Menschen etwas wert.

Ich habe kurz aufgeschrieben und immer nach einer Zusammenfassung gestrebt. Darum ist zum Beispiel [das Werk] von Paulus Julius nichts wert, der sechs Bücher über kaiserliche Urteile geschrieben hat, die zur Entscheidung vorgetragen wurden. Man findet dort den Sachverhalt, die dafür- und dagegensprechenden Entscheidungsgründe, und nichts mehr. Und mir scheint dies auszureichen.)

547 z. B. Obs. Tum. Nr. 1861: „... et aliis quibusdam quisquiliis adhuc litigatum est, sed quia in facto consistebant hae lites, et minoris momenti erant, haec transeo, ut et transeo ea, de quibus apud Curiam litigatum, sed quibus postea satisfactum erat."

die weiteren Argumente, Verteidigungsmittel oder Nebenkriegsschauplätze der Parteien zu verschweigen, um nicht langatmig zu erscheinen. Man findet im Gegenteil nicht selten die Klagen Van Bijnkershoeks über offensichtliche Ausflüchte der Parteien, aber auch über mangelnde Professionalität der Richter – auch derjenigen des eigenen Gerichtshofs.[548] Pauw ist in diesem Punkt zurückhaltender.

Der Begriff *tumultuarius* soll sich nach Pauw allein darauf beziehen, dass die Autoren diese Werke nur in chronologisch geordneter Weise, das heißt nicht thematisch sortiert, aufgeschrieben haben. Pauw schreibt in der Vorrede zu den Observationes Juris Privati über Van Bijnkershoek:

> Er [Van Bijnkershoek] bezeichnet diese Observationes als „Tumultuariae“, weil er nach seiner Rückkehr vom Hoge Raad Tag für Tag, je nach dem wie jede Sache vorfiel, diese ungeordnet aufgeschrieben hat.

Damit bezieht er sich auf eine Äußerung von Van Bijnkershoek in seinen Schutbladen:[549]

> Hos Commentarios [sc. Observationes], ex Senatu domum redux, tumultuarie, in usum privatum, non in memoriam posteritatis compono.[550]

Die Observationes werden von Van Bijnkershoek und Pauw wie ein privates Notizbuch als Grundlage für ihre Meinungsbildung in späteren Fällen und bei Van Bijnkershoek für die Ausarbeitung in den anderen Werken (wie den Quaestiones Iuris Privati) geführt. In seiner Widmung der *Opusculorum Varii argumenti* schreibt Van Bijnkershoek:

> Seit dem ich nämlich als Senator den Hoge Raad betreten habe, habe ich die von unserem Hoge Raad entschiedenen Fälle, freilich nicht alle, die irgendeine Bedeutung besaßen, im Notizbuch eingetragen und trage sie tagtäglich ein, solange die Erinnerung an diese Fälle frisch ist, und das bezüglich der vorkommenden Fälle und Argumente, die den Senat dazu bewegten, so zu urteilen. Während ich das über diese 15 vergangenen Jahre hin tue, habe ich 15 Töchter, und das, was dabei herauskam, Zenturien von entschiedenen Rechtsfällen, ist als ein ungeordnetes Werk aufgeschrieben; aber dasjenige, was sie dennoch alles umfassen, nämlich was sich auf das Urteil des Hoge Raad und was sich auf den Brauch bis jetzt bezieht, den ich für mich aufgeschrieben habe, genügt mir.

e) Van Bijnkershoek und Zeitgenossen über das Werk

Im Jahre 1725 zeigte Van Bijnkershoek die Observationes dem Professor Eberhard Otto. Bis dato umfasste die Anzahl der Entscheidungen mehr als 2000 Fälle. Otto

548 Siehe z. B. Obs. Tum. Nr. 62, 512, 670, 1035, 1326, 2337, 3006, 3143.
549 Schutbladen zu Obs. Tum. Tom. 1, VIII.
550 Diese Observationes schreibe ich, wenn ich aus dem Hoge Raad nach Hause zurckkehre, kurz und zum Privatgebrauch und nicht für die Nachwelt auf.

wunderte sich über deren Menge mit den Worten: „Ein Werk, das ... in Kunstform zusammengestellt wurde, verlangt eine lange Zeit und eine ganze Kohorte von Leuten."[551] Van Bijnkershoek hat dieses Manuskript als private Sammlung aller Fälle, bei denen er zugegen war, verfasst. Sie sollten ihm persönlich als Nachschlagewerk bei der Entscheidungsfindung dienen. Es ist nicht ersichtlich, dass andere, insbesondere nicht seine Richterkollegen, Einsicht in die Observationes hatten. Aus mehreren Indizien ist aber ersichtlich, dass Van Bijnkershoek und Pauw allerdings auf frühere Entscheidungen zurückgegriffen haben, um der Rechtsprechung des Hoge Raad eine Kontinuität zu verleihen.[552] Nur damit lässt sich erklären, weshalb Pauw einen Index der Entscheidungen mit Themen angelegt hat.

2. Andere Aufzeichnungen

Neben den Observationes von Van Bijnkershoek und Pauw gibt es, wie bereits oben erwähnt, noch eine weitere umfangreiche Aufzeichnung, nämlich die von Van Bleiswijk.[553] Die Handschrift befindet sich im Nationalarchiv in der „Collectie Bisdom".[554] Zu dieser Sammlung von Aufzeichnungen von Van Bleiswijk gehören ferner noch die so genannten „Bijlagen", auf die Van Bleiswijk in seinen Observationes manchmal verweist, und „Resoluties", die sich zumeist auf Haushaltsangelegenheiten des Hoge Raad beziehen. Einen geringen Teil der Resolutien machen dabei Entscheidungen des Gerichts aus.[555] Die „Bijlagen" enthalten sonstige Aufzeichnungen und eine Sammlung von Plakaten und Briefen.

Die Observationes tragen keine Angabe über deren Autor. Van Poelgeest hat allerdings die Autorschaft Van Bleiswijks nachgewiesen.[556] Das Inventar bezeichnet die Observationes mit dem Titel „Decisiën van den Hoogen Raad in Holland van 1723–1741". Der genaue Titel der Handschrift lautet „Observationes tumultuariae rerum a supremo in Hollandia senatu judicatarum quibus ut senator interfui, quas et quatenus notandas

551 Pauw, Obs. Tum. Nov., Vorwort, S. III.

552 So enthält z. B. Obs. Tum. Nov. 1019 mehrere Verweise auf frühere Entscheidungen. Auch Van Bijnkershoek zitiert öfters seine früher aufgezeichenten Fälle.

553 Daneben muss es auch eine Aufzeichnung des Ratsherrn Willem Duirkant (1664-1740), Ratsherr ab 1724, gegeben haben. Durch einen Zufall ist die Aufzeichnung eines Falles vom 1. März 1726 zusammen mit der Entscheidung vom 23. September 1728 im *resolutieboek* gebunden worden. Van Bijnkershoek notiert zudem auf den Schutbladen (van Bynkershoek, Edition Obs. Tum. Band 4, S. 311), dass nach dem Tod des Ratsherrn Duirkant ein Diener zum Haus des Verstorbenen gesandt wurde, um dessen Aufzeichnungen zu holen. Wahrscheinlich wurden diese danach vernichtet. Siehe dazu Sirks, A. J. B., Aantekeningen van de raadsheer Willem Duirkant bij een zitting van de Hoge Raad van Holland, Zeeland en Westvriesland op 5 maart 1726. (unediert).

554 Diese Sammlung besteht hauptsächlich aus Schriftstücken, die Jacob Bisdom, der u. a. *advokaat-fiskaal* und *procureur generaal* am Hof von Holland und dem Hoge Raad war, und dessen Sohn Dirk Rudolph Wijckerheld Bisdom, ebenfalls u.a. Ratsherr am Hoge Raad, während ihrer Laufbahnen zusammengetragen haben.

555 Hierbei handelt es sich um seine privaten Aufzeichnungen, nicht um Stimmzettel oder die „offiziellen", vom *griffier* verzeichneten *resolutien* des Gerichts.

556 In seinen Bijlagen schreibt er, wann er erstmalig an den Sitzungen teilgenommen hat. Dies trifft nur auf Van Bleiswijk zu. Ferner war nur er bei allen aufgezeichneten *decisien* anwesend. Das gesamte Manuskript, von dem ich eine Transkription erstellt habe, trägt nur eine Handschrift.

putavi"[557] Der Titel lässt Anklänge an die Observationes tumultuariae von Van Bijnkershoek und Pauw erkennen. Dem Inhalt und Aufbau nach sind die Observationes von Van Bleiswijk denen von Van Bijnkershoek und Pauw sehr ähnlich. Sie enthalten ebenfalls eine kurze Sachverhaltsdarstellung. Die von den Parteien vorgebrachten Begehren werden rechtlich analysiert. Darauf folgen die von den Parteien vorgetragenen Argumente und die während der Beratung vertretenen Ansichten. Sehr umfangreich sind dabei die Verweise Van Bleiswijks auf Literatur und Rechtsprechung. Schließlich folgt die Entscheidung des Gerichts. Wie die Observationes von Van Bijnkershoek und Pauw sind auch die von Van Bleiswijk in lateinischer und niederländischer Sprache verfasst. Werden Zitate von Parteivorträgen oder aus Schriftstücken angeführt, erfolgen diese stets in der Originalsprache, d. h. niederländisch. Die Zitate sind bei Van Bleiswijk dabei auffällig lang. Im Vergleich zu Van Bijnkershoek sind wesentlich mehr Fälle komplett in Niederländisch geschrieben. Das lässt sich damit erklären, dass Van Bijnkershoek viel eher an eine Weiterverwendung neben der Urteilsfindung in seinen wissenschaftlichen Werken gedacht hat. Ob Van Bleiswijk an eine Publikation dachte, ist unklar. Wie Van Bijnkershoek und Pauw hat auch Van Bleiswijk von seinen Observationes immer wieder bei Urteilen Gebrauch gemacht. Sie dienten ihm als eine Aufzeichnung von Präzedensfällen.[558] Es folgt oftmals in einem Nachsatz die Ergänzung, dass in einem späteren Fall ebenfalls so entschieden wurde. Die neueren Fälle hat er aber nicht immer in seine Sammlung aufgenommen.

Neben diesen Gemeinsamkeiten gibt es allerdings auch Unterschiede: Dies beginnt bereits beim Umfang der Observationes von Van Bleiswijk gegenüber denen von Van Bijnkershoek und Pauw. Das Manuskript umfasst 268 eng beschriebene Seiten, wobei die Lesbarkeit der Schrift auf Grund von Tintenfraß zunehmend schwieriger wird. Wie der Titel schon sagt, nahm Van Bleiswijk nur die nach der Ansicht des Autors wichtigen Fälle auf. Insgesamt sind es 156 Decisiën;[559] Van Bijnkershoek dagegen hat für den Zeitraum vom 27. Oktober 1723 bis 29. Juli 1741 1272 Observationes. Der Unterschied besteht also im Umfang der Sammlung. Die Anzahl der Entscheidungen nimmt im Übrigen sehr mit dem Lauf der Jahre ab: Die Hälfte der Decisiën stammt aus den ersten vier Jahren, $\frac{2}{3}$ stammen aus den ersten sieben Jahren. Wie bei Van Bijnkershoek und Pauw sind auch die Observationes von Van Bleiswijk chronologisch geordnet. Darauf deutet auch der gemeinsame Titel „tumultuariae" hin, das heißt, nicht thematisch sortiert. Die Chronologie folgt bei Van Bleiswijk jedoch einem anderen Ordnungsprinzip: Während Van Bijnkershoek nach dem Erlassdatum ordnet, sortiert Van Bleiswijk nach dem Verkündungsdatum. Ein weiterer Unterschied zwischen Van Bijnkershoek resp. Pauw und Van Bleiswijk liegt darin, dass Van Bleiswijk auch die Namen der am Verfahren beteiligten Personen angibt, sowohl in der Einleitung, als auch bei der Darstellung des Sachverhalts. Aber auch er nennt nicht die Namen der Richter, die eine andere Ansicht vertreten haben. Die Marginalien dienen bei Van Bleiswijk als

557 „Observationes tumultuariae der vom Hoge Raad in Holland entschiedenen Fälle, bei denen ich als Ratsherr zugegen war, die und insoweit ich sie für aufzeichnenswert gehalten habe."

558 „Weil es mir zum Grundsatz wurde, zum Privatgebrauch solche Entscheidungen des Senats aufzuschreiben, die später in ähnlichen Fällen wiederverwendbar werden können." „Nicht für die Nachwelt, sondern für uns", Decisie Nr. 36.

559 Die Nummern 77, 128 und 150 sind in a und b unterteilt.

Überschriften zur leichteren Auffindbarkeit der Entscheidungen, während Van Bijnkershoek und Pauw in Marginalien nur Ergänzungen und Korrekturen vornehmen. Poelgeest bemerkte, dass Van Bleiswijk manchmal auf seine Bijlagen, d. h. den zweiten Teil in der Collectie Bisdom verweist. Dies trifft nur in der Entscheidung Obs. Tum. Bleis. 36 zu. Dagegen finden sich häufig Verweise auf folgende Autoren: Groenewegen, Voet, Cujacius, Grotius, Faber, de Rosate, Gentilis, Van Bijnkershoek,[560] Bort, Palertus, Philippus, Decher, Sande, Tiraquellus, Bygnon, Barrij, Matthaeus, Wezel, Carpzov, Semeren, Gosthof, Molinaeus, Vallius, Koysenau und G. Nood. Es findet sich jedoch kein Verweis auf Van Bijnkershoeks Observationes, im Übrigen gibt es auch keinen Verweis von Van Bijnkershoek oder Pauw auf die Observationes von Van Bleiswijk. Dies lässt sich damit erklären, dass beide Autoren ihre Sammlungen als private Aufzeichnungen auch gegenüber ihren Kollegen verborgen gehalten haben, dass also beide Autoren von der Arbeit des jeweils anderen keine Ahnung gehabt haben. Umgekehrt zitiert Van Bleiswijk jedoch solche Fälle, die auch in den gedruckten Werken von Van Bijnkershoek vorkommen. Dies ist damit zu erklären, dass Van Bleiswijk zu diesen Werken auch Zugang hatte. Dies belegt die Bedeutung Van Bijnkershoeks auch schon zu seinen Lebzeiten. Seine Werke wurden von den Zeitgenossen in den Niederlanden gelesen.

Schon Van Poelgeest hat den Nutzen der Observationes für einen Vergleich zwischen Van Bijnkershoek und Van Bleiswijk gerade im Hinblick auf Rechtsprechung und Literatur in den Vordergrund gestellt.[561] Für Van Poelgeest war nicht klar, weshalb Van Bleiswijk den Titel so gewählt hat. Im 18. Jahrhundert und auch schon davor gab es Urteilssammlungen unter diesem Titel; diese Art der Fallsammlungen war allgemein unter dem Titel „Observationes" in juristischen Fachkreisen bekannt.[562] Das Attribut „tumultuaria" erhielten sie aufgrund der Tatsache, dass die Fälle nur chronologisch, nicht aber thematisch sortiert waren. Dass sie „in aller Eile" geschrieben wurden, kann weder für Van Bijnkershoek und Pauw, noch für Van Bleiswijk gelten. Van Poelgeest meinte, die meisten Entscheidungen seien aus den Berichten von Van Bijnkershoek und Pauw bekannt. Dies stimmt bei einer genaueren Prüfung jedoch nur in Bezug auf Van Bijnkershoek, da ein direkter Vergleich ergab, dass lediglich eine Observation auch bei Pauw wiederzufinden ist.[563] Von den 156 Entscheidungen ließen sich 139 zuordnen.[564] Etwa vier Entscheidungen, die Decisien 21, 29, 115 und 116 sind definitiv nicht bei Van Bijnkershoek zu finden, weil er nicht bei den Sitzungen anwesend war, wie er in seinen Observationes schreibt. Die Zuordnung erfolgte dabei mit Hilfe der angegebenen Daten und des Inhalts der Entscheidungen.

3. Zuverlässigkeit der Quellen

Wenn nun diese Quellen den einzigen Zugang zu den Begründungen der Entscheidungen eröffnen, muss der Grad ihrer Zuverlässigkeit kritisch hinterfragt werden. Dies hat

560 Van Bleiswijk verweist auf die *Quaestiones Privati.*

561 Deswegen ist im Anhang eine Konkordanz der Observationes von Van Bijnkershoek (und Pauw) und Van Bleiswijk aufgenommen.

562 Wagner, S..

563 Decisie 150b entspricht Obs. Tum. Nov. Nr. 125.

564 Siehe Anlage S. 430.

sowohl äußerlich hinsichtlich des Umfangs als auch hinsichtlich des Inhalts zu geschehen. Es ist jedenfalls auszuschließen, dass Van Bijnkershoek oder Pauw Fälle erfunden haben. Seiner eigenen Aussage nach hat er dasjenige berichtet, was im Hoge Raad verhandelt und entschieden wurde. Alle untersuchten Fälle konnten in den *decisiën* bzw., wenn es sich um kurze Entscheidungen handelte, in den *resolutieboeken*, das heißt, in den „offiziellen“ Quellen gefunden werden. Etwas anders ist es, den Inhalt zu bewerten. Die Darstellung der Fälle ist weder protokollarisch noch wertungslos, handelt es sich doch um eine Art persönliches Notizbuch. Es treten in einigen Fällen durchaus einschneidende Bewertungen der Rechtsansichten seiner Kollegen oder den Absichten und Interessen der Parteien auf, obgleich die Schilderung des Sachverhalts weitgehend wertfrei ist. So bezeichnet er in einigen Fällen andere Ansichten als „perperam“. Auch bleiben die Entscheidungen der Untergerichte zum Teil nicht unkommentiert.

Schließlich ist zu berücksichtigen, dass Van Bijnkershoek stets, wenn er eine andere Ansicht vertrat, diese auch ausführlich darlegte. Dies ist insofern nützlich, da für den Hoge Raad anders als z. B. beim Reichskammergericht die Stimmzettel, mit denen die Ratsherren ihre Entscheidung schriftlich niedergelegt haben, nicht mehr erhalten sind. Uns bleibt nur, was in den *resolutieboeken* vermittelt ist. Da aber weder Van Bijnkershoek (mit Ausnahme einiger Entscheidungen im ersten Band) noch Pauw die Träger der abweichenden Ansichten beim Namen nennen, konnte nur mit Hilfe der *resolutien* gesagt werden, wem diese Ansicht zuzuordnen ist. Die Namen der Ratsherren im Hoge Raad für den Untersuchungszeitraum sind in der Vorrede der Edition von Band 1 der Observationes von Van Bijnkershoek wiedergegeben.[565] Denn in den *resolutieboeken* steht grundsätzlich das Votum, was bedeutet, dass eine Änderung der Meinung nach der Diskussion nicht ersichtlich ist. Erst nach 1776 wird das gelegentlich angegeben.[566] Oftmals zeigt sich auch eine Schwierigkeit darin, die Aussagen entweder Van Bijnkershoeks, resp. Pauws eigener Ansicht oder dem Hoge Raad zuzuordnen. Es kann nicht immer beantwortet werden, ob sich Van Bijnkershoek oder Pauw nun die Ansicht der Mehrheit des Hoge Raad zu eigen macht oder umgekehrt, ob sich die anderen Ratsherrn der Ansicht der Autoren anschließen. Der Grund dafür liegt auch darin, dass es letztendlich für die Entscheidung nicht auf die Begründung ankam,[567] sondern allein die Stimmen für oder gegen die Entscheidung des Rechtsfalls gezählt wurden. Die einmal getroffene Entscheidung des Hoge Raad jedoch war dann für die Folgezeit für den gleichen Fall grundsätzlich bindend. Zwar galt der Grundsatz des *stare decisis* nicht in der Form, dass eine Entscheidung für alle Zeit unabänderlich war – dagegen hatte sich Bijnkershoek stets ausgesprochen – das Gericht tat sich aber schwer mit der Änderung einer einmal getroffenen Entscheidung, was auch der Rechtssicherheit dient.

V. Kriterien für die Auswahl der Fälle und Vorgehensweise

Um die Frage, inwieweit der Hoge Raad in seiner Rechtsprechung die Dogmatik seiner Zeit (sowohl die gemeinrechtliche als auch die naturrechtliche) aufgenommen hat,

565 Siehe Van Bijnkershoek, Edition Obs. Tum. Bd. 1, Vorrede, S. VII.

566 Das war für den Untersuchungszeitraum aber in keinem Fall relevant.

567 Obs. Tum. Nr. 2678. Die Entscheidungen werden gezählt, nicht gewichtet ('... sententias numerari, non ponderari'). Siehe hierzu S. 60 und S. 76

beantworten zu können, musste eine Auswahl der Quellen getroffen werden. Das erste Kriterium der Quellenauswahl ergab damit schon die Fragestellung. Eine andere Grenze boten die Quellen. Dogmatische Untersuchungen lassen sich am ehesten im Bereich des Zivilrechts finden. Damit kann als erstes Auswahlkriterium das Zivilrecht festgehalten werden. Auch der Bereich des Zivilrechts ist für die zur Beantwortung der Frage adäquate Quellenauswahl noch zu indifferent, da das Zivilrecht mit dem Schuldrecht, dem Sachenrecht, dem Erbrecht und dem Familienrecht vier sehr große Teilgebiete enthält. Die Gebiete Deliktsrecht, Bereicherungsrecht und das für die Rechtsprechung des Hoge Raad sehr wichtige Handelsrecht, das Sonderrecht der Kaufleute, fasse ich hier unter den Oberbegriff „Schuldrecht".

Aus den eben genannten Gebieten fällt zunächst einmal das Familienrecht heraus, da dieses seiner Gestaltung nach sehr von dem jeweiligen gesellschaftlichen und sozialen Umfeld und dessen Moralvorstellungen geprägt ist und damit sehr stark zeitgebunden und gegebenenfalls auch stark ortsgebunden ist, jedenfalls stärker als die übrigen beiden Gebiete. Damit soll übrigens nicht der zeitliche Kontext, dem das Recht und einzelne rechtliche Institute allgemein unterworfen sind, geleugnet werden. Aber auch das Erbrecht zeigt sich für die Fragestellung als ein eher weniger geeigneter Untersuchungsgegenstand, da dieses in den Niederlanden mehr vom Statutarrecht geregelt und damit weniger römisch-rechtlich geprägt war. Die Folge davon war, dass der Hoge Raad mehr regionale Besonderheiten zu berücksichtigen hatte, in diesem Bereich also weniger Rechtsprechungslinien aufgezeigt werden können, obgleich es in den Observationes häufig Ausführungen über erbrechtliche Themen wie Fideikommisse gibt. Trotzdem des letzteren ist das Erbrecht weniger geeignet, der Fragestellung genüge zu tun. Gleichwohl sollte aber festgehalten werden, dass gerade das Erbrecht einen zahlenmäßig sehr großen Raum einnimmt, sowohl als thematischer Gegenstand der Entscheidungen als auch als Ausgangspunkt für Konflikte, die dann zu Streitigkeiten vor dem Hoge Raad führten. Auch das Sachenrecht soll hier nicht eingehend behandelt werden, sondern nur im Rahmen der kaufrechtlichen Fragestellung (also im Zusammenhang mit Übereignung und Eviktion). Nachdem die Quellen soeben negativ begrenzt wurden, soll nun positiv gesagt werden, welche Quellen nun in die Untersuchung einfließen werden. Dies sind zunächst einmal diejenigen Observationes, die den großen Bereich des Kaufrechts zum Gegenstand haben. Die Quellenauswahl erfolgte positiv mit Hilfe des Systematischen Kompendiums und des Registers.

Die Arbeit soll sich also im Wesentlichen auf die Rechtsprechung des Hoge Raad in den Observationes Tumultuariae von Van Bijnkershoek und Pauw beschränken. Gleichwohl wurden auch einschlägige frühere Entscheidungen des Hoge Raad zum Kaufrecht angeführt, sofern sie in der Entscheidungssammlung von Neostadius[568] enthalten sind, und die wenigen einschlägigen Entscheidungen von Van Bleiswijk.

Zur Ermittlung der Namen der Richter wurden die *resolutien* herangezogen. Diese befinden sich im Nationalarchiv in Den Haag. Dabei wurden auf Grund des in einer Observation aufgeführten Datums der Entscheidung mit Hilfe des Erlassdatums auf

---

568 Neostadius, D. Cornelius, Decisiones Supremi Senatus Hollandiae, Zelandiae et Frisiae. In: Utriusque Hollandiae, Zelandiae, Frisiaeque, Curiae Decisiones. Item Tractatus de feudi Hollandici, Frisique Occidentalis Origine & Successione. Nec non Curiae Feudalis ejusdem Provinciae Observationum Feudisticarum Decades Sex. De Pactis Antenuptialibus. Den Haag, 1667.

der Decisie die Namen ermittelt. In Zweifelsfällen, z. B. dann, wenn für ein einziges Datum einer Entscheidung in den Observationes mehrere *resolutien* vorhanden waren, wurde mit Hilfe des Inhalts der Observation der Versuch der Zuordnung gemacht.

B. Probleme des Kaufrechts

I. Natur und Abgrenzung gegenüber anderen Rechtsverhältnissen

Kauf und Verkauf definiert Grotius in der *Inleidinge*, dem allgemein akzeptierten Lehrbuch des römisch-holländischen Rechts, als einen Vertrag, bei dem sich die eine Seite zur Übertragung oder Gewährleistung (*waeren*) des Eigentums an einer Sache und die andere zur Zahlung eines bestimmten Kaufpreises in Geld verpflichtet.[1]

Der Begriff „Gewährleistung" impliziert dabei allerdings etwas anderes als das, was man im modernen deutschen Recht unter „Gewährleistung" versteht. Nach heutigen Verständnis bezieht sich der Begriff auf das Einstehen für die Mangelfreiheit, weshalb man präziser von „Sachmängelgewährleistung" sprechen sollte. Gewährleistung im (niederländisch) römisch-rechtlichen Sinne bezieht sich auf die Haftbarkeit für die Unantastbarkeit des Besitzes des Erwerbers (*habere licere*). Wenn im folgenden der Begriff „Gewährleistung" verwendet wird, ist dies im (niederländisch) römisch-rechtlichen Sinne zu verstehen.

Der Kauf gegen Geldzahlung diene - so Grotius - an Stelle des Tauschvertrages der Übertragung des Eigentums. Dies solle die Intention der handelnden Parteien sein.[2] Da es allerdings oftmals der Fall sei, dass der Verkäufer zwar meint, Eigentümer einer Sache zu sein, er es in Wirklichkeit aber nicht ist, würde es dem Käufer wenig helfen, wenn der Vertrag nichtig wäre. Das fehlende Eigentum des Verkäufers führe daher nicht zur Nichtigkeit des Vertrags, sondern zur Pflicht des Verkäufers das Eigentum dem Käufer zu verschaffen. Falls er das nicht könne, habe er neben Rückerstattung des Kaufpreises das Interesse zu erstatten, das der Käufer an der Erlangung des Eigentums hatte. Dies nennt Grotius „Gewährleistung geben" (waeren).[3]

Wenn Van Bijnkershoek und Pauw von Kauf sprechen, so verwenden sie dafür die Termini *emptio venditio* oder ihre niederländische Entsprechung *koop en verkoop* (Kauf und Verkauf). Hintergrund dieser Wortwahl ist die Vorstellung, dass zwei Versprechen vorliegen, indem die eine Partei etwas verkauft und die andere etwas kauft, also nicht das moderne Verständnis eines einheitlichen Vorgangs.[4] Bisweilen sprechen die Autoren auch von *overeenkomen*, was man wortverwandt am ehesten mit „Übereinkommen" übersetzen könnte. Dieser Begriff ist aber mehr als ein bloßes „Übereinkommen" im Sinne eines *gentlemen agreement* unter niederländischen Kaufleuten. Der Begriff bezeichnet den Vertrag (lat. das *pactum*).

1 Grotius, Inleidinge, Lib. III, Kap. XIV, § 1.
2 Grotius, Inleidinge, Lib. III, Kap. XIV, § 6.
3 Grotius, Inleidinge, Lib. III, Kap. XIV, § 6.
4 Dieser in natürlicher Betrachtung einheitliche Vorgang wird im deutschen Recht durch das Trennungsprinzip von Verpflichtungsgeschäft und Verfügungsgeschäften durchbrochen, was eine anders ausgeprägte Nachwirkung des römischen Rechts darstellt.

II. Zustandekommen und Rechtsfolgen

Die Rechtslehre verlangte für das Zustandekommen eines Kaufvertrags die Willensübereinstimmung zweier Personen bezüglich der Übereignung der Ware und der Zahlung des Kaufpreises.[5] Diese *essentialia negotii* – *consensus*, *merx* und *pretium* – waren erforderlich, um einen Kaufvertrag zu begründen.[6] Der Kaufvertrag wurde nach dem römischen Recht als Konsensualvertrag qualifiziert.[7] Begrifflich wurde der Vertrag unter dem Doppelnamen *emptio venditio* (Kauf und Verkauf) gefasst, der den Vorgang von Käufer- und Verkäuferseite aus beschrieb. Auch in den Observationes wird dieser Doppelname verwendet.

Die Autoren des römisch-holländischen Rechts betrachteten, wie bereits das klassische römische Recht, den Kaufvertrag als reines Verpflichtungsgeschäft, das durch Übergabe der Kaufsache (*rei traditio*) und Zahlung des Kaufpreises (*pecuniae numeratio*) auszuführen war. Man unterschied zwischen *perfectio*, dem Abschluss des Vertrags, und der *consummatio emptionis*, der Erfüllung des Vertrags. Geschlossen war der Vertrag bereits mit der Einigung über den Kaufpreis, die wiederum die Einigung über den Kaufgegenstand voraussetzte.[8] Mit Abschluss des Vertrags wurden die gegenseitigen Verpflichtungen von Käufer und Verkäufer begründet. Die Vollziehung (*consummatio*) war kein Bestandteil des Kaufvertrags.

Die Willensübereinstimmung war in einer Entscheidung des Hoge Raad streitig, Obs. Tum. Nr. 2713. In dieser Entscheidung ging es u. a. darum, wem eine Grenzmauer gehörte.[9] Zunächst habe die Mauer objektiv beiden Parteien gemeinschaftlich gehört. Kenntnis davon hatte allerdings nur der Verkäufer. Der Käufer, der verstorbene Mann der Klägerin, wollte durch den Kauf die andere Hälfte erwerben. Aus der Vertragsurkunde ging jedoch hervor, dass beide Vertragsparteien meinten, nach dem Kauf stehe diese Mauer in gemeinschaftlichem Eigentum. Der Hoge Raad folgerte daraus, dass daher keine Absicht bestanden habe, die Mauer in das Alleineigentum des Käufers zu überführen. Ohne Übereinstimmung in diesem Punkt jedoch, so schließt Van Bijnkershoek seinen Bericht, sei der Vertrag null und nichtig.[10]

---

5 Grotius, Inleidinge, Lib. III, Kap. XIV, § 4 spricht von „eendracht des willes onder twee ofte meer luiden." Van Leeuwen, Censura Forensis, Lib. IV, Cap. XIX, § 1 meint dazu: „Substantia ... sunt consensus, merx et pretium" und Voet, zu D. 18. 1. 1 ergänzt „... quorum unum si desit, emtio non est".

6 Huber, Praelectiones, Inst. 3. 14. 2 setzt den *consensus* sogar als selbstverständlich voraus und belässt es bei *merx* und *pretium* als *essentialia*.

7 Siehe dazu im Allgemeinen Wieacker, S. 441 ff., 453 f., 457 f., Kaser, Privatrecht, S. 545 ff. und Watson, S. 12 ff. Die Entwicklung des Kaufvertrags zum Konsensualvertrag („ex nudo pacto oritur actio") bildete nach Zimmermann, Kaufvertrag, S. 146, Zimmermann, JZ, S. 827, und Zimmermann, Law of Obligations, S. 537 ff. die „Wurzel unseres modernen Vertragsrechts." Siehe dazu auch Feenstra, S. 123–144. Diese Einordnung hatte übrigens auch Folgen für die Regelungen des Gefahrübergangs (*periculum est emptoris*): Auf die Übergabe der Sache kam es letztlich nicht an.

8 Vgl. Grotius, Inleidinge, Lib. III, Kap. XIV, § 27, Van Leeuwen, Censura Forensis, Lib. IV, Kap. XIX, § 3 und Voet, zu D. 18. 1. 3.

9 Die Beklagte verlangte vom Hoge Raad *restitutio in integrum* gegen ihre frühere Behauptung, die Mauer stehe in ihrem Alleineigentum.

10 „... neque adeo animum fuisse toto muro cedere, et sine consensu nulla est emptio venditio."

1. Trunkenheit bei Abschluss

Im Zusammenhang mit dem Zustandekommen eines Vertrags diskutiert Grotius auch den Fall der Trunkenheit einer oder beider Parteien bei Abschluss des Vertrags. Diese Frage kam – eingekleidet in andere Argumente – auch vor dem Hoge Raad zur Diskussion.

Grotius folgerte aus dem Erfordernis der Willensübereinstimmung, dass für das Vorliegen des Willens das *Verständnis* vorliegen muss.[11] Fehlte das Verständnis auf Grund von Irrtum bezüglich des Kaufobjekts oder der Substanz, könne ein Kaufvertrag nicht bestehen. Der Irrtum bezüglich des Kaufgegenstandes hatte deshalb nicht wie im modernen Recht die Anfechtbarkeit des Vertrags zur Folge, sondern verhinderte nach dieser Ansicht schon das Entstehen des Vertrags.[12]

Die Einsichtsfähigkeit war nach Grotius zentraler Punkt der Willensbildung. Daraus folgerte er, dass sich betrunkene Personen nicht vertraglich binden konnten, da sie ihre Einsichtsfähigkeit verloren hätten.[13] Auf den Grad der Trunkenheit komme es dabei nicht an, weil dies zu Beweisschwierigkeiten führe. Deshalb gelte in den Niederlanden[14] die Regel, dass beiden Parteien bei Trunkenheit ein Widerrufsrecht innerhalb von 24 Stunden nach Abschluss des Kaufvertrages zustehe.[15] Nach Ablauf dieser Frist werde der Vertrag trotz möglicher Trunkenheit als gültig angesehen.[16] Hintergrund dieser auf den ersten Blick befremdlichen Regel ist der Umstand, dass viele Geschäfte in Gasthäusern geschlossen wurden, und es zusätzlich als üblich galt, dass der Verkäufer dem Käufer bei Vertragsschluss ein Getränk ausgab.[17]

Simon van Leeuwen behandelt diese Frage im Rahmen seiner Ausführungen über die Täuschung unter der Überschrift *Bedingungen und Bestimmungen, die beim Kauf vorliegen bzw. nicht vorliegen dürfen.*[18] Zur Begründung dieser Norm argumentiert er nicht mit der fehlenden Einsichtsfähigkeit der Parteien, sondern mit der durch den Alkoholkonsum enthemmten Begierde zu kaufen oder zu verkaufen.[19] Um dieser Begierde zu begegnen und der Gefahr vorzubeugen, dass sich die Parteien gegenseitig täuschen, nur weil sie auf ihren eigenen Vorteil bedacht sind, seien in „het Rhijnland“ (d. h. Leiden und Umgebung) und an vielen anderen Orten in Holland diese Rechtsmittel eingeführt worden. Voraussetzung sei dazu, dass von der zurücktretenden Partei das, was bei Geschäftsschluss konsumiert oder auf das Geschäft versprochen wurde, gezahlt

11 Grotius, Inleidinge, Lib. III, Kap. XIV, § 5.

12 Zimmermann, Law of Obligations, S. 583 ff. Vgl. § 119 Abs. 1 BGB. Im modernen deutschen Recht begründen anfechtbare Willenserklärungen einen rechtsgültigen Vertrag.

13 Grotius, Inleidinge, Lib. III, Kap. XIV, § 5; Voet, zu D. 18. 1. 4 formuliert das noch strenger: „Schwere Trunkenheit, die den Menschen dem stumpfsinnigen Tier gleichmacht ..., steht dem Vertrag entgegen.“

14 Grotius schreibt an dieser Stelle „bij ons“.

15 Diese Regel entstammt der seit dem 14. Jh. in Flandern gewohnheitsrechtlich bestehenden Regel, alle in einer Gastwirtschaft geschlossenen Verträge dann als unwirksam anzusehen, wenn sie nicht am folgenden Tag bestätigt wurden. Siehe Godding, Nr. 734 und 739.

16 Grotius, Inleidinge, Lib. III, Kap. XIV, § 5.

17 Es kam auch vor, dass der Verkäufer dem Käufer das Weingeld zahlte. Es gab also eine Beziehung zum Arrhalkauf. Vgl. Fockema Andreae, S. 14 f.

18 Van Leeuwen, Rooms-Hollands-Regt, Lib. IV, Kap. XX, § 6.

19 Van Leeuwen, Rooms-Hollands-Regt, Lib. IV, Kap. XX, § 6.

werde.[20] In Wormer und Gisp gehe man sogar noch weiter; an diesen Orten seien alle im Trinkrausch geschlossenen Geschäfte vollkommen nichtig.[21]

Auf diese holländischen Sonderregelungen beriefen sich die Parteien in zwei vom Hoge Raad entschiedenen Fällen. In der ersten Entscheidung vom 30. März 1719[22] erwähnt Van Bijnkershoek nur, dass der Käufer bei Kauf des Hauses „stark betrunken“[23] gewesen sei. Er würdigt diesen Umstand, von dessen Vorliegen er allerdings überzeugt war, jedoch nicht weiter, sondern geht von einem rechtlich gültigen Kauf aus.

Eine Rolle spielte dieses Argument auch in der Entscheidung Obs. Tum. Nr. 3152. Der Verkäufer berief sich darauf, dass er vom Käufer betrunken gemacht worden sei, bevor er den Vertrag unterschrieb, und verlangte vom Hoge Raad *restitutio in integrum* gegen den Vertrag, so er diesen geschlossen habe. Seine Forderung nach Rückgängigmachung des Vertrags stützte er dabei zugleich auf die *laesio enormis*.[24] Die argumentative Verbindung von tatsächlicher Benachteiligung (*laesio enormis*) und vermuteter Beeinträchtigung des Willens durch Trunkenheit ist dabei keine reine Erfindung der Partei, sondern findet sich auch in der Literatur. Van Leeuwen stellt die Verknüpfung über die Habgier her.[25] Die Verbindung beider Argumente wurde auch in der Praxis vorgenommen. Beide Rechtsmittel hatten die Aufhebung des Vertrags als Anspruchsziel. Während die *laesio* dies als Wahlmöglichkeit neben anderen Ansprüchen anbot, gewährte das Berufen auf Trunkenheit nur die Aufhebung des Vertrags. Ob der Hoge Raad jedoch darauf einging, blieb auf Grund prozessualer Fragen offen.[26]

20 Van Leeuwen, Kap. XX § 6. Van Leeuwen verweist dazu u. a. auf Grotius Lib. III, Kap. XIV, 5 und Nicolaus Burgundus, Ad consuetudines Flandorum, in prooemio, Num. 5 und die Van Leeuwen, Costuymen van Rijnland, Anmerkungen zu Art. 94 (Siehe dazu auch die Observatien over de Inleidinge v. H. de Groot. Bd. 2. S. 168 – 171).

21 Van Leeuwen, Rooms-Hollands-Regt, Lib. IV, Kap. XX, § 6.

22 Obs. Tum. Nr. 1524.

23 Lat. „bene potus.“

24 Zur *laesio enormis* siehe unten S. 234 ff.

25 Van Leeuwen behandelt in Lib. IV, Kap. XX, § 5 die Nichtigkeit wegen Trunkenheit im Zusammenhang mit der *laesio enormis*, die seiner Ansicht nach als Reaktion gegen die übertriebene Habgier der Parteien eingeführt wurde.

26 Zwischen Käufer und Verkäufer bestand, wie ausgeführt, Streit über den Abschluß eines Kaufvertrags. Dies erklärt die Einschränkung im klägerischen Antrag, dass er die *restitutio in integrum* nur dann verlange, sofern ein Vertrag bestanden habe. Der Käufer hatte sich die Kaufware - es handelte sich um offen ausgelegte Asche - angeeignet. Der Verkäufer erlangte gegen den Käufer ein *mandament van spolie*, um den Besitz zurück zu erhalten. Gleichzeitig forderte er, noch während das Verfahren über die *spolie* anhängig war, *restitutio in integrum* gegen den Verkauf. Das *mandament van spolie* sprach nur die Unzulässigkeit des Zugriffs auf die Sache aus (zur *spolie* siehe oben S. 86. Van Bijnkershoek führt dazu aus, dass dem Kläger insoweit einstweilig abgeholfen wurde). Über die *restitutio in integrum* suchte er sich nun hilfsweise vom Vertrag zu lösen. Dieses zweite Verfahren kam dann zu einer vorläufigen Entscheidung auf die Prozessrolle. Der Verkäufer verlangte den sofortigen Erlass eines (*mandement van*) *relief*, also die gerichtliche Aufhebung des Vertrags, über die noch nicht entschieden war. Da die *restitutio in integrum*, deren Berechtigung von der Klärung von Tatsachenfragen abhing (erhebliche Beeinträchtigung bzw. Trunkenheit), zur Hauptsache gehörte, entschied der Hoge Raad, sie müsse nach Instructie Hoge Raad, Art. CXCIV dort verhandelt werden. Sonst müsse die Partei, die das vorläufige Urteil verlangt habe, zur Aufhebung des vorläufigen Urteils um *relief* ersuchen. Der Hoge Raad entschied daher am 17. September 1739, dass nur über das vorläufige Urteil verhandelt werden solle. Damit hatte das

2. Die Bestimmung des Preises

Ein weiteres *essentium negotii* des Kaufs ist ein bestimmter Preis. Die Festsetzung des Preises muss nicht notwendigerweise durch die Parteien selbst erfolgen, sondern kann auch der Entscheidung einer dritten Partei überlassen werden.[27] Diese dritte Partei muss dann die Entscheidung treffen, weigert sie sich, so ist der Vertrag nichtig.[28] Grotius definiert aber nicht weiter, welche Personen anstelle der Parteien eine Preisfestsetzung treffen können. So ist von dieser allgemeinen Aussage her auch nicht ausgeschlossen, dass das Gericht eine solche Bestimmung vornimmt.

Einen solchen Fall hatte der Hoge Raad im Jahr 1719 (Obs. Tum. Nr. 1558) zu entscheiden. Der Verkäufer hatte einige goldene und silberne Gewebe zu einem Preis verkauft, später allerdings noch ein weiteres, dieses jedoch ohne Angabe des Preises. Der Verkäufer forderte nun den Preis, den er in seinen Büchern hatte. Der Käufer wollte allerdings nur den – niedrigeren – früheren Schätzpreis bezahlen, für den er Zeugen beibringen konnte.

Die Schöffenrichter von Den Haag gaben dem Verkäufer Recht, wenn er diesen Preis mit einem Eid beschwor und weiter, dass er jährlich dem Käufer Rechnungen mit denselben Preisen geschickt und dieser sich dagegen nicht gewehrt habe.

Dieses Urteil hob der Hof auf und verurteilte den Käufer nur zur Zahlung des Preises, den die Zeugen als Schätzpreis angegeben hatten.

Der Hoge Raad hielt zwar an der Wahrheitsvermutung von Geschäftsbüchern fest, dies sollte aber nur gelten, wenn die Parteien über den Preis stritten.[29] Das bedeutet, dass nur dann, wenn eine Bestimmung des Preises erfolgte und später über die genaue Höhe des Preises gestritten wird, die Geschäftsbücher als Beweis für den vereinbarten Preis herangezogen werden können. Ist der Vertrag diesbezüglich aber nicht klar, so müsse ein Schiedsspruch von Sachverständigen (*viri boni*) erfolgen. Auch die Billigung des Preises durch den Käufer in Kenntnis der jährlich steigenden Preise genügte dem Hoge Raad nicht, da der Verkäufer nicht beweisen konnte, dass er dem Käufer die jährlichen Abrechnungen auch übergeben hatte. Das einzig noch zur Verfügung stehende Beweismittel, ein Eid des Verkäufers, reichte dem Hoge Raad nicht aus, da die Frau des mittlerweile verstorbenen Käufers das Gegenteil beschwören wollte. Van Bijnkershoek verallgemeinert diese Argumentation sogar dahingehend, dass man, selbst wenn dem Verkäufer der Beweis gelungen wäre, nicht davon ausgehen durfte, dass der Käufer den Preis gebilligt hätte, solange man sich darüber gar nicht einig war; denn er zahlte nur *auf Rechnung*. Van Bijnkershoek vergleicht hierbei diese Situation mit der, dass Handwerker Rechnungen stellen, die von den Auftraggebern ungeprüft übernommen und einfach bezahlt werden.

Gericht letztendlich über die Berechtigung der geltendgemachten Behauptung nichts ausgesagt. Der Fall findet bei Van Bijnkershoek oder Pauw im übrigen keine Fortsetzung.

27 Grotius, Inleidinge, Lib. III, Kap. XIV, Nr. 23; Vinnius, Lib. III, Tit. XXIV, 1, 3; Voet, D. 18. 1. 23; Huber, Praelectiones, Lib. III, Tit. XXIV, § 6; Huber, Heedendaegse Rechtsgeleertheyt, Boek III, Kap. IV, § 5.

28 Grotius, Inleidinge, Lib. III, Kap. XIV, Nr. 23.

29 Obs. Tum. Nr. 1558, „Quod de fide habenda libris mercatorum vulgi ore fertur, tunc verum esse constat, cum de pretio convenit, sed quum de eo nihil plane sit pactum, succedit arbitrium boni viri, quod resolvitur in aestimationem, quanti ea res est."

In dieser unklaren Situation meinten die Richter, dass dies dem Verkäufer nicht helfen könne und der Preis nach dem Urteil der Schöffenrichter zu bestimmen sei. Die Unklarheit in der Vereinbarung müsse zu Lasten des Verkäufers gehen. Darin folgt der Hoge Raad der Ansicht, die sich auch bei Grotius findet,[30] dass dies stets zu Lasten des Verkäufers geht, wobei Van Bijnkershoek keines der erwähnten Zitate anführt. Im Übrigen habe der Verkäufer zugegeben, stets einen höheren Preis bei diesem Käufer in die Geschäftsbücher eingetragen zu haben, da die Zahlungsmoral des Käufers nicht sehr gut gewesen sei. Hier aber habe es keinen Grund für Verzug und daher auch nicht für Verzugszinsen bzw. - schaden gegeben, weswegen ein höherer Preis im Voraus gerechtfertigt gewesen wäre.

Van Bijnkershoek spricht sich dabei aber nicht grundsätzlich gegen eine solche Überlegung aus. In gewisser Weise überträgt er damit Gedanken aus dem Bankwesen, nämlich die Abhängigkeit des Zinssatzes von der Zahlungsmoral des Schuldners auf das Kaufrecht und fügt diese in sein System ein, indem er quasi im Voraus berechnete Verzugszinsen in den Kaufpreis einrechnet. Mit anderen Worten, er erachtet es als durchaus zulässig, die Höhe des Kaufpreises abhängig von der Zahlungsmoral des Schuldners zu machen. Von Schuldnern, deren Zahlung als unzuverlässig gilt, kann – zur Abdeckung des möglichen Zahlungsausfalls – ein höherer Kaufpreis verlangt werden, als von zuverlässigen Schuldnern. Van Bijnkershoek löst dieses Problem über einen antizipierten Verzugszins.

Aber auch die beigebrachten Zeugenaussagen über den Preis der Waren verwarf der Hoge Raad, da bezüglich des Preises ebenfalls nicht sicher war, ob die Waren zum damals aktuellen Preis verkauft worden waren, oder ob der Kaufpreis kreditiert wurde. Sicher war nur, dass er inzwischen sehr angestiegen war. Deshalb beschränkte sich der Hoge Raad darauf, dem Verkäufer nur den Kaufpreis zuzusprechen, den der Käufer angeboten hatte.[31]

Der Ansicht von Zimmermann,[32] wonach dieser Entscheidung zu entnehmen sein könnte, dass der Hoge Raad auch in weiteren Einzelfällen (wenn nicht gar ganz allgemein) geneigt war, auf eine konkrete Vereinbarung der Parteien über den Kaufpreis zu verzichten, kann so nicht gefolgt werden. Letztlich ging es hier darum, dass die Richter den Vertrag nicht vollkommen für nichtig erklären wollten, nachdem die Beweislage für den Verkäufer so schlecht war. Schließlich handelten hier zwei Kaufleute. Der Verkäufer konnte nicht den höheren Preis durchsetzen, der Hoge Raad half aber dem Verkäufer über die Beweisschwierigkeiten.

Im Ergebnis ging also die Unklarheit bei der Preisbestimmung in der Rechtsprechung des Hoge Raad zu Lasten der Preisvorstellung des Verkäufers. Sie führte aber nicht zur Nichtigkeit des Vertrags. Der Oberste Gerichtshof scheint in diesem Fall sehr auf Seiten des Verkäufers gestanden zu haben, denn auch eine striktere Handhabung wäre möglich gewesen. So ist Grotius in der Tendenz strenger, wenn er bei Weigerung des

---

30 Grotius, Inleidinge, Lib. III, Kap. XV, § 9. Grotius stützt sich dabei auf die allgemeine Regel D. 50. 17. 172, bezieht dies allerdings nur auf sonstige Vertragsbestimmungen. Der Hoge Raad verallgemeinert die Regel auf das *essentium negotium.*

31 Im Übrigen bestätigte der Hoge Raad die Entscheidung des Hofs und kam zur Teilung der Kosten und Buße zwischen den Parteien.

32 Zimmermann, Kaufvertrag, S. 161.

um Bestimmung des Preises angerufenen Dritten und bei der alleinigen Entscheidung einer Partei über den Preis die Nichtigkeit des Vertrags vorsieht.[33] Nach Grotius wäre also ein Kauf schon dann nichtig gewesen, wenn kein Verhandlungsspielraum besteht und der Käufer einen Preis akzeptiert, den er eigentlich nicht zahlen will.

Mit dieser Rechtsprechung ersetzt der Hoge Raad die fehlende Vereinbarung der Parteien durch das Urteil der Schöffen und zwar zu Gunsten des Käufers. Er rechtfertigt das mit der Unklarheit der Situation. Es ging dem Gericht in diesem Fall um eine wirtschaftliche und interessengerechte Entscheidung.

3. Das Schriftformerfordernis

Eine wichtige formale Voraussetzung eines Kaufvertrags konnte auch die Einhaltung der Schriftform sein. So verfolgte das englische Recht lange Zeit die Form als Wirksamkeitsvoraussetzung. Die niederländische Dogmatik und Praxis war schon im 17. Jahrhundert wesentlich pragmatischer als das englische Recht, das einen Kaufvertrag erst dann als abzwingbar (*enforcable*) ansah, wenn der Vertrag schriftlich gefasst war.[34] Für die niederländische Rechtswissenschaft und Rechtsprechung ist die zentrale Vorschrift für das Schriftformerfordernis das Plakat Karls V. vom 40sten Pfennig aus dem Jahr 1529.

Grotius bemerkt diesbezüglich ganz allgemein, dass ein Kaufvertrag schriftlich oder nicht schriftlich geschlossen werden dürfe, d. h. weder dem einen noch dem anderen ein Vorzug zu geben sei. Ein schriftlich geschlossener Vertrag gelte allerdings erst dann als vollzogen, wenn das Niedergeschriebene vollkommen ausgeführt sei. Aber es ginge bei der Schriftlichkeit nicht um das Schreiben an sich, also um die Schriftform als Selbstzweck, sondern diene eher der Erinnerung oder Beweiszwecken, es sei denn, es bestehe ein klarer Hinweis auf eine gegenteilige Absicht der Parteien.[35] Simon van Leeuwen drückt dies deutlicher aus, indem er konstatiert, dass es kein Schriftformerfordernis gebe, es sei denn, die Parteien hatten dies vereinbart.[36] Ein Schriftformerfordernis gelte in den Niederlanden nur bzgl. des Immobiliareigentums, da schon durch das Plakat Kaiser Karls V. aus dem Jahr 1529[37] eingeführt worden sei, dass keine Veräußerung von Immobiliareigentum Bestand haben soll, bis dieser vor dem Magistrat des Orts der Liegenschaft angezeigt und der 40ste Pfennig darauf gezahlt worden sei.[38] Auf

33 Grotius, Inleidinge, Lib. III, Kap. XIV, § 23.

34 Siehe Art. 4 Statute of Frauds. Kötz, S. 131.

35 Grotius, Inleidinge, Lib. III, Kap. XIV, § 26. Vgl. auch Vinnius, Lib. III, Tit. XXIV, pr., 10.

36 Van Leeuwen, Rooms-Hollands-Regt, Lib. IV, Kap. XVII, § 7. Er führt als Beleg dazu weiter Wesenbeck ad. pr. Instit. de empt. vendit. und Neostadius, De Pactis Antenuptialibus, Observation Nr. 18 an.

37 Gemeint ist das *Placaat van den 40sten Pfennig*, eine Steuervorschrift.

38 In Obs. Tum. Nr. 3267 vom 23. November 1741 machte der Kläger im Ort Bartwijk in der Nähe von Heusden dies im Rahmen einer Besitzklage geltend, nachdem eine Versteigerung eines Grundstücks und Hausrats ohne dessen Zustimmung erfolgt war. Die Mehrheit von sechs Ratsherren lehnten dies jedoch ab, weil sie meinten, aus gemeinem Recht könne jeder seine Sachen dort verkaufen, wo es ihm beliebe. Davon gelte nur die Ausnahme, dass dem ein Gesetz entgegenstünde. Der Beklagte könne privat oder öffentlich verkaufen, entweder durch sich selbst, oder durch einen Verwalter, Makler oder Notar. Es bestehe kein allgemeines Gesetz, oder in diesem Dorf ein spezielles, das diese Möglichkeit restringiert. In Delft, in verschiedenen Städten Hollands

Grund dieser Vorschrift gelte, dass sich weder Verkäufer noch Käufer von Immobilien von dem Vertrag zurückziehen können, wenn der Kauf noch nicht abgewickelt sei,[39] sondern rechtlich zur Übertragung des Besitzes bzw. zu dessen Empfang gezwungen werden könnten.[40] Diese Möglichkeit bestand beim Kauf von Immobiliarsachen im Zeitraum zwischen Vertragsschluss und Erfüllung.[41] Vor diesem Hintergrund ist die Aussage von Grotius zu verstehen, dass erst bei vollständiger Ausführung des schriftlich Fixierten der Vertrag als erfüllt anzusehen ist. Die Schriftlichkeit dient daher der zweifachen Absicherung des Vertragsvollzugs bei Immobilien.[42] In diesen Fällen war der Kaufvertrag also erst dann gültig abgeschlossen (*perfecta*), wenn dem Formerfordernis genüge getan war, und zwar auch bei einer bereits zuvor bestandenen formlosen Einigung.[43]

Das Schriftformerfordernis beim Verkauf von Immobiliareigentum hatte auch Konsequenzen für die Ausführung des Kaufvertrags. Dazu hatte der Hoge Raad am 27. Juli 1715 einen Fall zu entscheiden (Obs. Tum. Nr. 1161), bei dem der Verkäufer in den Vertrag aufnahm, dass der verkaufte Bauernhof außer der gewöhnlichen Steuer mit einer weiteren Steuer belastet war und diese der Käufer zu seinen Lasten nehmen sollte. Nach Übertragung des Hofs verweigerte jedoch der Käufer die Zahlung, da der Verkäufer gegenüber ihm und dem Vermittler falsche Angaben bzgl. Art und Bedeutung der Last gemacht habe. Der Käufer bot dazu einen Zeugen und auch einen Eid an. Er wurde aber dennoch vom Hof von Holland zur Zahlung des Kaufpreises mit Zinsen und zu den Verfahrenskosten verurteilt.

Auch die Berufung des Käufers zum Hoge Raad hatte keinen Erfolg. Die Richter des Hoge Raad vertraten die Auffassung, dass die vor Abschluss des Vertrags

---

und sogar in der Stadt Heusden und im umliegenden Land werde der Brauch beachtet, dass jeder Mobilien und Immobilien verkauft (mit der Ausnahme von Hausrat) nach Belieben. Aufgrund des Edikts Karls V. von 1529 werde nur erwartet, dass die Immobilien nach dem Gesetz des Ortes übergehen. Denn was dort über Verkäufe ausgeführt werde, verstehe niemand anders, als dass es bei Verkäufen gelte, die gewöhnliche Übertragungen seien. Daran ändere nichts, wenn die Baartwijker üblicherweise den Magistrat hinzuzögen. Dies nämlich sei eine Möglichkeit und könne auch auf Bitten des Verkäufers hin geschehen. Es verpflichte andere aber nicht, wenn die Sache rein fakultativ sei. Wenn wegen des Gewohnheitsrechts geklagt werde, müsse zuerst erforscht werden, ob sie [die Gewohnheit] auch durch ein entsprechendes Urteil irgendwann bestätigt worden sei, worüber hier gar nichts feststand. Da aber ebenfalls Hausrat veräußert wurde, sprachen die Richter dem Kläger dennoch einstweilig das Recht zu.

39 Die formelle Abwicklung des Kaufvertrags bei Grundstücken wirkte sich auch auf den Gefahrübergang aus. Siehe dazu S. 174.

40 Van Leeuwen, Rooms-Hollands-Regt, Lib. IV, Kap. XVII, § 7, mit Verweis auf Placaat van den 40ste Penning, Art. 11.

41 Van Leeuwen, Rooms-Hollands-Regt, Lib. IV, Kap. XVII, § 9.

42 Van Leeuwen, Rooms-Hollands-Regt, Lib. IV, Kap. XVII, § 9 schildert darüber hinaus noch eine Ausnahme, die für die Stadt Leiden nach den Keuren von Leiden von 1583, Art. 68 galt, wonach sich beide Vertragsparteien trotz des *Placaats van den 40sten Pfennig* vom Vertrag lösen konnten, wenn sie das Immobiliareigentum privat (wörtlich „onder de hand") verkauften. Dies galt, solange der Verkauf noch nicht durch die Registrierung (wörtl. *inbrengt*) der Magistrate bestätigt worden war. Hier konnte die Schriftlichkeit immerhin noch eine einfache Sicherheit für den Vollzug des Kaufs gewähren. Aber um Missbrauch dieser Vorschrift vorzubeugen, bestehe diese Vorschrift durch die Art. 112 Neue Keuren von Leiden. Verryn, Kap. 10, Art. 1, Fn. b meint hierzu, ein solches Schriftformerfordernis sei „im ganzen einzig" und gelte nur für Leiden.

43 Grotius, Inleidinge, Lib. III, Kap. XIV, § 26, Voet, zu D. 18. 1. 3, und Huber, Heedendaegse Rechtsgeleertheyt, Boek III, Kap. II, § 7.

erfolgten Verhandlungen nicht von Belang waren, da in der Kaufurkunde und der Übergabeurkunde die Last, die dem Grundstück anhaftete, deutlich angegeben worden sei. Es war darüber hinaus auch ein Verweis auf das Placaat enthalten, das die Steuerbemessung regelte. Somit habe es sich der Käufer selbst zuzuschreiben, wenn er beim Untersuchen der Lasten nachlässiger als erforderlich gewesen sei. Seine Zeugen sollten dafür nicht ausreichen, und, da der Sachverhalt nach Ansicht des Hoge Raad klar gewesen sei, konnte dem Käufer auch ein Eid nicht helfen.

Das Gericht bringt mit dieser Entscheidung zum Ausdruck, dass bei einem schriftlichen Kaufvertrag auch nur das in den Urkunden Stehende berücksichtigt werden kann, sofern dies klar aus ihnen hervorgeht. Der Verweis auf Rechtsvorschriften genügt, um deren Inhalt zum Gegenstand des Vertrags zu machen. Sie müssen also nicht noch einmal im Vertrag besonders erklärt werden. Der Hoge Raad löst das Problem durch eine Verschuldensargumentation. Der Käufer hat die Möglichkeit, Placaate, das heißt öffentlich ausgehängte Verordnungen, welche die Steuerlast regeln, einzusehen, um seine Belastungen zu ermitteln. Kommt er dieser Obliegenheit nicht nach, sei dies sein „Verschulden“ und er könne sich nicht der Zahlungsverpflichtung mit der Behauptung entziehen, er habe „versteckte“ Lasten der Kaufsache nicht gekannt.[44]

4. Das Erfordernis der *arrha*

In der römisch-holländischen Dogmatik bestand nach einhelliger Meinung kein zwingendes Erfordernis eines Hand- oder Aufgeldes (*arrha*) für das Zustandekommen eines Kaufvertrags.[45] Eine *arrha* konnte, musste jedoch nicht gewährt werden, um den Vertrag wirksam werden zu lassen. In der Praxis war sie (beim privaten Verkauf) nach Ansicht von Zimmermann recht häufig.[46] In den Entscheidungen des Hoge Raad spielte die *arrha* jedoch kaum eine Rolle. Nur in einem Fall, Obs. Tum. Nov. Nr. 43 vom 8. Februar 1744,[47] berief sich der Beklagte darauf, dass er bei einer Versteigerung nach Gewohnheitsrecht nicht mehr an sein Gebot gebunden sei, wenn das *trekgeld* vom Verkäufer zwar versprochen, nicht aber auch ausgezahlt worden sei.[48] Die Richter des Hoge Raad legten allerdings die Verkaufsbestimmungen aus und wiesen dieses Argument zurück.

Der Streit, ob die Hingabe einer *arrha* den Parteien nicht auch in dem Zeitraum nach der Perfektion ein Reuerecht gebe,[49] spielte daher in der Praxis des Hoge Raad keine Rolle. Dies kann möglicherweise an der Höhe der Berufungssumme von 500 Gulden liegen, bzw. daran, dass unter Kaufleuten, die in erster Instanz vor dem Hoge Raad klagen konnten, eine *arrha* nicht üblich war.

---

44 Diese Verteidigung wurde vor dem Hoge Raad mehrfach verwendet und hatte auch Erfolg, wenn die Angaben im Vertrag nicht klar waren. Siehe dazu S. 197 ff.

45 Voet, zu D. 18. 1. 25.

46 Vgl. Zimmermann, Kaufvertrag, S. 149 m. w. N., insbesondere Grotius, Inleidinge, Lib. III, Kap. XIV, § 27, der die *arrha* „godspenning“ nennt. Ebenso gehörte hierzu auch Weingeld.

47 Siehe dazu unten S. 218.

48 Ein höherer Bieter hatte das Geld vom Verkäufer erhalten, die Verkäufer wollten allerdings diesen Bieter nicht mehr als Vertragspartei und gingen daher gegen den Bieter mit dem nächsten Gebot vor.

49 Coing, S. 450 f.

5. Beteiligte Parteien und Gegenstände

Oftmals stellte sich für die niederländische Rechtslehre die Frage, *wer* etwas verkaufen darf und *was* verkauft werden darf. Gemeint sind damit personelle und materielle Beschränkungen, denen einzelne Personen, die einen Kaufvertrag abschließen wollen, oder Gegenstände, die gehandelt werden sollen, unterliegen.[50] Nach Simon van Leeuwen[51] gibt es (grundsätzlich) weder eine Beschränkung hinsichtlich der handelnden Personen noch der gehandelten Objekte. Nicht zu diesem Komplex zählen dabei die Fragen, ob ein Kaufvertrag auch per Brief, durch Boten oder Stellvertreter abgeschlossen werden konnte. Nach der römisch-holländischen Literatur stellte dies, anders als im klassischen römischen Recht,[52] ohnehin kein rechtliches Problem mehr dar.[53] Der Vertragsschluss per Brief, durch Boten oder Stellvertreter war unproblematisch möglich.[54] Insoweit bestand also für den Hoge Raad hinsichtlich der Zulässigkeit kein grundsätzlicher Klärungsbedarf.

Simon van Leeuwen meint, Ausnahmen von der Vertragsfreiheit bestünden nur, soweit lokales Recht dies anordne.[55] Handelsschranken bestünden nur hinsichtlich besonders geschützter Waren, wobei aber kein generelles Ausfuhrverbot bestehe, sondern nur die Vertriebsweise beschränkt werde. Handelsverbote bestünden allein bei Verkäufen von Kriegswaffen und Munition an den Kriegsgegner.[56]

Hinsichtlich persönlicher Beschränkungen betont Van Leeuwen, dass es auch für den Adel solche Beschränkungen nicht gebe.[57] Es sei nicht ehrenrührig, wenn sich der Adel am Großhandel beteilige, vor allem, weil der Handel „die Sehne des Landes" sei. Etwas anderes gelte nur für den niederen Handel, für Handwerk und für Handarbeit oder dort, wo niedere Tätigkeiten ausgeführt werden müssen.

Kaufgegenstand konnten körperliche und unkörperliche Gegenstände sein.[58] Grotius erlaubt hinsichtlich zulässiger Gegenstände ausdrücklich den Verkauf der Erbschaft einer verstorbenen Person.[59] Hierbei sei der Verkäufer bei Fehlen einer gegenteiligen Vereinbarung nur zur Gewährleistung für die Gesamtheit verpflichtet, also zur Übergabe der Rechte an der Erbschaft so, wie sie zum Zeitpunkt des Erbfalls bestanden. Grotius reagiert mit dieser pauschalen Erlaubnis auf partikularrechtliche Verbote, angefallene

50 Nicht darunter fallen Regelungen zu Minderjährigen oder sonstigen in ihrer Vertragsfreiheit beschränkten Personen. Dies betrifft die Vertragsfreiheit allgemein und nicht speziell den Kaufvertrag. Die Frage kam auch nicht speziell in Verbindung mit dem Kaufrecht vor den Hoge Raad.

51 Van Leeuwen, Rooms-Hollands-Regt, Lib. IV, Kap. XVII, § 10 und 11.

52 Zimmermann, Law of Obligations, S. 45 ff..

53 Zimmermann, JZ, S. 831.

54 Grotius, Inleidinge, Lib. III, Kap. XIV, § 27.

55 Van Leeuwen, Rooms-Hollands-Regt, Lib. IV, Kap. XVII, § 10. Van Leeuwen verweist dazu auf die Costuymen von Antwerpen, Tit. 51, Art. 2.

56 Van Leeuwen, Rooms-Hollands-Regt, Lib. IV, Kap. XVII, § 10.

57 Van Leeuwen, Rooms-Hollands-Regt, Lib. IV, Kap. XVII, § 10.

58 Grotius, Inleidinge, Lib. III, Kap. XIV, § 9; Van Leeuwen, Censura Forensis, Lib. IV, Kap. XIX, § 24 und Voet, zu D. 18. 1. 13.

59 Grotius, Inleidinge, Lib. III, Kap. XIV, § 11. Hintergrund ist, dass eine Forderungsabtretung gewohnheitsrechtlich in Holland möglich war. Anders als im klassischen römischen Recht (C. 4. 39. 2) konnten Erbschaftsgläubiger direkt gegen den Erbschaftskäufer vorgehen, und mussten nicht erst gegen den Erbschaftsverkäufer vorgehen, der sich dann an den Erbschaftskäufer zu wenden hatte. Vgl. dazu Voet, zu D. 18. 4. 6.

Erbschaften zu verkaufen.[60] Für den Hoge Raad gab es an der Gültigkeit des Verkaufs von angefallenen Erbschaften keinen Zweifel.[61] Noch nicht angefallene Erbschaften durften indessen nicht verkauft werden, da es sich hierbei um Rechtsgeschäfte über die Erbschaft eines noch Lebenden handelte.

Rechtlich unzulässig war der Verkauf der Ernte auf dem Halm,[62] da das Gedeihen des Getreides von Gottes Segen abhänge und deshalb nicht Gegenstand von Spekulationsgeschäften sein solle.[63] Dagegen bestand in der Praxis des Hoge Raad kein Problem, noch auf dem Feld stehendes Getreide zu veräußern, wenn eine bestimmtes Maß angegeben wurde.[64] Ansonsten waren spekulative Geschäfte sowohl nach römischem Recht als auch in der Praxis des Hoge Raad als solche grundsätzlich wirksam.[65]

Ebenfalls unproblematisch zulässig war nach der römisch-holländischen Dogmatik, anders als nach klassischem römischem Recht,[66] der Gattungskauf. Dies bestätigte auch die Praxis des Hoge Raad.[67] Die Rechtsprobleme im Zusammenhang mit dem Gattungskauf werden sowohl von der Literatur,[68] als auch in der Rechtsprechung[69] immer im Zusammenhang mit anderen Problemen, insbesondere der Gefahrtragung erörtert.

Der Kauf von Forderungen ist nach Grotius[70] ebenfalls zulässig, wobei der Verkäufer allerdings nicht für die Solvenz des Schuldners, sondern nur für die Validiät der Forderung haftet. Es kommt also allein darauf an, ob die Forderung besteht, nicht darauf, ob der Schuldner sie begleichen kann.

Ein sehr häufig auftretender Fall des Forderungskaufs war der Kauf von Renten. Dieser diente der wirtschaftlichen Absicherung der Angehörigen oder als Kapitalanlage. Die Zulässigkeit von Verträgen dieser Art wurde von Grotius als Ausnahme vom Grundsatz, dass das Geben von Geld für Geld keinen Kauf begründet, bejaht.[71] Ziel einer solchen Kapitalrente sollte dabei nach Grotius stets die Ablösbarkeit sein. Deshalb war die Vereinbarung einer unablösbaren „ewigen“ Rente grundsätzlich verboten.[72]

---

60 Vgl. Rbr. van Dordrecht I, 113, vgl. ald., 300 und Grotius ed. Lee, Inleidinge, Anm. zu Lib. III, Kap. 14, § 11.

61 Siehe z. B. Obs. Tum. 337 und 512.

62 Voet, zu D. 18. 1. 13.

63 Huber, Heedendaegse Rechtsgeleertheyt, Lib. III, Kap. III, § 4. Es wurde aber versucht, dieses Verbot weitgehend zu umgehen. Voet, zu D. 18. 1. 13, geht sogar so weit, zu behaupten, die gesetzlichen Verbote würden nicht mehr beachtet werden.

64 Siehe dazu Obs. Tum. Nr. 1461, S. 152.

65 Siehe dazu eingehend unten S. 153 ff.

66 Zimmermann, Law of Obligations, S. 236 ff..

67 Siehe z. B. die Fälle Obs. Tum. Nr. 1486 (50 Fässer Branntwein), Nr. 2337 (2.000 Pfund Kakao aus Carracas) oder Nr. 2582 (5000 Pfund Walfischbarten), Obs. Tum. Nov. Nr. 490 (Kaffee aus Java).

68 Grotius, Inleidinge, Lib. III, Kap. XIV, § 35; Vinnius, Lib. III, Tit. XXIV, 3, 4; Voet, zu D. 18. 6. 4; Huber, Heedendaegse Rechtsgeleertheyt, Boek III, Kap. V, § 25.

69 Siehe dazu unten S. 167 ff.

70 Grotius, Inleidinge, Lib. III, Kap. XIV, § 12.

71 Grotius, Inleidinge, Lib. III, Kap. XIV, § 13. Die Schuld bestehe darin, jährlich Geld zu empfangen.

72 Grotius, Inleidinge, Lib. III, Kap. XIV, § 14. Grotius spricht sogar von einem „unverjährbarem Recht“. Jede unbezifferte Rente sollte mit maximal 16 Annuitäten ablösbar sein, Grotius, Inleidinge, Lib. III, Kap. XIV, § 15.

Mit keinem Wort erwähnt Grotius übrigens das im Kontext von Renten ebenfalls lange diskutierte Problem des Zinsnahmeverbots nach kanonischem Recht.

Dass die Veräußerbarkeit von Renten auch im 18. Jh. umstritten war, zeigt Obs. Tum. Nr. 980 vom 20. Juli 1713. Wolphard van Brederode hatte am 13. Oktober 1657 schriftlich bestätigt, unter Stellung einer Kaution von einem Gläubiger 73.000 Gulden erhalten und ihm dafür eine Leibrente von jährlich $\frac{1}{16}$ Pfennig (= 6.25%) versprochen zu haben. Hinsichtlich der Ablösung der Summe wurde für die eine Hälfte ein Zeitraum von 5 Jahren vereinbart. Die Ablösung der anderen Hälfte sollte ein Jahr später mit den noch unbezahlten Zinsen erfolgen. Für den Fall, dass der Schuldner das Kapital länger als die vereinbarten 5 Jahre behielt, vereinbarten die Parteien ein jährliches Ablösungsrecht mit dreimonatiger Anzeigefrist. Der Gläubiger verkaufte einen Teil der Forderung, 12.000 Gulden, an einen Dritten. Der Dritte machte diese Forderung gegen Van Brederode gerichtlich geltend. Die Advokaten von Van Brederode wandten dagegen ein, dass eine Rente und damit eine jährliche Zinsforderung begründet worden sei. Die Hauptsumme könne nicht verlangt werden, wenn die jährlichen Zinsen gezahlt würden. Vorliegend sei die Hauptforderung veräußert worden. Damit machten sie letztlich geltend, dass ein nicht bestehendes Recht verkauft worden sei. Sie beriefen sich dazu auf kanonisches Recht, das noch immer in den Diözesen Utrecht und dem Dekanat Vianen gelte, das zuvor ein weltlicher Teil des Bistums Utrecht war. Ein solches Vorgehen sei unzulässig. Tatsächlich war die Hauptforderung in Vianen ausgezahlt und die Kaution dort hinterlegt worden.

Van Bijnkershoek argumentiert, aus dem Wortlaut des Vertrags folge, dass die Hauptforderung nicht veräußert worden sei. Sie müsse vielmehr in zwei Raten zurückgezahlt werden. Der Verkauf konnte sich daher auf einen zulässigen Teil beschränken. Hof und Hoge Raad sprachen dem Kläger die Forderung zu.[73] Der Hoge Raad hatte gegen die Veräußerbarkeit von Renten also keine Bedenken.

6. Beweislast hinsichtlich der Verkäufereigenschaft

Nachdem in den vorstehenden Abschnitten dargelegt worden ist, wie ein Kaufvertrag zustande kam und was Gegenstand eines Kaufvertrags sein kann, geht es in diesem Abschnitt um die Frage, was ein Verkäufer darlegen und beweisen muss, damit von seiner Verkäuferschaft ausgegangen werden kann. Dieses Problem ist nur scheinbar trivial, wenn das Geschäft direkt zwischen dem Verkäufer und dem Käufer geschlossen wird. Spätestens aber bei gestreckten Geschäften unter Einschaltung eines Dritten können Fragen auftreten, wer tatsächlich Vertragspartner des Käufers war. In der Praxis äußerte sich dieses Problem im Beweisrecht. Im folgenden geht es also um die Frage, was der Verkäufer bei einem Streckengeschäft vor dem Hoge Raad darlegen musste, damit ihm der Kaufpreis zugesprochen wurde.

Eine im Handelsverkehr typische Situation ist der Verkauf einer Ware über einen Makler. Ein Problem, das im Zusammenhang mit gestreckten Verkäufen auftreten

73 Van Bijnkershoek bemerkt an dieser Stelle über die Advokaten: „Miror advocatorum impudentiam, qui luci tam clarae audent adversariari. Curia non dubitavit namptisationem, quam vocant, decernere et ita apud nos Senatores, rotulae praefecti, et deinceps, cum contumacia reauditionem ursisset, ipse Senatus 20. Jul. 1713."

kann, ist, dass der Verkäufer weder vom Makler, noch vom Käufer bezahlt wird. Der Hoge Raad hatte in dieser Situation am 23. Februar 1736 (Obs. Tum. Nr. 2952) zu entscheiden, was der Verkäufer behaupten muss, wenn er über einen Makler eine Sache verkauft und vom Käufer den Kaufpreis verlangt.

Titius ließ durch einen Makler (Maevius) Waren versteigern, wobei in den Unterlagen angegeben war, dass der Makler für einen Dritten handelte, aber ohne diesen beim Namen zu nennen. Sogleich nach Übergabe der Ware sollte der Kaufpreis bar beglichen werden. Der Makler übergab die Waren dem Käufer (Sempronius) auf Rechnung seines Herren und übergab dem Titius zwei Zahlungsanweisungen auf den Käufer zum Empfang des Kaufpreises. Der Käufer zahlte jedoch nicht und wehrte sich gegen die Klage des Maklers mit der Begründung, der Makler habe nie seinen Auftraggeber erwähnt. Falls er seinen Auftraggeber nennen würde, sei er bereit zu zahlen. Weil aber der Makler nicht als Beauftragter des Titius gehandelt hatte, wurde dieses Verfahren nicht weiterbetrieben.

Der Verkäufer verklagte nach Empfang eines Zeugnisses über die Maklerschaft des Maevius den Käufer mit der Behauptung, er sei Eigentümer der verkauften Waren und forderte wiederum den Kaufpreis. Der Käufer erhob dagegen die Einrede, dass er bereit sei, den früheren Rechtsstreit gegen den Makler weiterzuführen. Schließlich verstarb Sempronius. Daraufhin verfolgte der Kläger auch diesen Rechtsstreit nicht weiter.

Der Verkäufer strengte noch ein drittes Verfahren beim Amsterdamer Schöffengericht an, diesmal gegen die Witwe und Erbin des Käufers. Er verlangte von ihr ebenfalls den Kaufpreis und 4% Zinsen auf Grund des Amsterdamer Statuts.[74] Die Witwe verteidigte sich damit, dass nicht feststehe, dass Titius Eigentümer der Waren gewesen sei. Außerdem habe ihr verstorbener Mann dem Makler in seinen Büchern auf lange Zeit den Kaufpreis als Kredit gewährt.[75]

Das Amsterdamer Schöffengericht und der Hof von Holland wiesen die Klage ab. Der Verkäufer legte Berufung ein und verklagte gleichzeitig den Makler, da die Witwe auch gegen die dem Makler erbrachte Zahlung Einwände erhob. Der Makler sagte, er wisse nichts von einer Kreditgewährung, und Sempronius selbst sei jedenfalls ein Kredit nicht eingeräumt worden, weil die Erfüllung an seinen Herrn (den Verkäufer) erfolgen musste, für den er verkauft habe. So sei es auch in den Büchern des Käufers verzeichnet. Die Gewährung eines Kredits sei ohne sein Wissen erfolgt und habe ohne seine Zustimmung nicht erfolgen können.

Bezüglich der Klage in Berufung meinten zwei Senatoren,[76] dass der Kläger nicht bewiesen habe, dass er Eigentümer der Sachen gewesen sei. Wenn das jedoch nicht bewiesen worden sei, könne er nicht obsiegen. Er könne nicht einmal die Auftragserteilung an den Makler beweisen. Insoweit reiche die Zeugenaussage des Maklers nicht aus. Sie sahen aber den Beweis durch die Kreditgewährung in den Büchern erbracht und billigten damit eines der Gegenargumente der Witwe.[77] Da eine Verteidigung aus-

74 Zu Problemen im Zusammenhang mit der Verzinsung siehe eingehend das nächste Kapitel.

75 Damit war zwar nach Ansicht von Grotius, Inleidinge, Lib. III, Kap. XV, § 4, und Van Leeuwen, Rooms-Hollands-Regt, Lib. IV, Kap. XVII, § 3 der Käufer nicht Eigentümer. Es war aber nicht klar, ob der Makler, der Geschäftsherr oder möglicherweise sogar ein Dritter Eigentümer war.

76 Wie sich aus den *resolutien* ergibt, waren es die Ratsherren Van der Hoop und Van der Does.

77 Insoweit zeigt sich das durch den Artikelprozess strukturierte Denken der Juristen: 1. Vertei-

reichend war, wollten sie die beiden Urteile der Unterinstanzen aufrecht erhalten. Die übrigen Senatoren[78] aber wollten beide Urteile in der Meinung aufheben, bei verkauften Waren und anderen beweglichen Dingen, die keine Folge haben (non sequela), sei es ohne Beispiel, dass der Verkäufer verpflichtet sei, deren Eigentümerschaft zu beweisen, bevor er den Preis geltend machen kann. Es reiche vielmehr aus, wenn er beweise, dass er tatsächlich deren Verkäufer sei. Dies aber sei aufgrund der Aussage des Maklers erfüllt, da ihm geglaubt werden müsse, wenn er es selbst, und nicht ein anderer wusste, aufgrund wessen Auftrags er den Verkauf getätigt habe. Van Bijnkershoek berichtet, dass diese Ratsherren nicht irgendetwas dazu sagen wollten, ob dies auf Grund der Bücher des Maklers bewiesen wurde oder der Aussage. Mit den Stimmen der Mehrheit wurden beide Urteile aufgehoben und die Witwe zur Zahlung verurteilt, den Kaufpreis zzgl. der 4% seit Verzug zu zahlen.[79]

7. Die Rechtsfolgen des Kaufvertrags

Rechtsfolge des Kaufvertrags war die Verpflichtung des Käufers zur Zahlung des Kaufpreises, d. h. zur Übertragung des Eigentums an der Geldsumme, Ausgleich der Verwendungen. Ferner schuldete der Käufer ab Lieferung (oder Annahmeverzug) einen Nutzungszins und war zur Abnahme der Kaufsache verpflichtet. Dieses Recht setzte der Verkäufer klageweise mit der *actio venditi* durch.

Der Verkäufer war dagegen zur Übergabe der Sache[80] mit dem Zubehör[81] und zur Einräumung des ungestörten Besitzes verpflichtet. Dieses Recht konnte der Käufer mit der *actio empti* durchsetzen. Auf die beiderseitigen Pflichten wird im Detail in den nachfolgenden Abschnitten eingegangen.

Eine klare Regelung, wer vorleistungspflichtig ist, gab es in der Literatur nicht. Zwar war der Verkäufer zur Übereignung der Kaufsache nur verpflichtet, wenn der Käufer den Kaufpreis gezahlt hatte. Aber auch der Käufer brauchte den Kaufpreis nur zu entrichten, wenn er den Kaufgegenstand erhalten hatte. Grotius[82] erklärte den Käufer dann für vorleistungspflichtig, wenn der Verkäufer seine Leistungsbereitschaft bekundet hatte. Dies setzte sich jedoch nicht durch.[83] Van Leeuwen hält diese Frage offen: Wenn der Käufer die Ware fordert, ist er verpflichtet, dem Verkäufer den Kaufpreis zu zahlen. Ebenso muss der Verkäufer, der den Kaufpreis verlangt, erst seinerseits

---

digung: Die Behauptung, Titius sei nicht Eigentümer – Beweis: a) Zeugenaussage des Maklers (verworfen) aber b) Notiz in den Büchern der Käuferin (gebilligt) 2. Verteidigung: Die Behauptung: Der Kaufpreis wurde als Kredit gewährt – Beweis: Geschäftsbücher des Maklers.

78 Es waren die *commissarissen* Hees und Duirkant, Ketlaer, De Rovere, De Grande, Hop und Van Bijnkershoek.

79 Der Hoge Raad wies die Klage gegen den Makler ab, da er seine Forderung nicht in *rauw actie* geltend machen konnte. Einen Grund dafür nennt Van Bijnkershoek nicht. Dies lässt sich aber damit erklären, dass es für ein erstinstanzliches Verfahren vor dem Hoge Raad einer Zustimmung des Maklers bedurft hätte. Eine Verbindung des Verfahrens kraft Sachzusammenhangs gab es nicht.

80 Grotius, Inleidinge, Lib. III, Kap. XV, § 4.

81 Voet, zu D. 19. 1. 3 ff.

82 Grotius, Inleidinge, Lib. III, Kap. XV, § 3.

83 Zimmermann, Kaufvertrag, S. 165.

vollkommen den Vertrag erfüllen und dem Käufer die Sache übergeben.[84] Bei einer schrittweisen Erfüllung des Vertrags hing es von der Vereinbarung der Parteien ab, in welcher Reihenfolge die Abwicklung des Vertrags erfolgen sollte. Letztlich blieb es also nach h. M. dabei, dass keine der Parteien grundsätzlich vorleistungspflichtig war. Grotius[85] meint dazu, wenn der Verkäufer bereit sei, die Übergabe gegen Zahlung des Kaufpreises vorzunehmen, müsse der Käufer mit der Zahlung fortfahren.

Klar war nur, dass diejenige der Parteien vorleistungspflichtig war, die ihren Anspruch gerichtlich durchsetzen wollte.[86] Der Beklagte konnte sich also mit der Einrede des nichterfüllten Vertrags (*exceptio non adimpleti contractus*) verteidigen. Diese Einrede hatte den Vorteil, dass entgegen der sonst geltenden Regel, dass der Beklagte die einredebegründenden Tatsachen beweisen muss, in diesem Fall *der Kläger* seine Vorleistung beweisen musste.[87] Diese Einrede wurde z. B. in der Entscheidung Obs. Tum. Nr. 3261 vom Käufer erhoben.[88]

III. Pflichten des Käufers

Gegenstand dieses Kapitels sind die Pflichten des Käufers. Die „Hauptpflicht" des Käufers ist die Zahlung des Kaufpreises. Die Unterscheidung in Haupt- und Nebenpflichten ist jedoch modern. Grotius stellt diese Verpflichtung in eine Reihe mit anderen Pflichten, nämlich die, alle notwendigen Aufwendungen auszugleichen, die durch den Verkäufer in Verbindung mit der verkauften Sache nach Abschluss des Vertrags gemacht werden. Ferner konstatiert er die Verpflichtung des Käufers, nach Lieferung oder bei Annahmeverzug dem Verkäufer das Interesse am überfälligen Geld zu zahlen. Für dieses Interesse nennt er einen Zinssatz von $6\frac{1}{4}\%$. Schließlich könne der Käufer sogar zur Abnahme gezwungen werden und bei Weigerung des Käufers zur Erstattung des Schadens, den der Verkäufer durch die Weigerung des Käufers erlitten hat.[89] Bei der Zahlung des Kaufpreises konnten die Parteien auch eine Ratenzahlung vereinbaren. Grotius nennt hierfür den Begriff *kustingpenning*.[90]

Während Grotius[91] dem Verkäufer nur die notwendigen Aufwendungen zuspricht, gewährt der Hoge Raad in der Entscheidung Obs. Tum. Nov. Nr. 323 vom 12. Februar 1750 unter Verweis auf D. 19. 1. 13. 22 einstimmig auch die nützlichen Verwendungen.[92]

---

84 Van Leeuwen, Rooms-Hollands-Regt, Lib. IV, Kap. XVII, § 6.
85 Grotius, Inleidinge, Lib. III, Kap. XV, § 3.
86 Van Leeuwen, Rooms-Hollands-Regt, Lib. IV, Kap. XVII, § 6; Van der Keessel, 1290 (für die spätere Zeit); Voet, zu D. 19. 1. 23; Schorer, S. 603 (note CCCLXIX).
87 Schorer, S. 603 (note CCCLXIX) und Voet, zu D. 19. 1. 23.
88 In diesem Fall vom 31. Oktober 1741 versuchte der Käufer, sich mit dieser Einrede vom Vertrag zu lösen. Dies lehnte das Gericht aber unter Hinweis auf Voet, D. 19. 1. 23 ab.
89 Grotius, Inleidinge, Lib. III, Kap. XV, § 1.
90 Grotius, Inleidinge, Lib. III, Kap. XIV, § 25.
91 Grotius, Inleidinge, Lib. III, Kap. XV, § 1.
92 In dieser Entscheidung hatte eine *traditio ficta* durch Kennzeichnung der Fässer stattgefunden, so dass nach einhelliger Meinung der Richter die Perfektion des Kaufvertrags über zwei Fässer Tran nicht bezweifelt werden konnte. Wegen Vereisung der Amsterdamer Kanäle erfolgte nach der Übergabe keine Lieferung. Ob dies auf ein Verschulden einer der Parteien oder auf höhere Gewalt zurückzuführen war, war im Hoge Raad streitig. Bis zum Frühjahr musste das Schiff, das die Ware geladen hatte, bewacht werden, wofür Kosten entstanden. Später transportierte der

Nach Voet[93] konnte der Verkäufer auch den Ersatz der nützlichen Kosten verlangen. An der konkreten Ausgestaltung der Pflichten des Käufers entstand in der Praxis häufig Streit, insbesondere darüber, unter welchen Bedingungen der Kaufpreis noch zu zahlen ist, welche sonstigen Pflichten der Käufer hat, und, verbunden damit, wie er sicher gehen konnte, dass er auch tatsächlich Eigentum an der Kaufsache erwarb.

Ein weiterer Streitpunkt war die Höhe der Verzinsungspflicht. Hier kam der Hoge Raad zu einer anderen Lösung als die von Grotius vorgeschlagene Verzinsung zu $6\frac{1}{4}$%, nämlich 4%, bzw. $4\frac{1}{2}$% und unter Kaufleuten manchmal auch 8%. Die Spannweite reichte in der Literatur von 5% - 30%.[94] Bereits in der im vorigen Abschnitt erörterten Entscheidung Obs. Tum. Nr. 2952[95] wurde die Verzinsung erwähnt, ohne darauf näher einzugehen. Der Kläger verlangte in der genannten Entscheidung von der Witwe des Käufers 4% Zinsen seit Verzugseintritt. Die Höhe der Verzinsung, insbesondere bezüglich der Verzinsung des Interesses war allerdings in mehreren Entscheidungen Gegenstand umfangreicher Diskussionen. Die Höhe des Zinssatzes hing dabei sowohl von der Vereinbarung der Parteien, als auch davon ab, ob Kaufleute einen Vertrag geschlossen hatten.

1. Pflicht zur Hinterlegung des Kaufpreises

In den meisten vom Hoge Raad zur Zahlung des Kaufpreises entschiedenen Fällen ging es darum, ob der Kaufpreis auch dann noch zu zahlen ist, wenn der Verkäufer sich verpflichtet hatte, Immobiliareigentum lastenfrei zu übertragen, dies aber über einen längeren Zeitraum hinweg nicht geschah. Die Gründe dafür waren vielfältig:

Meist lagen sie darin, dass zur Befreiung des Grundstückes von einem Fideikommiss ein Privileg der Staaten von Holland eingeholt werden musste, oder sich der bisherige Eigentümer mit Pfandrechtsgläubigern über die Befreiung von den Lasten stritt. Diese weigerten sich, der Befreiung des Grundstücks zuzustimmen, bevor ihre Forderung erfüllt worden war. Der Verkäufer hatte den Verkauf der Immobilie aber gerade deshalb getätigt, um seine Liquiditätsschwierigkeiten gegenüber den Gläubigern zu beseitigen. Der Käufer zahlte allerdings nicht, weil das Grundstück noch immer nicht lastenfrei war. Ergebnis war ein Stillstand, der keinen befriedigen konnte: Die Gläubiger des Pfandrechts erhielten keine Zahlungen, der Verkäufer konnte seine Schulden nicht tilgen und der Käufer wurde nicht Eigentümer der Immobilie.

Problematisch war das besonders deshalb, da teilweise auch bei Grundstücken nicht klar war, ob überhaupt Lasten bestanden. Ein Grundbuch, aus dem hervorgehen konnte, welche Lasten noch auf dem Grundstück bzw. Haus ruhten, gab es – zumindest auf dem Lande – nicht. Der Käufer einer solchen Immobilie musste damit rechnen, dass sie noch auf Grund eines alten Schuldbriefs belastet war.[96]

Verkäufer die Fässer wieder nach Zaandam zurückt und verbrachte sie dort in ein Lagerhaus, wofür ebenfalls Kosten entstanden. Neben Kaufpreis und Zinsen verlangte der Verkäufer auch den Ersatz dieser Kosten.

93 Voet, zu D. 19. 1. 18.

94 Zimmermann, Law of Obligations, S. 799; Voet, zu D. 22. 1. 11 blieb bei einer Verzinsung von 5%.

95 Siehe oben S. 123.

96 Der Verkäufer durfte dies freilich nicht verheimlichen, um sich nicht der Schadensersatzpflicht

Aber auch wenn der Käufer gutgläubig war, konnte sich der Käufer bei einem einfachen Verkauf nicht auf gutgläubigen lastenfreien Erwerb des Eigentums berufen.[97] Umgekehrt wurde er zumeist zudem vom Verkäufer auf Zahlung verklagt. Wie also konnte sich der Käufer von der Zahlungspflicht freimachen und blieb gleichzeitig in einer sicheren Position, um die Früchte aus dem Grundstück ziehen zu können?

Simon van Leeuwen räumt dem Käufer die Möglichkeit der Hinterlegung des Kaufpreises ein.[98] Der Hoge Raad hingegen führte in Obs. Tum. Nr. 1418 vom 22. Februar 1718 erstmalig im Untersuchungszeitraum die Verpflichtung des Käufers zur Hinterlegung des Kaufpreises beim *griffier* an, wenn unklar ist, ob ein Haus unbekannten Lasten unterliegt, er gleichzeitig aber die Früchte daraus zieht.

In diesem Fall weigerte sich der Käufer, den Kaufpreis zu zahlen, woraufhin die Verkäufer ihn in Schuldhaft brachten. Der Käufer verteidigte sich vor dem Hof von Holland damit, dass er zur Zahlung zwar grundsätzlich bereit sei, aber durch ein *mandement poenaal* des Hofs an der Ausübung des Besitzes gehindert sei, d. h. keinen ungestörten Besitz genieße. Gleichzeitig hatte er allerdings das Haus vermietet und die jährlichen Mietzinsen eingezogen. Der Hof verwarf diese Einrede, da ein solches *mandement* tatsächlich nicht bestanden habe, sondern lediglich ein Schriftstück vorgewiesen wurde, und weil der Käufer Veranlasser für ein mögliches *mandement* gewesen sei. Bei der Verhandlung über das *mandement* blieb die Sache jedoch unverfolgt, sodass der Hof den Käufer zur Hinterlegung des Kaufpreises beim *griffier* verurteilte.

Der Käufer legte beim Hoge Raad Berufung ein und wiederholte seine Behauptung, dass das Haus mit einem Fideikommiss und einer stillschweigenden Hypothek belastet sei. Die Verkäufer verteidigten sich vor dem Hoge Raad damit, dass der Fideikommiss aufgekündigt worden sei, und dass die Staaten von Holland das Haus durch Privileg von beiden Lasten befreit habe. Einigen Ratsherren reichte dies zur Verurteilung des Käufers.[99] Andere Ratsherren meinten, durch das Privileg sei nur das Haus vom Fideikommiss befreit worden, aber nicht von der Hypothek. Dieser Ansicht war auch Van Bijnkershoek. Außerdem sei sogar nicht einmal der Fideikommiss aufgehoben worden, wenn das Geld, das der Käufer seither eingenommen hatte, nicht an die Gläubiger [des Fideikommisses] weitergeleitet wurde. Gleichwohl aber billigten auch diese Ratsherren das Urteil des Hofs, das den Käufer zur Hinterlegung verpflichtete, dass er nicht einerseits den Kaufpreis behalten konnte, während er gleichzeitig den Mietzins einnahm. Zum Beleg führt Van Bijnkershoek C. 4. 49. 5 an.[100] Danach ist ein Käufer, der den Besitz eines Grundstücks erlangt hat und Früchte daraus zieht, verpflichtet, einen Teil des Kaufpreises mit Zinsen zu zahlen, auch wenn der Käufer nicht im Verzug ist. Van Bijnkershoek meint, diese Anordnung reiche zur Sicherung des Verkäufers aus und man würde nur noch über die Zinsen streiten, wozu es vorliegend allerdings nicht mehr kam.

---

auszusetzen. Es war aber durchaus möglich, dass auch der Verkäufer gutgläubig war, weil er selbst nicht mit Lasten rechnete.

97 Etwas anderes galt, wenn der Käufer die Immobilie im Wege einer öffentlichen Versteigerung erworben hatte.

98 Van Leeuwen, Rooms-Hollands-Regt, Lib. III, Kap. XVII, § 6.

99 Aus der *resolutie* ergibt sich, dass alle Ratsherren (der *rapporteur* De Vries, Keetlaer, Van Bijnkershoek, Van Sandheuvel, Van der Hoop und Admiraal) für eine Verurteilung stimmten. Die *resolutie* gibt hier die Begründung nicht wieder.

100 Die Edition verweist fälschlich auf C. 3. 49. 5.

Der Hoge Raad bestätigte seine Rechtsprechung zur Verpflichtung des Käufers zum Hinterlegen des Kaufpreises später in der Entscheidung Obs. Tum. Nr. 1861 vom 26. Juni 1722. Der Verkäufer klagte nach dem Verkauf eines Wohnhauses beim Hof von Holland auf Zahlung des Kaufpreises zzgl. der Zinsen. Der Käufer wandte wiederum ein, die Häuser seien noch nicht, wie vereinbart, von allen Lasten befreit worden. Außerdem sei noch ein anderer Teil des Vertrags nicht erfüllt. Der Hof gab der Forderung des Verkäufers statt und verurteilte den Käufer zur Hinterlegung des Kaufpreises beim *griffier* des Hofs bis zur vollständigen Erfüllung des Vertrags. Aber auch damit gab sich der Verkäufer nicht zufrieden und legte Berufung beim Hoge Raad ein und verlangte die Zahlung des Kaufpreises, da er die Anordnungen des Hofs bzgl. Befreiung des Grundstücks mit Ausnahme eines Schuldtitels (*kusting-briefs*) von 350 Gulden zuzgl. den entstandenen Zinsen erfüllt habe. Bezüglich dieser Last bestand noch zwischen ihm und dem Gläubiger dieser Forderung ein Streit. Er sei aber bereit, vom Kaufpreis deswegen 400 Gulden abzuziehen.

Das Gericht meinte, dass ein hinterlegter Kaufpreis an den Verkäufer nicht ausgezahlt werden dürfe, solange das Haus nicht vom noch ausstehenden Rest des Schuldtitels befreit war. Das Anerbieten des Verkäufers reichte nicht aus, weil die Zinsen auf über 400 Gulden ansteigen konnten. Der Hoge Raad bestätigte jedoch die Entscheidung des Hofs von Holland bezüglich der Verpflichtung zur Hinterlegung des Kaufpreises, weil der Käufer das Haus schon bewohnte. Van Bijnkershoek verweist wiederum auf C. 4. 49. 5. Der Hoge Raad verwarf den Einwand des Käufers, dass er das Geld immer bereit gehalten hatte. Van Bijnkershoek beruft sich außerdem auf die frühere Rechtsprechung des Gerichts,[101] ohne die Observationes einzeln aufzuführen. Folglich bestand nach der Rechtsprechung auch bei möglichen Lasten die Verpflichtung zur Hinterlegung des Kaufpreises. Auf eine einfache Formel gebracht, hieß dies: Wenn der Käufer die Kaufsache nutzte, konnte er den Kaufpreis nicht zurückhalten.

2. Pflicht zur Zinszahlung

Die Problematik der Zahlung des Kaufpreises gegen Befreiung der Immobilie von den Lasten setzte sich, wie bereits in der zuvor angesprochenen Entscheidung Obs. Tum. Nr. 1418 erwähnt, bei den Zinsen fort.[102] Oftmals dauerte es sehr lange, bis der Verkäufer letztlich die Immobilie von den Lasten befreit hatte: Die Staaten von Holland mussten um ein Privileg zur Aufhebung des Fideikommisses ersucht werden und es mussten Rechtsstreitigkeiten mit Gläubigern über die Befreiung des Grundstücks geführt werden. Dies alles konnte teilweise 10 Jahre und länger dauern. Inzwischen war der Käufer jedoch schon im Besitz des Hauses. Musste er den Kaufpreis für diesen Zeitraum verzinsen, obwohl er noch kein Eigentum und ggf. noch nicht einmal den ungestörten Besitz innehatte? Wenn er Zinsen zu leisten hatte, wie waren diese zu berechnen? Dies waren die Rechtsfragen, die der Hoge Raad meist in Verbindung mit der bereits dargestellten Problematik der Verpflichtung zur Hinterlegung des Kaufpreises zu entscheiden hatte.

---

101 „... quod memini et alias Senatum judicare."

102 Auch in der Entscheidung Obs. Tum. Nr. 1861 (siehe S. 128) stritten die Parteien darüber. Van Bijnkershoek übergeht aber ausdrücklich diese Frage.

Für die Entscheidung der Frage, ob eine Verzinsungspflicht vorliegt oder nicht, ist zwischen der Veräußerung von Immobiliareigentum und von beweglichen Sachen, das heißt in den vom Hoge Raad entschiedenen Fällen, Handelsware zu differenzieren.

a) Zinszahlung bei Immobiliareigentum

Am ehesten sprach sich der Hoge Raad für eine Verzinsungspflicht im Falle der Nutzung von Immobiliareigentum aus. Dies geschah aber nur, wenn der Käufer dies auch verlangte, bzw. noch Anlass zur Entscheidung dieser Frage bestand.

Während Van Bijnkershoek in der bereits angeführten Entscheidung, Obs. Tum. Nr. 1418, nichts über die Höhe der Zinsen ausführt, kam es im Fall, den Van Bijnkershoek kurz darauf notiert, Obs. Tum. Nr. 1428 vom 23. März 1718, gerade auf die Bestimmung der Zinsen an.

In diesem Fall hatte ein erheblich verschuldeter Vormund seinen Mündeln erlaubt, dass diese die Häuser und Grundstücke des Vormunds im Gebiet von Goederen verkauften und aus dem Kaufpreis ihre Forderungen befriedigten. Bereits im Jahre 1693 verkauften diese die Liegenschaften. Dabei wurde mit den Käufern vereinbart, dass die eine Hälfte des Kaufpreises sofort nach Übertragung bezahlt werde, die andere Hälfte jedoch gegen Zinsen in Höhe von $4\frac{1}{2}\%$ zurückbehalten werden durfte. Ein Teil der Käufer verlangte die Übertragung des Grundstücks, allerdings vergeblich, denn die Verkäufer konnten aus mehreren Gründen das Grundstück nicht übertragen. Van Bijnkershoek führt nicht aus, welche Gründe dies waren, es scheint aber wahrscheinlich, dass hier ein Fideikommiss der Hintergrund war. Die Käufer erhielten schließlich den Besitz der Liegenschaft. Im Februar 1699 kündigten sie dann an, den Kaufpreis nach Übertragung zahlen zu wollen, und falls keine Übertragung stattfände, dass sie dann den Kaufpreis beim Magistrat hinterlegen würden.

Drei der vier Käufer taten dies auch. Zwei von ihnen nahmen aber nach drei oder vier Jahren den Kaufpreis wieder zurück. Es vergingen weitere 16 Jahre. Schließlich verklagten die Verkäufer die Käufer beim Hof von Holland, nachdem alle Übertragungshindernisse beseitigt worden waren, und forderten unter Angebot der Übergabe den Kaufpreis zuzüglich der $4\frac{1}{2}\%$ Zinsen seit Abschluss des Kaufvertrags bis zur Erfüllung. Die Käufer boten zwar den Kaufpreis an, meinten aber, nicht zu den Zinsen verpflichtet zu sein, da es an den Verkäufern gelegen habe, dass die Übergabe nicht stattfand. Sie hätten das Geld stets bereit gehalten, was sie mit einem Eid bestätigen wollten. Außerdem hätten es auch einige beim Magistrat hinterlegt. Die Kläger meinten, dass sie bereit seien, auf die Zinsen zu verzichten, wenn das Geld nun hinterlegt würde. Der Hof von Holland verurteilte die Käufer zur Zahlung des Kaufpreises unter Zusprechung der $4\frac{1}{2}\%$ Zinsen für den kompletten Zeitraum vom Abschluss des Vertrags bis zur Erfüllung.

Nach Appellation beim Hoge Raad meinten alle Ratsherren, dass die Käufer von den Zinsen nicht befreit werden sollten, allein deshalb, weil die Übergabe nicht erfolgt war, auch wenn dies an den Verkäufern gelegen habe. Zur Begründung führt Van Bijnkershoek an, dass die Käufer den Besitz der Immobilien und Erträge erlangt hatten. Dies ergebe sich aus C. 4. 49. 5.[103] Es genüge daher nicht, dass die Käufer den Kaufpreis

103 Siehe dazu oben S. 128.

immer verfügbar hatten, sondern nur, wenn sie ihn tatsächlich (dauerhaft) hinterlegt hätten. Allein die Hinterlegung nämlich halte den Lauf der Zinsen auf, wie sich aus C. 4. 32. 6 und Sande Buch 3, Kap. 4. Def. 8 ergebe.

Der angeführte Beleg C. 4. 32. 6 bestimmt, dass bei Abwesenheit des Gläubigers der Schuldner das Geld hinterlegen muss. Dann aber, so argumentiert Van Bijnkershoek weiter, waren die Zinsen nicht ab dem Zeitpunkt des Vertragsschlusses zu leisten, wie es der Hof entschieden hatte, sondern erst ab Erlangung des Besitzes. Insoweit korrigierte der Hoge Raad die Entscheidung des Hofs.

Die Verkäufer behaupteten vor dem Hoge Raad ferner, dass die Käufer die Summe in einem Fall nicht beim zuständigen Magistrat hinterlegt hätten, und es ihnen auch nicht angezeigt worden sei. Dieser Behauptung schenkten die Richter des Hoge Raad nach dem Bericht Van Bijnkershoeks jedoch keinen Glauben, denn die Käufer hätten die Hinterlegung und deren Ort angezeigt, und dagegen hätten die Verkäufer auch keinen Einspruch erhoben.

Hinsichtlich der Höhe der Zinsen waren sich die Ratsherren jedoch nicht einig. Die Mehrheit der Ratsherren[104] meinte, dass nur 4% Zinsen jährlich verlangt werden dürften.[105] Der Grund hierfür sei, dass die Übertragung bereits durch den Vertrag erfolgt sei, die Zinsen deshalb zu 4% zugesprochen werden müssten, was sich bereits aus C. 4. 49. 5 ergebe.

Van Bijnkershoek und ein anderer Ratsherr[106] – jedoch nicht die Mehrheit – meinten, dass das Gesetz nur bestimme, dass Zinsen ab Erlangung des Besitzes zu leisten seien, nicht jedoch deren Höhe. Die Höhe der Zinsen seien, da die Käufer im Verzug seien, nach der Regelung im Vertrag zu bestimmen, in dem ein Zinssatz von $4\frac{1}{2}$% vereinbart worden war.

Van Bijnkershoek, der streng mit dem Wortlaut von C. 4. 49. 5 und der vertraglichen Vereinbarung argumentierte, konnte sich in dieser Entscheidung jedoch nicht gegen die Mehrheit durchsetzen. Der Wortlaut dieser Vorschrift enthält keine Bestimmung der Zinsen. Allein aber die Tatsache, dass die Käufer hier bereits Nutzungen aus dem Grundstück gezogen hatten, obwohl sie noch nicht Eigentümer waren, was am Verhalten der Verkäufer lag, führte hier jedoch zur Verpflichtung, Zinsen zu erstatten. In dieser Entscheidung legte die Mehrheit der Richter die Verzinsung auf 4% fest.

Die Verpflichtung zur Zinszahlung bestätigte der Hoge Raad in einer weiteren Entscheidung vom 30. März 1719, Obs. Tum. Nr. 1524, wobei keine Aussage über die Höhe getroffen wurde. Der Käufer hatte 1703 ein Landgut mit Haus und anderem Zubehör erworben. Nicht inbegriffen in den Vertrag waren die Standbilder, die sich auf dem Grundstück und im Haus befanden. Zwischen Verkäufer und Käufer war vereinbart worden, dass der Kaufpreis in drei Raten zu zahlen sei. Nach Zahlung einer Rate kam der Käufer in den Besitz des Landguts. Die übrigen Raten bezahlte er jedoch nicht rechtzeitig, sondern entzog sich sowohl der Zahlung als auch der Übereignung. Denn

104 Schaap, Ketelaar, Van Santheuvel und Admiraal

105 Bei Van Bijnkershoek steht hierfür *usuras trientes*. Die Bezeichnung „triens“ bedeutet wörtlich $\frac{1}{3}$. Zinsen wurden zu jeweils 1% pro Monat berechnet. $\frac{1}{3}$ monatlich ergibt einen jährlichen Zinssatz von 4%.

106 Es waren die Ratsherren De Vries, der in diesem Fall *rapporteur* war, und De Rovere. Insoweit ist Van Bijnkershoek ungenau.

er bereute den Kauf, den er betrunken geschlossen hatte. Daraus entstanden mehrere Prozesse beim Hof über den Kaufpreis und die Zinsen und über das Bestehen oder Nichtbestehen von Veräußerungshindernissen (Van Bijnkershoek erwähnt als Beispiele Fideikommiss und Lehnsrecht). Diese Rechtsstreitigkeiten führten zu mehreren einredebehafteten Urteilen des Hofs. Unterdessen hatte der Verkäufer im Jahre 1708 von den Staaten Hollands das Privileg erlangt, wodurch das Lehensgut in ein Allodial-Gut umgewandelt worden war, und 1713 ein anderes Privileg, womit der Fideikommiss, sofern er bestand, abgeschafft wurde. Damit waren also die Hauptveräußerungshindernisse beseitigt.

Nachdem gegen das letzte einredebehaftete Urteil beim Hoge Raad Berufung eingelegt worden war, verhandelten die Parteien dort über alle Rechtsstreitigkeiten gemeinsam,[107] insbesondere aber über die Zinsen wegen der verspäteten Zahlung. Der Verkäufer bestand bezüglich der Zinsen auf seinen Rechten aus dem gemeinen Recht (*ius commune*), insbesondere aus D. 19. 1. 13. 20 und 21,[108] C. 4. 32. 3 und C. 4. 49. 5. Die Belege D. 19. 1. 13. 20 und 21 gewähren dem Verkäufer die Zinsen aus dem Kaufpreis, wenn der Käufer im Besitz der Sache ist und daraus Nutzungen zieht (D. 19. 1. 13. 20). Nach D. 19. 1. 13. 21 kommt es nur auf die tatsächliche Übergabe des Besitzes an, nicht darauf, dass der Besitz auch ungestört ist. Allein die Möglichkeit der Fruchtziehung reicht aus. C. 4. 32. 3 spricht bei einer Forderung aus einem Vertrag trotz des grundsätzlichen Verbots von Zinseszinsen diese dem Gläubiger zu.

Der Käufer[109] verteidigte sich dagegen mit der Behauptung, er sei nicht im Verzug gewesen. Er habe den Kaufpreis wegen der Hindernisse nicht gezahlt.

Der Hoge Raad meinte aber, gleich welcher Art diese Hindernisse letztlich waren, und selbst wenn der Käufer nicht im Verzug war, dass er zur Zahlung der Zinsen verpflichtet war, was sich aus C. 4. 49. 5 ergebe, nämlich wegen Fruchtziehung. Damit bestätigte er die bereits oben dargestellte Rechtsprechung.[110]

Dem Käufer half es auch nicht, dass durch ein einstweiliges Urteil des Hofs dem Verkäufer die Zinsen verweigert worden waren. Denn das einstweilige Urteil hatte einen anderen Grund, den Van Bijnkershoek allerdings nicht nennt. Einstimmig beschloss der Hoge Raad und, wie Van Bijnkershoek meint, mit Recht, dem Verkäufer die Zinsen aus dem Kaufpreis zuzusprechen. Ein Ratsherr wollte nur ab dem Beginn des Verfahrens die Zinsen zusprechen.[111]

Neben diesen Zinsen bezüglich des Hauses wurden auch Zinsen wegen der Statuen verlangt, wobei der Hoge Raad nur die fest mit dem Boden verbundenen als vom Kauf

107 Wenn die Parteien dies einvernehmlich taten, bestand gegen die Verbindung der Verfahren kein prozessrechtliches Hindernis.

108 Van Bijnkershoek zitiert D. 19. 1. 13. 21 auch in der *resolutie*. Er ist übrigens der einzige Richter, der einen Beleg anführt.

109 In der Edition steht irrtümlich „venditor" (Verkäufer).

110 Van Bijnkershoek fügt noch hinzu, dass die angeführten Hindernisse auch nicht so erheblich und vom Käufer deswegen zusammengesucht waren, um vom Kauf zurückzutreten, weil sie nur für die Erhebung der *actio quanti minoris* (Minderung) ausgereicht hätten, wenn sie auch tatsächlich vorlagen.

111 Die *resolutie* lässt vermuten, dass dies der *rapporteur* Admiraal war, der die Zinsen seit *litiscontestatio* beim Hof zusprach.

umfasst ansah.[112] Diesbezüglich verlangte der Verkäufer Zinsen ab Vertragsschluss. Diese Zinsen verweigerte der Hoge Raad, nicht allein, weil aus Statuen (anders als aus Grundstücken) keine Früchte gezogen werden können,[113] sondern auch, weil das Besitzrecht an beweglichen Sachen nicht so sicher sei, wie das bei Immobiliarsachen. Der Hauptgrund lag aber darin, dass jene Statuen erst kürzlich geschätzt worden seien und es nicht Sache des Käufers sei, einen Preis zu bezahlen, der noch nicht bestimmt wurde. Insoweit ist der Hoge Raad auf derselben den Vertrag erhaltenden und käuferfreundlichen Linie wie in der oben angeführten späteren Entscheidung Obs. Tum. Nr. 1558.[114] Da dafür noch nicht einmal ein Kaufpreis bestimmt worden war, verweigerte der Hoge Raad auch die Zuerkennung von Zinsen.

b) Die Verzinsungspflicht unter Kaufleuten

Bei Handelsgeschäften dagegen war der vom Käufer für die Nutzung der Sache zu zahlende Zinssatz höher. Einheitliche Regelungen sah das römische Kaufrecht nicht vor. Der von Grotius[115] genannte Zinssatz von $6\frac{1}{4}\%$ war nur ein Vorschlag, keine allgemeingültige Regelung. Bestimmungen gab es dagegen im Statutarrecht. Vor dem Hoge Raad relevant waren vor allem die Statuten von Amsterdam vom 28. November 1609[116] und dem erneuerten Statut vom 30. J anuar 1665.[117] Die Höhe der Zinsen war davon abhängig, wo der Vertrag geschlossen worden war.

In der Entscheidung Obs. Tum. Nr. 647 vom 12. September 1710 hatte Sempronius – vermutlich ein Kaufmann – in Amsterdam einige Waren gekauft. Da der Marktpreis jedoch gesunken war, wollte der Käufer die Waren nicht abnehmen und auch nicht bezahlen. Der Verkäufer erreichte vom Schöffengericht in Amsterdam die Befugnis, die Waren zu verkaufen. Auf Grund der Marktlage konnte er jedoch keinen Gewinn machen und verlangte vom Käufer den Mindererlös mit Zinsen zu 8%, sowie die durch den Verkauf angefallenen Unkosten (vermutlich Makler- oder Versteigerungsgebühren). Die Amsterdamer Schöffen sprachen ihm den Mindererlös und dazu 200 Gulden zu, ohne jedoch zu sagen wofür.

Der Käufer ging dagen in Berufung beim Hof von Holland. Der Verkäufer erhob *grieven a minima*.[118] Unter Beseitigung seiner Beschwer gab der Hof der ganzen Klage statt. Der Hof verurteilte den Käufer also zum Ausgleich der Differenz zwischen dem Mindererlös und dem vereinbarten Kaufpreis mit einer Verzinsung von 8%.

Durch erneute Berufung kam die Entscheidung zum Hoge Raad. Das Gericht hatte keinen Zweifel daran, dass der Käufer leichtfertig den Kauf nicht gelten lassen wollte. Der Käufer habe sogar das Urteil des Hofs akzeptiert, da es keinen Streit hinsichtlich

112 Zur Begründung siehe hierzu S. 138.
113 Van Bijnershoek meint, dass allein diese Begründung nicht ausreichen dürfte. Dies erscheint nachvollziehbar, denn Kunstgegenstände haben für den Kunstfreund immer einen Nutzwert, wenngleich dieser nur sehr schwer bezifferbar ist. Van Bijnkershoek steht insoweit auf einem idealistischen Standpunkt, vgl. Obs. Tum. Nr. 62, siehe S. 240.
114 Siehe oben S. 116.
115 Grotius, Inleidinge, Lib. III, Kap. XV, § 1.
116 Handvesten en Keuren van Amsterdam, S. 280 B.
117 Ebenda, S. 904.
118 Vgl. für den Hoge Raad oben, S. 81.

der Zinsen zu 8% gegeben habe. Nach dem Statut von Amsterdam vom 28. November 1609[119] würden nach Ansicht von Van Bijnkershoek Zinsen zu 8% bei Geldschulden in Handelsangelegenheiten geschuldet. Gleichwohl hatten aber einige Ratsherren gemeint,[120] dass dieses Statut gewöhnlich nicht beachtet werde, insbesondere, da den Amsterdamer Schöffen in diesen Fall keine Abrechnung vorgelegen hätte.

Dies aber sei – so Van Bijnkershoek – tatsächlich nicht der Fall gewesen. Deshalb waren sich die Richter in ihrer Entscheidung nicht sicher. Das Gericht beschloss, da der Fall von großer Bedeutung sei, die Entscheidung des Amsterdamer Magistrats einzuholen, ob dieses Statut beachtet wird oder nicht. Der Hoge Raad erhielt zur Antwort, das Statut werde beachtet, wenn der Gegner auf die Zinsen zu 8% bestehe, oder klar sei, dass der Schuldner nicht im Verzug war. Da aber beide Ausnahmen hier nicht vorlagen, bestätigte der Hoge Raad das Urteil des Hofs.

Auch in einer späteren Entscheidung, Obs. Tum. Nr. 1486 (Entscheidung vom 29. Oktober 1718),[121] stritten die Parteien über die Höhe des Zinssatzes im Zusammenhang mit einem Termingeschäft auf die Lieferung von Branntwein. Der Käufer reagierte am vereinbarten Termin nicht auf die Anzeige des Verkäufers zur Abnahme und Zahlung des Preises.[122] Mit Ausnahme von Van Bijnkershoek plädierten alle Richter dafür, Zinsen zu 4% zuzusprechen. Die Mehrheit der Richter führte wie der Hof von Holland zur Begründung seines Urteils an, das Amsterdamer Statut vom 28. November 1609 finde nur unter Kaufleuten Anwendung, die beliefert werden und nicht pünktlich zahlen. Außerdem spreche es von Geldern, die aus Posten von Kaufleuten stammen. Im Statut vom 30. Januar 1665 sei ebenfalls von Posten von Kaufleuten etc. die Rede.

Van Bijnkershoek argumentiert dagegen, dass in diesem Statut als Voraussetzung die Übergabe der Waren verlangt werde, die hier allerdings nicht erfolgt sei. Gleichwohl aber, so schließt Van Bijnkershoek, siegte das (für den Käufer) wohlwollendere Urteil. Dagegen spricht sich Bijnkershoek klar für die Gesetzesbindung des Richters aus, denn es sei dem Richter nicht erlaubt, gegen das Gesetz wohlwollend zu sein.

In dieser Entscheidung konnte sich Van Bijnkershoek mit seiner streng am Gesetz orientierten Ansicht noch nicht durchsetzen. Dies gelang ihm erst in der Entscheidung Obs. Tum. Nr. 2107 vom 11. Januar 1725.[123] Van Bijnkershoek verweist in den Observationes ausdrücklich auf die frühere Entscheidung Obs. Tum. Nr. 1486. Einer und wohl auch ein zweiter Richter wandten nur das Statut vom 28. November 1609 an.[124]

Alle anderen[125] waren jedoch der Ansicht, dass sowohl das Statut vom 28. November 1609 als auch das vom 30. Januar 1665 *generell* bei Verzug eines Käufers anzuwenden sei. Sie schlossen sich damit der Ansicht Van Bijnkershoeks aus Obs. Tum. Nr. 1486 an. Die Richter wollten das Statut sogar hinsichtlich der Art und Weise des Angebots,

119 Handvesten von Amsterdam 1639, S. 116 und Van Bijnkershoeks verschollenes Werk Corpus Juris Hollandici, Farragines Nr. 1017.

120 Die Namen der Ratsherren lassen sich nicht ermitteln, weil eine *resolutie* für diesen Fall fehlt.

121 Die *resolutie* zu diesem Fall fehlt.

122 Zu den Details des Falles, speziell der Problematik des Termingeschäfts, siehe S. 154.

123 Siehe dazu unten S. 156. Es ging ebenfalls um ein Termingeschäft auf Lieferung von Branntwein.

124 Der Ratsherr De Roovere äußerte Bedenken hinsichtlich der Zinsen und auch Van der Hoop wollte nur Zinsen zu 4% zusprechen.

125 Es waren der *rapporteur* Van Hees, Schaep, Keetlaer, Visscher, Van Bleiswijk, Duirkant und Van Bijnkershoek.

nämlich auf die Frage anwenden, ob die Übergabe tatsächlich stattgefunden hat oder der Verkäufer die Übergabe nur anbieten muss. Der Verkäufer hatte im vorliegenden Fall die Waren angeboten. Am vereinbarten Termin hatte die Übergabe nur wegen der Weigerung des Käufers nicht stattgefunden. Wenn dem so war, so formuliert Van Bijnkershoek überspitzt, warum wurde er dann nicht zu den Strafzinsen verurteilt, die allein zur Verhinderung des Verzugs und wegen der Frechheit des Käufers festgesetzt sind? Wenn es erlaubt sein soll, durch Nichtannahme der Waren am fälligen Termin die Strafzinsen zu umgehen, obwohl der Verkäufer bereit ist, kann sie ein trotziger Käufer immer vermeiden und so mit dem Statut sein Spielchen treiben. An dieser Stelle argumentiert Van Bijnkershoek also teleologisch mit Sinn und Zweck der Bestimmung.[126]

Die Umgehung des Gesetzes, das ein gewisses Verhalten verhindern soll, gerade dadurch, dass Verhalten noch intensiviert wird, ist das Hauptargument dafür, hier dem Verkäufer das Recht auf die Zinsen zu 8% zuzusprechen. Van Bijnkershoek konnte sich mit seiner streng am Gesetz orientierten Argumentation letztlich mit Hilfe von rechtspolitischen Hilfsargumenten durchsetzen. Diese formuliert er stark pointiert. Es ist zu vermuten, dass er auch so bei der Erörterung des Falls im Kollegium argumentierte und damit die Mehrheit der Richter damit auf seine Seite zog.

Pauw berichtet ebenso von einem Fall, Obs. Tum. Nov. Nr. 1025 vom 17. September 1767,[127] in dem das Gericht wieder anders entschied. Der Verkäufer verlangte wiederum die 8%-ige Verzinsung. Das Schöffengericht von Amsterdam und der Hof von Holland gaben dieser Forderung statt. Von den acht Ratsherren des Hoge Raad sprachen sich die ersten fünf zunächst ebenfalls dafür aus.[128] Pauw, der zuletzt sein Urteil abgab, vertrat hier die Ansicht, dass die Zinsen nach dem Amsterdamer Statut vom 28. November 1609 an Stelle einer Strafe gegen solche Käufer erlassen wurde, die in einfach gelagerten Fällen die Zahlung aufschieben. Eine solche leichtfertige Verzögerung sei aber dann nicht gegeben, wenn der Käufer einen glaubhaften Grund für einen Prozess hatte. Dies sei hier der Fall (weil die Lieferungsmodalitäten unklar gewesen seien), so dass der Beklagte nicht mit dem doppelten Zinssatz bestraft werden dürfte. Von diesem Argument überzeugt, änderten auch die übrigen Ratsherren ihre Ansicht.[129] Der Hoge Raad hob daher insoweit das Urteil der Unterinstanzen auf und sprach dem Kläger nur den Zinssatz zu 4% zu.[130]

IV. Pflichten des Verkäufers

Im folgenden Abschnitt sollen die Pflichten des Verkäufers behandelt werden. Während man im modernen Recht zwischen Haupt- und Nebenpflichten des Verkäufers unterscheidet und an diese Unterscheidung bei einem Verstoß unterschiedliche Rechtsfolgen

126 Ganz so scharfzüngig ist Van Bijnkershoek in der *resolutie* nicht: „Nopens de saek self idem [mit den vorherigen Richtern], belangende d' interessen, dat het 't selve is, de leverantie te doen, of dat die gepraesent. sijnde door de quaatwillight. van de kooper niet geschiet, dat hier geen culpa venditoris is en mitsdien idem."

127 Siehe dazu unten S. 193.

128 Dieser Ansicht waren der *rapporteur* Hoeufft, Dierkens, Mauregnault, Hees und Hemers.

129 Am Ende der *resolutie* wird vermerkt „postea omnes idem met Hr. Pauw."

130 Aus der *resolutie* ergibt sich, dass auch Van Santheuvel diese Ansicht schon bei der ersten Abstimmung vertreten hatte. Nichts dazu äußerte dagegen der Ratsherr Van Nispen.

anknüpft, gab es diese klare Differenzierung im *usus modernus* noch nicht. Aber auch im 17. und 18. Jh. wurde es als selbstverständlich angenommen, dass der Verkäufer bei einem Kaufvertrag als Austauschvertrag als Gegenleistung für den Kaufpreis dafür sorgen muss, dass der Käufer die Kaufsache bekommt und auch behalten darf.[131] In der Literatur wurden diese Pflichten allgemein umschrieben: Grotius meint dazu, auf Verkäuferseite bestehe die Erfüllung des Vertrags in seiner Verpflichtung, wenn er Eigentümer der Kaufsache ist, den Käufer zu ihrem Eigentümer zu machen.[132] Van Leeuwen formuliert unter Verweis auf D. 19. 1. 2, D. 19. 1. 3. 1 und D. 19. 1. 11. 2 diese Verpflichtung so, dass der Verkäufer dafür sorgen muss, dass der Erwerber volles und freies Eigentum erwirbt und behält.[133] Dies geschieht nach Grotius[134] durch Übergabe der Kaufsache und Einräumen des Besitzes. Wenn der Verkäufer der Eigentümer der Kaufsache war, führte die auf Grund eines wirksamen Kaufvertrags erfolgte *traditio* zum Eigentumsübergang auf den Käufer.[135] War der Verkäufer dagegen nicht Eigentümer, musste er dem Käufer den bloßen Besitz (*vacuam possessionem*) übertragen, so dass er das Eigentum durch Verjährung erlangen kann, wenn gegen den Erwerber keine rechtlichen Schritte durchgeführt werden. Die Verjährung konnte daher nach Grotius auch eine dingliche Wirkung entfalten, also rechtsgestaltend wirken, während sie im modernen Recht nur eine Einrede darstellt, die die Durchsetzung eines Rechts hindert.[136] Das vorstehende galt grundsätzlich für bewegliche und unbewegliche Kaufgegenstände gleichermaßen.[137] Bei Grundstücken reichte die bloße *traditio* allerdings nicht aus. Es musste zusätzlich eine *cessio in jure coram iudice loci*, d. h. eine formelle Übertragung des Eigentums vor dem lokalen Schöffengericht, erfolgen. In diesem formellen Verfahren musste der Verkäufer sein Eigentum durch Vorlage der Urkunden nachweisen. Die formelle Übertragung der Immobilie ging mit der Zahlung der Steuern (des 40sten Pfennigs nach dem Plakat Karls V. von 1529 und ggf. des *pondgelds*) einher.[138] Darüber hinaus war der Verkäufer verpflichtet, dem Käufer auf Verlangen die Grenzen zu zeigen und alle Dokumente oder Titel, die sich in seinem Besitz befinden, auszuhändigen.[139] Dass dies auch in der Praxis so gehandhabt wurde,

131 Gerade im letzten Punkt, nämlich dem, was geschieht, wenn der Käufer die Sache nicht behalten darf, weil sie ein Dritter herausverlangt, liegt – wie der Abschnitt über die Haftung für Eviktion zeigen wird – ein entscheidender Unterschied gegenüber dem modernen Recht.

132 Grotius, Inleidinge, Lib. III, Kap. XV, § 4.

133 Van Leeuwen, Rooms-Hollands-Regt, Lib. IV, Kap. 18, § 2.

134 Grotius, Inleidinge, Lib. III, Kap. XV, § 4.

135 Auf die Problematik der Kreditgewährung an den Käufer, bei der die *traditio* nicht zum Eigentumswechsel führte, wird später eingegangen.

136 Eigentlich spricht Grotius damit die Erlangung des Eigentums durch Ersitzung an. Der (frühere) Eigentümer kann nach Ablauf der Zeit sein Eigentum nicht mehr geltend machen. Das Recht ist verjährt. Im modernen deutschen Recht führt die Ersitzung nach §§ 937 ff. BGB dagegen bei beweglichen Sachen unmittelbar zum Erwerb des Eigentums. Es handelt sich also nicht um eine Einrede.

137 Darin liegt ebenfalls ein Unterschied zum Institut der Ersitzung nach dem BGB. Nach deutschem Recht können nur bewegliche Sachen ersessen werden, Grundstücke dagegen nicht; vgl. die vorige Fn. Auch dies ist eine Wirkung eines funktionierenden Grundbuchsystems, das es in den Niederlanden des 18. Jh. so noch nicht gab. Grundbücher dokumentieren Rechte dauerhaft, so dass Eigentumserwerb durch Ersitzung nicht notwendig wird.

138 Zu diesem Plakat siehe oben S. 118.

139 Grotius, Inleidinge, Lib. III, Kap. XV, § 4.

zeigen die Entscheidungen Obs. Tum. Nr. 1488[140] und Obs. Tum. Nr. 3261.[141] Der Verkäufer musste alles Erforderliche tun, um den Käufer zum Eigentümer zu machen. Konnte der Verkäufer dies nicht, weil er nicht Eigentümer der Immobilie war, hatte er gleichwohl mit der Einräumung des Besitzes die Verpflichtung aus dem Kaufvertrag erfüllt.[142] Welche Folgen es hatte, wenn der Verkäufer das Eigentum nicht verschaffen konnte, wird im Rahmen der Haftung für Eviktion behandelt.

1. Umfang der Verpflichtung und Qualität der Kaufsache

Bevor im Folgenden aber auf die besondere Problematik bei Immobiliarsachen eingegangen wird, sollen zunächst die Verpflichtungen des Verkäufers bei Mobilien behandelt werden. Während bei Immobilien die Bestimmung ihrer Qualität in der Vereinbarung zumeist klar ist – Vertragsgegenstand ist eine bestimmte Immobilie, nicht irgendein Objekt – ist bei Handelswaren die Auswahl und Qualität üblicherweise größer. Treffen hier die Parteien keine klare Absprache über die Qualität und entspricht die Lieferung nicht der Erwartung des Käufers, ist ein Streit darüber absehbar.

a) Qualität der Kaufsache

Im modernen deutschen Recht hat der Verkäufer eine Kaufsache von mittlerer Art und Güte zu leisten, so wie sie nach Treu und Glauben erwartet werden kann. Eine entsprechende Regel leitet Van Bijnkershoek in der Entscheidung Obs. Tum. Nr. 2582 vom 23. Mai 1730 aus einem anderen Rechtsgebiet her.

Der Käufer hatte vom Verkäufer 5000 Pfund isländische Walfischbarten erworben. Zwischen den Parteien war „gut konditionierte Ware“ vereinbart. An dieser sehr allgemeinen Vereinbarung entzündete sich schließlich der Streit, da beide Parteien „gut konditionierte Ware“ unterschiedlich verstanden. Bei Übergabe wollte der Käufer die Walfischbarten nicht abnehmen, da sie „krumm oder *krummrugig*“ seien.[143] Dies bestätigten auch drei Zeugen, die man zur Prüfung der Waren abgeordnet hatte. Der Verkäufer bestritt den Umstand auch nicht, sondern verteidigte sich damit, dass es ausreiche, wenn er krumme Walfischbarten liefere. Hierfür gab es ebenfalls Aussagen von Amsterdamer Händlern und Maklern. Diese waren allerdings ebenfalls nicht eindeutig. Das

140 Die Käufer machten in diesem Fall u. a. geltend, die Übertragung des Grundstücks sei nicht ordentlich erfolgt, weil nur einer der Schöffen bei der Übertragung zugegen gewesen sei und ein zweiter die Urkunde unterzeichnet habe. Dies sei – so meint Van Bijnkershoek – aber auch bei anderen Verfahren der freiwilligen Gerichtsbarkeit häufig der Fall. In der Hauptsache ging es darum, ob auch noch eine Scheune vom Vertrag mit umfasst war. Das habe der klagende Käufer aber nicht beweisen können. Außerdem sei (neben anderen Punkten) seine Klageschrift unzureichend gewesen, so dass das Gericht die Berufung einstimmig ablehnte.

141 In dieser Entscheidung vom 31. Oktober 1741 ging es vor allem um die nicht erfolgte Übergabe der Urkunden, die der Käufer rügte und deswegen nicht zahlte. Die fehlende Übergabe der Urkunden machte den Vertrag aber nicht ungültig, wie der Käufer meinte. Van Bijnkershoek verweist dazu auf C. 1. 10. 13 und C. 4. 44. 14.

142 Grotius, Inleidinge, Lib. III, Kap. XV, § 4 beschreibt die Verpflichtung des Verkäufers alternativ: Wenn er Eigentümer der Kaufsache ist, hat er dem Käufer das Eigentum zu verschaffen, anderenfalls schuldet er lediglich die Übertragung des Besitzes. Beides bezieht sich sowohl auf Mobiliarsachen als auch auf Immobiliarsachen.

143 Das heißt, sie eigneten sich vermutlich nicht für eine Weiterverarbeitung, z. B. zu Kämmen.

Schöffengericht von Amsterdam verurteilte den Verkäufer zum Ausgleich von Schaden und Interesse, den der Käufer auf Grund der nicht angemessenen Lieferung erlitten hatte und noch erleiden sollte. Die Parteien verhandelten daraufhin *omisso medio* direkt vor dem Hoge Raad. Dieser bestätigte die Entscheidung des Schöffengerichts. Zur Begründung führt Van Bijnkershoek an, dass die Situation mit der bei einem *legatum generis* verglichen werden kann, wo der Legatarius sich nicht das Allerbeste aussuchen kann, und auch nicht das Allerschlechteste aussuchen muss. Der Vertrag verlangte „gut konditionierte Ware", geliefert worden war allerdings Ausschuss. Als besondere Schwierigkeit kam hinzu, dass der Verkäufer zum Zeitpunkt des Geschäfts die Ware noch nicht hatte und sie von einem Dritten ebenfalls mit der Bestimmung „gut konditionierte Ware" erwarb. Das Amsterdamer Schöffengericht hatte die Lieferung im Verfahren zwischen Verkäufer und Drittem am gleichen Tag wie im Verfahren zwischen Verkäufer und Käufer jedoch gebilligt. Es gab also zwei widersprüchliche Entscheidungen des Untergerichts über dieselbe Ware und dieselbe vertragliche Vereinbarung. Der Hoge Raad bestätigte die Verurteilung des Verkäufers zum Schadensersatz durch das Schöffengericht mit der Begründung, dass der Verkäufer bei Übergabe der Ware durch den Dritten diese nicht wie der jetzige Käufer zurückgewiesen, sondern sie billigend angenommen hatte. Dies führte zur Erfüllung des Vertrags. Allein diese von allen Ratsherren geteilte Überlegung reiche – so Van Bijnkershoek – aus. Einige Ratsherren hatten noch weitere Argumente, die allerdings keine allgemeine Zustimmung fanden. Van Bijnkershoek nennt diese zusätzlichen Überlegungen nicht.[144]

Zur Bestimmung der Handelsbräuche holte der Hoge Raad die Aussagen der ortsansässigen Makler und Händler ein. Überraschend ist hier allerdings die von Van Bijnkershoek entwickelte Analogie zum Erbrecht. Erklären lässt sich dies damit, dass es sich bei einem *legatum generis* ebenfalls um eine vom Erblasser übertragene Verpflichtung des Erben handelt, die insoweit vergleichbar ist mit der *obligatio* des Verkäufers. Van Bijnkershoek bildet also auch in diesem Fall eine Analogie zu einem anderen Rechtsgebiet, um daraus eine allgemeingültige Regel zu entwickeln und diese für das Kaufrecht nutzbar zu machen.

b) Der Umfang des Kaufs

Die Frage, was vom Kauf mitumfasst ist, war in der bereits angesprochenen Entscheidung Obs. Tum. Nr. 1524 vom 30. März 1719 neben anderem zwischen den Parteien streitig. Verkauft worden war ein Grundstück mit Gebäude. Auf dem Grundstück und im Haus standen mehrere wertvolle Standbilder. Einige waren am Gebäude befestigt. Über alle diese Kunstobjekte entzündete sich der Streit zwischen den Vertragsparteien. Unstreitig nicht inbegriffen in den Vertrag waren die (beweglichen) Standbilder, die sich auf dem Grundstück und im Haus befanden. Was aber war mit den fest mit dem Boden verbundenen Statuen, insbesondere den Springbrunnen?[145] Waren diese vom

144 Aus der *resolutie* vom 19. Mai 1730 ergeben sich ebenfalls keine anderen Gesichtspunkte. Der *rapporteur* in diesem Fall war Van Hees. Die Ratsherren Keetlaer, De Roovere, Van Hoop, Van Bleiswijk, Duirkant, Van Does, De Grande und Van Bijnkershoek stimmten zu.

145 Van Bijnkershoek umschreibt dies bildhaft mit den Worten „Figuren, aus deren Münder üblicherweise Wasser springt.", (Inter eas, quae terra continebantur, erant et personae, ex quarum rostris

Kaufvertrag mitumfasst oder gehörten diese weiter dem Verkäufer? Sollte man diese Frage nach dem Vertrag oder nach den gesetzlichen Vorschriften entschieden werden?

Die Ratsherren des Hoge Raad waren sich in diesem Punkt nicht einig. Van Bijnkershoek meint aus D. 19. 1. 17. 9 stehe fest, dass die Statuen zum Haus gehören, und aus gemeinem Recht *ius commune* gehöre alles das zum Haus, was an die Wände angebaut war. Der Beleg enthält genau diese Formulierung.[146] Gleichwohl meinten jedoch einige Ratsherren,[147] dass auf Grund des Vertrags alle Statuen ausgenommen waren und die Übereinkunft „das Gesetz“ sei.[148] Van Bijnkershoek dagegen wendet zusammen mit der Mehrheit den Wortlaut des Vertrages an, wonach „alle die Standbilder mit Füßen oder Sockeln“ vom Kauf ausgenommen waren. Dies – so meinte die Mehrheit der Ratsherren – sei dasselbe, wie wenn die Parteien vereinbart hätten, dass alle Standbilder mit „eben diesen“ Füßen oder Sockeln ausgenommen worden wären. Die Vertreter der Gegenansicht[149] argumentierten, dass es dann unnötig gewesen sei, dies zu regeln, weil sich dies schon aus dem Gesetz selbst ergebe. Es werde aber doch nicht viel in die Verträge eingefügt, was das gemeine Recht nur erläutert, wie wenn man beim Kaufvertrag vereinbart, dass alles dem Käufer zufallen soll, was mit der Erde verbunden ist, und was ähnlich ist. Also wurde mit Mehrheitsentscheidung beschlossen, dass alle unbeweglichen Statuen dem Käufer gehören.

Die Notizen Van Bijnkershoeks zeigen hier anschaulich, wie die Richter den Fall diskutierten und die Argumente gegeneinander abwogen, um dann zu einer auch mit dem römischen Recht vereinbaren Lösung zu kommen. Insoweit zeigt diese Observation den juristischen Diskurs, den die Juristen im Hoge Raad führten. Ausgehend von der gesetzlichen Regelung in Verbindung mit der als „gemeines Recht“ aufgefassten Anwendungstradition kommen die Richter zur konkreten Anwendung auf den Fall und stellen sich dabei die Frage nach der Motivlage. Auffällig ist dabei die Äußerung, dass die vertragliche Regelung die Regelung im Gesetz durchbrechen kann. In dieser Diskussion wird auch der Unterschied zwischen moderner Rechtsfindung und der Rechtsfindung am Hoge Raad klar. Der Unterschied besteht darin, dass nach modernem Verständnis das „Recht“ vor allem im Gesetz niedergelegt ist. Der moderne Richter hat das in Gesetz und höchstrichterlicher Rechtsprechung niedergelegte Recht anzuwenden. Recht entsteht beim Hoge Raad dagegen durch den Diskurs der Richter auf der Basis von früheren Entscheidungen, der Literatur, dem Statutar- und Gewohnheitsrecht sowie dem römischen Recht.

---

aqua salire solet.) Vgl. D. 19. 1. 17. 7: Item constat sigilla, columnas quoque et personas, ex quorum rostris aqua salire solet, villae esse.

146 Siehe ebenso D. 19. 1. 17. 7.

147 Wie sich aus der *resolutie* ergibt, waren es De Vries, Schaep, De Roovere und Van Vrijhooven, denen der Ratsherr De Roovere zustimmte.

148 Sed tamen harum pretium ab emptore esse refundendum quidam Senatores respondebant, quia ab emptione exceptae erant *omnes statuae*, et pacta legem dare contractibus ...

149 Es war der *rapporteur* des Falls Admiraal. Der Ratsherr Keetlaer meinte, nur die Bilder, die auf den Piedestalen standen, seien ausgenommen. Van Bijnkershoek führt aus, die Springbrunnen seien mitverkauft und die feststehenden Bilder gehörten ebenfalls dazu. Ausgenommen seien hier nur die losen Standbilder auf den Piedestalen. Van der Hoop war sich dessen nicht klar. Er meinte aber, die Regelung müsse zum Nachteil des Verkäufers ausgelegt werden. Van Hees ist der Ansicht, dass nur die Bilder auf den Piedestalen ausgenommen seien. Die Argumentation ist in der *resolutie* allerdings nicht enthalten.

2. Übereignung von Grundstücken

Die Verpflichtung, den Käufer zum Eigentümer der Sache zu machen, war bei der Übertragung von Immobilien an einen formellen Akt gebunden. Die Übertragung der Grundstücke hatte vor den Magistraten bzw. Schöffen des Ortes zu geschehen. Dabei genügte es allerdings, wie bereits oben in Obs. Tum. Nr. 1488 angesprochen, wenn ein Schöffe zugegen war. Zu der förmlichen Übertragung gehörte, dass der Käufer den 40sten Pfennig nach dem Plakat Karls V. von 1529 zahlte.

Dass allein der Abschluss des Kaufvertrags oder die Zahlung des Kaufpreises noch nicht den Übergang des Eigentums zur Folge hatte, musste die Klägerin in Obs. Tum. Nr. 764 (22. April 1711 und 31. Juli 1711)[150] und deren Fortsetzung Obs. Tum. Nr. 810 (Entscheidung vom 18. Dezember 1711) schmerzlich erfahren. In der Entscheidung Obs. Tum. Nr. 764 hatte die Klägerin ein Haus gekauft und bereits einen großen Teil des Kaufpreises beglichen. Die förmliche Übertragung des Hauses hatte noch nicht stattgefunden. Der Verkäufer wurde danach zahlungsunfähig, so dass der Magistrat von Den Haag für dessen Güter einen Verwalter bestellte.[151] Dieser rechnete die Kaufsache zu der von ihm verwalteten Insolvenzmasse und wollte es in diesem Rahmen zu Gunsten der Konkursmasse bewirtschaften. Die Käuferin sah sich durch dieses Verhalten in ihrem ungestörten Besitz beeinträchtigt,[152] und wehrte sich in erster Instanz beim Hoge Raad[153] mit einem *mandement poenaal*, womit der Verwalter des Hauses verwiesen werden sollte. Der Hoge Raad wies die Klage der Käuferin ab. Van Bijnkershoek begründet dies damit, dass das Haus noch nicht der Käuferin gehörte, weil es ihr noch nicht (förmlich) übertragen worden sei. Statt dessen erteilte der Hoge Raad dem Verwalter nach einer weiteren Verhandlung die Erlaubnis, das Haus vermieten zu dürfen und renovieren zu lassen.

Aber auch die Erfüllung des Kaufvertrags, welche die Klägerin in Obs. Tum. Nr. 810 geltend machte, konnte sie nicht mehr verlangen. Der Verwalter setzte dem entgegen, dass nicht er, sondern die Gläubiger des ursprünglichen Eigentümers verklagt werden müssten, bzw. die Käuferin ein Vorrangrecht geltend machen müsste. Denn im Konkurs seien alle Gläubiger gleich zu behandeln. Sie könne daher nicht die Übertragung des Eigentums verlangen. Der Hoge Raad gab wiederum dem Verwalter Recht. Zur Begründung führt Van Bijnkershoek aus, es habe keine persönliche Forderung aus dem Kaufvertrag gegen den Verwalter bestanden. Das Recht der Klägerin sei nicht mehr wert als alle anderen Forderungen. Mangels förmlicher Übertragung des Eigentums und Zahlung des 40sten Pfennigs sei das Eigentum am Haus nicht übergegangen.

3. Befreiung von Lasten

Der Verkäufer musste das Eigentum frei von allen Servituten übertragen, wenn er sich keiner Schadensersatzpflicht ausgesetzt sehen wollte.[154] Servituten in diesem Sinne

150 Zu diesen Daten gibt es keine *resolutien*.
151 Gemeint ist der Verwalter für insolvente Vermögensmassen.
152 Zu dieser Frage siehe sogleich im folgenden Abschnitt.
153 Dass ein Verfahren in erster Instanz zulässig war, ist darauf zurückzuführen, dass es um eine Besitzsache ging. Siehe dazu S. 57.
154 Grotius, Inleidinge, Kap. XV, Nr. 5.

waren Steuerpflichten oder Rechte Dritter z. B. auf Grund einer Hypothek oder sonstige dingliche Rechte am Grundstück.[155] Diese Rechte konnten in Urkunden verbrieft sein oder sich aus Statutarrecht ergeben. Die Verpflichtung zur Übertragung frei von Lasten bedeutete im Fall der Hypothek oder eines Fideikommisses, dass der Verkäufer diese bei den Gläubigern bzw. Begünstigten ablösen bzw. durch hoheitlichen Akt aufheben lassen musste, sofern dies möglich war. Mit Zustimmung der Gläubiger konnte der Käufer auch diese Lasten übernehmen. Ging es dagegen um Steuern oder sonstige Verpflichtungen, die mit dem Grundstück verbunden waren, blieben diese bestehen, der Käufer des Grundstücks trat in die Pflicht ein. Der Verkäufer hatte diese aber im Kaufvertrag anzugeben.

Konnte der Verkäufer die Lasten nicht ablösen, führte dieser Fehler, wie bereits ausgeführt, nicht zur Nichtigkeit des Vertrags.

Wie die Befreiung von Lasten in der Praxis gehandhabt wurde, zeigt die Entscheidung Obs. Tum. Nr. 912.[156] In diesem Fall hatten die Verkäufer von einigen Ländereien und einem Haus erklärt, die Kaufobjekte von der Verpfändung, dem 100sten Pfennig (einer Steuer) und der Instandsetzung bis zu einem speziellen Datum zu befreien, ohne danach zu weiterem oder anderen Dingen verpflichtet zu sein. Nach diesem Zeitpunkt sollten alle Lasten auf die Käufer übergehen.[157] Außerdem sollten die Käufer den vollen Kaufpreis ohne jeden Abzug entrichten. Insbesondere sollten die Käufer den 40sten Pfennig und 10 Erhöhungen und den 80sten Pfennig, sowie die Gebühren für die Überschreibung der Immobilien tragen. Für das vorläufige Wohnrecht sollte der Käufer 1 Stuiver pro Gulden bezahlen. Außerdem sollten die Käufer zusätzlich zu den Übertragungskosten andere Abgaben, wie Armengelder u. ä. tragen.[158]

Obwohl der Hoge Raad auf diese Vereinbarung eine *willige condemnatie* verliehen hatte, ging der Käufer auf den Kauf ein. Käufer und Verkäufer stritten in Schuldhaft über die Verteilung des 40sten und 80sten Pfennigs. Der Käufer wollte die Steuer, deren Begleichung Voraussetzung für die formelle Übertragung der Immobilien war, nicht zahlen, da diese Last üblicherweise gleichmäßig zwischen Verkäufer und Käufer geteilt wird, wenn die Parteien darüber nichts vereinbart hatten. Der Hoge Raad antwortete, wobei Van Bijnkershoek als einziger anderer Ansicht war, dass aufgrund der Vertragsbestimmungen allein der Käufer zur Zahlung verpflichtet war.

Van Bijnkershoek legt den Vertrag aus und meint, dies nicht gelesen zu haben. Die Vereinbarung, „ohne zu etwas weiterem oder etwas anderem gehalten zu sein“, betreffe nur den 20sten Pfennig und die Wiederherstellung der Gebäude, wie es die Worte

155 Ein Beispiel ist der Zugang zum Tageslicht in Obs. Tum. Nov. Nr. 1745, siehe unten S. 207.

156 Die zugehörige *resolutie* trägt das Datum 9. Dezember 1712.

157 „De verkopers nemen aan alle de voorschreven partije te suiveren van de verpondingen en 100e penning mitsgaders reparatien tot ult. Dec. 1710 *sonder in eenige verdere, of iets anders gehouden te sijn*, sullende de verdere in alle de voorschreven respecten, na tijden voornoemt, komen ten laste van de respective kopers.“

158 „De respective kopers van de landerijen sullen haar cooppenningen moeten betalen in vrij gelt van allen, sonder eenige kortinge te mogen doen, 't zij uyt wat hoofde het zij, *als speciaal conditionerende, dat de respective kopers alleen, en sulks boven en behalven de cooppenningen, sullen moeten dragen den 40en penning en 10 verhogingen mitsgaders den 80en penning*, 't schrijven en segelen van brieven, en gelagen van schout en geregte en verdere leges. En ten reguarde van de huysinge sal den koper het rantsoen betalen to 1 st. per gulden. En sullen de respective kopers nog gehouden sijn het pont en andere gelden, alsmede armgelden etc.“

klar aussagten. Die Worte „wobei speziell bedingt wird, dass die jeweiligen Käufer", bezögen sich allein auf die Käufer der Landgüter. Nur darüber handele die Klausel und später gäbe es Ausführungen zur Bewohnung, wo nichts über den 40sten oder 80sten Pfennig gesagt werde. Keinen Einfluss habe, dass der Satz mit „die jeweiligen Käufer" beginne, denn auch der andere Satz habe mit der gleichen Einleitung („die jeweiligen Käufer der Ländereien") begonnen. Nur auf die Ländereien konnte sich die Bestimmung über die Zahlung der Zeche beziehen,[159] denn dies geschehe nur auf dem Land, nicht in Den Haag, wo das Haus lag. Nachdem über das Haus gesprochen worden sei, folgten allgemeine Bestimmungen, die sich bald auf das Haus, bald auf das Landgut bezogen, nämlich die Zahlung von Pfand und Armengeld etc. Dort stand aber nichts über den 40sten und 80sten Pfennig. Die Sache schien Van Bijnkershoek für den Käufer hinreichend klar, jedoch nicht hinsichtlich der Übereinkunft bzgl. der Steuer. Aber selbst wenn die Sache nicht klar gewesen wäre, sondern zweifelhaft, wie alle Senatoren zugaben, müsse nach D. 50. 17. 172, D. 18. 1. 21 ff. und D. 2. 14. 39 ff. gegen den Verkäufer entschieden werden.

Nach der allgemeinen Regel aus D. 50. 17. 172 wirkt eine zweifelhafte Abrede bei einem Verkauf stets gegen den Verkäufer. Diese Formulierung findet sich so bei Grotius[160] und wurde von Van Bijnkershoek auch im Zusammenhang mit der Vereinbarung des Kaufpreises verwendet.[161] Eine entsprechende Regelung enthält auch der zweite Beleg (D. 18. 1. 21 ff.), wonach es am Verkäufer liegt, eine klarere Aussage zu treffen. Diese Allegation verweist auf Warenanpreisungen. Da der Verkäufer seine Sache kennt,[162] kann er deren Beschaffenheit klarer beschreiben. In dieser Formulierung steckt daher auch ein Verschuldensmoment. Der dritte Beleg schließlich, D. 2. 14. 39 erweitert diese Regel auch auf den Werkvertrag. Unklarheit und Doppeldeutigkeit[163] werden in dieser Textstelle zur allgemeinen Regel vereinigt und auf Verträge bezogen, bei denen oftmals Streit über das konkret Vereinbarte entsteht.

Gleichwohl entschied die Mehrheit der Richter in diesem Fall anders und meinte, durch den Vertrag seien alle Lasten dem Käufer auferlegt worden. Normalerweise hätte also der Verkäufer die Befreiung von den Lasten erbringen müssen. Durch Vereinbarung konnte er sich davon freimachen. Van Bijnkershoek versuchte wiederum mit einer Argumentation über das Verschulden und mit genauen Auslegung des Vertragstextes den Fall zu lösen. Er konnte bei den Richtern zwar Zweifel erregen, hatte aber keinen Erfolg.

4. Haftung für Schadensersatz und Interesse wegen Nichterfüllung

In diesem Abschnitt soll dargestellt werden, was geschah, wenn der Verkäufer seiner Verpflichtung zur Lieferung nicht nachkam. Eine Frage, die sich in diesem Zusammen-

159 Es gab auf dem Land den Brauch, dass der Käufer die Zeche für die Besiegelung der Übertragung zahlen musste.

160 Grotius, Inleidinge, Lib. III, Kap. XV, § 9.

161 Siehe dazu bereits oben S. 113.

162 Dies gilt umso mehr, als das römische Recht vom Verbrauchsgüterkauf auf dem Markt ausgeht. Distanzkäufe waren im römischen Recht eher unbekannt und kamen vermehrt erst im Mittelalter auf.

163 Beide Begriffe werden in den zuvor genannten Textstellen jeweils einzeln genannt.

hang stellt, ist, ob und ab wann der Verkäufer Schadensersatz statt der Lieferung der Sache erbringen kann (oder muss).

Diese Frage war in der Literatur lange Zeit umstritten. Hintergrund war, dass nach klassischem römischen Recht sich jede Verurteilung letztlich auf einen Geldbetrag richten musste.[164] Die durch das Corpus Juris gebotene Lösung war nicht einheitlich.[165] Im Mittelalter versuchten die Glossatoren und Kommentatoren eine Lösung über Fallunterscheidungen zu erzielen.[166] Überwiegend hielt man aber bis in die Zeit des *usus modernus* an der Unterscheidung der beiden Obligationstypen fest.[167] Für die *facere*-Obligationen, zu denen die Erfüllungsverpflichtung des Verkäufers zählte, blieb es bei dem Grundsatz, dass niemand zu einer Handlung gezwungen werden konnte (*nemo potest praecise cogi ad factum*). Im deutschen *usus modernus* wurde jedoch eine Gleichstellung mit den *dare*-Obligationen befürwortet, die zu einer erzwingbaren Leistungsverpflichtung führte,[168] was auch die niederländische Rechtswissenschaft übernahm.[169]

Grotius meint dazu, wenn der Verkäufer im Rückstand mit der Übertragung sei, habe der Käufer die Wahl, ob er immer noch auf Übertragung zzgl. der Vorteile und den Ausgleich des Schadens besteht, oder nur den Ausgleich für sein Interesse an der Übertragung des Eigentums verlangt. Die zweite Alternative sei oft für ihn vorteilhafter, z. B. wenn das Eigentum untergegangen ist oder sich verschlechtert hat. Ferner sei der Verkäufer verpflichtet, dem Käufer jeden Verlust, der auf seine fehlende Vertragstreue oder sein Versäumnis zurückzuführen ist, auszugleichen.[170]

Nach Simon van Leeuwen sei Folge des Kaufs das Recht des Käufers auf volle und freie Lieferung, Übergabe oder Überbringung der Kaufsache, solange der Verkäufer dies erbringen kann.[171] Es reiche daher nicht aus, Ersatz für den Schaden zu zahlen, der durch die Nichtlieferung entstanden ist. Dies belegt Van Leeuwen u. a. mit einer in der Entscheidungssammlung von Neostadius enthaltenen Entscheidung des Hoge Raad.[172]

---

164 Kaser, Zivilprozessrecht, S. 286 ff.

165 Zimmermann, Law of Obligations, S. 770 ff.. Grundsätzlich sollte ein Unterschied zwischen Obligationen, die sich auf ein *dare* oder *reddere* beziehen, und Obligationen, die ein *praestare* oder *facere* zum Gegenstand haben. Nur bei Obligationen der ersten Art bestand eine erzwingbare Verpflichtung zur Erfüllung.

166 Dilcher, S. 278 ff.

167 Zimmermann, Kaufvertrag, S. 166.

168 Zimmermann, Kaufvertrag, S. 167.

169 Für Nachweise siehe oben S. 93, Fn. 480.

170 Grotius, Inleidinge, Lib. III, Kap. XV, § 6.

171 Van Leeuwen, Rooms-Hollands-Regt, Lib. IV, Kap. XVIII, § 1.

172 Neostadius, Decisien, Decis. 50. In dieser Entscheidung war ein Verkäufer verurteilt worden, dem Käufer ein Grundstück zu übergeben und angeordnet worden, dies auch tatsächlich zu tun. Der Verkäufer verteidigte sich damit, dass er es schon einem anderen Käufer übertragen hatte und wollte daher nur das Interesse anbieten. Es zeigte sich jedoch, dass das Grundstück noch nicht übergeben worden war. Der Hoge Raad ordnete an, den Verkäufer in Schuldhaft zu nehmen. Denn wer die Möglichkeit zur Übergabe der Sache habe, könne sich nicht durch Zahlung des Interesses freimachen: „Non enim solvendo interesse liberari potuit, qui rei tradendae facultatem habuit." Hilft auch dies nichts, kann dem Käufer die Sache mit richterlicher Anordnung weggenommen werden, oder nach Schätzung des Wertes die Forderung in eine Leistungsschuld umgewandelt und andere Sachen des Schuldners als Pfand genommen werden. Der Schuldner bleibt aber in Schuldhaft, bis der Gläubiger aus dem Versteigerungserlös befriedigt wurde.

Kann der Verkäufer dagegen nicht mehr leisten,[173] dann genügt es, wenn er einen Ausgleich für den Verlust erbringt.[174] Hierzu verweist Van Leeuwen ebenfalls auf eine Entscheidung des Hoge Raad.[175]

Von dieser Ansicht weicht später Voet[176] ab und führt an, dass durch das römische Recht der Verkäufer nicht gezwungen werden könne, die verkaufte Sache zu liefern, selbst wenn er sich aus reiner Starrsinnigkeit weigere, die Leistung zu erbringen. Er werde aber durch Zahlung des Interesses von dieser Pflicht entbunden. Dies solle – ungeachtet der Meinung von Grotius, Groenewegen und Van Leeuwen und der Rechtsprechung – im niederländischen Recht gelten.[177]

Dieses Problem war in den Entscheidungen im Untersuchungszeitraum nicht mehr relevant. Bei den dazu entschiedenen Fällen war vor allem die Verpflichtung zum Ausgleich des Interesses streitig. In den Klagen und Entscheidungen wird hierfür oftmals die Umschreibung „Ausgleich von Kosten, Schaden und Interesse" (nl. *vergoeding van kosten, schaden en interessen*) genannt. Dass hiermit letztlich nur das Interesse gemeint ist, erkärt Van Bijnkershoek als obiter dictum in der Entscheidung Obs. Tum. Nr. 1478. Der Begriff „Interesse" - lat. (*id,*) *quod interest* bezeichnet wörtlich, das, was dazwischen ist, also was zwischen dem Einkaufspreis und einem möglichen Verkaufspreis liegt, also der Mehrwert. In dieser Grundbedeutung kommt das Interesse in den Entscheidungen des Hoge Raad am häufigsten vor, da in der Mehrzahl der Fälle die am Geschäft beteiligten Personen Kaufleute sind. Es ging diesen Käufern letztlich nur um den Ausgleich des durch Preissteigerungen erlittenen Verlusts.

Neben diesem Verständnis konnte das *quod interest* auch eine übertragene Bedeutung haben. Interesse ist danach dasjenige, woran dem Käufer an der Kaufsache gelegen ist. Es kann sich dabei um ideelle Werte handeln. Diese spielten aber nur im Zusammenhang mit der Haftung für Sachmängel in den Observationes eine Rolle.

Bei der Bestimmung des Interesses waren zwei Punkte streitig. Zum einen war dies, ob der Käufer das Interesse auch noch dann verlangen konnte, wenn er auf Abnahme der Ware verzichtete, und zum zweiten, ob bei der Bestimmung des Interesses der maximal erzielbare Preis angesetzt werden kann.

---

173 Unter welchen Bedingungen dies der Fall ist, nennt Van Leeuwen nicht. Es kann allerdings vermutet werden, dass dies die allgemeinen Fälle der Unmöglichkeit sind.

174 Van Leeuwen a.a.O.

175 Neostadius, Decisien, Decis. 82. Der Verkäufer hatte im Namen eines Dritten Rosinen verkauft, die sich auf einem Schiff befanden, das noch auf dem Weg von Spanien war. Im Gegenzug erwarb der Verkäufer vom Käufer in einem Termingeschäft Getreide. Auf Grund kriegerischer Auseinandersetzungen fuhr das Schiff nicht nach Antwerpen, sondern segelte nach England. Der Käufer verlangte dann die Lieferung der Rosinen. Der Verkäufer bot statt der vereinbarten Ladung andere Rosinen derselben Güte an, die der Käufer mit der Begründung ablehnte, dass sie nicht von dem vereinbarten Schiff stammten. Der Verkäufer veräußerte daraufhin die Ware und gab an, dass dies geschehen musste, damit diese nicht verdarben. Der Verkäufer klagte auf Lieferung des Getreides, der Käufer erhob Widerklage auf Zahlung des Interesses. Der Verkäufer berief sich auf sein Recht, die Ware nach Verzug des Käufers zu veräußern. Die Schilderung des Falls endet mit der Entscheidung des Hoge Raad, dass der Verkäufer durch Angebot der Ware von gleicher Qualität von der weiteren Übergabe befreit würde.

176 Voet, zu D. 19. 1. 14.

177 Vgl. Herausgeber in Fn. zu Van Leeuwen, Lib. IV, Kap. XVIII, § 1 m. w. N. Die Erzwingbarkeit der Herausgabe wurde im Übrigen auch im südafrikanischen Recht gängige Praxis (ebd. Fn. zu Van Leeuwen Lib. IV, Kap. XVIII, § 1).

a) Verzicht auf Abnahme und Ersatz des Interesses

Den ersten Fall zu dem Fragenkomplex *Ausgleich des Interesses* notierte Van Bijnkershoek am Anfang seiner Urteilssammlung. Es ist die Entscheidung Obs. Tum. Nr. 44 vom 12. September 1704 und 18. Oktober 1707.

In diesem Fall war neben der Bestimmung der Höhe des Schadensersatzes die Frage zu entscheiden, ob der Käufer das Interesse geltend machen kann, auch wenn er auf Abnahme der Ware verzichtet. Titus, ein Amsterdamer Kaufmann und Sempronius schlossen miteinander ein Warenoptionsgeschäft zum 1. Januar 1693 ab. Verkauft wurde die Option auf den Erwerb von 1.300 Pfund Cochenille zu 60 Stuiver pro Pfund (= 78.000 Stuiver).[178] Der Käufer übte die Option am 13. Dezember 1692 aus. Zu diesem Zeitpunkt war der Marktwert auf 85–87 Stuiver pro Pfund gestiegen. Es handelte sich dabei um Höchstpreise für Cochenille, die später nicht mehr erzielt werden konnten. Der Verkäufer weigerte sich, die Waren zu liefern. Der Käufer verklagte daraufhin den Verkäufer auf Lieferung und den Mehrwert zwischen dem 13. Dezember 1692 und dem Datum der Übergabe.

Der Verkäufer erklärte sich gegenüber dem Schöffengericht zwar bereit, am 27. Februar 1693 zu liefern, wollte den Mehrwert aber nicht erstatten. Das Amsterdamer Schöffengericht und der Hof von Holland verurteilten den Verkäufer jedoch auch zur Erstattung des Mehrwerts.[179]

Der Hoge Raad bestätigte die Entscheidungen der Unterinstanzen. Das Gericht stützte seine Entscheidung auf D. 13. 3. 4. Dieser Textbeleg aus dem Titel über die *condictio triticiaria* enthält Regelungen über die Preisbestimmung bei der Lieferung von Handelswaren. Danach sind die Warenpreise nach dem Tagespreis an dem Ort zu bewerten, an dem die Lieferung erfolgen sollte. Diese Textstelle bestimmt darüber hinaus, was gilt, wenn die Parteien keine Absprache über Lieferdatum oder -ort getroffen haben.[180] Die Regelung galt zunächst nur für die *condictio triticiaria*, wird aber durch eine Bestimmung am Ende dieses Belegs für alle Streitfälle bzgl. der Wertbestimmung verallgemeinert.

In Vollstreckung des Urteils kam die Sache im Jahr 1707 erneut vor den Hoge Raad. Eine Lieferung der Cochenille war in der Zwischenzeit noch immer nicht erfolgt. In diesem zweiten Verfahren ging es um den Mehrwert. Das Gericht setzte den Mehrwert auf 24 Stuiver fest, also mindestens einen Stuiver unter dem Marktwert (85 Stuiver). Der Käufer hätte also gegen Zahlung des ursprünglich vereinbarten Kaufpreises (78.000 Stuiver) noch einen Anspruch auf Ausgleich in Höhe von 31.200 Stuiver gehabt. In der Zwischenzeit – zwischen dem ersten Urteil des Hoge Raad und der erneuten Entschei-

178 Die im 18. Jh. in den Niederlanden gebräuchlichen Münzen wurden wie folgt umgerechnet: 1 Gulden = 20 Stuiver; 1 Stuiver = 8 Deut. Zur Verdeutlichung des Preisunterschiedes wurde allerdings hier auf die Umrechnung der Preise verzichtet.

179 Ob die beiden Unterinstanzen den Mehrwert *quanti umquam plurimi* (siehe dazu unten S. 146 ff.) zusprachen, lässt sich aus dem Bericht von Van Bijnkershoek nicht entnehmen. Da der Hoge Raad aber am 12. September 1704 das Urteil der Unterinstanzen bestätigte, ist hiervon nicht auszugehen, weil er diesbezüglich zumeist restriktiv urteilte. Der Hoge Raad schätzte den Schaden auf 24 Stuiver je Pfund, blieb also zumindest einen Stuiver unter dem maximalen Marktpreis.

180 In diesem Fall gilt der Preis, der am Tag des Erlasses des Urteils galt. Falls keine Vereinbarung über den Ort getroffen wurde, ist der Ort, an dem die Forderung erhoben wird, maßgebend.

dung im Vollstreckungsverfahren waren wieder drei Jahre vergangen – war der Wert der Ware auf 30 Stuiver gesunken. Der Käufer hätte die Ware also nur noch für maximal 39.000 Stuiver verkaufen können, während er seinem Verkäufer (dem Beklagten) noch 78.000 Stuiver bzw. nach Abzug des Mehrwerts von 31.200 Stuiver eine Summe von 46.800 Stuiver schuldete. Der Käufer wollte daher die Ware nicht mehr für die vereinbarten 60 Stuiver abnehmen mit der Begründung, dass er durch den von ihm zu zahlenden Kaufpreis mehr verlieren als durch Ausgleich des Mehrwerts gewinnen würde. Der Käufer wollte also von seinem früheren Antrag auf Lieferung abweichen. Der Hoge Raad entschied, den Verkäufer, der sich in Schuldhaft befand, gleichwohl zur Lieferung zu 60 Stuiver pro Pfund zu verurteilen. Das Gericht fügte jedoch dem Urteil den Passus „falls der Käufer annehmen wolle" hinzu.

Damit änderte der Hoge Raad in der Entscheidung über die Vollstreckung sein früheres Urteil und wich vom strengen Grundsatz, dass der Hoge Raad ein einmal verkündetes Urteil nicht mehr ändern konnte, ab. Van Bijnkershoek führt zur Begründung an, dass dem Käufer offensichtlich Unrecht durch das Fehlverhalten des Verkäufers geschehe. Denn die Verurteilung zur Übergabe und die Ergänzung des Urteils verliehen dem Käufer nur Rechte, bei denen es am Käufer lag, ob er davon Gebrauch machen wollte. Es sei Sache der Advokaten gewesen, ihre Klage sorgfältiger zu formulieren, und nicht einfach auf Übergabe zu klagen. Die Ergänzung erfolgte, da dies dem Sinn des Urteils entsprach und falls der Wert der Cochenille über 60 Stuiver lag.

Gleichwohl meinte ein Ratsherr,[181] dass die Ergänzung im Verfahren in Schuldhaft nicht erfolgen durfte, denn es hätte einer Interpretation des Urteils gefordert werden müssen. Van Bijnkershoek entgegnet diesem Einwand, dass es kein Verbot gebe, das Urteil im Verfahren in Schuldhaft zu interpretieren.

Der Hoge Raad passte in dieser Entscheidung sein Urteil entgegen dem Parteiantrag den wirtschaftlichen Gegebenheiten an und entschied nach Interessenlage zu Gunsten des Käufers.

b) Der Ersatz des Interesses *quanti umquam plurimi*

Keine einheitliche Rechtsprechung konnte der Hoge Raad bei der Festlegung des Interesses erzielen. Zumeist forderten die Käufer, bei denen es sich durchgehend um Kaufleute handelte, die die Kaufsache ihrerseits bereits wieder verkauft hatten, das Interesse in Höhe von *quanti umquam plurimi*.[182] Mit dieser Bezeichnung, die etwa mit „wie viel es irgendwann einmal am meisten wert war" übersetzt werden kann, meinte Van Bijnkershoek den maximal (am Markt) möglichen Verkaufspreis.[183] In der ersten Instanz und vor dem Hof von Holland wurde den Käufern dieses Begehren zumeist zugesprochen. Der Hoge Raad dagegen legte die Forderung des Interesses *quanti*

181 Wer das war, lässt sich nicht ermitteln. Die *resolutie* vom 19. Oktober 1707 gibt darüber keine Auskunft. Das Urteil erging nach der *resolutie* einstimmig.

182 Die hier verwendete Schreibweise ist die angeglichene Form. Van Bijnkershoek schreibt meistens „quanti unquam plurimi."

183 Dieser Ausdruck ist ansonsten nicht belegt. Er entsprach, wie Van Bijnkershoek in Obs. Tum. Nr. 704 anführt, einer Praxis des Hofs von Holland.

umquam plurimi zumeist restriktiv aus, wenngleich die Meinungen im Gericht sehr unterschiedlich waren. Der mögliche Einwand des Verkäufers, dass der vom Käufer verlangte Betrag zwar den maximal am Markt erzielbaren Preis widerspiegele, dies aber noch nicht besagen muss, dass der Käufer genau in dieser Marktlage seine Ware auch verkauft und damit den Preis auch erzielt hätte, wurde in den untersuchten Observationes nicht erhoben. Es ging vielmehr öfters um die Frage, ob das Interesse ebenfalls zu verzinsen ist.

(1) Die Entscheidungen Obs. Tum. Nr. 227, 704 und 1478

In der Entscheidung Obs. Tum. Nr. 227 vom 18. November 1706 ging es erstmalig um die Bestimmung der Höhe des Interesses. Der Berufungsführer war durch das Schöffengericht von Amsterdam zur Lieferung von Kaffeebohnen zu einem bestimmten Preis und zum Ausgleich des wegen Nichtlieferung erlittenen Schadens verurteilt worden, wobei der Maximalpreis angesetzt wurde. Der Hof von Holland wies die Klage mit der *clausule van inhibitie* ab.[184]

Nach Berufung kam der Fall zum Hoge Raad. An der Rechtmäßigkeit der Entscheidung des Hofs hinsichtlich Lieferung der Waren hatte kein Richter Zweifel. Zweifel bestanden allerdings hinsichtlich der Verurteilung zu Kosten, Schaden und Interesse sowie darüber, ob hierfür der „höchste Preis“ anzusetzen war. Die altgedienten Ratsherren meinten einstimmig, dass ein derartiger Schadensersatz niemals mit einem einstweiligen Urteil zugesprochen werde, da die Bewertung der Sache unsicher sei und eingehender Untersuchung bedürfe.[185] Andere Ratsherren waren der Ansicht, dass durch ein einstweiliges Urteil auch zur Zahlung von Kosten, Schaden und Interesse verurteilt werden könne, wenn die Angelegenheit klar sei. Die Bewertung der Sache selbst dagegen müsse später erfolgen.

Eine dritte Gruppe Richter meinte, dass der Hoge Raad niemals den Schadensersatz nach dem höchsten Preis ansetzen könnte. Eine vierte Gruppe war der Ansicht, dass der Hof richtig geurteilt hätte. Da bei dieser Stimmenverteilung keine Mehrheitsentscheidung möglich war, beschloss der Hoge Raad, zu prüfen, ob das Verfahren erledigt werden könnte. Van Bijnkershoek spricht nicht davon, in welcher Weise eine Erledigung angestrebt wurde, es ist jedoch davon auszugehen, dass die Parteien erneut angehört wurden, und der Hoge Raad auf eine gütliche Einigung drang.[186]

Später, am 17. Dezember 1706, ergänzt Van Bijnkershoek, dass doch ein Urteil erlassen werden musste, weil der Verkäufer, der mehrere Gläubiger hatte, geflohen war. Bei der Abstimmung wurde dem Verkäufer mit einer Stimme Mehrheit Recht gegeben und das Urteil des Hofs bestätigt.[187] Ihm wurden seine Provision, Kosten, Schaden

184 S. dazu oben S. 80.

185 Wie sich das Meinungsbild auf die Richter verteilte, lässt sich nicht mehr klären, weil es über diesen Fall am 18. November 1706 keine *resolutie* gibt.

186 Dies erklärt, warum keine *resolutie* vorhanden ist. Es gab hier zunächst keine formelle Entscheidung des Gerichts, die aufgezeichnet werden musste. Das Meinungsbild ist daher nur aus Van Bijnkershoeks Bericht herzuleiten.

187 Dies waren der *rapporteur* Keetlaar und Van Vrijhoeven, die in diesem Fall *commissarissen van de rol* waren, De Vries und Sluisken. Die Ratsherren Schaap, Admiraal und der Präsident Rosenboom waren anderer Ansicht.

und Interesse zum höchst möglichen Preis zugesprochen. Van Bijnkershoek und andere Richter[188] widersprachen, aber auch die, die für das Urteil des Hofs gestimmt hatten, waren sich ihres Urteils nicht mehr so sicher. Van Bijnkershoek ist der Ansicht, dass dieselbe Sache noch einmal vor den Hoge Raad komme, weil der Verkäufer geflohen war. Da er nämlich nicht die Kaffeebohnen liefern würde, gäbe es kein anderes Ende der Sache, als dass der Hoge Raad doch Kosten, Schaden und Interesse schätzen müsse. Der Autor schließt mit der Bemerkung, dass die Entscheidung dieses Falles kein Vorbild für spätere Entscheidungen werden sollte.

Van Bijnkershoek hielt in diesem Fall alle Ansichten für mehr oder weniger vertretbar, da er die anderen Ansichten nicht als abwegig bezeichnet, sondern alle Ansichten unbewertet darstellt. Er versucht, auch die von seiner Ansicht abweichenden Entscheidungen noch „mit ins Boot" zu holen, um in einem späteren Fall ein geschlossene Entscheidung des Gerichts erzielen zu können.

Fünf Jahre später hatte das Gericht wiederum über dasselbe Problem zu befinden. In Obs. Tum. Nr. 704 vom 14. Februar 1711 hatten Reeder 140 Kisten Zucker, die zu diesem Zeitpunkt in Lissabon lagerten, bei Ankunft des Schiffs in den Niederlanden (nl. „*op 't arrivement in dese landen, of anders niet*") verkauft. Nachdem das Schiff mit dem Zucker in den Niederlanden angekommen war, kam es aus ungeklärter Ursache dazu, dass die Ankunft der Ware nicht den Verkäufern angezeigt wurde, sondern Dritten, an die der Schiffer entsprechend dem Konnossement die Lieferung tätigte. Die Käufer verlangten Übergabe der Waren, deren Preis nach Abschluss des Kaufvertrags gestiegen war. Die Verkäufer behaupteten, dass sie nicht zur Übergabe verpflichtet seien, da sie keine Anzeige über die Lieferung erhalten hatten, in deren Erwartung das Geschäft mit den Käufern getätigt worden war. Die Käufer klagten auf Lieferung der Ware, zumindest aber auf Ausgleich von Kosten, Schaden und Interesse zum höchtmöglich erzielbaren Preis (*quanti umquam plurimi*). Der Forderung hatte das Amsterdamer Schöffengericht stattgegeben. Der Hof dagegen hob dieses Urteil auf und urteilte zu Gunsten der Verkäufer. Der Hoge Raad gab den Käufern teilweise Recht.

Das Urteil erging einstimmig mit der Begründung, dass der Zucker allein unter der Bedingung verkauft worden war, dass das Schiff in Amsterdam ankomme. Da diese Bedingung erfüllt war, mussten die Verkäufer leisten. Es war nicht vereinbart, dass die Ware auch an die Verkäufer abgeliefert werden musste. Selbst, wenn die Verkäufer eine fremde Sache verkauft hätten, hätten sie das, was sie in Unkenntnis dieses „Fehlers" erhalten hatten, ausgleichen müssen und dazu noch Schaden und Interesse. Van Bijnkershoek führt weiter aus, wenn man anders urteilte, hätten die Verkäufer einvernehmlich ihre Leute in Lissabon dazu bewegen können, die Ware nur dann an die Käufer zu schicken, wenn der Preis gesunken wäre, oder unter Verletzung des Vertrags dann die Ware nicht geliefert, wenn der Preis gestiegen wäre. Dies würde Betrügereien Tür und Tor öffnen. Van Bijnkershoek argumentiert hier also teleologisch und mit einer *reductio ad absurdum.*

Gleichwohl wollte der Hoge Raad den Schaden nicht *quanti umquam plurimi* zusprechen. Zwar würde das Amsterdamer Schöffengericht dies immer so entscheiden, Van Bijnkershoek ist aber der Ansicht, hierfür gäbe es keine Grundlage. Denn nach D. 13.

188 Aus den *resolutien* ergibt sich, dass es Admiraal war.

3. 4[189] und D. 12. 1. 22 sei der Wert nach dem Zeitpunkt einzuschätzen, an dem sie zu liefern war. Der zweite Beleg entspricht der Formulierung aus D. 13. 3. 4, entstammt aber dem Abschnitt über geschuldete Sachen. Weil der Termin zur Lieferung hier feststand, lehnte das Gericht eine Verurteilung zu *quanti umquam plurimi* ab. Der Hoge Raad korrigierte insoweit die Entscheidung des Amsterdamer Schöffengerichts.[190]

Neun Jahre später, 1718, war der Rechtsstreit Obs. Tum. Nr. 704 noch immer nicht beendet und Van Bijnkershoek ergänzt seine Ausführungen in Obs. Tum. Nr. 1478 (Entscheidung vom 1. Oktober 1718). Nun stritten die Parteien, wann die Lieferung geschehen musste, wie hoch der Marktwert des Zuckers zu diesem Zeitpunkt war, wie viel Tara zu berechnen sei und ob seit dem vereinbarten Liefertermin von der Summe, die zugesprochen werden sollte, auch Zinsen geschuldet wurden. Die ersten drei Fragen, meint Van Bijnkershoek, seien rein faktischer Natur. Dies belegt er mit der Allegation D. 50. 17. 24, worin festgehalten wird, dass die Höhe des Interesses eine Tatsachen- und keine Rechtsfrage ist. Der Hoge Raad sprach den Klägern allerdings nur das Minimum zu. Dies belegt Van Bijnkershoek mit einem Zitat aus dem Abschnitt D. 50. 17. 9, wonach bei zweifelhaften Angelegenheiten nur vom geringsten Wert auszugehen ist. Den Mehrwert schätzte das Gericht auf 2.800 Gulden.

Die Zinsen wollte ein Ratsherr[191] zusprechen, nicht deshalb, weil sie der Urteilstenor mit den Worten „Kosten, Schaden und Interessen" enthielt, wie die Kläger verlangten, sondern weil seit dem Urteil des Hoge Raad so viel Zeit verflossen war, die letztlich der Verurteilte verursacht hatte. Die Ansicht des Klägers, dass schon der Tenor des Urteils dies umfasst hätte, sei lächerlich, weil dies alles Synonyme seien und nichts anderes bezeichneten, als das „quod interest" (das Interesse). Die anderen Ratsherren[192] waren anderer Ansicht, weil außer dem, was im Urteil zugesprochen wurde, nichts gefordert werden konnte. In dieser Entscheidung bezieht sich Van Bijnkershoek ausdrücklich auf ein kurz zuvor ergangenes Urteil, Obs. Tum. Nr. 1420,[193] und lehnt diese Rechtsprechung hier aber ab. Denn es gäbe niemanden, der heute Zinsen für einen entschiedenen Fall bezahlt, auch wenn der Verurteilte seine Leistung weiter verzögert. Dies wüssten alle und so werde es beachtet. Der Hoge Raad verweigerte daher dem Kläger die Zinsen.

Materiell entschied der Hoge Raad damit mehrere Fragen: Fixkäufe sollten auch nach Verstreichen des Übergabedatums wirksam bleiben. Es handelte sich bei allen Fällen in den Observationes um relative Fixgeschäfte, also Geschäfte, bei denen zwar ein Termin vereinbart war, eine spätere Erfüllung aber noch möglich und wirtschaftlich sinnvoll sein konnte. Absolute Fixgeschäfte, bei denen dies nicht gilt, hatte das Gericht nicht zu entscheiden. Der Käufer hatte dann das Wahlrecht, ob er gegen Zahlung des Kaufpreises die Waren noch verlangen will, oder ob er auf die Lieferung verzichtet und nur das Interesse verlangt.

---

189 Siehe dazu bereits oben S. 145.

190 Van Bijnkershoek ergänzt noch, dass es in der Sache selbst weniger Schwierigkeiten wegen D. 2. 14. 39 gegeben habe. Danach gehen unklare Vertragsbestimmungen zu Lasten dessen, der sie hätte klarer formulieren können. Dies bezieht sich auf die Formulierung „bei Ankunft des Schiffes".

191 Es war der *rapporteur* dieses Falls, Ratsherr Admiraal.

192 De Vries, Schaap, Keetlaar, Van Bijnkershoek, De Roovere, Van der Hoop und Van Vrijhooven vertraten hier die Gegenansicht.

193 Zu diesem Fall siehe sogleich S. 151. Darin sprach das Gericht die Zinsen für das Interesse zu.

Das Interesse betrug aber im Höchstfall den Betrag, den die Ware am festgesetzten Liefertermin wert war.[194] Die Differenz zu einem absoluten Höchstpreis (*quanti umquam plurimi*) konnte nicht als Interesse gefordert werden. Argumentationstechnisch begründete Van Bijnkershoek diese Lösung mit der Reduktion der Fälle auf allgemeine Prinzipien und der Übertragung von Gedanken aus anderen Fallkonstellationen. Das Gericht änderte seine Rechtsprechung dahingehend, dass Zinsen für das Interesse nicht verlangt werden konnten.

Das Gericht suchte also nach einer Möglichkeit, eine geschlossene Haltung zu der Rechtsfrage zu erlangen. Sofern dies wie in den oben angeführten Fällen nicht möglich war, versuchten die Richter zu einer anderweitigen Beendigung des Rechtsstreits zu kommen. Wenn auch dies misslang, wurde per Mehrheitsentscheid ein Urteil getroffen in der Hoffnung, später erneut über diese Rechtsfrage zu entscheiden und dann ein einheitliches Meinungsbild zu erzielen.

(2) Die Entscheidung Obs. Tum. Nr. 1085

Van Bijnkershoek ordnet die Entscheidung Obs. Tum. Nr. 1085 vom 28. August 1705[195] unmittelbar den früheren Entscheidungen Obs. Tum. Nr. 44 und 704 zu. Wiederum ging es um den Kauf von Kaffeebohnen. Die Parteien vereinbarten am 6. Mai 1705 einen Kaufpreis von $31\frac{1}{2}$ Stuiver pro Pfund. Ferner vereinbarten die Parteien, dass es sich bei dem Geschäft um einen Fixkauf handeln sollte.[196] Am vereinbarten Termin blieben beide Parteien untätig. Der Kaffeepreis stieg, woraufhin der Käufer den Verkäufer vor dem Schöffengericht von Amsterdam auf Lieferung und Ausgleich von Kosten, Schaden und Interessen verklagte. Das Schöffengericht und der Hof von Holland gaben der Klage statt, sprachen aber wiederum das Interesse *quantum umquam plurimi* zu. Der Hoge Raad bestätigte zwar die Verurteilung hinsichtlich des Weiterbestehens der Lieferpflicht und des Interesses. Jedoch verwarf er auch hier die Bemessungsgrundlage *quanti umquam plurimi* mit gleicher Begründung und Recht wie unter Obs. Tum. Nr. 44. Weil aber der Preis der Kaffeebohnen sehr stark gestiegen war, ergänzte der Hoge Raad, dass der Verkäufer deren Lieferung erbringen müsse, falls der Käufer dieselben zu diesem Preis abnehmen wolle, um zu vermeiden, dass er wegen seiner Weigerung einen Vorteil ziehe. Ein weiterer Grund war der, ein weiteres Verfahren bei Vollstreckung zu vermeiden, wie es in Obs. Tum. Nr. 44 geschehen war.

Das Gericht scheint aus dem weiteren Verlauf des Verfahrens in Obs. Tum. Nr. 44 gelernt zu haben, da es das Wahlrecht des Käufers, ob er noch auf Lieferung gegen Zahlung des Kaufpreises besteht, in sein Urteil einfügte, um einen weiteren Streit in Vollstreckung zu unterbinden. Im Gegensatz zu Obs. Tum. Nr. 44 war hier der Preis für die Kaffeebohnen allerdings erheblich gestiegen und lag wohl noch immer höher als zum Zeitpunkt des Vertragsschlusses. Der Käufer konnte also ein Interesse an der Lieferung der Ware haben, selbst wenn er noch den Kaufpreis bezahlen musste. Da es keine Begründung des Urteils gab, konnte das Gericht den Parteien seine Sichtweise der

194 Dies wird mit Verweis auf Obs. Tum. Nr. 1420 in Obs. Tum. Nr. 1461 noch einmal bestätigt. Siehe S. 151 und S. 152.

195 Eine *resolutie* zu diesem Fall fehlt.

196 Dazu oben S. 149.

Dinge nur informell in der Verhandlung oder durch einen präzisierenden Urteilstenor deutlich machen. Der Hoge Raad wählte, wie die angeführten Entscheidungen zeigen, beide Wege.

(3) Die Entscheidung Obs. Tum. Nr. 1420

In der Entscheidung Obs. Tum. Nr. 1420 vereinbarten Käufer und Verkäufer eine Option auf Kauf von 5.000 Pfund Walfischbarten zu 41 Gulden für je 100 Pfund innerhalb des Zeitraums vom 6. Juli bis zum 30. November 1706. Falls der Käufer die Option nicht ausübte, sollte gleichwohl am 30. November 1706 geliefert und zum vereinbarten Preis abgenommen werden. Nachdem der Preis auf 58–59 Gulden pro 100 Pfund gestiegen war, verlangte der Käufer am 23. Oktober 1706 die Ware. Der Verkäufer lieferte jedoch nicht und wurde daraufhin vom Käufer vor dem Amsterdamer Schöffengericht auf Lieferung und Erstattung des Interesses *quanti umquam plurimi* verklagt. Das Gericht gab der Klage in beiden Punkten statt. Der Verkäufer ging in Berufung zum Hof und bot dem Käufer das Interesse an, jedoch nur bezogen auf den Preis am 23. Oktober 1706. Der Hof bestätigte jedoch einfach das Urteil der Vorinstanz, erhielt also die Verurteilung bzgl. *quanti umquam plurimi* aufrecht.

Nach erneuter Berufung kam der Fall zum Hoge Raad. Van Bijnkershoek erinnert sich, dass das Gericht die Frage bereits in den Entscheidungen Obs. Tum. Nr. 44, 704 und 1087 entschieden hatte und erklärt, dass der Hoge Raad immer der Ansicht war, dass das Interesse nach dem vereinbarten Liefertermin zu bestimmen sei. Zum Beleg der Aussage zitiert er D. 12. 1. 22, D. 13. 3. 4, D. 2. 11. 12 und Sande l. 3, t. 4, definit. 8. Die ersten beiden Allegationen hatte Van Bijnkershoek schon in den früheren Entscheidungen angeführt. D. 2. 11. 12 dagegen nennt er an dieser Stelle zum ersten Mal.[197] Auch diese Allegation stellt auf das Datum der Rückgabe, nicht das Datum der Klage ab. Dies gelte selbst dann, wenn ein Interesse zu diesem Zeitpunkt nicht mehr bestehe. Van Bijnkershoek entwickelt daher den Grundsatz aus einer allgemeinen Fallkonstellation.

Der Hoge Raad sprach im Gegensatz zu den Entscheidungen Obs. Tum. 44, 704 und 1087 auch die Zinsen seit dem 23. Oktober 1706 (das Datum der Forderung) zu. So habe auch der Hof von Friesland nach Aussage Sandes[198] entschieden und Bijnkershoek hält dies für sehr begründet. Van Bijnkershoek rechtfertigt die Verweigerung der Zinsen in den früheren Entscheidungen damit, dass im vorliegenden Fall ein anderer Sachverhalt vorlag. In den früheren Entscheidungen sei zum Zeitpunkt, als das Gericht das Urteil erließ, der Preis erheblich gesunken, und es sei deshalb dem Käufer überlassen, ob er die Kaufsache annehmen wolle oder nicht. In diesen Fällen hatte der Käufer aber nicht mehr auf Lieferung bestanden, sondern nur das Interesse verlangt. Im aktuellen Fall war aber der Preis bis zum Erlass des Urteils auf 100–110 Gulden pro 100 Pfund, also auf mehr als das Doppelte des vereinbarten Kaufpreises gestiegen.

Das Gericht untersuchte, ob der Käufer noch Lieferung verlangen konnte, bzw. die Ware bis zum Erlass des Urteils geliefert werden musste. Diese Frage bejahte das

197 Das muss allerdings nicht heißen, dass auch in den früheren Entscheidungen diese Allegation keine Rolle spielte. Van Bijnkershoek erklärt mehrfach, nicht immer alle Belege zu zitieren.
198 Sande, Lib. III, Tom. IV, Def. 8.

Gericht, weil der Kaufvertrag bestanden, und es am Verkäufer gelegen hatte, dass die Lieferung nicht erfolgt war. Van Bijnkershoek argumentiert hypothetisch weiter, was passieren würde, wenn der Käufer die Lieferung fordere: Berechnete man dann das Interesse, so ergäbe sich, dass dieses dann auf Null sinken würde; aus der Übergabe der Waren würde er mehr profitieren als aus dem Mehrwert zum Preis am 23. Oktober. Diese Schlussfolgerung ist logisch, denn der Käufer konnte die Ware für 100–110 Gulden pro 100 Pfund verkaufen, während er aus dem Mehrwert nur 17–18 Gulden für die gleiche Menge mehr erlöst hätte. Das Interesse, so folgert Van Bijnkershoek, trete an die Stelle der Übergabe, die, sofern sie stattfände, keinen Raum lasse für eine Bestimmung des Interesses.

Der Hoge Raad verwarf am 25. Februar 1718 die „doppelte Verurteilung" (also zur Lieferung und zum Ausgleich des Interesses), wie sie von den Unterinstanzen dem Käufer zugesprochen wurden, und sprach dem Käufer nur das Wahlrecht bezüglich exklusiver Alternativen zu: Entweder Übergabe der Ware oder Zahlung des Interesses zum vereinbarten Lieferdatum zzgl. der Zinsen.[199]

(4) Die Entscheidung Obs. Tum. Nr. 1461

In der Entscheidung Obs. Tum. Nr. 1461 (Entscheidung vom 27. Juli 1718)[200] stritten drei Landwirte u. a. über das Interesse. Der Verkäufer (Titius) hatte dem Sempronius und dem Maevius seine ganze Ernte auf einem Feld, die aus 56 Säcken Getreide bestand, versprochen und übergeben. Nachdem die Käufer den Preis nicht komplett gezahlt hatten, verklagte sie der Verkäufer auf Zahlung des noch ausstehenden Betrages bei den Schöffen von Naaldwijk. Maevius erklärte, dass nicht er Käufer sei, sondern nur Sempronius, was dieser auch bestätigte. Sempronius führte weiter aus, dass er 80 Säcke gekauft habe und nicht den Ertrag, wie er auf dem Feld stand.[201] Außerdem habe Titius nur deshalb lediglich 56 Säcke geliefert, da der Kornpreis erheblich gestiegen sei. Maevius erhob Widerklage auf Lieferung des Rests und Vergütung des Interesses. Beide Fragen seien, so meint Van Bijnkershoek, Tatsachenfragen. Die erste Frage

199 Obwohl der Hoge Raad das Urteil klar fasste, fand der Fall eine Fortsetzung in Obs. Tum. Nr. 1459, einem Verfahren in *gijselinge*. Der Käufer bestand auf Lieferung der Walfischbarden, da der Verkäufer nur dann zur Erstattung des Interesses verurteilt worden war, wenn der Käufer die Lieferung nicht mehr haben wolle. Obwohl die Formulierung des Urteils klar war – wie Van Bijnkershoek meint –, verweigerte der Verkäufer die Lieferung, der Ansicht, es reiche aus, wenn er das Interesse bezahle. Im Verfahren über die Schuldhaft wurde der Verkäufer erneut zur Lieferung verurteilt. Da der Käufer aus einem vorläufigen Urteil des Hoge Raad vom 9. November 1714 (Van Bijnkershoek führt die Entscheidung nicht auf, da es kein Endurteil ist) das Interesse zu 841 Gulden und 10 Stuiver bereits erhalten hatte, konnte er nicht beides bekommen. Der Käufer erklärte sich daraufhin bereit, diesen Betrag mit 4% Zinsen seit dem 9. November 1714 bis zur Rückzahlung zurückzuerstatten, was der Hoge Raad auch gestattete. Zur Begründung führt Van Bijnkershoek an, dass durch Wahl der Übergabe dieser Betrag ohne Rechtsgrund im Besitz des Käufers war entsprechend der Fallkonstellation, dass jemand, der das Geld, das er aus einem vorläufigen Urteil empfing, dieses mit Zinsen zurückerstattet, wenn er im Endurteil unterliegt.

200 Eine *resolutie* zu diesem Fall gibt es nicht.

201 Er berief sich also darauf, eine konkrete Menge und nicht die Ernte auf dem Feld gekauft zu haben. Dies hatte z. B. Auswirkungen auf den Gefahrübergang. Wäre die Ernte auf dem Feld durch *vis major* vernichtet, hätte er nichts bekommen. Mit dieser Begründung hätte er immer 80 Säcke Getreide erhalten.

sei von geringerer Bedeutung, weil beide, Maevius und Sempronius gutgläubig gewesen seien und Maevius die Hälfte, obgleich nicht von Titius gekauft, von Sempronius übernommen hatte. Er geht auf diese Frage deshalb im folgenden nicht weiter ein.

Für beide Fragen boten die Parteien einen Ergänzungseid[202] an; denn die übrigen Beweise hätten nicht ausgereicht. Das Schöffengericht von Naaldwijk und der Hof von Holland gaben dem Verkäufer Recht, wenn er diesen Eid leiste.[203]

Nach erneuter Berufung kam die Entscheidung zum Hoge Raad. Dort erschien es den Richtern als erwiesen, dass Sempronius und Maevius die Käufer gewesen seien, so dass diesbezüglich kein Ergänzungseid notwendig war. Hinsichtlich der zweiten Frage jedoch habe der Verkäufer nichts bewiesen, weil er keinen Zeugen anbot. Die Käufer hingegen konnten unter Aufbietung dreier Zeugen (unter ihnen der jüngere Bruder des Verkäufers) beweisen, dass nicht die Frucht auf dem Feld, sondern ausdrücklich 80 Säcke Getreide verkauft worden waren. Weil die Käufer mehr als einen Halbbeweis beibringen konnten, trug der Hoge Raad ihnen und nicht dem Verkäufer den Ergänzungseid auf.

Falls sie diesen leisteten, hob er beide Urteile auf und verurteilte den Verkäufer zur Übergabe des restlichen Korns, wenn das die Käufer noch wollten. Für den Fall, dass sie nicht mehr auf Lieferung bestanden, verurteilte das Gericht den Verkäufer zum Ausgleich des Interesses an Stelle der Lieferung, wobei er als Bezugspunkt den vereinbarten Lieferzeitpunkt heranzog. Ausdrücklich bezieht sich Van Bijnkershoek auf die Entscheidung Obs. Tum. Nr. 1420 und „andere Stellen", d. h. auf seine früheren Ausführungen.

Mit dieser Entscheidung kann also bezüglich des Interesses von einer „ständigen Rechtsprechung" ausgegangen werden. Die Arbeit des Hoge Raad beschränkte sich daher nur noch auf die Feststellung des Sachverhalts. Die sachliche Entscheidung der Rechtslage war mit Obs. Tum. Nr. 1420 erledigt. Dieses Beispiel zeigt nochmals, wie durch eine äußerst verklausulierte Tenorierung, alle weiteren Streitigkeiten vorweggenommen werden sollten. Letztlich hat der Hoge Raad damit nur entschieden, was gelten soll, wenn der Kläger den Beweis führt. Mit dem Urteil des Hoge Raad war daher ebenfalls nicht die Ermittlung bzw. Feststellung des Sachverhalts abgeschlossen, so dass das Gericht die entscheidungserheblichen Tatsachen zu Grunde legen konnte.[204]

V. Rechtsprobleme bei Termingeschäften und Optionsverträgen

Einige Aspekte, die in der Praxis im Zusammenhang mit Termingeschäften und Optionsverträgen diskutiert wurden, wurden bereits im vorherigen Abschnitt angesprochen. Dabei ging es allerdings um die Bestimmung des Interesses. In diesem Abschnitt sollen dagegen andere Probleme, die sich im Zusammenhang mit Termingeschäften und Optionsverträgen ergaben, erörtert werden. Dazu zählen z. B. Deckungsgeschäfte

202 Siehe dazu oben S. 71.
203 Siehe auch hier die bedingte Verurteilung.
204 Vgl. im modernen Strafverfahren: Aufhebung eines Urteils und Zurückverweisung zur erneuten Entscheidung unter Zugrundelegung der Entscheidung des BGH.

oder auch der Schadensersatz, wenn statt der vereinbarten Lieferung eine andere ggf. gleichartige Lieferung erbracht wurde.

In der niederländischen Literatur und auch in den Observationes steht an der Stelle des Begriffs Termingeschäft oftmals *winstkoop* („Gewinnkauf"). Dies bezeichnet genauer als der deutsche Begriff den spekulativen Charakter dieser Art Geschäfte.

Termingeschäft und Optionsvertrag waren (und sind) besonders riskante Geschäfte. Durch den regen Handelsverkehr, den die niederländischen Kaufleute mit aller Welt, insbesondere Amerika und Ostasien betrieben, mussten Wege gefunden werden, diese Handelsbeziehungen in rechtlich gesicherten Bahnen laufen zu lassen. So kam es sehr häufig vor, dass eine Ware, noch bevor sie in einem Hafen in den Niederlanden angekommen war, bereits mehrfach über weitere Zwischenhändler verkauft worden war. Bei Waren, die hohen Preisschwankungen unterlagen, wurden dabei oftmals Termingeschäfte geschlossen, dass also die Ware an einem bestimmten Tag zu einem bestimmten Preis zu liefern sei. War zu diesem Zeitpunkt der Wert der Ware gestiegen, hatte der Käufer diese schon weiterverkauft. Wollte sich der Händler zu dem frühen Zeitpunkt noch nicht wirklich vertraglich binden, so konnten die Parteien Optionsvertäge vereinbaren, so dass es dem Käufer vorbehalten blieb, ob er sich an den Vertrag gebunden sah. Konfliktpotenzial hatten dabei Situationen, dass das Handelsschiff auf Grund kriegerischer Auseinandersetzungen seinen Bestimmungshafen nicht mehr oder nicht rechtzeitig erreichen konnte, oder dass der Preis der Waren so erheblich gestiegen war, dass der Verkäufer das getätigte Geschäft bereute und die dem ersten Käufer versprochene Ware einem zweiten – natürlich zu dem teureren Tagespreis – verkaufte. War dagegen der Marktpreis gesunkten, versuchte sich der Verkäufer vom Vertrag zu lösen, um den Verlust nicht realisieren zu müssen.

Ein weiteres Argument des Käufers war, dass der Verkäufer zum Zeitpunkt des Vertragsschlusses die Kaufsache noch nicht besessen habe. Damit vermochte er aber in keinem Fall beim Hoge Raad durchzudringen.

1. Termingeschäfte

Ein Fall, in dem Probleme von Termingeschäften zur Sprache kamen, hatte der Hoge Raad am 29. Oktober 1718 (Obs. Tum. Nr. 1486) zu entscheiden. Titius hatte von Sempronius am 22. Januar 1705 zu einem festen Preis zweimal 25 Fässer Branntwein gekauft, die nach dem 1. Mai 1705 an einem vom Käufer zu bestimmenden Tag zu liefern waren. Dem Verkäufer war es vorbehalten, die Sorte des Branntweins zu bestimmen.[205] Nachdem der Branntweinpreis stark gestiegen war, kündigte Titius bis zum 1. Mai keinen Termin an.[206] Sempronius kam dann am 19. Mai auf den Käufer zu, und verlangte, dass er den Branntwein abnehme und den Preis bezahle. Der Käufer reagierte allerdings darauf ebenfalls nicht. Deshalb erlangte der Verkäufer am 28. Mai eine Erlaubnis der Schöffen von Amsterdam, den Branntwein öffentlich oder „unter

205 Diese Vereinbarung vermag zunächst verwundern, sie machte jedoch Sinn, wenn es nur darum ging, Branntwein zu liefern.

206 Entweder wartete der Käufer ab, ob sich der Preis noch weiter erhöhte, um dann zuschlagen zu können, oder aber – dafür spricht aus dem weiteren Verlauf mehr – er konnte oder wollte den vereinbarten Preis nicht bezahlen.

der Hand“ verkaufen zu dürfen. Das heißt, er ersuchte um Befugnis, die Waren zu versteigern oder in anderer Weise veräußern zu dürfen. Diese Befugnis benötigte er, weil er ansonsten, wie bereits oben dargestellt, ggf. noch auf Nachlieferung verklagt werden konnte.[207] Nach Verkauf des Branntweins verklagte er am 18. Juni 1705 den Titius beim Schöffengericht von Amsterdam auf Schadensersatz in Höhe von 2.629 Gulden, 1 Stuiver zuzüglich 8% Zinsen seit Verzug bis Erfüllung.

Die Schöffenrichter sprachen am 1. September 1706 dem Sempronius die Summe ohne die Zinsen zu, wenn er mit einem Eid bekräftige, dass er vor dem 1. Mai den Titius erneut angewiesen hatte, den Branntwein abzunehmen. Diesen Umstand hatte er – so der Bericht Van Bijnkershoeks – damals nur zur Hälfte bewiesen. Das Schöffengericht verlangte also einen Ergänzungseid[208] und knüpfte die Verurteilung an die Ableistung dieses Eides. Der unterlegene Käufer legte Berufung beim Hof von Holland ein, Sempronius erhob *grieven a minima*[209] hinsichtlich der nicht zugesprochenen Interessen von 8%. Der Hof bestätigte jedoch am 19. Juli 1714 das erstinstanzliche Urteil, sprach aber zusätzlich noch die Zinsen seit *litiscontestatio* zu.

Nach erneuter Berufung zum Hoge Raad verteidigte sich der Käufer vor allem damit, dass der Vertrag durch beiderseitige Vereinbarung ungültig geworden war, weil Sempronius erst am 19. Mai (die Lieferung) angekündigt hatte. Außerdem bestritt er, dass eine Anzeige (der Lieferbereitschaft) geschehen war und dass der Angewiesene so viel Branntwein zur Verfügung hatte. Schließlich bestritt er, dass Sempronius mit Zustimmung des Magistrats die Waren veräußert hatte, und falls das doch geschehen sei, dann nur pro forma und zur Täuschung des Titius.

Van Bijnkershoek berichtet, dass sich die Ratsherrn mit ihren Urteilen sehr uneinig waren, und es lange dauern würde, die Einzelheiten zu berichten. Er fasst die vertretenen Ansichten wie folgt zusammen: Die Mehrheit[210] meinte, dass der Verkauf ein *winst-koop* sei, und es daher nicht zur Begründung der Klage erforderlich gewesen sei, dass der Verkäufer bei Anzeige die 50 Stück Branntwein selbst oder bei einem anderen bereit hatte. Dies wäre nur notwendig gewesen, wenn Titius vor dem 1. Mai Lieferung gefordert hätte. Daher müsse, als das nicht geschehen war, allein das Interesse berechnet werden. Der Kläger hätte daher den laufenden Preis verlangen können, ohne dass ein späterer Verkauf nötig gewesen wäre, so dass es nichts zur Sache täte, dass der Verkauf wirklich oder nur pro forma geschehen war. Das Interesse müsse daher nach dem laufenden Preis vom 1. Mai an gerechnet werden und nicht erst ab dem 19. Mai oder dem 18. Juni.

Ein Teil der Ratsherrn nahm als Berechnungsgrundlage den 19. Mai, wieder andere den 18. Juni, da ab diesem Zeitpunkt der Verkauf feststand. Diesen Umstand bestritt wiederum ein Teil der Ratsherrn.

Wie aber kam dann das Gericht zu einer Entscheidung? Van Bijnkershoek meint, obwohl die Rechnung vorgelegt wurde, woraus sich die geltend gemachte Summe von

---

207 Vergleiche auch Obs. Tum. Nr. 2337, worin der Verkäufer eine Genehmigung der Schöffen von Amsterdam zum Selbsthilfeverkauf verlangte, nachdem der Käufer den Termin zur Abnahme von Kakao hatte verstreichen lassen.

208 Vgl. oben S. 71.

209 Vgl. oben S. 81.

210 Eine *resolutie* für diesen Fall gibt es nicht im *resolutie-boek*.

2.629 Gulden, 1 Stuiver ergab, sei nicht sicher gewesen, diese Summe zuzusprechen, weil nicht richtig schien, dass ein so hoher Schaden geltend gemacht werden könne. Deshalb kamen die Richter darin überein, ein Verfahren auf Abschluss eines Vergleichs anzuordnen.[211] Denn das Verfahren zum Abschluss zu bringen, sei wegen der vielen unterschiedlichen Ansichten nicht möglich gewesen. Außerdem wollte das Gericht hierdurch die Parteien zu weiterer Sachaufklärung bewegen. Falls man dennoch etwas zu entscheiden hätte, neigte die Mehrheit der Richter dazu, ohne Rücksicht auf die Rechnung, den Mehrwert nach dem laufenden Preis vom 1. Mai 1705 zu bestimmen. Darauf kam es dann aber nicht mehr an, denn Van Bijnkershoek bemerkt in einer Fußnote, dass das Verfahren am 29. November 1718 mit einem Vergleich endete.[212]

Ein Vertrag mit fast wortwörtlich gleichem Inhalt war in der Entscheidung Obs. Tum. Nr. 2107 (Entscheidung vom 11. Januar 1725) wiederum Anlass für ein Verfahren vor dem Hoge Raad.[213] Diesmal war der Marktpreis für Branntwein stark gefallen, so dass der Käufer den Verlust nicht realisieren wollte und ebenfalls nichts mehr von sich hören ließ. Der Verkäufer forderte den Käufer am vereinbarten Termin zur Abnahme auf. Dies blieb ebenfalls ohne Erfolg, so dass der Verkäufer den Branntwein wiederum mit Zustimmung der Schöffen von Amsterdam die Ware öffentlich versteigern ließ. Der vereinbarte Kaufpreis von 1.592 Gulden, 2 Stuiver bzw. 650 Gulden, 13 Stuiver, 8 Deut ließ sich in der Versteigerung jedoch nicht erzielen. Der Verkäufer hatte also einen Verlust erlitten. Er verklagte den Käufer beim Amsterdamer Schöffengericht auf dessen Ersatz und Zinsen aus den genannten Summen wiederum zu 8%, was dieses und nach Berufung auch der Hof von Holland gewährten.

Den Einwand des Käufers, dass der Verkäufer den Branntwein zum Zeitpunkt des Verkaufs nicht besessen habe, verwarf der Hoge Raad mit der Begründung, dass es darauf nicht ankomme, selbst wenn der Käufer diese Behauptung bewiesen hätte.[214] Zur Begründung verweist Van Bijnkershoek auf die Entscheidung Obs. Tum. Nr. 2094.[215] Den zweiten Einwand, dass keine ordnungsgemäße Schätzung des Branntweins durchgeführt wurde, verwarf das Gericht ebenfalls. Denn der Käufer hatte einen seiner Leute dazu bestellt und hatte auch nicht widersprochen, als ihm Belege vorgelegt wurden. Den dritten Einwand, dass der Branntwein unverkäufliche Ware gewesen sei, ließ der Hoge Raad mit Verweis auf den Vertrag nicht gelten. Der Verkäufer durfte nach Schätzung, die bekanntlich stattgefunden hatte, auch billigsten Brantwein liefern. Die weiteren Einwendungen des Käufers übergeht der Autor. Die Richter sahen daher einstimmig den Käufer zur Erstattung des Verlusts verpflichtet.[216]

211 Dieses Verfahren lief dann so ab, dass hierzu zwei Ratsherren delegiert wurden, die die Parteien aufforderten, sich zu vergleichen. Ob sie auch selbst aktiv an den Vergleichsverhandlungen teilnahmen oder Vorschläge machten, ist unklar. Hatten die Verhandlungen – wie im vorliegenden Fall – Erfolg, erstatteten diese dann Bericht.

212 Daneben stritten die Parteien über die Höhe der Zinsen. Siehe dazu aber bereits schon oben.

213 Es ging wieder um zweimal 25 Fässer Branntwein, die ab dem 20. April 1705 bis zum 1. August zu liefern waren. Der Liefertermin durfte vom Käufer, die Art des Branntweins vom Verkäufer bestimmt werden. Van Bijnkershoek zitiert auch die frühere Entscheidung.

214 Der Käufer konnte allerdings nach Ansicht der Richter diese Behauptung auch nicht beweisen.

215 Siehe dazu S. 242.

216 Streit bestand daneben wiederum um die Anwendbarkeit des Amsterdamer Statuts zur Bestimmung der Zinsen.

2. Optionsvertrag

Bei einem Optionsvertrag versprach der Verkäufer, dem Käufer gegen den Kaufpreis die Option auf den Kauf von Gegenständen, d. h. also nicht die Sache selbst, sondern nur die Möglichkeit, die Sache zu erwerben. Auch im Zusammenhang mit Aktien waren diese Geschäfte in den Niederlanden des 18. Jh. schon üblich. Man hatte in den Niederlanden Erfahrungen mit Aktien- und Termingeschäften und kannte deren Risiken.[217]

An der rechtlichen Gültigkeit von spekulativen Geschäften hatten die Richter des Hoge Raad keinen Zweifel. Nichtsdestotrotz versuchte sich die durch das Spekulationsgeschäft benachteiligte Partei vom Vertrag zu lösen. Ein beliebtes Argument der sich durch das Geschäft im Nachteil sehenden Partei war die Berufung auf *laesio enormis*. Ein weiteres Argument war, den Vertrag bis zur Ausübung der Option als nicht geschlossen oder den Vertrag auf Grund von Verzug als nichtig anzusehen. Dies ließ der Hoge Raad jedoch nicht zu.

In der Entscheidung Obs. Tum. Nr. 2748 vom 13. Februar 1733 wurde ein solcher Vertrag geschlossen. Sempronius und Maevius kamen überein, dass Maevius dem Sempronius oder einem Dritten gegen eine Prämie einen Aktienanteil von 1.000 flämischen £ an der Westindischen Kompanie zum Preis von 300 % (also 3.000 flämische £) ab dem 11. Juli 1720 bis zum 1. Oktober 1720 verkaufen und abtreten sollte.[218] Sempronius übertrug danach die Option an Titius. Titius kündigte am 2. Oktober 1720 dem Maevius den Verkauf an. Der vereinbarte Kaufpreis war aber bereits gezahlt worden. Maevius fragte dann, auf wessen Namen Titius die Aktie übertragen lassen wolle.[219] Titius reagierte allerdings nicht. Unterdessen sank der Wert der Aktie und nahm von Tag zu Tag weiter ab. Der Käufer verweigerte die Abnahme der Aktien. Maevius holte sich beim Schöffengericht von Amsterdam die Erlaubnis, den Aktienanteil zu versteigern. Er konnte allerdings aus dieser Versteigerung nur noch $\frac{1}{3}$ des Wertes erlösen. Den Rest klagte er von Titius vor dem Amsterdamer Schöffengericht ein.

Titius verteidigte sich damit, dass Maevius mit der Übertragung der Aktie in Verzug gewesen sei. Das Schöffengericht entschied am 19. März 1722 gegen Titius, wenn der Kläger seine Behauptung, dass er mehrmals vor dem 11. Oktober 1720 den Titius zum Empfang des Aktienanteils angemahnt habe und von ihm jedesmal vertröstet worden sei, mit einem Eid bekräftigte. Titius ging in Berufung, der Ansicht, durch den Verzug des Maevius sei der Optionsvertrag nichtig geworden und erhob unter *beneficie van request civil* Widerklage[220] auf Rückerstattung der Prämie. Der Hof bestätigte am 6. Februar 1728 unter Abweisung der Widerklage das erstinstanzliche Urteil.

---

217 Der erste Börsencrash, der unerfahrene Marktteilnehmer innerhalb kürzester Zeit ruinierte, lag etwa 50 Jahre zurück. Damals waren Tulpenzwiebeln begehrtes Handelsobjekt. Vier auf Grund von Mutation besonders begehrte Zwiebeln konnten den Gegenwert eines Amsterdamer Wohnhauses darstellen. Auch der Aktienhandel war in den Niederlanden schon lange bekannt. Die Ostindische Kompagnie war die erste Aktiengesellschaft. Anteile an dieser Gesellschaft wurden schon seit 100 Jahren gehandelt.

218 Im Jahr 1720 kam es wiederum zu großen Aktenspekulationen.

219 Aktien der Westindischen Kompanie wurden als Namensaktien gehandelt. Die Namen der Inhaber wurden in einem Buch geführt. Die Übertragung der Aktien erfolgte durch Umschreiben des Namens in diesem Buch.

220 Zur Widerklage siehe oben S. 68.

Auch der Hoge Raad wies die Klage nach erneuter Berufung am 13. Februar 1733 ab. Alle Senatoren waren der Ansicht, dass sich die Option durch die Abforderung der Aktie in einen bestandskräftigen Kaufvertrag umgewandelt hatte. Die Mehrheit folgerte daraus, dass für die Widerklage kein Raum sei, wenn Maevius mit Abtretung der Forderung im Verzug war. Denn die Prämie werde für das Optionsrecht gegeben und die Option sei ausgeübt worden. Der Kaufvertrag sei deshalb nicht nichtig geworden, ebenso wie er wirksam bleibt, wenn der Verkäufer im Verzug mit der Übergabe ist. Es sei Sache des Käufers, auf Rückerstattung des Verzugsschadens zu klagen. Alle Ratsherrn waren sich darin einig, dass nicht Maevius im Verzug gewesen war, sondern Titius, der niemanden benannt habe, an den die Forderung übertragen werden sollte. Nach Gewohnheitsrecht benenne der Käufer jemanden vor Übertragung der Aktie. Hierfür hatte das Gericht das Zeugnis einer *turba*[221] von Kaufleuten und Maklern. Denn die Aktie wird nicht auf den Namen des Ersterwerbers eingetragen, sondern auf den Namen dessen, an den sie durch den Ersterwerber verkauft oder verpfändet wurde bzw. verpfändet werden soll. Zwei Zeugen bestätigten, dass Maevius vom 1. bis zum 11. Oktober mehrfach den Titius gehindert habe, die Übertragung der Aktie anzunehmen, Titius jedoch darum gebeten habe, dass Maevius die Übertragung um einiges herauszögern möge. Dies konnte Maevius mit einem Ergänzungseid[222] bestätigen. Der Hoge Raad sah den Verkäufer daher nicht im Verzug und bestätigte den Anspruch auf Ausgleich des Verlusts zwischen Erlös aus dem Selbsthilfeverkauf und dem vereinbarten Kaufpreis.

VI. Die Probleme des Eigentumsübergangs bei Kreditgewährung

Bevor im nächsten Abschnitt die Rechtsprechung zur Gefahrtragung behandelt wird, geht es in diesem Abschnitt um die Fragen des Eigentumsübergangs. Grotius[223] stellte zwischen beiden Fragen dogmatisch einen Zusammenhang her, um den Widerspruch zwischen der Gefahrtragungsregel *periculum est emptoris*[224] und dem Grundsatz *casum sensit dominus*[225] bzw. *res perit domino*[226] zu beseitigen, indem er in *De jure belli ac pacis* annimmt, der Käufer werde bereits durch den Kaufvertrag zum Eigentümer der Kaufsache und habe daher den zufälligen Untergang als Eigentümer zu erleiden.

Andere moderne Rechtsordnungen kennen das sogenannte Abstraktions- und das Trennungsprinzip. Das Abstraktionsprinzip besagt, dass sich Fehler beim Abschluss des Vertrags nicht auf die Übereignung der Gegenstände in Folge des Vertrags auswirken. Dem liegt die Vorstellung zugrunde, dass das schuldrechtliche Grundgeschäft von dem oder den dinglichen Erfüllungsgeschäft(en) zu trennen ist. Dies hat Folgen

221 Siehe dazu oben S. 71.
222 Siehe hierzu oben S. 71.
223 Grotius, De jure belli ac pacis, Lib. 2, Kap. 12, Tit. 15, § 1.
224 Der Käufer hat die Gefahr der Verschlechterung und des zufälligen Untergangs der Sache zu tragen.
225 Der Eigentümer hat den Zufall zu erleiden, d. h. der zufällige Untergang geht immer zum Nachteil des Eigentümers.
226 Die Sache geht dem Eigentümer zugrunde.

für die Rückabwicklung von fehlgegangenen Schuldverhältnissen: Weil sich der Fehler im Verpflichtungsgeschäft (grundsätzlich) nicht auf das Verfügungsgeschäft auswirkt, kann das Eigentum durch Übereignung auf den Erwerber übergegangen sein. Über das Bereicherungsrecht wird dann ein neues Schuldverhältnis begründet, auf Grund dessen das Eigentum vom Erwerber an den Veräußerer zurückübertragen werden muss, sodass nach Rückübertragung die Eigentumslage wieder der schuldrechtlichen Lage (es liegt kein wirksamer Vertrag vor, der Verkäufer ist Eigentümer der Sache) entspricht.

Die Trennung der Rechtsgeschäfte ist nicht erst das Ergebnis der Überlegungen des 19. Jahrhunderts. Im 17. und 18. Jh. verstand man den Transfer von Eigentum als natürlichen Akt. Deshalb kann Simon van Leeuwen die These aufstellen, das Eigentum gehe [beim Kauf] auf den Erwerber nur dann über, wenn der vereinbarte Kaufpreis gezahlt wurde.[227] Dies gelte auch dann, wenn die Übergabe bereits erfolgt sei.[228] Ausgenommen seien der Verkauf auf Kredit und wenn der Verkäufer das Wort, das Vertrauen, das Versprechen oder den Kredit des Käufers akzeptiere.[229] In diesem Fall habe der Verkäufer nach der Übergabe kein weitergehendes Recht auf Rückforderung oder Vindikation, auch wenn der Erwerber später zahlungsunfähig werde, ohne den Kaufpreis gezahlt zu haben.[230] Dies gelte aber nicht, wenn der Erwerber bereits beabsichtigt habe, bankrott zu gehen, und den Verkäufer betrügen will.[231] Dann bleibe die Ware im Eigentum des Verkäufers, auch wenn die Übergabe und Einräumung des Kredits erfolgte, da dies nicht als Übertragung, sondern als Erlangung des Eigentums durch Betrug angesehen werde.[232] So sei auch mehrfach durch die Gerichte entschieden worden.[233] Letztlich kam es also für die Entscheidung, ob das Eigentum auf den Erwerber übergegangen ist (wenn man die Fälle Bankrott und Betrug zu Lasten des

227 Van Leeuwen, Rooms-Hollands-Regt, Lib. IV, Kap. XVII, § 3.

228 Simon van Leeuwen, a. a. O. unter Verweis auf Inst. 2. 1 und Art. 51 Keuren des Lands von Voorn.

229 Simon van Leeuwen, a. a. O. unter Verweis auf Inst. 2. 1: („Sed et si is qui vendidit fidem emptoris secutus fuerit, dicendum est, statim rem emptoris fieri." „Aber auch wenn jemand, der verkauft hat, dem Käufer Kredit einräumte, muss man sagen, dass die Sache sogleich [Eigentum] des Käufers wird.") und D. 18. 1. 19, wonach verkaufte und übergebene Sachen nur dann Eigentum des Käufers werden, wenn dieser den Kaufpreis zahlt oder einen Ausgleich in anderer Weise erbringt, z. B. durch Stellung eines Bürgen oder Bestellung eines Pfandes. In D. 18. 1. 19 wird dabei auf das Zwölftafelgesetz und das Recht der Völker (*iure gentium*) verwiesen.

230 Van Leeuwen, Rooms-Hollands-Regt, Lib. IV, Kap. XVII, § 3.

231 Van Leeuwen, a. a. O. unter Verweis auf Gail, Lib. 2. Observ. 15. in pr.

232 Van Leeuwen, a. a. O. unter Verweis auf Gail, a. a. O. Nr. 8 f.; Consult. en Advys., Bd. 1 Cons. 222 und Consult. 245, 253, 285 und 286, Bd. 2 Cons. 127; Amsterdam Bd. 3, Cons. 2, Bd. 6, Cons. 2; Costuymen von Antwerpen, Tit. 58, Art. 7; Papon, Lib. 18, Tit. 5, Art. 46; Everhard. Consil. 209, Nr. 9; Neerl. Adv. 1. Cap. 42.

233 Simon van Leeuwen, a. a. O. unter Verweis auf Neostadius, Supr. Cur. Decis. 5 und Handvesten van Amsterdam von 1625, S. 98 und 108, Statut in den Recuyl der Keuren und Kostuymen von Amsterdam, Cap. 37 Van Preferentie, Art. 6. Wie die von Van Leeuwen angeführte Entscheidung Decisie 5 zeigt, konnte die Vindikation auch gegen Dritte geltend gemacht werden, die die Sache gutgläubig erworben hatten. Den Einwand des Dritten, er habe die Sache gutgläubig erworben, verwarfen Hof und Hoge Raad. Der Betrug des ersten Käufers schadete auch einem gutgläubigen Dritten.
In der Fußnote verweist Neostadius auf Gail a. a. O.; Molinaeus ad Cons. Paris., Tit. 1 § 23 Nr. 17 und die Kostuymen van Antwerpen, Tit. van Reivindicatien, Art. 7. Er vermerkt allerdings, dass in Amsterdam nach den Willkeuren von Amsterdam, S. 96 aus dem Jahr 1624 das Gegenteil gelte.

Verkäufers ausnimmt), auf die Beantwortung der Frage an, ob dem Erwerber Kredit zur Zahlung eingeräumt wurde.

Dies wurde für Barverkäufe verneint, hingegen bei der Vereinbarung einer späteren Zahlung bejaht.[234] Da die Möglichkeit, dass Waren auch von Dritten zurückgefordert werden können, den freien Warenverkehr verhindert, wurde dieses Recht in einigen Städten nur innerhalb eines kurzen Zeitrahmens gewährt. In Amsterdam konnte nach der Ordonnanz vom 31. Januar 1658 dieses Recht nur innerhalb von sechs Wochen, in Leiden nach der Ordonnanz vom 8. Mai 1659 nur innerhalb von 14 Tagen geltend gemacht werden.

In der Praxis wurde die Amsterdamer Ordonnanz von der Mehrheit der Richter im Hoge Raad nicht so streng interpretiert, wie sich aus der Entscheidung Obs. Tum. Nr. 2221 vom 28. Dezember 1725 ergibt. Der Verkäufer hatte einem Käufer, der aus Vlissingen stammte, am 5. April 1718 Waren verkauft und übergeben. Der Käufer sandte sie am 8. April nach Amsterdam zu einer Kommissionärin. Mitte Mai machte sich der Käufer aus dem Staub, ohne die Waren zu bezahlen. Der Verkäufer belegte dann am 19. und 20. Mai die bei der Kommissionärin befindlichen Waren mit einem Arrest und erhob die Vindikationsklage vor dem Schöffengericht von Amsterdam, wenn die Kommissionärin nicht bereit sei, den Preis zuzüglich Zinsen zu zahlen, den der Käufer versprochen hatte. Die Kommissionärin trat der Vindikation entgegen. Sie unterlag allerdings vor dem Schöffengericht am 1. November 1719, nach Berufung vor dem Hof von Holland am 6. April 1723 und mit Mehrheitsentscheidung auch am 28. Dezember 1725 vor dem Hoge Raad.[235]

Vor dem Hoge Raad führte der Käufer aus, er habe „unter der Kaufmannsbedingung" verkauft, bzw. „gegen Bargeld", was dasselbe sei. Ersteres konnte er durch die Aussage von Maklern belegen. Auch in seinen Büchern hatte der Verkäufer notiert, dass der Kauf „gegen Bargeld" erfolgt sei. Er meinte, deshalb keinen Kredit für den Kaufpreis gewährt und das Eigentum auch nicht durch Übergabe an den Käufern übertragen zu haben. Er berief sich dazu auf D. 18. 1. 19[236] und ging nicht davon aus, dass der Vertrag *ipso jure* wegen Betrugs nichtig gewesen sei. Wenn man aber soweit ginge, dies anzunehmen, habe Betrug wegen der bevorstehenden Zahlungsunfähigkeit des Käufers einen Anlass zum Vertragsschluss gegeben.

Van Bijnkershoek führt dazu aus, dass dies eine von beiden Höfen (gemeint sind der Hof von Holland und der Hoge Raad) manchmal angewendete Rechtsprechung sei, die er selbst allerdings nicht für richtig halte, wie er im verschollenen Commentarius Juris Hollandici, Bd. 2, Lekt. 2, Kap. 27, Abschnitt „Ob solutionem" ausgeführt habe. Er meint, das Eigentum gehe nämlich vielmehr nur deshalb nicht über, weil gegen Bargeld verkauft und nicht bezahlt worden sei. Van Bijnkershoek geht also von einem Barverkauf aus.

Die Kommissionärin berief sich darauf, dass sie die ihr übersandten Waren an dem Tag, an dem sie der Verkäufer mit einem Arrest belegt hatte, wenige Stunden vor Erlass

234 Van Leeuwen, Rooms-Hollands-Regt, Lib. IV, Kap. XVII, § 4.

235 Der *rapporteur*, De Rovere, Van Hees, Van Bleiswijk, Durikant und Van Bijnkershoek bildeten das Mehrheitsvotum. Die Gegenansicht vertraten Schaep und Hoop. Eine eindeutige Zuordnung der Voten ist in diesem Fall jedoch schwierig.

236 Siehe dazu Fn. 229.

des Arrests einem Dritten verkauft und durch symbolische Übergabe der Lagerschlüssel übertragen hatte.

Alle Ratsherren wiesen diese Verteidigung jedoch zurück, weil hinreichend klar schien, dass dieser Verkauf fingiert worden sei, da die Kommissionärin die drohende Zahlungsunfähigkeit des Käufers erahnt hatte. Ein wirksamer Kaufvertrag sei außerdem so, wie ihn die Kommissionärin geschlossen hatte, nicht zustande gekommen. Zwei Ratsherren meinten allerdings, dass der Verkäufer hier gegen die Kommissionärin nicht klagen könnte, weil der Käufer der Kommissionärin viele Tausende schuldete (so nämlich schien es aus ihren Rechnungen hinreichend klar zu sein) und sie als Kommissionärin nach Handelsrecht und Amsterdamer Gewohnheitsrecht ein Zurückbehaltungsrecht an den in ihrem Besitz befindlichen Gütern ihres Geschäftsherrn habe. Van Bijnkershoek meint dazu, er wolle ja nicht fragen, ob dies allgemein gelte oder nur hinsichtlich der Waren, auf die besonders Kredit gewährt worden sei. Er und die meisten anderen Ratsherren waren aber der Ansicht, dies gelte nur, wenn die Waren mit Eigentum an den Kommissionär gelangen, was hier nicht der Fall war. Die Kommissionärin habe nur im Namen des Käufers besessen und das sei mit der Situation vergleichbar, wenn sich die Waren beim Käufer selbst befunden hätten. Van Bijnkershoek stellt daher die rhetorische Frage, was gelte denn, wenn der Käufer als Dieb die Waren an einen Kommissionär geschickt hätte, würde dadurch der Vindikationsanspruch untergehen?

Ferner diskutierten die Ratsherren darüber, ob tatsächlich ein Barverkauf vorlag. Denn üblicherweise bedeute die Bezeichnung Verkauf „op dag“ („auf einen [bestimmten] Tag“) die Einräumung eines Kredits, während ein Barverkauf bei einem Verkauf „voor contant“ („gegen Bargeld“) vorliege. Dieselben beiden Ratsherren meinten, das sei nicht sicher. Van Bijnkershoek argumentiert dagegen, der Verkäufer habe dies so in seinen Büchern notiert, außerdem liege auch dann ein Barverkauf vor, wenn kein Termin für die Zahlung vereinbart wurde.

Dem widersprachen die beiden Richter und noch ein weiterer. Sie führten an, dass es der Verkäufer zugelassen habe, die Waren nach Amsterdam zu verbringen und bei der Kommissionärin bis zur Zahlungsunfähigkeit des Käufers zu belassen. Erst danach sei der Arrest beantragt und erlassen worden. Aus diesem Umstand sei zu vermuten, dass Kredit für den Kaufpreis gewährt wurde, was sich aus den Keuren von Seeland, Cap. 2 § 34 ergebe, wonach ein Verkäufer die verkaufte Sache mit Beschlag belegen kann „binnen der vorscher daat“, d. h. sogleich, wenn ein Käufer trotz Barzahlungszusage nicht zahlt. Im vorliegenden Fall sei jedoch fast sechs Wochen gewartet worden.

Die fünf übrigen Ratsherren meinten, jenes „binnen der vorscher daat“ dürfe man nicht wörtlich auffassen, sodass ein Verkäufer die Ware nach der Übergabe sofort zurückholen könne, wenn der Käufer nicht zahlt, sondern im Zusammenhang mit dem Handelsbrauch, wonach fast ausschließlich ein Zahlungsziel von sechs Wochen bestehe. Nach dem Amsterdamer Statut vom 31. Januar 1658 gelte nämlich, dass derjenige, der eine Sache gegen Barzahlung verkauft, am ersten Gerichtstag den Käufer rechtlich belangen soll, wenn innerhalb von sechs Wochen keine Zahlung erfolgt, und diesem weder ein Vorzugsrecht noch ein Vindikationsrecht zukommt und sonst angesehen werden soll, dass er auf Kredit verkauft habe. Nach einem anderen Amsterdamer Statut gehe nämlich das Vindikationsrecht unter, wenn „auf Zeit“ (*op tijd*) verkauft und damit Kredit für den Kaufpreis eingeräumt worden sei. Van Bijnkershoek verweist dazu nochmals auf seine o. a. Ausführungen im Abschnitt „Ob solutionem". Auch die Keuren von Seeland bestimmten nur, dass die Einforderung des Preises nicht ins Unendliche hinausgezögert werden dürfe, aber nicht, dass man den Preis ohne jeden Spielraum sofort einfordern könne „und der Käufer sogleich mit dem Geldbeutel zugegen sein muss." Der Umstand, den die drei Ratsherren anführten, dass die Ware inzwischen nach Holland verbracht worden war, und ob der Verkäufer davon Kenntnis hatte, tue nichts zur Sache. Selbst wenn sie nach Ost-Indien verbracht worden wäre, könne daraus nicht geschlossen werden, dass für den Kaufpreis Kredit eingeräumt worden sei. Van Bijnkershoek verweist nochmals auf seinen Commentarius Lex Hollandici, die Abschnitte „Ob solutionem" und „Fide de Pretio non habita". Die Mehrheit der Richter wandte also das Statut an und beließ das Eigentum beim Verkäufer. Van Bijnkershoek begründet seine Ansicht darüber hinaus mit seinem Schrifttum.[237]

VII. Die Entscheidungen zur Gefahrtragung

Die Gefahrtragung betrifft die Frage, was gelten soll, wenn sich nach Abschluss des Kaufvertrags die noch nicht übergebene Sache zufällig verschlechtert oder untergeht und auch den umgekehrten Fall, wenn sie einen zusätzlichen Wertzuwachs erfährt. Muss der Käufer noch zahlen, wenn die Sache untergegangen ist? Darf er weniger zahlen, weil die Sache zwar noch existiert, aber einen Schaden hat? Oder muss er sogar mehr zahlen, weil die Sache inzwischen einen Wertzuwachs erfahren hat? Im römischen Recht[238] galt für die Gefahrtragung die Regel *periculum est emptoris*: Der Käufer hat mit Abschluss des Kaufvertrags das Risiko für den zufälligen Untergang oder die zufällige Verschlechterung zu tragen. Er muss den Kaufpreis zahlen, auch wenn er die Sache in verschlechtertem Zustand oder gar nicht erhält, weil sie untergegangen ist. Mit Abschluss des Kaufvertrags kamen dem Käufer einerseits alle Vorteile zu Gute, es gingen aber andererseits auch alle Nachteile zu seinen Lasten. Die Frage der Preisgefahr steht dabei im Zusammenhang mit dem Eigentumsübergang. Durch die Regel *periculum emptoris* wird der Preisgefahr auf einen Zeitpunkt vor den Übergang des Eigentums vorverlagert.

1. Die Entwicklungen in der Dogmatik zum Problem *periculum emptoris*

Die Regel *periculum emptoris* steht im Widerspruch zum römischrechtlichen Grundsatz *casum sentit dominus* (der Zufall betrifft den Eigentümer der Sache), bzw. *res perit domino* (eine Sache geht immer ihrem Eigentümer unter). Würde man diese Regel anwenden, träfe die Gefahr stets den Verkäufer, weil er noch Eigentümer ist. Zwischen diesen Grundsätzen gab es im römischen Recht auch noch angleichende Digestenstellen,

237 Neben diesen Fragen – so berichtet Van Bijnkershoek weiter – wurde noch über die vom Verkäufer in erster Instanz begehrten Kosten, Schaden und Interesse seit der Erhebung des Arrests diskutiert. Ein Ratsherr wollte diese nicht zusprechen. Die Mehrheit gab dieser Forderung jedoch statt, weil das bei Vindikation verlangt werden könne. Die Kommissionärin hätte mit Erlaubnis der Schöffen die Waren verkaufen können, und sich daran schadlos halten können.
238 Inst. 3. 23. 3.

D. 18. 6. 13 und 15 pr.[239] und D. 21. 2. 11 pr.,[240] die auch schon den Autoren des 17. und 18. Jh. bekannt waren.[241]

Die römisch-holländische Rechtslehre versuchte den Widerspruch mit der rezipierten Regel *periculum est emptoris* auf unterschiedliche Arten zu lösen. Die Autoren verwiesen dazu auf die Rechtssätze des Naturrechts, die dem örtlichen Gewohnheits- und Gesetzesrecht entnommen wurden. Vereinzelt[242] wurde die Klassizität der Regel *periculum emptoris* über eine humanistische Auslegung der Textstellen bestritten und *periculum emptoris* für nicht anwendbar erklärt. Wissenbach[243] berichtet, dass auch der Hof von Friesland diese Regel nicht anwendete. Mit Ulrich Huber[244] hingegen endete die Diskussion über die Anwendbarkeit des Grundsatzes sowohl für das römische als auch für das römisch-holländische Recht.[245]

Praxisorientierte Autoren argumentierten zumeist nicht in humanistischer Weise mit anderen Textstellen.[246] Die Regel *periculum est emptoris* schien als die klassische Regel deshalb plausibler, weil dieser Grundsatz in der überwiegenden Zahl der Quellen überliefert war.[247] Entgegenstehende Quellenbelege bei Paulus und Africanus überspielten die Autoren mit Auslegungsvarianten.[248] An der Geltung des Grundsatzes *periculum emptoris* bestand seit Grotius aber kein Zweifel mehr.[249]

Die Vereinbarkeit mit dem erst von den Naturrechtlern zum Axiom erhobenen Grundsatz[250] *res perit domino* stellten die Autoren über ein Regel-Ausnahme-Verhältnis her:[251] Danach sollte derjenige, der die Vorteile zieht, auch die Risiken tragen.[252] Eine wirklich schlüssige Argumentation war dies jedoch nicht; denn auch die Zuweisung der Vorteile wurde mit der Gefahrtragung begründet.[253] Van Leeuwen[254] versuchte die

239 Dies ist der Fall der von Ädilen zerschlagenen Betten. In D. 18. 6. 13 wird *periculum emptoris* mit Verzug des Käufers gerechtfertigt („Si traditi essent emptori per eum emptorem stetisset quo minus traderentur ...“). Die Gefahr solle nach D. 18. 6. 15 pr. hingegen beim Verkäufer bleiben, wenn der Käufer nicht im Verzug war: „Quod si neque traditi essent neque emptor in mora fuisset quo minus traderentur, venditoris periculum erit.“

240 Nach D. 21. 2. 11. pr. geht ein zukünftiger Fall von Eviktion nicht zu Lasten des Käufers.

241 Die Klassizität der Regelung *periculum emptoris* wird noch immer bestritten (vgl. das umfangreiche Schrifttum bei Zimmermann, Kaufvertrag, S. 168, Fn. 162).

242 Cujacius, zu D. 19. 2. 33 und Wissenbach, Lib. 1, Kap. 35, § 27.

243 Wissenbach, Lib. 1, Kap. 35, § 27.

244 Huber, Praelectiones, zu Inst. 3. 24. 9 und D. 18. 6. 3.

245 Grotius, Inleidinge, Lib. III, Kap. XIV, 34; Van Groenewegen, Inst., Lib. III, Tit. XXIV, § 3; Van Leeuwen, Rooms-Hollands-Regt, Lib. IV, Kap. XVII, § 2; Van Leeuwen, Censura Forensis, Lib. IV, Cap. XIX, 5; Huber, Praelectiones, zu D. 18. 6. 4, widerlegt seinen Lehrer sogar für den Hof von Friesland; Huber, Heedendaegse Rechtsgeleertheyt, Lib. III, Kap. V, § 23; Van der Keessel, 1285 f. für die spätere Zeit.

246 Eine Ausnahme hierzu ist Voet, zu D. 18. 6. 5.

247 Bauer, S. 126 m. w. N.

248 Bauer, S. 126.

249 Grotius, Inleidinge, Lib. III, Kap. XIV, § 34; Van Groenewegen, zu Inst. 3. 14. 3; Van Leeuwen, Rooms-Hollands-Regt, Lib. IV, Kap. XVIII, § 2.

250 Bauer, S. 127.

251 Z. B. Voet, zu D. 18. 6. 1.

252 D. 50. 17. 10 und Inst. 3. 32. 3: „...commodum eius esse debet, cuius periculum est.“ Vgl. Grotius, Inleidinge, Lib. III, Kap. XIV, § 34.

253 Huber, Praelectiones, zu D. 18. 6. 9; Voet, zu D. 18. 6. 9.

254 Van Leeuwen, Censura Forensis, Lib. IV, Kap. XIX, § 5 und Van Leeuwen, Rooms-Hollands-Regt, Lib. IV, Kap. XVII, § 2.

Lösung über das Verschulden herbeizuführen: Der Käufer sei schon als Eigentümer der Sache anzusehen, weil es mit Abschluss des Kaufs an ihm liege, ob er zahle und somit das Eigentum erhalte.

Bei Grotius unterscheidet sich die Argumentation zur Vereinbarkeit von *periculum emptoris* und *res perit domino* in *De iure belli ac pacis* und der *Inleidinge* erheblich. In *De iure belli ac pacis* hängt der Gefahrübergang unmittelbar mit der Übereignung der Sache zusammen. Nach Naturrecht bleibe Gefahr und Nutzen der Sache solange beim Verkäufer, bis das Eigentum auf den Käufer übergegangen sei.[255] Die Regelung *periculum emptoris* sei lediglich eine Bestimmung des positiven Rechts der Römer gewesen und könne daher keine universelle Geltung beanspruchen. Da aber bei Grotius das Eigentum in *De iure belli ac pacis* grundsätzlich schon bei Vertragsschluss übergeht (Konsensprinzip), hat dies zur Konsequenz, dass der Käufer die Gefahr als Eigentümer trägt.[256] Am Grundsatz *periculum emptoris* hat Grotius allerdings faktisch nichts geändert. Diese theoretische Herleitung übernahm Grotius allerdings nicht in die *Inleidinge*.[257] Seine Argumentation ist in diesem Werk der Auffassung entgegengesetzt, die er in *De iure belli ac pacis* äußerte. Darin liegt kein Widerspruch, weil das *ius civile* vom *ius naturale* abweichen darf. In der *Inleidinge* nimmt er die Regel *periculum emptoris* als selbstverständlich an: „Wenn der Kauf von irgendwelchen Sachen zustande gebracht wurde, treffen Vorteil und Risiko des Verlusts der Sache den Käufer, *obgleich der Erwerber noch nicht Eigentümer ist und noch keine Übergabe stattgefunden hat.* Er zieht jedoch auch alle Früchte und ihm kommt die Anwachsung von Land zu Gute."[258] Die Argumentation von Grotius in *De iure belli ac pacis* entsprach auch der von Huber:[259] Wenn nach Naturrecht das Eigentum an der Kaufsache durch bloßen Vertrag übergeht, dann sei es nicht nötig, wie es die Autoren des römischen Rechts getan haben, als zusätzliche Voraussetzung die Übergabe zu fordern. Die Gefahrtragung folge zwingend dem Eigentum. Damit stehe diese Regel mit naturrechtlichen Grundsätzen voll im Einklang.[260]

Van Leeuwen[261] folgte der Auffassung von Grotius in der *Inleidinge* und belässt das Eigentum beim Verkäufer. Er argumentierte, mit Abschluss des Kaufs habe der Käufer das Recht erworben, unmittelbar den Besitz zu erwerben. Er werde deshalb so angesehen, als wäre er bereits deren Besitzer.

2. Ausnahmen vom Grundsatz *periculum emptoris*

Vom Grundsatz des *periculum emptoris* gab es allerdings mehrere Ausnahmen. Diese ergaben sich vor allem daraus, dass der Kauf perfekt zu sein hatte. Es gab dafür in

255 Grotius, De jure belli ac pacis, Lib. 2, Kap. 12, Tit. 15, § 1.
256 Grotius, De jure belli ac pacis, Lib. 2, Kap. 6, Tit. 1 und Lib. 2, Kap. 8, Tit. 25.
257 Grotius, Inleidinge, Lib. III, Kap. XIV, §§ 34 und 35.
258 Dass Grotius an dieser Stelle die Anwachsung von Land anspricht, zeigt eine typisch niederländische Konstellation: Seit je her spielte die Landgewinnung eine wichtige Rolle. Durch Eindeichung wurde versucht, dem Meer immer größere Flächen fruchtbaren Bodens abzugewinnen.
259 Praelectiones ad Dig. 18. 6. 3.
260 Vgl. später noch Van der Keessel, Dictata, 3. 24. 11.
261 Van Leeuwen, Rooms-Hollands-Regt, Lib. IV, Kap. XVII, § 2.

der Literatur folgende Fallgruppen:

1. Der Verkauf fand unter einer Bedingung statt, die noch nicht eingetreten ist,[262]
2. die Parteien verabredeten, dass die Einräumung des Besitzes erst zu einem späteren Zeitpunkt eintreten und der Verkäufer bis dahin die Nutzungen ziehen sollte.[263],
3. die custodia-Haftung,[264]
4. der Verkäufer verpflichtete sich zur Übergabe und verletzte diese Pflicht,[265]
5. der Versendungskauf[266] und schließlich
6. tritt beim Kauf von nur der Gattung nach bestimmten Sachen der Gefahrübergang erst ein, wenn die zu liefernde Ware (durch Zuwägen, Ausmessen oder Auszählen) konkretisiert worden war.[267]

Von diesen Fallgruppen waren in der Praxis des Hoge Raad die *custodia*-Haftung und der Verkauf nach Maß, Zahl und Gewicht bedeutsam.

3. Die *custodia*-Haftung

Eine dieser Einschränkungen, nämlich die *custodia*-Haftung spielte in der Praxis immer wieder eine Rolle. Dies betraf die Fälle, in denen sich die Kaufsache vereinbarungsgemäß in der Verwahrung des Verkäufers befand. Nach klassischem römischen Recht haftete der Verkäufer dann auch für *vis maior* (höhere Gewalt). Nach allgemeiner Ansicht im römisch-holländischen Recht dagegen haftete der Verkäufer nur für *dolus* und *culpa*.[268] Problematisch war dies allerdings für die Frage, ob dies auch für *culpa levissima* galt, weil D. 18. 6. 2. 1 und D. 18. 6. 3 dem Verkäufer eine striktere als die durchschnittliche Sorgfalt abverlangen. Nach D. 18. 6. 3, auf den Grotius[269] abstellt, haftet der Verkäufer nach dem für den Entleiher geltenden Maßstab. Dieser ist nach D. 13. 6. 18 pr. *exactissima diligentia* bzw. ... talis diligentia ... qualem quisque diligentissimus pater familias suis rebus adhibet ... Diesen Konflikt lösen die Autoren, indem sie diesen als Ausnahme in ganz spezielle Zusammenhänge wie Gattungskauf

262 Van Leeuwen, Rooms-Hollands-Regt, Lib. IV, Kap. XVII, § 2.

263 Voet, zu D. 18. 6. 6; Van der Keessel, 1286 in Rückschau auf das 18. Jh. Der Grund lag im Gleichlauf der Nutzen- und Risikoverteilung nach Billigkeit („Commodum eius esse debet, cuius periculum est" Inst. 3. 23. 3, D. 18. 6. 7 pr., D. 50. 17. 10; siehe dazu Van den Bergh, Qui habet commoda, S. 21 ff.)

264 Siehe dazu Zimmermann, Law of Obligations, S. 287.

265 Van Leeuwen, Rooms-Hollands-Regt, Lib. IV, Kap. XVII, § 2.

266 Van Leeuwen, Rooms-Hollands-Regt, Lib. IV, Kap. XVII, § 2.

267 Grotius, Inleidinge, Lib. III, Kap. XIV, § 35; Van Leeuwen, Rooms-Hollands-Regt, Liv. IV, Kap. XVII, § 2; Vinnius, Lib. III, Tit. XXIV, §§ 0, 4; Voet, zu D. 18. 6. 4; Huber, Heedendagse Rechtsgelehrtheyt, Lib. III, Kap. V, 25. Siehe hierzu sogleich S. 167.

268 Vinnius, Lib. III, Tit. XXIV, §§ 3, 10; Voet, zu D. 18. 6. 2; Van Leeuwen, Censura Forensis, Lib. IV, Cap. XIX, § 7; Huber, Praelectiones, Inst. 3. 14. 9 und D. 18. 6. 6; ders. Heedendaegse Rechtsgeleertheyt, Boek III, Kap. V, § 27.

269 Grotius, Inleidinge, Lib. III, Kap. XIV, 34.

bzw. Kauf in Bausch und Bogen rücken.[270] Der Verkäufer sollte also nur für *culpa levis* und die schwereren Verschuldensformen einstehen.

Die forensische Praxis zeigte, dass die Vorgaben auch in die Praxis übernommen wurden, jedoch stets an die konkrete Fallkonstellation angepasst werden mussten.

In der ersten Entscheidung, Obs. Tum. Nr. 92 vom 23. Mai 1705, hatte jemand 200 Pfund Tee gekauft, wobei der Preis für jedes einzelne Pfund festgesetzt worden war. 90 Pfund sollten an den Käufer übertragen werden, der Rest sollte im Besitz des Verkäufers bleiben. Diese 110 Pfund wollte der Käufer ebenfalls abnehmen und bezahlen, allerdings erst drei Monate später. Am vereinbarten Termin kam der Käufer jedoch seiner Verpflichtung nicht nach. Er begründete seine Weigerung damit, dass der übrige Tee nicht dieselbe Qualität habe wie der, den er schon erhalten hatte, und bezichtigte den Verkäufer sogar des Betrugs.

Van Bijnkershoek bemerkt, hierfür habe jedoch ein stichhaltiger Beweis gefehlt. Der Verkäufer sei außerdem ein Mensch von untadeligem Lebenswandel gewesen, der bereit gewesen sei, mit einem Eid zu bekräftigen, dass der noch übrige Tee derselbe sei, dass er ihn selbst erworben hatte und von ihm kein Betrug begangen wurde.

Außerdem erklärte der Verkäufer, was sich auch bestätigte, dass der Teepreis innerhalb der drei Monate erheblich gesunken und dies der Grund der Weigerung gewesen sei. Schließlich argumentierte er, dass der Preisverfall das Risiko des Käufers sei. Das Schöffengericht von Delft, der Hof von Holland und der Hoge Raad verurteilten den Käufer zur Abnahme der restlichen 110 Pfund und Zahlung des vereinbarten Preises.

Van Bijnkershoek hebt seine Ansicht hervor, dass es der Käufer mit der Verwahrung des Tees auf die Vertragstreue des Verkäufers abgesehen hatte und dass dies mit dem anvertrauten Gut geschah. Der Käufer hätte die Krüge mit seinem Siegel sichern und so die eine Betrugsmöglichkeit ausschließen können und müssen, wenn er so etwas vermutete. Van Bijnkershoek interpretiert den Begriff „Risiko des Käufers" nicht allein für den Untergang oder die Verschlechterung der Ware, sondern auch in Bezug auf Gefahren, die durch Zugriff des Verkäufers auf Grund der Lagerung bei ihm geschehen können. Der Käufer muss, wenn er vermutet, dass ihn der Verkäufer täuschen wird, Vorkehrungen dagegen treffen. Ob der Hoge Raad sein Urteil auf „periculum emptoris" gestützt hat, lässt Van Bijnkershoek dagegen offen. Auch in der *resolutie* findet sich kein Hinweis auf *periculum emptoris*. Wie Bauer[271] richtig erkannt hat, ging es dem Gericht weniger um die als selbstverständlich angenommene *periculum emptoris* als um die rechtliche Würdigung der unsubstantiierten *dolus*-Behauptung des Käufers.

Schließlich argumentiert Van Bijnkershoek rechtspolitisch: Wenn es für den Käufer genügen würde, sich darauf zu berufen, dass die übergebene Sache nicht mehr dieselbe ist, die auch verkauft wurde, würden sich plötzlich viele Kaufverträge als ungültig erweisen.[272]

---

270 Vinnius, Lib. III, Tit. XXIV, 3, 10; Voet, zu D. 18. 6. 4; Huber, Praelectiones, Inst. 3. 24. 9 und D. 18. 6. 6.

271 Bauer, S. 119.

272 Der Umstand, dass Bauer, S. 119 Van Bijnkershoek „Berichterstatter" nennt, sollte nicht dahingehend missverstanden werden, dass er auch *rapporteur* war. In diesem Fall war, wie sich aus den *resolutien* ergibt, Admiraal *rapporteur*. Die Ratsherren Verbrugge, De Vries, Sluisken, Schaep, Keetlaer, Van Bijnkershoek, De Rovere und Vrijhoven entschieden den Fall.

Die Entscheidung zeigt allerdings den Wert, den das Gericht dem Eid und dem Ansehen der Personen zugemessen hat. Das Ansehen der Parteien spielte für den Hoge Raad immer eine Rolle.

An dieser Stelle stützt Van Bijnkershoek seine Argumentation auf die Verwahrung und die Aufgabe des Käufers, hierfür Vorsorge zu treffen. Van Bijnkershoek bestreitet die Nichtigkeit eines Kaufvertrags nur mit Berufung darauf, dass ein *aliud* geliefert wurde. Er verlagert die Verpflichtungen zur Sicherung der Ware auf den Käufer.

4. Gefahrübergang beim Verkauf von vertretbaren Sachen

Im klassischen römischen Recht wurde strikt zwischen dem Kauf einer erst durch *mensura* auszusondernden Quantität von Waren aus einem konkreten Vorrat und dem Kauf einer von vornherein individuell bestimmten Warenmenge mit Preisbezifferung *ad mensuram* differenziert.[273] Beide Typen waren mit den für den Stückkauf entwickelten Regelungen vereinbar. Dies ist auch vor dem Hintergrund der wirtschaftlichen Gegebenheiten zu sehen: Das klassische Recht hatte sich zunächst an der Situation auf dem Markt entwickelt, bei dem sich Käufer und Verkäufer und die Ware zur selben Zeit am selben Ort befinden. Mit einem vergrößerten Umfeld waren später auch veränderte Marktsituationen denkbar. Immer setzte dies jedoch eine – wenn auch abstrakt zu denkende – Trennung des verkauften Gegenstands von den nicht verkauften Gegenständen voraus: Es musste zum Zeitpunkt des Vertragsabschlusses klar sein, welches Korn von welchem Feld verkauft worden ist. War dies nicht klar, dann war der Kauf erst gültig geschlossen, wenn die separierende Handlung vorgenommen wurde. Dies wiederum hatte zur Konsequenz, dass erst nach Vornahme der Handlung die Preisgefahr auf den Käufer überging.

Mit Aufkommen des Seehandels wurde der reine Gattungskauf von den mittelalterlichen Autoren aus den römischen Texten heraus konstruiert.[274] Es wurde ein neues Verständnis des Kaufs aus einem konkreten Vorrat, die beschränkte Gattungsschuld, entwickelt.[275] Durch die *mensura* wurde die Gattungs- in eine Stückschuld konkretisiert.[276] Sie wurde damit das Kriterium für den Übergang der Preisgefahr auf den Käufer.

Das römisch-holländische Schrifttum wandte bei der Darstellung zwei Methoden an, um ein allgmeines Konzept des Quantitätskaufs vertretbarer Sachen zu entwickeln, in dessen Mittelpunkt das Perfektionskriterium der *mensura* stand: Ein Teil des Schrifttums[277] fasste alle drei Untergruppen (den reinen Gattungskauf, den beschränkten Gattungskauf und den Kauf mit Preisbestimmung *ad mensuram*) unter dem Begriff der *emptio ad quantitatem* zusammen. Dieser Teil hatte die Tendenz, den reinen Gattungskauf nicht ausdrücklich zu erwähnen.

Auf der anderen Seite stand Grotius,[278] der den Anwendungsbereich von D. 18. 1. 35. 5 und damit den Begriff der *emptio ad quantitatem* auf die Untergruppen des Kaufs

273 Bauer, S. 146.
274 Bauer, S. 147.
275 Bauer, S. 147.
276 Bauer, S. 147.
277 Es war z. B. Vinnius, Lib. III, Kap. XXIV, §§ 3, 4.
278 Grotius, Inleidinge, Lib. 3, Kap. XIV, § 35.

aus konkretem Vorrat und des Kaufs mit Preisbestimmung *ad mensuram* beschränkte. Gegenstand des Kaufs ist eine bestimmte Quantität vertretbarer Sachen. Während des Schwebezustands zwischen Vertragsschluss und Zumessung sollte die Verschlechterung der Waren zu Lasten des Käufers, der Totaluntergang zu Lasten des Verkäufers gehen. Wenn aber beim Quantitätskauf das Verschlechterungsrisiko grundsätzlich dem Käufer zugewiesen wurde, so war damit konkludent der Fall des reinen Gattungskaufs ausgeschlossen, da eine Verschlechterung der gesamten Gattung in der Regel nicht vorkommt.[279] Unter dem Namen *emptio ad quantitatem* waren bei Grotius also nur noch der beschränkte Gattungskauf und der einem Stückkauf ähnliche Kauf mit Preisbestimmung *ad mensuram* zusammengefasst.

Die Praxis des Hoge Raad hatte zur Frage der Spezialisierung mehrere Fälle zu entscheiden, wobei die Frage des *periculum emptoris* stets nur ein Argument unter mehreren war und nur in seltenen Fällen den Ausschlag gab.

a) Die Entscheidung Obs. Tum. Nr. 1326

In der Entscheidung Obs. Tum. Nr. 1326 vom 17. bzw. 20. April 1723 hatte der Verkäufer alles Heu, das auf der Wiese eines Bauern zur Abmessung stand, für 1.000 Pfund zu 5 Gulden, 19 Stuiver verkauft.[280] Vor der Übergabe kam es zu einer Überschwemmung der Wiese.[281] Daraufhin kündigte der Käufer den Vertrag auf, der Verkäufer verlangte jedoch Erfüllung. Am 5. Oktober 1697 schlossen die Parteien eine Vereinbarung dahingehend, dass der Käufer schnellstmöglich das noch verwertbare Heu housing abernten und bezahlen solle. Weiter vereinbarten die Parteien, einen Heu-Ballen für einen anderen Käufer übrig zu lassen und dass Schiedsleute den Überschwemmungsschaden schätzen sollten. Einen Tag später waren die Schiffe des Käufers da und nahmen eine große Menge Heu auf, aber den größeren Teil konnte oder wollte der Käufer an diesem Tag nicht aufnehmen. Bereits einen Tag später verdarb durch eine weitere Überschwemmung alles noch auf der Wiese befindliche Heu.[282] Der Verkäufer verklagte daraufhin den Käufer auf Zahlung des Kaufpreises für das Heu, das durch beide Überschwemmungen verdorben worden war und ging auch gegen den Dritten wegen des Werts seines Ballens vor. Zu einer Schätzung des Schadens wegen der ersten Überschwemmung war es nicht gekommen.[283] Die Schöffenrichter von Heusden gaben dem Verkäufer am 10. Juni 1700 Recht. Zwischen dem bzw. den Schadensereignissen waren zu diesem Zeitpunkt bereits drei Jahre vergangen. Der Hof bestätigte das Urteil mehr als zehn Jahre später, am 4. November 1710.

Der Käufer ging erneut in Berufung. Als weitere 13 Jahre später, am 5. März 1723, der Fall im Hoge Raad verhandelt wurde, gingen die Meinungen der Richter sehr aus-

279 Bauer, S. 149 f.

280 „... omne foenum, quod stabat in agro Maeviano ad mensuram ..."

281 Es muss sich wohl um eine durch Landgewinnung erworbene Wiese gehandelt haben, die von Gräben umgeben war.

282 In der Quelle steht an dieser Stelle, dass es *liesig* wurde. Der Begriff bedeutet, dass das Heu krautig und mit Seepflanzen überwucherte, Heinisius, J., Woordenboek der Nederlandsche Taal. 's Gravenhage, Leiden, 1924.

283 Vermutlich lag es daran, dass zwischen der ersten und zweiten Überschwemmung nur wenig Zeit vergangen war.

einander. Van Bijnkershoek bemerkt, dass es dabei natürlich um den Schaden wegen beiden Überschwemmungen ging. Einige Ratsherren entschieden wie die beiden Unterinstanzen und verwiesen zur Begründung auf *periculum est emptoris*:[284] der zufällige Untergang der Sache sei Risiko (*periculo et damno*) des Käufers.

Andere Ratsherren meinten, diese seien wohl nicht ordentlich im Recht bewandert,[285] weil die Gefahr nur bei Perfektion des Kaufs überginge. Sie verwiesen darauf, dass bei vertretbaren Sachen der Vertrag als nicht perfekt angesehen werde, und solange die Gefahr nicht übergehe, bis das Abwägen, Abzählen oder Abmessen stattgefunden habe. Dies stützten sie auf D. 18. 1. 35, D. 18. 6. 1 und C. 4. 48. 2.[286] Ein Schätzen des durch beide Überschwemmungen untergegangenen Heus habe aber nicht stattgefunden. Deshalb seien beide Urteile aufzuheben und es müsse zu Gunsten des Käufers entschieden werden. Van Bijnkershoek hält dies für eine vernünftige Begründung.[287]

Aber auch damit war das Meinungsbild im Hoge Raad noch nicht erschöpft. Wieder andere, die sich über diese Rechtsfrage sicher waren, beriefen sich auf den Verzug des Käufers und argumentierten, dass deshalb das Abwägen nicht erfolgt sei und der Untergang deshalb die Gefahr des Käufers war. Sie beriefen sich ebenfalls auf C. 4. 48. 2. Van Bijnkershoek hält dieser Argumentation entgegen, dass es keineswegs sicher war, dass der Käufer vor der ersten bzw. vor der zweiten Überschwemmung in Verzug war. Deshalb hätten sie einen Verzug mit faulen Beweisen angenommen.

Schließlich gab es noch eine vierte Gruppe, die sich selbst nicht im Klaren darüber gewesen sei, ob sie sich in ihrem Urteil von den anderen unterschieden. Diese bestand darauf, dass das Parteivorbringen in *forma probanti* zusätzlich glaubhaft gemacht werden müsste, und dem Käufer Recht zu geben sei. Dieser Gruppe schloss sich Van Bijnkershoek und auch die Mehrheit des Hoge Raad an. Das Gericht erließ ein Zwischenurteil.

Nun hatte der Hoge Raad aber das zusätzliche Problem, dass auch noch über den Ballen des Dritten zu entscheiden war. Was in diesem Fall entschieden wurde, hatte auch Wirkungen auf das Verfahren zwischen Käufer und Verkäufer.

Mit einer Stimme Mehrheit gaben die Richter am 6. März in dem Verfahren mit dem Dritten dem Verkäufer Recht.[288] Gleichwohl beschloss aber das Gericht, dieses Urteil nicht zu verkünden, bevor es die Frage der Übergabe in beiden Fällen geprüft hatte.

---

284 Die Namen der Richter lassen sich allerdings nicht mehr ermitteln, da es für den März 1723 keine *resolutie* im *resolutie-boek* gibt. In der Entscheidung vom 17. April 1723 ist nur die Schilderung des Sachverhalts und das Votum des *rapporteurs* De Roovere nach Abschluss der Untersuchung enthalten. Eine weitere Entscheidung unter dem Datum 20. April 1723 zum Kaufrecht betrifft einen anderen Fall.

285 „Alii existimabant, eos esse male juris prudentes ..." Es muss also recht heftig bei der Diskussion hergegangen sein.

286 In C. 4. 48. 2 geht es um den Verkauf einzelner Amphoren mit Wein zu einem bestimmten Preis. Wenn sich der Inhalt der Amphoren ändert, gehe das nicht zu Lasten des Käufers, dem ein Verzug für die Abmessung nicht vorgeworfen werden kann.

287 „... quae sententia habebat rationem."

288 Van Bijnkershoek kommentiert dies, um seinem Missfallen Ausdruck zu geben, mit der Formulierung „aus fälschlicher Rechtsmeinung" (*perpera ... jurisprudentia*).

Nachdem die Parteien ihre Erklärungen in *forma probanti* wiederholt hatten, erörterten die Richter nur noch über den Verzug des Käufers, wobei das Gericht die Zeugnisse beider Parteien genau unter die Lupe nahm. Auf die Wiedergabe der Zeugenaussagen verzichtete Van Bijnkershoek allerdings.

Am 17. April 1723 stimmten die Richter erneut ab. Hierbei sprach sich die Mehrheit – gegen die Stimme Van Bijnkershoeks – für einen Verzug des Käufers aus, der vor beiden Überschwemmungen eingetreten sei. Ein Verzug des Dritten lehnte die Mehrheit ab, weil die formelle Übergabe des Heues bereits am 5. Oktober 1697 erfolgt sei. Das Gericht hob also das Urteil hinsichtlich des Dritten auf, bestätigte aber die Entscheidungen der Unterinstanzen im „Hauptverfahren".

Über den Widerspruch zwischen dieser Entscheidung und der früheren Entscheidung in Bezug auf den Dritten konnte sich das Gericht hinwegsetzen, weil es die Verkündung des Urteils zurückgehalten hatte.

Diese Observation zeigt, dass die Richter im Hoge Raad gerade in den komplizierteren Fällen nicht einer Meinung waren und schon deshalb von „der Ansicht des Hoge Raad" nicht gesprochen werden kann, sondern nur von der „Entscheidung des Hoge Raad", nämlich Aufhebung des Urteils der Unterinstanz oder Verwerfen der Klage. Nur die Ansicht der Seite, zu der sich die Waagschale neigt, dringt nach außen, die rechtliche Diskussion nicht. Sie bleibt der Öffentlichkeit verborgen. Darüber hinaus stellt Van Bijnkershoek den Meinungsbildungsprozess im Gericht dar: Eine Gruppe will die Klage abweisen, eine andere der Klage stattgeben. Da letztlich keine eindeutige Mehrheit zu finden war, versuchten die Richter, nochmals Zeit für weitere Überlegungen zu gewinnen. Deshalb verzögerten sie ihre Entscheidung, indem sie den Parteien ein zusätzliches Beweisverfahren auferlegten. Van Bijnkershoek versuchte, durch seine Verhandlungsleitung als Präsident auf den Ausgang des Verfahrens Einfluss zu nehmen, schaffte dies aber letztlich nicht. Sein Missfallen über den Ausgang des Verfahrens wird in seinen Kommentaren deutlich, in denen er mit seiner Meinung nicht zurückhält.

b) Die Entscheidung Obs. Tum. Nr. 1461

In dem bereits oben erwähnten Fall Obs. Tum. Nr. 1461, in dem die gesamte Frucht auf dem Feld verkauft wurde, ließ sich der Hoge Raad nicht auf die Argumentation hinsichtlich der Spezialisierung ein, sondern reduzierte das Problem der Spezialisierung durch die Klärung der Tatsachen. Es kam darauf an, was die Parteien tatsächlich vereinbart hatten. Erst dann, wenn sich ergeben hätte, dass die Parteien tatsächlich nur das noch auf dem Acker stehende Getreide verkauft hatten, hätte der Hoge Raad diese Frage klären müssen. Dazu kam es aber auf Grund der für den Verkäufer nachteiligen Beweislage nicht.

c) Die Entscheidung Obs. Tum. Nr. 2098

Ein wichtiger Fall, der auch von Bauer, S. 152 ff. eingehend diskutiert wird, ist die Entscheidung des Hoge Raad vom 13. Dezember 1724, Obs. Tum. Nr. 2098. Dieser schwierig zu verstehende Fall wird durch den Bericht von Van Bleiswijk klarer, der

Bauer noch unbekannt war. Durch ihn ergeben sich neue Gesichtspunkte hinsichtlich der Diskussion im Hoge Raad.

Titius, ein aus Indien zurückgekehrter Schiffskapitän, verkaufte dem Sempronius 185 Kleider und 133 Stücke geblümte Pelangs zu 11 Gulden je Stück.[289] Weil Sempronius nicht über ausreichend Geld verfügte, vereinbarten die Parteien, die Waren in eine Kiste zu verpacken, die als Pfand im Besitz des Verkäufers bleiben sollte. Außerdem sollte der Käufer innerhalb von drei Monaten die Tuchware abholen und jedesmal so viele Stücke bezahlen, wie er abnahm. Der Verkäufer übergab dann dem Käufer die Schlüssel für die Kiste. Nach vier Tagen holte der Käufer 100 Stücke ab (51 Kleider und 49 geblümte Pelangs),[290] die der Käufer auch bezahlte. Später bemerkte der Käufer, dass ihm ein Stück fehlte und vor allem, dass unter den restlichen Stoffen weitaus mehr geblümte Pelangs als vereinbart waren. Das Problem dabei war, dass die Pelangs einen geringeren Wert als die Kleider hatten. Der Käufer wollte deshalb vom Vertrag Abstand nehmen. Der Verkäufer verklagte den Käufer auf Abnahme und Zahlung vor dem Schöffengericht von Den Haag. Das Gericht verurteilte den Käufer am 17. März 1717 antragsgemäß, wenn der Verkäufer einen Eid leiste, dass er die Kiste nach Übergabe der Schlüssel nicht geöffnet und nichts von den Damaszenerkleidern entnommen oder verändert habe. Das Urteil bestätigte der Hof von Holland am 31. Juli 1722.

Als der Fall zum Hoge Raad kam, zeigte sich das schon angesprochene gespaltene Meinungsbild. Vier Ratsherren wollten das Urteil der Unterinstanzen aufrechterhalten.[291] Sie konstatierten, es habe durch die Übergabe der Schlüssel eine symbolische Übergabe des Inhalts der Kiste i. S. d. Inst. 2. 1. 45 stattgefunden. Aber selbst wenn man dies verneine, gelte die Rechtsregel *periculum emptoris*:[292] Der Käufer einer verkauften und noch nicht übergebenen Sache habe die Preisgefahr zu tragen. Der Käufer berufe sich zwar auf einen Betrug des Verkäufers, könne diesen aber nicht beweisen. Man dürfe diesen nicht unterstellen und könne nicht mehr als einen Eid erwarten, um

---

289 Vermutlich handelte es sich hierbei um Seidenstoffe, die er als Kapitän mit dem Schiff auf eigene Rechnung transportiert hatte. Dafür, dass es sich um Seidenstoffe handelte, spricht einerseits der hohe Stückpreis und andererseits der Herkunftsort der Ware.

290 In der Kiste sollten sich danach also 134 Kleider und 84 Pelangs befinden.

291 Es waren der *rapporteur* Keetlaer, De Roovere, Van der Hoop, Van Hees. Das Mehrheitsvotum gaben die Ratsherren Schaep, Visscher, Van Bleiswijk, Duirkant und Van Bijnkershoek ab.

292 In der *resolutie* argumentiert Keetlaer: „... te oordelen, dat de gede. door 't overgeven van sleutel van dese kist, ook de leverantie van dit good an impt. heeft gedaan en mitsdien 't selve ook tot sijn perikel was, immers dat d' impt. sou moeten bewijsen, dat de gede. doleus dese stucken soude hebben vermindert of verandert, sulx sou verklaren niet beswaert."

De Rovere stellt den Beweis in den Vordergrund und hält den tatsächlichen Unterschied für unbedeutend: „Dat niet bewesen word, dat de gede. in desen qualijk soude gehandelt hebben, en de saak en 't verschil soo gering sijnde, niet beswaert."

Van der Hoop: „Dat dit good na dato van coop 't overleveren van sleutels en bedingen van inter. is geweest voor reekene. van koper, sulks ook de verandering die er mogt sijn gevallen, considererende dit als een depositum, 't en ware bewesen wierd, dat de gede. douleus had gehandelt, 't welke hier niet sijnde, soude immers met eenige ameliatie van des gedns. eed, d' impt. verclaren niet beswaert."

Van Hees: „dat de coper met het nasien van 't goed een aanneminge van 't self mitsgrs. de overnemning van sleutel, dit good voor sijn reeken. heeft genomen so dat de gede. sig niet de qualiteit van 't selve noet meer had te bemoeeijen, sou mits de gede. ook verclarende, dat er geen 2 sleutels sij gewesset, verclaren niet beswaert."

sich von diesem Verdacht zu befreien. Insoweit handelt es sich nur scheinbar um eine juristische Argumentation: Letztlich halten die Richter an einer These fest und verlagern das Problem in eine Beweislastfrage, also auf den Kläger: Er musste nachweisen, dass er an der Kiste und derem Inhalt keine Manipulation vorgenommen hatte.[293]

Mit dieser „einfachen" Lösung gaben sich die übrigen fünf Richter nicht zufrieden.[294] Sie wollten nicht so einfach das Problem der *traditio ficta* übergehen. Eine Übergabe, auch eine symbolische Übergabe, setze nämlich den Übergang des Besitzes an den Käufer in der Weise voraus, dass dieser nach seinem Gutdünken über die übergebene Sache bestimmen kann.[295] Dies sei hier aber anders gewesen. Bei Sachen, die nach Zahl, Gewicht oder Maß bestimmt werden, könne weder Übergabe, noch Übergang der Preisgefahr auf den Käufer angenommen werden, wenn Abzählen, Abwiegen oder Zumessen nicht stattgefunden habe. Hierzu verweist Van Bleisweijk auf D. 18. 1. 35. 5, D. 18. 6. 1 ff. (insbesondere D. 18. 6. 3) und C. 4. 48. 2. Die Spezialisierung sei jedoch nicht erfolgt, da der Vertrag die Menge und die Qualität der Waren festlege, jedoch die Kleider selbst erst noch zu übergeben seien: Denn es sei Sache des Verkäufers gewesen, die Waren erst dann abzuzählen, wenn der Käufer mit dem Geld kam. Dafür sprächen die Umstände, dass der Verkäufer die erste Teilzahlung und Übergabe quittiert habe, so dass die Übergabe der übrigen Stücke noch geschehen musste. Der Käufer habe die Schlüssel daher zu seiner Sicherheit erhalten, dies habe den Verkäufer aber nicht von seiner Übergabeverpflichtung, d. h. vom Abzählen der verkauften Waren, befreit.

Van Bleiswijk argumentiert danach hypothetisch weiter: Selbst wenn durch die Übergabe der Schlüssel die reale Übergabe erfolgt sei, und die Waren beim Verkäufer vermittels eines Hinterlegungsvertrags oder eines Pfandrechts lagen, ergebe sich aus dem Vertrag und aus dem Empfangsschein, wie viele und welche Sorte im Besitz des Verkäufers standen. Der Verkäufer wäre zur Lieferung verpflichtet, wenn er nicht beweisen könnte, dass die Stückzahl oder Qualität der Waren sich durch Zufall vermindert bzw. verändert habe. Dies aber habe der Verkäufer nicht beweisen können. Es habe daher nur die Frage bestanden, ob der Käufer tatsächlich 51 der einfarbigen und der 49 geblümten Stoffe abgeholt hatte, weil die Parteien über die Gesamtzahl von 100 nicht stritten.

Der Käufer konnte jedoch Menge und Art der Kleider durch einen Zeugen beweisen und bot einen ergänzenden Eid an. Die 100 Kleider waren jedoch einfarbig gewesen

---

293 Dieser Beweis konnte auch durch einen Eid geschehen, dessen Beweiskraft auf Grund der hohen religiösen Bedeutung des Eides sehr groß war.

294 Visscher argumentiert: „... en 't goed aen impt. gelievert dog als een depositum onder de gede. is gebleven, en een depositaris alle voorsorge moet dragen en restitueren 't gunt hij ontfangen heeft van l. 1 § 41 D. de pos. ...."

295 Van Bleiswijk in der *resolutie*: „... en 't goed niet gebragt onder de magt van impt. en sulx geen tradite 't schoon de sleutel is overgegeven. l. 35 § 5 D. de contr. empt. et l. 1 § 2 D. de per. en sulx de perikel comt voor gede. die moet leveren 't gunt hij vercogt heeft, of 't ongeval moet beroesten als in pignore et deposito, sulx ook sonder reguard te nemen op den eed. idem"
Duirkant: „Dat volgens 't contract 185 effene sijn vercogt en niet gelevert maar onder den gede. gebleven, en dan 't perikel comt tot laste van verkoper l. 33 D. de contr. empt. en daarom en verder geallegde. redenen. idem."
Van Bjinkershoek: „dat hier op de coop waarlijk geen traditio of datio possessionis is maar eerst als de stucken afgehaalt en gelevert sijn, immers 't good onder den ged. is gebleven als een pignus of depositum, die mitsdien 't behoude total moet restitueren ... "

und so meinten die fünf Richter, dass bei der zweiten Übergabe tatsächlich weniger einfarbige Kleider in der Kiste gewesen seien, als verkauft worden waren.

Mit dem Mehrheitsvotum wurden die Entscheidungen der Unterinstanzen aufgehoben und der Verkäufer nach Ableistung des Ergänzungseides durch den Käufer zur Lieferung der restlichen Kleider verurteilt.

Richtig hat hier Bauer[296] bereits festgestellt, dass die Richter, die das Mehrheitsvotum bildeten, die zitierten Digesten- und Codexstellen im Sinne der mittelalterlichen *emptio ad quantitatem* verwenden und unter dem Oberbegriff des Quantitätskaufs vertretbarer Sachen und anhand des Perfektionskriteriums *mensura* die Texte zusammenfassen, obgleich den Texten im klassischen Recht völlig verschiedene Kaufvarianten zu Grunde lagen. Dies lässt sich damit erklären, dass schon die Dogmatik, auf deren Basis auch die Richter ausgebildet waren, diese Vermischung vorgenommen hatte.[297]

Weniger folgen kann man unter Berücksichtigung dieser Textstelle jedoch der Einschätzung Bauers,[298] die Mehrheit der Richter habe nicht so genau gewusst, was man sich unter dem Begriff *mensura* vorzustellen habe, und habe deshalb die Begriffe *adnumeratio*, *adponderatio* und *admensura* offensichtlich wörtlich ausgelegt und für die Perfektion des Kaufs verlangt, dass der Verkäufer dem Käufer die Tuche Stück für Stück vorzählt. Dies lässt sich eher damit erklären, dass die Richter nicht einen theoretischen Fall zu entscheiden hatten, sondern konkret in der Situation standen, eine Lösung für das spezielle Problem zu finden, die gleichzeitig auch handhabbar war und zwar im Hinblick auf die Vorträge der Parteien.

Es ging im vorliegenden Fall weniger um die Frage, ob tatsächlich eine Übergabe stattgefunden hatte, sodass die Mehrheit ein tatsächliches Vorzählen der Pelangs verlangt hätte, sondern darum, wem man hier mehr Glauben schenken wollte. Die Argumentation der Mehrheit ist vielmehr als Reaktion auf die von den anderen Richtern vorgebrachten Argumente *periculum emptoris* und *traditio ficta* zu sehen.

Gerade die hypothetische Argumentation Van Bleiswijks und auch das Votum von Van Bijnkershoek zeigen dies: Selbst wenn man eine *traditio ficta* annehmen, also von einer Erfüllung der Verpflichtung ausgehen wollte, so wäre der Verkäufer auf Grund des dann gegebenen Verwahrungsverhältnisses zur Leistung verpflichtet gewesen. Die Mehrheit argumentiert daher wie die Minderheit letztlich vom Ergebnis ausgehend: Will man der Klage stattgeben oder sie ablehnen. Dass im Zuge einer solchen Argumentationsstruktur dann kein „Konzept der Konkretisierung als dogmatische Kategorie“ existierte, sondern im Minderheitsvotum eine „intuitive Erkenntnis des Moments der Konkretisierung der Gattungsschuld“ vorliegt,[299] ist also über den Ansatzpunkt verständlich. Ebenso ist nachvollziehbar, dass dann die Richter nichts anderes taten, als die Perfektion und den Gefahrübergang an denjenigen Zeitpunkt zu knüpfen, von dem ab die Kaufsachen individualisiert waren.

Es ist der Mehrheit der Richter an der Rechtsklarheit gelegen. Dafür spricht auch die Argumentation über den tatsächlichen Wechsel des Besitzes. Es kommt den Richtern auf den auch nach außen hin sichtbaren – und damit auch beweisbaren – Wechsel des

296 Bauer, S. 154.
297 Siehe oben S. 167.
298 Bauer, S. 154.
299 Bauer, S. 154.

Besitzes an, was letztlich auch der Vermeidung von Streit dient. Neben der Objektivierung ist auch die prozessuale Situation zu berücksichtigen: Beide Ansichten kommen letztlich nicht zu der endgültigen Lösung des Falles, sondern machen sie von dem Ausgang eines Beweisverfahrens im Nachverfahren abhängig. Gerade darin liegt auch der Unterschied zu der Verfahrensweise in den heutigen Zivilprozessen: Im modernen Zivilverfahren schließt sich die Entscheidung an die Beweisaufnahme an. Erst wenn der Sachverhalt klar ist, ist der Rechtsstreit zur Entscheidung reif und der Richter darf über den Fall urteilen. Er muss dann nur noch über die Rechtsfragen entscheiden, und darüber, welchen Beweisen er welchen Glauben schenkt.[300]

Die Richter stellten daher mehr das Ergebnis und die zur Lösung des Problems vorhandenen und bekannten Codex- und Digestenstellen zusammen, um mit den Argumenten aus der Lehre eine Lösung des konkreten Problems herbeizuführen. Das Gericht war für die Entwicklung einer „Konzeption“ der falsche Ort. Deshalb erscheint in den Quellen auch keine Erörterung darüber, dass der Gattungskauf als Fremdkörper im auf den Stückkauf zugeschnittenen Recht der *emptio venditio* erscheint. Die Richter nahmen schlichtweg die ihnen bekannten Modelle Stückkauf und Gattungskauf als nebeneinanderstehend an und wandten die ihnen bekannte Regelung *periculum emptoris* an, ohne sich über deren Theorie auseinanderzusetzen. Das Argument *periculum est emptoris* war dann nur noch eines unter mehreren, das zur Lösung des Falles beitrug.

Die Autoritäten boten Material für die Lösung des Falles. Dass sie also intuitiv zu einer Lösung kamen, für die zu diesem Zeitpunkt noch keine ausdrückliche Autorität vorhanden war, weil die Quelle Pap. Fr. Vat. 16 erst 1821 wiederentdeckt wurde,[301] war für den Hogen Raad kein Hindernis, sondern entstand aus der Freiheit, über den Fall in eigener Verantwortung zu entscheiden.

Dem steht dann auch nicht die bereits oben auf S. 126 angeführte Entscheidung Obs. Tum. Nr. 323 entgegen, in der die Richter wegen der Kennzeichnung der Fässer einhellig von einer Übergabe ausgingen. In diesem Fall ging es zum einen nicht um eine Verschlechterung oder Untergang der Sache und der Käufer erhob auch nicht den Einwand, die Waren seien ausgetauscht worden, sondern wollte nur die Kosten der Bewachung nicht zahlen.

5. Gefahrtragung beim Immobiliarkauf

Das bereits erwähnte Schriftformerfordernis beim Abschluss eines Kaufvertrags über Immobilien[302] hatte auch Auswirkungen auf die Gefahrtragung. Schließlich war erst mit der formellen Übertragung des Grundstücks der Kauf im rechtlichen Sinne erfüllt. Dem Käufer kam allerdings bereits vor der formellen Übertragung des Eigentums dessen Wertanstieg zu Gute bzw. er musste das Risiko des Wertverlusts tragen.[303] Van Leeuwen, der diese Problematik im Zusammenhang mit seinen Ausführungen über das

300 Bedingte Entscheidungen sind daher nur bei Verurteilungen Zug um Zug oder künftigen Leistungen gegeben. Beide hängen aber nicht von noch zu klärenden Tatsachenfragen ab.

301 Bauer, S. 155.

302 Siehe S. 118.

303 Der in den Niederlanden wegen der niedrigen Lage denkbare Fall des Verlusts eines Grundstücks durch dauerhafte Überflutung durch das Meer wurde vom Hoge Raad im Untersuchungszeitraum nicht entschieden.

Schriftformerfordernis anspricht,[304] sah in dieser Regel keine Ausnahme, die durch das in dem Plakat vom 40sten Pfennig eingeführt worden sei. Vielmehr habe sich durch das Plakat an der Grundregel nichts geändert. Er begründet dies mit dem Schutz „ehrenvoller Leute" vor Betrug, heimlicher Veräußerung an Dritte oder Belastung des Grundstücks mit einer Hypothek und verweist auf eine Entscheidung des Hofs von Holland, die Groenewegen in De legibus abrogatis, Inst. 3. 13 anspricht, und die Entscheidung des Hoge Raad bei Neostadius, Supremae Curiae decisis Nr. 70. Darin stimmte Van Leeuwen mit der Mehrheit in der Literatur überein.[305]

Nach Van Leeuwen[306] habe auch der Hoge Raad in Interpretation dieses Plakats bestimmt, dass die Übertragung, der Verkauf oder die hypothekarische Belastung im Verhältnis zu dem begünstigten Dritten, nicht jedoch im Verhältnis zu den Vertragsparteien unwirksam sei.[307]

In den Entscheidungen im Untersuchungszeitraum ging der Hoge Raad nicht so weit, bei Fehlen des Formerfordernisses keinen gültigen Vertrag anzunehmen, wenn der 40ste Pfennig noch nicht gezahlt worden war.[308] Der Formmangel schob nicht die Perfektion des Kaufs auf, sodass sich daraus eine Verlagerung der Gefahrtragung ergeben konnte.

VIII. Die Gewährleistung für Eviktion

In den folgenden Abschnitten sollen die für das Kaufrecht typischen Haftungsfragen behandelt werden. Dies sind vor allem die Haftung für Rechtsmängel und die Haftung für Sachmängel.

Unmittelbar im Zusammenhang mit der Verpflichtung zur Vornahme der für den Eigentumsübergang erforderlichen Handlung (d. h. die Übergabe der Kaufsache) stand die Verpflichtung des Verkäufers zur Gewährleistung. Auf eine kurze Formel gebracht, hieß das: Wenn der Verkäufer kein oder mit Rechten Dritter belastetes Eigentum an der Kaufsache verschafft hat, soll er gewährleisten, d. h. eine Garantie gegen Eviktion geben.[309] Übertragen auf das moderne Recht geht es um die Übernahme der Haftung für Rechtsmängel.

Der Begriff „Gewährleistung" ist dabei nicht im modernen Sinne, d. h. als Sachmängelgewährleistung z. B. in Form der Reparatur der Kaufsache, Minderung des Kaufpreises oder Rückabwicklung des Vertrags zu verstehen, sondern bedeutet hier die Verpflichtung des Verkäufers, dem Käufer bei dinglichen Ansprüchen Dritter im Ver-

304 Van Leeuwen, Rooms-Hollands-Regt, Lib. IV, Kap. XVII, §§ 7 und 8.

305 Siehe Van Groenewegen, Inst. III, Tit. XXIV, § 3; Voet, D. 18. 6. 6; Schorer, S. 602; für die spätere Zeit Van der Keessel, 1285 f.

306 Van Leeuwen, Rooms-Hollands-Regt, Lib. IV, Kap. XVII, § 8..

307 Die findet sich in einer undatierten Entscheidung des Hofs von Holland (Neostadius, Decisien, Decis. 32); allerdings wird der Vertrag auch zwischen den Parteien für ungültig gehalten, weil das Plakat Karls V. vom 10. Mai 1529 ein gesetzliches Verbot der Veräußerung in anderer Weise aufstelle. Die Regelung *periculum emptoris* greife daher schon mangels Vertrags nicht. Diese Ansicht findet sich auch bei Boel, Cas. XXXIV, S. 240 ff. und Vinnius, Institutiones, Lib. III, Tit. XXIV, 9.

308 Siehe dazu die oben auf S. 140 angeführte Entscheidung Obs. Tum. Nr. 764.

309 Vgl. Grotius, Inleidinge, Lib. III, Kap. XIV, § 6 und Lib. III, Kap. XV, § 4.

fahren beizustehen.[310] Grotius und Van Leeuwen verwenden zur Umschreibung dieser Verpflichtung die Begriffe „waeren“ und „garantie“, die man wörtlich mit Gewährleistung[311] bzw. Garantie übersetzen kann. Gemeint ist mit diesen „dinglichen Ansprüchen Dritter“ die *Eviktion.* Diese bestand in dem totalen oder teilweisen Verlust der verkauften Sache, die der Erwerber infolge des Rechts des Dritten erleidet.[312] Dagegen muss der Verkäufer eine Sicherheit leisten oder eine Garantie stellen, dass der Erwerber im Fall der Gewährleistung gegen ihn prozessieren kann, auch wenn ihm gegenüber bislang noch keine Schritte durch den Dritten unternommen wurden.[313] Die Begriffe „Garantie“ und „Sicherheit“ wurden dabei nicht synonym gebraucht, sondern der Begriff „Garantie“ bezog sich nur auf Immobilarsachen und Realforderungen, während der Begriff „Sicherheit“ allein persönliche Verbindlichkeiten betraf.

Die andere sich in diesem Fall bietende Möglichkeit, nämlich die, dass der Kaufvertrag auf Grund des fehlenden Eigentums des Verkäufers nichtig wird, lehnte Grotius als zu nachteilig für den Käufer ab.[314] Der Verkäufer habe vielmehr dem Käufer das Eigentum zu verschaffen. Falls das nicht möglich sei, (weil der Grundsatz *nemo plus juris ad alium transferre potest, quam ipse haberet* gilt,)[315] sei dem Käufer sein Interesse am Eigentum zu vergüten. Dies nenne man „waeren“ und die dazu verpflichtete Person „waerhand“. Grotius sieht also die Verpflichtung zum Ausgleich unmittelbar als Gewährleistung an, während Van Leeuwen[316] begrifflich differenziert. Im Folgenden wird jedoch der Definition von Van Leeuwen gefolgt, weil auch die Autoren der Observationes insoweit differenzierten.

Erhielt der Käufer nur den ungestörten Besitz (*vacua possessio*) und verblieb er bei ihm, bis die Ersitzung eingetreten war, hatte er gegen den Verkäufer keine Gewährleistungsansprüche. Der Anspruch entstand erst dann, wenn der Käufer den Besitz und die Nutzung der Sache an einen besser berechtigten Dritten verlor.[317] Das römisch-holländische Recht folgte dabei im Wesentlichen dem römischen Recht.[318]

---

310 Vgl. Van Leeuwen, Rooms-Hollands-Regt, Lib. IV, Kap. XVIII, § 3: Wenn Dritte, die ein Recht oder eine Forderung an der Sache haben, rechtliche Schritte gegen den Erwerber vornehmen, muss der Verkäufer, dem dies rechtzeitig angezeigt wurde, das Recht zu Gunsten des Erwerbers bestreiten.

311 In dem deutschen Begriff *Gewähr*leistung steckt dieselbe Sprachwurzel gewer = „Sicherheit, Bürgschaft, Beistand“.

312 Die Eviktion war dabei nicht auf das Geltendmachen von Rechten Dritter im Fall des Verkaufs beschränkt, sondern konnte beispielsweise auch Miterben betreffen, vgl. Voet, zu D. 21. 1.

313 Van Leeuwen, Rooms-Hollands-Regt, Lib. IV, Kap. XVIII, § 3, Fn. (b).

314 Grotius, Inleidinge, Lib. III, Kap. XIV, § 6 und 9. So auch Van Leeuwen, Censura Forensis, Lib. IV, Kap. XIX, § 22, Voet, zu D. 18. 1. 14 und nach dem Untersuchungszeitraum Van der Keessel, 1255.

315 D. 50. 17. 54. Grotius, Inleidinge, Lib. III, Kap. XIV, § 6 zitiert den Grundsatz, dass niemand ein „mehr“ an Recht übertragen kann, als er selbst hat, nicht, setzt ihn aber voraus. Vgl. auch Voet, zu D. 21. 2. 1.

316 Van Leeuwen, Rooms-Hollands-Regt, Lib. IV, Kap. XVIII, § 3.

317 Grotius, Inleidinge, Lib. III, Kap. XV, § 4; Van Leeuwen, Rooms-Hollands-Regt, Lib. IV, Kap. XVIII, § 3; Voet, zu D. 21. 2. 1 ff. Das in diesem Zusammenhang stehende und in der Literatur kontrovers diskutierte Problem, ob ein Käufer, der bei Abschluss des Vertrages wusste, dass es sich um eine *res aliena* handelte, den Verkäufer (zwar nicht auf vollen Schadensersatz, aber) auf Rückzahlung des Kaufpreises in Anspruch nehmen konnte, kam so nicht vor den Hoge Raad.

318 Zimmermann, Kaufvertrag, S. 172, für eine allgemeine Übersicht Mostert, S. 49 ff.

Eine Erweiterung gegenüber dem römischen Recht ergibt sich allerdings aus der Auffassung von Grotius, was von der Gewährleistung ebenfalls umfasst ist. Nach Grotius, Inleidinge, Lib. III, Kap. XV, 5 hatte der Verkäufer sogar lastenfreies Eigentum zu verschaffen. „*Onder waeren is oock het vrijen begrepen.*" Im römischen Recht dagegen haftete ein Grundstücksverkäufer nur für die Freiheit von Servituten, wenn er dem Käufer deren Vorhandensein arglistig verschwiegen oder eine entsprechende Garantie übernommen hatte (D. 21. 1. 61: *ut optimus maximusque est*).[319] Die von Zimmermann[320] unter Hinweis u. a. auf Van der Keessel[321] angenommene, in der Praxis möglicherweise allgemein bestehende Verkäuferpflicht zum *vrijen* lässt sich auch in einer Entscheidung des Hoge Raad, Obs. Tum. Nr. 1499 vom 8. Dezember 1718 und 1. Juli 1719 bestätigen. In dieser Entscheidung gestand der Hoge Raad dem Käufer ein Zurückbehaltungsrecht für den Kaufpreis zu, obgleich der Verkäufer sogar eine *willige condemnatie* zur Befreiung des Grundstücks anbot und nur ein Teil des verkauften Anwesens tatsächlich belastet war. Die von Zimmermann[322] angeführte und oben bereits erörterte Entscheidung Obs. Tum. Nr. 1861[323] lässt diesen Schluss allerdings nicht zu, weil die Parteien in diesem Fall die Befreiung von den Lasten vereinbart hatten.

Rechtsfolge der Gewährleistung war nach dem Corpus Juris[324] ein Schadensersatzanspruch, entweder in Form der Abgabe einer Garantiestipulation (*stipulatio duplae*) oder aus der allgemeinen Kaufklage (*actio empti*). Die *actio empti* gewährte dem Käufer das (positive) Interesse und in den Fällen, in denen er gegen den Verkäufer einen Anspruch auf Abschluss einer *stipulatio duplae* gehabt hätte, auch den Betrag, den er bei Abgabe einer derartigen *stipulatio duplae* gehabt hätte, d. h. *duplam pecuniam* (den doppelten Kaufpreis).

Nach römisch-holländischem Recht entsprach der Abschluss von spezifischen Gewährschaftsversprechen in Form der *stipulatio duplae* nicht mehr dem modernen Geschäftsgebrauch, sodass mit der *actio empti* nur noch das Interesse, nicht mehr die Duplierung verlangt werden konnte.[325]

Als Ausgangspunkt für die Berechnung des Interesses diente der Kaufpreis, nämlich dasjenige, was dem Käufer am Eigentum der Sache gelegen war.[326] Grotius[327] gewährte dem Käufer im Widerspruch zu Vorigem sogar den Wert der evinzierten Sache zum Zeitpunkt des Kaufabschlusses. Grotius weist damit das Risiko der Wertminderung

---

319 Siehe dazu Kaser, Privatrecht, S. 554 und Grotius ed. Lee, Inleidinge, Commentary, S. 299 f. Die niederländische Entsprechung des *ut optimus maximusque est* ist *vry van lasten en servituten*. Voet, zu D. 21. 2. 16 behandelt nur das römische Recht und erst im Zusammenhang mit der *actio quanti minoris* auch das Verheimlichen von Lasten.

320 Zimmermann, Kaufvertrag, S. 179.

321 Van der Keessel, 1293 f.

322 Zimmermann, Kaufvertrag, S. 180, Fn. 216.

323 Siehe S. 128.

324 Zimmermann, Law of Obligations, S. 300 f.

325 Zimmermann, Kaufvertrag, S. 174 f. und Fn. 192 mit Verweis auf Van Leeuwen, Censura Forensis, Lib. IV, Kap. XIX, § 11, Van Groenewegen, D. 21. 1. 1. 31 und D. 21. 2, Voet, zu D. 21. 2. 28 und andere. Neben dem Interesse konnten die Parteien auch eine Vertragsstrafe vereinbaren und damit den Käufer von Schwierigkeiten des Schadensnachweises entlasten.

326 Grotius, Inleidinge, Lib. III, Kap. XIV, § 6: „...dat hy den koper boven den koopschat soo veel soude vergoeden, als den selven kooper an den eigendom van de saeck gelegen was."

327 Grotius, Inleidinge, Lib. III, Kap. XV, § 4 a. E.

der Kaufsache in der Zeit zwischen Abschluss des Kaufvertrags und Eviktion dem Verkäufer zu. Voet[328] lehnt dies als im Widerspruch mit dem römischen Recht[329] stehend ab. Vor den Hoge Raad kam diese Frage allerdings nicht.

Drohte bereits bei Abschluss des Kaufvertrags die Eviktion, konnte der Käufer auch den Kaufpreis zurückhalten, es sei denn, der Verkäufer hatte für die konkret drohende Eviktion (durch Stellung von Bürgen) Sicherheit geleistet.[330] In der Entscheidung Obs. Tum. Nr. 1499 vom 8. Dezember 1718 machte der Käufer diese Einrede geltend und konnte schließlich damit auch durchdringen.

1. Ausnahmen und Grenzen der Haftung für Eviktion

Wie bereits angedeutet, gab es Grenzen für die Verpflichtung, für Eviktion einzustehen. Eine Grenze bestand dann, wenn der Verkäufer für den Käufer erkennbar überhaupt kein Recht hatte, die Sache zu veräußern. Über diese Frage hatte der Hoge Raad im Fall Obs. Tum. Nr. 674 vom 10. Dezember 1710 zu entscheiden.

In diesem Fall ging es um die Veräußerung einer Zuckerplantage in Surinam durch den angeblichen Erben des einen Gesellschafters an den anderen Gesellschafter. Der angebliche Erbe war der in Amsterdam lebende Bruder des verstorbenen Gesellschafters. Die wahren Erben verklagten daraufhin den Käufer in Surinam auf Herausgabe der an ihn veräußerten Hälfte. Der Gesellschafter wollte sich daher am Verkäufer schadlos halten und verklagte diesen beim Hof von Holland. Neben Schadensersatz verlangte der Gesellschafter vom Verkäufer auch die Herausgabe der Urkunde, aus der sich die Berechtigung ergab, das Grundstück zu veräußern.[331] In einer einstweiligen Entscheidung sprach der Hof dem Gesellschafter am 28. März 1710 beide Forderungen zu.

Gegen diese Entscheidung legte der Verkäufer Berufung zum Hoge Raad ein und verteidigte sich damit, gar nicht Gesellschafter gewesen zu sein. Außerdem bestritt er, die Hälfte dem überlebenden Gesellschafter verkauft zu haben. Auch habe er keine Urkunden darüber, aus denen sich etwas über einen Auftrag ergäbe.

Auf die Frage, ob er Gesellschafter gewesen sei oder nicht, komme es allerdings auch nicht an, meint Van Bijnkershoek; denn von der Haftung wegen Eviktion würde jeder betroffen, der eine Sache in seinem Namen an einen anderen übertrage. Ob sie ihm gehöre oder nicht, sei gleich. Hiervon ausgenommen seien nur Personen, die im fremden Namen verkaufen wie Vormünder, Zwangsvollstrecker oder Stellverteter. Bei ihnen hafte nur der Titel, wie sich aus D. 10. 2. 49 ff. ergebe, also die Vermögensmasse, für die sie aufgetreten sind.

Dieser Beleg stammt aus dem Titel *familiae erciscundae*, dem Abschnitt über Erbschaftsteilungen. Im Zusammenhang mit der Veräußerung eines durch Testament freigelassenen Sklaven äußert sich Ulpian allgemein zur Haftung wegen der *stipulatio duplae* bei Veräußerungen in Verrichtung von Ämtern. Die Kernaussage dieser Allegation ist, dass diejenigen, die auf Grund einer (öffentlichen) Verpflichtung einen Kauf tätigen,

328 Voet, zu D. 21. 2. 26.
329 D. 21. 2. 70
330 Voet, zu D. 21. 2. 3.
331 Diese Urkunde hätte der Gesellschafter im Verfahren in Surinam den echten Erben entgegenhalten können.

nicht mit der *stipulatio duplae* für Eviktion eintreten müssen, sondern nur die einfache Haftung, nämlich die für Eviktion übernehmen. Es geht bei den von Van Bijnkershoek aufgezählten Fällen nicht um den Verkauf aus eigenem Interesse heraus, sondern um ein Handeln für einen Dritten: Der Vormund handelt für das Mündel, der Zwangsvollstrecker für den Schuldner, der Stellvertreter für den Vertretenen. In D. 10. 2. 49 wird darüber hinaus auch der Fall genannt, dass die betroffene Person auf Grund richterlicher Anordnung die Sache veräußert. Zur Übernahme des Amtes war der Schuldner indessen verpflichtet. Grund für das Haftungsprivileg ist, dass man den Schuldner nicht von der Ausführung seines Auftrags abschrecken wollte.

Aus diesem Grund sei das Urteil des Hofs, das beiden Forderungen stattgab, falsch, nachdem der Beklagte bewiesen hatte, dass er über kein Mandat zum Verkauf verfügt hatte; selbst wenn er eine Vollmacht gehabt hätte, hätte ihn der Hof nach Ansicht von Van Bijnkershoek nicht zum *duplae* (doppelten Haftung) verurteilen dürfen. Weil aber klar war, dass der Verkauf ohne Vollmacht erfolgt war, musste der Beklagte für die Eviktion einstehen, aber auch nur dafür. So sprach der Hoge Raad dem Kläger nur einen Teil der Klage zu, weil offenkundig gewesen sei, dass der Verkäufer die Vollmacht nicht hatte.[332]

2. Die Verpflichtung zur Stellung einer Sicherheit vor Einleitung des Eviktionsverfahrens

Die Verpflichtung des Verkäufers, dem Käufer im Eviktionsverfahren mit dem Dritten beizustehen, betraf grundsätzlich die Situation des gerichtlichen Verfahrens. Wie aber konnte der Käufer sicherstellen, dass der Verkäufer tatsächlich seiner Verpflichtung nachkam?

Dies war insbesondere dann problematisch, wenn nicht abzusehen war, dass Dritte noch Rechte an der Sache geltend machen konnten. Der Käufer hatte ein ureigenes Interesse daran, das Gewährleistungsrecht zu sichern, weil er letztlich seinen Erfüllungsanspruch darstellte. Bei Gegenständen des täglichen Lebens mag dieser Aspekt noch nicht so in den Vordergrund getreten sein, bei Immobilien stellte jedoch die Gefahr, dass ein Dritter auf Grund einer älteren Urkunde ein besseres, weil früheres Recht an dem Grundstück behauptete, ein die Existenz bedrohendes Risiko für den Käufer dar. Dies galt umso mehr, weil mangels eines Grundbuchwesens stets ein Risiko bestand, dass der Verkäufer tatsächlich nicht der Eigentümer des Grundstücks war und ein Dritter nach Jahren plötzlich dem Käufer das Grundstück streitig machte. Ob in diesem Fall der Verkäufer oder dessen Nachkommen noch erreichbar waren, war für den Käufer ungewiss. Gerade bei Grundstücken und sonstigen wertvollen Rechten, wie beispielsweise Ämtern, waren die Käufer daran interessiert, schon bei Kaufabschluss eine zusätzliche Sicherheit für die Gewährleistung zu erhalten.

Grotius meint dazu, dass ein Verkäufer grundsätzlich nicht verpflichtet sei, eine Sicherheit für die Eviktion zu stellen, es sei denn, die Parteien hätten dies besonders im Vertrag vereinbart, oder dass der Dritte sein Eigentum oder ein anderes Recht

332 Van Bijnkershoek kritisiert am Rande die Tenorierung des Urteils seines Senats, in dem beide Punkte verbunden wurden. Dies, meinte er, sei nicht notwendig gewesen, da die Vollmacht ganz offenkundig fehlte.

geltend mache, bevor der Kaufpreis vollständig gezahlt wurde.[333] Gleichwohl bestünde jedoch in einigen Gebieten von Holland das Gewohnheitsrecht, dass der Verkäufer bei der Veräußerung von Immobiliareigentum stets eine Sicherheit – also auch ohne ausdrückliche Vereinbarung – stellen müsse.[334] Welche Orte dies sind, wird durch Van Leeuwen deutlich:[335] So müsse in Oudewater, Rheinland, Leiden und Rotterdam diese Sicherheit geleistet werden, es sei denn, die Parteien hätten etwas anderes vereinbart. In diesen Orten fand also eine Umkehr der Vereinbarungslast zu Gunsten des Käufers statt, sodass es *dem Verkäufer* oblag, eine gesonderte Vereinbarung zu treffen, wollte er keine Sicherheit stellen. Die Sicherheit konnte in der Eintragung einer Hypothek oder in der Stellung eines (oder mehrerer) Bürgen bestehen.[336]

Der Hoge Raad folgte in der Entscheidung Obs. Tum. Nr. 3006 vom 25. Januar 1737 dem Grundsatz, dass eine Sicherheit vor Anstrengung des Eviktionsverfahrens grundsätzlich nicht verlangt werden konnte.

Der Käufer, der Herr von Giessenburg und Giessen Nieuwkerk und Wassergraf von Overwaart, hatte das Amt des Schatzmeisters und Sekretärs von Overwaart zu einem Preis von 17.000 Gulden verkauft. Die Parteien stritten vor dem Hof von Holland über einige Klauseln des Vertrags, die Van Bijnkershoek nicht anführt. Jedenfalls kam eine Streitfrage durch Appellation vor den Hoge Raad.[337] Dort einigten sich die Parteien darauf, das ganze Verfahren vor den Hoge Raad zu bringen und dass es beiden unbenommen sei, dem Gericht noch weitere Klagen zu übertragen, falls sich eine Partei entschloss, ein neues Verfahren anhängig zu machen.[338] Auf Grund dieses Vergleichsvertrags klagte der Käufer nun erstinstanzlich vor dem Hoge Raad auf Erfüllung des Kaufvertrags, nämlich dass er in Gegenwart von Statthalter und Lehnsmannen von Holland die ordentliche Verleihung der Ämter geschehen lasse, oder ihm zumindest eine ordentliche Sicherheit dafür bestellt werde, dass er die beiden Ämter lebenslang verrichten könne und dürfe.

Van Bijnkershoek verwirft den ersten Teil der Forderung als vollkommen unsinnig. Jedenfalls habe der *advokaat* des Klägers sagen wollen, dass gegenüber der Lehnskammer vermerkt worden sei, dass Overwaart nur mit der Bedingung (nämlich der Einsetzung des Käufers in das Amt) veräußert werden sollte. Der Umstand, dass der Käufer diese oder eine andere Sicherheit verlangt habe, sei im Vertrag zwar nicht vereinbart worden, könne aber aus der Natur der Sache verlangt werden. Der Kläger verwies dazu auf D. 19. 1. 11. 2, wonach die verkaufte Sache zu übergeben ist. Der Besitz könne jedoch nur in der Weise geleistet werden, dass kein anderer den Besitz herausverlangen kann, wie sich aus D. 19. 1. 11. 13 ergebe. Danach liegt keine Übergabe vor, wenn keine Möglichkeit besteht, dass der Käufer in eine bessere Besitzposition gelangen kann, es also von vorneherein ausgeschlossen ist, dass er Eigentümer wird. Ein neuer Käufer

333 Grotius, Inleidinge, Lib. III, Kap. XIV, § 7.
334 Grotius, Inleidinge, Lib. III, Kap. XIV, § 8.
335 Van Leeuwen, Rooms-Hollands-Regt, Lib. IV, Kap. XVIII, § 4.
336 Die Verpflichtung zur Stellung einer Sicherheit bestand aber auch umgekehrt: Nach den Keuren von Leiden, Amsterdam und Rheinland musste auch der Käufer zwei geeignete Bürgen für die Zahlung des Kaufpreises stellen, Van der Keessel, 1256 f.
337 Es war auch möglich, die Berufung begrenzt auf einzelne Streitpunkte einzulegen.
338 Die Parteien verzichteten damit gegenseitig formal auf ihr Recht, die Einrede der Unzuständigkeit wegen Anrufung der falschen Instanz zu erheben.

der Herrschaft oder auch die Nachfolger des Verkäufers könnten den Kläger jedoch verdrängen und aus den Ämtern vertreiben, was durch das Gewähren einer Sicherheit ausgeglichen werden müsse.

Der Beklagte verteidigte sich damit, dass er den Vertrag erfüllt habe, weil Urkunden übergeben worden seien, dass der Kläger das Amt verrichtet habe. Dieser Besitz müsse als Übergabe angesehen werden. Er verwies dazu auf D. 8. 1. 20, wonach der Gebrauch des Rechts als Übertragung des Besitzes gelte. Er sei dazu auf Grund der *actio empti* verpflichtet, wenn dem Käufer der Besitz von irgendeiner dritten Person weggenommen würde. Seine Verpflichtung ginge aber nur so weit, dass die Störung durch den Käufer auch geltend gemacht werde, wie sich ebenfalls aus D. 19. 1. 11. 13 ergebe. Der Beklagte hielt sich dabei am Wortlaut des Belegs fest, dass der Verkäufer dem Käufer *im Rechtsstreit* mit dem Dritten Beistand zu leisten habe.

So sei es eine Sache, auf Grund der *actio empti*, welche eine persönliche actio (*actio personalis*) sei, zum Beistand verpflichtet zu werden, aber etwas anderes, Sicherheit zu stellen für den Fall, dass irgendwann ein Besitzentzug eintrete, indem ein Bürge, eine Hypothek oder eine Eintragung zu Gunsten des Käufers durch die Lehnskammer gestellt wird. Wenn ein Käufer so etwas wolle, müsse dies der Abrede entnommen werden und kein Beamter dürfte ohne ein solches Versprechen das Amt ausüben.

Der Beklagte verwies also auf die allgemeine Praxis beim Verkauf von Ämtern. Inhaltlich meinte er damit, nahezu alle verkauften Ämter seien ohne Stellung einer Sicherheit erworben worden.

Mit einer Gegenstimme[339] urteilte der Hoge Raad zu Gunsten des Verkäufers und lehnte somit das Erfordernis der Stellung eines Bürgen ab. Zur Begründung führt Van Bijnkershoek an, dass ein Verkäufer zwar auf Grund der Eviktion hafte, jedoch, wenn der Käufer die Stellung eines Bürgen verlangt hat, werde der Verkäufer nach D. 21. 2. 4. pr. nicht zur Leistung verpflichtet.[340] Der von Van Bijnkershoek angeführte Beleg schließt die Verpflichtung zur Stellung eines Bürgen generell aus, es sei denn, es besteht eine besondere Vereinbarung. Kein Problem stellte für den Hoge Raad die Frage dar, ob der Vertrag nichtig war, weil ein Amt verkauft wurde. Van Bijnkershoek spricht diese Frage nicht an und geht von einem gültigen Vertrag aus.

3. Die Haftung bei zweifelhafter Eigentumslage

In einer Entscheidung des Hoge Raad, Obs. Tum. Nr. 3143 vom 14. Juli 1739 ging es u. a. um die Frage, was zum Nachweis des Eigentums ausreicht, wenn ein schriftlicher Vertrag nicht (mehr) vorgelegt werden kann.

In dieser Entscheidung erwarb Titius von Maevius für 2.300 Gulden eine Voliere, habe diese aber – so meint Van Bijnkershoek – nicht mehr abnehmen wollen. Um ihn hierzu und zur Zahlung des Kaufpreises nebst Schadensersatz für die verzögerte Abnahme zu zwingen, verklagte ihn Maevius beim Schöffengericht von Amsterdam. Zu seiner Verteidigung führte Titius an, dass er zwar die Voliere gekauft habe, jedoch unter der Bedingung, dass er Urkunden zum Eigentumsnachweis erhalte, was nicht der

339 Van Bijnkershoek hält diese Ansicht für falsch.

340 Hinsichtlich der weiteren Streitpunkte ordnete das Gericht eine weitere Verhandlung an mit dem Ziel, einen Vergleichsabschluss zu erreichen.

Fall war. Der Verkäufer bestritt die Existenz einer solchen Bedingung. Der Verkäufer wollte sein Eigentum mit einem Eid beweisen und außerdem zwei Bürgen für Eviktion stellen.

Der Kläger hatte in erster und zweiter Instanz, nicht aber vor dem Hoge Raad mit seiner Klage Erfolg. Der Verkäufer verlor vor dem Hoge Raad, da er keinen schriftlichen Kaufvertrag vorlegen konnte. Die Richter des Hoge Raad meinten diesbezüglich, wenn dem Kaufvertrag eine solche Bedingung beigefügt war, hätte der Käufer ihr nicht zugestimmt. Ohne den Vertrag bestand allerdings kein anderer Beweis. Van Bijnkershoek hat an einer solchen Bedingung für sich genommen schon Zweifel,[341] jedenfalls müsste aber ein Gutachten darüber eingeholt werden, ob eine solche Bedingung üblich sei. Zum Beleg seiner Ansicht führt er D. 42. 1. 22. 1 und D. 18. 1. 7. pr. an.

Der erste Beleg, D. 42. 1. 22. 1 scheint allerdings auf diesen Fall nicht zu passen. Denn er betrifft die Leistungspflicht im Gesellschaftsrecht. Ein generelles Bestreiten der Leistungspflicht ist danach unzulässig. Van Bijnkershoek wendet diesen Rechtsgedanken entsprechend auf das Kaufrecht an, soweit es um den Abschluss des Vertrags geht. Der Käufer durfte also den Abschluss des Vertrags nicht generell bestreiten.

Auch die zweite Allegation, D. 18. 1. 7, passt ebenfalls nicht direkt auf den Fall. Zwar wird darin als Rechtsfolge die Einholung eines Gutachtens angegeben, nur betrifft dies eine andere Situation, nämlich die einseitige Bestimmung des Kaufpreises durch den Käufer: Wenn es dem Verkäufer möglich gewesen sei, eine Bestimmung des Kaufpreises vorzunehmen, könne er sich dann nicht darauf berufen, dass eine solche Bestimmung nicht vorgelegen hat. Bestünden Zweifel, solle ein Gutachten eingeholt werden. Im vorliegenden Fall ging es jedoch nicht um den Kaufpreis, sondern um eine Nebenbedingung. Aus dem von Van Bijnkershoek berichteten Sachverhalt wird nicht deutlich, ob der Nachweis der Eigentümerschaft von solcher Bedeutung für den Käufer war, dass er quasi zur Hauptleistungspflicht erhoben wurde. Die von Van Bijnkershoek für sein Votum abgegebene Begründung überzeugt daher nicht.

Der Hoge Raad entschied allerdings einstimmig, dass die zum Nachweis des Eigentums vorgelegten Urkunden ausreichten, jedenfalls aber das Stellen der beiden Bürgen für die Eviktion. Zum Beleg hierfür verweist Van Bijnkershoek auf D. 18. 6. 19. 1,[342] C. 8. 44. 24 und Faber, Codex Sabaud. VIII. 31. 10. Der Hoge Raad bestätigte die Urteile der Unterinstanzen.

Nach der Allegation D. 18. 6. 19. 1 kann der Käufer nur dann zur Zahlung des Kaufpreises gezwungen werden, wenn ein Rechtsstreit wegen Eviktion geführt wird und unklar ist, ob der Verkäufer der Eigentümer der Kaufsache war, wenn der Verkäufer geeignete Bürgen für die Eviktion stellt. Im vorliegenden Fall hatte der Verkäufer nach Auskunft von Van Bijnkershoek jedoch dem Käufer zwei Bürgen angeboten.

Die Allegation C. 8. 44. 24 und der Verweis auf Faber bestätigen die Verpflichtung des Verkäufers, dass dem Käufer bei drohender Eviktion ein angemessener Ausgleich gewährt werden muss und er insoweit nicht verpflichtet ist, den gesamten Kaufpreis zu zahlen (sofern dies noch nicht geschehen ist), bis dieser Ausgleich vom Verkäufer geleistet wurde. Hintergrund dieser Regel ist wiederum das Äquivalenzinteresse des

341 Er schreibt: „... nisi ridiculam dicamus eam legem ..."

342 In der Edition wird fälschlich auf 18. § 1 ff. de peric. et comm. rei vend., d. h. D. 18. 6. 18 verwiesen.

Käufers. Er soll für seinen gezahlten (oder noch zu zahlenden) Kaufpreis eine entsprechende Gegenleistung (d. h. der ungestörte Besitz der Kaufsache) erhalten. Verlangt ein Dritter die Sache heraus, bzw. droht eine Herausgabeklage, ist der ungestörte Besitz nicht mehr gegeben. Er verliert die Sache und muss ggf. die Prozesskosten aus dem Herausgabeverfahren tragen. Droht dieses Risiko, muss der Verkäufer dem Käufer einen Ausgleich gewähren, wenn er den Kaufpreis für die durch das Risiko des Drittzugriffs im Wert geminderten Sache verlangt. Durch Stellung der Bürgen hatte dies der Verkäufer allerdings getan. Der Käufer unterlag also mit seinen Einreden. Bei unklarer Eigentumslage genügte es also in der Praxis, wenn der Verkäufer zwei Bürgen für Eviktion stellte. Ein Zurückbehaltungsrecht konnte der Käufer gegen die Kaufpreisforderung nicht geltend machen.

4. Sicherung des Erwerbs durch *willige condemnatie*

Neben der Stellung von Bürgen für Eviktion konnte jedoch auch eine *willige condemnatie* vereinbart werden. Van Leeuwen berichtet, zu Gunsten des Erwerbers werde häufig eine Abmachung dahingehend getroffen, dass der Verkäufer verpflichtet sein soll, das Eigentum an einem Grundstück gegen eine *willige condemnatie* des Hofs oder des Gerichts zu übertragen, wo die Immobilie gelegen ist.[343] Dies gelte zu Gunsten des Erwerbers, wenn der Verkäufer nicht in der Lage sei, eine Gewährleistung für Eviktion zu stellen, oder der Erwerber fürchte, dass die Immobilie Servituten oder anderen Lasten unterliege.[344]

Folge einer solchen Vereinbarung sei, dass der Käufer tatsächlich Eigentümer der Sache werde.[345] Nach Bekanntmachung an drei aufeinanderfolgenden Markttagen oder Sonntagen am Ort, wo die Sache gelegen war, bzw. dem nächstgelegenen Ort, waren alle anderen Personen, die danach eine Forderung an der Sache erheben wollen, von der Geltendmachung ihrer Rechte ausgeschlossen. Diese Regelung galt aber nur für unbekannte Personen. Personen allerdings, von denen bekannt sei, oder man es wissen müsse, dass ihnen ein Recht an dem Grundstück zustehe, seien besonders zu laden. Gegen diese könnten die Regelungen der Säumnis[346] nicht angewendet werden. Deshalb seien die nächst angrenzenden Nachbarn und andere, bei denen man davon ausgehen könne, dass sie eine Forderung wegen eines früheren oder älteren Eigentumsrechts, einer stillschweigenden oder privaten Hypothek oder eines anderen Servituts vorbringen können, extra zur Bestätigung der *willigen condemnatie* zu laden.[347] Mit den Nachbarn spricht Van Leeuwen die Berechtigten des *jus retractus* an, denen dieses Recht zustand.[348]

343 Van Leeuwen, Rooms-Hollands-Regt, Lib. IV, Kap. XVIII, § 5; dazu De Blécourt, S. 162 und Van Alphen, S. 440 ff.; Zimmermann, Kaufvertrag, S. 179 bezeichnet das *Willig-Decreet* hier als „eine Art Aufgebotsverfahren". Das betrifft wiederum einen Aspekt der *willige condemnatie*, näher kommt dem aber die oben erwähnte besondere vertragliche Bestätigung der Verpflichtung, weil sie durch ein Gericht auf den Vertrag erlassen wird.

344 Van Leeuwen, Rooms-Hollands-Regt, Lib. IV, Kap. XVIII, § 5.

345 Van Leeuwen, Rooms-Hollands-Regt, Lib. IV, Kap. XVIII, § 5.

346 Gemeint ist C. 8. 25. 6. über den Verlust von Pfandrechten bei Veräußerung nach öffentlichem Anschlag.

347 Van Leeuwen, Rooms-Hollands-Regt, Lib. IV, Kap. XVIII, § 5.

348 Siehe zum *jus retractus* unten S. 220.

Indem der Verkäufer die Öffentlichkeit schaffende hoheitliche Hilfe in Anspruch nahm und sich der sofortigen Sanktion unterwarf, konnte der Käufer lastenfrei Eigentum erwerben. Der Käufer konnte sich damit durch die *willige condemnatie* sichern. Dies setzte aber die Bereitschaft des Verkäufers voraus, sich im Voraus der Verurteilung zu unterwerfen.

Dass eine solche *willige condemnatie* in der Praxis tatsächlich vom Verkäufer abgegeben wurde, zeigt die Entscheidung Obs. Tum. Nr. 1499 und die bereits oben erörterte Entscheidung Obs. Tum. Nov. Nr. 1521.[349] Dort hatten sich beide Parteien der *willige condemnatie* des Hofs von Holland unterworfen. In den meisten Fällen[350] sicherten sich aber die Verkäufer durch die *willige condemnatie* ab.

5. Die Anzeigepflicht bei drohender Eviktion

Nachdem Sicherheiten für Eviktion, wie im vorigen Abschnitt erörtert, im Voraus allgemein nicht verlangt werden konnten, stellt sich die Frage, wie das Verfahren zur Durchsetzung der Haftung für Eviktion in der Praxis aussah. Hierzu gab die Literatur Regelungen vor. Wenn der Käufer eine Besitzstörung erfuhr und infolgedessen den Verkäufer wegen Eviktion in Haftung nehmen wollte, musste er diese dem Verkäufer anzeigen (*litis denuntiatio*),[351] sodass er noch die Möglichkeit hatte, dem Verfahren zwischen dem Dritten und dem Käufer beizutreten.[352] Kam der Käufer dieser Verpflichtung nicht nach, verlor er sein Rückgriffsrecht.[353] Von der Anzeigepflicht war er nur dann befreit, wenn das Recht des Dritten und die fehlende Berechtigung des Verkäufers ganz offensichtlich war[354] und es sich der Käufer auferlegt hatte, dies zu beweisen.[355] Die Anzeige musste rechtzeitig erfolgen, das heißt *ante conclusionem in causa* erfolgen,[356] und ihr musste das Klagelibellum des Drittberechtigten beigefügt werden.[357]

Der Verkäufer hatte dann die Wahl, ob er dem Verfahren beitreten wollte. Tat er das nicht, konnte der Käufer den Schadensersatz aber auch nur dann geltend machen, wenn er sich im Prozess mit dem Dritten verteidigte und das Verfahren nicht auf Grund eigener Nachlässigkeit verlor.[358] War diese Voraussetzung erfüllt, konnte der Käufer

349 Siehe zu dieser Entscheidung ferner unten S. 244.

350 Obs. Tum. Nrn. 437 und 2841 und Obs. Tum. Nov. Nr. 43.

351 Grotius, Inleidinge, Lib. III, Kap. XV, § 4 oder auch Voet, zu D. 21. 2. 20.

352 Voet, zu D. 21. 2. 22.

353 Van Leeuwen, Rooms-Hollands-Regt, Lib. IV, Kap. XVIII, § 3 mit Verweis u. a. auf D. 21. 2. 53. 1, C. 8. 44. 8, C. 8. 44. 20. 2 und C. 4. 48. 1.

354 Vgl. dazu die oben angeführte Entscheidung Obs. Tum. Nr. 674. Hinsichtlich der offensichtlichen Berechtigung des Dritten bejahen das Grotius, Inleidinge, Lib. III, Kap. XV, § 4 und Van Leeuwen, Rooms-Hollands-Regt, Lib. IV, Kap. XVIII, § 3. Huber, Heedendaegse Rechtsgeleertheyt, Lib. III, Kap. V, § 52 schränkt dies mit Hinweis auf den Hof von Friesland ein.

355 Dies sei, so fährt Van Leeuwen, Rooms-Hollands-Regt, Lib. IV, Kap. XVIII, § 3 unter Verweis auf die Argumentation in D. 19. 1. 11. 6 fort, ohnehin ein Fall, in dem der Verkäufer ebenfalls auch ohne Anzeige zum Ausgleich verpflichtet sei.

356 Voet, zu D. 21. 2. 23 bzw. nach Huber, Praelectiones, zu D. 21. 2. 13, muss die Anzeige sogar bereits zu Beginn des Rechsstreits erfolgen.

357 Voet, zu D. 21. 2. 20.

358 Zimmermann, Kaufvertrag, S. 177 f. m. w. N.

dann den Schadensersatz geltend machen und darin auch die Prozesskosten aus dem Verfahren mit dem Dritten verlangen.

So klar wie die Formulierung bei Grotius und Van Leeuwen ist, war die Lösung dieser Problematik in der Praxis allerdings nicht. In der Entscheidung Obs. Tum. Nr. 84 vom 28. März 1705 ging es um Eviktion eines Grundstücks, dessen Grenzen im Kaufvertrag aufgeführt waren. Der Käufer unterlag im possessorischen Verfahren.[359] Danach kündigte der Käufer dem Verkäufer wegen der Eviktion auf, um sich schadlos zu halten. Der Verkäufer führte dagegen an, dass unklar sei, welches Grundstück bzw. welche Teile des Grundstücks evinziert wurden, und ob diese zu den verkauften Gegenständen gehörten.[360] Außerdem sei nicht sicher, ob er verpflichtet sei, den Käufer für einem Rechtsstreit schadlos zu halten, der schon zu Ende war.

Der Hoge Raad sprach den Verkäufer zunächst nur von der Haftung für die Prozesskosten frei. Zur Begründung führt Van Bijnkershoek D. 21. 2. 29. 2 an, wonach der Verkäufer vom Käufer jederzeit aufgefordert werden kann, dem Käufer im Eviktionsverfahren beizustehen, solange dies nicht unmittelbar vor der Verurteilung des Käufers geschieht. Sinn und Zweck dieser Beschränkung ist es, dem Verkäufer noch die Möglichkeit einzuräumen, seine Argumente gegen die Eviktion bei Gericht einzuführen. Wenn der Dritte schon Recht bekommen hat, bleibt hierfür kein Raum mehr.

Hinsichtlich der unklaren Grundstücksgrenzen wurde den Parteien aufgetragen, diese durch Urkunden zu beschreiben.[361] Der Hoge Raad entließ also den Verkäufer aus der Haftung für die Prozesskosten im Eviktionsverfahren, wenn das Verfahren zwischen Käufer und dem Drittem bereits abgeschlossen war.

IX. Die Haftung des Verkäufers für Sachmängel

Die Behandlung von Sachmängeln war ein weites Feld, in dem der Hoge Raad häufig Rechtsfälle zu entscheiden hatte.[362] Beim Vorliegen von Sachmängeln sah das römische Recht je nach Schwere des Defekts entweder die Rücknahme der Sache durch den Verkäufer gegen Rückerstattung des Kaufpreises (*actio redhibitoria*) oder die Kürzung des Kaufpreises um den (merkantilen) Minderwert wegen des Fehlers (*actio quanti minoris*) vor.[363]

---

359 Dies ist unklar. Normalerweise ging der Berechtigte petitorisch vor, da er sein Eigentum geltend machte. Da aber auch so der ungestörte Besitz des Käufers beeinträchtigt war, kam es darauf nicht an.

360 Der Verkäufer versuchte womöglich über D. 21. 2. 53. 0, wonach bei Eviktion einzelner Grundstücksteile nur der Wert dieser Teile zu ersetzen war, die Darlegungslast hinsichtlich der tatsächlich evinzierten Grundstücke dem Käufer zu übertragen. Van Bijnkershoek erwähnt dieses Zitat nicht.

361 Dies führte drei Jahre später, wie Van Bijnkershoek an dieser Stelle ergänzt, zur vollständigen Klageabweisung.

362 Van Leeuwen, Rooms-Hollands-Regt, Lib. IV, Kap. XVIII, § 5 Fn. des Editors spricht von einem „großen Nutzen" dieser Regeln für eine Handelsnation. Die Praxis des Hoge Raad belegt dies.

363 Die Rechtsfolgen der *quanti minoris* oder der *actio redhibitoria* konnten auch im Rahmen der *laesio enormis* geltend gemacht werden, wenn der Käufer behauptete, der Fehler sei so bedeutend gewesen, dass die Kaufsache nicht einmal halb so viel wert war, wie er bezahlt hatte. So z. B. unter Obs. Tum. Nr. 62, vgl. S. 240.

Grundlage für die *actio quanti minoris*[364] und die *actio redhibitoria* war nach römischem Recht die *aequitas.*[365] Das römische Sachmängelgewährleistungsrecht entstammte den Edikten der kurulischen Ädile, der Rechtsprechung zum Markthandel.[366] Ein wichtiges Handelsgut auf den römischen Märkten waren Sklaven und Zugtiere. Zu beiden Handelsgütern entwickelte sich eine Rechtsprechungstradition, die dann Eingang in das Corpus Juris fand.[367] Deshalb beschäftigen sich die Quellen im Corpus Juris vor allem mit Fehlern von Sklaven. Daneben gab es ähnliche Regelungen, die für das sonstige Kaufrecht galten. Bei der Kodifizierung des Corpus Juris kam es dann zu Überlagerungen zwischen den bestehenden Regelungen der *actio empti* und dem Sonderrecht der Ädile, so dass Generationen von Juristen des *jus commune* das kaum lösbare Rätsel hatten, herauszufinden, warum für ein und dasselbe Sachproblem zwei Regelungskomplexe bestanden,[368] es also nicht nur eine *actio quanti minoris* und *actio redhibitoria* gab, sondern mehrere. Im Ergebnis kam die niederländische Dogmatik zu einer Vereinheitlichung, sodass nur noch die Alternative zwischen *einer* Wandlungs- und *einer* Minderungsklage bestand, die beide in ihrer rechtlichen Ausgestaltung der ädilizischen *actio redhibitoria* und *actio quanti minoris* entsprach.[369]

Voraussetzung für die Haftung nach dem ädilischen Edikt war, dass der Fehler an der Kaufsache, zumindest dessen Grund, bereits vor dem Schluss des Vertrags bestand,[370] es sei denn, der Verkäufer verpflichtete sich, auch für künftige Fehler zu haften.[371] Rechtsfolge der *actio redhibitoria* war die vollständige Rückabwicklung des Kaufvertrags, d. h. die Rückgabe der Kaufsache gegen Rückerstattung des Kaufpreises. Praktisch umgesetzt wurde diese Rechtsfolge, indem der Käufer die *restitutio in integrum* gegen den Kaufvertrag beantragte.[372] Die *actio quanti minoris* sah dagegen nur den Ausgleich des Wertverlusts vor. Bei Grotius ist es die Differenz zwischen dem tatsächlich vom Käufer gezahlten Kaufpreis und demjenigen, den er in Kenntnis des Fehlers gezahlt hätte.[373] Die Rechtsfolge hat damit bei Grotius auch eine subjektive Komponente und bestimmt sich nicht allein nach objektiven Wertmaßstäben. Neben diese subjektive Komponente tritt bei Grotius in Fällen, in denen der Fehler die Tauglichkeit der Kaufsache zum üblichen Gebrauch beeinträchtigt, als Wahlmöglichkeit die „objektive" Schadensbemessung in der Form, dass der Käufer auch die Differenz zwischen Wert der Sache mit und ohne Fehler verlangen kann.[374] Bei Voet wird im Fall

364 An Stelle der Bezeichnung *actio quanti minoris* wurde in der Literatur bisweilen auch die Bezeichnung *actio aestimatoria* verwendet, weil die Höhe des Schadens geschätzt werden musste. Bei Van Bijnkershoek und Pauw jedoch erscheint dieser Begriff nicht, so dass im Folgenden nur die gebräuchliche Terminologie *actio quanti minoris* verwendet wird.

365 Van Leeuwen, Rooms-Hollands-Regt, Lib. IV, Kap. XVIII, § 5, Anm. (c).

366 Die Entwicklung des römischen Sachmängelrechts aus der *actio empti* und die Rezeption des Sonderrechts der Ädilen in das Corpus Juris wurde im 20. Jahrhundert eingehend untersucht. Siehe dazu Honsell, S. 80 ff. und Kaser, Privatrecht, S. 558 und weitere Nachweise bei Zimmermann, Kaufvertrag, S. 181, Fn. 234.

367 Zimmermann, Kaufvertrag, S. 181.

368 Zimmermann, Kaufvertrag, S. 182.

369 Zimmermann, Kaufvertrag, S. 183.

370 C. 4. 58. 3.

371 Brunneman, zu C. 4. 58.

372 So beispielsweise in der Entscheidung Obs. Tum. Nr. 3249. Siehe dazu S. 203.

373 Grotius, Inleidinge, Lib. III, Kap. XV, § 7.

374 Grotius, Inleidinge, Lib. III, Kap. XV, § 7. Der Zusammenhang ist augenscheinlich: Ein „objektiv"

des Verschweigens von Lasten der Wert des Grundstücks mit dem Verschweigen des Verkäufers verglichen.[375] Bei Grotius scheinen noch Spuren der doppelten *quanti minoris* durch, weil für diejenigen, die eine ädilizische *actio quanti minoris* und eine zivile *actio empti quanti minoris* unterschieden, die objektive Wertbemessung der Wertmaßstab für die ädilizische *actio*, die subjektive Komponente dagegen für die *actio empti quanti minoris* war. Für die Praxis des Hoge Raad waren aber nur die objektiven Wertberechnungen für die Haftung nach dem ädilischen Edikt relevant. Auf die Ermittlung subjektiver Wertvorstellungen des Käufers in Abhängigkeit von seiner fiktiven Fehler-Kenntnis ließ sich der Hoge Raad nach den Berichten von Van Bijnkershoek und Pauw nicht ein, weil es von den Parteien nicht vorgetragen wurde.

Das römisch-holländische Sachmängelrecht folgte in weiten Teilen dem römischen Recht.[376] Ausgangspunkt war in den Niederlanden zumindest in der Frühzeit, wie im römischen Recht, der Barkauf. Wer Gelegenheit hatte, den Kaufgegenstand zu besehen, konnte sich später nicht über Mängel beschweren.[377] Nur im Falle arglistigen Verschweigens eines Mangels konnte Schadensersatz geltend gemacht werden. Wenn ein Fehler vorlag, dann haftete der Verkäufer wie im römischen Recht verschuldensunabhängig.[378] Sonderregeln bestanden für den Viehkauf,[379] auf den die römischrechtlichen Regeln nicht angewendet wurden, der allerdings vor dem Hoge Raad keine Rolle spielte. Ein Grund dafür mag in der Höhe der Berufungssumme von 500 Gulden gelegen haben. Das ädilische Edikt gewährte dem Käufer ein Zurückbehaltungsrecht, wenn er den Kaufpreis noch nicht gezahlt hatte. In der Praxis des Hoge Raad kamen die *quanti minoris* und die *redhibitoria* in beiden Fallkonstellationen vor, sowohl in der, dass der Käufer aktiv mit einer der beiden *actiones* klagte, als auch in der, dass er die Haftung nach dem ädilischen Edikt einredeweise als *exceptio* (*quanti minoris*) geltend machte. Diese Möglichkeit war dem Käufer beispielsweise dann eröffnet, wenn er noch nicht gezahlt hatte und zwar in der Weise, als ob der Vertrag noch nicht auf Seiten des Verkäufers erfüllt worden sei.[380] Da der Begriff „*actio quanti minoris*“ gebräuchlicher ist, wird im Folgenden dieser verwendet, wenn nicht ausdrücklich die *quanti minoris* als *exceptio* geltend gemacht wurde.[381] Die *actio redhibitoria* und *actio quanti minoris* konnte auch neben anderen Anspruchsgrundlagen geltend gemacht werden, sofern diese das gleiche Anspruchsziel hatten. So konnte neben die *actio quanti minoris* auch die *actio ex empto* treten. Die *quanti minoris* stand gegenüber der *ex empto* in einem nicht exklusiven Spezialitätsverhältnis.[382]

---

feststellbarer Fehler lässt auch eine „objektive“ Bestimmung des Schadens zu.

375 Voet, zu D. 21. 1. 1.

376 Zimmermann, Kaufvertrag, S. 184.

377 Es galt weithin der Grundsatz des *caveat emptor*. Vgl. dazu Van Leeuwen, Rooms-Hollands-Regt, Lib. IV, Kap. 18, § 10.

378 Voet, zu D. 21. 1. 10.

379 Vgl. Van Leeuwen, Rooms-Hollands-Regt, Lib. IV, Kap. 18, §§ 10-13.

380 D. 21. 1. 25. 10 und D. 21. 1. 41; Van Leeuwen, Censura Forensis, Lib. IV, Cap. XIX, § 15; Grotius, Inleidinge, Lib. III, Kap. XV, §§ 21 und 22; Voet, zu D. 21. 1. 1.

381 Van Bijnkershoek selbst verwechselt in Obs. Tum. Nr. 3249 *actio* und *exceptio*, nachdem der auf Zahlung verklagte Käufer zunächst *restitutio in integrum* gegen den Kaufvertrag verlangt hatte und in 1. und 2. Instanz unterlegen war, dann aber selbst in Berufung vor den Hoge Raad ging. Richtigerweise musste der Käufer dann die *actio* erheben.

382 Voet, zu D. 21. 1. 3.

1. Die *actio redhibitoria*

Das klassische römische Recht sah ursprünglich vor, dass der Käufer berechtigt war, den Verkäufer nach einer ausdrücklichen Gewährleistung in Form einer Stipulation zu fragen, ob der Sklave in Wahrheit frei von allen Fehlern sei, die der Verkäufer anzeigen müsse und die nicht offensichtlich waren. Hatte der Sklave diese Eigenschaft nicht, konnte der Käufer die einfache *actio ex stipulatione* auf das *quod interest* erheben. Verweigerte der Verkäufer, diese Stipulation abzugeben, dann bestand der Verdacht, dass der Sklave einen Fehler besaß und der Käufer konnte dann innerhalb zweier Monate die Rückzahlung des Kaufpreises gegen Rückgabe des Sklaven verlangen,[383] und zwar auch schon dann, wenn der Fehler noch nicht offensichtlich geworden war.[384] Nach diesem Zeitraum von zwei Monaten, in dem sich der Käufer entscheiden konnte, ob er am Kauf festhalten wollte oder nicht, konnte der Käufer innerhalb weiterer vier Monate das *quod interest* fordern, soweit er die Einbuße wirklich erlitten hatte, m. a. W. der Fehler musste sich dann realisiert haben. Ein fiktives Interesse konnte also nicht verlangt werden. Die genaue Interpretation von D. 21. 1. 28 bezüglich des Interesses ist allerdings in der Literatur umstritten.[385]

Die für die Interpretation der Entscheidungen des Hoge Raad wichtigen Stellen sind D. 21. 1. 1. 1, D. 21. 1. 23. 7 und D. 21. 1. 21 pr. Nach dem Wortlaut dieser Textstellen konnte der Käufer den Kaufpreis gegen Rückgabe des Sklaven zurückverlangen, wenn der Sklave einen der im Edikt aufgezählten Fehler besaß, und der Verkäufer diesen beim Verkauf verschwiegen hatte, oder wenn eine bestimmte zugesagte Eigenschaft fehlte, bzw. wenn die Abwesenheit eines bestimmten Fehlers versprochen war und dieser gleichwohl auftrat, oder wenn der Verkäufer betrügerisch gehandelt hatte.

Voraussetzung für die *actio redhibitoria* ist nach Van Leeuwen[386] die Täuschung des Erwerbers über einen versteckten Fehler der Sache, der so gravierend sein muss, dass der Käufer in Kenntnis des Fehlers die Sache nicht gekauft hätte. Diese Formulierung findet sich bereits in Grotius' Inleidinge,[387] aber auch Voet[388] vertritt diese vom klassischen römischen Recht, das dem Käufer in jedem Fall Wahlfreiheit gewährte, abweichende Ansicht. Möglicherweise liegt der Ansicht von Van Leeuwen die Vorstellung zu Grunde, der Käufer hätte die Sache in Kenntnis des Mangels gleichwohl gekauft, allerdings zu einem günstigeren Preis. Nach der Ansicht von Voet[389] bestand aber kein umgekehrtes Exklusivitätsverhältnis. Der Käufer konnte also bei einem schweren Mangel entweder die *actio redhibitoria* oder die *actio quanti minoris* geltend machen. Von der Exklusivität zwischen der *redhibitoria* und der *quanti minoris* geht übrigens auch der Hoge Raad in der Entscheidung Obs. Tum. Nov. Nr. 339a vom 16. Juli 1750 aus, worin sich der Käufer gegen die Kaufpreisforderung des Verkäufers wehrte.[390] Die ver-

383 D. 21. 1. 28.
384 Honsell, S. 69.
385 Siehe dazu Monier, S. 104 ff., Arangio-Ruiz, S. 389; anders dagegen Medicus, S. 118 ff.
386 Van Leeuwen, Rooms-Hollands-Regt, Lib. IV, Kap. XVIII, § 5 und Van Leeuwen, Censura Forensis, Lib. IV, Kap. XIX, § 15.
387 Grotius ed. Lee, Inleidinge, Lib. III, Kap. XV, § 7.
388 Voet, zu D. 21. 1. 4.
389 Voet, zu D. 21. 1. 5.
390 Siehe dazu eingehend S. 206.

heimlichten Lasten seien von geringerer Bedeutung gewesen, als dass sie zur Wandlung berechtigt hätten, sondern nur zur Minderung, meinten die Richter des Hoge Raad.

Der Fehler muss sich außerdem beim Käufer realisiert haben. Liegt ein solcher Fehler vor, dann kann der Käufer innerhalb von sechs Monaten vom Verkäufer verlangen, die verkaufte Sache zurückzunehmen und ihm den Kaufpreis zu erstatten.[391] Beide Parteien mussten schon nach dem justinianischen Recht so gestellt werden, wie wenn der Vertrag nicht geschlossen worden wäre.[392] Anspruchsinhalt der *actio redhibitoria* war die Rückgabe der Sache selbst, einschließlich aller daraus gezogenen Nutzungen gegen Rückerstattung des Kaufpreises. Die *actio redhibitoria* war also in der Praxis daran geknüpft, dass der Käufer die Ware zurückgab. Es gab umgekehrt aber keine Möglichkeit, dass der Verkäufer seinerseits die Ware auf Grund ihrer schlechten Güte zurückverlangen konnte gegen Rückzahlung des Preises.[393] In vier Fällen wird die *actio redhibitoria* bei Van Bijnkershoek erwähnt, nämlich in den Observationes Nr. 62, 749, 924 und 3249. Die Fälle Nr. 62 und 3249 befassen sich allerdings nur am Rande mit dieser *actio* und werden deshalb an anderer Stelle bearbeitet.[394]

2. Die *actio quanti minoris*

Auch die *actio quanti minoris* hatte ihren Anwendungsbereich bei Fällen, in denen es um die Entdeckung von latenten Fehlern ging. Mit der *actio quanti minoris* konnte der Käufer vom Verkäufer einen Teil des Kaufpreises zurückverlangen. Die *actio quanti minoris* unterschied sich von der *actio redhibitoria* in mehreren Punkten: Zum einen war dies die Frage, ob der Käufer die Sache auch dann gekauft hätte, wenn ihm der Fehler bekannt gewesen wäre.[395] Konnte dies der Richter bejahen, blieb nur Raum für die *actio quanti minoris*. Der zweite wesentliche Unterschied zwischen der *quanti minoris* und der *redhibitoria* war der, dass die *quanti minoris* auch mehrfach gegen den Verkäufer geltend gemacht werden konnte, während man die *redhibitoria* nur einmal verlangen konnte.[396] Der dritte wesentliche Unterschied war der Zeitraum, innerhalb dessen die Klagen erhoben werden konnten: Die *redhibitoria* konnte nur innerhalb von sechs Monaten ab Vertragsschluss erhoben werden, während der Käufer für die *quanti minoris* immerhin ein Jahr Zeit hatte.[397]

391 Van Leeuwen, Rooms-Hollands-Regt, Lib. IV, Kap. XVIII, § 5.; Grotius ed. Lee, Inleidinge, Lib. III, Kap. XV, § 7.

392 D. 21. 1. 23. 7 und auch D. 21, 1, 21 pr.

393 D. 21. 1. 29 pr. und Wesel, Uwe, Zur dinglichen Wirkung der Rücktrittsvorbehalte des römischen Kaufs. Zeitschrift der Savigny Stiftung, 85 (1968). Dies hat beispielsweise dann einen Sinn, wenn der Käufer zwar das Geld verlangt, die Sache aber nicht zurückgeben will.

394 Der erste Fall wird im Rahmen der *laesio enormis* behandelt, Obs. Tum. Nr. 3249 dagegen bei der *actio quanti minoris*, weil der Käufer vor dem Hoge Raad von der *redhibitoria* zur *quanti minoris* überging.

395 So z. B. Grotius ed. Lee, Inleidinge, Lib. III, Kap. XV, § 7.

396 Hatte die *redhibitoria* jedoch keinen Erfolg, konnte der Käufer mit gleichem Sachvortrag von der *actio redhibitoria* zur *quanti minoris* übergehen, und dies sogar zwischen den Instanzen (vgl. Obs. Tum. Nr. 3249. Siehe dazu S. 203.

397 Grotius ed. Lee, Inleidinge, Lib. III, Kap. XV, § 7. Hiervon galt nur die Ausnahme, dass es um die Leistung von Sicherheiten (*ob cautionem non prestitam vel ornamento*) ging: Diese mussten ebenfalls innerhalb von sechs Monaten erhoben werden. Dies erwähnt Grotius aber nicht.

a) Die Fälle zur *actio quanti minoris*

Die *actio* bzw. *exceptio quanti minoris* war beim Hoge Raad unter Mitwirkung von Van Bijnkershoek in den Fällen Obs. Tum. Nr. 62,[398] 906, 924, 1035, 1079, 1472, 1524, 1727, 2841, 3124 und 3249 Gegenstand der Verhandlungen. In dem Zeitraum, über den Pauw berichtet, finden sich weitere drei Entscheidungen Obs. Tum. Nov. Nr. 339a, 1145 und 1745.

Die *actio quanti minoris* wurde von der redhibitoria durch einen anderen Fehlerbegriff abgegrenzt. War der Fehler von der Art, dass der Käufer gleichwohl die Sache gekauft hätte, sei der Kauf bindend und der Käufer bleibt durch die *actio quanti minoris* auf die Rückforderung der Summe beschränkt, was er versprochen hätte, wenn er den Fehler gekannt hätte.[399] Das Gericht muss also zur Abgrenzung der *actio redhibitoria* von der *quanti minoris* die hypothetische Kausalität hinsichtlich der Schwere des Fehlers ermitteln. Wann ein solcher Fall gegeben war, hat Van Bijnkershoek in mehreren *obiter dicta* beschrieben. Eine Situation war die des Falls Obs. Tum. Nr. 1524, dem Fall, der bereits auf S. 131 behandelt wurde, worin es zunächst um die sukzessiv beseitigten Veräußerungshindernisse ging. Hinsichtlich dieser Veräußerungshindernisse erklärt er, dass diese nicht zu einer Aufhebung des Vertrags geführt hätten, auch wenn sie alle sehr wahr seien, dass also die Fehler am Kaufobjekt nicht so substanziell gewesen seien, dass sie eine *actio redhibitoria* begründet hätten, sondern lediglich eine Minderung des Kaufpreises gestatteten.[400]

Nach Voet war die Situation stets dann gegeben, wenn dem Käufer gegenüber Lasten verschwiegen wurden. Diese sollten nie zu einer Aufhebung des Vertrags führen.[401]

b) Der Fehlerbegriff

Wie der Hoge Raad seinen Fehlerbegriff fasste, zeigt die Entscheidung Obs. Tum. Nr. 1472 vom 30. September 1718.[402] Die Weichenstellung, dass der Käufer mit der *actio quanti minoris* durchdringen kann, erfolgt in der Frage, ob es sich bei der verkauften Handelsware um lieferbares Gut handelte.[403] Zusätzliche Vereinbarungen der Parteien oder weitergehende Handelsbräuche ließ der Hoge Raad unbeachtet.

In dieser Entscheidung hatte ein Händler in Amsterdam 78 Fässer Tabak gekauft. Diese brachte er auf Schiffen vom Haus des Verkäufers nach Schweden, um sie dort weiter zu veräußern. Kaufleute in Schweden öffneten die Fässer. Dabei ergab sich,

398 Wenn Van Oosten, § 45 auch noch Obs. Tum. Nr. 62 hinzufügt, so kann dem nur insoweit gefolgt werden, als die Forderung vor allem auf *laesio enormis* gestützt wurde und die *actio quanti minoris* hinsichtlich des Minderwerts der Kaufsache ähnliche Voraussetzungen und bzgl. Herabsetzung des Preises eine ähnliche Rechtsfolge hatte. Deshalb siehe dazu unten unter S. 240.

399 Van Leeuwen, Rooms-Hollands-Regt, Lib. IV, Kap. XVIII, § 5; Grotius ed. Lee, Inleidinge, Lib. III, Kap. XV, § 7.

400 Er drückt sich dabei ganz vorsichtig aus: „Ich möchte nicht sagen, dass jene Hindernisse nicht von so großem Gewicht gewesen seien, und fast zusammengesucht waren, dass man vom Kauf zurücktreten konnte, obwohl sie nur Raum für die *actio quanti minoris* ließen, wenn sie wohl alle auch sehr wahr waren."

401 Voet, zu D. 21. 1. 1 in Auslegung von D. 21. 1. 61.

402 Die zugehörige *resolutie* trägt das Datum 20. September 1718.

403 Siehe dazu unten S. 213.

dass die meisten Tabakblätter, obgleich sie in trockenem Zustand in Schweden angekommen waren, verfault und zum Gebrauch ungeeignet waren. Dies zog einen langen Streit nach sich. Der Käufer vergütete den schwedischen Kaufleuten letztlich aber den auf 2.632 Gulden geschätzten Schaden. Wegen dieser Summe wollte nun der Käufer beim Verkäufer Regress nehmen und machte dazu die *actio quanti minoris* geltend. Der Käufer forderte außerdem noch Zinsen seit Verzug. Diese Forderungen wies das Schöffengericht von Amsterdam ab, wenn der Verkäufer mit einem Eid bestätigte, dass er nicht unter der Bedingung verkauft habe, dass der Tabak sechs Monate gut bleiben solle.[404] Der Käufer ging gegen das Urteil zum Hof von Holland in Berufung, der Verkäufer schloss sich der Berufung an und erhob *grieven a minima*, insoweit als er den Eid leisten musste.[405] Der Hof hob das Urteil der Amsterdamer Schöffen vollständig auf und urteilte zu Gunsten des Käufers, d. h. er verurteilte den Verkäufer zum Schadensersatz.

Der Verkäufer legte sodann Berufung ein. Er führte an, der Schaden, den der Käufer getragen habe, sei nicht bewiesen. Der Verkäufer konnte beweisen, dass es um denselben Tabak ging, den er selbst gekauft hatte.[406] Der Käufer sagte, dass der Verkäufer versprochen habe, der Tabak bleibe sechs Monate gut, wofür der Hoge Raad allerdings einen ausreichenden Beweis erwartete. Ferner führte der Käufer auch den Handelsbrauch an, der „unter Amsterdamer Kaufleuten allgemein anerkannt sei", dass Tabak, sofern nicht etwas anderes ausbedungen sei, stets unter der stillschweigenden Bedingung einer Haltbarkeit von sechs Monaten verkauft werde. Diese Bedingung bestätigten einige Kaufleute, andere bestritten sie, sodass diese Sache für die Richter weiterhin unsicher blieb. Schließlich trug der Käufer vor, dass er mit dem Verkäufer vereinbart habe, dass der Verkäufer den Schaden begleiche, über den sich die schwedischen Kaufleute beklagt hatten. Aber auch dies, so meinten die Richter, sei nicht sicher.

Der Hoge Raad sprach dem Käufer aber trotzdem den Schadensersatz aus der *actio quanti minoris* zu und bestätigte damit das Urteil des Hofs, da vom Verkäufer kein „Kaufmannsgut" geliefert wurde, also keine Ware, die von einer solchen Qualität war, dass man sie weiterverkaufen konnte. Der Tabak habe den Fehler nicht erst nach Übergabe aufgewiesen, da die Überfahrt nach Schweden nicht lange gedauert habe. Dort aber hatte man den latenten Fehler aufgedeckt, der jedoch schon vorher bestanden hatte. Wenn das der Fall war, dann taten Handelsbrauch und ein Eid über die zusätzliche Bedingung nichts mehr zur Sache. Der Verkäufer erhob u. a. noch den Einwand, dass der Tabak durch Schuld des Käufers verdorben war, konnte aber weder dies, noch die übrigen, von Van Bijnkershoek nicht mehr notierten Einwände beweisen, bzw. Van Bijnkershoek hält sie für so unwesentlich, dass er sie nicht weiter ausführt. Diese Entscheidung zeigt ebenfalls, dass die Richter versuchten, möglichst auf dem einfachsten Weg zu einer tragbaren Entscheidung zu kommen. Die einfachste Lösung

404 Es handelt sich hierbei wiederum um einen Fall einer bedingten Verurteilung. Das Gericht beantwortet die Rechtsfrage; die Ergänzung der Beweisaufnahme, zu der die Eidesleistung zu zählen ist, blieb dem nachfolgenden Verfahren vorbehalten.

405 Zu den *grieven a minima* siehe S. 81. Auch vor dem Hof konnten *grieven a minima* geltend gemacht werden.

406 Möglicherweise hatte der Käufer eingewandt, dass schon die Sorte des Tabaks nicht Gewähr dafür bot, über einen längeren Zeitraum haltbar zu sein. Van Bijnkershoek erwähnt diesen Einwand nicht.

war hier, den Fehlerbegriff bei Handelsware so allgemein zu fassen, dass es unter Kaufleuten nur darauf ankam, ob die Ware weiterveräußerbar war. Richtschnur war daher nicht die Frage, was die Parteien vereinbart hatten, oder was unter Kaufleuten üblich war, sondern nur die genannte Tatsachenfrage.

c) Abweichungen beim Kauf nach Maß, Zahl und Gewicht und Rabatte

Im folgenden Abschnitt sollen Abweichungen beim Kauf nach Maß, Zahl und Gewicht und im Zusammenhang mit der Vermessung von Land behandelt werden. In beiden Fällen musste dem Käufer für eine erhebliche Abweichung vom Verkäufer ein Ausgleich geleistet werden. Problematisch war dabei, wann eine Abweichung als „erheblich" angesehen werden konnte.

(1) Mengenabweichungen beim Warenverkauf und konkludent eingeräumte Rabatte

Fehler, welche die Gewährleistungshaftung auslösen können, bestehen nicht nur bei einer qualitätsmäßigen Abweichung der Ist- von der Soll-Beschaffenheit, sondern auch in Abweichungen der Quantität. Van Leeuwen[407] stellt hierzu fest, dass Dinge, die nach Maß, Zahl oder Gewicht gekauft wurden, auch in der gleichen Menge geliefert oder für das Defizit ein Ausgleich geleistet werden muss. Deshalb seien alle Gewichte und Maße öffentlich festgelegt und geeicht. Zur Kontrolle der Maße und Gewichte seien öffentliche Beamte bestellt, deren sich die Parteien unter Strafe des Verlusts beim Verkauf bedienen müssen. Dies betreffe vor allem Waren, deren Gewicht die Grenze von 10 Pfund übersteige. Solche Waren müssten zur Waage gebracht werden. Diese Regelung wurde auch in der Praxis beachtet. So findet sich in den Observationes der Hinweis darauf, dass die Waren „an der Waage" abzuliefern seien.[408] Weitere Bestimmungen,

407 Van Leeuwen, Rooms-Hollands-Regt, Lib. IV, Kap. XVIII, § 6.

408 Siehe z. B. Obs. Tum. Nr. 2337. Zwei Ratsherren meinten, dass für den Verkäufer die Anzeige nicht ausreiche, sondern eine Lieferung zur Waage und eine Prüfung dort zu erfolgen hätte. Van Bijnkershoek meint später, andere Ratsherren seien sich über den Brauch nicht so klar gewesen, weshalb am 3. April 1727 ein Zwischenurteil erlassen wurde, das dem sich darauf berufenden Käufer den Beweis auferlegte (Die *resolutie* bestätigt dies: „Postea geresolveert te interloqueren vide sententie 5 April 1727.")
Die *resolutie* vom 3. April 1727 ergibt ein gemischtes Meinungsbild:
Der *rapporteur* Van Bleiswijk wollte die Urteile der Unterinstanzen aufheben und der Klage stattgeben. Der Ratsherr Schaep sah es nicht als erwiesen an, dass eine Lieferung an der Waage erfolgen sollte. Keetlaer verlangte ebenfalls den Beweis des Gewohnheitsrechts. De Roovere stimmte hingegen Van Bleiswijk zu. Van der Hoop verlangte ebenfalls einen Beweis und wollte ein Zwischenurteil erlassen. Van Hees meinte, dass das wörtliche Angebot nicht ausreiche und eine Lieferung an der Waage erfolgen müsse. Aber auch der Kläger habe den Vertrag nicht erfüllt, so dass das frühere Urteil aufrecht erhalten werden solle. Duirkant pflichtete dem Urteil von Van Hees bei. Der Ratsherr Van der Does verlangte ebenfalls ein Zwischenurteil zum Beweis des Statutarrechts. De Grande hingegen war der Ansicht, dass die Lieferung an der Waage erfolgen müßte. Van Bijnkershoek schließlich differenziert: Der Kläger habe die Lieferung angezeigt. Dann sei es Sache des Beklagten gewesen zu liefern. Der Vertrag verlangte guten lieferbaren Kakao (*goede leverbare Cacao*). Dazu sei eine Prüfung erforderlich gewesen. Üblicherweise geschehe dies am Ort, wo der Kakao liege. Der Beklagte wollte, dass der Kakao ausgeschüttet werde. Das konnte nicht an der Waage geschehen. Deshalb reichte es aus, wenn er den Kläger den Kakao prüfen ließ. Der Beklagte war daher in Verzug. Das Urteil der Unterinstanzen solle daher aufgehoben werden.

die sich in den niederländischen Städten kaum von einander unterschieden, würde das Statutarrecht treffen. Im Konflikt mit der klaren Regel, dass die angegebene Menge auch zu liefern ist, stehen Handelsbräuche, die Rabatte, entweder beim Preis oder bei der Menge der Waren, vorsehen.

Im Zusammenhang mit diesen Vorschriften steht der Fall aus dem Jahr 1766, Obs. Tum. Nov. Nr. 1025.[409] In Amsterdam – so berichtet Pauw – gäbe es zwei Waagen, von denen die eine „buiteschaal" und die andere „binneschaal" genannt werde. Auf der „binneschaal" würde bei der Abmessung 1 Pfund, auf der „buiteschaal" dagegen 2 Pfund Aufschlag gewährt. Dies schlage sich auf der Käuferseite in Rabatten von 3 bzw. 4% nieder. Der Verkäufer hatte dem Käufer am 16. Dezember 1760 ohne schriftlichen Vertrag eine gewisse Menge Kassiazimt in Rohrform lose verkauft und angekündigt, diesen am 13. Januar 1761 an der Waage auf der „binneschaal" zu übergeben. Der Käufer wollte diesen aber nur abnehmen, wenn er auf der „buiteschaal" abgewogen würde. Der Verkäufer verklagte den Käufer bei den Schöffenrichtern von Amsterdam auf Abnahme, Zahlung des Kaufpreises und Zinsen in Höhe von 8% sowie auf Erstattung des sonstigen Verzugsschadens. Der Beklagte erhob Widerklage auf Übertragung der Ware an der „buiteschaal" unter Abzug des Rabatts von 4% und Schadensersatz. Die Schöffenrichter und nach Berufung auch der Hof von Holland gaben jedoch insgesamt dem Verkäufer Recht. In Berufung zum Hoge Raad kam es für die Richter, nachdem kein schriftlicher Kaufvertrag vorhanden war, nur darauf an, ob bei Zimt in Röhrenform nach Amsterdamer Handelsbrauch auf der Innen- oder Außenschale abgewogen wird. Aber auch die Zeugenaussagen waren nicht eindeutig. Für den Verkäufer sagten die Beamten der Waage aus, zu Gunsten des Käufers eine *turba* von Händlern und Maklern. Die Mehrheit der Ratsherren schenkte den Beamten der Waage mehr Glauben, da sie in ihrer Arbeit erfahren seien und sie ein Zeugnis mit Eid abgegeben hatten. Das Zeugnis der *turba* verwarf die Mehrheit mit dem Hinweis darauf, dass die Aussage unbeschworen war und dem Zeugnis einer *turba* generell eine geringere Beweiskraft zukomme.[410] Der Käufer unterlag daher auch vor dem Hoge Raad in der Hauptsache.[411]

(2) Abweichungen bei der Vermessung von Land

Das Problem der rechtlichen Behandlung von quantitativen Abweichungen kam auch im Zusammenhang mit der Veräußerung von Grundstücken zum Hoge Raad. Der Grundsatz, dass zu leisten ist, was vereinbart wurde, galt ebenso beim Verkauf von

---

Van Bijnkershoek ergänzt in seiner Observatie am 27. November 1727 in einer Anmerkung, dass auch eine Prüfung im Speicher erfolgen konnte, der Käufer gleichwohl eine Lieferung an der Waage verlangen kann, um ein Austausch gegen eine schlechtere Qualität zu verhindern. Der Käufer müsse dies aber verlangen, was im vorliegenden Fall nicht erfolgt sei.
Es gibt jedoch keinen Fall, in dem die genannte Strafvorschrift zum Tragen kam.

409 Es wird der Nummerierung der Edition gefolgt. Pauw hat in seiner Handschrift diese Observation als 1025b bezeichnet.

410 „... cum contra mercatores et injurati et per modum turbae, quo casu alter alterum, ut grus gruem sequi solet, testimonium dixissent."

411 Hinsichtlich der Zinsen wurde er, wie bereits im Zusammenhang mit der Verzinsungspflicht oben, S. 135 erörtert, nur zu einem Zinssatz von 4% verurteilt. Der Käufer trug also wenigstens einen kleinen Erfolg davon.

Grundstücken.[412] Der Verkäufer konnte sich von der Haftung für Defizite bei Grundstücken durch Verwendung der Formulierung „[Verkauf des Grundstücks] in einem Haufen ohne Abmessung wie es ist, ohne für die Minder- oder das Übermaß haftbar zu sein" freimachen, und zwar selbst dann, wenn sich eine erhebliche Differenz ergab.[413] Ein besonderes Problem bei Verwendung der Freizeichnungsklausel ergab sich, wenn gleichwohl eine Größenangabe im Kaufvertrag enthalten war.[414] Erfolgte später die Vermessung des Landes, konnte sich herausstellen, dass eine größere, oder – was noch eher zum Streit führte –, eine geringere Fläche vorhanden war. Zu berücksichtigen ist dabei die spezifisch holländische Situation, dass ein Großteil des Landes dem Meer abgerungen werden musste, und dies nicht immer dauerhaft von Erfolg blieb, bzw. häufig auch mit Überschwemmungen zu rechnen war. Ackergrenzen bildeten nicht nur Grenzsteine, sondern auch Entwässerungsgräben. Da diese auch gleichzeitig als Transportwege genutzt wurden, war die Frage nach der Zugehörigkeit des Grabens von erheblicher Bedeutung.

Kam es nun zu solchen Abweichungen, musste eine für beide Parteien tragbare Lösung erzeugt werden. Eine denkbare Lösung ist der Ausgleich der Differenz durch die jeweils von der Abweichung begünstigte Partei. Eine andere Lösung ist die vollständige Rückgängigmachung des Kaufvertrags mit der Verpflichtung, neu zu verhandeln. Daneben stellt sich auch die Frage, ab wann eine solche Abweichung von der Bedeutung ist, dass sie die eine oder andere Rechtsfolge auslöst. Grotius[415] meint zu diesem Problem, dass Abweichungen von weniger als einem Morgen keiner rechtlichen Behandlung bedürfen.[416] Sei dagegen der Unterschied größer, bleibe der Kaufvertrag gleichwohl gültig. Der Erwerber habe, wenn er eine größere Fläche als vereinbart erhalten habe, dann die Option, entweder einen Ausgleich im Verhältnis zum Gesamtpreis für den überschießenden Teil zu bezahlen und das Grundstück zu behalten, oder das Land an den Verkäufer zurückzugeben. Ergibt sich für den Käufer eine negative Abweichung, habe der Verkäufer die Wahl, ob er das Defizit in Form von Land ausgleichen oder einen entsprechenden Teil des Kaufpreises zurückerstatten wolle.

Van Leeuwen hingegen differenziert danach, ob der Veräußerer gutgläubig war oder wissentlich gehandelt hat, um den Erwerber zu täuschen. In diesem Fall sei er – unter Verweis auf D. 19. 1. 1. 1 a. E., D. 19. 1. 6 und 39 – zum Ausgleich verpflichtet.[417] Da es allerdings oftmals unsicher sei, ob der Verkäufer es besser gewusst habe, oder es hätte besser wissen müssen, gäbe es in Rheinland und Delfland die Gewohnheit, trotz des Ausschlusses Ausgleich zu leisten, wenn die Differenz mehr als ein halbes Hont (50 Ruten) betrage.[418] Das gelte selbst dann, wenn kein Preis pro Maßeinheit, sondern für das Stück oder den Haufen versprochen wurde.[419] Van Leeuwen schränkt das Ge-

412 Van Leeuwen, Rooms-Hollands-Regt, Lib. IV, Kap. XVIII, § 7 setzt dies voraus, nachdem er in § 6 die allgemeine Regel aufgestellt hat, sich aber dann zunächst mit dem Warenhandel beschäftigt.
413 Van Leeuwen, Rooms-Hollands-Regt, Lib. IV, Kap. XVIII, § 7.
414 Vgl. Grotius ed. Lee, Inleidinge, Lib. III, Kap. XIV, § 33.
415 Grotius ed. Lee, Inleidinge, Lib. III, Kap. XIII, § 33.
416 Die Frage war allerdings umstritten. Siehe Van der Keessel, 1281 ff.
417 Van Leeuwen, Rooms-Hollands-Regt, Lib. IV, Kap. XVIII, § 7.
418 1 Morgen = 6 Hont = 600 Ruten.
419 Van Leeuwen, Rooms-Hollands-Regt, Lib. IV, Kap. XVIII, § 8 mit Verweis auf Consult. & Advys., Bd. 1, Cons. 207; Coren, Observ. 19 und Neostadius, Decisien, Decis. 18 (eine Entscheidung des

wohnheitsrecht jedoch insoweit ein, als davon nur Landstücke erfasst werden, die nach Morgen und in proportional kleinerem Umfange verkauft würden. Das Gewohnheitsrecht gelte nicht für kleine Parzellen, wie Gärten, Gemüsegärten und Pflanzbeete, die in einzelnen Ruten verkauft würden und meist nicht einmal 100 Ruten groß seien, und auch dann nicht, wenn die Differenz $\frac{1}{12}$ von 2 Morgen (= 100 Ruten)[420] und bei nach Honten verkauften Grundstücken $\frac{1}{12}$ von 1 Hont betrage.

Diese Regelungen bildeten den Hintergrund für die Entscheidung des Hoge Raad in Obs. Tum. Nr. 2717. In dieser Entscheidung aus dem Jahr 1732 hatte der Käufer 1718 ein Haus und sieben Morgen Land ersteigert, das in der Nähe von Niekoop lag und dessen Grenzen Van Bijnkershoek genau angibt. Nachdem der Käufer den Besitz erlangt hatte[421] und er es hatte vermessen lassen, gab er an, dass das Grundstück nicht größer als 5 Morgen und 589 Ruten war. Käufer und Verkäufer vereinbarten daraufhin, dass das Land nochmals von vier von beiden Seiten zu benennenden Schiedsleuten vermessen werden sollte. Diese sollten ihr Ergebnis mitteilen. Falls sich eine kleinere Fläche als 7 Morgen ergab, sollte der Käufer anteilig weniger zahlen. Nachdem aber die beiden vom Verkäufer zu benennenden Schiedsleute das Amt nicht übernehmen wollten,[422] verklagte der Verkäufer den Käufer bei den Schöffenrichtern von Niekoop auf Zahlung des Kaufpreises. Der Käufer bestand auf einem Urteil und verteidigte sich damit, dass der Verkäufer andere Schiedsleute benennen müsse. Er erklärte sich bereit, alles zu zahlen, was jene angeben würden, blieb aber bei seiner früheren Behauptung. Der Verkäufer führte an, die vom Käufer vorgenommene Abmessung sei nichtig gewesen, stimmte aber der Beiziehung eines Geometers durch die Schöffen zu. Die Schöffen urteilten 1720 zu Gunsten des Verkäufers und fügten der Entscheidung hinzu, dass *zum halben Graben* zu vermessen sei. Der Hof bestätigte 1723 dieses Urteil.

Nach erneuter Berufung zum Hoge Raad diskutierten die Richter zunächst die Frage, ob andere Schiedsleute auszuwählen waren. Van Bijnkershoek führt dazu aus, der Verkäufer habe den Vergleich nur im Hinblick auf bestimmte Schiedsleute geschlossen, und nachdem diese sich dem Schiedsurteil entzogen hätten, sei der Vergleich hinfällig und man habe den Verkäufer nicht zwingen können, andere Schiedsleute auszuwählen. Die zweite Frage, die sich die Richter am Hoge Raad stellten, war, ob die Ergänzung des Urteils um die Formulierung rechtens sei, dass die Messung zum halben Graben zu erfolgen habe, weil dieser Punkt in der *litis contestatio* nicht enthalten war.[423] Es sei aber offenbar, dass die Parteien über die Art und Weise der Abmessung stritten und man sich nur über die Grenzen des Grundstücks einig war. Aus den Prozessunterlagen sei ebenso klar, dass der Käufer nicht wollte, dass in der Abmessung eine Bezeichnung des Grundstücks und des Ertrags angegeben werde, da dies durch ein Zeugnis von

Hofs von Holland).

420 Im Original, Van Leeuwen, Rooms-Hollands-Regt, Lib. IV, Kap. XVIII, § 9, steht $\frac{1}{12}$ von 1 Morgen (= 50 Ruten). In der verwendeten Übersetzung, Leeuwen, Simon van; Kotze, J. G. (Hrsg.), Commentaries on Roman-Dutch Law. London, 1886, wird dies auf 2 Morgen korrigiert.

421 Der Kaufpreis war zu diesem Zeitpunkt noch nicht gezahlt.

422 Die Übernahme eines solchen Amtes war eine Ehrensache. Eine so berufene Person musste das Amt aber nicht übernehmen. Im vorliegenden Fall fürchteten die sich weigernden Personen wahrscheinlich aus dem Ausgang der Messung Nachteile im persönlichen Verhältnis zu der unterlegenen Partei.

423 Der Grundsatz des *ne ultra petita* beachtete auch der Hoge Raad.

22 Zeugen belegt worden sei.[424] Diese hätten bekundet, wenn Land in Ruten verkauft würde und man über die Größe stritt, man dann stets trockenes Land und kein Wasser messe.

Van Bijnkershoek bemerkt, so sei es allgemein, wenn Land zur Abmessung ohne Bezeichnung gekauft werde. Wenn aber eine bestimmte Fläche verkauft würde und man die Grenzen hinzufüge wie im vorliegenden Fall, sei es in ganz Holland Sitte, dass man allzeit bis zum halben Graben messe, wo die Grenze eines Grundstücks liege.[425] Man könne nämlich nicht sagen, dass der Verkäufer für sich die Verfügungsgewalt über das Wasser behält, und dass er nicht Land ohne Wasser verkauft habe. Dies sei der Kernpunkt des Streits, denn die Gräben um diesen Acker seien im vorliegenden Fall ziemlich groß gewesen, so dass die vom Verkäufer angegebene Fläche gestimmt habe, wenn die Hälfte des Grabens mitberechnet wurde, ohne die Hälfte des Grabens jedoch nicht.

Deshalb bestätigte der Hoge Raad am 12. September 1732 einstimmig beide unterinstanzlichen Entscheidungen. Das von Van Leeuwen für Rheinland und Delfland genannte Gewohnheitsrecht hinsichtlich erheblicher Abweichungen galt daher auch in Niekoop in der Provinz Holland und bildete damit den Hintergrund für das Begehren des Beklagten.

Die Richter bestritten nicht die Existenz des Rechts an sich, sondern sie sahen die Voraussetzungen für dessen Anwendung nicht gegeben, da im Kaufvertrag die Grenzen angegeben waren. Die Aussage der *turba* bzgl. des Vermessungsmodus betraf nur den Verkauf von Land in der Größenordnung von Ruten. Van Bijnkershoek sprach sich zu Gunsten einer allgemeinen Regel aus, dass der Verkäufer nicht über den Graben allein verfügen könne. Grundstück und Wasser- bzw. Wegerecht bilden für Van Bijnkershoek eine Einheit.[426]

---

424 Hierbei muss es sich um eine *turba*, siehe S. 71 gehandelt haben.

425 „... in universa Hollandia moris est, dat men altijd meet ter halver sloot."

426 Van Bijnkershoek schließt noch eine prozessuale Frage an. Nach Erlass des Urteils durch den Hof war der Verkäufer verstorben. Der Käufer setzte daher den Prozess vor dem Hoge Raad mit der Tochter und Erbin des Verkäufers fort. Jene war in einem Verhandlungstermin durch ihren Prokurator vertreten anwesend, später allerdings war sie bei dem Prozess nicht mehr zugegen und das Gericht verhandelte gegen sie in Abwesenheit weiter. Nachdem der Hoge Raad ihr in der Hauptsache Recht gegeben hatte, diskutierten die Richter, ob sie die Kosten zu tragen hatte, weil sie bei der Urteilsverkündung nicht anwesend war, oder der Käufer, der in der Hauptsache unterlegen war (Die Entscheidung zu den Kosten geschah nur auf ausdrücklichen Antrag. Dieser wurde üblicherweise so gestellt, dass dem Gegner die Kosten aufzuerlegen seien. Van Bijnkershoek erwähnt dies nicht gesondert. Es ist aber aus den Umständen zu vermuten, dass streitige Kostenanträge gestellt wurden). Der Hoge Raad entschied, dass die unterlegene Partei zu den Kosten verurteilt werden müsse, weil gegen die Erbin nicht in *default* (durch Versäumnisurteil, siehe dazu S. 82) wegen „Missachtung des Urteils" nach Instructie Hoge Raad, Art. XXVIII entschieden wurde, sondern *bij verstek*, also in Abwesenheit.

Der Autor begründet dies damit, dass derjenige, der bei Verkündung des Urteils oder einmal anwesend war, nicht so angesehen werde, dass er den Richter missachtet habe. Denn alle Instruktionen und „manieren van procederen", d. h. alle Prozessordnungen und die Literatur zum Verfahrensrecht (Van Bijnkershoek deutet dabei auf Damhouder, Manier van procederen, hin, ohne das Werk ausdrücklich zu zitieren) sprächen nur dann von einer Verurteilung zu den Kosten, wenn gegen einen Säumigen prozessiert wird, was üblicherweise auch im Urteil ausgesprochen werde, jedoch nicht, wenn der Fall durch *verstek* erledigt wurde. Der Autor ergänzt nicht mehr, dass im vorliegenden Fall der Passus *in default* nicht im Urteilstenor enthalten war.

d) Aufklärungspflicht des Verkäufers

Die am häufigsten vom Hoge Raad im Zusammenhang mit der *actio quanti minoris* zu entscheidende Frage war, was der Verkäufer angeben muss, und in welcher Form das zu geschehen hat, damit er sich nicht der Haftung aussetzte. Allen sieben zu diesem Problemkreis ergangenen Entscheidungen (Obs. Tum. Nr. 1079, 1729, 2841 und 3249 sowie Obs. Tum. Nov. Nr. 339a, 1145 und 1745) war dabei gemeinsam, dass es sich bei der umstrittenen Angabe um Aussagen über Lasten handelte, denen die Kaufsache unterlag. Besonders häufig war dabei das Verschweigen, bzw. die ungenaue Angabe von Servituten oder Steuern. Das Verschweigen einer Steuerlast oder eines Servituts, zählt Voet[427] zu einem typischen Anwendungsfall der *actio quanti minoris*, nicht aber für die *actio redhibitoria*. Die *actio redhibitoria* könne in einer solchen Situation nicht geltend gemacht werden, wohl deshalb, weil ein Fehler dieser Art nicht so gewichtig ist, dass man in Kenntnis des Fehlers das Grundstück nicht gekauft hätte.[428] Es gäbe jedoch noch nicht einmal eine Haftung nach der *actio quanti minoris* selbst für das Verbergen einer Servitute oder Steuer, falls dies nicht *wissentlich* erfolgt sei,[429] oder der Verkäufer habe Behauptungen ins Blaue hinein gemacht.[430] Ansonsten hafte er aber auch für andere verborgene Fehler, selbst wenn er nichts davon gewusst habe.[431] Für Voet sind also vorsätzlich verheimlichte Lasten und fahrlässig verborgene Fehler grundsätzlich ein Haftungstatbestand, nur die fahrlässig nicht angegebenen Lasten sind von der Haftung nach dem ädilischen Edikt ausgenommen. In der Praxis entzündete sich der Streit zumeist an der Frage, wie viel der Verkäufer angeben muss, um sich nicht dem Vorwurf des „Verheimlichens" auszusetzen. Ob der Verkäufer die Lasten kannte, war nur in der Entscheidung 2841 eine relevante Frage. Denn hierfür war der Käufer darlegungs- und beweispflichtig.

(1) Angaben hinsichtlich Steuerlasten

In der ersten zu diesem Problemkomplex ergangenen Entscheidung, Obs. Tum. Nr. 1079 vom 31. Oktober 1714, ging es um den Verkauf eines Hauses, das mit der fremdländischen Personalsteuer von 100 Gulden, jeder zu 100 Pfennigen, veranschlagt worden war. In der Verkaufsurkunde war erklärt worden, dass das Haus einer Steuerlast von 53 Gulden, 12 St., jeder außerordentlich zu 100 bis 200 Pfennigen, unterlag. Der Käufer sah sich betrogen, und wollte mit der *actio quanti minoris* vom Kaufpreis soviel

427 Voet, zu D. 21. 1. 1 in Auslegung von D. 21. 1. 61.

428 Voet meint a. a. O., die Rückgängigmachung des Kaufs sei nur dann möglich, wenn Ländereien verkauft worden seien, die mit Arbeitsaufwand drainiert und die Kosten dafür so unter mehreren Miteigentümern, die zu der Drainage beigetragen haben, geteilt worden seien, dass jeder auch einen bestimmten Anteil unfruchtbaren Landes im Verhältnis zur Anzahl Morgen guten Landes hat. Wenn dann der Verkäufer nur fruchtbare Teile verkauft habe, die gleichwohl nicht von dem nutzlosen Land getrennt werden könnten, könne dann sowohl gemindert als auch gewandelt werden. Voet, zu D. 21. 1. 1 und Dutch Consulations Teil 1, cons. 202. Man beachte, dass Voet hier die für die Niederlande spezifische Situation der Landgewinnung anspricht.

429 Voet, zu D. 21. 1. 1, Fn. 10 (Voet zitiert hier D. 19. 1. 39. 0 zusammen mit D. 19. 1. 1. 1, D. 19. 1. 21. 1 und D. 19. 1. 41) und Voet, zu D. 21. 1. 10. Zu D. 19. 1. 39. 0 siehe S. 201.

430 Voet, D. 21. 1. 1 zu D. 18. 1. 59.

431 Voet, zu D. 21. 1. 1 und 10. Voet begründet dies damit, dass es nicht darauf ankommen könne, ob der Käufer durch dessen Unkenntnis oder dessen Schlauheit getäuscht worden sei.

abziehen, wie die tatsächliche Last die 53 Gulden, 12 St. überschritt. Der Käufer bot überdies auch einen Eid als Beweis an, dass er von der höheren Last nichts gewusst habe.

Der Verkäufer verteidigte sich damit, dass er dem Beauftragten des Käufers gegenüber angegeben habe, dass er das Haus mit jener Last in gleich welcher Höhe[432] verkauft habe. Die Verkaufsverhandlungen hatten also nicht unmittelbar zwischen Käufer und Verkäufer stattgefunden, sondern über Mittelsmänner. Mit der vom Verkäufer erhobenen Einrede hätte sich der Käufer das Wissen seines Beauftragten zurechnen lassen müssen, und die *actio quanti minoris* wäre deshalb abzuweisen.

Die im Kaufvertrag eingesetzte Summe müsse auf eine „Ergänzung in Geld und nicht auf den Betrag der Last selbst",[433] bezogen werden. Dass die Last aus mehreren Teilforderungen bestand, wollte er mit einem Eid bekräftigen. Zum Beweis des Gegenteils forderte er vom Käufer einen entgegengesetzten Eid, dessen genauen Inhalt Van Bijnkershoek nicht wiedergibt, den der Käufer aber mit kleinen Änderungen und Erklärungen bereitwillig beschwor.[434] Der Hof von Holland entschied zu Gunsten des Käufers, und gab ihm auf, nur das zu beschwören, was das Gericht in seinem Urteil anführte. Die einzelnen Punkte benennt Van Bijnkershoek wiederum nicht.

Dagegen ging der Verkäufer in Berufung und führte zu seiner Verteidigung zusätzlich an, dass sich die allgemeine Last im Kaufvertrag auch auf die genannten 53 Gulden, 12 St. erstreckte. Der 200ste Pfennig der Personalsteuer betrage nach seiner Einführung aber nur 50 Gulden, und läge somit unterhalb der 53 Gulden, 12 St. Es habe also genügt, wenn der Kauf eine der beiden Alternativen erfülle.

Dieser Ansicht stimmten auch die meisten Ratsherren des Hoge Raad zu.[435] Gleichwohl hat Van Bijnkershoek, der in diesem Fall der *rapporteur* war, seine Zweifel an den Ausführungen des Verkäufers, denn er habe vor dem Hof durchweg erklärt, dass er die Last in Bezug auf den 100sten Pfennig veranschlagt habe, wie auch einige Jahre zuvor kein 200ster, sondern ein 100ster Pfennig bezahlt worden sei. Der Wechsel in der Argumentationslinie des Verkäufers lässt Van Bijnkershoek an dem Wahrheitsgehalt der Ausführungen insgesamt zweifeln. Andere Ratsherren[436] hielten die Ausführungen des Verkäufers vor dem Hof für richtig. Van Bijnkershoek meinte aber, dies sei einerseits nicht bewiesen und anderseits stehe dem der Kaufvertrag entgegen. Der 200ste Pfennig sei jedenfalls in der Urkunde erwähnt worden. Die Summe, die dort angegeben sei, könne sich nicht auf den 100sten Pfennig und zugleich auf den 200sten Pfennig beziehen, der ebenfalls dort erwähnt wurde. Da sich der Verkäufer selbst immer auf den 100sten Pfennig bezog, wollte Van Bijnkershoek wegen der Zweifelhaftigkeit der Sache die Differenz der Last zwischen beiden teilen. Aber alle anderen wollten wegen Ableistung der Eide einfach das Urteil des Hofs zurückweisen, und zu Gunsten des Verkäufers entscheiden. Diese Ansicht setzte sich schließlich durch.

432 „... se vendere cum onere illo, quantumcunque esset".

433 nl. „tot het supplement in gelde, en niet tot het montant van de last selve."

434 Man beachte, dass es hier nicht das Gericht ist, das das Beweismittel verlangt, sondern es sind die Parteien, die sich gegenseitig die Beweislast, aber auch die zur Erbringung des Beweises notwendigen Beweismittel auferlegen.

435 Es waren die Ratsherren De Vries, Sluijsken, Schaap und Admiraal.

436 Es waren Keetlaar und De Roovere, wie sich aus der *resolutie* ergibt.

Es obsiegte also, anders als die niederländische Zusammenfassung angibt, nicht der Käufer, sondern der Verkäufer. Der Käufer musste den vollen Kaufpreis bezahlen. Damit schadete die unklare Angabe der Last im Verkaufsvertrag in diesem ersten Urteil noch dem Käufer und ging nicht zu Lasten des Verkäufers. Van Bijnkershoek konnte sich mit seiner restriktiven Ansicht, die den Fall differenziert behandeln wollte, gegen die Mehrheit der übrigen Senatoren nicht durchsetzen, die eine schnelle Erledigung einer genauen Prüfung der Aussagen vorzogen und einfach auf die Beweiskraft der geleisteten Eide vertrauten.

In der Entscheidung Obs. Tum. Nr. 1727 vom 28. März 1721[437] hatte Titius drei Salzpfannen zusammen mit einem Anteil von je $\frac{2}{19}$ an einem Hafen und weiteren Anlagen in der Nachbarschaft der Salzsiedestellen erworben. Die Parteien hatten beim Kauf vereinbart, dass die Salzpfannen mit allen Freiheiten, Servituten und Berechtigungen verkauft wurden, welche die Salzpfannen innehatten bzw. denen sie unterlagen, und dass sie nur mit der üblichen Steuerlast und den anderen allgemeinen Nachbarlasten belastet seien.[438] Weil auf der Hafeneinfahrt eine jährlich zu entrichtende Steuer lag und sie noch anderen außerordentlichen Lasten unterworfen war, erhob der Fiskus vom Käufer Forderungen nicht zu seinem $\frac{2}{19}$-Anteil, sondern zu $\frac{3}{20}$. Nachdem der Fiskus den Käufer auch zur Zahlung der Steuern gezwungen hatte, verklagte er den Verkäufer beim Hof von Holland mit der *actio quanti minoris* auf Minderung des Kaufpreises.

Der Verkäufer erhob den Einwand, dass er zwar $\frac{2}{19}$ des Eigentums verkauft habe, die Lasten jedoch in der allgemeinen Klausel folgenden Inhalts angegeben seien: „... alle vrijdomen en geregtigheden hebbende, en subject sijnde, vel van gemeene buurlasten."[439]

Dem hielt der Käufer entgegen, dies sei ein böswilliges Angreifen und Wortklauberei. Denn der Verkauf des Besitzes am Hafen zu einem Anteil von $\frac{2}{19}$ sei töricht, weil das Ein- und Ausfahrtsrecht erworben worden sei. Dies aber stehe jedem Eigentümer zu. Die Anteile seien nicht in einem anderen Sinne angegeben worden, als dass nach ihnen die Summe der Kosten und Lasten berechnet werde. Schließlich verdränge eine allgemeine Klausel nicht die spezielle. Es mache doch keinen Sinn, dass die Anteile des Eigentums nicht den Anteilen der Lasten entsprechen. Sei es anders, dann müsse der Verkäufer dies auch ausdrücklich erklären, um den Käufer nicht arglistig zu täuschen. Dieser Argumentation schlossen sich der Hof von Holland und in Berufung auch der Hoge Raad einstimmig an.

Mit dieser Entscheidung fordert der Hoge Raad erstmals die klare Angabe von Kosten und Lasten einer Kaufsache. Werden die Kosten nur allgemein angegeben, dann muss der Käufer auch nur mit den üblichen Lasten rechnen. Insbesondere muss er nicht erwarten, dass er Lasten tragen muss, die höher als sein eigener Anteil am Eigentum sind. Er geht in dieser Entscheidung aber noch nicht so weit, allgemeine Aussagen generell zu untersagen und eine detaillierte Aufschlüsselung der anfallenden Kosten und Lasten zu fordern, sondern lässt es genügen, wenn der Käufer überhaupt von anfallenden Lasten informiert wird. Deren Höhe muss allerdings dem üblichen Maß entsprechen

437 Eine *resolutie* zu diesem Fall gibt es nicht.

438 nl. „niet belast als met de verpondingen en andere gemeene buurlasten."

439 „... alle Freiheiten und Rechte, die sie haben und denen sie unterworfen sind, oder allgemeine Nachbarlasten."

und darf nicht von der Größe des Eigentums abweichen. Zu berücksichtigen ist auch die Argumentation hinsichtlich des Gegenstands des Verkaufs. Hierbei folgt der Hoge Raad einer wirtschaftlichen Betrachtung des Geschäfts. Verkauft sei mit den $\frac{2}{19}$ am Hafen weniger das Grundstück, d. h. die Anlegestelle, als vielmehr das Benutzungsrecht. Das Gericht versteht die gesamte Anlage als wirtschaftliche Einheit, bestehend aus Salzsiederei und sonstige Raffinerie-Anlagen sowie die zugehörige Infrastruktur.

(2) Die Angabe von Servituten und anderen Lasten

Kein einheitliches Bild ergibt sich in der Rechtsprechung des Hoge Raad, welche Anforderungen das Gericht an die Angabe von Servituten stellte. Bezüglich dieser Frage ist die Rechtsprechung stark vom Einzelfall geprägt. Dies ergibt sich daraus, dass die Meinungen der Richter, was und in welcher Weise der Verkäufer in den einzelnen Fällen anzugeben hat, sehr voneinander abwichen. In der Mehrzahl der Fälle entschied das Gericht per Mehrheitsentscheid.

In den niederländischen Städten gab es, anders als auf dem Land, Vorläufer eines Grundbuchwesens. Dies führte in der Praxis zu der Tendenz, dass beim Verkauf von Grundstücken in Städten dem Käufer die Einsichtnahme in die öffentlichen Akten auferlegt wurde. Dies vereinfachte die Formulierung des Kaufvertrags, übertrug dem Käufer jedoch zusätzliche Risiken. Da aber diese Akten vom Käufer eingesehen werden konnten – Pauw spricht insoweit ausdrücklich von öffentlichen Akten – war die Lastenverteilung nicht einseitig zu Ungunsten des Käufers verschoben.

Sehr ausführlich setzten sich die Richter mit Servituten in der Entscheidung Obs. Tum. Nr. 2841 auseinander. Mit einer einfachen wirtschaftlichen Betrachtung, wie es in der Entscheidung Obs. Tum. Nr. 1727[440] geschehen ist, kamen die Richter nicht weiter. Die Zusammenfassung der Entscheidung Obs. Tum. Nr. 2841 im systematischen Kompendium[441] beschränkt sich dabei auf die Formel „Werden in den Versteigerungsbedingungen die auf einem Gut liegenden Lasten nur in allgemeinen Termini angegeben, haftet der Verkäufer für die *actio quanti minoris.*" Die in diesem Fall von den Parteien vorgebrachten Argumente und Gegenargumente und die Auseinandersetzung der Richter mit dem Vorbringen der Parteien waren allerdings erheblich tiefgehender, als dies das systematische Kompendium vorgibt. Die Ansichten der Richter gingen erheblich auseinander, so dass von einer so einhelligen Meinung des Gerichts, wie es das Kompendium glauben lässt, nicht gesprochen werden kann.

In Obs. Tum. Nr. 2841 vom 15. Juni 1734 sollte ein Grundbesitz von 32 Morgen Land mit Wohnhaus versteigert werden. Die Verkäufer unterwarfen die Vertragsbestimmungen der *willige condemnatie* des Hoge Raad. In den Bestimmungen gaben sie eine Steuerlast mit dem Stichwort „*de verponding*" an. Darüber hinaus enthielten sie die Bestimmung, dass das Grundstück mit den Mühlen- und Schleusengeldern wie das Nachbarland belastet sei.[442] Das Grundstück sollte entsprechend der Übertragungsurkunde (nl. „volgens opdragt-brief") vom 20. September 1589 verstei-

440 Siehe S. 199.
441 Van Oosten, § 43.
442 nl. „...wijders belast met sodanige molen- en sluusgelden, en andere omgelden als buurland."

gert werden, wobei die Urkunde dem Käufer ausgehändigt werden sollte.[443] Nach dem Kauf ermittelte der Käufer, dass das Grundstück deichpflichtig war, d. h. dass das Landgut auf einigen Ruten der Ausbesserungslast unterlag und außerdem dem Herrn von Vlaardingen einige kleinere Abgaben, zusammen jährlich 3 Stuiver, schuldete. Der Käufer ging mit der *actio quanti minoris* gegen den Verkäufer vor und machte die Minderung als Einrede geltend. Die Verkäufer bestritten jedoch die Einwendung des Käufers gegen die Kaufpreisforderung, vollstreckten die *willige condemnatie* und setzten den Käufer in Schuldhaft. Der Käufer erklärte sich daraufhin grundsätzlich zur Zahlung bereit, unter Abzug des Minderwerts des Grundstücks wegen Verschweigens der Lasten. Die Verkäufer führten dagegen an, dass alle Grundstücke in der Nachbarschaft beiden Lasten unterlägen und in den Verkaufsunterlagen die Formulierung enthalten war „[Es werden] andere Umlagen wie das Nachbarland [geschuldet]", konnten dies aber nicht beweisen.

Darüber hinaus meinten die meisten Ratsherren,[444] dass die Verkäufer, welche beide Lasten gekannt hatten, diese in den Verkaufsunterlagen hätten angeben müssen und eine allgemeine Aussage nach D. 19. 1. 39 nicht genügte.[445] Wegen der oben auf S. 197 angeführten Problematik, dass nur wissentlich verborgene Steuerlasten eine Haftung auslösen, fahrlässig unerwähnt gebliebene Steuern und Servituten dagegen nicht, ist der Verweis Van Bijnkershoeks auf die Kenntnis der Verkäufer nicht nebensächlich. Dass Van Bijnkershoek hier ein Zitat aus dem Abschnitt über die *actio ex empto* in die Argumentation für die *quanti minoris* übernimmt, ist nach Voet kein Widerspruch, da beide Klagen auf dasselbe Ziel laufen, die nach dem ädilischen Edikt allerdings spezieller sind.[446]

Die Verkäufer versuchten der Verurteilung auch dadurch zu entgehen, dass sie behaupteten, der Käufer hätte die Last gekannt, was die Haftung wegen *quanti minoris* ausgeschlossen hätte. Dieses Argument stützt sich auf D. 21. 1. 48, wobei es gleichgültig ist, ob der Käufer die Kenntnis aus dem Munde des Verkäufers oder von anderer Seite hat.[447] Der Käufer bestritt seine Kenntnis allerdings, sogar unter Angebot eines Eides. Das Wissen des Käufers konnten die Verkäufer nach Ansicht von vier Ratsherren beweisen,[448] weil in der Verkaufsurkunde auf die öffentliche Übertragungsurkunde aus dem Jahre 1589 Bezug genommen worden sei,[449] in der beide Lasten beschrie-

443 Vermutlich war das Grundstück seit 1589 nicht mehr verkauft worden. Deshalb waren diese Unterlagen auch die einzigen, die von dem Grundbesitz noch vorhanden waren.

444 Van Bijnkershoek ist etwas ungenau. Es waren, wie sich aus der *resolutie* ergibt alle Ratsherren (Van Bleiswijk, der *rapporteur* in diesem Fall, und Van der Hoop als *commissarissen*, Ketelaer, De Rovere, Hees, Duirkant, Van der Does, De Grande).

445 Die angeführte Stelle enthält die Regel, dass sich ein Verkäufer von der Haftung nach der *actio ex empto* für verborgene Lasten nicht mit der allgemeinen Erklärung „Servituten werden geschuldet, sofern sie geschuldet werden," freimachen kann, sofern er über Spezialkenntnisse verfügt und den Käufer hätte aufklären können und müssen, weil die allgemeine Klausel für den Verkäufer nur bei ihm unbekannten oder von ihm vergessenen Servituten gelte. Sinn und Zweck dieser Regel sei, Täuschungen des Verkäufers zu verhindern.

446 Siehe dazu bereits oben S. 187.

447 Voet, Commentarius ad Pandectas, zu D. 21. 1. 9.

448 Es waren vermutlich Van Bleiswijk, Ketelaer, Duirkant und Van der Does. Die *resolutie* ist auf Grund Tintenfraßes kaum lesbar.

449 Van Bijnkershoek meint damit die Formulierung „volgens opdragt-brief" in der Kaufurkunde.

ben waren. Daher wollten diese vier Ratsherren die *actio quanti minoris* dem Käufer verweigern.

Fünf andere Ratsherren[450] jedoch interpretierten die Worte „volgens opdragt-brief" anders: Sie meinten, dass sie nicht bedeutet hätten, dass das Land außer den in der Kaufurkunde dargelegten Lasten noch weiteren Lasten unterlag, nämlich denen, die in der Urkunde von 1589 erwähnt waren, sondern nur auf die Größenangabe oder die Lage des Grundstücks (oder beides) zu beziehen seien. Denn ansonsten hätte die Urkunde von 1589 öffentlich verlesen oder bei einem Notar zusammen mit den übrigen Verkaufsunterlagen hinterlegt werden müssen, die von ihm dann beim Verkauf vorgelegt werden. Wenn – so argumentierten die Richter weiter – auf die anderen Lasten Bezug genommen wurde, könne der Käufer nur nach Übergabe der Urkunde Kenntnis von den Lasten haben. Die Verkäufer sagten aber, dass die Urkunde erst nach Abschluss des Kaufs dem Käufer übergeben werden sollte. Van Bijnkershoek meint damit, ohne es ausdrücklich zu sagen, dass die Käufer die Last nicht gekannt hatten.

Dagegen, so fährt Van Bijnkershoek fort, wandten die Verkäufer ein, dass der Käufer die größte Last, d. h. die Verpflichtung zur Ausbesserung, aus anderer Quelle gekannt habe, da zum Zeitpunkt des Verkaufs eine Urkunde vorgelesen worden sei, in der das Grundstück einem Dritten für einen Preis von 600 Gulden verpachtet wurde, und dieser die gewöhnlichen Lasten, u. a. das Deichgeld bezahle. Dies reichte – so die Meinung einiger Senatoren für die Kenntnis des Käufers aus. Wie bereits oben dargelegt, muss die Kenntnis nicht aus den Erklärungen der Verkäufer herrühren, es genügte ein anderweitiges Wissen.

Dem entgegnete der Käufer, der Begriff „Deichgeld" beziehe sich nicht auf den Damm. Er wisse daher nicht, was das bezeichne. Es könne nur etwas bzgl. der gewöhnlichen und außergewöhnlichen Umlagen von Deichgraf und Heemraden von Delfland bezeichnen, oder etwas anderes. Auch bestritt er, nachlässig gewesen zu sein, weil er nicht verstanden habe, dass die Lasten „volgens opdragt van 1589" dort angegeben wurden,[451] wo erklärt worden sei, dass diese auch dem Käufer obliegen. Er sei auch nicht deshalb nachlässig gewesen, weil er nicht nachvollzogen habe, dass Deichgeld schuldendes Land „deichpflichtiges Land" sei. Unkenntnis aber, die nicht auf seine Nachlässigkeit zurückzuführen sei, nütze ihm nach D. 18. 1. 15. 1, d. h., nur bei einem klaren Fehlverhalten des Käufers. Wenn er offensichtliche Fehler übersieht, kann ihm diese Unkenntnis schaden. Er ist also nicht verpflichtet, in die Bücher zu sehen und eigene Nachforschungen über das Grundstück in großem Umfang anzustellen. Einige Ratsherren teilten diese Auffassung.

Schließlich vertrat ein Ratsherr noch die Ansicht, dass die Verkäufer, die die Urkunde von 1589 nicht vorgelegt hatten, über beide Lasten arglistig getäuscht hätten. Deshalb stünde ihnen D. 18. 1. 43. 2 im Wege. Der Beleg enthält den allgemeinen Grundsatz, dass sich der Verkäufer jedes Betrugs zu enthalten habe, wobei ein Betrug nicht nur in einer unklaren Ausdrucksweise in Täuschungsabsicht, sondern auch im Verheimlichen besteht. Dieser Richter legte das Schwergewicht auf das fehlende Aushändigen der Urkunde.

450 Gemeint sind die Ratsherren Van der Hoop, De Rovere, Van Hees, De Grande und Van Bijnkershoek.

451 In der Quelle ist *significari* statt *significare* zu lesen.

Van Bijnkershoek meint, jedenfalls sei hier die Angabe der Last unklar formuliert, wenn man auch keinen Vorsatz unterstellen könne.[452] Um zu einem Ende der Diskussion zu kommen, wandte die Mehrheit die Regel an, dass eine Interpretation unklarer Bestimmungen zu Ungunsten derer erfolgen muss, die sie hätten klarer beschreiben können. Damit unterlagen die Verkäufer.

Für die Mehrheit gibt wiederum das Verschuldensmerkmal den Ausschlag. In der Entscheidungsfindung in diesem Fall zeigt sich, wie die Richter auf die einzelnen Allegationen der Parteien eingingen und diese gegeneinander abwogen. Auch wenn Van Bijnkershoek die einschlägigen Belegstellen nicht anführt, so ist der Argumentation zu entnehmen, dass sie auf der Grundlage der wissenschaftlichen Literatur geführt wurde. Für die Entscheidungsfindung jedoch ging es der Mehrheit nur um eine möglichst einfache Formel.

Den in Obs. Tum. Nr. 2841 aufgestellten Grundsatz relativierte das Gericht in der letzten bei Van Bijnkershoek zu dieser Streitfrage verzeichneten Entscheidung Obs. Tum. Nr. 3249 vom 25. Juli 1741 wieder, wenngleich die Ansichten im Hoge Raad besonders im Hinblick auf das frühere Urteil sehr auseinander gingen.

Die Erben hatten in diesem Fall ein Grundstück verkauft, das der Magistrat von Rotterdam als öffentliches Grundstück dem Erblasser auf Widerruf abgetreten hatte,[453] damit er sich dort gegen Zahlung einer jährlichen Rente von 12 Gulden ein Wohnhaus mit Stall errichten könne. Dies hatte der Erblasser in der Folge auch getan.[454] Die Erben veräußerten den Stall und das Wohnhaus und fügten zur Übertragungsurkunde hinzu:

> Een stal etc. staande op stads grond, met zodanige vrijdommen, conditien, servituten, regt en geregtigheden, als het verkogte is hebbende en lijdende volgens de oude giften en andere bescheiden, daarvan zijnde, vrij en niet anders belast als met een recognitie van f 12 die jaarlijks aan de stad moet werden betaalt.[455]

Der Käufer verkaufte den Stall an einen Dritten weiter, wobei er die angeführte Formel ebenfalls in den Vertrag einfügte. Nachdem der Dritte erfahren hatte, dass das Grundstück nur auf Widerruf an Bedürftige abgetreten war, beschwerte er sich über das „arglistige Stillschweigen des Verkäufers" und hielt den Kaufpreis zurück. Die Schöffenrichter von Rotterdam verurteilten ihn jedoch zur Zahlung. Auch die Berufung des Käufers zum Hof von Holland, worin er gestützt auf die *actio redhibitoria* eine

452 ... wenn die Verkäufer wohl gutgläubig waren ...

453 Vgl. für ein auf Ersuchen auf Widerruf gewährtes Besitzverhältnis Ulp. Dig. 43. 26. 1 pr.

454 Dies ist eine Frühform des sozialen Wohnungsbaus im modernen Gewand der Hilfe zur Selbsthilfe: Der Hoheitsträger stellt öffentlichen Grund zur Verfügung, welchen Hilfsbedürftige in Eigenleistung bebauen können. Die vom Begünstigten zu entrichtende jährliche Summe ist sehr gering. Siehe dazu sogleich.

455 [Übertragen wird] ein Stall etc., der auf Stadtgrund steht, mit denjenigen Freiheiten, Konditionen, Servituten, und solchem Recht und Berechtigungen, wie sie das Verkaufte hat und denen es unterliegt, gemäß den alten Angaben und anderen Bescheiden, die davon existieren, frei und nur mit einem Anerkennungszins (Vgl. nl. *recognitie* von lat. *recognoscere*) von 12 Gulden belastet, der jährlich an die Stadt bezahlt werden muss.

restitutio in integrum gegen den Kauf geltend machte, blieb ohne Erfolg: Der Hof bestätigte das Urteil der Schöffen von Rotterdam.

In der erneuten Berufung zum Hoge Raad schwächte der Käufer seine Forderung ab und erhob nur noch die *actio quanti minoris*. Er erklärte sich bereit, den Preis unter Abzug dessen zu bezahlen, was der Stall wegen Verheimlichung der Last des Widerrufs weniger wert war.[456]

Vom Vorwurf des arglistigen Verschweigens sprachen die Ratsherren des Hoge Raad den Verkäufer frei, da er den Stall nur unter den Bedingungen verkauft habe, zu denen er ihn selbst erworben hatte, und auch nichts hinzugefügt oder weggelassen habe. Aber selbst wenn der Verkäufer das verheimlicht hätte, hätte die Mehrheit der Richter – so meint Van Bijnkershoek – der *actio redhibitoria* oder *quanti minoris* nicht stattgegeben.

Ein einziger Senator[457] war der Ansicht, dass im vorliegenden Fall die *redhibitoria* oder *quanti minoris* geltend gemacht werden konnte. Zur Begründung führte er an, dass es ausreiche, wenn nur ein einziges Servitut verheimlicht würde.[458] Die Bedingungen, unter denen der Vertrag widerrufbar sei, hielt er für nicht so streng. Eine allgemeine Angabe der Lasten würden nämlich nach D. 19. 1. 1 und D. 19. 1. 39 nicht ausreichen. So hätte der Hoge Raad auch in einer früheren Entscheidung (Van Bijnkershoek bezieht sich ausdrücklich auf Obs. Tum. Nr. 2841[459]) geurteilt. Der Richter wollte damit den einmal aufgestellten Grundsatz im Sinne der Rechtssicherheit auch in diesem Fall fortgelten lassen.

Die Mehrheit von sieben Ratsherren[460] bestätigte das Urteil der Unterinstanzen. Die Argumente dafür waren sehr unterschiedlich.

Ein Teil der Ratsherren zweifelte an der Richtigkeit der genannten Entscheidung.[461] Die Gründe für die Zweifel nennt Van Bijnkershoek allerdings nicht. Aus der *resolutie* ist ersichtlich, dass dies mit dem Verweis geschah, dass die frühere Entscheidung nicht bindend sei.[462]

---

456 Man beachte, dass der Käufer von der objektiven Bewertung des Schadens ausgeht und keine Differenz zwischen Kaufpreis und dem Betrag bildet, den er in Kenntnis der Last gezahlt hätte.

457 Es war Mollerus, wie sich aus der *resolutie* ergibt.

458 In der *resolutie* ist es vorsichtiger formuliert: „Hier wel geen expresse dolus, maar res ipsa in se dolum habet. En venditor moet alle vitia, die hij weet een voor al latentia, aan de hand geven, generale bewoording niet genoeg. Dat de koper de bescheiden niet ingesien heeft is geen supria ignorantia, welke alleen de Koper schaden kan. Uit de bewoording van't Koopcontract moest de koper denken, dat het erfpagt of ten minste jus superficiei was, 't geen hij kogt. Dus hier een essentielle error omtrent de substantia van 't verkogte, en gevolgelijk geen consensus l. 55 l. 57 D. de obl. et act. Concle. Sente. van 't Hof en Vonnis te niet doen, sonder regard te nemen op 't relief den eisch ter 1e. instantie ontseggen." Auch der Hinweis auf den Irrtum fehlt in den Aufzeichnungen von Van Bijnkershoek.

459 Siehe soeben S. 200.

460 Der *rapporteur* Van Hees, Keetlaer, De Rovere, Van der Does, de Grande, Hop und Van Bijnkershoek.

461 Dies war hier der *rapporteur* Hees, der in der *resolutie* ausdrücklich auf die frühere Entscheidung hinwies: „Daar is wel een contrarie decisie in de saak van Pieter v. d. Hoef c. s. gg. Imp. van Gijseling ca. Cornelis 't Gravesande Gegde. 1734."

462 „Maar gewijsdens maken geen regt, en men moet in het dissolveren van koopcontracten of verminderen van koopprisen niet faciel sijn. Concle. niet beswaert." Van Bijnkershoek meint in der *resolutie* „In de geallegeerde decisie is niets specifice gesegt, en alleen maar relatie gemagt tot oude brieven." Er verwendet das Argument, hier läge ein ganz anderer Fall vor. Ansonsten hätte

Wieder andere[463] meinten, hier lägen andere Tatsachen vor. Sie wollten die Urteile der beiden Unterinstanzen bestätigen, da der Verkäufer in den Unterlagen nicht nur die Servituten angegeben, sondern durch die Formulierung „de oude giften en andere bescheiden" auch auf die sonstigen Lasten verwiesen habe. Es sei Sache des Käufers gewesen, diese genau zu untersuchen, bevor er das Grundstück kaufe. Mache der Käufer das nicht, begehe er eine Pflichtverletzung, die ihm nach D. 18. 1. 15. 1 schade.[464] Mit dieser Begründung verweisen sie auf das Verschuldensprinzip. Dies erscheint jedoch zu kurz gegriffen, denn mit demselben Argument hätte, wie in der Entscheidung Obs. Tum. 2841, gesagt werden können, dass es dem Verkäufer oblag, seine Formulierung deutlicher zu fassen.

Schließlich vertraten zwei Ratsherren[465] *in thesi* die Ansicht, dass die Bezugnahme auf alte Urkunden grundsätzlich nicht ausreichend sei, da es sich dabei nur um eine „allgemeine Erwähnung" handele, in *hypothesi* meinten sie jedoch, im vorliegenden Falle habe dies genügt, weil der Verkäufer angegeben hatte, dass Stall und Wohnung auf städtischem Grund standen. Es ergebe sich von selbst dass die auf dem Grund stehenden Gebäude an die Stelle des Bodens treten, so dass das ganze nur unter dem Vorbehalt des Widerrufs besessen werde, sofern sich aus den Urkunden nichts anderes ergebe, auf die der Käufer verwiesen werde. Dass ein solcher Automatismus tatsächlich besteht, ist in gleicher Weise fraglich wie die Konstruktion einer Pflicht des Käufers. Keine Erwähnung findet indessen das frühere Argument, dass dem Käufer Gelegenheit zu geben sei, in die Unterlagen Einsicht zu nehmen bzw. durch Verlesen der Urkunden bei Abschluss des Vertrags hiervon Kenntnis zu nehmen.

Einen Aspekt, den Van Bijnkershoek auch nicht erwähnt, führt noch der Ratsherr de Grande an. Er sieht ebenfalls keinen Raum für List, meint aber, die *actio quanti minoris* hätte innerhalb eines Jahres erhoben werden müssen.[466]

Es kann also nur festgehalten werden, dass die Mehrheit der Richter den Käufer zur Zahlung verurteilte. Allerdings gibt diese Entscheidung Hinweise, wie die Richter in

---

die frühere Entscheidung für ihn also schon interne Bindungswirkung entfaltet.

463 Es waren die Ratsherren Keetlaer, De Rovere und Van der Does. Keetlaer meint: „Alles komt hier aan op de verswijging. Maar die is hier niet. Daar is hier geen grond verkogt, en daar is relatie gemaakt tot de oude brieven. dit genoeg. Concle. Idem [bezogen auf die Ansicht von Hees]."

464 Aus der *resolutie* wird dies nicht so deutlich. Der Beleg fehlt in der Resolutie. Es war vermutlich der Ratsherr Hop, der Keetlaer, De Rovere und Van der Does zustimmte: „Daar is geen verswijging, en die moet het fundt. van alles sijn, want 't geen iemant weten kan per relationem, moet hij sig imputeeren als hij 't ignoreert. Nu is hier gesegt, dat de stal stond op stads grond, en als de koper getwijfelt had, hoe hij sulks verstaan moest, had hij de oude brieven moeten examineeren, waar toe hij voor 't overige gerenvoyeert wierd. Idem."
Auch Van Bijnkershoek ist dieser Ansicht: „Geen bewijsen hier van dolus, maar komt het nog aan op de verswijging, en so er iets verswegen is, 't geen gesegt had moeten worden, is er fundt. tot de actio redhibitoria. so 't vitium groot is, of tot de actio quanti minoris, so 't vitium klein is. Relatie tot de oude brieven niet genoeg, want dat is maar een generaal seggen, 't geen na regten niet sufficient is. Maar hier speciaal gesegt, dat het op stadsgrond stond. Inaedificata cedunt sole, so er geen conditien ter contraria sijn. Wilde nu de koper er meer van weten, so had hij de oude brieven moeten nasien. In de geallegeerde decisie is niets specifice gesegt en alleen maar relatie gemaakt tot oude brieven. Conl. niet beswaart."

465 Es waren wohl Hop und der Autor selbst.

466 „Nopens dolus en relief Idem [mit Keetlaer]. De actio quanti minoris had binnen 's jaars geinstitueert moeten worden. Idem [mit Keetlaer]."

Vorbereitung der Diskussion These und Gegenthese aufbereiteten. Allerdings haben die Autoren der Observationes ihre Arbeitsweise in den untersuchten anderen Fällen nicht deutlich gemacht. Sie zeichnen nur die Diskussion im Hoge Raad und das Ergebnis der Entscheidung auf.

In der Entscheidung Obs. Tum. Nov. 339a vom 16. Juli 1750 berichtet Pauw von der Veräußerung einer Brennerei mit Wohnhaus auf Rotterdamer Stadtgrund. Der Verkäufer klagte beim Hoge Raad[467] auf Erfüllung des Vertrags und verlangte vom Käufer die Unterzeichnung einer Urkunde, worin die Verkaufsbestimmungen und die Vereinbarungen enthalten waren.[468] Der Käufer verteidigte sich dagegen mit mehreren Argumenten, von denen Pauw nur die beiden wichtigsten ausdrücklich nennt. Die übrigen Behauptungen habe der Käufer nicht belegen können.

Zum einen bestritt der Käufer die Existenz des Vertrags; zum anderen behauptete er, der Verkäufer habe ihm die Servituten verheimlicht, die auf dem Gebäude lasteten, so dass der Vertrag nichtig sei.

Die erste Verteidigung wies der Hoge Raad auf Grund der Aussage zweier Zeugen zurück, die bei den Vertragsverhandlungen zugegen gewesen waren. Von diesen sei zwar einer ein Bruder des Verkäufers gewesen, jedoch seien so viele Indizien für den Vertragsschluss vorhanden gewesen, dass keiner der Ratsherren Zweifel an der Glaubwürdigkeit des Zeugen gehabt habe. Der Käufer müsse daher zur Leistung dessen verurteilt werden, was zwischen den Parteien vereinbart worden war. Weil aber nach der Aussage der beiden Zeugen nicht feststand, dass der Vertrag auch schriftlich festgehalten worden war, meinte die Mehrheit, dass der Käufer nicht verurteilt werden dürfe, die Urkunde zu unterzeichnen, die der Verkäufer aufgesetzt hatte. Der Hoge Raad schränkte insoweit also das der Klage stattgebende Urteil ein und verurteilte den Käufer nur zur Vertragserfüllung.

Hinsichtlich des Verschweigens des Servituts meint Pauw, es sei nicht sicher gewesen, dass der Verkäufer dem Käufer zum Zeitpunkt des Vertragsschlusses die Urkunde über das Grundstück ausgehändigt habe, woraus er das Vorhandensein von Lasten ersehen konnte. Außerdem sei unklar, ob der Verkäufer den Käufer darüber aufgeklärt habe. Jedenfalls seien die Lasten aber nicht so bedeutend gewesen, dass der Käufer deshalb den Vertrag rückgängig machen konnte. Damit bezieht sich Pauw indirekt auf die bei Voet vertretene Ansicht, dass das Verschweigen von Lasten im Allgemeinen nicht zur Anwendung der *actio redhibitoria* führen könne.[469] Da dem Käufer allerdings aus D. 19. 1. 1 und 39 und D. 21. 2. 69. 5 die *actio empti* bzw. *quanti minoris* zukomme, wenn der Verkäufer irgendein Servitut verschwiegen habe, meinte die Mehrheit[470] der

467 In diesem Fall handelt es sich um ein Verfahren in erster Instanz.

468 In der Praxis sah man also bereits den Konsensualvertrag als ausreichend an, um auf „Erfüllung" klagen zu können. Die Erfüllung bestand hier in der Unterzeichnung der Kaufurkunde. Die Abnahme der Kaufsache und Zahlung des Kaufpreises hätte einer weiteren Klage bedurft, siehe S. 113.

469 Siehe S. 197.

470 Es waren der *rapporteur* Mollerus, Van Nispen, der zunächst eine weitere Beweiserhebung über die Kenntnis des Beklagten verlangte, Van der Ruster und Pauw. Van Santheuvel vertrat ebenfalls die Ansicht, der Beklagte müsse die Last angeben und solle beweisen, dass die verkaufte Brennerei einer größeren Last unterliege als die anderen. Dierkens meinte, der Beklagte müsse sich informieren und sei nicht betrogen. Ratsherr Alewijn meinte, der Beklagte müsse den Ausgabebrief

Ratsherren, dass dieses Recht dem Käufer offen bleiben müsse. Dies führte allerdings nicht zu einer teilweisen Klageabweisung, sondern der Käufer unterlag und wurde sogar zu den doppelten Verfahrenskosten verurteilt. Die Mehrheit fasste also das Vorbringen des Käufers nicht in einer abgeschwächten Form als Einrede, die zwar nicht den Kauf beseitigte, den Käufer aber zumindest zu einer teilweisen Minderung des Kaufpreises berechtigt hätte, sondern hielt den Käufer an dem Wortlaut seines Antrags fest. Der Käufer hätte also in einem weiteren Verfahren dieses Recht geltend machen müssen. Von einer Fortsetzung dieses Verfahrens berichtet Pauw allerdings nicht mehr.[471]

In der Spätzeit erfolgte dann die Lösung über die Klärung der Tatsachen und das Beweisrecht. Dabei kam allerdings die Frage des Anwendungsvorrangs auf.

In der Entscheidung Obs. Tum. Nov. Nr. 1145 hatte der Statthalter von Achtienhofen seinen Besitz für 42.000 Gulden veräußert. Nachdem der Kaufpreis gezahlt und der Vertrag in allen Punkten abgewickelt worden war, beschwerte sich der Käufer darüber, dass der Verkäufer die Erträge des Besitzes überhöht angegeben, die Lasten jedoch verschwiegen habe, sodass er deshalb veranlasst worden sei, einen höheren Preis zu zahlen. Er klagte mit der *actio quanti minoris* erstinstanzlich vor dem Hoge Raad auf Rückzahlung von 8.700 Gulden.[472] Der Hoge Raad wies die Klage ohne Gegenstimme ab. Die Richter sahen die Bösgläubigkeit des Verkäufers bei Angabe der Einkünfte und Lasten als widerlegt an und meinten, der Kläger hätte stärkere Beweise für das Gegenteil vorbringen müssen. Dies konnte der Kläger nach Ansicht der Mehrheit nicht, zumindest hatte er zu den einzelnen Punkten, über die Beweis erbracht werden musste, nichts beigebracht, was nicht durch Argumente, die aus der Anlage der Sache selbst herrührten, erschüttert werden konnte. Pauw beschränkt seinen Bericht ausdrücklich an dieser Stelle, um sich nicht in die Angelegenheit einzumischen. Dies – so meint er – sei eine Sitte, die nicht die seine sei. Nach dem Bericht von Van Bijnkershoek setzten sich die Richter in dieser Entscheidung nicht mit den Anforderungen der *quanti minoris* auseinander, sondern löste den Fall nur über das Beweisrecht.

Auch in der Entscheidung Obs. Tum. Nov. Nr. 1745 vom 1. Dezember 1785 ging es um die Veräußerung eines Hauses. Diesmal lag es in Middelburg. Der Verkäufer veräußerte es mit der Bestimmung „wie es dastand." Bezüglich Servituten nahm der Verkäufer die Formulierung „mit allen solchen Servituten, Freiheiten und Unfreiheiten, wie sie das Haus hat und wie sie dem Verkäufer zugestanden haben," in den Kaufvertrag auf. Zwar trifft die zweite Formulierung einen ähnlichen Bereich wie die erste, gleichwohl ist sie aber keine Tautologie und somit nicht überflüssig, da die erste Klausel die äußere Beschaffenheit, die zweite die verborgenen Lasten betrifft.[473]

---

zu Rate ziehen.

471 Der in der Edition enthaltene Verweis auf Obs. Tum. Nov. Nr. 466 stimmt nicht.

472 Die Parteien hatten den Hoge Raad als Gerichtsstand für den Fall vereinbart, wenn Streitigkeiten innerhalb eines Jahres und sechs Wochen aufkommen sollten. Dass in der Praxis Vereinbarungen nicht nur örtliche Zuständigkeit, sondern auch die Instanz betreffen konnten und dies durch das Gericht als unproblematisch hingenommen wurde, zeigt dieser Fall. Dass diese Vereinbarung von den Richtern nicht beanstandet wurde, liegt vermutlich auch an der Stellung des Beklagten. Dieser war immerhin Statthalter von Achtienhofen. Möglicherweise war das auch der Grund, weshalb die Parteien den Hoge Raad als Gerichtsstand vereinbarten, um sich nicht vor einem „niederen" Gericht streiten zu müssen.

473 Zum Verkauf, so wie es dastand, siehe S. 212 ff.

Nachdem der Käufer das Haus sechs Jahre selbst bewohnt hatte, wollte er es aufstocken. Dagegen wehrten sich allerdings die Rentmeester von Seeland,[474] die ein Zimmer im Nachbargebäude hatten, in welchem sie täglich zusammenkamen. Ihren Widerstand gegen die Aufstockung des Hauses begründeten sie damit, dass das Gebäude mit einem Doppel-Servitut belastet sei, so dass ihr Zimmer einen freien Zugang zum Licht habe.[475] Ihre Einwände müssen auch Erfolg gehabt haben, denn der Käufer verklagte den Verkäufer vor den Schöffenrichtern in Middelburg auf Schadensersatz und Minderung des Kaufpreises, weil er diese Servitute verschwiegen habe. Sowohl „das Zivilrecht", der Käufer meint damit das römische Recht der *quanti minoris* als auch § 4 tit. van contracten des Middelburger Statutarrechts verpflichte den Verkäufer hierzu. Der Verkäufer wandte dagegen ein, dass die *actio quanti minoris* nicht erhoben werden könne, da dies nur innerhalb eines Jahres zulässig sei und so die *exceptio praescriptionis*, d. h. den Vorrang des Statutarrechts vor dem römischen Recht, beseitige.[476] Hilfsweise bestritt er die Forderung insgesamt.

Die Schöffenrichter von Middelburg billigten die *exceptio praescriptionis* und wiesen die Klage ab. Der Käufer ging in Berufung zum Hoge Raad.[477] Im Hoge Raad erörterten die Richter zunächst die *exceptio praescriptionis*. Ein einziger der Ratsherren war der Ansicht, dass das Urteil der Unterinstanz deshalb aufrecht zu erhalten sei. Die übrigen Ratsherren „waren dazu weniger ermuntert", da sie daran zweifelten, ob man nach Aufhebung der Klageformeln die erhobene *actio* für eine ädilische *actio quanti minoris*, für welche die Jahresfrist gelte, oder für eine *actio empti civili*, also für eine *actio* des allgemeinen zivilen Kaufrechts halten müsse, die der Käufer ohne die Beachtung einer Frist erheben konnte.

Gleichwohl führte dies nicht zu einer Aufhebung des erstinstanzlichen Urteils. Denn auf Grund der tatsächlichen Umstände entschieden auch die übrigen Richter zu Gunsten des Verkäufers, da er die Servituten nicht verschwiegen, sondern klar angegeben habe, dass das verkaufte Gebäude mit Servituten belastet sei. Pauw verweist dazu auf die angeführten Freizeichnungsklauseln. Die genannten Klauseln enthalten allerdings keine Aufzählung der einzelnen Lasten, wie es die Richter in den früheren Entscheidungen bestimmt hatten. Pauw nennt auch den Grund, weshalb das Gericht in diesem Fall die Anforderungen so herabsetzte: In der Stadt Middelburg seien alle Servitute, die auf Gebäuden lasteten, in öffentlichen Akten verzeichnet. Der Käufer habe es sich selbst

---

474 Rentmeester waren Beamte der Finanzverwaltung.

475 Die Bedeutung dieses „Rechts" wird dann verständlich, wenn man berücksichtigt, dass sich die Arbeitszeiten auf den Tag beschränkten und künstliches Licht nur in Form von Kerzen oder Öl-Lampen verfügbar war.

476 Das Regel-Ausnahme-Prinzip von römischem Recht und niederländischem Statutarrecht sollte nach Ansicht des Verkäufers hier so funktionieren: Das römische Recht gewährt die *actio*, das Statutarrecht ebenfalls. Das Middelburger Statutarrecht geht grundsätzlich dem römischen Recht vor. Hier gelte aber die Ausnahme; weil das römische Recht eine Ausschlussfrist vorsieht, müsse diese auch im Anwendungsbereich des Statutarrechts gelten.

477 Erklären lässt sich der Verfahrensgang damit, dass für ein Verfahren aus Seeland eine Verweisung an den Hof von Holland seit 1649 nicht mehr möglich war. Die Provinz Seeland verfügte über keinen Hof, so dass ein Verfahren dort hätte angestrengt werden können. In einer früheren Entscheidung, Obs. Tum. Nov. Nr. 190, hingegen, worin es um eine Schiffsversicherung ging, stritten die Parteien zunächst vor dem Middelburger Versicherungsgericht, dann vor dem Middelburger Schöffengericht und schließlich ausdrücklich *omisso medio* vor dem Hoge Raad.

zuzuschreiben, dass er vor Abschluss des Kaufvertrags diese Akten nicht konsultiert habe, um zu ermitteln, welchen Lasten das Grundstück unterworfen sei.

Einstimmig verwarf der Hoge Raad dann die Berufung. Das Gericht ergänzte jedoch sein Urteil um die Formulierung, dass die vom Verkäufer eingefügte *exceptio praescriptionis* keine Gültigkeit habe, sodass deutlich wurde, dass der Hoge Raad diese *exceptio* weder gebilligt noch verworfen habe. Diese Ergänzung des Tenors richtete sich wohl vor allem gegen die Anwälte und Prokuratoren, die – sofern das Gericht die *exceptio* akzeptiert hätte – in Zukunft dieses Argument in die Schriftsätze aufgenommen hätten, bzw. wenn das Gericht diese Einrede verworfen hätte, Argumente gesucht hätten, die für die *exceptio* sprächen. Auf eine solche Diskussion wollten sich die Richter wohl nicht einlassen.

Es zeigt sich auch in dieser Entscheidung, dass die Mehrzahl der Richter dazu neigte, Rechtsfragen zu Gunsten von Tatsachenfragen zurückzustellen und letztendlich offenzulassen, jedenfalls dann, wenn es auf deren Entscheidung nicht ankam. Die Richter versuchen dabei, mögliche spätere Verfahren über die Tenorierung zu steuern.

e) Die *actio quanti minoris* bei teilweise erfülltem Vertrag

Ein weiteres Problem auf dem Gebiet der Abwicklung von Kaufverträgen stellt sich, wenn es um die Frage geht, was der Käufer tun kann, wenn der Verkäufer nur einen Teil des Kaufvertrags erfüllt hat. Wird dadurch der gesamte Vertrag nichtig? Kann die so benachteiligte Partei zurücktreten? Oder vermindert sich nur der Kaufpreis? Dieses Problem stellt sich nur auf der Käuferseite. Denn der Verkäufer wird, wenn der Käufer nicht den vollen Kaufpreis zahlt, stets auf Erfüllung des Vertrags klagen. Eher selten wird die Situation so gelagert sein, und es ist beun Hoge Raad im Untersuchungszeitraum nicht vorgekommen, dass der Verkäufer ebenfalls nicht mehr an dem Vertrag festhalten wollte, die Kaufsache zurückhaben wollte und dem Käufer den bereits geite. Denn der Verkäufer wird, wenn der Käufer nicht den vollen Kaufpreis zahlt, stets auf Erfüllung des Vertrags klagen. Eher selten wird die Situation so gelagert sein, und es ist beun Hoge Raad im Untersuchungszeitraum nicht vorgekommen, dass der Verkäufer ebenfalls nicht mehr an dem Vertrag festhalten wollte, die Kaufsache zurückhaben wollte und dem Käufer den bereits gezahlten Kaufpreis zurückerstattet hat.

Die Problematik eines vom Verkäufer nur teilweise erfüllten Vertrags war Gegenstand der Entscheidung Obs. Tum. Nr. 906 vom 18. November 1712. Bei dieser Entscheidung war zwar nicht ein originärer Kaufvertrag Gegenstand, in dem die Kaufsache gegen Geldzahlung übereignet werden sollte, jedoch stritten die Parteien um die Übertragung eines Grundstücks zur Minderung von bereits bestehenden Verbindlichkeiten, so dass die vertraglichen Beziehungen zumindest als kaufähnlich anzusehen sind.

Der Gläubiger klagte vor dem Schöffengericht in Nieuwkoop gegen den Schuldner und den Inhaber seiner Hypothek. Den Gegenstand der Forderung nennt Van Bijnkershoek nicht, jedoch wird es sich vermutlich um die Rückzahlung der Schulden, möglicherweise eines Darlehens, gehandelt haben. Die Beklagten verteidigten sich damit, dass man später (das heißt zur Abwicklung des ursprünglichen Schuldverhältnisses) vereinbart hatte, dass der Inhaber der Hypothek einen kleinen Landbesitz dem Gläubiger zu einem bestimmten Betrag[478] abtreten solle, und dass er den Rest der Schulden als Zinsen schulde. Dies boten Schuldner und Hypothekar dem Gläubiger an. Das Schöffengericht erklärte am 7. Oktober 1698, dass Schuldner und Hypothekar diese spätere Vereinbarung mit ihrem Angebot erfüllen könnten, wenn sie diese Vereinbarung mit einem Eid bekräftigen könnten. Der Hof von Holland hob am 20. Februar 1705 dieses Urteil auf und entschied zu Gunsten des Gläubigers.

Nach Berufung zum Hoge Raad versuchte sich der Gläubiger ganz geschickt zu verteidigen: Er bestritt nicht, dass er eine Vereinbarung mit den beiden Vertragsparteien getroffen hatte,[479] sondern dass er zugesagt habe, dass dieses Stückchen Land in Minderung (der Schuld) übertragen werden sollte, und zwar lastenfrei.[480] Bei dieser Vereinbarung habe aber festgestanden, dass sie der Inhaber der Hypothek nicht habe erbringen können, und auch nicht erbracht habe. Außerdem sei sicher gewesen, dass die Parteien wieder stillschweigend von dieser Vereinbarung abgewichen seien;[481] denn bis zum Zeitpunkt der Entscheidung des Hoge Raad habe der Gegner dieses ihm gehörige Landgut bebaut. Angesichts dieser komplizierten Situation ist sich Van Bijnkershoek der zu treffenden Entscheidung, anders als die übrigen Ratsherren,[482] nicht sicher. Denn er meint, falls man nach dem Buchstaben des Gesetzes[483] den Fall beurteilen wollte, wäre es vielleicht so, dass man das Urteil des Hofs aufheben müsste. Denn man könnte gegen die Entscheidung des Hofs anführen, dass die komplette frühere Vereinbarung nach Nichterfüllung jener Bedingung nicht nichtig gewesen wäre, sondern Raum für die Anwendung der *actio quanti minoris* bestünde.

Dies ist die von Van Bijnkershoek unter Berücksichtigung der Umstände favorisierte Lösung, eine Lösung, die den Interessen beider Parteien entgegenkommt. Das von den Parteien Gewollte wird, soweit es noch möglich ist, in Form einer teleologischen Reduktion ihrer Abreden aufrechterhalten. Van Bijnkershoek ergänzt, dass auch nicht feststehe, dass der Besitzer der Hypothek nicht von dieser Übereinkunft[484] abgewichen sei, sondern es sei im Gegenteil sogar so gewesen, dass er nur ungern seinen Landbesitz zurückgehalten habe. Die Mehrheit im Hoge Raad hielt jedoch das Urteil des Hofs von Holland aufrecht. Van Bijnkershoek führt zur Begründung aus, dass der Streit insgesamt von geringer Bedeutung und es sehr schwierig gewesen sei, den Minderwert des Landbesitzes durch die Last des Bannwerks zu bestimmen. Auch sei die Berechnung des Werts der aus dem Landbesitz gezogenen Früchte umständlich gewesen. Deshalb erschien es dem Senat wegen der Kleinigkeiten besser, einfach das Urteil des Hofs zu bestätigen, als die Leute zu neuen Prozessen zu bringen, selbst wenn die ganze

478 Dessen Summe nennt Van Bijnkershoek nicht.

479 Ein solches generelles Bestreiten verwarf der Hoge Raad in einer späteren Entscheidung, wie oben auf S. 182 ausgeführt.

480 Van Bijnkershoek verwendet an dieser Stelle den Begriff „banwerk", dt. „Bannwerk", gemeint ist damit z. B. der Mühlenbann, also die Verpflichtung des Eigentümers, eine gewisse Mühle zu verwenden.

481 Der Ratsherr De Vries äußerte diese Ansicht, wie sich aus der *resolutie* ergibt.

482 Es waren der *rapporteur* De Roovere, Admiraal, Verbrugge, De Vries, Van Sluisken, Schaep, Keetlaer und Präsident Rosenboom.

483 ... ex subtilitate juris ...

484 Lies an dieser Stelle „ea" statt „eo".

spätere Übereinkunft wegen eines Fehlers im Vertrag nichtig war, wie einige Ratsherren meinten.[485]

Im Endeffekt stellt diese Lösung eine Entscheidung *contra legem* nur auf Grund der Bequemlichkeit der Richter dar. Van Bijnkershoek verkennt dieses Problem nicht, setzt sich aber darüber sehenden Auges hinweg mit der Begründung, dass es besser sei, einen Schlussstrich zu ziehen, statt die Parteien in neue Rechtsstreitigkeiten zu verwickeln. Diesen Begriff verwendet Van Bijnkershoek selbst zwar nicht, er trifft allerdings den Kern der Vorgehensweise des Hoge Raad. Zwar ging es – wie Van Bijnkershoek mehrfach betont – in der Sache nur um Kleinigkeiten; auch das Grundstück selbst sei nur von geringem Wert gewesen; die Richter übergingen allerdings das Recht zu Gunsten des Rechtsfriedens. Indem Van Bijnkershoek die Grenzen dessen, was er „eine Kleinigkeit" nennt, nicht aufzeigt, weil er den Streitwert nicht angibt, lässt er letztlich auch für sich selbst im Unklaren, ab wann er die Mühe auf sich genommen hätte, zu Gunsten des Rechts vom *iudex non calculat* abzuweichen.

f) Die *actio quanti minoris* bei Ämterkauf

Da es in den Niederlanden recht häufig vorkam, dass öffentliche Ämter an den Meistbietenden verkauft wurden, hatte der Hoge Raad auch über eine solche Streitigkeit zu befinden, wobei bemerkenswert ist, dass in diesem Fall, Obs. Tum. Nr. 1035 vom 16. März 1714, die Parteien um den Verkauf eines Prokuratorenamtes beim Hoge Raad stritten. Der Käufer stützte sich in dieser Entscheidung auf die *actio quanti minoris*, weil er das Amt nicht versehen konnte.

Hintergrund der Entscheidung war, dass ein Prokurator am Hof von Holland,[486] der in finanzielle Schwierigkeiten gekommen war, sein Amt an einen Gläubiger verpfändete. Dessen Erben verkauften, nachdem der Prokurator seine Schulden nicht fristgerecht zahlte, das Amt an den späteren Kläger. Der Verkäufer versprach, den Preis für die Zulassung zu zahlen, sobald der Käufer seine Zulassung vom Hof und dem Hoge Raad erhalten habe.[487] Der Hoge Raad versagte jedoch dem Käufer die Zulassung, weil die Erben nur wegen des Prokuratorenamts am Hof verfügungsberechtigt waren.[488]

Der Käufer klagte daraufhin gegen den Verkäufer mit der *actio quanti minoris* und forderte eine vom Verkäufer zuvor dafür eingenommene Summe zurück, dass ein anderer ihm das Amt beim Hoge Raad freimache. Außerdem forderte er den Gewinnausfall dafür, dass er seit dem Tag, als er den Preis gezahlt hatte, das Amt beim Hoge Raad nicht versehen konnte.

Der Hof von Holland wies die Klage ab. Der Hoge Raad prüfte das Urteil des Hofs in Bezug auf die vorher gezahlte Summe, weil der neue Prokurator bei Hinterlegung

---

485 Wer dies war, lässt sich aus der *resolutie* nicht ermitteln.

486 Ein Prokurator am Hof von Holland war nach Zulassung durch den Hoge Raad, die meistens zusammen mit der Zulassung zum Hof von Holland erfolgte, auch gleichzeitig Prokurator beim Hoge Raad.

487 Da das Prokuratorenamt zum Auftreten sowohl vor dem Hof, als auch vor dem Hoge Raad befähigte, mussten auch beide Höfe zustimmen. Das „Anstellungsverhältnis" wurde aber nur beim Hof von Holland begründet. Siehe dazu auch S. 52.

488 Siehe dazu Obs. Tum. Nr. 211 vom 7. Oktober 1706. Zu diesem Fall gibt es allerdings keine *resolutie*.

der Kaution versprochen hatte, sie nicht zurückzufordern, außer es trete eine – von Van Bijnkershoek nicht näher bezeichnete – andere Bedingung ein,[489] die allerdings hier nicht gegeben war. Der Käufer verlangte neben dem Gewinnausfall eine *restitutio in integrum*, d. h. Rückzahlung der von ihm geleisteten Kaution.

Van Bijnkershoek meint allerdings, dass der Käufer für diesen Anspruch keinen Rechtsgrund anführen und auch keinen Beweis erbringen konnte. Hinsichtlich der Gewinneinbuße, die einen Zeitraum von sechs Monaten ausmachte, hob der Hoge Raad das Urteil des Hofs auf und sprach dem Käufer 800 Gulden zu. So meinte die Mehrheit der Richter.[490]

Einige Richter[491] waren anderer Ansicht und gingen – wie Van Bijnkershoek, der auf Seiten der Mehrheit stand, meint – irrig davon aus, dass entgegen der Kaufurkunde und weiterer Umstände, die Van Bijnkershoek ausdrücklich übergeht, der Verkäufer dem Käufer nichts verkauft habe, außer dem Amt eines Prokurators beim Hof.[492] Damit meinten die Vertreter dieser Ansicht, dass das Amt für sich zwar verkauft werden konnte, das Recht, es zu versehen (und auch die Einkünfte, die damit verbunden waren, einzuziehen), davon aber nicht notwendig ebenfalls betroffen sei. Diese Ansicht verwarf aber Van Bijnkershoek und die Mehrheit, da der Verkauf des Prokuratorenamts nur dann einen Sinn hat, wenn der Käufer auch das Recht erhält, dieses auszuüben und die Einkünfte daraus zu erlangen.

X. Der Ausschluss der Haftung

Nachdem im vorigen Abschnitt die Fälle erörtert worden sind, unter denen der Verkäufer für Fehler haftete, sollen in diesem Abschnitt die Fragen des Haftungsausschlusses behandelt werden, also unter welchen Bedingungen der Verkäufer seine Haftungspflicht einschränken oder vollkommen ausschließen konnte. Auffällig ist dabei, dass in der Rechtsprechung des Hoge Raad nicht zwischen Haftung für Eviktion und Haftung für Sachmängel unterschieden wird. Für beide Fälle konnte die Haftung ausgeschlossen werden. Dies geschah üblicherweise mit derselben Formulierung, indem eine Sache „so [gut und schlecht], wie sie war," verkauft wurde. Für diesen Haftungsausschluss verwandte man in den Niederlanden die Bezeichnung den Kauf *voetstoots* oder *met de voet te stooten*.[493] Die Formulierung Verkauf einer Ware „so [gut und schlecht], wie sie ist" wurde aber in der Praxis eher unter Kaufleuten verwendet. Der Sache nach waren beide Formulierungen gleichbedeutend. Angewendet wurden diese Formulierungen auf den Haftungsausschluss für Eviktion und für die *actio quanti minoris*, aber mit unterschiedlicher Rechtsfolge.

489 Van Bijnkershoek meint die Zulassung, die eine notwendige Bedingung für die Ausübung des Amtes war.

490 Es waren der *rapporteur* Van Vrijhoven, Verbrugge, De Vries, Sluisken, Schaep, Van Bijnkershoek, De Roovere und der Präsident Rosenboom.

491 Wie sich aus der *resolutie* ergibt waren es die Ratsherren Admiraal und Keetlaer.

492 Die *resolutie* gibt keine Auskunft über die Beweggründe dieser Richter.

493 Van Leeuwen, Rooms-Hollands-Regt, Lib. IV, Kap. XVIII, § 7. Van Leeuwen belegt dies u. a. mit D. 18. 4. 4, D. 18. 4. 10 und 11. Es handelt sich dabei um den Verkauf einer Erbschaft, bei der noch unklar ist, welche Gegenstände tatsächlich zum Nachlass gehören. Eine Haftung bestehe dafür nicht.

1. Haftungsausschluss durch den Verkauf voetstoots

Nach Van Leeuwen muss der Haftungsausschluss ausdrücklich vereinbart werden. Dazu wurde die Formulierung *met den voet te stooten* verwandt.[494] In diesem Fall genügte es, wenn der Verkäufer bei einer mangelhaften Sache nur den gezahlten Kaufpreis erstattete. Der Verkauf *voetstoots* führte also in diesem Fall nur zu einer Herabsetzung des Haftungsmaßstabs auf den Kaufpreis. Die Erstattung des Kaufpreises aber war im Rahmen der Haftung für Eviktion nicht abdingbar. Zum Beleg führt Van Leeuwen eine Entscheidung des Hoge Raad an.[495]

Der Verkauf *voetstoots* bedeutete daher einerseits Kauf unter Ausschluss der Haftung für Eviktion. Wörtlich übersetzt bedeutet die Formulierung *voetstoots* oder eine Sache *met de voet te stooten* „mit dem Fuß stoßen" oder „mit den Füßen wegtreten." Mit dieser Formulierung war zunächst nur der Ramschverkauf gemeint, d. h. Verkauf von Mobiliarsachen,[496] und auch nur der Verkauf unter Nichtkaufleuten. Aber schon die zitierte Entscheidung bei Neostadius zeigt, dass dieser Gedanke auch auf den Grundstücksverkauf übertragen wurde.

Der Bedeutungswandel des Begriffs *voetstoots* hin zu dem Gebrauch der Formulierung *Verkauf einer Sache so, wie sie ist,* steht im Zusammenhang mit der Zunahme des Warenhandels unter Kaufleuten. Grotius[497] hatte noch den einfachen Marktverkauf vor Augen, während sich bei Van Leeuwen der Fernhandel unter Kaufleuten schon weiter entwickelt hatte. Die Möglichkeit der Haftungseinschränkung bestand nur, wenn der Verkäufer den Fehler der Waren nicht kannte.[498]

2. Haftungsausschlüsse in der Praxis

Für den Hoge Raad wurde die Problematik des Verkaufs „voetstoots" relevant in der Entscheidung Obs. Tum. Nr. 749 vom 3. Juli 1711. Ein Käufer von Kohle aus Schottland versuchte sich gegen die Kaufpreisforderung mit der *actio redhibitoria* wegen deren Art und Beschaffenheit zu verteidigen. Die Untersuchung der Waren durch das Amsterdamer Schöffengericht[499] hatte ergeben, dass es sich bei den Kohlen um unlieferbare

494 Van Leeuwen, Rooms-Hollands-Regt, Lib. IV, Kap. XVIII, § 2.

495 Neostadius, Decisien, Decis. 68: „Quanquam expressim de Evictione repromissum non sit, Vendior aeque tenetur, licet Fidejussoribus datis non caveat. Sin aperte, ne de Evictione teneatur, actum sit, ex Empto quidem in hoc quod Emptoris interest, non teneri, verum ut pretium reddat, Julianus ait. *l. Ex empto.* 11. *(al. l. emptorem. 12.) §. ult. ff. de act. empti.*"
„Obgleich ausdrücklich wegen Eviktion kein Gegenversprechen gegeben wurde, wird der Verkäufer aus Billigkeit verpflichtet, mag es auch sein, dass er nicht für das Stellen von Bürgen gesorgt hat. Wenn aber offenkundig vereinbart wurde, dass er wegen Eviktion nicht verpflichtet wird, sagt Julian, dass er jedenfalls aus der *actio ex empto* zum Interesse des Käufers nicht verpflichtet wird, jedoch zur Rückerstattung des Preises. *D. 19. 1. 11 pr.*" Der Forderung des Käufers gaben beide Gerichte, gemeint sind Hof von Holland und Hoge Raad, mit dieser Begründung statt. Die Entscheidung selbst enthält jedoch nicht den Begriff *voetstoots*, sondern spricht nur von einer „offenkundigen Vereinbarung, nicht für Eviktion zu haften." Für Van Leeuwen ist die Verwendung „voetstoots" solch eine „offenkundige" Vereinbarung.

496 Voet, zu D. 21. 1. 11 nennt ausdrücklich Waren, die als Ramsch verkauft werden.

497 Grotius ed. Lee, Inleidinge, Lib. III, Kap. XIV, § 12.

498 Voet, zu D. 21. 1. 10; D. 18. 1. 43. 2; Faber, Lib. 4, Tit. 33, Def. 1, Nr. 4.

499 Es war nicht unüblich, dass das lokale Gericht selbst Ortstermine wahrnahm zumeist durch einen beauftragten *commissaris*. Auch beim Hoge Raad nahm der *commissaris van de rol* solche

Ware[500] handelte.[501] Der Käufer wandte sich deswegen mit der *actio redhibitoria* bzw. *restitutio in integrum* nach C. 4. 44 gegen die Kaufpreisforderung.[502] Ob es sich bei diesem Geschäft tatsächlich um einen „Ramschverkauf" gehandelt hat, wie Van Oosten im Systematischen Kompendium angibt,[503] ist zweifelhaft, da besondere Umstände, die auf einen „Ramschverkauf" schließen lassen,[504] von Van Bijnkershoek nicht mitgeteilt werden.

Der Verkäufer verteidigte sich jedenfalls damit, die Kohlen „voetstoots" und „so, wie sie waren" verkauft zu haben. Dies konnte er auch durch Zeugen beweisen. In allen drei Instanzen konnte der Verkäufer mit diesem Argument seine Kaufpreisforderung durchsetzen.

Van Bijnkershoek bemängelt zwar die Beweiskraft der Zeugenaussagen wegen der Anzahl und einer nicht ordnungsgemäßen Vernehmung der Zeugen und forderte zusätzlich einen Ergänzungseid,[505] sprach sich aber auf Grund der weiteren Umstände gleichwohl für die Verurteilung des Käufers aus. Der Käufer hatte nämlich nicht nur die Kohlen abgenommen, sondern $\frac{1}{3}$ davon schon weiterverkauft. Dieses Verhalten ließ Van Bijnkershoek die Ware als genehmigt ansehen und bewegte ihn dazu, den Käufer ebenfalls zur Zahlung zu verurteilen. Van Bijnkershoek stützte sich also mehr auf den Handelsbrauch unter Kaufleuten, als auf die tatsächliche Vereinbarung der Parteien bei Vertragsschluss.

Der Hoge Raad bestätigte diese Rechtsprechung zum Haftungsausschluss beim Verkauf von Waren „so, wie sie waren" in Obs. Tum. Nr. 924 vom 12. Januar 1713. Die Ausschlussklausel ist auch in dieser Entscheidung das Hauptargument für das Gericht, das die Richter zur Aufrechterhaltung des Vertrags bewegte. In dieser Entscheidung hatte der Verkäufer dem Käufer eine bestimmte Menge Färberröte verkauft und auch schon übergeben. Der Käufer erklärte dann einige Tage nach Übergabe der Ware, dass sie mit Sand durchsetzt sei und forderte mit der *actio redhibitoria* die Rückgängigmachung des Vertrags.

Das Schöffengericht von Rotterdam gestattete dies auch. Der Hof von Holland und der Hoge Raad verweigerten die Rückgängigmachung des Vertrags vor allem deshalb, weil der Verkäufer als Zwischenhändler dem Käufer angezeigt hatte, die Ware „so, wie sie war zu kaufen und weder für die *actio redhibitoria*, noch für die *actio quanti minoris* haften zu wollen", sofern ihm dieser Fehler nicht vor Übergabe, d. h. Übereignung, angezeigt worden sei.

Prüfungen vor. Die Beauftragung von Richtern anderer Gerichte, wie sie heute z. B. in der Form der Amtshilfe möglich sind, gab es nicht. Wenn sich die Parteien jedoch auf Schiedsleute einließen, traten diese an die Stelle des Richters.

500 „geen leverbaar goed".

501 Dies war die entscheidende Weichenstellung, vgl. oben S. 190.

502 Der Kläger stützte sich auch auf *laesio enormis* aus C. 4. 44. 2. Das in der Edition in der Fußnote angegebene Zitat D. 18. 5. stimmt nicht. Van Bijnkershoek zitierte den Codex, nicht die Digesten. In D. 18. 5. findet sich keine Stelle, die auf diese Situation anzuwenden ist. C. 4. 44. 2 dagegen passt, weil sie die *restitutio in integrum* gewährt, wenn es sich um derart schlechte Ware handelte, dass sie nicht einmal zum halben Erwerbspreis weiterveräußert werden konnte.

503 Van Oosten, § 43.

504 Zum Beispiel eine Eilversteigerung oder ein Räumungsverkauf.

505 Siehe dazu oben S. 71.

XI. Sonderregelungen für den Verkauf bei Zwangsversteigerung

Bei dem Verkauf von beweglichen Sachen in der öffentlichen Versteigerung galten besondere Regelungen. Insbesondere sollten formale Voraussetzungen dem Schuldner Schutz gewähren.

Bei der Versteigerung von beweglichen Sachen *roerend goed* auf Grund eines Urteils des Hoge Raad musste die Versteigerung am ersten Sonn- und Markttag nach Bekanntmachung der Vollstreckung an den Prokurator der unterlegenen Partei angezeigt werden. Das Datum der öffentlichen Versteigerung wurde auch dem Verurteilten mitgeteilt, um ihm die Möglichkeit einzuräumen, noch zu bezahlen. Die Gegenstände wurden in der Zwischenzeit zur Verwahrung von dazu beauftragten Personen gegeben. gegeben. Wenn das Urteil innerhalb einer Frist von sechs Tagen nicht erfüllt war, erfolgte die Versteigerung am folgenden Markttag in der nächstgelegenen Stadt.[506]

1. Versteigerung von Immobilien

Das Erfordernis der Bekanntgabe an den Betroffenen galt auch bei der Versteigerung von Immobiliareigentum. Eine Versteigerung nach einem Urteil des Hoge Raad musste vier Mal in der Kirche und an den Markttagen angekündigt werden. Dabei schlug der *deurwaarder* jedesmal einen Beleg an die Kirchentür oder einen anderen öffentlichen Platz, sodass jeder, der Anspruch auf die *gesubhasteerde* Güter oder den erlösten Kaufpreis erhob, dies dem *deurwaarder* anzeigen konnte. Am Tag der Versteigerung fand der Verkauf durch Gebot unter dem Abbrennen einer Kerze statt.

So verlangte der Hoge Raad in Obs. Tum. Nr. 1077 vom 24. Oktober 1714 bei der Versteigerung die formelle Inkenntnissetzung des Schuldners. Drei in Haarlem wohnende Schwestern hatten ihren Bruder am 15. Juli 1695 beauftragt, eine Summe von 6.000 Gulden zu beschaffen, sie alle für die ganze Summe zu verpflichten, ferner ein Haus in Amsterdam, das ihnen zu gleichen Teilen gehörte, mit einer Hypothek zu belasten und diese in das Insatzbuch eintragen zu lassen. Vierzehn Jahre später gab der Gläubiger die Hypothek zur Versteigerung. Die Amsterdamer Schöffen öffneten den *schatbrief* und versteigerten das Haus am 19. Januar 1709. Die drei Schwestern, die von dem Verkauf nichts wussten, legten beim Hof Berufung gegen die Versteigerung ein und forderten deren Rückgängigmachung. Dieser Forderung gab der Hof am 18. März 1712 statt mit der Begründung, dass zwei Argumente gegen den Verkauf sprachen: Zum einen hatte der Gläubiger niemals den Besitz des Hauses eingefordert, und so konnten die Schwestern vom 28. Juli 1708 bis zum 28. Juli 1709 stillschweigend im Besitz bleiben. Dies war der Zeitraum, in dem keine Ankündigung der Versteigerung erfolgte.

Das zweite Argument des Hofs war, dass nach den Amsterdamer Statuten, C. 16 van de executien („über die Versteigerung"), Art. 8, keine Insatzbriefe vollstreckt werden können, außer nach Los- und Eigenpfändung, und dass bei Los- und Eigenpfändung die Aufforderung und Erneuerung vorgeschrieben ist.[507] Weder Aufforderung noch

506 Instructie Hoge Raad, Art. CCLXVII.

507 „in hoedanigen cas alleen sommatie en renovatie nodig sal sijn"

Erneuerung hätten ihnen gegenüber aber stattgefunden. Vielmehr seien die Schwestern vollkommen ahnungslos von der Versteigerung gewesen, und hatten erst am Tag der Versteigerung davon erfahren. Ferner sei ihren Bitten um Aufhebung der Versteigerung dann nicht stattgegeben worden. Gegen das Fehlen der Besitzeinforderung hatte der Gläubiger nichts erwidert.

Es wurden jedoch Klagen gegen den Bruder wegen Fehlens der Aufforderung und Erneuerung erhoben, da beide Handlungen Folgen des Auftrags der Schwestern an den Bruderwaren. Der Hof ging sogar noch weiter, indem er den Bruder sogar als Bürgen ansah, da sich die Verpflichtung als Ganzes auch auf ihn bezog. Er habe deshalb gemäß Amsterdamer Statutarrecht die Güter seines Auftraggebers zur Versteigerung anweisen können.

Beiden Argumenten, sowohl dem aus dem Gemeinen Recht wie dem aus dem Amsterdamer Statutarrecht, schloss sich auch der Hoge Raad an, sodass die Rückabwicklung des Kaufs durch das Gericht zugelassen wurde. Van Bijnkershoek führt dazu den Grundsatz „Denn meine Sache kann nicht ohne mein Wissen verkauft werden“ an. So weit wollte der Hoge Raad allerdings nicht gehen, dass der Bruder sogar den Auftrag hatte, das Haus zur Vollstreckung zu bringen. Auch sei er nicht Bürge des Gläubigers sondern nur Mitschuldner. Darin waren sich alle Senatoren einig.

Es wurde allerdings über die Frage gestritten, ob nicht das Viertel des Bruders in zulässiger Weise versteigert worden war. Dagegen wandte sich aber eine der Schwestern. Sie erklärte, dass sie das Viertel des Bruders übernommen hatte. Dies konnte sie auch mit einem Abzug aus der Vollstreckungsurkunde der Stadt Amsterdam belegen. Vier Senatoren[508] meinten aber, dass dadurch das Eigentum nicht übertragen wurde, sondern allein durch den *decret-brief*,[509] der auch alleine den Beweis über die Zahlung des achzigsten Pfennigs liefert. Diesen konnte die Schwester nicht vorweisen. Wenn nämlich beides zum Beweis des Besitzübergangs ausreiche, würde dann der Gläubiger durch die Übergabeurkunde getäuscht worden sein, in der das Haus zu Gunsten aller vier gemeinsam als Besitz eingetragen worden war. Einschlägig sei daher C. 8. 15. 2.[510] Nach dieser Vorschrift kann keine Sache des Schuldners ohne sein Wissen verpfändet werden. Liegt gleichwohl eine Verpfändung von Sachen Dritter vor, dann muss man von einer Handlung zur Täuschung des Gläubigers ausgehen. Wenn die Schwester formal nicht Eigentümerin des vierten Teils gewesen war, sondern ihr Bruder, hätte dies zur Folge gehabt, dass die Vollstreckung des Hauses teilweise mit Recht erfolgt wäre. Der Bruder hatte schließlich Kenntnis von der Vollstreckung. Ihm konnte diese Einrede daher nicht helfen.

Den anderen vier Ratsherren[511] genügte die Urkunde. Falls darüber noch immer Zweifel bestanden hätten, hätte man nach Einspruch lediglich anordnen müssen, dass diese Urkunde noch vorgelegt wird. Damit wollten diese Ratsherren die von der anderen Gruppe aufgestellte Hürde des fehlenden Beweises übergehen. Aber selbst wenn die eine Schwester nicht Eigentümerin war, konnte sie, so argumentiert Van Bijnkershoek

508 Es waren die Ratsherren Admiraal, Van Sluisken, Schaep und Van Bijnkershoek.

509 Vermutlich die vom Magistrat ausgestellte Urkunde über den Besitzübergang.

510 Im Text steht fälschlich C. 8. 13. 2.

511 Aus der *resolutie* wird deutlich, dass es der *rapporteur* De Roovere, De Vries, Keetlaer und Van Vrijhooven waren.

weiter, gutgläubig (bona fide) sein, da sie als dessen Vormund verkauft habe und auch noch nicht 25 Jahre alt und daher volljährig war, als sie den Auftrag zur Belastung des Hauses erteilte. Auch habe hier das Bewusstsein, den Gläubiger zu täuschen, gefehlt, was nach dieser Vorschrift (C. 8. 15. 2) erforderlich ist. Der Hoge Raad will also nicht soweit gehen, der Schwester eine böse Absicht zu unterstellen, sie ging guten Gewissens davon aus, auch Eigentümerin des vierten Teils zu sein. Deshalb, so folgert Van Bijnkershoek, stehe klar fest, dass die Beklagten als einzelne verpflichtet seien, insgesamt zu leisten. Schließlich sei es für den Gläubiger auch nicht so sehr von Wichtigkeit, wem das Haus insgesamt oder teilweise gehöre, sofern nur dessen Versteigerung legitim war. Da aber das Wissen der Schwestern fehlte, konnte das Haus nicht rechtens versteigert werden. Ob sie dabei nun Voll- oder Teileigentümer des Hauses waren, lässt der Hoge Raad damit im Ergebnis offen. Jedenfalls hatten die Schwestern für ihren Teil keine Kenntnis von der Versteigerung und diese war damit unzulässig. Van Bijnkershoek spricht diese Schlussfolgerung ebenfalls nicht aus. Er beendet seinen Bericht, damit dass bei Sammlung der Stimmen der Urteilsspruch des Hofs bestätigt wurde, womit der Kauf insgesamt rückgängig gemacht wurde.

Mit diesem Urteil sichert der Hoge Raad letztendlich den Käufer in einer Versteigerung, auch wenn er hier unterlag. Er muss sich nämlich nicht um das Innenverhältnis kümmern, also Nachforschungen über die wahre Besitzlage anstellen. Wenn die formalen Voraussetzungen der Versteigerung vorliegen, kommt es für ihn nicht darauf an, von wem er kauft. Er darf auf die Richtigkeit der Angaben des Versteigerers vertrauen und muss nur dann die Sache wieder herausgeben, wenn die Versteigerung nicht ordnungsgemäß war. Aber auch eine andere Folgerung lässt sich aus Van Bijnkershoeks Bericht entnehmen. Der Hoge Raad versucht rechtlich schwierig zu handhabende Ergebnisse wie Teilnichtigkeit zu vermeiden. Dafür spricht der umfangreiche Argumentationsweg, um letztendlich über die schwierige Frage hinwegzukommen, ob die eine Schwester wirklich auch formal Eigentümerin war.

2. Verpflichtungen des Verkäufers bei der Versteigerung

Grotius schreibt in der *Inleidinge*,[512] dass der Bieter bei seinem Gebot bleiben muss, und kein Recht erhält, wenn ihn ein anderer überbietet. Hintergrund einer solchen Bestimmung ist die Treue des Bieters zu seinem Gebot. Dies bezieht sich jedoch nicht nur auf den offensichtlichen Fall, dass der Bieter als Höchstbieter den Zuschlag erhält, sondern spielt auch dann eine Rolle, wenn der Mehrbietende als Käufer ausfällt.

Darüber hinaus diente diese Bestimmung auch der effizienten Erledigung des Geschäfts. Letztlich ist es auch im Interesse des Veräußernden (oder der hinter ihm stehenden Gläubiger, wenn die Versteigerung wegen Überschuldung erfolgt), dass der Höchstbietende in Anspruch genommen werden kann.

Grotius leitet dann für den Verkäufer ab, dass der Verkauf unter der Bedingung geschehe, dass der Kauf nicht gültig sei, wenn innerhalb einer gewissen Zeit ein höheres Gebot abgegeben wird.[513] Das Problem allerdings, ob auch der Verkäufer seinerseits

512 Grotius, Inleidinge, Lib. III, Kap. XIV, § 30.
513 Grotius, Inleidinge, Lib. III, Kap. XIV, § 31.

verpflichtet ist, das (betragsmäßig) höchste Gebot anzunehmen, berücksichtigt Grotius nicht.

Über eine solche Situation hatte der Hoge Raad in der Entscheidung Obs. Tum. Nov. Nr. 43 vom 8. Februar 1744 zu befinden. Titius und Cajus ließen ein Haus in Overschie öffentlich versteigern. Vorsorglich hatten sie die Bestimmung eingefügt, dass das Gebot von jedem, der ein Handgeld (nl. *trekgeld*) erhalten hatte,[514] drei Tage verbindlich sein sollte, und die Verkäufer während dieser Zeit die Wahl behalten sollten, ob sie den Kauf gültig werden lassen wollten, und an wen sie das Haus abgeben wollten. Diese Bestimmung wurde mit einer *willige condemnatie* des Hoge Raad zusätzlich gesichert.

In der Versteigerung überbot Maevius den Sempronius und erhielt das Handgeld. Zunächst boten dann die Verkäufer das Haus dem Maevius an, nachdem die Aussetzung eines höheren Handgeldes keinen neuen Bieter gebracht hatte. Maevius konnte allerdings keine geeigneten Bürgen stellen; deswegen boten sie dem Sempronius das Haus an. Dieser bestritt seine Verpflichtung. Er sah sich nach dem höheren Gebot nicht mehr gebunden. Die Verkäufer verlangten daraufhin vom Hoge Raad den Erlass der *willige condemnatie* über die Bestimmungen des Vertrags.[515] Diese wurde zunächst verweigert und daher musste in einem kontradiktorischen Urteil darüber entschieden werden, ob sie zu erlassen war. Da die besagte Vereinbarung keinen Verstoß gegen Bestimmungen enthielt, mit denen man nicht aufkündigen durfte, und auch nicht gegen die guten Sitten verstieß, meinten die Richter, sie sei getroffen worden, damit die Verkäufer, wenn der Meistbietende dem Verkäufer ungeeignet schien, auf einen anderen zurückgreifen konnten, und die Auktion nichts Illusorisches wiederspiegelt. Dagegen wandte sich Sempronius in zweifacher Weise:

Einerseits berief er sich dafür auf lokales Gewohnheitsrecht, nach dem frühere Bieter von ihrem Gebot frei werden, wenn die Verkäufer das Handgeld vergessen oder es dem Käufer vorenthalten. Dieses Gewohnheitsrecht bewies er mit dem Zeugnis von verschiedenen Sekretären von Nachbardörfern. Sempronius berief sich also darauf, dass er kein Handgeld erhalten habe. Wie bereits oben S. 120 ausgeführt, wies der Hoge Raad diese Verteidigung zurück.

Andererseits verteidigte sich der Käufer damit, dass eine solche Vereinbarung nach Brauch restringiert werden müsse und nur auf den Anwendung finde, der bei der Versteigerung am meisten anbietet und das Handgeld empfangen hat, sowie bei denen, die später zwischen Auktion und Zwischenzeit oder auch am Tag des Zuschlags bieten. Dass eine solche Klausel allgemein in dieser Weise interpretiert wird, wurde durch eine *turba* von 14 Notaren und Maklern am Hof in Den Haag bewiesen. Pauw ergänzt, dass drei Ratsherren dieser Argumentation insoweit beipflichteten, dass sie bezüglich der öffentlichen und offiziellen Versteigerungen, die am Hof abgehalten werden, aus der dortigen Gewohnheit herrühre.[516] Da aber das Zeugnis nur bekundete, was am Hof in Den Haag gilt, wollten diese drei Ratsherren dem Sempronius auch den Beweis dafür

514 Hierbei handelt es sich um einen gewohnheitsrechtlichen Fall der *arrha*.

515 Siehe dazu oben S. 88 ff.

516 Aus der *resolutie* wird nicht ganz klar, wer diese Ansicht vertrat. Keetlaer und Pauw, die *commissarissen* in diesem Fall tragen dies vor und der Präsident Van Hees nimmt dieses Argument auf. Van Bleiswijk, Van der Does, De Grande, Hop, Mollerus, Van Nispen und Van Santheuvel trugen eigene Argumente vor.

auferlegen, dass dieselbe Gewohnheit auch am Ort des Vertragsschlusses gilt. Hätte Sempronius dies beweisen können, hätten sie zu Gunsten von Sempronius entschieden.

Die übrigen Ratsherrn aber hielten den Beweis für das Argument für nicht stichhaltig, da dieser keine Aussage über die Gewohnheit am Ort des Vertrags enthielt. Außerdem störten sie sich daran, dass jene Gewohnheit den Vertrag nichtig mache. Dies aber sei nicht Aufgabe des Gewohnheitsrechts. Sache des Gewohnheitsrechts sei es, passend zu interpretieren und [eine zweifelhafte Regelung] aufzuklären. Aus diesem Grund erließ der Hoge Raad mit Stimmenmehrheit die *condemnatie* und zwang daher den Sempronius, bei seinem Gebot zu bleiben.

Diese Entscheidung beantwortet mehrere Fragen: Sie zeigt, dass ein „besseres Gebot" bei einer Versteigerung nicht notwendigerweise in einem höheren Geldgebot liegen muss, sondern auch in der Stellung von Sicherheiten bestehen kann. Der Verkäufer ist daher nicht an das höhere Geldgebot gebunden und die Überprüfung einer solchen Klausel hält den Voraussetzungen der *willige condemnatie* stand. Zwar band die *condemnatie* hier nur die möglichen Käufer, wenn aber die Verkäufer diese durchsetzen wollten, prüfte das Gericht immer auch die Rechtmäßigkeit einer solchen Klausel. Es würde freilich zu weit gehen, bereits von einer „Kontrolle der Allgemeinen Geschäftsbedingungen bei Versteigerungen" durch den Hoge Raad zu sprechen. Denn der Hoge Raad schloss nur grobe Verstöße gegen den Ordre public von der Gewährung der *condemnatie* aus.[517] Die Richter hielten die Eventualklausel nicht für sittenwidrig oder für zu einseitig.

In der Abwehr der Argumentation, dass das Gewohnheitsrecht der individuellen Regel vorgehe, zeigt sich, wie sich ein Teil der Richter gegen partikuläres Gewohnheitsrecht zu Gunsten der allgemeinen Regel wendet, die sich bei Grotius findet:[518] Ein Bieter bleibt auch dann an sein Gebot gebunden, wenn ein anderer Bieter mehr geboten hat.

3. Der lastenfreie Erwerb des Käufers bei der Versteigerung

Neben der üblichen Verpflichtung zur Zahlung des Kaufpreises trafen den Käufer keine weiteren Verpflichtungen. Die Zahlung dieser Summe erfolgte zumeist durch Hinterlegung des Geldes beim Versteigerer. Dieser kehrte das Geld dann, wenn der Verkauf wegen Überschuldung erfolgte, an die Gläubiger des vormaligen Eigentümers aus. Der Ersteigerer erwarb das Grundstück lastenfrei (es sei denn, dies war anders in den Versteigerungsunterlagen erklärt) und war mit Hinterlegung des Geldes von weiteren Verpflichtungen, insbesondere gegenüber den Gläubigern des Schuldners, frei.

Diese Frage spielte eine Rolle in der Entscheidung Obs. Tum. Nov. Nr. 18 vom 1. Juni 1743. Ein Gläubiger (Titius), der dem Schuldner (Sempronius) ein Darlehen gegeben hatte, klagte gegen den Käufer (Cajus) der Häuser, die er auf der öffentlichen Auktion ersteigert hatte. Der Schuldner hatte dem Kläger die Güter als Ganzes verpfändet. Aus dem Versteigerungserlös waren auch andere Gläubiger des Schuldners befriedigt worden und auch der Kläger sollte einen Teil erhalten, für den er Bürgschaft geleistet hatte. Der Erlös ging aber durch einen „Fehler" der *griffier* nicht an den Kläger,

517 Siehe dazu S. 88.
518 Grotius, Inleidinge, Lib. III, Kap. XIV, § 30.

sondern an einen anderen Gläubiger (Sejus). Der Kläger ging gegen den Käufer als Eigentümer und Besitzer der Grundstücke vor. Die Klage hatte weder vor den Schöffen von Amsterdam, noch vor dem Hof und auch nicht vor dem Hoge Raad Erfolg. Pauw begründet die Entscheidung damit, dass der Käufer, indem er die Summe bei den *griffiers* hinterlegt hatte, alles getan hatte, was von ihm verlangt werden konnte. Er kann sich darauf berufen, dass die *griffiers* von Titius zu belangen sind.[519] Titius behauptete nun, dass nach Hinterlegung der Summe die Gelder schon in sein Eigentum übergingen. Dies habe er allerdings weder durch ein Statut noch durch eine Autorität beweisen können. Das gleiche gelte, was den Brauch angehe, dass das Geld allgemein bei den Schöffen hinterlegt werde. In diesem Fall wären den *griffiers* auch nicht mehr bekannt, als dass das Geld einem Gläubiger geleistet werden soll. Dass den *griffiers* jedoch etwas über die konkrete Bestimmung des Geldes bekannt war, konnte nicht bewiesen werden. Also, so schließt Pauw die Argumentation, verblieb das Geld bei den *griffiers* nicht als Hinterlegung zu Gunsten des Titius und als dessen Eigentum, sondern als Sache der Gläubiger und Titius hatte es sich selbst zuschreiben müssen, dass er nicht eher die Übergabe gefordert hatte. Einstimmig bestätigte der Hoge Raad die unterinstanzlichen Urteile.

Zum selben Ergebnis kam der Hoge Raad auch in der Entscheidung Obs. Tum. Nr. 78 vom 6. März 1705. In dieser Entscheidung wollte ein Gläubiger, der das Haus seines Schuldners hatte versteigern lassen, vom *griffier* allerdings nicht die erlöste Summe erhielt, weil er sich geweigert hatte, eine Sicherheitsleistung für mögliche bevorrechtigte Gläubiger zu stellen, die Käufer auf Leistung dieser Sicherheit in Anspruch nehmen. Der Hoge Raad lehnte dies einstimmig ab.

Durch die Hinterlegung des Geldes hatte der Käufer also volles und freies Eigentum erworben. Er war also vor einer Inanspruchnahme der Gläubiger des Voreigentümers gesichert.

XII. Das *jus retractus*

Ein in vielen Orten der Niederlande und generell in Europa[520] übliches Gewohnheitsrecht, war das *naasting*-Recht oder lat. *jus retractus*[521] des Grundherren und der Blutsverwandten des Verkäufers.[522] Das *jus retractus* hatte seinen Ursprung in der

519 Pauw fährt fort, dass im vorliegenden Fall diesen ebenfalls kein Vorwurf zu machen war, da sie die Hinterlegung der Summe von Sejus verlangt hatten, der eine frühere Hypothek an den Grundstücken besaß.

520 Coing, S. 383 f. und Fockema Andreae, S. 267 ff.

521 Der Begriff *jus retractus* kann am besten mit „Rückholrecht" wiedergegeben werden. Eine übliche deutsche Bezeichnung ist auch der Begriff „Näherrecht". Da es aber um niederländische Ausgestaltung des Gewohnheitsrechts geht, ist eine Übersetzung doch ungenau. *Naasting* wird heute in den Niederlanden in der Bedeutung von „Nationalisierung" verwendet. Als solches handelt es sich um ein einseitiges Rechtsgeschäft, die Kaufsache an sich zu nehmen, desjenigen, der der Sache *nahe steht*, gegen ein Entgelt. Man kann es im modernen deutschen Recht am ehesten mit einem (privaten oder staatlichen) Vorkaufsrecht vergleichen.

522 Andere gebräuchliche Bezeichnungen für dieses Recht sind *zinnige*, *naakoop* („Nachkauf"), *aanboord* oder *wederdrijving*, vgl. Grotius, Inleidinge, Lib. III, Kap. XVI, § 1; Van Oudenhoven, S. 307. Zum Begriff vgl. auch Obs. Tum. Nov. Nr. 80 und 609. Pauw verweist in Obs. Tum. Nov. Nr. 609 zur Herkunft des Begriffs *naakoop* auf Kilianus, Etymologicum teutonicae linguae. In den

mittelalterlichen Gebundenheit des Grundeigentums und war Ausdruck des vielfachen Bindungen familiärer, genossenschaftlicher oder lehensrechtlicher Art unterworfenen einheimischen Eigentumsverständnisses.[523] Da es sich um lokales Recht handelte, waren die für das *jus retractum* geltenden Regeln in den einzelnen Orten unterschiedlich.[524] Es gab hierzu eine Vielzahl an Keuren, Costuymen, Constitutiones, Edicta, Statuta und ungeschriebenes Gewohnheitsrecht, das der Kläger durch eine *turba* zu beweisen hatte.[525] Das Retraktsrecht war nicht Teil des gemeinen Rechts, sondern entstammte dem lokalen Gewohnheitsrecht. Dies erschwert es, allgemein gültige Aussagen über das *jus retractus* anzugeben. Die folgenden Ausführungen beziehen sich daher auf die wesentlichen Gemeinsamkeiten.

Das *jus retractus* berechtigte den Begünstigten, beim Kauf von Immobilien auf dem Land[526] und diesen gleichstehende Rechten[527] an die Stelle des Käufers in den Vertrag zu treten,[528] oder das Grundstück vom Käufer zurückzufordern, bzw. von ihm den Eintritt in den Kaufvertrag zu verlangen.[529] Man konnte, wie die Entscheidung Obs. Tum. Nr. 288 vom 9. Juni 1707 zeigt, dieses Recht auch vertraglich zwischen den Parteien vereinbaren. Dieses vertraglich vereinbarte Recht entfaltete dann aber nur Wirkungen zwischen den Parteien und wirkte nicht mehr, wenn das Grundstück weiterverkauft wurde.[530] Die Mehrzahl der Fälle am Hoge Raad betrafen aber nicht

---

Observationes werden sowohl die lateinische als auch die niederländische Bezeichnung verwendet.

523 Moorman van Kappen, S. 12 ff. und auch Van Bijnkershoek, Quaestiones Juris Privati, Lib. III, Kap. XIII, S. 477, der den Ursprung des Rechts im mittelalterlichen Lehnsrecht sieht. Dagegen verweist in späterer Zeit Van der Keessel, 1300 auf das Erbrecht („Erblosung").

524 Zimmermann, Kaufvertrag, S. 192; Van Bijnkershoek, Quaestiones Juris Privati, Lib. III, Kap. XIV, S. 488.

525 In Obs. Tum. Nov. Nr. 1590 bemerkt Pauw unter Verweis auf Van Bijnkershoek, Quaestiones Juris Privati, Lib. 3, Kap. XIII, S. 478: „...ex veriori sententia juri retractus in Hollandia non sit locus nisi ubi per legem aut consuetudinem obtinere possit probari ..." In diesem Fall ging es um das Bestehen des Rechts in Lekkerkerk. Der Kläger meinte dies aus Van Oudenhoven, S. 505 herleiten zu können, dass das Recht allgemein in Zuid-Holland bestehe. Pauw meint unter Verweis auf Van Oudenhoven, S. 404, es gelte nur in vielen Orten. Da der Ort allerdings nicht in der Liste von Van Oudenhoven, S. 530 enthalten sei, sei das Recht nicht belegt. Der Kläger brachte auch noch das Zeugnis der Schöffen von Lekkerkerk bei. Da diese zwar einerseits bezeugten, dass der 20ste für dieses Recht gezahlt werde (was Pauw und die meisten Ratsherren reine Beutelschneiderei („rapina") nannten), andererseits aber auch, dass das Recht nicht dem klagenden Grundherrn, sondern nur den Nachbarn und *ingelanden* zustand, lehnte das Gericht am 28. Juli 1781 die Forderung des Grundherrn ab und verurteilte ihn sogar zum Ersatz des gegenwärtigen und zukünftigen Schadens.

526 Van Leeuwen, Censura Forensis, Lib. IV, Kap. XXI, § 1.

527 „Chijnsen" (census ex rebus immobilibus) und „tienden" (decimae); Vgl. Grotius, Inleidinge, Lib. III, Kap. XVI, § 5 und 17, Voet, D. 18. 3. 31, Van Bijnkershoek, Quaestiones Juris Privati, Lib. III, Kap. XIII, S. 482 f. und die Entscheidung Obs. Tum. Nov. 1250 vom 15. Dezember 1773. In diesem Fall waren *ettingen*, ein Recht zur Fruchtziehung verkauft worden. Der Hoge Raad verneinte das Bestehen des *jus retractus*. Pauw verweist hier auf die zitierten Stellen bei Van Bijnkershoek und Grotius und führt zur Begründung an, dass *ettingen* mit *census* und *decimae* nicht verglichen werden könnten. Es gab allerdings von der Beschränkung auf Immobilien auch Ausnahmen. So konnte das Recht auch an Forderungen oder Schiffen bestehen. Siehe dazu Zimmermann, Kaufvertrag, S. 195 m. w. N. Dies wurde aber nicht vor dem Hoge Raad relevant.

528 Grotius, Inleidinge, Lib. III, Kap. XVI, § 2; Van Leeuwen, Rooms-Hollands-Regt, Lib. IV, Kap. XIX, § 4; Van Leeuwen, Censura Forensis, Lib. IV, Kap. XX, § 8.

529 Grotius, Inleidinge, Lib. III, Kap. XVI, § 16.

530 Van Bijnkershoek meint, nach dem zweiten Verkauf habe das Recht nur noch als persönliches

das vertraglich vereinbarte *jus retractus*, sondern das Gewohnheitsrecht, so dass die erste Frage, die das Gericht zu entscheiden hatte, dann immer die nach der Existenz eines solchen Gewohnheitsrechts war.

Der Eintritt in den Kaufvertrag konnte nach Kaufabschluss und vor Übereignung des Grundstücks oder auch nach der Übereignung erfolgen,[531] wobei jedoch Fristen (z. B. ein Jahr oder „Jahr und Tag" nach Eigentumsübertragung, ggf. ab Kenntnis des Berechtigten vom Verkauf) einzuhalten waren.[532] Eine spätere Rückgängigmachung des Kaufvertrags änderte nichts an der Eintrittsberechtigung des Begünstigten.[533] Übte der Begünstigte das Recht aus, so musste er dem Käufer den ggf. bereits gezahlten Kaufpreis sowie die in Verbindung mit dem Kauf entstandenen Aufwendungen erstatten.[534] Die inzwischen gezogenen Früchte verblieben allerdings beim Käufer.[535] Die Ausübung des *jus retractus* war an die Einhaltung von Formen geknüpft. So musste z. B. der Ausübende vor dem *schout* oder sieben Zeugen des Ortes erscheinen und in ihrer Gegenwart eine mit Gras bewachsene Erdscholle ausgraben und umdrehen.[536]

Wie die zum *jus retractus* erlassenen Entscheidungen zeigen, handhabte der Hoge Raad das Recht sehr einschränkend. Nur in den vom Gesetz vorgesehenen Fällen oder wenn der Nachweis des Gewohnheitsrechts durch mehrere Beweise erbracht ist, spricht das Gericht dieses Recht zu. Van Bijnkershoek ist dabei restriktiver als Pauw. Zu einer grundsätzlichen Ablehnung kommt das Gericht jedoch noch nicht. Eine grundsätzliche Ablehnung konnte allerdings nach dem Selbstverständnis der Richter nicht geschehen, weil dazu nur der Gesetzgeber befugt gewesen wäre. Bestand eine Regelung oder konnte die Gewohnheit nachgewiesen werden, dann mussten es die Richter zusprechen. Die Richter sahen darin weniger eine Belastung des freien Grundstücksverkehrs, d. h. sie stellten keine ökonomischen Überlegungen an, als vielmehr ein abzulehnendes feudales Recht, das den Grundherren in Holland und Seeland von Alters her nie, oder nur in den nachweisbaren Fällen zugestanden habe. Zu einer allgemeinen Aufhebung des *jus retractus* kam es in den Niederlanden erst mit Einführung des *Wetboek Napoleon ingerigt voor het Koningrijk Holland* im Jahr 1809.

1. Der Kreis der Begünstigten

Sehr streitig war, wer zum Kreis der Begünstigten des *jus retractus* gehörte. Der Graf von Holland konnte dieses Recht bei Verkauf eines Lehens geltend machen, bevor

---

Recht gegen den ersten Verkäufer gewirkt, und verweist dazu auf seinen Commentarius Juris Hollandici, Tom. II, L. II C. 28 und Curtius, Conject. Jur. Civ. II 26 und Guid. Papa Q 237. Einige Ratsherren wollten noch untersuchen, ob in Ninden und Loosdregt dieses vom Kläger gegen den neuen Käufer geltend gemachte Recht als Gewohnheitsrecht bestand. Dies hielt Van Bijnkershoek allerdings für überflüssig, zumal weil sich davon nichts in den Akten fand. Der Hoge Raad wies daher die Berufung des ersten Verkäufers zurück.

531 Van der Keessel, 1302, 1339.

532 Vgl. z. B. Grotius, Inleidinge, Lib. III, Kap. XVI, § 10 und Moorman van Kappen, S. 9 f.

533 Van der Keessel, 1302 f.

534 Grotius, Inleidinge, Lib. III, Kap. XVI, § 11.

535 Voet, zu D. 18. 3. 27.

536 Grotius, Inleidinge, Lib. III. Kap. XVI, § 11; Van Leeuwen, Rooms-Hollands-Regt, Lib. IV, Kap. XIX, § 5 und 6 (Forderungen).

dem Käufer das Lehen verliehen wurde.[537] Grotius hält es für zweifelhaft, ob auch rangniedrigeren Lehnsherren das gleiche Recht zustehe. Van Bijnkershoek verneint dies in den Quaestiones Juris Privati, Lib. 3, Kap. 13 grundsätzlich.

Zu dem Kreis der Berechtigten zählten zum einen der Lehnsherr, zum anderen aber auch die Blutsverwandten des Verkäufers.[538] Der Käufer sah sich deshalb einem großen Risiko ausgesetzt, in einen Prozess verwickelt zu werden, in dem der Grundherr vor Ort oder ein entfernter Verwandter[539] das verkaufte Grundstück für sich beanspruchte. Der Käufer konnte sich also nie sicher sein, ob er das Grundstück, das er gutgläubig erworben hatte, tatsächlich auch behalten durfte.

Sofern das Recht dem Lehnsherr zustand, hatte dieses Recht im Mittelalter auch einen politischen Hintergrund, indem die Vergabe des Landes die Belohnung für geleistete oder noch zu leistende Dienste war. Es kam jedoch auch vor, dass ein Gebiet mit Hoheitsrechten verpachtet oder verkauft war. Begünstigte konnten in diesem Fall Adelige oder Bürger sein. Im 18. Jahrhundert hatte der Grundherr meist aber kein eigenes Interesse an der Rückforderung des Landes mehr und ließ sich seine Zustimmung zur Veräußerung durch Zahlung einer Summe abkaufen,[540] womit die Ausübung dieses Rechts letztlich zu einer Einnahmequelle wurde.

In den Niederlanden standen jedoch auch viele Grundstücke unter allodialem Recht und waren somit keinem lehnsrechtlichen Retraktsrecht unterworfen. Gleichwohl bestand aber das Retraktsrecht oft zu Gunsten der nächsten Nachbarn oder von anderen Mitgliedern des Dorfes.[541] Dies galt in der Provinz Rheinland, sofern die Verwandten ihr Recht nicht ausübten,[542] und nach diesen dem Schultheißen.[543]

a) Lehnsherr und Schultheißen

Wie bereits oben erwähnt, stand das *jus retractus* dem Grafen von Holland als oberstem Lehnsherr zu. Mit der Frage, ob auch niedere Lehnsherren dieses Recht beanspruchen konnten, setzt sich Pauw in der Entscheidung Obs. Tum. Nov. Nr. 994 vom 18. Dezember 1766, der Fortsetzung des Falls Obs. Tum. Nov. Nr. 993 mit anderen Personen,[544] auseinander.

In Obs. Tum. Nov. Nr. 994 forderte die Herrin von Alphen in Rheinland neun verkaufte Morgen Land zurück, wobei sie sich auf das *jus retractus* berief. Der Käufer

537 Grotius, Inleidinge, Lib. III, Kap. XVI, § 4.

538 Grotius, Inleidinge, Lib. III, Kap. XVI, § 7; Voet, zu D. 18. 3. 12 ff. Im einzelnen gab es dazu viele Streitfragen (z. B. ob und unter welchen Umständen das Recht den Söhnen des Verkäufers zustand; wie Rangverhältnisse geregelt waren, wenn der Käufer selbst Blutsverwandter des Verkäufers war; wie die Rangverhältnisse unter den Berechtigten waren; oder was bei Verzicht galt). Siehe dazu Van der Keessel, S. 1317 ff.

539 Bisweilen konnte das Recht sogar bis zum zehnten Grad geltend gemacht werden, Zimmermann, Kaufvertrag, S. 196.

540 Pauw bemerkt dies in Obs. Tum. Nov. Nr. 009.

541 In der S. 221, Fn. 527 zitierten Entscheidung Obs. Tum. Nov. Nr. 1250 machten es die Nachbarn geltend.

542 Grotius, Inleidinge, Lib. III, Kap. XVI, § 9.

543 Grotius, Inleidinge, Lib. III, Kap. XVI, § 12.

544 In der Entscheidung Nr. 993 stritt der Käufer mit dem Nachbarn über die Grenzziehung und darüber, ob ein weiteres Grundstück vom Kaufvertrag mitumfasst war.

widersprach zum einen damit, dass dem Herrn von Alphen generell das Recht nicht zustehe, zum anderen weil sie nicht alle verkauften Grundstücksteile zurückforderte, sondern nur einen Teil. Das Schöffengericht von Alphen gab der Grundherrin Recht, der Hof von Holland hatte das Urteil aufgehoben. Pauw verweist auf die Quaestiones Juris Privati seines Schwiegervaters,[545] worin er den Grundherren das *jus retractus* insgesamt abspricht.[546] So weit wage er jedoch nicht zu gehen, wenn die Gebietsherren das Recht entweder durch Investiturbriefe oder eine lange Zeit der Ausübung nachweisen konnten. Die Investiturbriefe, welche die Klägerin hier vorlegte, konnten ihr nicht helfen, da darin das Recht nicht erwähnt wurde. So blieb ihr nur der Beweis, dass die Grundherren von Alphen dieses Recht lange Jahre ausgeübt hatten. Dazu brachte die Klägerin zwei Beispiele. Das eine war, dass im Jahr 1715 der Schultheiß von Alphen bei den Schöffenrichtern ein Grundstück mit dem *jus retractus* zurückgefordert und erlangt habe. Nach dem anderen Beispiel habe derselbe Schultheiß mit Käufern 1718 einen Vertrag über das *jus retractus* geschlossen. Dass zwei Beispiele für den Nachweis eines langdauernden Besitzes wohl kaum ausreichen, würde jeder meinen, der mit Van Bijnkershoek nicht besorgt kundgibt, dass das *jus retractus* reine Unbilligkeit sei, meint Pauw ironisch. Im Übrigen würden die Beispiele nur beweisen, dass das Recht von den Schultheißen ausgeübt wurde, nicht aber von dem Grundherr selbst. Die Klägerin wandte ein, die Schultheißen würden das Recht im Namen der Grundherren ausüben. Nähme man dies an, müsse § 35 der Consuetud. Rhenol. so interpretiert werden, dass im Gebiet Rheinland alle Herren das *jus retractum* besitzen. Dies habe aber bis jetzt keine einzige Stimme in der Literatur bestätigen wollen. Grotius meine, dass *manche* Grundherren dieses Recht ausübten, wenn sich auch das, was er dort sagt, nur auf das Rheinland beziehe. Die Klägerin verlor aber auch deshalb, weil sie nicht das ganze Grundstück, sondern nur einen Teil zurückgefordert hatte. Der Hoge Raad[547] bestätigte mit einer Gegenstimme[548] das Urteil des Hofs. Pauw ergänzt noch, allein dieses habe schon ausgereicht.[549]

b) Blutsverwandte

Verwandte waren alle Blutsverwandte auf der männlichen oder weiblichen Seite, ohne Rücksicht darauf, ob das Eigentum von einer dieser Seiten ursprünglich ererbt oder durch Kauf erworben wurde. Der Intervenient musste nur näher als der Käufer mit dem Verkäufer verwandt sein.[550] Zunächst habe sich aber das Recht auf Cousins zweiten Grades beschränkt, weil dies auch die Grenze der gesetzlichen Erbfolge war,[551] aber schon zu Zeiten von Grotius genügte irgendeine Verwandtschaft zum Verkäufer.

545 Van Bijnkershoek, Quaestiones Juris Privati, Lib. II, Kap. 13, S. 480 f.

546 Van Bijnkershoek meint, es handele sich um eine „iniusta consuetudo, sine principis consensu ursurpata ad homines vexandos." Van Bijnkershoek geht damit weiter als Zimmermann, Kaufvertrag, S. 198 meint: Es geht nicht nur darum, ob die Schultheißen oder der *bailliu* das Recht haben, sondern ob es der Grundherr selbst hat.

547 Der *rapporteur* Van Sandheuvel, Pauw, Nispen, Dierkens, De Mauregnault, Hemert und der Präsident.

548 Es war der Ratsherr Graafland ohne Angabe von Gründen.

549 Dies ergibt sich auch aus der *resolutie*.

550 Grotius, Inleidinge, Lib. III, Kap. XVI, § 7.

551 Grotius, Inleidinge, Lib. III, Kap. XVI, § 7.

Machten mehrere Verwandte dieses Recht geltend, war nicht der Grad der Verwandtschaft ausschlaggebend, sondern allein der Zeitpunkt, an dem der erste Intervenient das Recht geltend machte.[552]

Dass es auch in der Praxis auf den Nachweis der Blutsverwandtschaft durch den Intervenienten ankam, zeigt die Entscheidung Obs. Tum. Nr. 376. Zu dem Nachweis kam es in dieser Entscheidung nur aus prozessualen Gründen nicht mehr. Der Intervenient verlangte mit dem Verwandschaftsrecht (*jus proximitatis*) vom Käufer ein in Vlissingen gelegenes Haus zurück. Vor dem Vlissinger Schöffengericht war der Käufer unterlegen. Er legte daraufhin beim Hoge Raad Berufung ein.[553] Der Berufungsbeklagte erschien jedoch nicht vor dem Hoge Raad, sodass der Käufer im Juli 1707 den Erlass eines Versäumnisurteils beantragte.[554] Nachdem der Fall am 17. Februar 1708 dem Kollegium vorgetragen worden war,[555] meinten einige Ratsherren,[556] dass der Fall nicht beschleunigt zu behandeln und vorzuziehen sei, obwohl bereits ein halbes Jahr seit dem Antrag auf Erlass des Versäumnisurteils verstrichen war und die Ferienzeit dazwischen gelegen hatte. Diese Ratsherren wollten also den Erlass eines Urteils nochmals hinauszögern. Die Mehrheit lehnte dies aber ab, nachdem bereits die Prozessunterlagen gelesen hatte, und die Gegenseite mehrfach ein Urteil verlangte. Diese Ratsherren meinten, die Instruktie des Hoge Raad enthalte keine Wartezeit, nachdem ein Versäumnisurteil beantragt wurde.[557] Man dürfe in diesem Fall nicht warten, weil der Berufungsbeklagte keinen Prokurator hatte,[558] den der Hoge Raad hätte mahnen und erneut vorzitieren können, nachdem gegen ihn das Versäumnisurteil beantragt worden war.[559] Das Gericht ließ es sich also nicht nehmen, den Fall nun sofort materiell zu prüfen. Der Käufer bestritt, dass der Verkäufer überhaupt mit dem Berufungsbeklagten blutsverwandt war, jedenfalls aber nicht in dem Grad, der nach den Gesetzen von Seeland erforderlich sei. Außerdem meinte er, dass bei einer Auktion das *jus retractus* ohnehin nicht bestehe. Damit berief er sich indirekt auf Grotius, Inleidinge, Lib. III, Kap. XVI, 5. Grotius behandelt an dieser Stelle allerdings nur die Provinz Holland und verneint das *jus retractus* bei öffentlichen Versteigerungen.

Einer der Ratsherren[560] übergab den übrigen Richtern ein Manuskript der Gewohnheitsrechte von Vlissingen (Provinz Seeland), aus denen sich ergab, dass das *jus retractus* auch bei einer Versteigerung galt. Aus den *Keuren von Zeeland* ergab sich jedoch nicht sicher, ob es auch denen zugestanden wird, die mit dem Verkäufer blutsverwandt

552 Grotius, Inleidinge, Lib. III, Kap. XVI, § 7. Bestanden verschiedene Personen auf das *jus retractus* zur selben Zeit, erhielt derjenige den Vorzug, der vor dem Verkauf einen ungeteilten Anteil am Grundstück besaß. War dies nicht der Fall, war der Grad der Verwandtschaft entscheidend. Bei gleichem Verwandtschaftsgrad konnten alle das Recht zusammen ausüben. Grotius, Inleidinge, Lib. III, Kap. XVI, § 8.

553 Dies geschah nicht *omisso medio*, siehe oben S. 58, weil Seeland über keinen Hof verfügte.

554 „Sulks den koper sijn intendit heeft overgelegt en op verstek gedient in Jul. 1707."

555 Grundsätzlich wurden Fälle zunächst vor den Kommissaren verhandelt, siehe S. 41.

556 Eine *resolutie* zu diesem Datum gibt es nicht. Die Entscheidung in der Sache ist im *resolutieboek* unter dem 28. Februar 1708 notiert.

557 Tatsächlich ist keine weitere Wartezeit aus der Instruktion zu belegen.

558 Der Berufungsbeklagte durfte sich vor dem Hoge Raad nicht selbst verteidigen. Es musste immer ein Prokurator für den Beklagten auftreten.

559 Van Bijnkershoek bezeichnet den Berufungsbeklagten mehrfach als „contumax" (störrisch).

560 Aus der *resolutie* vom 28. Februar 1708 lässt sich schließen, dass es der Ratsherr Verbrugge war.

sind, ohne Rücksicht auf den Grad. Dies meinte die Mehrheit der Richter[561] für den Berufungsbeklagten ergänzen zu können, obwohl es auch andere Stimmen gab.[562] Es bestand daher für den Hoge Raad nur die faktische Frage, ob der Berufungsbeklagte zu den Angehörigen des Verkäufers zählte. Verkäufer und Berufungsbeklagter trugen zwar denselben Namen, es gab aber auch andere, die nicht aus der Familie des Verkäufers stammten. Mit dem Hinweis darauf, dass diese Frage jedoch nach dem Antrag auf Erlass des Versäumnisurteils nicht mehr geprüft werden konnte,[563] gab der Hoge Raad der Berufung statt und verurteilte den Berufungsbeklagten wegen *contumacia* zu den Kosten.[564]

2. Das Bestehen des *jus retractus* bei öffentlichen Versteigerungen und Ablösung durch Zahlung

In den Entscheidungen des Hoge Raad spielten beim *jus retractus* vor allem Fragen im Zusammenhang mit Versteigerungen und der Ablösung des Rechts durch Zahlung eine Rolle.

a) Versteigerungen

Wie bereits oben angedeutet, bestand das *jus retractus* in der Provinz Holland nicht bei Versteigerung.[565] Gleichwohl war dies eine Frage, die der Hoge Raad sehr kontrovers diskutierte, wobei Pauw das Bestehen des Rechts grundsätzlich in Zweifel zieht. Virulent wurde die Frage immer dann, wenn es um die Ablösung des Rechts in Form einer Geldzahlung ging.

In der Entscheidung Obs. Tum. Nov. Nr. 80 vom 12. November 1744 hatte der Käufer auf einer Versteigerung vor dem Hof von Holland ein Landgut von einigen Morgen, das in der Nähe von Brandwijk gelegen war, erworben. Die Herrin von Brandwijk und Gijbeland verlangte vom Käufer 6 Gulden je Morgen, was der Käufer verweigerte. Die Herrin ging daher zum Hoge Raad und beantragte den Erlass eines *interdictum uti possidetis*, um den Verkauf zu verhindern und verlangte *recredentie*.[566] Pauw meint, das Bestehen des Rechts auf Ablöse orientiere sich an dem Bestehen des *jus retractus* selbst. Fraglich aber sei, ob dies auch bei Verkäufen *sub hasta*, also bei Versteigerungen, gelte. Die Klägerin habe umfangreiche Beweise beigebracht, diese hätten sich aber vor

561 Der *rapporteur* De Roovere, Admiraal, De Vries, Sluisken, Keetlaer, Van Bijnkershoek und der Präsident.

562 Es waren die Ratsherren Van Vrijhoeven, Verbrugge und Schaap.

563 Van Bijnkershoek formuliert hier ganz geschickt: „Quumque id [i.e. questionem an Sempronius esset ex proximis venditoris] negaret emptor, non licuit Senatui sine actis et probatis id assumere, quamvis esset verisimillimum, et pro eo quoque militaret sententia Vlissingenis.“ Und weil das [nämlich die Frage, ob Sempronius [der Berufungsbeklagte] zu den Blutsverwandten des Verkäufers gehörte] der Käufer bestritt, war es dem Hoge Raad ohne Akten und Beweise nicht erlaubt, das anzunehmen, auch wenn es ganz wahr gewesen wäre, und dafür sogar der Urteilsspruch von Vlissingen stritt.

564 Über das Verhalten des Berufungsbeklagten und die Kostenentscheidung gibt die Resolutie allerdings keine Auskunft.

565 Siehe Grotius, Inleidinge, Lib. III, Kap. XVI, § 5.

566 Siehe dazu S. 86.

allem auf Privatverkäufe bezogen. Pauw vertritt unter Verweis auf Van Bijnkershoeks *Quaestiones juris privati*[567] die Ansicht, wem lediglich das *jus retractus* zustehe, könne dieses nicht bei öffentlichen Versteigerungen geltend machen. Denn dieses Recht sei eingeführt worden entgegen den Regeln des gemeinen Rechts[568] und sie seien nicht frei von Unbilligkeit, sodass sie restriktiv gehandhabt werden müssten.[569] Pauw meint, dies sei der einzige Grund, weshalb das *jus retractus* bei Versteigerungen üblicherweise nicht gelte. Den von seinem Schwiegervater genannten Grund, dass der Begünstigte verpflichtet werde, mehr anzubieten, spreche gegen ein Privileg. Denn das *jus retractus* bestehe auch darin, dass der Begünstigte sich dessen enthalte oder es zum selben Preis kaufe, mit welchem das Grundstück dem Überbietenden zugesprochen wurde.[570]

Die Klägerin brachte ein einziges Beispiel bei, dass sie das Recht bei öffentlichen Versteigerungen von Konkursmassen ausübte. Aber aus einer einzigen und privaten Handlung den Besitz zuzusprechen, meint Pauw, sei gefährlich, zumal wenn die Klägerin die Zahlung nur mit einem Auszug aus ihren privaten Unterlagen, dem *staatboek*, beweisen wollte. Ein privates Schriftstück könne aber für den Schreibenden nichts beweisen. Aber selbst wenn sie damit beweisen konnte, dass ihr das Recht bei dieser Art Versteigerungen zukam, dürfe dies nicht auf Versteigerungen allgemein übertragen werden. Dies belegt Pauw mit einem Zitat von Matthaeus.[571] Der besondere Grund, weshalb ihr bei Versteigerungen in Erfüllung eines Urteils das Recht nicht zukomme, sei der Vorteil für die Gläubiger, damit sie nicht aus Furcht vor der Geltendmachung des Rechts von der Versteigerung abgehalten werden. In gleicher Weise sei dieser Grund bei jeder Versteigerung gültig, die zur Befriedigung von Gläubigern erfolge. Aber dies zu entscheiden, hielt Pauw auf Grund der Beweislage für nicht mehr notwendig.

Schließlich leitete die Klägerin ihr Recht aus dem Umstand ab, dass ein Bauer, der zur selben Zeit wie der Beklagte und bei derselben Auktion etwas Ackerland erworben hatte, eine solche Zahlung geleistet habe. Dafür habe sie allerdings wiederum nur eine private Urkunde vorlegen können. Pauw vermutet sogar, dass sie diese Urkunde selbst erstellt habe, um die Ausübung des Besitzes beweisen zu können. Ebenso könne man aus dem Einspruch des Beklagten ableiten, dass ihr das Recht nicht zustehe. Pauw, der an erster Stelle seine Stimme abgab, konnte die übrigen Richter mit dieser Beweisführung zu einem einstimmigen Urteil bewegen, sodass die Klage abgewiesen wurde.

b) Die Ablösung des *jus retractus*

Oftmals stand das *jus retractus* dem lokalen Grundherrn zu, der sich die Geltendmachung des Rechts gegen Zahlung einer Gebühr im Voraus abbedingen ließ. Das *jus retractus* war damit auch ein Recht an der Sache.[572]

567 Van Bijnkershoek, Quaestiones Juris Privati, Lib. III, Kap. XIV.
568 Pauw erläutert dies nicht weiter. Es ist aber klar, dass bei einer Versteigerung das Grundstück frei von Lasten verkauft wird und ein ungestörter Besitz garantiert wird.
569 „Scilicet introductum est hoc jus contra regulas juris communis, nec iniquitate vacat, adeoque restringendum potius est quam extendendum."
570 Dies bedeutet, dass der Begünstigte an die Stelle des Käufers tritt.
571 Matthaeus, Bd. 1, Kap. 16, § 41.
572 Grotius, Inleidinge, Lib. III, Kap. XVI, § 16.

Welche Auswirkungen das in der Praxis hatte, zeigt Obs. Tum. Nov. Nr. 350 vom 8. Oktober 1750. Der Käufer hatte bei einer öffentlichen Auktion in Dordrecht eine Salzkote in Zwijndrecht erworben. Die Veräußerung der Immobilie fand daher außerhalb des Herrschaftsbereichs des Grundherren statt. Der Grundherr der Domäne in Zwijndrecht verlangte vom Käufer für das *naastings*-Recht 1% je Gulden und für das *pondgeld*[573] 8 Pfennige je Gulden zu Gunsten seiner Beamten. Der Käufer weigerte sich, diese Gelder zu zahlen, wenn ihm der Grundherr dieses Recht nicht nachweise. Der Grundherr ging daraufhin zum Hoge Raad und verlangte den Erlass eines *interdictum uti possidetis*[574] bzgl. des Genusses des *jus retractus* und des *pondgelds* bei allen Grundstücksverkäufen und begehrte die Einräumung des vorläufigen Besitzes. Der Käufer bestand weiterhin auf seiner Position. Der Grundherr konnte beweisen, dass er von 1729–1749 von diesem Recht ununterbrochen Gebrauch gemacht habe. Dies genügte der Mehrheit – bei einer Gegenstimme[575] – im Hoge Raad für den Erlass eines einstweiligen Urteils, zumal weil der Käufer den Besitz des Grundstücks innegehabt hatte. Das *jus retractus* konnte also auch im Wege einer Besitzschutzklage durchgesetzt werden.

Der Streit war damit allerdings noch nicht beendet. Nach Erlass des einstweiligen Urteils, so berichtet Pauw in Obs. Tum. Nov. Nr. 609 (Entscheidung vom 12. Februar 1757),[576] habe der Käufer dem Grundherren 1.165 Gulden gezahlt und vereinbart, *omisso medio*[577] den Streit petitorisch beim Hoge Raad fortzusetzen,[578] wobei der Käufer die Rolle des Klägers übernehmen sollte.[579] In einer negativen Feststellungsklage sollte der Hoge Raad daher aussprechen, dass dem Grundherrn nicht das Recht zukomme, bei allen Verkäufen von Grundstücken für das *jus retractus* 1% vom Kaufpreis und für das *pondgeld* 8 Pfennige pro Gulden vom Kaufpreis einzuziehen. Ferner verlangte der Käufer die Rückzahlung des bezahlten Geldes zzgl. 4% Zinsen. Bei der Erörterung des Falls waren sich alle Ratsherren darin einig, dass dem Kläger hier nicht die Beweislast obliege, sondern dem Beklagten, da er es war, der auf sein Recht bestand. Pauw verweist dazu auf D. 22. 3. 2, wonach dem der Beweis obliegt, der behauptet und nicht dem, der es bestreitet. Pauw wendet dagegen zwar die Ansicht von Cujacius[580] ein, dass auch derjenige, der negatorisch klagt, die Beweislast trage, meint aber, richtiger sei die Ansicht von Böckelmann[581] und Huber,[582] die das ablehnen, was nach Perezius[583] auch allgemeine Ansicht sei. Die Richter untersuchten dann, ob der Grundherr die von ihm behaupteten Rechte beweisen konnte. Pauw meinte, es reiche aus, wenn bejaht werden könnte, dass ein Gebäude beiden Lasten unterliege.

573 Dies war eine weitere öffentliche beim Verkauf dem Grundherrn zu zahlende Last.
574 Siehe dazu oben S. 86.
575 Mollerus war anderer Ansicht. Er meinte, was Pauw nicht berichtet, was sich aber aus den resolutien ergibt, dass aus den Kaufunterlagen klar war, dass *pondgeld* und *jus retractus* von 1689 – 1721 nicht erwähnt seien.
576 Die *resolutie* trägt das Datum 11. Februar 1757.
577 Siehe oben S. 58.
578 Die Lasten wurden also als Eigentumsrecht geltend gemacht.
579 Die Parteien trafen also eine Prorogation hinsichtlich des Gerichts und ihrer Rollen.
580 Cujacius, zu l. 19 de oper. nov. nuc.
581 Böckelmann, zu D. 8. 5.
582 Huber, Praelectiones, zu D. 8. 5.
583 Perezius, zu C. 3. 34. 32.

Die Beantwortung der Frage generell, d. h. auch für Grundstücke, läge nämlich nicht im Interesse des Käufers.

Pauw konnte sich aber mit seiner Ansicht nicht durchsetzen. Deshalb diskutierten die Richter jeden Einzelfall. Pauw nimmt dies zum Anlass, sich grundsätzlich über die Herkunft des Begriffs und die Entwicklung des Rechts zu äußern. Er meint, es sei aber klar, dass kein Raum für eine Auslösung des Rechts bestehen könne, wenn nicht das Recht selbst bestehe. Daher meinten zwei Ratsherren,[584] selbst wenn sich der Grundherr des Rechts bislang erfreut habe, sei es ihm dennoch nicht erlaubt, dieses bei öffentlich versteigerten Sachen auszuüben, da bei einer Versteigerung das Recht entfalle, wenn er nicht zusätzlich nachweise, dass er durch Privileg oder langen Besitz das Recht erlangt habe, auch bei öffentlichen Versteigerungen die Summe fordern zu können. Pauw verweist insoweit auf die Entscheidung Obs. Tum. Nov. Nr. 80.

Ein Teil der Richter meinte, dass sich *naasting* und *naakoop* voneinander unterschieden.[585] *Naakoop* müsse aus dem alten Recht abgeleitet werden, dass man einen Besitz ohne Zustimmung des Grundherren nicht veräußern durfte, und um diesen zu erlangen, habe eine Summe gezahlt werden müssen. Eine Differenzierung zwischen öffentlichen Versteigerungen und privatem Verkauf helfe daher nichts. Jeder, der dieses Recht habe, könne es ausüben ohne Rücksicht auf die Art der Veräußerung. Die Mehrheit bezweifelte nicht, dass das Recht dem Grundherrn zukomme, weil sowohl Einsetzungsbriefe vorhanden waren, als auch der *naakoop* bei einer Verpfändung aus dem Jahr 1632 angegeben war. Pauw kommentiert diese Beweisführung zynisch: „Ich wollte, sie hätten auch bewiesen, was die Senatoren da über diese alte Unterwerfung der Äcker wie aus einem Orakel verkündeten."[586] Zwar habe es in diesem Gebiet Standesunterschiede gegeben und einige seien gleichsam als Schollenpflichtige der Gewalt des Grundherrn unterworfen gewesen, so weit sei aber diese Unterwerfung nicht gegangen, dass sie ohne Zustimmung des Grundherren die Grundstücke nicht hätten verkaufen können. Dies habe er weder gehört noch jemals gelesen. Pauw meint, dann müsste allen Grundherren heute dieses Recht zustehen. Dass die Ratsherren das aus den Einsetzungsbriefen ableiten wollten, sei in gleichem Maße widersprüchlich; denn das Recht bestünde demnach auch so, wobei allgemein bekannt sei, dass es anders sei.

Gegen den Einwand der Ratsherren, der Grundherr habe das Recht durch langen Besitz erlangt, führte Pauw an, dass dies nicht sicher sei. Sicher sei nur, dass das Recht bei privaten Verkäufen ausgeübt worden sei, weil die Herrschaft bei der Verpfändung mit dem *naakoop* angegeben war. Aber selbst wenn es auch für öffentliche Versteigerungen gegolten hätte, meint Pauw, hätte es dem Grundherren nichts geholfen, da sich der Käufer 1697, als der Grundherr die Summe bei einer Versteigerung verlangte, zunächst der Zahlung entzogen hatte und schließlich nur eine maßvolle Summe geleistet hatte. So sei aber der ununterbrochene Besitz gestört. Dieser Argumentation pflichtete der Ratsherr Van Santheuvel bei, der nach der *resolutie* vom 12. Februar 1757 als nächstes seine Stimme abgab. Die Mehrheit der Richter im Hoge Raad entschied aber

584 Es waren Van Nispen und der *rapporteur* des Falles Mollerus.

585 De Mauregnault und der Präsident vertraten diese Ansicht.

586 „Vellem probassent, quod de antiqua agrorum ista subjectione tanquam ex tripode pronuntiabant isti Senatores."

anders.[587] Die Mehrheit der Richter meinte, der Käufer könne nicht zurückfordern, was er geleistet habe. Der Hoge Raad bestätigte also in der Hauptsache das Urteil.[588]

3. Die Verpflichtung zur Veröffentlichung der Kaufabsicht

Um dem Begünstigten die Geltendmachung des Retraktsrechts zu ermöglichen, musste derjenige, der die Verkaufsabsicht hatte, dies öffentlich bekannt geben. Grotius formuliert dies umgekehrt, indem der Begünstigte sich nur dann auf das *jus retractus* berufen konnte, wenn der Verkauf ohne Anzeige in der Kirche oder an Gerichtstagen

587 Zu dem Ratsherr De Mauregnault und dem Präsidenten traten die Ratsherren Van Nispen, Van Hees und Buijs.

588 Im Plenum wurde nach dem Bericht von Pauw sodann eingehend die Berechtigung des *pondgeld* erörtert. Diesbezüglich verweist Pauw auf die Entscheidung Obs. Tum. Nov. Nr. 240. In der zitierten früheren Entscheidung kam es auf den langjährigen Besitz des Rechts an. Pauw meint unter Verweis auf Van Leeuwen, Kostuymen van Rhijnland, Art. 84 und Van Bijnkershoek, Quaestiones Juris Privati, Kap. 13, § 3, das *pondgeld* sei quasi gewohnheitsrechtlich den Beamten für die Dienste bei der Versteigerung geschuldet. Entscheidend sei daher der Nachweis des Besitzes. Pauw war im vorliegenden Fall der Ansicht, das *pondgeld* werde dem Grundherren nicht geschuldet, weil nicht sicher gewesen sei, ob, als das Haus vorher in Dordrecht versteigert worden war, tatsächlich etwas verlangt oder gezahlt worden war. So nämlich habe das Grundstück gleichsam eine Freiheit besessen, weil der Grundherr hinsichtlich des übrigen vielleicht doch ein entgegengesetztes Besitzrecht hatte. Fünf Ratsherren (Mollerus, Pauw, Van Santheuvel, Van Ruster und der Präsident) meinten, dass nicht sicher sei, dass er jenes Recht erhalten habe, auch bei Verkäufen außerhalb seines Herrschaftsgebiets den Betrag zu erhalten. Die vier übrigen Ratsherren (Van Nispen, Alewijn, Dierkens und Mauregnanault) meinten, es reiche einfach aus, dass es ihm erlaubt sei, das Recht auszuüben, und dass das auch dann gelte, wenn der Verkauf außerhalb stattfinde. Sie argumentierten, wenn man anders spräche, würde der Grundherr dieses Vorteils beraubt werden, weil so jeder einfach Kaufverträge außerhalb des Herrschaftsgebiets schließen würde. Dies überzeugte aber die Mehrheit und auch Pauw nicht. Pauw meint, das Recht habe seinen Ursprung in der Raubsucht der Grundherren, die man durchaus mit erlaubten Mitteln umgehen dürfe. Auch den Beamten entstehe kein Schaden, da sie keine Dienste geleistet hätten. Das Urteil wurde hinsichtlich des *pondgeld* aufgehoben. Der Grundherr musste den Teil, der auf das *pondgeld* entfiel, wieder erstatten.

Damit war der Fall aber noch immer nicht erledigt. In Obs. Tum. Nov. Nr. 610 berichtet Pauw, dass in dieser Sache eine Partei einen neuen Vortrag unter Erweiterung des Inventars bei Gericht einreichte, ohne *rekest civil* zu verlangen. Welche Partei das war, nennt Pauw nicht. Vermutlich war es aber der zuvor unterlegene Grundherr. Der Präsident stellte dem Gremium die Frage zur Diskussion, ob dies erlaubt sei. Ein Prokurator, der deswegen befragt wurde, erklärte, dass dies unter Praktikern üblich sei, wenn die Gegenseite dem nicht widersprach. Die Richter sahen darin jedoch einen Verstoß gegen eine Ordonanz des Hoge Raad vom 22. Dezember 1582 [G.P.B. II, S. 1094], und gegen die Natur der Sache, weil ein Prozess, der bereits abgeschlossen sei, nicht erneut eröffnet werden könne, außer durch *rekest civil*, wobei noch hinzukomme, dass das Siegelrecht dadurch verkürzt werde. Deshalb beschloss das Gericht, den Prokuratoren eine Ermahnung zu erteilen, in Zukunft um *rekest civil* zu ersuchen und dies zu Protokoll zu geben.

Weitere sechs Jahre später, 1763, wurde das Verfahren vor dem Hoge Raad erneut fortgesetzt. Ein *beneficiie van rekest civil* war beantragt, vom Hoge Raad verliehen (*interineert*) worden und der Prokurator hatte formal seinen neuen Vortrag eingereicht. Der gegnerische Prokurator verweigerte jedoch die Zustimmung unter Berufung auf den fehlenden *rekest civil.* Die Mehrheit der Richter, die von den Kommissaren angerufen wurden, meinte mit Ausnahme des Präsidenten, die Regelung aus der Entscheidung von 1757 betreffe nur den Fall, dass die Prokuratoren eine Absprache getroffen haben, nicht den vorliegenden Fall, weil das *interinement* des *rekest civil,* also die formelle Billigung, bereits die Zulassung des Vorbringens einschloss, so dass üblicherweise kein weiterer *rekest civil* notwendig sei. Nach dieser Notiz erwähnt Pauw die Sache nicht mehr.

stattfand.[589] Normale Praxis war nämlich, dass der Verkäufer seine Verkaufsabsicht öffentlich in der Kirche oder in dem Gericht aushängen musste, und dann musste beim Verkauf an den Schultheißen (*schout*)[590] eine Steuer (das *pondgeld*) gezahlt werden. Das Vorkaufsrecht entfiel dann ebenfalls. Geschah dies nicht, bestand das *jus retractus*.

Von einer entsprechenden Regelung in Spanbroek berichtet Van Bijnkershoek in Obs. Tum. Nr. 350 vom 7. Dezember 1707 und zitiert sie im Wortlaut: „Item war landen die verkogt sijn in een herberg, of daarbuyten, die niet opgeveilt sijn in de kerk omme te verkoopen, sijn wederroepelijk, daar geen juisten dag in een herberg van verkondigt is.“ Ein Blutsverwandter des Verkäufers in Spanbroek forderte dann das Grundstück, welches in einer Herberge versteigert wurde, aus dem einen Grund zurück, weil der Verkauf nach dem Statut nicht in der Kirche öffentlich angekündigt war. Der Hoge Raad diskutierte nur die Frage, ob ein Aushang in der Kirche notwendig war. Dass das der Fall sei und der Brauch so beachtet werde, bezeugten einige Einwohner von Spanbroek.[591] Der Hoge Raad hatte jedoch Zweifel an deren Aussage. Welche das waren, berichtet Van Bijnkershoek allerdings nicht. Das Gericht ging daraufhin zur Interpretation des Statuts über. Der Käufer legte das Statut so aus, dass das Vorkaufsrecht bestehe, wenn keine Anzeige in der Kirche stattfinde oder sonst öffentlich der Termin der Versteigerung in der Herberge bekannt gegeben werde.

Der Blutsverwandte wandte dagegen ein, man dürfe beides nicht voneinander trennen, sondern müsse dies in dem Sinne verbinden, dass das Recht bestehe, sofern der Versteigerungstermin nicht in der Kirche öffentlich bekannt gegeben worden sei. Es reiche daher nicht aus, dass es eine öffentliche Versteigerung war und in seiner Gegenwart stattgefunden habe. Jedenfalls müsse nach dem Statut der Verkauf in der Kirche angegeben werden, was aber nicht geschehen sei. Für den Hoge Raad stand fest, dass das Statut unklar war und dessen Worte sehr undeutlich. Weil aber dies der Sinn des Statuts gewesen sei, was der Blutsverwandte anführte, urteilten die Schöffenrichter von Spanbroek zu seinen Gunsten, ebenso der Hof von Holland und der Hoge Raad.

4. Besitzstörung durch unberechtigtes Geltendmachen des *jus retractus*

Das Recht, das Grundstück unter Berufung auf das *jus retractus* zu fordern, erlaubte jedoch nicht, wie Obs. Tum. Nov. Nr. 1304 vom 8. April 1775 zeigt, dem Käufer den vorläufigen Besitz des Grundstücks streitig zu machen, bis über das *jus retractus* endgültig entschieden wurde.

In der genannten Entscheidung hatte der Käufer Grundbesitz in Warmond unter der ausdrücklichen Vereinbarung von *periculum est emptoris* gekauft. Der Dritte berief sich auf das *jus retractus* und erklärte, es sei seine Absicht, das Grundstück zu fordern. Er habe deshalb schon einen Rechtsstreit beim Hof von Holland angestrengt.

589 Grotius, Inleidinge, Lib. III, Kap. XVI, § 5 spricht dabei Delfland, Rheinland, Kennemerland an. Im Land von Voorn betreffe das *jus retractus* auch Grundstücke, die nach Veröffentlichung in der Kirche oder vor einem Gericht mit Jurisdiktionsgewalt stattfänden, sofern die Person dieses Recht ausübe. Falls der Begünstigte auf einer Insel wohne, müsse er sich innerhalb der ersten drei Sonntage vom Verkauf in Kenntnis setzen, sofern er „über dem Wasser“ oder gar jenseits des Meeres wohne, betrage die Frist zu Geltendmachung ein Jahr nach Rückkehr, ebd. § 6.

590 Beamte, die in den niederländischen Orten und Städten u. a. Polizeiaufgaben wahrnahmen.

591 Als Beweismittel berief sich der Kläger auf das Zeugnis einer *turba* (siehe oben S. 71).

Der Käufer solle sich inzwischen aller herrschaftlichen Akte enthalten, solange das Verfahren anhängig sei. Der Dritte hatte die Klage vor dem Hof wohl um einen eigenen Verbotsantrag erweitert.

Der Käufer ersuchte dagegen beim Hoge Raad ein *interdictum uti possidetis* zur Verteidigung seines Besitzes und zu der Ausübung der dazu gehörigen Rechte und verlangte *recredentie.* Pauw meint, dass die Regelung *periculum emptoris*, die die Parteien sogar im Vertrag wiederholt hatten, auch das Besitzrecht umfasst. Das Vorhandensein des Kaufvertrags habe daher genügt, um davon ausgehen zu können, dass der Käufer bereits im Besitz des Anwesens stand. Im übrigen habe der Käufer den Besitz auch vor der Ankündigung des Dritten bereits innegehabt. Der Hoge Raad zweifelte daher nicht daran, dass der Käufer ein ungestörtes Besitzrecht bereits innehatte. Der Antrag, den Besitz nicht auszuüben, stellte damit eine Besitzstörung dar. Der Hoge Raad entschied einstimmig zu Gunsten des Käufers.

5. Konkludenter Verzicht auf das *jus retractus* und Einheitlichkeit der Geltendmachung

Gegenstand einer Entscheidung, Obs. Tum. Nov. Nr. 504 vom 24. Mai 1754[592] war der Verzicht auf das *jus retractus.* In diesem Fall hatten zwei Verkäufer (der Vater der Ehefrau und ein Dritter) ein Landgut in Hoorn in Westfriesland, das beide zu gleichen Teilen als Eigentum besaßen, verkauft und zwei Schwäger des einen Verkäufers machten das *jus retractus* im Namen ihrer Ehefrauen geltend. Der Käufer wehrte sich in diesem Fall nicht gegen das Bestehen des Rechts an sich, da – wie Pauw berichtet – in Hoorn das *jus retractus* gesetzlich geregelt sei, sondern führte an, dass der Verkauf mit Zustimmung der Schwäger geschehen sei. Das Schöffengericht von Hoorn wies die Klage der Schwäger kostenpflichtig ab, der Hof von Holland bestätigte das Urteil in der Hauptsache, die Kosten der Vorinstanz hob er gegeneinander auf.

Vor dem Hoge Raad ergab sich ein geteiltes Meinungsbild. Fünf Richter[593] waren sich insoweit einig, dass ausreichend bewiesen sei, dass einer der Schwäger auf das Vorkaufsrecht verzichtet habe. Er sei beim Kauf zugegen gewesen und habe den Käufer dazu verleitet, mehr zu bieten, habe auch den Preis abgesprochen und dem Käufer zum Kauf beglückwünscht. Einer der Verkäufer beschwor dies und auch der Käufer wollte dafür einen Eid leisten. Wer aber beim Kauf vermittele, dem Käufer zum Kauf der Sache gratuliere, genehmige den Vertrag und könne sich nicht darauf berufen, dass der Vertrag nicht volle Gültigkeit erlangen soll, so meint Pauw. Er verzichte so auf das *jus retractus* und könne seine Absicht, die er einmal kundgetan habe, nicht mehr zum Nachteil des anderen ändern. Die drei übrigen Ratsherren[594] aber meinten, dies sei nicht von so großer Bedeutung, dass daraus ein Verzicht abgeleitet werden könne. Per Mehrheitsentscheid wurden die früheren Urteile bezüglich dieses Klägers bestätigt unter der Bedingung, dass der Käufer den Eid leiste.

Bezüglich des anderen Klägers waren sich die Richter nicht einig. Denn hier konnte nicht einmal bewiesen werden, dass der Kläger Kenntnis vom Verkauf gehabt habe, so

592 Resolutie vom 3. Mai 1754.
593 Es waren die Ratsherren Molerus, Pauw, Alewijn, Boreel de Mauregnault und De Grande.
594 Der *rapporteur* Dierkens, Van Nispen und Van Sandheuvel.

dass ihn nichts daran hindern konnte, sich auf das *jus retractus* zu berufen. Gleichwohl hatten die Richter in der ersten Instanz die Klage auch bei diesem Kläger abgewiesen. Zwei Ratsherren des Hoge Raad[595] wollten das Urteil bestätigen. Die übrigen wiesen die Klage nur bezüglich des Teils ab, den der fremde Verkäufer veräußert hatte, gaben ihr aber für den Teil des Vaters statt. Dies erscheint konsequent, weil das *jus retractus* nur zu Gunsten des Vaters bestehen konnte. Pauw hat ebenfalls solche Zweifel, indem er zugibt, er wisse zwar, dass es Leute gäbe,[596] die lehrten, dass beim Verkauf eines von mehreren als ungeteiltes Eigentum besessenes Landguts, ein Verwandter nicht nur den Teil des Verwandten, sondern das ganze Grundstück herausverlangen könne, diese Ansicht werde aber mit Recht von Sande,[597] Huber[598] und Voet[599] widerlegt. Der Rückfordernde könne nicht das *jus retractus* des Blutsverwandten über das hinaus erweitern, was der Blutsverwandte verkauft habe.

Dem stehe aber entgegen, dass der Käufer, der vielleicht einen Teil nicht kaufen würde, nicht gegen seinen Willen in eine Gemeinschaft gezwungen werden dürfe, sodass es ihm möglich sein muss, das Ganze, wenn er will, fallen zu lassen.[600]

Die Vertreter der Gegenansicht[601] wollten den Kläger weder vollständig abweisen, noch ihm den ganzen Teil des Schwiegervaters geben, weil sie meinten, dass nach Wegfall des anderen Klägers[602] nur der halbe Teil des väterlichen Teils von ihm zurückgefordert werden konnte. Diese Ratsherren aber – so meint Pauw – hätten nicht berücksichtigt, dass beide wegen des *jus retractum* als ungeteiltes Eigentum geklagt hatten, und so gäbe es kein Hindernis, dass das, was der eine mit Recht gefordert hatte, ihm zugesprochen und die Klage des anderen abgewiesen werde.

Schließlich gab es sogar einen Ratsherren, nämlich De Grande, der bezweifelte, dass diesem Kläger überhaupt das *jus retractus* zukam. Er meinte, dass nur der erste Kläger das Recht habe, weil er mit der älteren der Töchter des Verkäufers verheiratet war. Pauw lehnt diese Ansicht mit dem Hinweis ab, dass, wo weder Gesetz noch lokales Gewohnheitsrecht dem Älteren von den Blutsverwandten einen Vorzug gebe, wie es in Hoorn nicht der Fall sei, alle dazu berechtigt seien, die in gleichem Grad mit dem Verkäufer verwandt seien. Pauw verweist dazu auf Voet,[603] Van Bijnkershoek[604] und § 27 Kostuimen van Rhijnland. Auf Grund der Mehrheitsverhältnisse wurden die Urteile der Unterinstanzen teilweise aufgehoben und dem einen Kläger hinsichtlich des Teils Recht gegeben, den der Schwiegervater verkauft hatte, jedoch so, dass es dem Käufer unbelassen sei, sofern er das wolle, das ganze Grundstück an diesen Kläger abzutreten.[605]

595 Es waren Dierkens und Pauw selbst.

596 Pauw zitiert die Consulatien, advysen en advertissementen gegeven ... in Hollandt, Bd. 6, Kap. 14.

597 Sande, Kap. 3, Tit. 5, Def. 10.

598 Huber, Praelectiones, nach D. 18. 5. 17.

599 Voet, zu D. 18. 3. 19.

600 Sande, Huber und Voet a. a. O.

601 Gemeint sind die Richter Mollerus, Van Nispen, Van Santheuvel, Alewijn und De Mauregnault.

602 Pauw schreibt Sejus. Das ist der nicht verwandte Verkäufer. Das macht aber keinen Sinn.

603 a. a. O. 30

604 Van Bijnkershoek, Quaestiones Juris Privati, Lib. 3, Bd. 13, S. 484 f.

605 Trotz der Mühen, die die Richter des Hoge Raad aufwandten, um Rechtsfrieden zu schaffen, war damit die Sache noch nicht erledigt. In Obs. Tum. Nov. Nr. 604 berichtet Pauw, dass der

XIII. Die *laesio enormis*

In diesem Abschnitt werden die Fälle zur *laesio enormis* behandelt. Unter Berufung auf *laesio enormis*, die als ein Fall der Täuschung aufgefasst wurde,[606] konnte sich die erheblich durch den Vertrag benachteiligte Partei von dem Vertrag lösen oder von der Gegenseite einen Ausgleich für die Benachteiligung verlangen.

Verfahren, in denen die *laesio enormis* als Hauptgegenstand verhandelt wurde, traten vor dem Hoge Raad im Untersuchungszeitraum acht mal[607] auf, folgt man bei der Zählung den Einträgen in den Registern.[608]

Unter der *laesio enormis* versteht man allgemein diejenige Situation, bei der in einem gegenseitigen Vertrag die eine Partei etwas als Gegenleistung erhält, was nicht halb so viel wert ist wie ihre eigene Leistung.[609] Der Begriff *laesio* bezeichnet damit die Verletzung der einen Vertragspartei. Waren die Voraussetzungen einer *laesio* erfüllt, konnte der Verletzte die Rückgängigmachung des Vertrags geltend machen oder die Erstattung des Wertunterschieds verlangen. Während der Begriff *laesio enormis* sowohl das *Rechtsinstitut*, auf Grund dessen die Aufhebung des Vertrags möglich war, als auch den *Rechtsbehelf*, mit der das Recht geltend gemacht werden konnte und schließlich die *Voraussetzung* dieses Rechtsbehelfs bezeichnete, differenzieren Van Bijnkershoek und Pauw in den Observationes klar zwischen Voraussetzung und Rechtsfolge: Es wird stets als Voraussetzung das Verletztsein genannt.[610] Infolgedessen kann dann der Verletzte *restitutio in integrum* gegen den Vertrag[611] oder eine Minderung des Preises (bzw. der sonstigen Leistungspflicht) über die *actio quanti minoris* verlangen.

Aus diesem Grund schreibt Van Bijnkershoek auch nur von *restitutio in integrum* wegen *laesio enormis*. Für Van Bijnkershoek und Pauw ist *laesio enormis* ein Vertei-

---

Kläger mit dem Käufer vereinbarte, 1.875 Gulden für das Grundstück zu zahlen. Es wurde also ein neuer Vertrag geschlossen. Der vormalige Kläger bot die Summe an. Der Käufer führte nun an, die Gegenseite müsse nach dem Gesetz von Hoorn schwören, sich nur zu ihrem Nutzen auf das *jus retractus* berufen zu haben. Dies hielt der frühere Kläger für nicht notwendig. Der Käufer verklagte dann die Gegenseite auf Zahlung der Summe. Letztlich sei es dem Käufer nur darum gegangen, das Verfahren wieder nach Hoorn zu bringen, wie Pauw meint. Die Gegenseite ging jedoch zum Hoge Raad und wollte unter Berufung auf das ihr Recht gebende Urteil ein *mandament van poenaal* gegen das neue Verfahren. Damit konnte er durchdringen. Schließlich stritt man nur noch über die Kosten. Da der Käufer das Verfahren vor dem Hoorner Gericht angestrengt hatte, meint Pauw, sei es billig und gerecht, dass er diese Kosten dafür trage. Über die Kosten des Vollstreckungsverfahrens hing die Entscheidung davon ab, ob nach Hoorner Recht ein solcher Eid zu leisten war. Dann war dies eine billigenswerte Verteidigung. Der Hoge Raad bejahte diese Frage und kam diesbezüglich zu einer Kostenteilung.

606 Zumindest Van Leeuwen, Rooms-Hollands-Regt, Lib. IV, Kap. XX, § 5 spricht von Täuschung. Auch Becker, S. 205 sieht die *laesio* im Zusammenhang mit Arglist (*dolus*), Zwang (*vis, metus*), Irrtum (*error*), dem Minderjährigenschutz (*in integrum restitutio minorum viginti quinque annis*) und dem Aufhebungsvertrag (*contrarius consensus*).

607 Obs. Tum. Nr. 62, 2562, 3041 und Obs. Tum. Nov. Nr. 733, 1019, 1044, 1521, 1627.

608 Warmelo, Paul van, Registers op de Observationes Tumultuariae van Cornelis van Bijnkershoek en van Willem Pauw. 1971.

609 Schulze, S. 3.

610 Die Autoren formulieren zumeist: „Der Kläger sah sich erheblich benachteiligt und verlangte *deshalb* die *restitutio in integrum.*" Gemeint ist dabei die Auflösung des Vertrags und die Rückgewährung bereits erbrachter Leistungen.

611 Die *restitutio in integrum* gegen den Vertrag bedeutete dessen gerichtliche Aufhebung.

digungsmittel unter vielen, das auch neben anderen geltend gemacht werden kann.[612] Rechtsgrundlage für die *laesio enormis* waren die beiden Vorschriften C. 4. 44. 2 und C. 4. 44. 8, die unter dem Untertitel „De rescindenda venditione", „über die Rückgängigmachung des Kaufs", stehen. Auffällig ist, dass es in dieser Stelle um die Benachteiligung des Verkäufers beim Verkauf eines Grundstücks *durch den Käufer* geht. Im Vordergrund steht der Schutz des Verkäufers vor übereilten Veräußerungen. Der Grund liegt darin, dass Grund und Boden den wesentlichen Teil des Vermögens bildeten und fallende Bodenpreise Anlass für die Intervention Diokletians und Maximians waren.[613] In den vom Hoge Raad entschiedenen Fällen war es aber immer der Käufer, der meinte, eine Sache zu teuer gekauft zu haben. In der Praxis des Hoge Raad ging es also immer um Benachteiligungen durch den Verkäufer.

Zwar zitieren Van Bijnkershoek und Pauw die beiden Rechtsgrundlagen, auf die sich der Hoge Raad bei seinen Entscheidungen stützt, zumeist nicht,[614] andererseits gibt er aber auch nicht an, dass sich die Entscheidungen auf lokales Recht beziehen. In anderen Fällen aber, in denen lokales Recht angewendet wurde, wurde dies stets in den Observationes erwähnt.[615] Es kann daher davon ausgegangen werden, dass auch nur diese beiden Rechtsgrundlagen für den Hoge Raad bei der Entscheidung über die *laesio* erheblich waren. Dem umfangreichen Schrifttum zu Fragen der Quellenkritik und Ursprung[616] der Rechtsgrundsätze soll hier nicht noch mehr hinzugefügt werden. Diese Fragen spielten für die Praxis, die diese Normen als geltendes Recht annahm, keine Rolle.

1. Der Anwendungsbereich der *laesio enormis*

Zumeist wurde in der Dogmatik die *laesio enormis* im Zusammenhang mit Kaufverträgen behandelt.[617] Der Anwendungsbereich der *laesio enormis* war von der Lehre schon lange auf andere Verträge außerhalb des Kaufrechts erweitert worden,[618] gleichwohl haben fünf der acht genannten Entscheidungen einen Kaufvertrag als Ausgangspunkt. Dieser Umstand ist für sich genommen nicht verwunderlich, sind doch Kaufverträge statistisch die am häufigsten abgeschlossenen entgeltlichen Verträge.[619] Die Beschränkung der *laesio enormis* auf das Kaufrecht, oder genauer auf den Verkauf von Immobilien, hatte die Dogmatik allerdings schon seit längerer Zeit überwunden. Man hatte bereits in der Scholastik damit begonnen, den Ausdruck von C. 4. 44. 2 als allgemeines Rechtsprinzip zu verstehen und daher jeden über dem wahren Preis ei-

612 Am deutlichsten wird dies in Obs. Tum. Nr. 62, wo sich die Käufer auf *laesio enormis* und die *actio quanti minoris* berufen.

613 Becker, Vgl. S. 202.

614 Van Bijnkershoek zitiert die Norm nur in Obs. Tum. Nr. 62 und 3041.

615 Vgl. dazu z. B. die Ausführungen zum *naasting*.

616 Schulze, S. 3 und Becker, S. 202, Fn. 2.

617 Siehe dazu Van Leeuwen, Rooms-Hollands-Regt, Lib. IV, Kap. XX, § 5. Becker, S. 205 geht sogar so weit zu sagen, dass sich die Autoren niemals recht vom Kaufrecht lösen konnten. Zumindest Grotius, Inleidinge, Lib. III, Kap. XVII, § 5 ist dafür ein Gegenbeispiel, weil er die *laesio enormis* im Zusammenhang mit dem Kaufrecht zwar anspricht, sie im Detail aber an anderer Stelle (Lib. III, Kap. LII, § 2) behandeln will.

618 Becker, S. 213 f.

619 Diese Tatsache hatte bereits Grotius bemerkt; Grotius, Inleidinge, Lib. III, Kap. XIV, § 2.

ner Ware liegende Forderung als ungerecht und unerlaubt anzusehen.[620] Grotius sieht die *laesio enormis* als Regelungsprinzip an, das nicht nur im Kaufrecht gilt, sondern generell für Miete, Vergleich, Teilung und alle anderen Verträge mit Ausnahme für Verkäufe, die vor Gericht geschehen oder die auf Grund letztwilliger Anordnung unter speziellen Bedingungen erfolgen, oder wenn die Wertdifferenz in Schenkungsabsicht geschehen ist.[621] Der Grund dafür, dass Verkäufe, die mit gerichtlicher Autorität erfolgt sind, nicht mit der *laesio enormis* angegriffen werden können, liegt in der Vorstellung der Sicherung der materiellen Äquivalenz von Leistung und Gegenleistung durch Einschaltung der Obrigkeit.[622] Nach Voet fallen z. B. auch Tausch, Leihe, Miete und ähnliche Verträge in den Anwendungsbereich der *laesio*, wobei hinter dieser Dogmatik die Vergleichbarkeit dieser Verträge mit der Kaufsituation steht.[623] Voet fasst dies so zusammen, dass die *laesio enormis* bei allen Verträgen *bonae fidei* möglich sei.[624] Im Einklang mit dieser Lehre lässt der Hoge Raad die *laesio enormis* auch bei einem Pflichtteilsverzichtsvertrag zu.[625]

Von größerer Bedeutung sind aber die Fälle, die vom Anwendungsbereich der *laesio* ausgenommen sind. Ausgenommen seien nach der Lehre Voets vor allem Verträge *stricti iuris*, womit sich Voet gegen die These anderer Juristen wendet, das Rechtsmittel generell gegen alle Verträge zuzulassen.[626] Jedenfalls passe es nicht auf Vergleiche.[627]

620 Thomas von Aquin, Secunda secundae, Quaest. LXXVII, Art. I: „... carius vendere aut vilius emere rem quam valeat, est secundum se injustum et illicitum."

621 Grotius, Inleidinge, Lib. III, Kap. XV, § 2. Dieser Kanon der Fallgruppen wird von Voet bestätigt und um einige Varianten und neuere Fallgruppen erweitert, siehe Voet, zu D. 18. 5. 16 – 18.

622 So bereits Bartolus und Baldus, Becker, S. 216; aber auch Van Leeuwen, Censura Forensis, Lib. IV, Kap. XLIV, § 3 und Van Groenewegen, zu C. 4. 44. 16. Faber, Lib. IV, Tit. XXX, Def. 4 hingegen vertrat die Auffassung, sogar bei gerichtlichen Versteigerungen (*subhastatio*) in der Zwangsvollstreckung könne die *laesio* geltend gemacht werden.

623 Vgl. den Gegensatz, dass das Rechtsmittel nicht auf Verträge passe, die stark vom Kauf abweichen. Voet, zu D. 18. 5. 14.

624 Voet, zu D. 18. 5. 13.

625 Obs. Tum. Nov. Nr. 1019 (*resoutien* für diese Entscheidung vom 14. Juli 1767 und die Fortsetzungen Obs. Tum. Nr. 1026 und 1037 fehlen):
In dieser Entscheidung hatten die Kinder der Witwe des Erblassers auf den ihnen zustehenden Pflichtteil durch einen notariellen Vertrag verzichtet, sofern die Witwe ihrerseits unverheiratet blieb. Zusätzlich wurden der Witwe auch die Zinsen in Höhe von $2\frac{1}{2}$ % aus der Summe zugestanden. Für den Fall der Wiederverheiratung hatte sie sich im Gegenzug verpflichtet, dann den Pflichtteil an jedes ihrer Kinder auszukehren. Die Witwe wandte sich nun gegen diesen Vertrag, der mit einer *voluntaria condemnatio* des Hoge Raad bekräftigt worden war. In der Sache wurde hier allerdings die *restitutio in integrum* gegen den Vertrag nicht gewährt, da die Witwe die *laesio ultra dimidium* nicht habe beweisen und man auch sonst von einer Benachteiligung nicht habe sprechen können. Der Fall, dass die Forderung geltend gemacht werden könne, hing – so Pauw – gänzlich im Einflussbereich der Klägerin und sie allein habe in der Zwischenzeit aus dem Vertrag Gewinn ziehen können. Außerdem habe nach dem Willen der Eltern und nach dem natürlichen Interesse der Kinder ihnen im Fall der Wiederverheiratung ohnehin der ganze Pflichtteil nach dem Vater zugestanden. Von einer erheblichen Benachteiligung der Witwe konnte letztendlich auch deshalb nicht ausgegangen werden, da sie die jährlichen Zinsen behalten durfte, und selbst dann nicht, wenn den Kindern ein erheblich größerer Teil als der Pflichtteil bei der Wiederverheiratung versprochen worden wäre.

626 Voet, Commentarius ad Pandectas, zu D. 18. 5. 14. Voet begründet dies damit, dass bei Leihe, Hinterlegung oder Verträgen *stricti iuris* kein guter Glaube bestünde und die richterliche Interventionsmöglichkeit fehle.

627 Voet, Commentarius ad Pandectas, zu D. 18. 5. 14.

Denn der Kernbereich der *laesio*, die Widerherstellung der *bona fides* in dem gestörten Vertragsverhältnis, werde dann nicht verletzt, wenn für *bona fides* kein Raum bestehe, eben deshalb, weil Vergleiche nicht *bona fides* geschlossen würden. „Vergleiche" in diesem Sinne sind nur solche, die zur Erledigung eines gerichtlichen Verfahrens geschlossen werden. Hinter dieser Dogmatik steht die Sicherungsfunktion durch das gerichtliche Verfahren. Das gerichtliche Verfahren, in dem die Parteien zu einer wahrheitsgemäßen Schilderung des Falls, die Zeugen zur wahrheitsgemäßen Aussage verpflichtet sind, und das Gericht objektiv zu entscheiden hat, führt dazu, dass die Äquivalenz von Leistung und Gegenleistung später nicht mehr angegriffen werden kann. Von diesem Gesichtspunkt aus passt die von Voet vertretene Auffassung, dass (gerichtliche) Vergleiche nicht vom Rechtsmittel erfasst werden, in das Gesamtkonzept.

Von dieser Rechtsauffassung geht auch der Hoge Raad in der Entscheidung Obs. Tum. Nov. Nr. 1627 vom 4. Oktober 1782 aus, in der ein Vergleich, der vor dem Hof von Utrecht zur Erledigung eines dort anhängigen Verfahrens geschlossen worden war, mit dem Einwand der *laesio enormis* angegriffen wurde. Zwar war in diesem Fall die Unanwendbarkeit des Rechtsmittels auf Vergleiche, die der Hoge Raad als gegeben voraussetzte,[628] nicht der ausschlaggebende Punkt für die Abweisung der Klägerin, weil die Klägerin ihre *laesio* nicht substantiiert darlegte;[629] Pauw zeigt sich diesem Argument aber nicht verschlossen.

Neben vor Gericht geschlossenen Verträgen waren nach der Auffassung von Voet auch solche Kaufverträge ausgenommen, bei denen zum Zeitpunkt des Vertragsschlusses der Wert der Gegenleistung unsicher war.[630] Grund für diese Ausnahme ist ebenfalls die Rechtssicherheit, da die Angreifbarkeit des Vertrags letztendlich dem Zufall unterliegt. Ferner verbietet es auch das Treuegebot, den Vertrag anzugreifen, wenn beide Gewinn-Chancen und Verlustrisiko kannten.

In dem auf S. 242 angeführten Fall Obs. Tum. Nov. Nr. 1044 wird die Abweisung der Klägerin nicht zuletzt darauf gestützt, dass mit dem Laden nicht nur das Gebäude und ein Wagenschuppen verkauft worden waren, sondern auch eine unsichere Gewinnaussicht, die Möglichkeit, mit dem Unternehmen Gewinne zu erwirtschaften. Der Hoge Raad wendet sich an dieser Stelle gegen die Ausweitung des Anwendungsbereichs auf solche Unwägbarkeiten.[631]

Pauw zitiert als Begründung jedoch nicht Voet, sondern Huber, der verlangt, dass die Kaufsache einen festen Schätzwert haben muss.[632] Ein Ratsherr ging – so berichtet Pauw – sogar noch weiter,[633] indem er es für die Klageabweisung ausreichen ließ, dass

628 Obs. Tum. Nov. 1627: „ja um nicht zu sagen, dass ein in gutem Glauben geschlossener Vergleich wegen der *laesio enormis* aus besserer Jurisprudenz heraus nicht für nichtig erklärt werden könne ...".

629 Obs. Tum. Nov. Nr. 1627 „... [es] legte Maevia nicht einmal glaubhaft dar, dass sie über die Hälfte hinaus benachteiligt sei."

630 Voet, zu D. 18. 5. 15. Voet spricht hier von sieben Einzelfällen, in denen die Aussicht auf einen Gewinn veräußert wird.

631 Wie sich aus der *resolutie* ergibt, setzt sich der *rapporteur* Grafland mit Donellus zu C. 4. 44. 2 und Voet, zu D. 18. 5. 2 auseinander. Er lehnt dies aber für diesen Fall ab, da im Ergebnis „een meering en winning ... verkogt" ist.

632 Huber, Heedendaegse Rechtsgeleertheyt, Lib. 2, Kap. 6, § 6 f.

633 Es war der Präsident Van Hees.

die Käuferin selbst den von ihrem Schwiegersohn in ihrem Namen getätigten Kauf insgesamt für angemessen gehalten habe. Sie habe nämlich gar nichts einzuwenden gehabt, als die verkaufte Sache nach einem hinreichend großen Zeitraum seit Vertragsschluss an sie rechtlich übertragen wurde und der Laden dann von ihr in Besitz genommen und betrieben wurde. Es sprächen dagegen mehr Anhaltspunkte dafür, so meinte dieser Ratsherr, dass sie sich erst jetzt gegen den Vertrag wandte, als sie den vereinbarten Kaufpreis nicht zahlen konnte. Mit dieser Argumentation stellt dieser Ratsherr letztendlich auf widersprüchliches Verhalten ab und verlässt damit die strenge Argumentation der Fallgruppenbildung. Damit geht der Ratsherr weiter als Voet, der *laesio enormis* bei ausdrücklichem Verzicht ausschließt.[634] Den konkludenten Verzicht nennt Voet dagegen nicht.[635]

Eine Situation, wie sie der Hoge Raad in zwei Fällen 1590 und 1594 zu entscheiden hatte, bei der sich der Kläger mit dem Einwand der *laesio* gegen den Verkauf seines Hauses *sub hasta*, d. h. bei Versteigerung, wandte,[636] kam im 18. Jh. nicht mehr zum Hoge Raad.[637]

2. Die Grenze der *laesio*

Grundsätzlich wurde für die *laesio* die Verletzung *ultra dimidium*, das heißt über die Hälfte des wahren Werts verlangt.[638] Das bedeutete, dass zwischen (angenommenem) wahren Wert des Kaufobjekts und gezahltem Kaufpreis ein Unterschied von 50% bestand. Wann diese Grenze überschritten war, war in der Rechtslehre sehr umstritten. Zunächst einmal ging man in der Rechtslehre davon aus, dass für den Verkäufer die Grenze dann überschritten war, wenn bei unterstelltem wahren Wert der Sache von 10 diese zu 5 verkauft wurde.[639] Folgte man dem Wortlaut *ultra dimidium*, hätte dies für den Erwerber zur Folge gehabt, dass er erst bei einem Verkauf zu 20 das Rechtsmittel

634 Voet, zu D. 18. 5. 18. Die Kenntnis von der erheblichen Abweichung (zu D. 18. 5. 17) und die schenkungsweise Zuwendung des Wertunterschieds (zu D. 18. 5. 18; beispielsweise bei einem gemischten Vertrag) schließen die *laesio* ebenfalls aus.

635 Der Ratsherr Hoeufft meint sogar, „so er bedrog is, heef d' Impt. sig self bedrogen nopens."

636 Neostadius, Decisien, Decisie 128 und Supremae Curiae Decisien, Nr. 75.

637 Neostadius berichtet, der Hoge Raad habe das verlangte *mandement* (sic) *om ontvangen te werden als appelant*, um Kosten zu sparen, verweigert, da nach C. 44. 4. 2 für laesio kein Raum sei, obgleich der Raad seitdem in ähnlichen Sachen ein Mandat verliehen habe, weil man es denen nicht verweigern kann, die verhandeln und von den Kosten betroffen sein wollen. In der Decisie vom 10. Mai 1594 wies das Gericht die Klage des Schuldners und der Gläubiger (unter denen – wie Neostadius bemerkt – sich auch Minderjährige und die Kirche befanden) mit Verweis auf das Siegel auf der Schreibtafel und der Begründung ab, bei einer Versteigerung auf Grund gerichtlicher Anordnung könne das Ergebnis nicht wegen Niedrigkeit des Preises wieder aufgehoben werden.

638 Der Umstand, dass Angebot und Nachfrage den Preis bestimmen, und es einen „wahren" Wert einer Sache schlechterdings nicht gibt, sondern allenfalls nur einen Marktpreis an einem bestimmten Ort und zu einer bestimmten Zeit (vgl. dazu auch die Ausführungen oben zum *interesse quantum umquam plurimi* und speziell für *laesio enormis* unten S. 239), soll bei der folgenden Betrachtung zunächst unberücksichtigt bleiben. Auch subjektive Erwägungen von Käufer und Verkäufer, zu welchem Preis sie bereit sind zu kaufen und zu verkaufen, sollen hier zunächst ebenfalls keine Rolle spielen. Auf diese Problematik wird an angeführter Stelle eingegangen. Im Folgenden wird die Existenz eines fixen Wertes eines Kaufobjekts unterstellt.

639 Beispiel nach Voet, zu D. 18. 5. 5. Wie bereits oben auf S. 235 dargelegt, geht es im Codex nur um die Täuschung des Verkäufers durch den Käufer.

hätte geltend machen können. Deshalb hatte man bereits in der Scholastik die Spannweite für erlaubte Preisabweichungen zu Gunsten des Erwerbers auf 150% verkürzt, das heißt, er konnte in diesem Beispiel bereits ab einem Verkauf zu 16 das Rechtsmittel geltend machen. Als Grund dafür wurde angeführt, dass die Situation von Käufer und Verkäufer gleich ist,[640] also beide gleich zu behandeln sind.

Dieser Ansicht schloss sich auch der Hoge Raad an, sodass er beim Erwerb ab 50% über dem Wert der Ware den Tatbestand der *laesio* als erfüllt ansah.[641]

Zwei Ratsherren[642] gingen aber in einer späteren Entscheidung sogar noch weiter: Sie setzten als Grenze $\frac{5}{12}$ an.[643] Die $\frac{5}{12}$-Grenze findet sich später in Art. 1674 des französischen Code Civil für den Verkauf von Land wieder. Die restriktive Position wurde aber auch schon von Cujacius, Molinaeus, Domat und Pothier vertreten.[644]

3. Die Bestimmung des „wahren Werts" der Kaufsache

Die *laesio enormis* setzte, wie bereits ausgeführt, die Benachteiligung um über die Hälfte des wahren Werts einer Sache voraus. Entscheidend ist also das Verhältnis von wahrem Wert einer Leistung zum dafür gezahlten Preis. Hierbei stellte sich aber stets die Frage, wie man den wahren Wert einer Sache bestimmen kann. Nach heutigem

640 Voet, zu D. 18. 5. 5.

641 Siehe z. B. Obs. Tum. Nr. 62 oder Obs. Tum. Nov. Nr. 1044.

642 Aus der entsprechenden *resolutie* geht nicht hervor, wer dies war.

643 Obs. Tum. Nov. Nr. 733 vom 20. Dezember 1759:

In dieser Entscheidung hatten zwei Händler, Titius und Sempronius, in Amsterdam mit einander Waren ausgetauscht. Unter denen, die Titius von Sempronius erhalten hatte, befanden sich neun Fässer mit Perlenmuscheln, deren Wert Sempronius auf über 3.000 Gulden geschätzt hatte. Nach flüchtiger Prüfung der Fässer meinte Titius, dass der Preis erheblich überhöht angesetzt worden sei. Er verlangte deshalb vom Amsterdamer Schöffengericht, dass jemand mit der Prüfung der Fässer und der Schätzung des Werts beauftragt werden sollte. Es wurden daraufhin zwei Sachverständige eingesetzt, die den wahren Wert auf höchstens 650 Gulden bezifferten. Titius verklagte dann den Sempronius vor dem Amsterdamer Schöffengericht unter Berufung auf *laesio enormis*. Er verlangte die Rückgängigmachung des Kaufvertrags bzw., falls der Beklagte das nicht wolle, den Ausgleich des Mehrwerts. Der Beklagte verteidigte sich damit, dass der Kläger die vereinbarte Warenmenge nicht geliefert habe, und forderte seinerseits Ausgleich. Der Kläger obsiegte vor den Amsterdamer Schöffen und auch nach Berufung vor dem Hof von Holland. Die Widerklage wurde in beiden Instanzen abgewiesen. Diesen Teil des Urteils hob der Hoge Raad einstimmig auf, da zwei Makler bezeugten, dass es die Vereinbarung gab und sie nicht erfüllt worden war. In der Hauptsache waren sich die Richter nicht einig. Die Mehrheit der Richter (Buijs, der *rapporteur* des Falls, Van Nispen, Van Santheuvel, Dierkens, De Mauregnault, Hoeufft und der Präsident; die Gegenansicht vertraten Mollerus, Pauw und Van Hees) wies die Klage ab, weil sie es nicht als bewiesen ansahen, dass die Sachverständigen die von Sempronius gelieferten Fässer begutachtet hatten. Diese hätten sich über sechs Wochen nach dem Geschäftsabschluss bei Titius befunden und Titius habe selbst zugegeben, die Fässer aus eigener Veranlassung heraus geöffnet zu haben, sodass er selbst die Muscheln ausgetauscht haben konnte. Es habe mehrere Indizien dafür gegeben, dass diese Richter Zweifel an der Treue des Titius hatten. Welche das waren, erklärt Pauw allerdings nicht.

Zwei Ratsherren meinten, dass man diesen Teil des Warenaustauschs nicht von dem übrigen trennen dürfe, da nicht Ware gegen Ware, sondern eine Warengesamtheit gegen eine andere Warengesamtheit ausgetauscht worden sei. Selbst wenn es stimmen würde, was Titius bzgl. der Perlenmuscheln behauptet habe, läge hinsichtlich des ganzen Geschäfts keine *laesio enormis* vor, da die Benachteiligung hier nicht über $\frac{5}{12}$ hinausginge. Titius unterlag daher auf ganzer Linie.

644 Zimmermann, Law of Obligations, S. 264, Fn. 180 m. w. N.

Verständnis haben Gegenstände keinen *wahren* Wert, sondern allenfalls einen Marktwert an einem bestimmten Ort und zu einem bestimmten Zeitpunkt. Auch spielen subjektive Elemente eine Rolle, nämlich die (momentane) Bereitschaft der Parteien, für das Kaufobjekt einen Betrag zu bezahlen, bzw. diesen für die Hergabe zu akzeptieren. Festgelegte Preise sind einer modernen Marktwirtschaft fremd und werden nur im Ausnahmefall (z. B. bei gestörtem Wettbewerb oder zum Erhalt von Kulturgütern) zugelassen.

Das Problem der Ermittlung des wahren Preises einer Sache stellte sich auch dem Hogen Raad. Er forderte zur Klärung dieser Frage stets Zeugenaussagen oder Sachverständigengutachten. Es beschäftigte den Hoge Raad mehrfach die Frage, wie der wahre Wert bei Kunstobjekten zu ermitteln sei.

Das Problem stellte sich schon in der Entscheidung „Erben des Isaak Vossius gegen die Kuratoren der Universität von Leiden" (Obs. Tum. Nr. 62 vom 18. Dezember 1704).[645] In diesem Fall ging es um die Erbschaft des bekannten Amsterdamer Buchhändlers und Bibliophilen Isaak Vossius. Dieser hatte kurz vor seinem Tod testamentarisch angeordnet, seine umfangreiche Bibliothek, die sehr kostbare Manuskripte und Sammlerstücke enthielt (u. a. die damals noch nicht edierten Scholien zu Homer), nicht zu zerteilen, sondern insgesamt einer Universität in England oder den Niederlanden zu verkaufen. Nach langen Verhandlungen, zunächst mit der Universität von Oxford, später mit der Universität von Leiden schlossen die Parteien schließlich einen Vertrag mit der niederländischen Universität. Vereinbarter Kaufpreis war die erhebliche Summe von 33.000 Gulden, von dem ein Teil bereits gezahlt worden war. Die infolgedessen übergebenen Manuskripte waren teilweise beschädigt und unvollständig. Die Käufer weigerten sich nach der Teilzahlung den Restkaufpreis zu begleichen und wurden daraufhin auf diesen Betrag von den Erben des Vossius verklagt.

Die Verfahren zogen sich nun 14 Jahre hin, bis es schließlich 1704 vor den Hoge Raad kam, wo es abgeschlossen werden konnte, nachdem Huybert Rosenboom, Präsident des Hoge Raad, Kurator der Universität von Leiden geworden war. Die Käufer begründeten ihre Weigerung damit, dass sie sich einerseits von den Verkäufer betrogen, andererseits auf Grund des Zustands einiger Manuskripte über die Hälfte benachteiligt sahen. Zum Beleg ihrer Behauptungen führten sie Sachverständigengutachten von Gronovius, Spanhem und Trigland an, alle Professoren der Universität von Leiden, die den Wert der Bibliothek auf 4.947 Gulden, 15 Stuiver bezifferten. Van Bijnkershoek verdächtigte gerade ersteren, dass er das Verfahren aus privatem Hass gegenüber Isaak Vossius angeregt bzw. in die Länge gezogen habe, da seit Vertragsschluss schon 14 Jahre vergangen seien. Nach anderen, von den Käufern in Auftrag gegebenen Gutachten betrug der Wert der Bibliothek 8.159 Gulden. Beide Beträge lagen damit weit unter dem, was für *laesio enormis* ausgereicht hätte. Der Hoge Raad schenkte aber diesen Gutachten wenig Glauben, da er sie angesichts der auserlesenen Stücke innerhalb der Bibliothek, die Van Bijnkershoek selbst in Augenschein genommen hatte, für offensichtliche Gefälligkeitsgutachten hielt.

Dies beantwortete gleichwohl jedoch noch nicht die Frage, von welchem Wert man dann hier ausgehen sollte. Kunstobjekte haben, so konstatiert Van Bijnkershoek dann,

645 Die *resolutie* trägt das Datum 19. Dezember 1704.

keinen Preis außer einem Liebhaberpreis und dieser hänge von der Leidenschaft desjenigen ab, der sie erwirbt. Bei Gronovius sei die Liebhaberei allerdings groß gewesen, weshalb er den Preis so niedrig angegeben hatte. Die beiden übrigen Sachverständigen hätten davon nichts gewusst. Van Bijnkershoek deutet damit an, dass allein auf Grund der Schätzung des Gronovius das Gutachten zustande gekommen war, und die übrigen beiden Professoren auf das Gutachten des Gronovius vertrauten. Wenn es irgendeinen Preis für die Bücher gegeben hätte, so meint Van Bijnkershoek, hätte diesen vor allem die Verschiedenheit der Sichtweise begründet, die man nicht erfassen kann, außer durch Lektüre der Bücher. Salomonisch merkt er an, dass das Leben der drei Professoren aber nicht ausgereicht hätte, die Manuskripte des Vossius durchzulesen, geschweige denn, dass sie sie überhaupt gelesen hätten.

Im Ergebnis bleibt also festzuhalten, dass hier der Hoge Raad sich auf die Feststellung des Liebhaberpreises zurückzieht. Diese Auffassung bestätigt er auch in einer späteren Entscheidung (Obs. Tum. Nr. 2562 vom 13. Januar 1730), in der sich die klagende Erbin des Verkäufers mit der Behauptung, dass das verkaufte Grundstück ein „Lustgarten“ sei, den man nicht schätzen könne, zu wehren versuchte. Hintergrund war, dass an dem Objekt eine Umgestaltung erfolgt war. Der Hoge Raad meinte dazu, dass auch der affektive Wert des Grundstücks in die Schätzung einfließen werde, nicht nur der reine Nutzungswert des Gartens. Denn selbst dann, wenn inzwischen Änderungen am Grundstück vorgenommen worden seien, flössen diese in die Preisberechnung mit ein.[646]

Mit der Einbeziehung affektiver Werte in die Berechnung bei der *laesio enormis* weicht der Hoge Raad von der Auffassung Voets ab. Voet meint, dass lediglich die Qualität der Sache und ihr Ertrag maßgeblich für die Schätzung des Werts seien. Der wahre Preis einer Ware werde nicht aus privaten Affekten heraus geschätzt, von denen der Käufer zum Kauf der Sache verleitet wird.[647]

Die Rechtsprechung des HogeRaad ist dagegen im Einklang mit der Lehre in der Frage, auf welchen Zeitpunkt und auf welchen Ort die Berechnung des Werts der Leistung abzustellen hat. Zeitpunkt und Ort des Vertragsschlusses war der für die Berechnung des wahren Werts einer Leistung entscheidende Zeitpunkt bzw. Ort.[648] Grund dafür, dass nicht das Übergabedatum, sondern der Abschlusszeitpunkt entscheide, sei die Rechtssicherheit, da ansonsten fast alle Käufe ungültig würden, da die Preise natürlichen Schwankungen unterliegen. Diese wirtschaftliche Betrachtungsweise hatte nicht erst Voet eingeführt, sondern war seit Gajus fester Bestandteil der Dogmatik.[649] Der Hoge Raad übernahm diese Ansicht.

646 Vorliegend kam auch noch ein prozessuales Problem hinzu: Die Klägerin hatte sich gegen eine vorläufige Entscheidung des Hofs von Holland gewehrt, mit dem die Schätzung angeordnet worden war. Da allerdings die Schätzung des Grundstücks Voraussetzung für die Sachentscheidung und eine Berufung gegen einstweilige Entscheidungen nach § 28 des Nader Prov. Accord vom 11. Juni 1674 nicht zulässig war, erhielt der Hoge Raad die Entscheidung des Hofs aufrecht. Der Hof von Holland hatte zuvor ebenfalls über eine vorläufige Entscheidung des Middelburger Schöffengerichts entschieden und diese als unzulässig verworfen.

647 Voet, zu D. 18. 5. 7.

648 Voet, zu D. 18. 5. 7.

649 Gajus und Paulus (D. 13. 4. 3 bzw. D. 35. 2. 63. 2), bei Didacus Covarruvias a Leyva Toletani, Opera Omnia, 1679, Bd. 2, Lib. 2, Cap. III, Nr. 4, Samuel Pufendorf, De jure naturae et gentium,

Die oben bereits erwähnte Entscheidung Obs. Tum. Nr. 2562 steht ihr nicht entgegen, denn in die Schätzung des Gartens sollte der ursprüngliche Zustand des Gartens einfließen, sodass die nachher erfolgten Veränderungen dann nicht mehr berücksichtigt würden. Wertänderungen, die nach Abschluss des Vertrags der Sache zu Gute kommen, spielen nach Ansicht der Lehre keine Rolle,[650] insbesondere dann nicht, wenn die Wertänderung auf eigene Leistungen oder Fehlleistungen des Erwerbers zurückzuführen sind.

So meinte der Hoge Raad in der Entscheidung Obs. Tum. Nov. Nr. 1044 vom 15. März 1768, in der es darum ging, dass ein Krämerladen, der im Jahre 1762 für 11.000 Gulden verkauft worden war, nach zwei Jahren von Sachverständigen auf lediglich 5.000 Gulden geschätzt wurde. „Der Gewinn des Ladens nämlich konnte in der Zwischenzeit, in der die Erwerberin ihn betrieb, durch deren[651] Schuld sehr vermindert sein, und es durfte nämlich hier nicht, was insgesamt zu berücksichtigen war, die Rechnung nur von den Gebäuden und Werkzeugen gehalten werden, die zu einem solchen Geschäft gehören, und die einen wahren und fixen Preis haben, sondern insbesondere der Gewinn, der aus einem solchen Laden herauskommen kann, und der nichts Sicheres hat, und der von dem Fleiß oder Nachlässigkeit derer, die einen solchen Laden führen, sehr stark abhängt.“ Der Hoge Raad betrachtete also den wirtschaftlichen Wert eines Unternehmens, der sich nicht nur nach Grund und Boden, sondern auch nach dem Kundenstamm bemisst.

4. Die *laesio enormis* bei Spekulationsgeschäften

Wie schwierig die Bestimmung des „wahren Werts“ einer Sache für den Hoge Raad war, um entscheiden zu können, ob eine Benachteiligung um mehr als die Hälfte vorlag, wurde im vorherigen Abschnitt gezeigt. Noch schwieriger gestaltete sich dies im Fall von Spekulationsgeschäften. Dies wurde in einer Entscheidung aus dem Jahr 1724, Obs. Tum. Nr. 2094,[652] virulent, in dem Aktien leer verkauft wurden.[653]

Am 4. September 1720[654] hatte der Verkäufer dem Käufer zwei Aktien der Versicherungsgesellschaft in Rotterdam zu 105% Vorschuss verkauft, die am 1. Januar 1721 zu übergeben seien. Da der Verkäufer diese Aktien nicht hatte, erwarb er am selben Tag zwei Aktien zu 90% Vorschuss. Am Übergabetag war der Wert der Aktien auf 19% gefallen. Der Käufer bat zunächst mehrfach um Zahlungsaufschub, weigerte sich schließlich aber vollständig, die Aktien abzunehmen und zu bezahlen. Der Verkäufer verklagte den Käufer beim Schöffengericht von Rotterdam. Das Schöffengericht und nach Berufung der Hof von Holland gab dem Verkäufer Recht. Nach erneuter Beru-

Lib. V, Cap. I, § 6.

650 Grotius, Inleidinge, Lib. III, Kap. 51, § 3.

651 Die Erwerberin betrieb den Laden zusammen mit ihrem Schwiegersohn.

652 Die zugehörige *resolutie* stammt vom 30. November 1724.

653 Der Leerverkauf von Aktien (und anderen Wertpapieren) ist heute eine in den USA zulässige, in Deutschland verbotene Methode der Spekulation, die von Hedgefonds verwendet wird.

654 Van Bijnkershoek bemerkt dazu kritisch „im selben Jahr, in dem das ungesunde Streben, durch so genannte Aktien reich zu werden, besonders brannte.“ Wie aus der Obs. Tum. Bleis. Nr. 36 klar wird, war Van Bleiswijk ebenfalls über den übertriebenen Aktienhandel sehr erbost. Er spricht in diesem Zusammenhang sogar von „pestis“.

fung zum Hoge Raad erbat der Käufer dort eine *restitutio in integrum* wegen *laesio enormis*. Van Bijnkershoek wendet ein, zum Zeitpunkt des Vertragsschlusses, auf den es hier ankomme, habe keine Benachteiligung um mehr als die Hälfte vorgelegen, weil der Käufer zu 90% erworben hatte, was er für 105% veräußerte. Der Käufer verteidigte sich aber auch mit Edikten der Generalstaaten und der Staaten von Holland, die Leerverkäufe untersagten. Van Bijnkershoek meint aber, diese beträfen nur Aktien der Ostindischen und Westindischen Kompanie. Die Verbote könnten nicht verallgemeinert werden. Nach *jus commune*, insbesondere D. 18. 1. 34. 1[655] könne sogar das verkauft werden, was der Verkäufer nicht besitze, aber erlangen könne.[656] Hier habe der Verkäufer am selben Tag dies getan. Sogar eine fremde Sache könne verkauft werden, ebenso eine Erwartung und Früchte, die noch erzeugt werden müssten, u. a. Es gäbe zwar die Meinung einiger Rechtsgelehrter, welche *dolus malus* dann annähmen, wenn jemand verkaufe, was er nicht besaß. Dies will Van Bijnkershoek aber nicht widerlegen, weil das in diesem Jahr tausendfach geschehen sei, und es keinen Rechtsgrund gebe, warum das nicht geschehen dürfe. Der Hoge Raad bestätigte daher einstimmig die Urteile der Unterinstanzen.

5. Der Beweis der *laesio*

Derjenige, der sich auf *laesio enormis* berief, trug dafür auch die Beweislast.[657] Der Hoge Raad forderte aber meist nicht einen vollständigen Beweis, sondern es reichte aus, wenn die *laesio enormis* bis zu einem gewissen Punkt als sicher galt.[658] Diese Formulierung übernahm der Hoge Raad in ständiger Rechtsprechung, da sich auch Pauw auf diese Formulierung aus Obs. Tum. 2207 beruft und diese Entscheidung zitiert.[659]

Als Beweismittel waren Zeugen, Urkunden, insbesondere aber Aussagen von Sachverständigen üblich.[660] Umgekehrt konnte die Gegenpartei den Gegenbeweis antreten,

655 Diese Vorschrift lässt einen Kaufvertrag bei allen Dingen zu, die man haben, besitzen oder erwerben kann.

656 Van Bleiswijk erwähnt keine anderen Umstände und spricht D. 18. 1. 34 nur indirekt an, ohne das Zitat zu nennen. Van Bleiswijk notiert in dieser Entscheidung nur, dass beim Aktienhandel eine Verurteilung des Käufers möglich sei. Einen Sachverhalt enthält die Entscheidung bei Van Bleiswijk nicht. Weil er aber nach seinen Worten damit rechnet, dass auf Grund des Aktienbooms 1720 noch mehr Klagen vor den Hoge Raad kommen werden, hält er diesen Fall fest.

657 Voet, zu D. 18. 5. 7, vgl. auch Obs. Tum. Nr. 2207.

658 Siehe Obs. Tum. 2207.

659 Siehe Obs. Tum. Nov. 1019. Pauw erklärt ausdrücklich, dass das der Hoge Raad immer in dieser Weise beachtet hat, wenn es um *laesio enormis* ging, auch während er Ratsherr war. Dies wurde, so sagt Pauw, auch im vorliegenden Fall beachtet.

660 So traten in Obs. Tum. Nr. 62 drei Leidener Professoren, Spanhem, Gronovius und Trigland als Gutachter auf, und auch drei Leidener Buchhändler, die nicht namentlich genannt werden, wurden als Sachverständige gehört.
Van Bijnkershoek macht in der Entscheidung Obs. Tum. Nr. 2207 keine Angaben, ob und welche Beweismittel beigebracht wurden.
In der Entscheidung Obs. Tum. Nr. 2562 sollte das Grundstück vom Bürgermeister von Walcheren und dessen Beigeordneten geschätzt werden. Dagegen werden in Obs. Tum. Nr. 3041 wieder keine Beweismittel genannt.
Pauw berichtet in Obs. Tum. Nov. Nr. 733, dass die beiden Makler, die das Geschäft vermittelt hatten, als Zeugen auftraten. Ferner wurde das Zeugnis zweier Sachverständiger, welche die verkauften Waren geprüft hatten, beigebracht.

obwohl sie dazu nicht verpflichtet war und es sich auch nicht nachteilig für sie auswirkte, wenn sie nichts unternahm.[661]

Gerade der Schätzung von Grundstücken wurde durch den Hoge Raad wenig Vertrauen geschenkt: In der Entscheidung Obs. Tum. Nov. Nr. 1521 vom 15. Januar 1780[662] waren die Meinungen sehr geteilt.

Drei Senatoren hielten die Schätzung aus dem Jahr 1774 für angemessen. Pauw nimmt deren Urteil zum Anlass, ausführlich über die Zweifelhaftigkeit der Schätzung zu dozieren. Er und drei weitere Ratsherren lehnen diese Bewertung ab. Es sei, so meint Pauw, allgemein bekannt, wie wenig von solchen Schätzungen zu halten sei. Er nennt als Beispiel dafür die Entscheidung Obs. Tum. Nov. Nr. 1425.[663] Im vorliegenden Fall sei das Grundstück 1767 zu einem Zeitpunkt, als Besitzungen in Surinam einen hohen spekulativen Wert besaßen, auf 297.000 Gulden geschätzt worden. In den Folgejahren

---

Obs. Tum. Nov. Nr. 1019 enthält keine Angabe über Beweismittel. Pauw meint, dass hinsichtlich der behaupteten List, Gewalt und Drohung gar nichts bewiesen worden sei. In dieser Entscheidung hatte also eine Beweisaufnahme stattgefunden.

In Obs. Tum. Nov. Nr. 1044 trat der Schwiegersohn der Klägerin, der den Kauf zustande gebracht hatte, und drei Krämer als Zeugen auf.

In der Entscheidung Obs. Tum. Nov. Nr. 1425 ging es vor allem um die Glaubwürdigkeit einer Grundstücksschätzung. Daran hat der Hoge Raad allgemein seine Zweifel, selbst wenn die Schätzung durch Sachverständige erfolgt ist.

In Obs. Tum. Nov. Nr. 1627 schließlich kam es zu keiner Beweiserhebung, weil der Hoge Raad schon an der Schlüssigkeit des Klägervortrags seine Zweifel hatte.

661 Vgl. Obs. Tum. Nr. 2207: Hier konnten die Beklagten sogar beinahe einen vollständigen Gegenbeweis antreten, obwohl es – wie Van Bijnkershoek bemerkt – nicht deren Sache war.

662 Der Fall hatte eine umfangreiche Vorgeschichte: Zwei überschuldete Eheleute führten mehrere Verfahren gegen den Bruder und Vormund der Kinder, welche die Ehefrau aus einer früheren Ehe hatte, und forderten vom Hof von Holland schließlich, um ihrer finanziellen Schwierigkeiten Herr zu werden, die Bestellung von Vormündern für sich und ihre Güter. Dem Antrag entsprach der Hof von Holland. Die Ehefrau besaß u. a. die Hälfte einer Plantage in Surinam. Die andere Hälfte gehörten den Kindern. Der Vormund übte von den Niederlanden aus allerdings die Verwaltung der gesamten Plantage aus. Nun stritten sich die Vormünder der Eheleute und der Vormund der Kinder vor dem Hof über die Verwaltungsbefugnis. Um das Verfahren zu erledigen, schlugen die Richter des Hofs von Holland einen Vergleich vor, dass der Vormund der Kinder den Anteil der Ehefrau unter Anrechnung der Kosten für seine Vormundschaftstätigkeit erwerben solle. Alle Vormünder billigten diesen Vergleich und so verkauften die Vormünder der Ehegatten die Hälfte des Grundstücks für die erhebliche Summe von 117.000 Gulden, allerdings mit dem Vorbehalt, dass der Hof den Vertrag billigen müsse. Die Bestätigung erfolgte und die Vertragsparteien unterwarfen sich wechselseitig der *willige condemnatie* des Hoge Raad. Nachdem die Eheleute auf Grund einer Entscheidung des Hofs von Holland wieder aus der Vormundschaft entlassen worden waren, behaupteten sie erheblich, und zwar *ultra dimidium*, benachteiligt worden zu sein. Eine Schätzung des Grundstücks durch vereidigte Sachverständige im Jahre 1774 habe nämlich einen Betrag von 531.505 Gulden ergeben, wovon die Hälfte 265.752 Gulden seien. Ferner beriefen sie sich auf die Vormundschaft, dass sie demnach wie Minderjährige zu behandeln seien. Immobilien von Minderjährigen könnten aber nur öffentlich und nach gerichtlicher Prüfung verkauft werden. Hier liege ein privater Verkauf vor, den der Hof zwar gebilligt habe, dies allerdings ohne Prüfung des Falles. Sie forderten den Erlass eines *mandement (van relief)*, wodurch der Vertrag mit einer *restitutio in integrum* gegen die *willige condemnatie* des Hoge Raad für ungültig erklärt werde, oder zumindest auf einen angemessenen Kaufpreis überführt werde.

663 In dieser Entscheidung ging es ebenfalls um eine Plantage in Surinam, die im Februar 1770 in Amsterdam auf 120.000 Gulden, im Juli desselben Jahres von den Käufern auf 286.000 Gulden geschätzt worden war. Zur Finanzierung sollten Schuldverschreibungen begeben werden. Pauw hatte sich schon damals sehr kritisch zu dem erheblichen Wertzuwachs geäußert.

habe sich aber der Wert der Grundstücke noch einmal erhöht. Dass Grundstücke in Surinam zu dieser Zeit erheblichen Spekulationen unterworfen seien, sei aber eine allgemein bekannte Tatsache gewesen. Daraus ergebe sich, dass ebensowenig auch auf die neuen Preise gegeben werden kann, selbst wenn die Schätzung von vereidigten Sachverständigen durchgeführt worden sei. Deshalb wollten er und die ihm zustimmenden Richter nicht auf die Eheleute das Minderjährigenrecht anwenden. Darüber hinaus würden Immobilien auch mit Recht privat veräußert, wenn das auf Grund richterlicher Erlaubnis oder späterer Genehmigung erfolgt, und das käme häufig vor.[664]

6. Die Rechtsfolgen

Rechtsfolge der *laesio enormis* war entweder die Rückgängigmachung des Kaufs oder die Rückerstattung des zu viel gezahlten Preises nach der *actio quanti minoris.* Nur diese beiden Rechtsfolgen konnte der Kläger geltend machen. Anders als bei der *actio redhibitoria* musste sich der Kläger aber nicht bei der Klageerhebung auf einen Antrag beschränken. Dem Beklagten, das heißt dem „Schädiger" stand es offen, wie sich aus Obs. Tum. Nov. Nr. 733 ergibt,[665] zu wählen, ob er den Vertrag insgesamt rückgängig machen oder dem Geschädigten das Defizit ausgleichen wollte. Hierin folgte die Praxis der Lehre.[666] Die Nichtigkeit des ganzen Vertrags, eine Rechtsfolge, die z. B. das spätere ALR vorsah, wurde vom Hoge Raad nicht begehrt und auch nicht in Erwägung gezogen.[667] Vor dem Hoge Raad wurde versucht, ein *mandement van relief* zu erlangen, um aus dem Rechtsverhältnis entlassen zu werden, oder die Partei erhob Zahlungsklage auf den Betrag, um den sie sich getäuscht sah. In der erwähnten Entscheidung Obs. Tum. Nov. Nr. 1521 ging es um den Erlass eines *mandement*, um die Überführung der *willige condemnatie* in die Vollstreckung zu verhindern.

7. Die Funktion der *laesio enormis*

Über die Funktion der *laesio enormis* wurde schon sehr lange gestritten. Darüber hinaus muss konstatiert werden, dass diese Rechtsfigur einen Funktionswandel erfahren hat. Im Hintergrund stand stets der Ausgleich der Interessen. Simon van Leeuwen erweitert diesen Aspekt, indem er dem Rechtsinstitut ein marktordnendes Korrektiv

664 Pauw äußert an dieser Stelle auch grundsätzliche Bedenken, eine *willige condemnatie* des Hoge Raad wieder aufzuheben, um deren Autorität nicht zu gefährden. Hierin geht er weiter als in der von Van Bijnkershoek notierten Entscheidung Obs. Tum. Nr. 437, worin der Hoge Raad einem für mündig erklärten Jugendlichen, der sich beim Kauf eines Hauses gegen die *willige condemnatie* auf *laesio enormis* berief, die *restitutio in integrum* zuerkannte, nachdem er eine Schätzung der Schöffen von Rijswijk beigebracht hatte. In dieser frühen Entscheidung wollte der Hoge Raad kein Präjudiz schaffen, indem er die *willige condemnatie* erließ. Mehr berichtet Van Bijnkershoek zu dem Fall aus dem Jahr 1708 nicht. Auch eine *resolutie* zu diesem Fall vom 26. Juli 1708 gibt es im *resolutieboek* nicht.

665 Siehe S. 239.

666 Vgl. Grotius, Inleidinge, Lib. III, Kap. XVII, § 5. Der Geschädigte kann den Schädiger vor die Wahl stellen, am Vertrag festzuhalten oder einen entsprechenden Ausgleich zu leisten.

667 Van Leeuwen, Rooms-Hollands-Regt, Lib. IV, Kap. XX, § 5, schließt die Nichtigkeit des Vertrags wegen *laesio enormis* aus.

beimisst.[668] Ziel beider Parteien sei, Profit aus dem Kaufgeschäft zu ziehen. Dies belegt er mit D. 4. 4. 16. 4 und D. 19. 2. 22. 3. Fehle dieses Interesse, so würden Kauf und Verkauf, sprich der Handel, zum Erliegen kommen. Dies aber wäre zum Schaden aller, insbesondere der Niederlande, deren Bedeutung und Prosperität aus ihrer Eigenschaft als Handelsnation herrührt, so schreibt er an anderer Stelle.[669] Auf der anderen Seite stehe diesem Interesse aber der Rechtsgedanke entgegen, dass sich keine Partei auf Kosten der anderen aus Habgier bereichern dürfe.[670] Eine zu starke Verfolgung des Interesses hätte häufigen Betrug zur Konsequenz. Um damit dem entgegenzuwirken, habe man dieses Rechtsmittel zugestanden.

Eine etwas andere Färbung erhält der Anwendungsbereich der *laesio enormis* beim Hoge Raad. Hier ging es weniger um den Schutz der Parteien vor bewusst erweckten oder unbewussten Fehlvorstellungen, als vielmehr um die Äquivalenz von Leistung und Gegenleistung. Die Äquivalenz der Leistungen ist allerdings ein Problem des Sachmängelgewährleistungsrechts und keine Frage des Schutzes des Willens der Parteien. Dies kommt im Fall Obs. Tum. Nr. 62 (Bibliothek des Isaak Vossius) zum Ausdruck, viel mehr aber noch in der späteren Entscheidung Obs. Tum. Nov. Nr. 733. Im ersten Fall waren sich die Parteien über den Gegenstand des Geschäfts vollends im Klaren. Die Bibliothek wurde in dem Zustand verkauft, in dem sie war, streitig war nur, welchen Zustand man bei einer alten Bibliothek billigerweise erwarten durfte und der Wert der Bücher. Die Nähe der *laesio* zur Täuschung verkennt Van Bijnkershoek nicht; die Parteien trugen dem Gericht „alle Arten von List" vor. Der Hoge Raad konnte aus den beigebrachten Beweisen eine List der Verkäufer aber nicht ersehen. Die Ebene der Willensmängel griff in diesem Fall nicht.

Im anderen Fall (Obs. Tum. Nov. Nr. 733) entsprach der vom Verkäufer angesetzte Preis der Muscheln nicht ihrem Wert. Ob dies darauf zurückzuführen war, dass die verkauften Muscheln nicht die Qualität hatten, die der Preis angab, oder ob der Preis einfach aus Profitstreben zu hoch angesetzt worden war, lässt sich nicht eindeutig aus der Schilderung des Sachverhalts bei Pauw entnehmen. Für Letzteres spricht zwar, dass der Preis der Waren von Sempronius zu hoch bemessen war. Aber allein aus dem Umstand einen Betrug der Gegenseite herzuleiten, wie es einige Richter taten, dass Titius die Fässer in Besitz hatte, und zugab, sie geöffnet zu haben, scheint nicht plausibel. Schließlich muss dem Erwerber die Möglichkeit bleiben, den Inhalt der Fässer zu prüfen, und dazu muss er sie öffnen.

---

668 Van Leeuwen, Rooms-Hollands-Regt, Lib. IV, Kap. XX, § 4. Er behandelt die laesio nur im Rahmen des Kaufrechts unter der Überschrift „Über zulässige und unzulässige Bedingungen bei Kauf und Verkauf".

669 Van Leeuwen, Rooms-Hollands-Regt, Lib. IV, Kap. XVII, § 10.

670 Van Leeuwen, Rooms-Hollands-Regt, Lib. IV, Kap. XX, § 5 verwendet zwar nicht den Begriff „Rechtsgedanke", jedoch scheint durch die ethische Argumentation der Grundsatz des „neminem laedere" hindurch.

C. Ergebnis

Nachdem eine Auswahl der wichtigsten Fälle erörtert wurde, die der Hoge Raad zum Kaufrecht behandelt hatte, lassen sich folgende Ergebnisse festhalten. Vor allem Van Bijnkershoek vertritt eine säkulare Auffassung von Jurisprudenz. Eide sind für ihn weniger von Bedeutung als die genaue juristische Prüfung des Falles. Für Van Bijnkershoek und Pauw kommt es auf die „richtige" Lösung des Falles an. Hierbei stützten sie sich auf die Literatur, sehen sich aber nicht so daran gebunden, dass allein die Literaturmeinung unreflektiert übernommen wird. Die Richter weichen in wenigen Fällen von den Vorgaben der Literatur ab, ohne jedoch „neue Konzepte" zu entwickeln. In der Mehrzahl der untersuchten Entscheidungen übernahm aber das Gericht eine der in der Dogmatik vertretenen Ansichten.

Die Tatsache, dass das Gericht die Gründe des Urteils den Parteien bzw. der Öffentlichkeit nicht mitteilen musste, erleichterte es, zu Gunsten einer Einzelfallgerechtigkeit keine klare Linie zu entwickeln. Dies geschieht auf Kosten der Rechtssicherheit. So ist oftmals nicht vorhersehbar, wie der Hoge Raad eine Rechtsfrage entscheiden wird. Gleichwohl sind die Richter an einer in ihren Augen interessengerechten und ökonomisch sinnvollen Lösung des Falles interessiert, die für beide Parteien tragbar ist und nicht zu weiteren Verfahren führt. Dabei waren sie sogar bereit, enge Schranken der Dogmatik bei der Erfordernis der Preisbestimmung zu überwinden, um nicht zu einer Nichtigkeit des Vertrags zu kommen, an der letztlich beide Parteien kein Interesse hatten.

Zu keiner einheitlichen Lösung kamen die Richter in der Rechtsprechung zu Verzugszinsen unter Kaufleuten. Hier war die Rechtsprechung sehr von der konkreten Fallsituation und der Zusammensetzung des Gerichts abhängig. Letzteres lässt sich im Übrigen verallgemeinern: Weil sich die Zusammensetzung des Gerichts und die Mehrheitsverhältnisse von Fall zu Fall und sogar in der Erörterung des Falles ändern konnten, ist es schwierig, von „der Rechtsprechung" des Hoge Raad zu sprechen. Kontinuitäten lassen sich nur für die Entscheidung einer Rechtsfrage festmachen, wenn also die Mehrheit der Richter für den Hoge Raad spricht und diese Tradition in späteren Entscheidungen fortgesetzt wird.

Der Stand der Parteien wird berücksichtigt, gibt aber nicht allein den Ausschlag. Für die Richter ist bei der Urteilsfindung sehr entscheidend, wer im konkreten Fall als redlich erscheint.

Die Entscheidungen werden unter Berücksichtigung der Dogmatik getroffen. Über eine richterliche Methodik, wie sie zu ihrem Urteil kommen, geben die Observationes wenig Auskunft. Nur in einem der untersuchten Fälle wurde deutlich, dass These und Gegenthese bei ihrer Vorbereitung eine Rolle spielten. Eine Entscheidung des Hoge Raad, die – wie die Observationes zeigen – oftmals auf die gütliche Beilegung des Streites abzielte, bedeutete nicht immer das letzte Wort in der Sache, und die Parteien stritten unter anderen Vorzeichen in der Vollstreckung des Urteils weiter.

Dass eine Auseinandersetzung mit den in der Literatur vertretenen Ansichten in den Sitzungen des Hoge Raad erfolgte, wird durch die Observationes bestätigt. Dazu haben die Richter, insbesondere der *rapporteur*, zur Vorbereitung des Falles die einschlägige Literatur konsultiert. Die Vorgabe des *rapporteur* war allerdings weder bindend noch zeichnete sie notwendigerweise das Ergebnis des Falles vor.

Ein weiterer Gesichtspunkt ist die möglichst schnelle Erledigung des Falles. In diesem Fall ist Van Bijnkershoek sogar bereit, auf die in seinen Augen „richtige“ Entscheidung zu verzichten.

Eine Beeinflussung der Literatur durch die Rechtsprechung des Hoge Raad aus dem Untersuchungszeitraum konnte nur mittelbar durch Van Bijnkershoek selbst erfolgen, weil nur er kleine Teile der Rechtsprechung in den Quaestiones Juris Privati veröffentlicht hat. Im Zeitraum von 1704 – 1787 haben die übrigen Ratsherren des Gerichts keine eigenen Arbeiten publiziert, in denen sie die Rechtsprechung des Hoge Raad hätten erörtern können.

In der Praxis zeigt sich, dass der Hoge Raad grundsätzlich im Kaufrecht auf das lokale Recht Rücksicht nahm. Erst wenn hierin keine Regelung enthalten war, wandte das Gericht das römische Recht an. Gleichwohl weigerte sich das Gericht, eine Grundsatzentscheidung über das Anwendungsverhältnis zu treffen, um weiteren Streitigkeiten über diese Frage vorzubeugen.

Im Kaufrecht kam es in der Rechtsprechung zu keinen neuen Ergebnissen, weil neue Ansätze (zum Beispiel in der Ablehnung des Retraktsrechts) nur von einer Minderheit der Richter vertreten wurden, die sich auf Grund des geltenden Mehrheitsprinzips nicht durchsetzen konnten. Die Richter des Hoge Raad versuchten allerdings, das *jus retractus* möglichst eng auszulegen, wenngleich sie sich an Gesetz und Gewohnheitsrecht gebunden sahen.

Auffällig ist, dass Van Bijnkershoek zur Lösung kaufrechtlicher Fälle oftmals auf allgemeine Prinzipien zurückgreift, die er aus anderen Rechtsgebieten (dem Gesellschaftsrecht oder dem Erbrecht) übernimmt und auf das Kaufrecht anwendet. Dies geht bei ihm jedoch nicht auf Kosten des „juristischen Handwerks.“ An erster Stelle steht bei Van Bijnkershoek die Auslegung des Vertrags und die Anwendung des Gesetzes. Erst wenn diese keine, bzw. keine befriedigende Antwort auf die Frage liefern, versucht Van Bijnkershoek auf allgemeine Prinzipien zu rekurrieren. Bei Pauw findet sich dieser Ansatz seltener.

Da es dem Gericht nicht möglich war, über eine Urteilsbegründung zukünftige Rechtsstreite zu entscheiden, versuchten die Richter, dies über die Tenorierung des Urteils zu lösen. Da der Adressatenkreis, d. h. vor allem die Advokaten und Prokuratoren, überschaubar war und sich eine Entscheidung deshalb in diesem Umfeld herumgesprochen hätte, hätte auf diese Weise eine Steuerung zukünftiger Entscheidungen erfolgen können. Zumindest zielte die Art der Tenorierung darauf ab. Damit hatten die Richter allerdings nicht immer Erfolg. Die Parteien ersuchten oftmals gleichwohl um eine Interpretation der Entscheidung oder stritten in der Vollstreckung des Urteils weiter über dieselben Streitgegenstände aus dem Hauptverfahren.

Appendix

Instructie van den Hoogen Raad van Holland en Zeeland

Wilhem, by der gratien Godts, Prince van Orangien, Grave van Nassau, van Catzenellebogen, van Dietz, van Lingen, van Buren, van Leerdam etc., Marquis van der Veere ende van Vlissingen, Heere ende Baron van Breda, van Diest, van Grimbergen, van Arlay, van Nozeroy etc., Erf-Burgh-Grave van Antwerpen, ende van Besançon, Gouverneur ende Capiteyn Generaal van Brabandt, van Hollandt, Zeelandt, Vrieslandt ende Utrecht, als representerende ende ons gedefereert zijnde de hooge overigheyt ende regeeringe der landen van Hollandt, Zeelandt ende Vrieslandt: allen dengeenen, die dese onse letteren sullen sien, saluyt. Alsoo tot onderhoudinge van de politique ordre ende staat der landen van Hollandt, Zeelandt, Vrieslandt, ende omme in denselven lande voor een yegelijck te doen administreren recht ende justitie, raadtsaam en hooghnoodigh bevonden is, boven den Raadt Provinciaal, van oudts daar zijnde, binnen den voorschreeven lande ende Graafschap van Hollandt noch opgericht te worden een collegie van Hoogeren Raadt van appel, ten fijne partyen, pretenderende by sententie van den voorschreven Raade Provinciaal beswaart te zijn, hen by ordinarise weegen, remedie ende hulpe van appellatie, souden moogen behelpen ende haar recht bevorderen, ende dat daaromme van noode is geweest te maaken ende instellen seekere instructie ende ordonnantie, daarnaar de saaken in den voorschreeven Hoogen Raade ten minsten quetse ende koste van partyen ende met spoedige uyttinge van de geschillen ende rechtvorderinge aldaar vallende, souden moogen werden beleydt ende bericht, soo ist dat Wy by deliberatie van raade, ende hierop gehadt het advis van de Staaten van Hollandt ende oock dien van den Hoogen Raade van appel voornoemdt, geordonneert ende gestatueert hebben, ordonneeren ende statueeren by deesen, dat in den voorschreeven Hoogen Raade onverbreekelijck onderhouden en aghtervolght sullen worden de ordonnantien, poincten ende articulen hiernaar volgende.

Eerst aangaande het Collegie van den Raade in het generaal.

I. Dat in de voorschreeve Collegie voor het eerste sullen weesen ende gestelt worden neegen Raaden, alle ordinaris, met een praesident, dewelcke, of degeene die in sijn afweesen presideren sal, de stemmen van de andere raadtsluyden collecteren ende by 't meerdeel van dien concluderen sal. Behoudelijck, dat men niet en sal procederen tot uyttinge van eenigen processen, by sententie diffinitijf of interlocutoir, 't en zy ten minsten ten overstane ende stemminge van seeven raadtslieden, den praesident daarinne begreepen, die alle van beginne tot den eynde over het sien ofte leesen van den processen sullen hebben geweest.
II. Item, een griffier met een substituyt, welverstaande dat de griffier gehouden sal weesen het werck van sijnen substituyt te verantwoorden.

III. Welcke substituyt sal moogen weesen secretaris, ende dienen als een secretaris publicq, ende sullen vorder, is het noodt ende by provisie, in denselven Raadt mogen dienen de secretarissen van den Hoove Provinciaal.
IV. Item, twee eerste deurwaarders ter bewaarnisse van de kamere ende rolle, die men gagieeren sal naar behooren, ende alle exploicten, in saaken voor denselven Raade vallende, sullen doen binnen der residentie ende niet vorder.
V. Item, men sal voorts neemen tot deurwaarders de ander deurwaarders ordinaris ende extraordinaris van den Raade Provinciaal van Hollandt, dewelcke mits deesen daartoe gecommitteert worden, mits doende den behoorlijcken eedt in handen van den praesident van den Hoogen Raadt voorschreeven, ende dat den eedt geteekent zy op den rugge van haarlieder principaale commissie.
VI. Item, de voorschreeve praesident, raaden, griffiers ende secretarissen van denselven Raade, sullen genieten vrydomme van aczijnsen, erven, thollen, en voorts in geene lasten ofte personeele diensten gehouden zijn van de plaatsen daar sy resideren, gelijck als die van den Raade Provinciaal, welcke vrydommen oock genieten sullen heurlieder weduwen, soolange sy niet en hertrouwen.
VII. Item, dat de voorschreeve praesident en raaden sullen doen en administreeren goede justitie, even gelijck den grooten, middelen ende kleynen, sonder uytneeminge of verkiesinge der persoonen, gunste, ongunste, ontsich of dissimulatie, daarmeede heurlieder conscientien belast worden. Ende in het doen van der justitie ende executie van dien, sullen de Hooge Overigheyt ende Staaten henlieden draagen, helpen ende bystandt doen teegens een yegelijck.
VIII. Dat de voorschreeve van den Hoogen Raade gehouden sullen weesen alle dage ter gewoonlijcker uuren te compareeren, uytgeseyt Sonnendaghs ende Maandaghs ende Ascensionis of des Heeren Hemelvaartsdagh, sonder eenige andere of meer vacantien te houden, dan die hierna volgen: Te weeten, van den lesten Julii tot den eersten Dinghsdagh in Septembri; item, van den twee en twintighsten dagh van December tot den eersten Dinghsdagh na Driekoningen; item, van des Saterdaghs voor de vasten tot Donderdaghs daaraan; item, van Palmavond tot Dinghsdaghs na beloken Paasschen en van Pincxteravondt tot Dinghsdaghs veertien daagen daarnaar; binnen welcke vacantien de voorschreeve raadtslieden sullen moogen trecken ende vaceeren in haarlieder affairen, ende andersints daar het hen gelieven sal, sonder wedden te verliesen.
IX. Item, en sal de justitie by den voorschreeven Hoogen Raade niet verachtert, verlenght noch vertoogen worden om eenige beslooten brieven, al waaren die van de hooge Overigheyt, Staate of andere iterativelijck of anderwerf gegeeven, noch oock om eenige beeden ende versoecken, 'tzy van groote personagien, of anderen van wat staat of conditien die zijn.
X. Dat die van den voornoemden Raade geene giften, gaven of schenckagien, directelijck noch indirectelijck, en sullen mogen ontfangen, genieten nochte proffiteeren van eenige dingen, oock van eetbaare spyse of drancke die koopbaar is, ende dat van yemanden, hetzy steeden, collegien, personagien of particulieren persoonen, die sy weeten proces of rechtvorderinge voor den voorschreeven Raade te hebben, of apparentelijcke te sullen gekrygen, soowel voor als na de uyttinge van den processe. Ende sooverre sy eenige der verbooden giften ontvangen sullen hebben van eenige persoonen ende goede vrienden, die sy namaals vernaame eenigh proces in den voorschreeven Raade te hebben, hetwelck

sy ten tyde van het ontfangen derselver giften niet en hadden geweeten, sullen deselve van den Raade gehouden weesen den praesident ende anderen van den voorschreeven Raade daarvan te verwittigen, ende de voorschreeve ontfangen giften, ofte de weerde van dien, ten behoeve van den armen te bekeeren, sulcks als hem by den voorschreeven Raade geordonneert sal worden. Ende sullen bovendien niet moogen staan over de visitatie van den processen, concerneerende dengeenen daarvan sy de voorschreeve giften ontfangen sullen hebben, sonder daartoe by den praesident ende andere raaden geadmitteert te weesen. Ende sullen de voorschreeve praesident ende raaden, alle jaars den eersten rechtdagh naar de vacantie van Kermisse, gehouden weesen henselven teegens den anderen by eede te suyveren van dat sy hun in het gunt voorschreeve is wel ende vromelijcke gequeten sullen hebben.

XI. Dat de voorschreeve praesident, raaden ende griffier van den voorschreeven Hoogen Raade niet en sullen moogen hebben eenige gagien of pensioenen, van wien dattet zy, anders dan van den Prince van den lande of Staten, op poene van privatie van haarlieder staten en officien.

XII. Item, werdt henlieden verbooden de secreeten van den Hoove te openbaaren, op poene voor de eerste reyse van haarlieder staat ende dienste geschorst te worden den tydt van drie jaaren achtereen volgende, ende voor de tweede reyse van heurlieder voorschreeve dienst verlaaten te worden.

XIII. Item, dat de voorschreeve praesident ende raaden den partyen, hebbende ofte apparent te sullen hebben, by ressort ofte andersints, proces of anders te doen in den voorschreeve Hoogen Rade, niet en sullen moogen geeven advis ofte raadt, directelijck ofte indirectelijck, op sulcke poenen als booven.

XIV. Item, dat voortaan in den Hoogen Raade niet en sullen weesen t'saamen, vader, soone, broeders, rechtsweers, te weeten susters of broeders kinderen, noch andere, weesende in gelijcken graden, hetzy van bloede of by houwelijcke.

XV. Item, en sullen in de voorschreeve Hoogen Raade ontfangen noch toegelaten worden eenige extraordinarisse raaden.

XVI. Item, soo wanneer de plaatse van eenen raadt, advocaat fiscaal, procureur generaal of griffier sal vaceeren, sullen de Staten nomineeren drie persoonen, omme by de Hooge Overigheyt of Prince van den lande, eenen tot den vaceerenden staat verkooren ende daarinne gestelt te worden, mits dat de Staten niemandt daartoe nomineeren, nochte de hooge Overigheyt of Prince van den lande sullen mogen presenteeren, sonder advijs van den president en die van den Hoogen Raadt, of alsulcken als denselven niet en soude aangenaam zijn.

XVII. Item, dat niemandt, om den voorschreeven staat van raadt, griffier ofte fiscaal te verwerven, en sal moogen gelooven, geven of eenigh verbondt of overkomste maken, directelijck of indirectelijck, op poene van privatie van den voorschreven staat. En sullen deselve in het aanneemen van haaren staat schuldigh weesen hun by eede te suyveren, dat sy geen beloften in het kleyne nochte groote tot ymandts proffijt daarover gedaan of yet daarvoor gegeeven hebben of sullen belooven of geeven.

XVIII. Item, sullen de voorschreve van den Hoogen Raade, behalven de saaken van appel, kennisse hebben in de eerste instantie van degeene die hiernaar volgen ende geen andere, te weeten, in den eersten sullen kennisse moogen neemen van saaken tusschen

twee vremde koopluyden, geen woonsteede of residentie in den lande van Hollandt of Zeelandt hebbende.
XIX. Ten tweeden in alle materien possessoir, en condependentien van dien en voorts in alle andere saaken, daar na rechte of ordonnantie geen appellatie en valt.
XX. Ende ten derden in saaken roerende de zeevaart, te weeten als schepen malkanderen buytens landt of in zee beschadight sullen hebben, en diergelijcke saaken, begrepen onder de ordonnantie van de zeerechten, blijvende het placaat van de visscherye ofte buysneeringe in sijn geheel ende weesen, sonder hetselve by deesen te veranderen.
XXI. Sullen voorts die van den Hoogen Raade kennisse neemen van alle saaken, die by appellatie van sententien, geweesen by den Provincialen Raade van Hollandt, aan henlieden sullen devolveeren. Welverstaande, dat geene clausulen van inhibitie en sullen verleent werden tegens sententien, niet excedeerende de somme van drie hondert guldens.
XXII. Dat men meede van allen anderen saaken, die men ter eerster instantie voor den Hoogen Raade magh betrecken, sal moogen aan denselven Hoogen Raade appelleeren, omisso medio, als men oock van gelijcken sal moogen doen van alle sententien, geweesen by dijckgrave ende hooge heemraaden, ofte andersints materie van dijckagie concerneerende, en daar egeen privilegien van dijckgraave en heemraaden zijn ter contrarie, en onvermindert de executie van haarlieder vonnissen, in conformité van de voorgaande ordonnantie.
XXIII. Ende sullen de voorschreve van den Hoogen Raadt verleenen beneficien van inventaris, reliëvementen van contracten, substantieele ende extrajudicieele beswaarnissen, mandamenten van cessie, ende diergelijcke, sonder dat yemandt deselve verleenen sal dan den voorschreeven Hoogen Raadt.
XXIV. Item, sullen de voorschreve praesident, raadtslieden, griffier of sijn substituyt, een van beyden, hen in de raadtkamer vinden ende aldaar zijn alle raadtdagen, van Paasschen af tot den eersten Octobris 's morgens uytgaande tot half achten, blyvende in den Raadt tot tien uyren, sonder van daar te scheyden, ende van den eersten Octobris tot Paasschen van half negen uyren tot elf uyren 's morgens als vooren. Ende alle het jaar door van den drie uyren naar noene tot vyf uyren 's avondts, sonder van daar te scheyden als vooren, op poene aangaande den voorsz. raadtsluyden, van t'elcker reyse geroyeert te worden van haarlieder gagien voor eenen halven dagh, ende aangaande den voorschreven griffier ende substituyt t'elcker reyse te betalen ende verbeuren by elcke van henlieden de boete van ses stuyvers, om die bekeert te worden ter ordonnantie van den Hove.
XXV. Item, dat de voorschreve griffier of substituyt gehouden en verbonden sullen zijn register te houden van dengeenen die in gebreeke sullen zijn ter voorschreve uyre te koomen ofte die voor de uyre scheyde sullen, en daarvan alle drie maanden kennisse geven aan den ontfanger ofte ontfangers, op denwelcken de betalinge van haare gagien beweesen zijn, omme haare absentien hen van denselven gagien afgetogen ende alsulcks in rekeninge gebrocht en verhaalt te worden.
XXVI. Item, dat de voorschreve raadtslieden, griffier en substituyt op de voorschreve raadtdagen hen niet en sullen mogen absenteeren noch uytter stadt gaan, dan by oorloven en licentie van den president of van dengeenen die in sijn plaatse presideeren sal.

XXVII. Item, wordt verboden allen raaden, secretarissen en deurwaarders van den voorschreven Hoogen Raade, gaande voor partye in commissie, yet te eysschen, neemen ofte ontfangen boven haarlieder salarissen ende vacatien dan by ordonnantie hier naar getaxeert.

XXVIII. Item, om den ondersaten van kosten te supporteeren, als partyen geappoincteert sullen zijn in feyten ende yemandt uyt den voorschreeven Hoogen Raade gecommitteert sal wesen tot ter enqueste, ende eenige van den partyen begeert surrogatie op eenigen lagen rechters, de voorschreve van den Hoogen Raade sullen, partye eerst gehoort zijnde, committeeren eenige goede lieden, wys ende getrouwe, om de enquesten van de voorschreve partyen te doen, resideerende ter naaster plaatsen, aldaar men de voorschreve enquesten sal moeten doen. Ende sullen de voorschreve enquesten wederomme te Hove gesonden worden, toegeslooten ende besegelt soo dat behoort. Behoudelijck nochtans, dat sy om de swarigheyt van der materie, of andere merckelijcke redenen, de voorschreve surrogatie sullen mogen ontseggen.

XXIX. Item, sullen de voorschreve raadtslieden, hebbende eenige commissie van enqueste te doen ofte andersints, hetzy voor der Staten ofte voor partyen, en degeene die in haarlieder plaatse sullen weesen gesurrogeert, gehouden zijn in de voorschreve commissien te besoingieeren elcken dagh drie uyren voer noene ende twee uyren na noene, op poene van geroyeert te worden van haarlieder salaris en vacatien van den dage of dagen dat sy niet verstaan en gebesoigneert en sullen hebben in haarlieder commissien den tydt voorschreeve.

XXX. Item, en sullen de raadtslieden, griffier, sijn substituyt ende secretarissen van den voorschreven Hoogen Raade, ende anderen officieren, gecommitteert ofte gesurrogeert om de enquesten van den partyen te doen, van de eene ofte meer partyen niet mogen neemen, hebben noch ontfangen dobbele vacatien, alwaar het oock dat sy voor elcke partye gevaceert hadden alsoo veel uyren als het bij de ordonnantie geordineert is, 't en waare in materie van inspectie oculair ofte aanschouwinge van plaatsen, metinge, dijckagie, of als men tuygen beleedt om costuymen te verificeeren, ofte andere gelijcke materien, daar men veel volcks doet vergaderen, en daar partye geinteresseert soude zijn indien men die niet en expedieerde, overmits de vacatien van dengeenen die daartoe gedaghvaart souden weesen.

XXXI. Item, en sullen oock de raadtslieden ende gesurrogeerde, hebbende commissie om enqueste te doen, op een feyt niet moogen ontfangen ende examineeren meer dan seven getuygen ten hooghsten, uytgeseyt in saaken die by turbe werden geverificeert, ofte 't en waare dat, de enqueste gesien of op het overschryven van den commissaris, anders by den Hove geordonneert worde.

XXXII. Item, indien in de positie en geschriften eenige verhalinge ofte verscheyden articulen waaren, mentie maakende al van een feyt, de commissaris sal die t'samen voegen, om menighvuldigheyt van woorden te schouwen.

XXXIII. Item, de commissarissen sullen selve de examinatie doen en scherpelijck ondersoecken op de redene van wetenschap van den getuygen, in presentie van den adjunct; en sullen haarlieder adjuncten prononceeren de depositien van den getuigen, ende, de depositien in het lange geschreeven zijnde, de voorschreve commissarissen sullen die den deposant voorleesen ende hem doen teekenen, ofte sijn merck

daaraan stellen, indien hy teecken ofte merck heeft, sonder deselve depositien te doen by den adjunct prononceeren ofte dicteeren.
XXXIV. Item, sullen oock de voorschreeve commissarisen gehouden zijn in enquesten, die sy doen, te stellen haarlieder processen verbale, in dewelcke sy oock uytdruckelijck verhalen sullen de dagen en plaatsen, wanneer en waar sy gevaceert sullen hebben, en sullen oock stellen de taxatie van den getuygen op de margen van haarlieder depositien.
XXXV. Item, en sullen de voorschreeve raadtslieden malkanderen niet moogen neemen voor adjunct, maar sal het Hof in groote materien ende tusschen groote personagien wel moogen twee raadtslieden commissarissen ordineeren, en sullen oock in haarlieder plaatse anderen niet moogen surrogeeren sonder consent en ordonnatien van den Hove, welcke commissaris ende adjunct gestelt sal worden by den president, te weeten voor adjunct den griffier, sijn substituyt ofte een van den secretarissen, niet suspect.
XXXVI. Item, sullen de voorschreve raadtslieden, wanneer sy sullen besoignieren voor partye in de plaatse van haarlieder residentie, 's daaghs hebben aghtien stuyvers.
XXXVII. Item, wanneer sy sullen vaceeren buyten haarlieder residentie, sullen 's daaghs hebben vier guldens dertien stuyvers, boven schuyte- en wagevrachte.
XXXVIII. Item, de adjuncten, als griffiers en secretarissen, sullen hebben, vaceerende en besoignieerende in haarlieder residentie, twaalf stuyvers.
XXXIX. Item, vaceerende buyten de residentie, sullen hebben drie guldens vier stuyvers.
XL. Item, de deurwaarders, met den commissaris buyten de residentie vaceerende, vierentwintigh stuyvers.
XLI. Ende ten eynde de voorschreeve raadtslieden, die de processen, dewelcke in den voorschreven raadt geweesen sullen worden, rapporteeren sullen, te neerstiger souden zijn, ende hen te beeter quyten in de voorschreeve processen te oversien en het recht van den partyen te verstaan, sullen voor haarlieder rapport en speciegeldt hebben hetgeene dat hen by den Raade getaxeert sal worden, en vorder niet. Te weeten de rapporteurs d'een helft, ende d'ander raadtslieden presenten d'ander helft. Welcken tax by de Kamere gedaan sal worden terstondt als het proces gerapporteert ende geslooten sal zijn. Ende sal de griffier het voorschreve rapport- ofte speciegeldt ontfangen van der partye, die naar de prononciatie of uytspraake van der sententie, expeditie van dien of het dictum vervolgen sal, welck dictum nochtans de voorschreeve griffier den partyen niet en sal moogen geeven, 't en zy dat hy het voorschreve speciegeldt en het recht van der sententien alvooren ontfangen heeft.
XLII. Item, of de partye, vervolgende, soo voorseyt is, sententie ofte dictum, in gebreeke waar het recht van den rapporte ende sententie, by hem vervolght, te betalen, het Hof sal daartoe executoriale brieven moogen verleenen, om de voorschreeve partye by executie te bedwingen het voorschreve recht van rapporte en sententie te betaalen.
XLIII. Item, als de kosten gecompenseert sullen zijn, ofte als beyde partyen achterlaaten de sententie of het dictum van dien te vervolgen, sal de partye, die by de sententie meest proffiteeren sal, het recht van der sententie betalen. Ende indien beyde partyen daarvan even gelijck proffiteerden, of op luttel naar, sullen dat half en half betaalen, ter ordonnantie van den Hove, en tot dien eynde, sullen, uyt krachte van parate executie, bedwongen worden als boven, in gevalle des noot zy.
XLIV. Item, de voorschreeve raadtslieden sullen gehouden zijn te maaken een receuil

ofte extract van de processen, daar sy rapporteurs af zijn sullen, en terstondt als het proces geslooten sal zijn het dictum van der sententie maaken ende den president leeveren, om dat in den Raadt te communiceeren, ende dat gedaan, sal den rapporteur het voorschreeve dictum den griffier leeveren, om hem daarmeede te behelpen in het extendeeren van der sententie, ende dat den griffier, de sententie geëxtendeert zijnde, niet uytgeeven sonder die eerst den rapporteur te hebben gedaan leesen.

XLV. Item, sullen de sententien, of het dictum van dien, in de audiëntie by den griffier ofte sijnen substituyt geleesen en gepronuncieert worden, 't en waare in groote materien van importantien, gewichte en van consequentie, ofte tusschen groote personagien, dewelcke sullen moogen gepronuncieert worden by den griffier selfs, ter ordonnantie van den Hove.

XLVI. Item, alle processen naar dat die geinstrueert sullen zijn, sullen in de griffie geleydt ende ter ordonnantie van den president werden gebracht op het buffet, dewelcke den president t'sijnder beliefte sal distribueeren, sonder aan dengeenen, die de ordinarisse enquesten gedaan sullen hebben, die te moogen uytgeeven. Ende en sal de griffier, ofte sijne klercken, voor het soecken van de saaken ofte anders daarvan eenigh salaris moogen neemen.

XLVII. Item, de rapporteur in het visiteeren van den processe sal voor alle werck toesicht neemen, of de procuratien van den partyen daar zijn, ende, is het een proces van appel, of het instrument ofte andere bescheet van appel, mitsgaders de sententie daaraf geappelleert is, daar oock zijn. Daarna, of daar alle de stucken zijn, naar uytwysen den inventaris, ten eynde dat in hetselve rapporteeren hy den Hove geenen tijdt en doet verliesen, maar sal het collegie aangeeven hetgeene hy bevinden sal in eenigh van den sacken te gebreeken.

XLVIII. Item, alsoo de rapporteur behoort te zijn voorsichtigh en secreet, dat de partyen niet gewaar en worden het proces in sijnen handen te weesen, sullen tot dien eynde de processen gedragen ende wedergebracht worden by den klerck of ander dienaar van den rapporteur in eenen grooten sack, daarop niet geschreeven en sal zijn. Ende by sooverre de rapporteur gewaar werdt of vermoeden heeft, dat partye wiste dat hy rapporteur waare, sal schuldigh weesen, op sijnen eedt, de saken wederom te brengen in den Raadt, om by den president eenen anderen uytgegeeven te worden. Ende wordt tot dien eynde scherpelijck verboden den griffier, sijnen substituyt, ende allen anderen de Raadtkamer frequenteerende, niet te openbaaren wie rapporteur is of geweest sal hebben, soowel naar de sententie als hangende den processe, op arbitrale correctie ende straffe.

XLIX. Alsoo veele van den rechteren somwylen lightveerdigh ende geneegen zijn de kosten van den processe, voor henluyden innegestelt, te compenseeren, tot groote ende overtallige schaade van dengeenen die bedwongen zijn de voorschreeve processen te sustineeren, hetwelck den anderen stoutigheyt ende oorsaake geeft haarluyder partyen met lange processen moeyelijck te zijn, soo wordt den voorschreeven van den Hoogen Raade verboden de voorschreeve kosten te compenseeren, maar sullen de partyen, die vervallen zijn, condemneeren de voorschreeve kosten weeder te keeren, 't en waare uyt goede merckelijcke reedenen, daarvan men haarlieder conscientien is belastende.

L. Item, dat voortaan de voorschreeve president ende raadtslieden niet en sullen moogen tegenwoordigh zijn of delibereeren in eenige saaken van den heeren ofte vassallen, van denwelcken haarlieder kinderen of broeders sullen officieren of huysdienaars weesen.

Van den fiscalen ende fiscale saaken.

LI. Dat den advocaat fiscaal en procureur generaal van Hollandt, die by deesen hiertoe worden gelast, na haar vermoogen de rechten, domeynen, jurisdictien, hoogheyt ende authoriteyt van den lande bewaren, beschermen en voorstaan sullen.
LII. Dat alle requesten, die gepresenteert sullen worden op den naam van den procureur generaal, ende oock degeene daar hy adjunct sal zijn, sullen by den advocaat fiscaal of procureur generaal geteekent zijn, ende anders en sullen die niet ontfangen worden.
LIII. De procureur generaal en sal egeene saaken moogen instellen noch voor anderen aanneemen noch oock hem met yemandt voegen, dan by advyse van den voorschreven Hoogen Raade of ordonnantie van der Overigheyt, den Staaten, ofte dien van der rekeninge, welcke ordonnantie niettemin den voorschreeve van den Hooge Raade gecommuniceert sal worden. Ende soo wanneer denselven Raadt hem ordonneeren sal eenige saaken in te stellen, aan te neemen of hem met yemandt te voegen, sal hy dat gehouden zijn te doen.
LIV. Dat de officiers ende andere sullen gehouden zijn, soo dickwils ende menighwerven als de voorschreeve aanneeminge van eenige saake gedaan sal zijn, den voorschreeven advocaat fiscaal ende procureur generaal te geeven goede instructie, ende t'elcke reyse, als sy ontboden sullen zijn, te koomen en compareeren by den voorschreeven advocaat fiscaal en procureur generaal, om die te informeeren en helpen beleyden de materien, proceduyren, enquesten ende andere dingen, den voorschreeven advocaat fiscaal en procureur generaal nootelijck zynde.
LV. Dat de materien, niet gedisponeert zijnde tot aanneeminge, den procureur generaal hem sal moogen voegen, by advyse ofte ordonnantie als booven, soo verre de materie raackt den rechten, authoriteyten, jurisdictien, domeynen of andersints, in wat interest van de Overigheyt of van den lande dattet wesen magh.
LVI. Dat de fiscaale saaken sullen bij den advocaat fiscaal bedinght worden, dewelcke de schriftuyren teekenen sal.
LVII. En sal den procureur generaal den last hebben, om alle requesten te maaken, of by den advocaat fiscaal te doen maaken, te houden of doen houden de informatien preparatoire by ordonnantie als boven, ende anders niet, en voorts provisie van justitie te versoecken, instructie te verkrygen, ende de acten en dinghtalen te furneeren, geschriften te dienen, productie van titulen ende munimenten te doen, enquesten beleyden, contradictien, reprochen ende salvatien te dienen, inventarissen te maaken ende teekenen, den sack ten Hove te leggen, ende het proces instrueeren van allen anderen nootelijcken en substantialen dingen, als den procureur generaal toebehoort.
LVIII. Dat als den procureur generaal eenige informatien doen sal, principalijck den partyen raakende, ende by consequentie de Overigheyt ofte den Staten, hy sal mogen hebben alsulcken salaris ende vacatien, als hebben de advocaaten van partyen ofte anders tot discretie van den Hoogen Raade.
LIX. Ende waar het saake dat eenigh delinquant, bedragen ofte in processie gestelt zijnde by den voorschreeven procureur generaal, verkreege eenige gratie van remissie,

pardon, abolitie, of andere, hoedanigh die weesen magh, alsulcken delinquant sal gehouden zijn de onkosten ende het verschot van justitie op te leggen, in dewelcke begreepen sullen zijn salarissen en vacatien van den officieren, fiscalen, en de kosten van de informatien, tot taxatie van den Hove.

LX. Dat de saaken, die op de rolle dienen sullen, het zy dat den procureur generaal daarinne zy impetrante, gedaaghde ofte gevoeghde, niet en sullen moogen geëxpedieert worden by den commissarissen, noch tusschen den partyen, 't en zy dat de voorschreeve procureur generaal daar present ende gehoort zy, op poene van nulliteyt van de acte, ende dat den procureurs van den partyen sullen gepunieert werden tot arbitragie van den Hove.

LXI. Item, in de processen, daar de voorschreve procureur generaal hem gevoeght sal hebben voor des Overigheyts ofte des landts interest, sal hy deselve vervolgen en instrueeren, om daaraf sententie te hebben, alwaar het soo dat de partye, met dewelcke hy hem gevoeght hadde, van hetselve proces appoincteerden, of dat lieten te vervolgen, 't en waare nochtans dat by den Hove, de voorschreeve procureur generaal daarop gehoort, ende om eenige consideratie of aanschouw, geseyt waare dat deselve procureur soude oock het voorschreve proces verlaaten.

LXII. Item, de voorschreve procureur generaal sal oock alle processen vervolgen, daar hy partye is tegens eenen gedaaghde in persoone, sonder dat te laten om eenige kosten, die men daarom tot des Overigheyts, Staaten of des landts laste soude moeten doen, al ten eynde dat de delicten niet en blyven ongestraft, 't en waare hy reedenen hadde ter contrarie, daarvan hy den Raadt sal adverteeren.

LXIII. Item, werdt den voorschreve procureur generaal geordonneert goedt register te houden van alle saaken en wedersaaken, daar hy partye formeel is, en oock gevoeghde, en t'eynden van elcker maandt van den jaare den Raadt te toonen sijn rolle ofte register van sijn saaken, om by den Raadt geweeten te worden den staat van dien en de naarstigheyt, by hem gedaan in het vervolgen van dien.

Griffier en sijn substituyt.

LXIV. De griffier, of sijn substituyt, sullen altydt gehouden zijn selve rolle te houden, acten ende sententien te minuteeren en te ontwerpen.

LXV. Item, de voorschreeve griffier sal maaken ende houden bysonder register van alle de advysen van importantie en consequentie, daarinne insereerende de beslooten brieven ende requesten. Van gelijcken sal hy bysonder register houden van den placaten, ordonnantien en beslooten brieven, van gelijcken effecte.

LXVI. Item, sal oock de voorschreve griffier gehouden zijn bysonder register te houden van den sententien ende appoinctementen van den Hove, by dewelcke geordonneert sal zijn dat de processen ofte eenige stucken gestelt sullen worden in handen van de officieren, om het reght van den lande daarinne te bewaaren, en van gelijcken oock van den sententien daar de fiscalen partyen zijn.

LXVII. Sal oock de voorschreeve griffier register doen houden van allen acten en geëxtendeerde ordonnantien, hebbende effect van sententie. Ende desgelijcks van den sententien geëxtendeert met insertie van de substantiale middelen van den processe, by een ander register apart. Ende noch een derde register van de kennissen ende gewillige condemnatien.

LXVIII. Ende sal oock gehouden zyn besonder register te houden van alle sententien, die 't Hof hem ordonneeren sal te extendeeren, als saacken van consequentie, al waar 't oock dat partyen dat niet en versochten.

LXIX. Item, dat in 't extendeeren van den sententien op adjudicatie ofte interpositie van decreete de voorschreve griffier daarinne niet insereren ofte verhalen en sal de exploicten van de proclamatien ofte uytroepingen, maar sal alleenlijck kort verhaal maaken van de voorschreve uytroepingen ende van 't gebesoigneerde van den deurwaarder, verklarende de dagen en de onderhoudinge ofte vervolgh van deselve uytroepingen, ende andere nootelijcke ende substantiale dingen. Ende van gelijcken sal gedaan worden in de extensie van de andere sententien, soo kort als mogelijck zijn sal, sonder nochtans yet ofte eenige substantiale middelen achter te laten, welcke extensien, aleer die te grosseeren, hy gehouden sal zyn den rapporteurs te communiceeren.

LXX. Item, dat de voorschreve griffier egeene processen en sal mogen ontfangen, 't en zy dat die geheel gefurneert zijn, volgende den inventaris, ende soo hierna geseydt wordt in 't capittel van den procureurs, noch in de voorschreve processen yet te laten voegen, afdoen noch veranderen, naar dat die gefurneert ende ontfangen sullen zijn, tenzy by ordonnantie van den Hove, ofte by consent en in presentie van beyde de partyen, indien sy daarby begeeren te zijne. Ende sal de voorschreve griffier nemen voor sijnen salaris den tax hiernaar volgende, te weten:

LXXI. Voor een presentatie, voor de eerste reyse alleenlijck, 2 stuyvers.

LXXII. Voor gemeene acten, dienende in proces, 4 stuyvers.

LXXIII. Voor appoinctementen ofte ordonnantien, gestelt by apostille op requesten, 4 stuyvers.

LXXIV. Voor een acte dispositif 8 stuyvers.

LXXV. Item, alle andere presentatien ende expeditien op de rolle, daarvan d'acten in 't proces niet gedient en zyn geweest, maar die men alleenlijck naderhandt licht om kosten te doen taxeeren, ende sullen voortaan niet gemaackt werden by acten, maar alleenlijck by extract authenticq, soo verre partyen dat begeeren; ende sal de voorschreven griffier hebben voor elcke van deselve presentatien ende expeditien, in de voorschreve extracten begrepen, soo verde nochtans die in de taxatie komen, twee grooten Vlaamsch.

LXXVI. Item, voor acten, inhoudende provisie ofte appoinctement op staande voet gegeven, 12 stuyvers.

LXXVII. Voor interlocutorien, die gegeeven sullen worden op een proces dat gesien ofte gevisiteert is geweest, 16 stuyvers.

LXXVIII. Voor verdaghvaardingen, macht van commissarissen, executorien, acten van taxatien ende allen anderen provisien ende mandamenten, die men gewoonlijck is in de griffie te expedieeren, 8 stuyvers.

LXXIX. Voor beslooten brieven 6 stuyvers.

LXXX. Voor elck bladt copien, houdende aght en twintigh regulen, 12 stuyvers.

LXXXI. Voor sententien, als de materie meer bedraaght dan vyf hondert guldens ofte de waarde van dien, 5 guldens.

LXXXII. Ende voor 't recht van 't zegel twintigh stuyvers.

LXXXIII. Ende in materie, meer bedragende dan drie hondert guldens, sullen hebben vier guldens, ende onder de voorschreve drie hondert guldens, 3 guldens.

LXXXIV. Ende voor 't zegel 10 stuyvers.

LXXXV. Ende van namptissementen van penningen den tsestigsten penningh naar ouder gewoonten, soo wanneer 't namt in de griffie gebraght sal worden.

Secretarissen.

LXXXVI. Dat de secretarissen, den griffier mede gereeckent voor secretaris, gehouden sullen zijn op elcke requestdagh op 't bureel voor den president, ofte die in sijn absentie presideeren sal, te leggen alle de requesten, die hem gelevert sullen zijn by den partyen, sonder die uyt haarlieder authoriteyt te mogen geven ofte presenteeren den raatslieden, maar sullen by den president werden uytgedeelt onder den raatslieden, omme daarop geappoincteert te werden. Ende soo haast de raadtslieden deselve gevisiteert sullen hebben, sullen de voorschreve griffier ende secretarissen daarop terstondt apostilleeren, aleer sy uyt de kamere sullen scheyden, stellende op de marge van dien met haarlieder handt sulcke apostille als hen geordonneert sal zyn, sonder welcke ordonnantie sy geen apostille en sullen mogen stellen, op wat requeste dat het zy.

LXXXVII. Item, dat alle requesten al sulcks geapostilleert, sullen gedeyldt ende gedistibueert worden by den oudtsten secretaris, gelijckelijck, ofte alsoo na als 't doenlijck zyn sal; ende sal elck van hen tevreeden zyn met al sulcke requesten als hem gedistribueert sullen zyn, sonder die te mogen wisselen ofte weygeren d'expeditien daarvan te doen, 't en ware in saaken hierna geëxcepteert.

LXXXVIII. Item, dat de voorschreve secretarissen sullen met haarlieder handt op de voorschreve requeste d'expeditie minuteeren van den mandamenten ende provisien, navolgende den apostillen daarop gegeeven, welcke minute sy sullen met haaren naam teeckenen ende die aan de voorschreve mandamenten ende provisien hechten als die gegrosseert sullen zyn, onderteekenende oock de voorschreve provisien naar dat die by henlieden voor alle werck oversien, gevisiteert ende gecorrigeert zyn, 't en eynde de president in 't zegelen van den provisien daarop regard sal mogen nemen; behoudelijck wettelijcke excusatie van sieckte, nootelijcke absentie ofte ander diergelijcke belet van yemandt der voorschreve secretarissen, van 't welck de secretaris, die d'expeditien uyt eens anders naam doen sal, gehouden wordt in 't eynde ofte op den rugge van der requesten ende minuten note te maaken.

LXXXIX. Item, voor d'expeditie van requesten civile, beslooten brieven ende appoinctementen op requesten, inhoudende provisien, sal betaaldt werden 6 stuyvers.

XC. Ende voor 't zegel 2 stuyvers.

XCI. Ende voor alle andere mandamenten ende provisien van justitie, by den voorschreeven Raade verleendt, 12 stuyvers.

XCII. Ende voor 't zegel 2 stuyvers.

XCIII. Item, van beneficien van inventaris, voor d'expeditie vyftigh stuyvers ende voor 't zegel een en vyftigh stuyvers.

Van mandementen ende provisien van justitie.

XCIV. Den voorschreven Raadt sal alle Dinghsdage en de Vrydage naar de noene depescheeren alle requesten en provisien van justitie.

XCV. Ende alsoo dickwils processen zyn geresen tusschen bailliuwen, schouten ende andere officieren, uyt saaken van den limiten van haare jurisdictien, welcke processen ten beyden zijden beleydt zyn geweest ten koste van de Graaffelijckheydt, oock tot grooten naardeel ende verachteringe van den onderzaten, die gemeenlijck haar recht niet en konnen vervolgen, overmits alsulcken geschille van jurisdictien, soo wordt, om daarinne te voorsiene, den voorschreven van den Hoogen Raade verboden te verleenen, accorderen, ofte zegelen eenige provisien van justitie ten vervolge van eenen officier tegens den anderen, maar soo wanneer d'een officier hem over den anderen beklagen sal, de voorschreve van den Hoogen Raade sullen deselve ontbieden, ende appoincteeren indien 't doenlijck is, indien niet, sullen kennisse van der saaken nemen ofte de hooge Overigheydt van der swarigheydt, by henlieden daarinne bevonden, met haarlieder advis adverteeren. Ende sullen voorts de voorschreve van den Hoogen Raade, in cas van processe of rechtvorderinge te dier saack, den officier, die bevonden sal worden t'onrecht al sulcken saake gesustineert te hebben, condemneeren in de kosten van justitie, te betaalen van sijn eygen, sonder by den voorschreven officier, daarinne vervallende, die te mogen verhaalen ofte reekenen tot laste van de Graaffelijckheyt, 't en ware dat hy al sulcken saake aangenomen hadde by ordonnantie van de Overigheydt, van den Staaten, van den voorschreven Hoogen ofte Provincialen Raade ofte van dien van den Reekenkamer.

XCVI. Den voorschreven Hoogen Raadt en sal niet mogen verleenen eenige provisien poenaal stadt houdende, daar by yemandt ad factum preciselijck soude geconstringeert worden, 't en ware om merckelijcke redenen van necessiteyt, periculi in mora, spolie, ende anderen in rechten bekent, ende daarvan den Hove ten minsten sommarie gebleeken al zijn, in welcken gevalle partyen eenen korten rechtdagh geprefigeert sal worden, om daartegens gehoort te mogen werden; maar sullen andere negative interdictien poenaal tot discretie van den Hove verleent mogen werden naar gelegentheydt van der saake, mits dat partyen eenen korten rechtdagh zy gestelt.

XCVII. Dat alle mandamenten ende provisien van justitie, verleendt in den voorschreven Hoogen Raade, sullen vermelden ende inhouden d'intentie van den impetrant, ende 't effect van 't geene hy is eysschende, ten eynde dat de gedaaghde magh geinstrueert zyn van 't geene dat hy moet verweeren ofte antwoorden, ende om by dien middele te verkorten de dilayen ofte uytstellingen, die de gedaaghde soude mogen versoecken voor de litiscontestatie.

XCVIII. Dat in allen requesten, gepresenteert om te verwerven relief van appel ofte reformatie, in 't korte verhaalt sullen zijn de redenen ende poincten van der materien, ende de sententien, daarop gegeven, met'er date van dien, om beter te mogen advizeeren of men de clausulen van inhibitie ende verbodt ofte andere provisionale clausulen sal behooren t'accordeeren ofte niet, ten welcke eynde 't dictum daaraan gehecht sal worden.

XCIX. Ende alsoo veele officieren hun beklagen, dat men sonder onderscheydt alle appellatien ende reformatien van boeten en civile beteringen, tot profyte der Graaffelijckheydt aangewesen, is toelatende, uyt welcke oorsaake sy bedwongen zyn lange processen te sustineeren, tot seer groote merckelijcke kosten, dewelcke die van den Reekenkamere niet en willen passeeren, sulks dat deselve officiers liever hebben de voorschreve boeten te verlaten dan de voorschreve processen te vervolgen, 't welcke den bruyckigen ende misdoenders geeft oorsaake van meerder wederhoorigheydt en wederspannigheydt tegens de justitie ende den officieren voorschreve, soo werdt geordonneert, dat niettegenstaande d'appellatie van den sententien, houdende condemnatie van boeten, de gecondemneerde gehouden sal zyn die te namptizeeren, ende dat voortaan op sijn appellatie niet geaccordeert sal worden dan simpel relief d'appel ofte reformatie, sonder clausulen van inhibitien ofte surcheantie, 't en ware merckelijcke redenen den Hove ter contrarie soude mogen moveeren.
C. En sullen oock de voorschreve van den Raade niet verleenen reliven van appel met de clausule van inhibitie tegens arresten ofte andere extrajudiciële acten, alleenlijck hebbende effect van daghvaardinge, maar sal partye haar voorsien by oppositie, 't en ware dat sulcken arrest of extrajudicieele acte gefondeert werde op sententie ofte ordonnantie, daaruyt appellatie ofte reformatie souden mogen vallen.
CI. Ende sullen oock geen reliven van appel ofte reformatie accordeeren op sententien, gegeven in materie van politie, alimentatie, dyckagie, beden ende subventien van den Prince ofte Staaten, reparatien van wegen, bruggen, passagien ende diergelijcke sententien, 't en waare seer merckelijcke redenen ter contrarie dienende.
CII. Item, werden verboden alle appellatien van concessie van simpele ofte personeele daghvaardinge, van brieven van complaincte, sauvegarde, commissien, om hem t'informeeren, 't zy preparatoirlijck ofte valetudinaarlijck, ende van toekomende grief, sonder dat op sulcken appellatien by den voorschreven Hoogen Raade verleendt sullen worden brieven van relief van appel, noch den eersten rechters de kennisse daarvan benomen sal worden. Ende indien by onbedachtheydt ofte andersints eenige sulcke brieven verleent waren, sullen deselve krachteloos ende van onwaarde zyn, en d'impetranten van dien gecondemneert in de boete van tien Carolus guldens.
CIII. Aangaande d'appellatien van sententien ofte appoinctementen interlocutoire, sal daarinne gehouden ende gevolght worden de dispositie van den weereldtlijcken rechter, sonder dat die van den Hoogen Raade andere appellatien sullen toelaten, noch daarop verleenen brieven van relief van appel, op poene van nulliteyt ende dat de rechtere, daarvan geappelleert wordt, voorts sal mogen procederen. Ende om beter geweten ende gelet te worden, ofte in der saaken provisie van appel valt ofte niet, sullen de supplianten gehouden zijn aan haarlieder requesten te hechten copie van de voorschreve sententien interlocutoire, van dewelcke syluyden hen zijn beklagende; welverstaande dat appel in forma geaccordeert sal worden van namptissementen, excedeerende de somme van seshondert guldens, indien daar redenen toe dienen.
CIV. Des sal den voorschreven Raade provisie van appel mogen verleenen tegens appoinctementen, sententien, interlocutoirien ofte anderen verklaringen, infererende beswaarnissen van groote prejuditie ende consequentie, 't welck staan sal tot discretie van denselven Hoogen Raadt, mits dat tegens al sulcke interlocutoiren ofte appointementen de clausulen van inhibitien verleent sullen worden, alleenlijck tot den dage

dienende by het mandament te prefigeeren, omme alsdan, partyen gehoort, op de revocatie van dien by den commissarissen van de rolle ofte op de continuatie by den collegie van den Raade gedisponeert te werden als naar behooren.

Van den deurwaarders ende van haarlieder exploicten ende executien.

CV. Dat de deurwaarders, stellende ter executie de mandamenten ende provisien van justitie, gegeeven in den voorschreven Hoogen Raade, sullen gehouden zyn alle daghvaardingen te doen aan den persoonen ofte ter woonstede van dengeenen, die sy daghvaarden sullen, sooverre die woonsteden hebben, ende te laten de copien van den voorschreven mandamenten ende provisien den voorschreven gedaaghden ofte haarlieder dienaaren en huysgesinnen, ofte die heghten aan de deure van de voorschreve woonsteden, tot koste van den impetrant de voorschreve provisie, alwaar 't oock dat die niet versocht en ware, met annotatie ofte beteekeninge onder de voorschreve copie, wanneer den recht-dagh dienen sal, op poene van ses Carolus guldens voor de eerste reyse, voor de tweede reyse van gelijcke poene van ses Carolus gulden ende van haren officien van 't deurwaarderschappe gesuspendeert ofte geschorst te zyne den tydt van drie maanden, en voor de derde reyse van haaren voorschreven officien gepriveert ende verlaten te zyne ten eeuwigen dagen.

CVI. Dat de deurwaarder, willende ter executie leggen eenige provisie van justitie, met de clausule van authorisatie, sal gehouden zyn goede diligentie te doen, om te vinden ende aan te spreecken den persoon ofte de woonstede van dengeenen, dien hy wil executeeren ofte daghvaarden, ende, indien hy hem niet en kan vinden nochte bekomen, sal verneemen, of hy niet en sal konnen vinden procureurs, facteurs ofte onderwinders van sijne saaken ende affairen, om aan henlieden sijn executie te doen, ende, by gebreeke van dien, sal sijn exploict doen by openbaar uytroepinge ende ter puyen af van der naaster goeder stadt van der residentie van dengeenen, die hy wil executeeren of daghvaarden. Van welcken ende sijn voorschreve naarstigheden hy gehouden sal zyn particulier ende bescheedelijck verhaal in sijn relatie te doene, ende bovendien, is 't mogelijck, sullen den voorschreven gedaaghde, indien hy eenighsints vindelijck is, of aan sijn procureurs en onderwinders, soo hy eenige heeft, woonende buyten 't ressort van den voorschreven Raade, senden beslooten brieven, inhoudende haarlieder exploicten by eenen eygen bode, die gehouden wordt wederom te keeren by den voorschreven deurwaarder en hem te verklaaren de neerstigheydt ende devoir by hem gedaan, hetwelck de voorschreve deurwaarder gehouden sal zijn in sijn relatie te stellen.

CVII. Dat alle deurwaarders, aleer eenige executie realijck ende met'er daadt te doen, om schande ende confusie te schouwen, overmits dat de geëxecuteerde somwylen henlieden niet en kennen, sullen gehouden zyn hen te vinden by den officier van der plecken ofte sijnen stadthouder, ende aan hem assistentie te versoecken om met hem te komen ofte eenen dienaar ofte anderen gedeputeerden te senden, om ter voorschreve executie tegenwoordigh te zyne, welcke assistentie de voorschreve officier of sijnen stadthouder gehouden sal zyn promptelijck te doen, sonder dat te weygeren ofte uytstellen in eeniger manieren, op poene van arbitrale correctie.

CVIII. Welcke assistentie ende obedientie de voorschreeve deurwaarders gehouden sullen zyn te relateeren, ofte, in stede van dien, de weygeringe ofte 't vertreck dat de voorschreve officier of sijnen stadthouder gedaan sal hebben; ende niettemin in allen gevalle, de voorschreve requisitie ende versoeck gedaan zynde, sullen voortvaaren met de voorschreve executie, niettegenstaande dat de voorschreve officier of sijnen stadthouder de voorschreve assistentie geweygert ende uytgestelt hadde ende niet present en hadde wille zyn, 't en ware dat de voorschreve officier of sijnen stadthouder allegeerde eenige merckelijcke redenen, daarmede de voorschreve deurwaarder hem liet beduncken dat hy behoorde tevreden te zyn.
CIX. Item, wanneer de partyen d'executie resisteeren met woorden of metter daadt, oock als de officieren, magistraaten ofte andere hem eenige resistentie, belet ofte verachteringe doen ofte assistentie weygeren, sullen de voorschreve deurwaarders gehouden zyn dat getrouwelijck te relateeren ende leveren copie van haarlieder exploict in handen van den fiscalen, al waar 't dat partye naderhandt obedieerde ofte appoincteerde. Ende van gelijcken sal gedaan worden van alle exploicten, inhoudende daghvaardinge, om te antwoorden op sulcken fijnen ende conclusien als de procureur generaal sal willen nemen, welcke daghvaardinge altydt gedaan sal worden in 't respect van den voorschreven procureur generaal, genomen oock dat de partyen t'saamen accordeeren.
CX. Item, als de provisien ofte opene brieven sullen inhouden van cautie te nemen, d'executeur sal die souffisant nemen ende daarvan pertinente verklaringe doen by sijn relatie, op poene, indien daaraan gebreck bevonden worde, 't selve op hem of sijnen borgen te verhaalen ende der partyen schaden ende interessen te betaalen ende daarenboven arbitralijck gecorrigeert te werden.
CXI. Dat alle deurwaarders, executeerende eenigh namptissement, sullen gehouden zyn 't voorschreve namptissement terstondt te leveren in handen van de partye ofte dat te brengen in de griffie, conformelijck den appoinctemente of provisie, die hy executeeren sal, op poene van suspensie van haarlieder officien een jaar langh voor de eerste reyse, ende van privatie van haarder officien voor de tweede reyse.
CXII. Sullen d'executeurs van complainten van beveelen, op poene stadt houdende, ende van allen anderen provisien van justitie, niet vermeldende ofte inhoudende eenen gesetten dagh, in 't executeeren van dien partye daghvaarden t'eenen korten dage, niet excederende den tydt van een maandt, sonder de voorschreve daghvaardinge langer uyt te stellen by collusie van den executeurs ende den impetranten, 't en ware om de vacantien, alsdan aankoomende.
CXIII. Item, sullen d'executeurs haarlieder relatie goedt tydts gereedt maaken, ten eynde dat de partyen daardoor niet verachtert en worden, sonder dat sy de stucken van den partyen sullen moogen onthouden, onder 't decksel dat sy niet betaaldt en souden zyn of andersints, maar indien sy betaalinge willen hebben, sullen dat den Raade vertoonen, dewelcke den partyen promptelijck bedwingen sal de vacatien van den executeur te betaalen naar taxatie en ordonnantie. Ende sullen de voorschreve deurwaarders maar een sommatie mogen doen, 't en ware ten expressen versoecke van de partyen die hen te werck zyn stellende.
CXIV. Indien eenige partye, seggende te willen obedieeren den simpelen beveelen ofte verboden ende interdictien, hem by den deurwaarder gedaan, deselve met'er daadt ende effectuelijcken niet en voldede, sal gedaghvaart worden, om in rechte sijn obedientie te

komen verklaren, om die gedecreteert te worden ende den impetrant te stercken soo 't naar redenen behooren sal, op poene, indien de deurwaarder van des te doene in gebreeke ware, partyen te betaalen de kosten, die, by gebreeke van dien, gedaan sullen moeten worden.

CXV. Ende indien eenigh deurwaarder ofte andere executeur, stellende ter executie eenige sententie of provisie, gegeven in den voorschreven Raade, bevonden waare qualijck geëxecuteert of de woorden ende forme van sijn macht ende commissie doleuselijck ende ter quader trouwen ofte by merckelijcke onachtsaamheydt geëxcedeert en overtreden te hebben, sal hy selve sijn exploict moeten verantwoorden ende 't selve beteren, ter ordonnantie van de voorschreve Raade, sonder dat in sulcken gevalle d'impetrant, die hem te wercke gestelt sal hebben, voor hem sal mogen de saake aannemen noch dat eenige brieven van indemniteyt, hem daarvan gegeeven, hem sullen mogen te baate komen.

CXVI. Wordt daaromme bevoolen ende belast den voorschreven van den Hoogen Raade, indien sy bevinden dat de voorschreve deurwaarders of executeurs in 't executeeren van haaren last doen eenigh misbruyck ofte doen concussien ende moetwille of bedrogh, dat sy deselve, ende sooverre elcken aangaat, corrigeeren ende puniëren soo 't behooren sal, sonder gunst, faveur of dissimulatie.

CXVII. Ende om te verhoeden de overtalligheydt van 't salaris van de voorschreve deurwaarders, ende ten eynde dat onder 't decksel van dien sy geen exactien en doen, wordt geordonneert, dat alle de voorschreve deurwaarders sullen haren salaris ende vacatien ontfangen, naar de taxatie hiernaar volgende.

CXVIII. Te weten, de twee eerste deurwaarders voor hen salaris van elck exploict in loco 12 stuyvers.

CXIX, Voor d'uytroepinge van defaulte twee stuyvers.

CXX. D'ander deurwaarders, buyten de residentie exploicten ofte executie doende, 's daaghs sestien stuyvers, ende sullen niet meer dagen reekenen dan sy besoingieren, neemende in 't reysen vyf mijlen voor een daghgeldt.

Van advocaten ende procureurs.

CXXI. Dat niemandt in den voorschreeven Raadt sal moogen exerceeren het officie van den advocaat, hy en zy gegradueert in een vermaarde ende bekende Universiteyt, en by den Raade ten eede ontfangen; als oock van gelijcken alle procureurs gehouden sullen zijn den voorschreeven Hoogen Raade behoorlijcken eedt te doen.

CXXII. Dat alle procureurs van den voorschreeven Hoogen Raade gehouden sullen zijn goedt pertinent register te houden van den saaken, daarinne sy koomen te dienen, daarmeede sy tot allen tyden gehouden sullen zijn voor den Hoove ende haaren meesteren te verantwoorden.

CXXIII. Dat alle saaken sullen by den advocaten verhaalt, eysch gedaan of in feyten geleyt worden; van gelijcken sullen de voorschreven advocaaten antwoorden, repliceeren ende dupliceeren, neemende de conclusien in sulcken saaken dienende; en sullen alle saaken bedingen t'elcker reyse als 'er eenigh incident rysen of swarigheyt vallen sal op de expeditie van dien, sonder dat de procureurs hen in eeniger manieren met den voorsz. bedinge moeyen sullen.

CXXIV. Dat de procureurs t'allen reysen dat ter saake dienende sal zyn, hetzy om eysch te doen, antwoorden, repliceeren of dupliceeren, en van gelijcken t'elcker reysen als het van noode weesen ende eenigh different vallen sal, 't zy ten principalen ofte op eenigh incident, sullen gehouden zijn 's daaghs te vooren te gaan ofte haar billiet by geschrifte den advocaat te senden, inhoudende advertentie of vermaninge van hetgeene daarop de saake is dienende, met instructie indien hy eenige heeft, teneyde dat by den voorschreeve advocaat de saake verhaalt ende te verstaan gegeeven magh zijn ende dat men op alles magh ordonneeren alsoo het naar reedenen behooren sal. Ende indien den procureur de voorschreeve instructie verkreege geduyrende de rolle, sal gehouden zijn terstondt den advocaat daarvan te adverteeren, op poene dat den procureur, die van dies te doen in gebreeke waare, sal verbeuren t'elcker reyse ende voor elcke saake ses stuyvers van haar eygen, waarvan den advocaat gelooft sal worden op sijnen eedt. Ende indien den advocaat, denwelcken het voorschreeve billiet gesonden sal zijn, niet gereedt en is, sal verbeuren tien stuyvers, ende sooverre men bevindt dat de voorschreeve procureurs of advocaten hon vervorderen malkanderen van den voorschreeven poenen te excuseeren, in sulcken gevalle sullen gecorrigeert worden ter arbitrage van den commissaris op de rolle of van den Raade.

CXXV. Dat de advocaten ende procureurs, practiseerende ende hebbende saaken dienende, gehouden sullen zijn hen te vinden op de rolle, die men houden sal Dinghsdaghs ende den navolgenden daagen, des somers ten tien uyren, en des winters ten elf uyren, op poene van ses stuyvers voor den advocaat en vier stuyvers voor den procureur van elcke saake, die, mits haarlieder absentie, verachtert sal blyven, behalven den voorschreeven advocaaten haar verhaal op den procureurs, indien sy pretendeeren niet behoorlijcken te vooren geadverteert geweest te hebben, als vooren. 'Ten waare nochtans dat sy wettelijcke excusatie hadden, daaraf sy gehouden sullen zijn den griffier te adverteeren, die daar note af maaken sal, om by den commissaris op de rolle deselve te admitteeren of rejecteeren soo het behooren sal.

CXXVI. Ende sullen de voorschreeve advocaaten en procureurs hen niet moogen absenteeren uyt den Hage op den voorschreven rechtdaagen, sonder een substituyt van sijnder qualiteyt te committeeren met volle instructie van sijne saaken; van welcke absentie de voorschreeve advocaten en procureurs sullen gehouden zijn malkanderen te adverteeren, al op poene van eenen Philippus gulden.

CXXVII. Dat de advocaaten gehouden sullen zijn te maaken korte schriftuyren, sonder te gebruycken van herseggingen en redicten of overvloedige ende impertinente middelen, ende sullen deselve geschriften onderteekenen, op poene van eenen Philippus gulden uyt haar eygen te betaalen voor de eerste reyse, ende voor de tweede reyse van suspensie ende schorssinge van haaren staat, ende, indien sy niet ophouden en hen daarvan en beeteren, op privatie van haaren voorschreven staat, tot arbitragie van den Hove.

CXXVIII. Ende sullen oock de voorschreeve advocaten in het maaken van haarlieder geschriften in een articul maar een feyt moogen poseeren of stellen.

CXXIX. Item, wordt den advocaten ende procureurs van den voorschreeven Hoogen Raade verboden te stellen of poseeren in haare reprochen en salvatien eenige feyten, reedenen of middelen, raakende de principale materie, maar alleenlijck dienende om te reprocheeren en salveeren den persoon ofte de depositien van den getuygen ofte brieven en munimenten overgeleyt, maar sullen de partyen, indien het hen goedt dunckt, naar conclusie in de saake, moogen overleggen motyf van rechten, hetwelck secreet gehouden sal worden, sonder dat partyen adverse te communiceeren.

CXXX. Wert noch den voorschreeven advocaaten en procureurs verboden in haarlieder schriftuyren of anderen geschriften te stellen eenige onnutte of scheldige proposten ofte injurieuse woorden, hetzy tegens partye of yemandt anders, dan voor soo veel als den noodt van der saaken dat is eysschende, op poene voor de eerste reyse van tien Carolus guldens, voor de tweede reyse van twintigh Carolus guldens, en voor de derde reyse van suspensie van sulcken tydt als het Hof adviseeren sal, na gelegentheyt van der saaken.

CXXXI. Dat de advocaten niet sullen moogen maaken noch teekenen eenige geschriften in saaken, die by hen te vooren' op de rolle niet bedinght en geinstrueert en sullen zijn, 't enzy in gevalle van het overlyden, absentie of ander letsel van den principalen advocaat, de voorschreeve saaken bedinght hebbende, ofte dat de eerste advocaat by sijnen meester verdraagen zy van de saake ende van sijn salaris en vacatien betaalt, in welcken gevalle de nieuwe advocaat vooral gehouden sal zijn volle instructie van de materie van der saake te neemen.

CXXXII. Noch en sullen oock egeene geschriften teekenen, die by yemandt anders gemaackt ofte beworpen sullen zijn, 't enzy dat se die wel in het lange oversien hebben ende die gestelt in sulcker voegen als sy verstaan deselve te verantwoorden.

CXXXIII. Dat de procureurs in het maaken van haaren inventaris sullen goede ordre houden, stellende alle de stucken en acten distinctelijck ende sonder eenige confusie daarinne te gebruycken, volgende de deductie van haaren geschriften ofte beleedt van den processe, ende sullen specificeeren de articulen van de voorschreeve geschriften, ten verificatie van denwelcken sy verstaan haare stucken, acten ende munimenten over te leggen, en hen waghten te produceeren eenige stucken, in het proces niet geroert, noch tot verificatie van den articulen dienende. Ende in gevalle dat sy haare sacken te Hove dienen, sonder sulcks gedaan te hebben, sullen t'elcker reyse vallen in de boete van eenen Philippus gulde. Ende voorts, indien men bevindt den voorschreeve procureurs in haaren sacken ofte in eenigen geschriften, hetzy reprochen, contradictien of salvatien, eenige nieuwe stucken ende der partye niet gecommuniceert gesteeken ende geinsereert te hebben, sullen bovendien arbitralijcken gecorrigeert worden, ter discretie van den Hove.

CXXXIV. Dat alle inventarissen geteekent sullen zyn by den advocaat ende procureur, ende dat den procureur verantwoorden sal van alle de stucken in den inventaris gespecificeert.

CXXXV. Item, dat alle requesten, die men ten Hove presenteert, hangende het proces ende hetselve raakende, sullen geteekent worden by den advocaat.

CXXXVI. Dat de voorschreeve procureurs, sluytende het proces, sullen in de sack leggen de origineele brieven van haaren procuratien ofte copye authentijck van dien, gecollationeert ende geteekent by den griffier of secretarissen van den Hove, partye daarover geroepen.

CXXXVII. Dat de procureur van den eyscher altijdts gehouden sal zijn in allen processen te leggen met sijn mandement van verdaghvaardinge ende instellen van der saake, onder anderen acten, d'acte van sijnen eysch, de acte van sijn replijcke, de acte dispositijf ende de acte van conclusie in rechten.
CXXXVIII. Ende de procureur van den verweerder, onder anderen acten, de acte van sijn antwoorde of verweeren en de acte van duplijcke, en in materie van appellatie de geinthimeerde acte dispositif, hetwelck is als het proces ontfangen wordt voor een proces by geschrifte, sonder hetwelck en sal het proces niet gehouden worden voor gefurneert.
CXXXIX. Item, dat de voorschreeve advocaten en procureurs in de materie, daar de procureur generaal gevoeght sal zijn, niet en sullen moogen van schriftuyren noch haar sack te Hove dienen, 't enzy die by den voorschreeven procureur generaal gesien zy ende de voorschreve schriftuyren mitsgaders oock den inventaris by hem geteekent, al op arbitrale poene, ter discretie van den Hove.
CXL. Item, dat de voorschreve advocaten sullen hebben en neemen voor haarlieder salaris, vacatien ende daghgelden, den tax hierna volgende en niet meer.
CXLI. Te weeten, in saaken, die beloopen sullen tot tweehondertvijftigh guldens eens of daarover, voor haarlieder retenue of onthoudt en consultatie vierentwintigh stuyvers.
CXLII. Voor de playdoye en volle dinghtaalen vierentwintigh stuyvers.
CXLIII. Ende in saaken, die onder de tweehondertvyftigh guldens sullen zijn, sullen de voorschreeve advocaten voor retenue ende consultatie neemen twaalf stuyvers.
CXLIV. Ende voor playdoye twaalf stuyvers.
CXLV. Sullen oock hebben voor elck bladt geschrifts, behoorlijck gegrosseert zijnde, ses stuyvers.
CXLVI. En voor het maaken van den calendrier, die den advocaat gehouden sal zijn te ontwerpen, in alle saaken twaalf stuyvers, 't en waare die merckelijck groot waare, in wichtigen saaken, in welcken gevalle hy daarvan gesalarieert sal worden tot taxatie van den Hove.
CXLVII. En indien de saake vereyscht meerderen salaris, uyt de importantie ende swarigheyt van der materie, als geleegen wesende in reghte, sullen dat den Hove mogen vertoonen by annotatie, beneffens de signature, houdende dat hy versoeckt taxatie, om in het visiteeren van den processe op de taxatie van dien reguard genoomen te worden.
CXLVIII. En als sy by hen meester te wercke gesteldt sullen worden in compariten voor commissaris of anderen in loco, sullen hebben twaalf stuyvers.
CXLIX. Dat alle reprochen en salvatien gemaackt en geteekent sullen worden by den advocaat en niet by den procureur, en sullen de voorschreeve advocaten hebben voor elck bladt, gegrosseert als vooren, ses stuyvers.
CL. Item, de voorschreeve procureurs sullen voor haaren salaris en vacatien neemen de navolgende taxatie.
CLI. Item, materien beloopende ter somme van tweehondert en vyftigh guldens eens ende daarover, voor retenue ofte onthoudt ende consultatie sestien stuyvers.
CLII. En beneden de voorschreeve somme aght stuyvers.
CLIII. Ende sullen de voorschreeve procureurs in haar declaratien van kosten gehouden zijn te verklaren, of het gewysde de voorschreeve somme excedeert of te boven gaat; andersints sal men na de mindere somme taxeeren.

CLIV. Voor elcken dagh dat sy occupeeren of dienen sullen vier stuyvers.
CLV. Om getuygen te beleeden of ander bescheyt over te leggen, hetzy in de griffie ofte voor commissaris in loco, ses stuyvers, ofte anders tot discretie van den commissaris.
CLVI. Van een saak te Hove te dienen en in de griffie te dienen vier stuyvers.
CLVII. Van declaratien van kosten te maaken, elck bladt gros, behoorlijck geschreeven, drie stuyvers.
CLVIII. Voor elck bladt copye eene stuyver.
CLIX. Voor een inventaris te maaken ses stuyvers. Ofte, als den inventaris groot sonde vallen, voor elck bladt drie stuyvers. Des en sullen sy geen inventaris maaken dan uyt den calendrier, by den advocaat ontworpen.
CLX. Van sententien diffinitif of interlocutoir te hooren 4 stuyvers.
CLXI. Van haarlieder sack na de sententie uyt de griffie te lichten vier stuyvers.
CLXII. Van diminutien te maken ter discretie van den Hove.
CLXIII. Item, sullen de griffier, advocaten, secretarissen ende procureurs, grosseerende of copyeerende eenige schriftuyren, stucken en munimenten, hetzy om onder den Hove te dienen of den partyen te leveren, gehouden zijn deselve te schryven in papier van bequame en behoorlijcke grootte, ende die te schryven, hetzy by articulen ofte vervolgens, nadat de schriftuyren en munimenten vereysschende zyn, sonder die onbehoorlijck uyt te recken, op arbitrale correctie, tot discretie van den Hove en na de faulte, die in het schrijven en grosseeren bevonden sal worden. Ende sal een yegelijck van hen gehouden zijn voor het werck van sijnen klercken te verantwoorden.
CLXIV. Item, de voorschreeve advocaten en procureurs, reysende buyten ten versoecke van haaren meesters, sullen 's daaghs hebben, te weetene de voorschreeve advocaten drie guldens vier stuyvers ende de procureurs twee guldens, boven haarlieder wagen- en schuytvraghte. Ende midts den voorschreeven salaris sullen gehouden zyn hen meesters te dienen. Ende indien de advocaat of procureur swarigheyt maackte voor de voorschreeve daghgelden te dienen, partye sal den Hove moge requeste geven, om daarinne voorsien te worden soo het behooren sal.
CLXV. Dat de voorschreeve advocaten, procureurs ende deurwaarders van den voorschreven Hoogen Raade, hebbende partyen gedient, sullen gehouden zijn register te houden van alle hetgeene dat sy van dien ontfangen sullen, ende het voorschreve register by eede te affirmeeren, als sy des versocht sullen worden, ende haarlieder salaris ende vacatien te eysschen binnen twee jaaren nadat de processen, in denwelcken sy gedient sullen hebben, gedecideert ende geuyt sullen zijn, sonder daarnaar van dien eysch noch vervolgh te moogen doen, 't en zy dat sy daarvan eenigh handtschrift ofte andere authentijcke obligatie by geschrifte hebben, sonder dat oock de een van hen des anderen salaris sal moogen onthouden, onder eenigh pretext, op poene van arbitralijcken gecorrigeert te werden, hetzy by suspensie ofte privatie van haaren offitien, naar gelegentheyt van der saake ende discretie van den Hove.
CLXVI. Werdt verbooden den voorschreven advocaten en procureurs, haaren klercken, dienaren ofte huysgesinne, de munimenten, schriftuyren, bewysen ofte sacken van den partyen te onthouden, onder liet decksele dat sy van haaren salaris niet betaaldt en sullen zijn, maar sullen gehouden zijn die te restitueeren, niettegenstaande de voorschreeve allegatie ofte reedene, op poene van arbitrale correctie. Ende om

betalinge te hebben van haarlieder salarissen, sullen requeste presenteeren, met de declaratie van dien, om daaraf condemnatie ende taxatie van den Hove te verkrygen.

Stijl en maniere van procedeeren en de ordene, die men op de rolle houden sal.

CLXVII. In den eersten sullen de commissarissen, sittende ter auditie van de rolle, silentie ende stilligheyt doen houden op de rolle, by den deurwaarders aldaar jegenwoordigh zijnde, doende oock de advocaten en procureurs haarlieder plaatsen en sitsteden houden, volgende haare ordene, sonder dat de voorschreeve advocaten en procureurs geduyrende de voorschreeve rolle sullen moogen verloopen, wandelen ofte aan het buffet by den griffier sitten, nogh oock henluyden voor hetzelve buffet presenteeren, 't enzy dat haarlieder saaken Opgeroepen worden, al op arbitrale poene, ter discretie van de commissarissen.

CLXVIII. Dat in de voorschreeve rolle gestelt sullen worden, ten eersten alle de saaken by den procureur generaal gepresenteert, ende daarna sijn teegensaaken, en voorts de saaken van anderen procureurs postuleerende, dewelcke gehouden sullen zijn alle de oude saaken voor den eersten dagh dat men rolle houden sal, alle weeken te presenteeren, ende daarnaar de nieuwe saaken, op poene dat de oude saaken, laater gepresenteert, geroyeert sullen worden.

CLXIX. Dat de voorschreeve procureurs ten eersten dage dat sy hen sullen presenteeren voor haarlieder meesters gehouden sullen zijn in de griffie te exhibeeren haarlieder brieven van procuratien, teneynde dat de procureur van de tegenpartye daaraf copye authentijck magh neemen, indien het hem goedt dunckt, om met dier copyen hem te behelpen in proces, indien het by forclusie of versteek geweesen wordt, sonder dat van noode zy naderhandt de saake of requeste te presenteeren, om exhibitie van de voorschreeve procuratie te hebbene.

CLXX. Item, in materie van rau actie sullen de partyen dispositif neemen omme te schryven by memorien ende advertissementen van rechten, sooverre de materie in rechte is consisteerende, of anders by eysch, antwoorde, replijcke ende duplijcke, ende van dienen van acten en munimenten ofte producte doen, indien de materie consisteert in feyten tot optie van den eysscher, 't en waare de gedaaghden t'sijnen pericule wilde neemen dispositie dienende van memorien.

CLXXI. Item, in materie van appellatie, daar de sententie a qua gegeven wordt op proces by geschrifte, sal eysch in appel gedaan ofte grieven geproponeert worden en geantwoort in actis ende het proces alsdan ontfangen als proces by geschrifte, om gewesen te worden ex iisdem actis, an bene vel male, daarby partyen moogen voegen een korte memorie ofte advertissement dewelck secreet blijft.

CLXXII. Item, als'er geappelleert wordt van eenige sententien, appoinctementen ofte clausulen, daar appel valt, ende geen proces by geschrifte en is gevallen, sal geschreeven worden by memorien ofte in feyten als boven.

CLXXIII. Dat eysch doende op eenige provisien, daar veel gedaaghden zijn, hebbende verscheyden procureurs, hetzy in materie van uytroepinge en subhastatien, cessien, benefitien van inventarissen ende andere diergelijcke, de procureur van den impetrant sal sijn exploicten, munimenten ende procuratien in de griffie leggen, om by den procureurs van den gedaaghden daarvan copie te neemen, indien het hem goedt dunckt, binnen acht dagen, sonder by den procureurs van den gedaaghden tot dien eynde de saake te presenteeren ofte daarmeede het Hof te moeyen, op arbitrale poene.

CLXXIV. Van gelijcken en op deselve poenen sullen de procureurs van den voorschreeven gedaaghde doen ten dage dienende om te antwoorden reedenen van oppositien, ofte haarlieder eysschen van preferentie te leeveren, om by elcken van den partyen daaraf copye te neemen, indien het haar goedt dunckt, binnen aght daagen.

CLXXV. Dat alle incidenten, geresen en provisie versocht op de rolle, sullen terstont gedecideert, geappoincteert ende getermineert worden by dengeenen, die ter expeditie van de rolle gecommitteert sullen zijp, indien het doenlijck is, sonder die te houden in advijs, 't en waare dat men eenige merckelijcke swarigheyt daarinne bevonde, in welcke gevalle de commissarissen sullen ordonneeren, dat de partyen binnen vierentwintigh uyren hen vinden sullen in de griffie ende aldaar de middelen ende feyten van haar dingtalen, by henluyden bepleyt, met de stucken daartoe dienende ende anders geene, over te leveren, met een kort advertissement van rechten ofte met insertie van den rechten in sijn middelen van den dinghtalen, indien het hem goedt dunckt, omme by den griffier den commissarissen terstondt overgelevert ende by henluyden geuyt te werden, indien het doenlijck is, ende, indien niet, den Hove daaraf rapport te doen. Welck Hof bevindende het voorschreve different (sulcks sommierlijck geinstrueert) niet uytelijck te zijne, sal den partyen moogen ordonneeren ten voorschreve geschille sommierlijck te schrijven by memorien ende advertissementen van rechten, tot sulcken korten daagen als het Hof ordonneeren sal.

CLXXVI. Item, dat men alle dilayen in materie provisionale, kort ende peremptoire accordeeren sal, indien de materie gedisponeert is om eenige dilayen te verleenen.

CLXXVII. Item, degeene die hen bevinden sullen beswaart by eenigh appoinctement, by den commissarissen op de rolle gegeven, sullen daarvan moogen versoecken en vervolgen reauditie aan het volle collegie binnen drie dagen na de pronuntiatie van het voorschreeve appoinctement, sonder dat partyen denselven tydt onder malkanderen sullen moogen prorogeeren sonder oorlof van den Hove. Ende indien de procureurs, hetselve versocht hebbende, daarinne vervallen ende succumbeeren, sullen gecomdenneert worden in twee Carolus guldens ofte meerder boeten, indien het Hof de materie bevindt daartoe gedisponeert te zijn.

CLXXVIII. Indien den verweerder, antwoordende, neemt conclusie tot niet ontfanckelijckheyt, sal gehouden zijn voorts te procedeeren en concludeeren tot allen fijnen, 't enzy dat hy sommierlijck ende terstondt sijn voorschreeve conclusie van niet ontfanckelijckheyt verifieert ende daartoe by den commissaris op de rolle geadmitteert en ontvangen zy, ofte dat sijn voorschreeve conclusie van niet ontfanckelijckheyt hem strecke tot exceptie declinatoire van litispendentie of litisfinitie.

CLXXIX. Dat de procureurs, dienende eenen impetrant ende eysscher, sullen gehouden zijn van den beginsele van den processe goede ende breede instructie te neemen om eysch te maaken ende conclusie te neemen, sonder dat sy sullen moogen neemen dilay by default te purgeeren, absentie van raade ofte andersints, hetwelck hen niet geaccordeert en sal worden aleer den voorschreeven eysch te doene, 't en waare uyt goede ende merckelijcke reedenen, daarvan den Hove terstondt mocht blijcken, en mits refunderende de kosten van retardemente sulcks alsser vallen sullen.

CLXXX. Dat de procureurs van eenen verweerder, gehadt hebbende haare ordinarisse dilayen om op den voorschreven eysch te antwoorden, te weetene by absentie ende peremptoire, sulcks als de commissarissen op de rolle prefigeeren sullen naar de distantie van der plaatsen, [ende] sullen geen vorder dilay moogen versoecken sonder merckelijcke ende redelijcke saaken, daarvan den Hove incontinentie sal blijcken.
CLXXXI. Ende als de saake dienen sal om te repliceeren ende dupliceeren, en sullen de procureurs van den partyen respectivelijck niet moogen hebben ofte versoecken meer als een dilay, hetwelck hen geaccordeert sal zijn peremptoirlijck, ter discretie van den commissaris als vooren.
CLXXXII. Dat het dilay van absentie maar eens in de saake ende ten principaale van der materien genomen en sal moogen worden, sonder dilay by absentie te neemen in materie provisionale.
CLXXXIII. Ende en sal men (naar dat de voorschreeve ordinarisse dilayen, soo voorseyt is, geaccordeert sullen zijn) niet moogen versoecken nogh accordeeren continuatie van de voorschreeve dilayen ofte staat van der saake, 't en waare uyt reedene suffisante den Hove gebleeken.
CLXXXIV. Als partyen toegelaaten sullen zijn om enqueste te doen, sullen reciproquelijck, de een na de ander, voor de eerste dilay hebben ses weeken, voor de tweede ende derde t'elcker reysen drie weeken, ende sal het laatste peremptoir wesen; maar in materie provisionale ofte gedisponeert tot korte dilay sal het Hof moogen ordonneeren naar dat de saake sal vereysschen; maar sullen partyen haare requesten aan het Hof moogen presenteeren, indien sy merckelijcke saake ende behoorlijcke blijcke vertoonen, daaromme men hen vorder dilay soude moogen accordeeren, sonder dat de saake op de rolle andersints gepresenteert magh zijn om langer dilay te hebben dan vooren is geseyt.
CLXXXV. Ende soo wanneer eenige requeste civile geinterineert sal zijn, ende de feyten, daarinne begreepen, ontfangen ende geadmitteert om te verifieeren, in dien gevalle sullen partyen oock het voorschreve dilay van ses weeken hebben, ende een ander tweede van drie weeken peremptoirlijck, sonder meer, 't en waare midts presenteerende requeste als booven ofte dat het Hof beweeght waare korter dilay te ordonneeren.
CLXXXVI. Dat de voorschreve dilayen, geaccordeert en verleent om enqueste te doen, sullen oock dienen om munimenten over te leggen, als eensdeels weesende van derselver enqueste, daaraf het overlegh gedaan sal worden voor den commissaris van de voorschreeve enqueste, die dat noteeren sal in procesverbaal, sonder daaromme de saake op de rolle te presenteren noch vorder dilaye te moogen eysschen.
CLXXXVII. Indien yemandt versoecken sal dat sijn partye gedaghvaart zy om te koomen in persoon, om op de feyten, by hem geposeert, particulierlijck ende pertinentelijck te antwoorden by eede, per verbum credit vel non, ende dat de rechtere ordineerde uyt eenige consideratie dat sulcks behoort gedaan te zijn, in dien gevalle, sooverre hy defaillant blijft, de feyten sullen gehouden zijn voor bekent.
CLXXXVIII. Als yemandt, gedaghvaart zijnde voor commissaris om getuygen te sien sweeren, munimenten over te leggen ende collationeeren, blyft defaillant, de getuygen sullen geëedt worden, de munimenten ontfangen en gecollationeert, niettegenstaande de absentie van de gedaghvaarde.

CLXXXIX. Dat de practisijnen haare billietten niet en sullen moogen extendeeren met eenige nieuwe feiten, in haare geschrifte niet geposeert zijnde, maar sullen alleenlijck bewysen de feyten van der voorgenoemde geschriften, op welcke sy verstaan haarlieder getuygen te beleeden met seekeren verklaringen ofte extensie van de circumstantien ende dependentien van denselven articulen, sooverre daar eenige valt, op poene van rejectie van sulcken feyten ende boeten van een Carolus gulden, al ter ordonnantie van den commissaris van den enquesten.
CXC. De enqueste gepubliceert ende de saaken by partyen in de griffie geleevert zijnde, sullen dienen van reprochen ende van salvatien.

Van clausulen ende brieven van requesten civile.

CXCI. Als yemandt, hetzy eysscher of verweerder, requeste civile presenteeren sal ende dat daarby het proces eenighsints veraghtert worde, den impetrant ofte presentant sal betaalen de kosten van deselve veraghteringe, ter taxatie van den Hoove. Ende indien hy die presenteert naar dat de enquesten gedaan sullen zijn, en sal niet alleen de kosten van den veraghterden processe betaalen, maar oock de schrifturen ende enquesten, reprochen ende salvatien, die partye sal willen doen, om contrarie feyten te verifieeren, 't enzy dat by den Hoove, uyt eenige reedenen, anders geordonneert zy.
CXCII. Dat degeene, die verwerven sullen clausulen ofte brieven van requeste civile, dienende in den voorschreeven Hoogen Raade, ende daar vervallen, sulcks dat de requeste civile gerejecteert wordt, sullen betaalen van sulcke requeste ofte clausulen van requeste civile de boete van ses Carolus guldens in handen van den ontfanger van den exploicten, dewelcke daarvan bysondere reekeninge houden en doen sal, neffens den anderen penningen van sijnen ontfangh, by een bysonder capittel.
CXCIII. Dat alle impetranten van clausulen ofte brieven van requeste civile, om nieuwe feyten over te leggen, conclusien te veranderen ofte munimenten t'exhiberen, sullen gehouden zijn terstondt daarvan te dienen, mette presentatie van de voorschreeve requeste civile, sonder daaromme eenigh dilay te moogen neemen, op poene van dat de saake geroyeert, de voorschreeve clausulen ofte brieven gerejecteert, ende de procureur in de kosten van den dage ende in de boeten van eenen Carolus gulden uyt sijn eygen borse gecondemneert sal worden, onvermindert de voorschreeve condemnatie van de boete van ses guldens. Ende en sullen in de nieuwe feyten, die sy overleggen, geen oude feyten ende reditien moogen stellen, op gelijcke boeten.
CXCIV. Als yemandt in rechte voor den voorschreeven Hoogen Raade requeste civile gepresenteert ende interinement versocht sal hebben, ende dat partye in het voorschreeve interinement niet en sal willen consenteeren maar deselve wederleggen, soo sal de voorschreeve requeste civile mitsgaders het geschil van den partyen gevoeght worden ten principalen processe, om in liet visiteeren van dien alsulcken aanschouw daarop te hebben als naar reedenen behooren sal. Ende indien in het visiteeren van den principalen processe men bevindt dat de voorschreeve requeste civile behoort gerejecteert te wordene, sal hetselve verklaart worden by der sententie, die op het principaal proces gegeeven sal worden, 't en waare nochtans dat de voorschreeve brieven of clausule van requeste civile, dienende alleenlijck als preparatorien ofte tot bereydinge van den processe, ofte andersints vereyschende waaren voorgaande interinement ofte rejectie, in

welcken gevalle sulcke clausulen ofte brieven van requeste civile sullen by ordonnantie van den commissaris op de rolle te Hoove moogen geleydt worden met de acte van presentatie ende debat van dien, om by den voorschreeven Hoove op de voorschreeve interinement ofte rejectie recht gedaan te worden soo het behooren sal.

Van complaincten en andere materien possessoire.

CXCV. Dat alle impetranten van complaincten gehouden sullen zijn te toonen ende verificeeren, dat sy by hen selven, haare voorsaaten, huysgesinne, procureurs ofte pachters, vreedelijck litigieuse saake ofte goedt bezeeten ende gebruyckt hebben, sonder letsel of gebreck, jaar ende dagh, ende daarnaar by den gedaaghde in de voorschreeve possessie geturbeert ofte gestoort zijn geweest, op poene van de voorschreeve complaincte versteeken te worden, dewelcke wy niet en willen stadt te grypene noch geinterineert te worden, om minder possessie dan van jaar ende dage, soo voorschreeve is, maar sullen hen de partyen in sulcken gevalle moogen voorsien by maintenue ofte beveelen, by dewelcke de gedaaghde tot restablissement niet bedwongen en sal worden.
CXCVI. Dat de commissaris ofte commissarissen, gecommitteert om brieven van complaincte, in cas van saysine ende nieuwigheeden ter executie te stellen, sullen gehouden zijn voor alle werck hen wel ende behoorlijcken by getuygen, weerdigh van geloove ende niet suspect, te informeeren op de premissen ende inhouden van de voorschreeve brieven, acten possessoire ende turbel ende belet, daarinne genarreert, ende de voorschreeve informatie by geschrifte te stellen, om die in haarlieder verbaal te voegen. Ende dat gedaan, sullen partyen doen daghvaarden, om henluyden te vinden ter litigieuser plaatsen ende de voorschreeve complaincte te sien ter executie stellen, ter wekker plaatse sy gehouden sullen zijn eerst en vooral ostensie ende lecture te doen van den voorschreven brieven van complaincte ende daarvan partye gedaaghde copie te geeven t'sijnder begeerte. Ende indien de voorschreeve partye wilde sustineeren den impetrant in possessie niet geweest te hebben, ende begeerde feyten ofte acten possessoire contrarie te verificeeren ende betoogen, sullen de voorschreeve commissarissen haar daartoe moeten admitteeren ende ontfangen, ende sullen de voorschreeve partyen tijdt prefigeeren van drie dagen ofte anderen behoorlijcken tijdt voor alle dilayen ende uytstel, om de voorschreeve verificatie te doen, ende dat ten koste van denselven gedaaghden.
CXCVII. Ende het voorschreeve dilay van drie dagen ofte anderen verloopen zijnde, ofte andersints promptelijck ende terstondt als de gedaaghde geen informatien en willen doen ter contrarien, indien den commissarissen blijcke van de possessie des impetrants, turbatie ende belet hem gedaan, sullen, nietteegenstaande appellatie ofte oppositie, procederen tot furnissement, restablissement ende volkoominge van den voorschreeven complaincten reëelijcken ende metterdaat, sooverre dat eenige valt, als naar reedenen. Ende sullen den voorschreeven gedaaghde eenen korten ende behoorlijcken dagh beteekenen, om den impetrant breeder ende volkoomelijcker te sien houden ende maintineren ende de redene van sijne oppositie te seggen.
CXCVIII. Ende indien by de informatie van den impetrant niet klaarlijck en blyckt van de premissen ende acten possessoire, in de brieven van complaincte genarreert ende verhaalt, ofte dat by informatie van de gedaaghde blyckt van contrarie possessie,

soo en sal den commissaris niet procederen tot reëel furnissement van de voorschreeve complaincte , ofte restablissement, maar sal alleenlijck de voorschreeve complaincte doen executeeren by simpele verdaghvaardinge ende laaten den Hoove ordonneeren op het restablissement, overbrengende de informatien by hem genoomen.
CXCIX. Indien de commissaris, neemende informatie op de premissen van de complaincten, bevindt dat de restablissement behoort gedaan te worden met eenige specie, als van grane, wijn, hout ofte andere dingen, leggende in estimatie, sal gehouden zijn hem oock t'informeeren op de waarde van dier speciën, om dienvolgende te procederen tot restablissement, sooverre daar eenige valt. Ende indien onder de getuygen bevonden wordt differentie ofte verschil noopende deselve estimatie, het voorschreeve restablissement sal gedaan worden naarvolgende den waarschijnlijckste toon. Ende indien die gelijcke waare in getale van getuygen, het voorschreeve restablissement sal gedaan worden naar den minsten prijs.
CC. In materien possessoire van patronaatschap ofte diergelijcke questie, geintenteert ofte te intenteeren in den voorschreven Hoogen Raade, den eysscher sal ten eersten dage gehouden zijn sijnder partye te vertoonen ende over te leggen sijn titulen, dewelcke partye sal gehouden zijn te koomen verweeren ende daarop antwoorden te veertien daagen ende ten selven dagen overlegh te doen van haarlieder titulen; ende daarnaar sullen de partyen andere veertien dagen hebben, om van haarlieder replijcque ende duplijcke te dienen, naar style als vooren, al peremptoirlijck, sonder ander dilay daartoe te verleenen, 't en ware dat den rechter dachte, om de distantie van der plaatsen ofte qualiteyt van der materie, ander dilay nootelijck te zijne.
CCI. Dat partyen, geappoincteert zijnde te schrijven in alsulcke materie possessoire, sullen gehouden zijn haar geschriften te furneeren soowel ten principalen possessoire als op de recredentie by een volume, sonder die te scheyden.
CCII. Nadat de voorschreeve materien possessoire van patronaatschap alsoo sullen geinstrueert zijn, de voorschreeve van den Hoogen Raade sullen gehouden zijn ten minsten op de recredentie te decerneeren op de voorschreeve titulen, over wederzyden gedient, indien het doenlijck is, ende, sooverre noode ware eenigh bewijs te doen, sullen die soo sommierlijck doen als het moogelijck zijn sal.
CCIII. Item, indien een van de partye in de voorschreeve materie in gebreeke ware sijn titulen ende geschriften over te leggen ten dage daartoe beteekent, sal recht gedaan worden op het overleggen van de teegenpartye, soo de materie van der saake bevonden sal worden te vereysschen.
CCIV. Dat de sententien van recredentien, in de voorschreeve materie possessoire gegeeven in de voorschreeve Hoogen Raade, geëxecuteert sullen worden op goede en verseekerde borghtoghte van wederom te geeven ende restitueeren de vrughten, die ontfangen sullen zijn uyt kraghte van de voorschreeve recredentie.
CCV. In materie van complaincte in cas van nieuwigheeden, indien den impetrant defaillant blijft, hy sal verklaart worden vervallen te zijn van sijn impetratie, ende sal het restablissement gedecerneert worden ten profyte van den gedaaghde compareerende, ende den impetrant gecondemneert in de kosten mitsgaders oock in de schaden ende interessen.

CCVI. Maar indien den opposant in default is, sal voor de eerste vervallen van declinatoire ende de kosten betalen, ende voor het tweede default sal den impetrant gemainteneert ende bewaart worden ende den opposant gecondemneert in de kosten.

Materien provisionale.

CCVII. Dat degeene die in den voorschreven Hoogen Raade gedaghvaart sullen zijn om haarlieder handteekenen te kennen ofte ontkennen, sullen gehouden zijn dat promptelijck te kennen of ontkennen, 't enzy dat sy merckelijcke reedenen ter contrarie hebben, in welcken gevalle sal hen verleent worden alleenlijcke een dilay, ende, dat overstreecken zijnde, sullen gehouden zijn te kennen ofte ontkennen. Ende indien sy haarlieder handt ende teeken kennen, sullen gecondemneert moogen worden de sommen daarinne begreepen te namptiseeren, welcke somme den impetrant sal moogen lichten op cautie, 't en ware dat by inspectie van de obligatie bleeke, dat deselve naar rechten geen verbande obligatie innebroght. Ende indien de voorschreeve gedaaghde naar het voorschreeve dilay verleent, hen liet stellen in default, sal het handtschrift ofte cedulle gehouden worden voor bekent, ende de defaillanten gecondemneert te namptiseeren alleenlijck. Maar als de voorschreeve gedaaghde gehadt sullen hebben dilay peremptoire, om t'antwoorden soowel ten principalen als op het kennen van handteeken, ende vallen in default, sullen versteeken worden van allen exceptien ende haarlieder cedullen ofte handschriften gehouden voor bekent ende gecondemneert tot betaalinge van der somme daarinne begrepen.

CCVIII. Ende indien de voorschreeve gedaaghde de handschriften ende obligatien ontkennen, den eysscher sal ontvangen worden d'onderteekeninge te bewysen, ende, dat gedaan zijnde, sal de gedaaghde gecondemneert worden te namptiseeren, aleer yet te moogen voorstellen ofte excipieeren, ende daar beneffens arbitralijck gecorrigeert worden, indien hij wordt bevonden ter quader trouwen ofte calumnieuselijck de handgeschrift ontkent te hebben.

CCIX. Als yemandt gedaghvaart sal zijn voor den voorschreeven Hoogen Raade als weduwe ofte erfgenaam van een, die verbonden is by cedulle, met sijn handt geschreeven ofte geteekent, deselve sal ten dage dienende gehouden zijn te verklaaren sijn qualiteyt van weduwen ofte erfgenaam, en, indien hy die bekent, sal gehouden zijn de obligatie van sijnen voorsaat te kennen ofte ontkennen, 't enzy dat hy hebbe oprechte reedenen van hetselve niet te weeten, daaraf hy gehouden sal zijn hem te suyveren by eede, ende, deselve kennende, den impetrant sal acte hebben van sijn confessie, ende sal de gedaaghde gehouden worden te namptiseeren. Ende indien hy die ontkent, sal den impetrant geadmitteert worden die te verificeeren, en, hetselve doende, sal de gedaaghde oock gehouden zijn te namptiseeren.

CCX. Ende indien de weduwe ofte erfgenaam haar voorschreeve qualiteyt ofte handteeken van den overledenen ontkennen, ende men bevonde het voorschreeve ontkennen gedaan te zijne by calumnie, sal arbitralijck gepunieert worden na de groote van der calumnie.

CCXI. Ende in gevalle den erfgenaam, gedaghvaart zijnde om te kennen of ontkennen de obligatie van sijnen voorsaat, soo voorseyt is, hem liete stellen in default, hy sal andermaal verdaghvaart worden, en, indien hy viele in tweede default, het handteeken

ende qualiteyt voorschreve sullen gehouden worden voor bekent ende de gedaaghde gedwongen te namptiseeren.
CCXII. Die sijne partye met onrechte bedwongen sal hebben te namptiseeren, sal in het eynde van der saake gecondemneert worden in schaden ende interessen van partye ende arbitralijcken gepunieert naar den eysch van der saaken, sooverre daartoe bevonden worden reedenen te dienen.

Van evocatien.

CCXIII. In materie van evocatie, indien den impetrant default doet, de evocatie sal wederroepen worden en de sake weder gesonden en den impetrant gecondemneert in de kosten.
CCXIV. Ende indien de gedaaghde doet default, voor de eerste sal de kosten betalen, ende voor het tweede sal de evocatie geadmitteert worden.

Van materien van appellatie ende dependentien.

CCXV. In gevalle eenigh appellant geanticipeert wordt, hangende den tydt om te verheffen sijn appellatie, sal gehouden worden voor diligent ende sal sijn grieven seggen ofte proponeeren, indien hy gereedt is; indien niet, sal dilay neemen te veertien dagen, om dat te doen; sonder dat in sulcken gevalle de voornoemde appellandt gehouden sal zijn sijn appellatie te verheffen, maar sal de voorschreeve anticipatie getaxeert worden met den anderen kosten, sooverre den appellant succumbeert.
CCXVI. Soo wie sal willen appelleeren van eenige sententien teegens hem gegeeven, daaraf dat toegelaaten is t'appelleeren, sal gehouden zijn dat te doen binnen tien dagen, volgende de dispositie van geschreeven rechten, ende sijn appel verheffen mitsgaders executeeren, ende den dagh doen dienen binnen ses weeken, te reekenen van den dage van derselver appellatie, op poene van desertie; ende teegens den voorschreeven tijdt en sal egeen relief geaccordeert worden by dien van den voorschreeven Hoogen Raade, 't en ware om merckelijcke reedenen in rechte gefundeert ende in den processe geverificeert zijnde.
CCXVII. Ende soo wie eenige sententie teegens hem gegeeven, sal voor den Hoogen Raade willen betrecken in reformatie, sal hetselve moogen doen ende sal het mandement van reformatie moeten lichten ende ter executie doen stellen, mitsgaders den rechtdagh doen dienen binnen eenen jaare van den date dat de sententie geweesen sal zijn; ende sal den reformanten geene inhibitie of surceance teegens de executien van den sententien verleent moogen worden.
CCXVIII. Soo wie sijn appellatie ofte reformatie verheven ende geëxecuteert sal hebben ende naderhandt wil acquiesceeren ofte hem houden aan de sententie, hy sal dat moogen doen, mits verkrygende tot dien eynde brieven van oorlove, ende sonder boete, sooverre hy dat doet aleer het proces by geschrifte is ontvangen ofte dat de eene partye sijnen sack apud acta gedient sal hebben, 't en welcken effecte sal in de voorschreve brieven van acquiescemente gestelt worden dese clausule: behoudelijck dat het proces niet ontfangen en zy als proces by geschrifte ofte dat de een van den partyen sijnen

sack apud acta niet gedient en hebbe. Ende indien hy acquiesceert naar dat het proces sal weesen ontfangen als proces by geschrifte of naar dat partye van sijnen sack gedient sal hebben, sal gehouden zijn te betalen de boete van vyfentwintigh Carolus guldens sooverre hy appellant is, ofte van twaalf guldens en tien stuyvers sooverre hy reformant is, 't enzy datter wettelijcke ende genoeghsaame excusatie waare en daaraf den voorschreeve van den Hoogen Raade blijcken sal.

CCXIX. Maar indien yemandt sijn appellatie of reformatie wil afgaan by appoinctement of accoort, met sijn partye gemaackt, sal dat moogen doen sonder boete, mits overleggende het voorschreeve accoort en verkrygende brieven van aggreatie, om het voorschreve accoort te bekennen en van der voorschreve materie van appellatie ofte reformatie te scheyden, sonder dat andersints de voorschreve brieven verleent sullen worden, niettegenstaande dat den impetrant het voorschreve accoort ende appoinctement soude willen bewysen by getuygen, ende dit om alle abuysen te schouwen, ende dat den impetrant gehouden zy de voorschreve brieven van gratie en aggreatie van accoorde te presenteeren ten naasten rechtdage alsdan volgende, daarna den secretarissen geordonneert werdt hen te reguleeren in de expeditie van de voorschreve provisien.

CCXX. De gecondemneerden appellant van een sententie, inhoudende verscheyden poincten, niet dependeerende ofte hangende de een van den andere, sal gehouden zijn ten eersten dage, dienende op sijn appellatie (indien partye dat versoeckt), te verklaaren de poincten ende articulen om dewelcke hy sal willen sijn appellatie sustineeren en vervolgen, ende gedoogen dat de andere poincten ende articulen geëxecuteert sullen worden; anders ende by gebreeke van dien sal verklaart worden niet ontfanckelijck in sijn voorschreeve appellatie ende gecondemneert in boeten ende kosten, behoudelijck dat in materien van rekeningen, daar verscheyden poincten zijn, de executie van d'een poinct niet gedaan en sal worden 't enzy dat de andere oock geuytet zy, daarvan geappelleert sal zijn, 't en waare dat de rechtere de materien van den voorschreven reekeninge bevonden anders gedisponeert of gelegen te zyne.

CCXXI. Dat de voorschreeve appellant van sententien, inhoudende veel poincten, indien hy in eenige van den poincten verkrijght veranderinge van den sententien ende in eenige niet, de condemnatie van de boete sal blyven tot arbitragie van den Hove.

CCXXII. Dat om te brengen in den Hoogen Raaden de processen by geschrifte of andere proceduyren, voor anderen rechteren beleet, den appellant en sal maar een dilay hebben van drie weeken, hetwelcke hem gestelt en verleent sal worden van den eersten dag af dat de saake dienen sal en terstondt naar dat hy sijn grieven geseyt sal hebben, sonder dat, het voorschreeve dilay verloopen zijnde, de saake te moogen presenteeren, om continuatie of verder dilay te hebben, maar sullen moogen requeste te Hove geven, om daarinne geordonneert te worden soo men de materien bevinden sal gedisponeert te zijn.

CCXXIII. Niettemin, indien de geinthimeerde begeert de saake te vorderen, sal selve binnen het voorschreve dilay de voorschreve processen en proceduyren moogen doen brengen, midts verschietende de kosten, om die t'eyndon van der saake te verhaalen, ende, het voorschreeve dilay overstreeken zijnde, sal dat moogen doen ten koste van den appellant, daaraf hy terstondt vergolden sal worden.

CCXXIV. Dat alle appellanten gehouden sullen zijn over te leggen de sententie, daarvan sy geappelleert sullen hebben; en van gelijcken sullen de geinthimeerde gehouden

zijn de sententien over te leggen, soo wanneer sy de uytinge van der saake van appellatie sullen willen vervolgen by forclusie of versteekinge, aleer de appellanten het proces by geschrifte sullen hebben doen brengen.
CCXXV. In materie van appellatie, indien den impetrant hem laat stellen in default voor datter by den gedaaghde geantwoordt sal wesen, het appel sal by dat default alleene verklaart werden desert, de sententie geconfirmeert en den appellant gecondemneert in de boeten en kosten.
CCXXVI. Sal oock het appel verklaart werden desert, indien den appellant, des versocht zijnde, niet en toont binnen de tien dagen geappelleert en binnen de ses weeken gereleveert ende geëxecuteert te hebben.
CCXXVII. Indien den appellant het proces by geschrifte niet en doet brengen ten peremptoiren dage, hem daartoe gestelt, het Hof sal recht doen op het vonnisse of sententie, ende tot dien eynde sal in de acte, inhoudende het voorschreve dilay peremptoir, gestelt worden dese clausule: op poene van recht te doene op de sententie.
CCXXVIII. In materie van appelle, procedeerende van sententien, gegeeven op proces by geschrifte, indien de geinthimeerde default doet, voor de eerste sal de kosten betaalen, en voor het tweede sal men voorts vaaren tot visitatie en uytinge van den processen, ende, genoomen dat het proces gesien zijnde, hy het gewysde ten principalen tot sijn voordeel verkrege, sal niettemin de kosten van het default betalen.
CCXXIX. Ende als de appellatien spruyten van executie van clausulen van bevelen stadthoudende, ofte andere gelijcke clausulen, ende van interlocutorien, daarvan de appellatie naar rechte valt als vooren, of diffinitive sententie, gegeeven op mondelinge dinghtalen, ende daar geen proces by geschrifte en is, indien de geinthimeerde default doet, voor het eerste sal hy de kosten betalen, ende voor het tweede sal hetgeene, daaraf geappelleert sal zijn, wederroepen ende te niet gedaan worden, soover het raackt den geinthimeerden, en deselve geinthimeerde gecondemneert in de kosten.
CCXXX. In materie van anticipatie en van desertie van appelle, indien den impetrant default doet voor propositie van grieven of defensien, de gedaaghde sal hebben oorlof van den Hove met de kosten.
CCXXXI. Ende indien de gedaaghde default doet, voor de eerste sal de kosten betalen, ende voor het tweede het appel sal verklaart worden desert.
CCXXXII. Item, degeene die bevonden sullen worden qualijck geappelleert te hebben, sullen van nu voorts aan gecondemneert worden in een boete van vijftigh guldens, ende die bevonden sal worden t'onrecht gereformeert te hebben, sal niet hooger dan in een boete van vijfentwintigh guldens gecondemneert worden, overmits de clausule van inhibitie, defence of van surcheante niet en sal genooten hebben.

Van indemniteyten ende garanten.

CCXXXIII. In actiën personeele, daar de gedaaghde (gesommeert zijnde omme te indemneeren) is principaal schuldenaar, of selve gehouden in hetgeene dat men den originalen verweerder is eysschende, ofte andersints preciselijck verbonden in de versochte indemniteyt, deselve gedaaghde sal gehouden zijn te antwoorden op de voorschreeve indemniteyt, om (in gevalle van ontkennen van tot de voorschreeve indemnité gehouden te zijn) daarinne recht gedaan te worden soo het behooren sal, ende in gevalle van

ontkennen, sal gehouden zijn hem te voegen ende in de saake met den originalen verweerder te treeden, al sonder prejuditie of achterdeel van het recht van den crediteur en verachteringe van de principaale saake.
CCXXXIV. De originaal impetrant of eysscher en sal niet gehouden noch bedwongen zijn in de aanneeminge ende versochte garant te consenteeren, maar, blyvende in sijn geheel, sijn executie mogen doen in gevalle van victorie soowel tegens den principalen gedaaghde als tegens den aanneemer en garandeerder, ende dit soowel om de kosten als om. het principaal.
CCXXXV. Dat hangende de dilayen, om te sommeeren in 't garand, de saake tegens den eersten principalen gedaaghde in state gehouden ende geschort worden ende daarinne gecontinueert, ter tydt toe dat de gedaaghde in de voorschreve materie van garande geantwoordt sal hebben. En indien dat'er diversse garanden successivelijck geëyscht waren, de principale saake sal geschort blyven tot ter tydt toe dat de laatste gesommeerde in garande geantwoordt sal hebben.
CCXXXVI. Als de gedaaghde in materie van garande compareert ende verklaart niet te willen garandeeren, d'impetrant sal van gelijcken mogen verklaaren dat hy oock niet sustineeren noch de saake verweeren en wilt, ende, naderhandt gecondemneert wesende by default ofte andersints, sal niettemin sijn verhaal mogen hebben tegens den gedaaghden, soowel voor 't principaal als voor sijn kosten, schaden ende interesten, tenzy dat d'een ofte d'ander sustinere, dat sijn partye in de saake behoordt te blyven, in welcken gevalle het Hof sal daarinne ordonneeren als naar behooren.
CCXXXVII. Ende indien de gedaaghde niet en compareert, sal tegens hem default gegeven worden met brieven van herdaghvaardinge by inthimatie, ende op poene dat voor 't profyt van den tweeden defaulte d'impetrant sal oock mogen doen sulcks als boven.
CCXXXVIII. In cas van abuse ende excesse sal niet vallen eenigh garand of aanneeminge, maar wel adjunctie, blyvende altydts de principale gedaaghde in den processe.
CCXXXIX. In materie van garande ofte indemniteyt, indien d'impetrant default doet, de gedaaghde sal hebben oorlof van den Hove met de kosten.
CCXL. In materie van garande ofte indemniteyt, indien de gedaaghde doet default, d'impetrant sal daaraf acte hebben, ende hem sullen verleent worden brieven van herdaghvaardinge met inthimatie, ten fine als boven.

Aangaande inspectie oculaar ofte aanschouwinge van plaatse, renvoy, beneficie van inventaris ende cessien.

CCXLI. In materie daar geordonneert is te nemen inspectie oculaar ofte aanschouw van plaatsen, sooverre d'impetrant default doet, sal van der instantie vervallen en de kosten betaalen.
CCXLII. Ende in gevalle de verweerder, de voorschreve inspectie versocht hebbende, hem niet en presenteert ten beteekenden dage, uure ende plaatse, sal gestelt worden in default ende geprocedeert tot ter inspectie ten versoeke van den impetrant, indien hij dat begeert, ter presentie van getuygen, daaraf de commissarissen sa] verbaal houden, mitsgaders van de plaatsen, met de paaien, kanten ende zyden, ende sal de voorschreve

defaillant de kosten betaalen, in welcke kosten hy niet gehouden en sal zyn als de inspectie gedaan sal worden ten versoecke van den impetrant ofte by ordonnantie van den Hove.

CCXLIII. In materie van renvoy, indien d'impetrant, die t'antwoorden sal hebben op 't renvoy, default doet, de saake sal gerenvoyeert worden, sooverre dat'er renvoy valt, en d'impetrant gecondemneert in de kosten.

CCXLIV. In materie van beneficie van inventaris ende cessien, de verdaghvaardingen sullen gedaan worden met inthimatie; en indien de gedaaghde default doen, sullen van haare opposities versteeken worden ende sullen de brieven van beneficie van inventaris en cessien, voor sooveel den defaillanten aangaat, geinterineert worden naar haare forme en inhouden.

Van herneeminge van arrementen.

CCXLV. In materie van herneeminge van arrementen van den processen, d'impetrant sal, ten eersten dage dienende eysch doende, gehouden zyn den gedaaghde over te leggen de laatste voorgaande acte, sonder daarom me dilay te mogen nemen, ten eynde dat de gedaaghde te bet weten magh wat hy te doen sal hebben.

CCXLVI. In materie van herneeminge ofte verlaten van d'arrementen van den processe, indien d'impetrant default doet, de gedaaghde sal hebben oorlof van den Hove met de kosten; alsoo hy oock sal, indien d'impetrant ten dage dienende in gebreeke blyft om van de laatste voorgaande acte te doen blycken.

CCXLVII. In materie van herneminge van processen, indien de gedaaghde doet default, 't proces sal gehouden werden voor hernomen en den defaillant herdaghvaart met inthimatie om te procederen, volgende de retroacten ende laatste appoinctementen. Ende indien hy ten beteekenden dage default dede, den defaillant sal versteeken worden van 't geene daartoe den dagh van de retroacten was dienende en gecondemneert in de kosten.

CCXLVIII. In materie van beneficie van inventaris, cessie, decreet ende andere diergelijcke, daar veel crediteuren, opposanten ende gedaaghden sullen zyn, indien eenige van denselven gedaaghden (naardien dat sy hen in rechte gepresenteert sullen hebben, en de saake op de rolle gestelt ende ingebraght sal zyn) deser werelt overleden, d'impetranten sullen d'erfgenamen van den overleden doen daghvaarden met inthimatie ter plaatsen van sijnen sterfhuyse, sooverre hetselve gelegen is onder het ressort van den voorschreven raade, indien niet, by edicte ende openbare uytroepinge ter puyen van der naaster stadt van den voorschreeven sterfhuyse. Ende indien de gedaaghde niet en compareeren maar doen default, sal voor 't profyt van dien voorts geprocedeert werden met den anderen gedaaghden ende comparanten, tot volle instructie van den processe, om in haarlieder aanschouw daarinne recht gedaan te worden soo 't behooren sal. Ende sullen voorts meer de brieven van beneficie van inventaris, cessie ende andere diergelijcke, voor sooveel aangaat de voorschreeve defaillanten, geinterineert worden naar haare forme ende inhouden, ende, 't decreet gewesen, versteekende alsulcken defaillanten van haare redenen van oppositien, al met vergeldinge van den kosten, soowel van den voorschreven .defaulte als van de instantie, in haarlieder aanschouw gedaan, 't en waare nochtans dat de saake van wegen den overleden sulcks geinstrueert ware, dat men uytten beleede en vereysch van denselven processe bevonden andersints te behooren.

CCXLIX. Ende indien de voorschreve erfgenamen, sulcks gedaghvaart zynde, compareeren ende naderhandt, hangende de proceduren, eenige van hen oock aflijvigh worden, sal des niettegenstaande, sonder vorder herdaghvaardinge, voort gevaren worden tot volle instructie van den processe met den anderen erfgenamen, haaren consorten, om daarnaar recht gedaan te worden 't zy tot profyte ofte achterdeel van allen den voorschreeven erfgenamen gesamentlijck ofte van den sterfhuyse van den origineele opposant en gedaaghde, soo men ter materien bevinden sal behoorende.

Van defaulten in alle andere materien, hierbooven niet verklaart.

CCL. Dat in allen anderen materien civile, 't zy personeele, reële of van beydts vermenght, indien d'eisscher default doet, aleer te verantwoorden en litiscontesteeren, de verweerder sal hebben oorlof van den Hove met de kosten.

CCLI. Ende indien het geëxploicteerde venu-en-court ofte mandament is inhoudende apprehensie ofte arrest van persoon ende goeden, de gedaaghde sal boven 't voorschreeve oorlof van den Hove hebben handtlichtinge van den voorschreven arreste ofte ander letsel en d'impetrant gecondemneert in alle kosten, schaden ende interesten.

CCLII. Dat in allen materien civile, in dewelcke men procedeert by vier defaulten, voor 't eerste default de gedaaghde sal versteeken zyn van exceptie declinatoire, voor 't tweede van dilatoire en voor 't derde van peremptoire, en sullen de acten dienvolgende gemaackt worden; ende by het derde default sal den impetrant toegelaten worden te dienen van sijn intendit, ende hem geaccordeert een vierde citatie ex super abundanti, om by den defaillant het intendit te komen sien verificeeren ende sententie te aanhooren. Ende indien d'impetrant zyn intendit kan verificeeren met munimenten, sal die met den voorschreven intendit te Hove leggen, om recht gedaan te worden ten principalen. Ende indien 't van noode is enqueste te doene, sal by de acte van den derden defaulte toegelaten worden tot verificatie van sijne feyten, partye, om de voorschreve verificatie te sien doene, reprochen te dienen ende in rechte concludeeren, geroepen zynde by een exploict ofte verdaghvaardinge.

CCLIII. Ende indien de verificatie van den impetrant twyffelachtigh ende niet souffisant en waare, soo sal d'impetrant geadmitteert mogen worden sijn intendit te stercken by eede, indien 't Hof bevindt de saake daartoe gedisponeert te zijn. Maar indien d'impetrant sijn intendit niet en verificeert ofte dat 't Hof bevende dat hij niet en behoorde tot den eedt toegelaten te worden, soo sal den defaillant ten principalen geabsolveert ende niettemin gecondemneert worden in de kosten van den voorschreve defaulten.

CCLIV. Dat naar litiscontestatie in de saake, indien d'impetrant of verweerder default doet, die sal versteeken zyn van 't geene daartoe den dagh dient, ende sal geprocedeert worden tot instructie van de processe, sooverre 't selve noch niet geinstrueert en zy, den voorschreven defaillant daartoe geroepen ende herdaghvaart met inthimatie.

CCLV. Als 't Hof geven sal dagh ofte dilay peremptoir, dat sal verstaan worden te zijne voor allen dilayen ende dat daarby de partye (dewelcke sulck dilay gegeven sal zyn) versteeken is, 't voorschreve dilay verloopen zynde, van te doen 't geene daaromme 't selve dilay gegeven hadde geweest sonder ander declaratie.
CCLVI. Ende niettemin, indien gedurende 't voorschreeve dilay peremptoir een van den partye deser weereldt overlede, 't voorschreve dilay sal vernieuwt worden op anderen peremptoiren dagh op den erfgenamen van den overleden, naardat sy d'arrementen van den processe hernomen sullen hebben, sooverre sy dat versoecken.
CCLVII. Indien 't gebeurde, dat, hangende het proces, eenige van den partyen requeste ofte versoeck dede in rechte van eenige provisie ende partye dagh name om daarop te antwoorden ende tenselven dage default dede, de wederpartye sal uyt krachte van dien voorsien worden van sulcke provisie als 't behooren sal, sonder andere herdaghvaardinge.

Van solliciteurs ende vervolgers van de expeditie van den processen.

CCLVIII. Dat niemandt hem en vervordere billietten te geven om uyttinge van processen te hebben, tenzy dat hy eerst geweest zy in de griffie ende aldaar in 't seeker verstaan hebbe, dat 't proces, 't welck hy vervolght, gefurneert zy ende in state van wyzen gestelt van beyden zyden ofte van sijnder zyden met de acte van forclusie ofte versteekinge ende copie van de procuratie van sijn wederpartye, op poene dat, doende ter contrarie, de procureur ofte vervolger ende billietten gevende sal t'elcker reyse 't selve beteren met de boete van twintigh stuyvers ende andersints arbitralijcken ter ordonnantie van den Hove, ende sullen tot dien eynde alle de billietten geteekent moeten zijn by den procureur, in der saacke dienende.
CCLIX. Van gelijcke de griffier en sal geen processen ontfangen, niet gefurneert volgende den inventarissen, gemaackt in sulcker voegen als vooren geseydt is in 't capittel van den procureurs, ende merckelijck sonder de nootelijcke acten, noch en sal den raadtslieden geen sacken ofte processen mogen geven, niet gefurneert zynde volgende den inventaris, op poene van twintigh stuyvers t'elcker reyse te verbeuren.

Van liquidatie van sententien.

CCLX. In condemnatien van schaden ende interesten de voorschreve van den Hoogen Raade sullen arbitreeren een seeker somme voor de schaden ende interesten sulcks als hen by den processe deughdelijck gebleeken sal zyn, aanschouw nemende op de grootheydt van der saaken en qualiteyt van den partyen, sonder den partyen toe te laten de voorschreve schade ende interesten by declaratie over te geven, tenzy dat de materie van sulcken importantie, qualiteyt en consideratie ware, dat se sulcken schaden ende interesten niet en souden konnen taxeren sonder voorgaande informatie, dewelcke sommierlijck gedaan sal worden.

CCLXI. De partyen, toegelaten zynde om hare schaden ende interesten by declaratie ofte verklaringe over te geven, sal gehouden zyn die over te leggen ten dage daartoe beteekent, sonder ander dilay te eysschen ofte nemen, op poene van default ende oorlof van den Hove met de kosten, 't en waare 't Hof om merckelijcke redenen gemoveert worde om noch eenigh dilay te vergunnen.
CCLXII. In materie van executie van arrest, liquidatien van sententien, melioratien of verbeteringe, reparatien, vrughten ende opheven, schaden ende interesten ende andere diergelijcke, sal sommierlijck de piano geprocedeert worden, ende sullen partyen respective overleggen haarlieder eysch ofte reekeninge, soowel van den vrughten ende opheven, schaden ende interesten als van melioratien ende reparatien, in handen van den commissaris, dewelcke die hooren ende oversien sal in presentie van den partyen of haaren raade van articul tot articul, ende sal daarop partyen verbalijck hooren ende passeeren d'articulen, die hy sonder swarigheydt bevinden sal. Ende op degeene, daar swarigheydt sal wesen, sal de middelen van partye in 't kort by geschrifte stellen, om van alles in den voorsz. Raade rapport te doen ende aldaar geordonneert te worden, als naar redenen behooren sal. Ende sullen in de voorschreve materien alle dilayen peremptoir wesen, die geaccordeert sullen worden naar distantie van der plaatsen, qualiteyt en gelegentheydt van der materien en persoonen.
CCLXIII. Dat alle sententien ende condemnatien, soo rechtelijcke als gewillige van den voorschreven Hoogen Raade, sullen zyn ende blyven executabel tot tien jaaren toe na date van dien tegens de principale gecondemneerde, maar naar d'expiratie van den voorschreven tien jaaren, ofte tegens de weduwe ende erfgenamen van den gecondemneerde, sal van noode zyn te verkrygen brieven van daghvaardinge, om daarop te sien decerneeren executie, hetwelck geschieden sal met een default alleenlijck, is 't dat de gedaaghde niet en compareert. Ende indien hy compareert ende wilt in processe komen, alle dilayen, die men daarin verleenen sal, sullen peremptoir zyn.

Van executie van sententien.

CCLXIV. In den eersten, dat alle sententien approbatoire van den sententien, geweesen by den provincialen raade ende steden ofte andere rechteren, sullen geëxecuteert worden by de executeur van den Hoogen Raade ofte van den rechteren, die de geapprobeerde sententie gewesen sal hebben, tot optie van den triumphant.
CCLXV. In d'executie van alle sententien, gewillige condemnatien ofte van taxatien van kosten, sal den executeur gehouden zyn, voor al, de sommatien te doen aan den procureur van den gecondemneerde ende hem competenten dagh geven om die te voldoen.
CCLXVI. d'Executeur, willende ter executie stellen eenige arresten, gewillige condemnatien ofte taxatien van kosten, gegeeven ende gepasseert in den voorschreven Hoogen Raaden, den tydt van den sommatien omme gekomen ende verloopen zynde, sal mogen aantasten, nemen ende sijn executie leggen ofte doen op de gereedtste goeden van den gecondemneerde en op dewelcke hy alderlightelijckste ende gereetst sijne executie soude moogen doen, sooverre de gecondemneerde hem niet en bewyst genoeghsaame goeden naar de groote van de condemnatie, op welcke hy bereedt en tevreeden is de executie te lijden en te gehengen. Ende sal nochtans de voornoemde executeur niet

moogen neemen ende executeeren groote goeden om een kleene somme, 't en waare dat de goeden waaren aan een stuck, niet splisbaar ofte deylbaar zijnde. Ende sal de voorschreve executie niet moogen belet worden by appellatie of oppositie van den geëxecuteerde ofte oock andersints, sooverre de genoomen ende aangetaste goeden den gecondemneerde zijn toebehoorende, ende 't en waare by oppositie van een derde, seggende de goeden hem toe te behooren, ofte dat by relief van appelle met de clausule van inhibitie den executeur dat verboden waare. Ende sal den executeur ofte deurwaarder alsulcken derde, hen opposeerende, eenen competenten dagh beteekenen, om sijne reedenen van oppositie te komen verklaren, blyvende daarentusschen de vordere executie gesuspendeert en geschort.

CCLXVII. Dat van den meubile goeden, by executie genomen ende aangetast zijnde, de verkondinge van de verkoopingen gedaan sullen worden op den eersten Sondagh ende mercktdagh naar de handtstellinge, en van de verkondinge sal den gecondemneerde de weete gedaan worden aan sijn persoon of tot sijner laatster woonstede of residentie ofte anders aan sijnen procureurs, facteurs ofte onderwinders, met verklaringe van den dage dat de verkopinge gedaan sal worden, ten eynde dat de gecondemneerde de condemnatie voldoen magh, op poene dat alsulcke aangetaste goeden by den deurwaarder tot ter quantiteyt van der schuldt gesteldt sullen worden in handen van seekeren gecommitteerden, om die te regeeren ende besorgen den tydt van ses dagen. Ende wordt den gecondemneerde verboden den voorschreve gecommitteerde te turbeeren ofte beletten, op poene van gepunieert te worden tot arbitragie van den voorschreven Hoogen Raade, ende, de ses dagen overstreeken zijnde, sullen de meubile goederen in de naaste steeden verkocht worden openbaarlijck ten eersten mercktdage, 't en waare dat op het versoeck van partyen by den Hove anders werde geordonneert.

CCLXVIII. Een deurwaarder ofte executeur, willende procedeeren ter executie en verkoopinge van onroerlijcke goeden, sal gehouden zijn de eerste verkondinge te doen op eenen Sondagh in de kercke ten tyde van de predicatie ende op de mercktdagh in de volgende weeke in de naaste stede, ende de voorschreeve verkondinge den gecondemneerde te laten weeten, ende, dat gedaan, sal de tweede en derde verkondinge gedaan worden van acht dagen te acht dagen, tot de vierde incluys.

CCLXIX. Sal bovendien de voorschreve deurwaarder gehouden sijn t'elcker verkondinge by sijn billietten, die hy hechten sal aan de kerckdeuren ofte andere openbaare plaatsen, daar de voorschreeve verkondinge gedaan sal worden, te laaten weeten alle opposanten ofte anderen, die eenigh recht sullen willen pretendeeren ofte eysschen tot den gesubhasteerden goeden, ofte op de penningen, die koomen sullen van der verkoopinge en decreete van dien, ten eynde dat sy voor hem, deurwaarder, tegens de voorschreeve verkondinge ende verkoopinge hem koomen opposeeren, opdat hen sulcks goedt dunckt. Ende dat gedaan ende de voorschreeve verkondinge voldaan en behoorlijcken onderhouden zijnde, sal eenen dagh bescheeden om de keersse te ontsteeken en koopers en verkoopers te ontfangen ende den lesten verhooger de palmslagh te geeven ten uytgaan van de bernende wassen keersse, waarnaar hy by edicte ende openbaare verkondinge en hechtinge van de billietten, als vooren, sal daghvaarden de Opposanten ende anderen, willende eenigh recht voortstellen ofte eysschen, soo voorschreeve is, mitsgaders oock den gecondemneerde en leste verhoogers, te compareeren in den voorschreven Hoogen Raade, om aldaar te komen verklaaren haare redenen van opposi-

tie ende het decreet sien wysen, sonder dat van noode zy daaromme andere provisie of daghvaardinge te verkrygen, al op poene dat de defaillanten versteeken sullen zijn van haarlieder recht, welck poene de deurwaarder, executerende, sal gehouden zijn in de voorschreeve publicatie mitsgaders oock in sijn relatie uytdruckelijck te stellen.
CCLXX. Item, wordt den voorschreven deurwaarder verboden in de verkoopinge, verkondinge ende subhastatie, die sy doen, te stellen eenige conditien t'haaren particulieren profyte, hetzy van wynen ofte andersints, op poene van dubbel wederom te geeven en daarenboven van arbitrale correctie, maar sullen hen tevreeden houden met een gracelijcke somme, niet excedeerende vier Carolus guldens, om het gelagh en maaltijdt, ten dage van der verkoopinge by den bernende keersse verteert, te betalen.
CCLXXI. Ende ten eynde dat degeene die het goedt ten pryse ingestelt sal hebben, weeten magh of hetselve hem blyven sal of niet, sal hy het proces mogen doen vervolgen, om dat in staate van wysen te stellen en sal het Hof t'sijnen versoecke den vervolger van de voorschreeve verkondinge ende opposanten moogen ordonneeren eenen tamelijcken tydt, om het voorschreve proces te instrueeren ende te brengen in staate van wysen.
CCLXXII. Soo wie hem opposeeren sal sonder merckelijcke redenen tegens de voorschreve verkondinge, verkopinge ofte interpositie ende wysen van decreete, sal versteeken worden van sijne oppositie ende tegens der partye gecondemneert in de kosten, schaden ende interesten en daarenboven in een arbitrale boete, sooverre daar redene toedient.
CCLXXIII. hem, soo wanneer yemandt tegens het voorschreeve decreet hem sal opposeeren, om personeele actie of hypothecatie, die hy pretendeert tegens den gecondemneerden ofte sijne goeden, sustineerende voor den impetrant van decrete gepreferee rt te worden, sullen sulcke opposanten haarlieder eyschen van preferentie onder den Hove leggen, om daarop by den Hove gedisponeert te worden voor de uytterlijcke verkoopinge, by het aftrecken des zegels te doen, mits dat voor de uytterlijcke verkoopingen noch twee kerck- en mercktdaaghs geboden gedaan sullen werden in der manieren als boven, daar by eenen yegelijcken den verkoopdagh verkondight sal werden.
CCLXXIV. Ende of geviele dat den impetrant van decreete vernoeght waare ofte uyt eenige oorsaake hem verdroege ofte verliete het vervolgh van de interpositie van den decreete, de andere opposant of crediteur sal hem met de voorschreve verkondinge mogen behelpen ende selve de interpositie ende uyttinge van den decreete vervolgen t'sijnen profyte ende om van sijn schuldt betaaldt en vernoeght te worden.
CCLXXV. Sententien ofte arresten, inhoudende condemnatie van graanen, cappuynen ofte andere speciën ofte oock ad factum, sullen geëxecuteert worden by gyselinge ende uyt kraghte van twee defaulten, geprocedeert tot apprehensie van den gecondemneerde op drie stuyvers 's daaghs totdat hy voldaan sal hebben daar hy om gegyselt is.

CCLXXVI. Ende sooverre de gecondemneerde, een maandt in heghtenisse geweest zijnde, de condemnatie niet en voldoet, sal de triumphant aan den Hove moogen versoecken dat het feyt of werck, in de condemnatie begrepen, getaxeert ende tot pecunieele somme geredigeert werden sal, waartoe den geapprehendeerde behoorlijcke declaratie overgelevert ende tijdt van veertien dagen gegunt sal worden, om daartegens te seggen by debat. Ende hebbende te taxatie van den Hove, sal de triumphant sijn executie mogen doen, als hierboven geseyt is, blyvende de gecondemneerde evenwel in hechtenisse totdat de executie gedaan ende de triumphant voldaan sal zijn.
CCLXXVII. In materie van verkondinge, subhastatien ende aanwysinge van decreete, indien de gedaaghde, als vooren, niet en compareeren maar doen default, sy sullen voor het profyt van dien versteeken worden van haaren recht, als booven, en sal geprocedeert worden tot decisie ende uyttinge van den decreete, soo het behooren sal.
CCLXXVIII. Soo wanneer yemandt appelleeren sal van de executie van eenigen commissaris, deurwaarder of executeur van sententien ofte appoinctementen, tegens hem gegeeven, de voorschreeve executeur en sal om het voorschreeve appel niet laten voorts te vaaren tot voldoeninge van sijn executie, ter tydt toe dat hem inhibitie, defensie of verbodt gedaan sal zyn. Ende indien men bevindt den voorschreven executeur notoirlijcken geëxcedeert te hebben, den executeur ende de partye die hem te wercke gestelt sal hebben, indien daar redene toe dient, sullen in seekere boete gecondemneert worden, tot arbitragie van den Hoove.

Van propositien van erreuren ende revisie.

CCLXXIX. Degeene die sullen erreur proponeeren teegens de sententien, by arreste gegeeven in den voorschreeven Hoogen Raade, sullen gehouden zijn binnen twee jaaren van der pronunciatie haar requesten over te geeven in denselven Hoogen Raade, inhoudende haare reedenen ende middelen, by denwelcken sy willen het voorschreeve erreur bewysen ende betoogen ende daar beneffens in de griffie van den voorschreeven Hoove te consigneeren ende leggen de somme van hondert guldens.
CCLXXX. Op welcke requeste sal verleent worden daghvaardinge van partyen, daarinne de voorschreeve reedenen ende middelen verhaalt sullen worden, welcke daghvaardinge den impetrant gehouden sal zijn ter executie te doen stellen ende daghteekenen binnen de voorschreeve tydt van twee jaaren naar de pronunciatie van den voorschreeven arreste.
CCLXXXI. Ten welcken dage dienende de voorschreeve impetrant en sal geen andere reedenen ende middelen moogen seggen noch voorstellen dan degeene die in sijn mandament van daghvaardinge begreepen sullen zijn, waarop de gedaaghde ten voorschreeven dage sal antwoorden, neemende over wederzyden pertinente conclusie in materie van propositie van erreur, daaraf acte gemaackt sal worden, dewelcke met de voorschreeve daghvaardinge gevoeght sal worden ten processe, ende sullen partyen daarby mogen voegen een korte memorie van haare bedinghde reedenen binnen een maandt, opdat henluyden sulcks goedtdunckt, sonder in deselve materie t'onderhouden ander dilay of forme van procederen.
CCLXXXII. Dat gedaan, sal den impetrant gehouden zijn binnen drie maanden, te reekenen van den dage der voorsz. acte, aan de hooge Overigheyt te versoecken hem

adjuncten verleent te worden, om het voorschreeve proces te hersien ende wederom te visiteeren, dewelcke hem verleent sullen worden tot seeven in getale, rechtsgeleerden, ten laste van (wien) den impetrant gehouden sal zijn, in de griffie van den voorschreeve Hoogen Raade te namptiseeren sooveel penningen als het den Hoove nootelijck duncken sal, om de vacatien van den adjuncten te betalen.

CCLXXXIII. Dat de voorschreeve adjuncten, by den voorschreeven Hoove ontbooden zijnde, sullen gehouden zijn aldaar te compareeren ende t'haarlieder komste te sweeren, teegens het voorschreeve Hof hen reverentelijck te draagen en dat sy in den processe geen advijs gegeeven noch geconsuleert en hebben, directelijck noch indirectelijck, ende dat sy haare opinien sinceerlijck ofte oprechtelijck sullen geeven, alsoo sy in haare conscientie ende goede justitie sullen bevinden te behooren, sonder gunste, faveur, haat ofte dissimulatie, ende dat sy secreet sullen houden hetgeene dat sy van den processe gedurende de visitatie van dien hooren ende verstaan sullen.

CCLXXXIV. Ende sal d'impetrant gehouden zijn eenpaarlijck te vervolgen de uyttinge van den voorschreven processe en dat doen termineeren binnen een jaar, te reekenen van den dage van de voorschreeve acte dispositijf; andersints en sal daartoe niet meer ontfangen worden, 't en waare dat om eenigh belet ofte occupatien van den Hoove de uytinge van dien verachtert waare.

CCLXXXV. Dat van een arrest, gegeeven in materie possessoire, geen propositie van erreur toegelaten sal worden, maar sullen partyen haar recht moogen vervolgen in het petitoir, indien het hen goedt dunckt.

CCLXXXVI. Insgelijcks teegens appoinctementen interlocutoire, in den voorschreeven Hoogen Raade gegeeven, reparable ter diffinitive, en sal niemandt ontfangen worden erreur te proponeeren.

CCLXXXVII. Ende ten eynde dat, als eenige van den partyen sal willen erreur proponeeren, men vinden ende gekrygen magh de stucken van den processen, sonder partyen te bedwingen andermaal die over te brengen, ende oock om te schouwen en verhoeden het bedrogh dat men soude moogen doen by het wisselen van den stucken ofte andersints, soo wordt de griffier verbooden der partye haare sacken ende stucken wederom te geeven, tenzy dat partyen, gesuccumbeert hebbende, in persoone renuncieeren ende te buyten gaan van erreur te moogen proponeeren ofte dat sy tot dien eynde procuratie speciale oversenden, in welcken gevalle de griffier sal de een ende de ander partyen haare sacken ende stucken moogen wederom geeven.

CCLXXXVIII. Maar als men sal willen erreur proponeeren ende dat de partyen eenige originaale brieven overgeleydt hebben, al sulcke brieven sullen moogen wederom gegeeven worden by ordonnantie van den Hoove, mits latende copie authentiek t'haaren koste, partye daarover geroepen. Van gelijcken sullen de partyen moogen copye neemen van de andere stucken, niet secreet wesende.

CCLXXXIX. Dat men niet en sal moogen erreur proponeeren ofte revisie inne stellen van een sententie ofte arrest, gegeeven in den voorschreeven Hoogen Raade, dan eenen alleenlijck, hetzy dat de sententie (daaraf revisien gedaan is) geconfirmeert, gecorrigeert ofte gerenverseert ende verandert zy, sulcks de sententie, by revisie gegeeven, niet vorder retractabel ofte veranderlijck en sal zijn, by wat manieren dattet zy, maar sal haar volkoomen en geheel effect hebben ende houden.

Ontbieden daarom ende beveelen den praesiderende ende anderen van den voorschreeve

Hoogen Raade, den praesiderende ende dien van den Raade Provinciaal van Hollandt, den advocaat fiscaal ende procureur generaal, mitsgaders allen anderen justicieren ende officieren van den voorschreeve graafschappe ende lande, dien het aangaan sal moogen, ende haaren stedehouderen, ende een yegelijcken van hen en allen anderen, dien het behooren sal, dat sy deese Onse ordonnantie in allen haaren poincten onderhouden en doen onderhouden, sonder daartegens te doen of te gehengen gedaan te zijn in eeniger manieren, hoe ende by wien dattet zy, maar den transgresseurs ende overtreders van dien corrigeeren ende straffen, achtervolgende de poenen daarinne begreepen, ende anders soo sy bevinden sullen te behooren. Ende dit alles by provisie ende totdat anders, met advijse als booven, daarinne by. Ons geordonneert sal moogen worden, hetselve over sulcks aan Ons reserveerende, soowel de verminderinge, vermeerderinge ende veranderinge derselver Onser ordonnantie aangaande, alsoock de interpretatie ende verklaringe van alle duysterheeden of swarigheden, die naarmaals hierinne bevonden souden moogen worden. Ende ten eynde dat niemandt hiervan en pretendere eenige ignorantie, ordonneeren en beveelen Wy by deesen, dat deselve Onse ordonnantie op eenen rechtdagh in de audientie, eerst van den voorschreeven Hoogen Raade ende daarna van den Raade Provinciaal, openbaarlijck voor den volcke gepubliceert ende gekondight werde, opdat hen een yegelijck hem naar den inhouden van dien voortaan sal hebben te voegen ende te reguleeren. Des t'oirkonden hebben Wy deesen met Onsen naam geteekent ende Onsen zegel daaronder doen aanhangen. Gedaan in der stadt van Antwerpen op den lesten dagh van Meye in den jaare Ons Heeren duysent vyfhondert tweeentachtigh. Ende was onderteekent: Guillaume de Nassauw. Noch leeger stondt geschreeven: ter ordonnantie van sijnder Excellentie. Ende stondt noch onderteekent: N. Bruynincx. Ende met een zegel van rooden wassche bezegelt.

Resolutien

1704

Den 12. Septbr. 1704
Rapport 20 gld.

Resolutie in sake van Engel. Habet coopman tot Amsterdam Impetrant in cas d' appel
ca.
Franc van Haveren Gedaagde

De Hr. Verbrugge rapport.
Dat de Gedaagde op den 4 Sept. 1692 van Impetrant hebbende gecocht 500 pd. conchenille a 60 schill. t' pond, te leveren van die tijd af tot den 2 Jan. 1693 de leverantie van dien bij insinuatie heeft gevordert jegens den 15 Decbr. 1692 en 't selve niet geschiedende den 16e. geprotestt. van costen, schade en interesse, praesenterende de cooppenn. aan de waag, en vervolgens in Febr. 1693 jegens den Impetrant geconcludt. tot kennen of ontkennen van sijn handteekene. en voorts tot leverantie van voors. 500 pd. conchenille, mitsges. vergoedinge van schade en interesse quanti unquam plurimi onder presentatie van cooppenn. te betalen a 60 sch. t' pond. Dat d' Impetrant praesenterende die 500 pd. te leveren volgens 't contract, onder betalinge, sonder eenige cortinge wegens schade en intere. Schepenen van Amst. op den 13 Febr. 1693 de gede. sijn eijsch hebben geadjudict. Dat d' Impetrant daar van hebbende geappellt. bij 't Hoff is verclaert niet beswt., waar van weder synde geprovoct. Dat d' Impetrant wel sustineert, dat dit contract is invalide, contracten van optie en monopolien verboden sijn, hij niet in mora is geweest etc. Maar te oordelen dat dit contract niet alleen is in confesso, maar ook valide en geoorloft, ja bij den Impetrant self praesente. daar op is gedaan. Dat hij notoir in mora geweest is, sulx soude mits de prijs werdende gereguleert na de tijd van vordering ofte 15 Decbr. 1692 verclaren niet beswaert.

De Hren. Van Vrijhoeven
Admiraal
De Vries
Sluijsken
Keetlaer
Idem.

De Hr. Van Bijnkershoek
Soude moeten nemen de hoogste prijs tusschen de tijd van vorderinge of 15 Dec. tot des Impts. praesentatie van leverantie in judicio gedaan op den 15 Febr. 1693. Voorts Idem.

De Hr. Praeses
Als de Rapportr.

Dito

Rapport 20 gld.

Gelijcke Resolutie genomen in gelijcke saak van de selve Engel Habet als Impetrant
ca.
Deselve Hr. Van Haveren als Gedaagde

De Hr. Verbrugge Rapportr.
Over de coop van 800 pd. conchenille omtrent de selve tijd gedaan.

Den 19 Decbr. 1704
Rapport 140 gld.

Resolutie in sake van Mr. Ger. Joh. Vossius Raad in Rade van Vlanderen, so hij procedt. eerst Impetrant in Reforme. nu Eijsr. in conve. en Verwerder in reconve.
ca.
De curateurs van d' universiteit tot Leijden eerst gedens. en nu verwrs. en eijsrs.

De Hr. Admiraal Rapportr.
Dat d' Impetrant in den jare 1690 aan de gedens. hebbende vercocht de nagelaten Bibliotheecq van sijn oom Isaac Vossius, volgens een catalogus en d' elucidatie daar van overgegeven, voor een somme van 33000 gld. en ook gelevert, dog geen volle betalinge cunnende becomen. Om de deserten bij de gedens. voorgewent, voor 't Hoff jegens de selve heeft geconcludt. tot voldoeninge van voorsz. coopschat tot 33000 gld. immers bij provisie. De Verwrs. daar tegen in reconve. tot voldoeninge van voorsz. coop ad iuguem en bij faute van dien tot vernietinge van selve coop en restitutie van coopenn. reets betaalt, onder restitutie van geleverde boecken. Dat d' eijsrs. daarop praesenterende het deficierende in corporibus of in gelt te voldoen, 't Hoff de provisie heeft ontseijt, maar den H. Raad den 2 Julij 1693 namptissement gedecerneert, en op den 5 Oct. 1694 de Verwrs. heeft gepermitteert voor de defecten te corten 315 gld. Dat daar na de Verwrs. den 2 Meij 1697 versoekende relieff om haar concle. in reconve. te amplieren en altereren hebben geconcludt. om gereleveert te werden van contracte ex l. 2 c. de resc. vend. met den gevolge, en delaps van 4 jaren, de coop geannulleert, en den eijsr. gecondt. de cooppenn. te restitueren, ten minsten dat de coopschat sal worden gereduceert tot de juijste waarde, waar jegens bij den eijsr. sijnde genomen contrarij concle. Dat het contract is in confesso, en cort daarna op de leverantie van de boecken al 21000 gld. is betaalt. Dat de Verwrs. wel sustineren veel defecten in de boecken, bijsonder in de manuscripten te sijn, en sommige in 't geheel, andere ten deele defect sijn, en speciaal de pentateuchus. Maar den Eijsr. sulx ontkent, sou die volgens de catalogus te hebben gelevert, en soo ijets deficieert praesenteert die tot taxatie te vergoeden, nopende de manuscr. Dat die noijt of selden compleet sijn, en niet compleet belooft, ook de pentateuchus niet compleet in de werelt is. Dat de verwrs. de schade van defecten soo van boecken als manuscr. begroten op 10165 gld. en daar boven, die van pentateuchus alleen (anders waard 6000 gld.) op 5975 gld. Vervolgens de heele bibliotheecq maar taxeren op 13000 gld. Dog op de

geallegeerde defecten in 't geheel of ten deele niet veel staat te cunnen maaken, ook geen dolum te vinden. Dat den Eijr. geschreven heeft de boecken te te[1] vercopen, soo als sij sijn oud of nieuw, compleet of niet, soo als die bij oom waren gebruijkt. Dat hij ook praesenteert te exhiberen de geheele catalogus, waarop de coop is gedaan, en sustineert dat de verwrs. moesten opgeven een lijste van defecten, en nog versoekt, dat de manuscripten en boecken werden geconfereert met de catalogus bij Colomesius gemaakt, en de Verwrs. sich refereren tot tot[2] de catalogus, die d' Eijsr. praesenteert te exhiberen, tot de oculaire inspectie en nader taxatie, en also bedenken in dese sake vinde sou partijen sien te accorderen, immers de saak nog niet cunnen decideren, maar sou den Eijsr. de heele cataloque laten exhiberen, de manuscr. en boecken daar mede confereren en alle deselve doen hertaxeren.

De Hr. Verbrugge
Dat Isaac Vossius onder de geleerdste luijden van dese eene heeft gehad een voortreffelijke en gerenomeerde bibliotheecq, die bij verveele is aangesegt, en aan de Gedaagdens vercocht. Dat 't contract geperfecteert claar, en door de leverantie aan de zijde van d' Eijsrs. gepraesteert is. Nopende de gepraetendeerde defecten, dat d' Eijrs. bij 't contract seggen, de catalogus na haar beste wetenschap opgestelt te hebben, en so ijets moekt deficieren, d' aestimatie daar van souden voldoen, dog dat de verwrs. de geallegeerde defecten niet bewijsen. Dat 'er wel defecten sijn in de manuscr. maar sodanige solden of noijt compleet sijn, ook niet compleet belooft maar so als die bij Vossius gebruijkt sijn. Dat het der Verwrs. schult is, dat sij de bibliotheecq niet geinspecteert hebben, ja d' Eijsr. haar self daar toe geinviteert hebben, en sij ook daarop hebben geinformeert volgens brieven van Hr. Beveruing etc. van Maart en Meij 1690, en kennis van de defecten der mss. hebben gehad. Dat de que. is, of hier is dolus aut laesio injusta. Dog geen dolus te vinden in het veijlen of lauderen van de bibliotheecq. Dat d' Eijsr. die self nog minder tijtels heeft gegeven, als Colomesius lang te voren had gedaan. Dat de Verwrs. die self in stite hebben willen coopen. Dat van de mss. geen juijste prijs can worden gestelt, en der verwrs. taxatie niet is van al de boecken, en ook waar bij boekvercoper gedaan. Dat ook Gronovius een van taxateurs van de mss. is een publijcque partij van Vossius, sulx van geen laesie self conssterende. Sou de Reqte. civile rejecteren, de provisionele sente. consteren in een definitive, cum interesse a lite mota, en d' eijs in reconve. ontseggen.

De Hr. De Vries
Dat de Verwrs. dese bibliotheecq wel 6 maanden hebben gehad eer sij ergens over hebben geclaagt, en daar na volgens een aestimatie hebben gesustineert, dat die 10165 gld. minder waard is. Dat de Verwrs. moeten gehouden werden voor kenners van boecken, immers wijs en voorsigtig, om sich nader daarop te informeren. Dat den Eijsr. haar niet heeft gepraeciteert, maar in alles haar tijd en vrijheijt gelaten om te informeren, tot dat sij verlcaart hebben in stat te sijn. Dat de Verwrs. in haar Reqte. aan de staten dese bibliotheecq hoog verkofen, en die van Oxfort die kennende self 35000 gld. daarvoor hebben geboden, ja bij 't leven van Vossius al meer is geboden en d' aestimatie veel jaren daar na door der Verwrs. professoren en boekvercopers boek

1 Sic. d. V.
2 Sic. d. V.

voor boek gedaan daarjegens niet can gelden. Aangaande dedefecten: Dat d' Eijsr. praesenteert, 't gunt in 't geheel manqueert te voldoen, geen bedrog altoos te vinden, ook geen schijn, self niet bij illat. nog consequentie. Dat de pentateuchus niet voor compleet staat, 't gunt aanstonts can gesien worden. Dat den Eijsr. te voren heeft geschreven, dat hij na de coop geen cavillatie wilde subject sijn, maar de mss. en boecken vercocht oud of nieuw, compleet of niet compleet, so als sij waren en bij Is. Vossius gebruijkt. Dat de Verwrs. haar positiven niet verifieren, en de bibliotheecq nu iustelig is gemaakt, sulx geen hertaxatie can vallen, en vervolgens onder afslag volgens des Eijsrs. prasentatie. Idem.

De Hr. Sluijsken

Dat den Eijsr. voor de coop bij missive heeft gedeclart, dat het naderhand de minste cavillatie van Gronovius of andere niet subject woude sijn, maar dat hij de mss. en boecken vercocht soo als die bij sijn oom waren gebruijkt, oud, niuew, compleet of incompleet, en bij 't contract maar belooft die 500 te leveren. Dat de Verwrs. geen defecten van catalogus bewijsen, de mss. ordinarie defect sijn, en die self bij neutrale professoren niet wel te estimeren, quod emptor debet esse curiosus, alias sibi imputare. Geen dolum nec injustam laesionem te vinden. Sulx idem.

De Hr. Schaap

'T contract in confesso sijnde geen het minste bedrog nog onwaarheijt, maar alle oprechtigheijt aan de zijde van Eijsr. te vinden. Dat de Verwrs. voor de coop genoeghsame informatie en eclairessement hebben gerequireert, en daar na geschreven van de toestant van bibliotheecq en de valeur van mss. geinformeert te sijn en de coop op de catalogus aangegaan, soo als de boecken bij Is. Vossius sijn gebruijckt, sulx hier is nog nulliteijt ex dolo, nec actio redhibitoria, quae haec tantum datur ob vitium latens. Daar hier al de defecten immers visibel waren, nec rescissio ex l. 2 c. ob laesionem ultra dimidium, die hier niet is. Dat de taxatie van verwrs. notoir partijdig en frivool, ja veelsins onkundig is ten aansien van verscheijde faculteijten, behalven dat mss. niet juste cunnen getaxeert worden. Dat twee professoren van Oxfort die hebben getaxeert op 2500 d' ander op 3000 pd. sterl. en die academie 33000 gld. daar voor heeft geboden, en andere meer. Dat defecten in mss. geen defecten gereekent werden, en den Eijsr. wil vergoeden 't gunt volgens de catalogus manqueert. Sulx idem cum interesse a mora.

De Hr. Keetlaer

Dat 't contract van coop en de catalogus hier de rigtsnoer moeten sijn, en de Verwrs. defecten sustinerende die hadden moeten produceren. Geen dolus altoos aan de zijde van Eijsr. te vinden, maar alle eerlijckheijt en oprechtigheijt. En een declaratoir, dat hij die bibliotheecq vercocht, soo sij was, ook geen laesie ultra dimidium. Also de taxatie van 3 professoren van Leijden niet neutraal is, en hier bijsonder in de mss. geen taxatie te pas comt. Nopende de defecten: Dat de Verwrs. niet bewijsen, dat Is. Vossius of andere noijt de penateuchus compleet gehad hebben, en dit contract bij haar Ed. Gro. Mo. is geapprobeert. Voorts idem cum interesse a lite mota.

1705

Den 9 Maart 1705
Rapport 20 gld.

Resolutie in de sake van Franc. van Hillegaart nome. uxoris en soo hij voort. procedt. Impetrant in R. A.
ca.
Andries en Simon van der Cruijffen Gedaagdens

De Hr. Van Vrijhooven
Dat d' Impetrant uijt krachte van seekere sente. van praefere. in dato den 11 Octobr. 1702 gewesen over de cooppenn. gepraecedeert van der Gedens. huijs tot Amst. sullende trecken bij de 7000 gld. en daarvoor stellen cautie, de Gedaagdens alhier heeft gedaan dagvaarden en geconcludt. dat sij sullen worden gecondemnt. den Impetrant te bevrijden van de cautie bij hem te stellen, en to effectueren, dat d' Impte. sijn penningen trecke sonder cautie of uijt andere gelden sonder cautie worde voldaan, waar jegens sijnde genomen contrarij concle. Te oordelen, dat dit ongewoon is, dat 'er geen andere of gereede penn. van gedens. sijn, sou den eijsch ontseggen.

De Hr. Admiraal
Niet te sien in wat qualitt. de gedens. sijn geconvent. of als copers of als erfgenamen van Cornelis van Cruijffen, nog oock hoe d' Impetrant ageert. Dat volgens de sustenue van Impetrant alle geexecuteerde debiteurs, dan nog de gepraefererde crediteuren souden moeten bevinden van de te stellen cautie, quod absurdum. Sulx Idem.

De Hr. Verbrugge
Idem.

De Hr. de Vries
Dat de qualiteijt wederzijds verwart en verkeert is. Dat niet de geececutde. maar den executant word belast met cautie. Idem.

De Hr. Sluijsken
Idem.

De Hr. Schaap
Dat sijn speculatie heeft of een solvent debiteur, die meer goed heeft, eenig vast goed latende executeren, den executerende en gepraefererde crediteur van de cautie moet bevrijden, maar dit hierop niet te cunnen passen, en om geallegeerde redenen Idem.

De Hr. Keetlaer
Als de Hr. Admiraal.

De Hr. Van Bijnkershoek
Te oordelen, dat een debiteur die solvent is, per contumaciam eenig goed latende vercopen, sijn crediteur niet geen cautie can graveren, maar hem self door een personele of reele cuatie daar van bevrijden. Secur in debitore, qui non est solvendo, maar dat dese sack seer gebeulleert is ten acusien van de qualiteijten, en bijsonder die van Impetrant. Sulx sou mede den eijsch ontseggen.

De Hr. de Roovere
Sou in gelijx den eijs ontseggen.

De Hr. Praesidt.
Dat een debiteur niet gehouden is sijn crediteur, die bij exece. en praeferentie sijn achterwesen treckt, te bevinden van de te stellen cautie. Dat geen instructie dat seijd, nog eenig regt actie daartoe geeft, nog dit uijt soo is verstaan. Mitsdien Idem.

Den 28 Maart 1705
Rapport 20 gld.

Resolutie in de sake van Adolf de Groene Impetrant van arrest en indemnitt.
ca.
Mr. Johan van Steen cum suis Gedaagdens

Voor den Raad bepleijt
De Hr. Van Vrijhoeven
Dat d' Impetrant in desen concludt. dat de Gedaagdens sullen worden gecondemneert te vrijen en te guaranderen de respe. portien in de Manozeese Gorsingen oomtrent Dirkslant bij hem van haare gecocht, en specialijk hem Impetrant te indemneren van de proceduren bij verscheijde personen daar over jegens hem geentameert, waar jegens bij de Gedaagdens sijnde genomen contrarij concle. Te oordelen, dat dit werck wegens de respe. belendingen confuijs is, en geen denunciatie bij den Impetrant gedaan, sou de saak laten beschrijven.

De Hr. Admiraal
Sou ten aansien van de reets afgedane saken den eijs ontseggen, maar voorts Idem.

De Hr. Verbrugge
Sou den heelen eijsch wel cunnen ontseggen. Echter Idem.

De Hren. De Vries
en Sluijsken
Idem.

De Hr. Schaap
Dat ten reguarde van saken, die afgedaan sijn geen indemniteijt valt, sou dies aangaande den eijsch ontseggen. Voorts Idem.

De Hren. Keetlaer
en Bijnkershoek
Idem.

Praeses
Sou de geheele sake laten beschrijven.

Den 23. Meij 1705
Rapport 20 gld.

Resolutie in de sake van Hendr. van Velde Impetrant in relief d' appel en Requirt.
ca.
Marinus Stoeke mede wonende aldaar Gedaagde en Gerequirde.

Voor den Raad bepleijt
De Hr. Admiraal
Dat den Impetrant in jare 1702 van Gedaagde hebbende gecocht 200 pd. thee Boeij tegens 8 gld. 't pond, en daarop ontfangen 90 pd. met belofte van de rest te ontfangen binnen 3 maanden daar na, dog hier van in gebreke blijvende, de Gedaagde hem tot Delft heeft geconvenieert en geconcludt. dat d' Impetrant sal worden gecondemnt. de overige 120 pd. thee mede te ontfangen jegens 8 gld. 't pd. Dat daarop bij den Impetrant sinde gepraesentt. mits alvorens die thee geproeft sijnde tegen een restant van voorsz. 90 pd. en geoordeelt voor dende de selve te sijn, die 110 pd. mede te ontfangen, en anders genomen contrarij concle. De Gedaagde praesenteert met eede te verclaren, geen andere thee als dese aan den Impetrant vercocht te hebben, en d' Impetrant wederom, dat 't voorsz. restant is van de geleverde 90 pd. Dog schepenen, den Impetrant hebben gecondt. en 't Hoff hem, mits de Gedaagde doende den voorsz. eed, verclaert niet beswt. waar van weder geappellt. sijnde. Dat de coop is in confesso, en d' Impetrant al een gedeelte heeft ontfangen, en de rest aan de Gedaagde toevertrouwt. Dat hij niet bewijst, dat de thee is verandert, de Gedaagde nog wel verclaren, dit de selve thee te sijn, die d' Impetrant gecocht heeft, behalven dat hij ook niet heeft belooft, dat al de thee van eene valeur sou sijn. Sulx sou d' Impetrant verclaren niet beswaert.
De Hren Verbrugge
De Vries
Sluijsken
Schaap
Keetlaer
Bijnkershoek
De Roovere
en Vrijhoeven Omnes Idem.

1706

Den 17. Decbr. 1706
Rapport 20 gld.

Resolutie in sake van Adam van Kempen Impetrant in cas d' appel
ca.
Jacob de Barsillay Gedaagde

De Hren. Van Vrijhoeven en Keetlaer commiss.
Dat de Gedaagde den Impetrant tot Amsterdam hebbende geconvenieert tot leverantie van 2 mael 4000 pd. coffijboonen jegens 29 fl. 't pont op den 13e. Januar 1705

bij hem gecocht, mitsges. tot voldoeninge van de costen, schade en interesse door de nonleverantie geleden quanti umquam plurimi. D' Impetrant daar jegens heeft genomen contrarij concle. Dog schepenen den Gedaagde sijn eijs hebben geadjudiceert, en 't Hoff heeft afgedaan de clausule van inhibitie, waar van geappellt. sijnde. Dat d' Impetrant wel seijd, dat hier geen formele coop, maar een optiepartije is, en 't selve bij geen makelaar, nog ook bij de coper is geteijkent. Maar te oordelen, dat hier sijn 2 contracten van vaste coop, waarop provisie te moeten decerneren. Dog met ten opsichte van costen, schade en interesse, welken aangaande de sente. sou moeten corrigeren. Maar partijen sien te accorderen en bij faute van accord, echter verclaren niet beswaert.

De Hr. van Vrijhoeven
Idem.

De Hr. Verbrugge
Soude nopens de schade en interesse partijen laten compareren. Voorts verclaren niet beswt.

De Hr. De Vries
Geen provisie van schade en interesse te cunnen adjudiceren. Voorts als commissen.

De Hr. Sluijsken
Als commissen.

De Hr. Schaap
Veel bedenekn hier in te vinden. Maar dat de gede. aan dese provisie niet soude hebben, als hij de schade en interesse daar niet bij heeft, also den Impetrant de boonen niet sal leveren, en dit quanti unquam plurimi stijl is onder de coopluijden. Sou naast verclaren niet beswt.

De Hr. Van Bijnkershoek
Nopens de leverantie van boonen geen bedenken te vinden. Dat oock schade en interesse wel bij provisie behoren geadjudiceert te cunnen werden, maar niet quanti unquam plurimi. Soude alvorens een compare. ordonneren.

De Hr. de Roovere
Als commiss.

De Hr. Admiraal
Geen provisie te cunnen adjudiceren van schade en interesse, veel min quanti unquam plurimi, dog voorts als commissen.

De Hr. Praesidt.
Idem.

Den 9. Junij 1707
Rapport 30 gld.

Resolutie in sake van Anthonij Baron van Linden Hr. van Cronenburg Appellant
ca.
Jeronimus de Hase de Georgie Geappellde.

Voor den Raad bepleijt
De Hr. Van Bijnkershoek
Dat d' Appellt. de heerlijkht. van Minden en Loosdregt anno 1695 afstaande en opdragende aan de vrouw Van Hooflaken, met de selve is geconvenieert, dat als sij bij haar leven de selve soude vercopen, hij 't regt sou hebben om die te naasten voor 42000 gld. en dit contract ter leencamer heeft doen registreren. Dat gem. vrouw van Hooflaken op den 31 Jan. 1703 de voorsz. heerlijkht. hebbende vercocht aan de wede. De Gruijter. Dat in Febr. verscheijde maal heeft doen insinuatie en de naasting praesenteren, en op den 5e. Maart d' opdragt daar van gedaan en de penn. ontfangen, dog dat den appellt. op den 26e. April daar aan die heerlijkheit ter leencamer heeft genaast, en van 't Hoff lightende mandt. van arrest en r. a. aldaar heeft geconcludt. tot decretatie van 't arrest, en dat Will. de Gruijter sal worden gecondt. afstand te doen van die heerlijkht. en hij appellt. verclaart geregtigt om deselve te naasten voor 42000 gld. afslaande 't gunt behoort. Dat De Gruijter daar jegens nemende contrarij concle. en de heerlijkht. weder vercopende aan geappellde. voor 30000 gld. 'T Hoff in Novbr. 1706 den appellt. sijn eijsch heeft ontseijt, waar van geappellt. sijnde, en de saak voldongen op de naam van Geappellde. Dat de que. is of den appellt. op den 26e. Apr. nog had 't regt van naasting, en soo ja, of hij meer heeft als een personele actie tegen de vr. Van Hooflaken. Dat bij 't accord geen tijd tot de naasting is gestipuleert, op den 31 Jan. 2 maal, item den 2 en 3. Febr. insinuatie en praesentatie van naasting aan d' appellt. is gedaan, ook van nog 14 dagen te wachten. Dat den appellt. moest gereet sijn, en sich in 't minste niet gedeclart. hebbende van sijn regt vervallen is per l. 102 D. de v. obl. Dat wel alle regt van naasting geeft een tijd, maar sommige statuen seer cort, en als die geen tijd geven, per interpretationem geen can gegeven worden. Dat immers d' appellt. maar sou hebben een personele actie ad interesse, also 't dominium, door 't transport overgegaan, en den 40e. penn. betaalt, sulx niet beswaert.

De Hr. Admiraal
Idem.

De Hr. Verbrugge
Dat het contract van 1695 geregistrt. sijnde, d' appellt. daar door heeft becomen een reel regt, dat hij de naasting bedongen hebbende die moet hebben met al sijn qualificatie, en sulx ook seekeren tijd, maar om al d' insinuatien, en dat d' appellt. niet bewijst, dat hem langer tijd competeert. Idem.

De Hr. De Vries
Dat geen reel regt compett. uijt een contract, of de 40. penn. moet betaalt sijn, een conventionele naasting sonder beding van tijd geen tijd geeft, maar alleen een personele actie. Voorts als de rapportr.

De Hr. Sluijsken
Idem.

De Hr. Schaap
Niet te weten, of ter plaatse van dese heerlijkht. naasting plaats heeft. Soo neen, idem, so ja, dat dese saak na 't regt daar vigerende moet geregul. werden, en d' appellt. de naasting bedongen hebben, die moet hebben cum omnibus suis qualitatibus. Dat hier wat praecipitanter is gehandelt. Sou de saak laten beschrijven.

De Hr. Keetlaer
Dat hier eijgentlijk maar een voorkeur is bedongen, en daar aan voldaan, immers maar resteert ten personele actie. Als d' Hr. Bijnkershoek.

De Hr. De Roovere
De voorkeur aan d' appellt. gepraesent. sijnde Idem.

De Hr. Praeses
Dat hier maar is pactum de retiovendendo, en d' appellt. maar heeft actionem personalem. Dat De Gruijter door d' opdragt in dit goed is gerealiseert, en d' appellt. ano. 1695 die opgedragen hebbende 't dominium niet conde weercrijgen, of hij moest den 40e. penn. betalen. Sulx Idem.

Den 19 Octbr. 1707
Rapport 30 gld.

Resolutie in sake van Pedro Franc. de Kesschieter van Havere Impte. van gijsele.
ca.
Engel Habet Gegijsde.

De Hren. Admirael en Bijnkershoek commiss.
Dat d' Impetrant in desen hebbende geconcludt. tot voldoeninge van sent. van 17. Sept. 1704 en sulx tot leverantie van 800 pd. conchenilje jegens 60 sch. 't pond. mits de gegijsde. in plaats van schade en interesse van Impetrant vergoede de meerderwaardije (als de cooppenn. importeren) van die 800 pd. soo als die is geweest op den 15. Decbr. 1692, welke meerderwaarde bij ampliatie van concle. is begroot op 25 of 27 sch. per pond. De Gegijsde. praesentt. die 800 pd. conchene. te leveren tot 60 sch. 't pond, en de meerderwaardije, die bewesen mogt worden, des men, te voldoen tot taxatie, of daar over te liquideren. Dog dat uyt de respe. producten, soo van Impetrant als van de Gegijsde. self blykt, dat de prijs op den 15 Decbr. 1692 veel hoger is geweest, als 60 sch. en wel op 84, 83 of 87 sch. of daaromtrent. Maar om het minste te nomen in een saak, die niet heel favorabel is, sou de meerderwaardije stellen op 24 sch. maar nog quaestie sijnde of den Impetrant nog gehouden is dese conchenilje aan te nemen tegen 60 sch. 't pd. Te oordelen, dat de conchene. nu maar in de 30 sch. 't pd. costende, de Gegijsde. dan scheen die op 84 sch. wierd getaxt. Daar sijn mora nog profijt

sou hebben gedaan, en daarom de leverantie den Impetrant nu niet can geobtendeert werden. Also d' intentie van sente. notoir is, dat den Impetrant door de leverantie geen schade soude lijden, maar dat hij die conde aannemen of niet en sulx sou hem nog die vrijheijt laten, en voorts condemneren gijsele. te houden, dog met compensatie van costen.

De Hren. Admiraal
Sluijsken
Schaap
Keetlaer
De Rovere
en Vrijhoeven
Omnes Idem.

Dito

is gelijke Resolutie genomen in een twede saake tusschen deselve partijen, nopende 500 pd. conchenille.

Den 7e. Decbr. 1707
Rapport 50 gld.

Resolutie in de sake van Sibelius Riemaker Impetrant in cas d' appel
ca.
Anna Corn. Pelt Wede. van Hend. Pers. Pelt Gedaagde

De Hr. De Roovere Rapportr.
Dat d' Erfgenamen van Jan Panwels Bijvoog na affixie van Biljetten publijcq hebbende vercocht een Boerenhuijs en erve met 2 Morg. lants tot Spanbroek, sonder nogtans de coopdag in de kerk te doen afcondigen. Den Impetrant coper daar van is gebleven, dog dat de Gedaagde voor haar kinderen, als sijnde met de vercopers susters kinderen op den 23e. Jan. 1700 dat huijs en lant heeft genaast, waarjegens bij d' Impetrant sijnde genomen contrarij concle. Dat Schepenen de gede. hebben verclaart geregtigt tot de voorsz. naasting, en 't Hoff den Impetrant heeft verclaert niet beswaert, waar van weder geappellt. sijnde. Dat d' Impetrant sustineert, dat in een publijcque vercopinge, als dese is, geen naasting valt schoonde vercoping in de kerk niet is gepubliceert, als mede dat de Gedaagde geen qualiteijt heeft, de maagschap niet word bewesen, en dit sijn bona avita. De Gedaagde daar en tegen, dat van alle vercochte vaste goederen naasting valt, ten sij de vercoping publijcq geveijlt word in de kerk. Te oordelen, dat dit met de Keure overeen comt, de affiniteijt genoeg word bewesen, en de Gedaagde wel is gequalificeert, sulx sou verclaren niet beswaert.

De Hr. Van Vrijhoeven
Dat de Keure vereijst, dat de publicatie moet geschieden in de kerk, en van d' affiniteijt genoeg consteert. Vervolgens Idem.

De Hr. Admiraal
Vermits de Keure, verclaringen, en bijgebrachte exempelen Idem.

De Hr. Verbrugge
Dat de Keure claar segt, dat de naasting geen plaats heeft, alleen in dat geval, als de vercopinge in de kerk is gedenuncieert. Sulx Idem.

De Hren. De Vries
en Sluijsken
Idem

De Hr. Schaap
Wat bedenken te hebben, of van de magschap genoegsaam blijkt. Anders Idem.

De Hr. Keetlaer
Dat d' Impetrant niet segt, dat de Gedaagde geheel en al niet van 't maagschap soude sijn. Sulx Idem.

De Hr. Van Bijnkershoek
Dat de Keure wat duijster is, en de maagschap niet claar bewesen. Echter Idem.

De Hr. Praesidt.
Te oordelen, dat de Keure wat onredelijk en scherp is, maar die soo leggende. Idem.

1708

Den 28e. Febr. 1708
Rapport 20 gld.

Resolutie in sake van Anth. le Quant eerst Impetrant in appel, nu Eijsr. in R.A.
ca.
Corn. Lampsius. Hr. van Brigdamme Gedaagde en Defaillt.

Hr. De Roovere Rapportr.
Dat seeker huijs tot Vlissingen op den 10e. Maart 1678 bij Maria Lampsius bij publique veylinge sijnde vercogt aan Johanna Lampsius en op den 10e. Maart 1705 wederom publijcq en met den stecke aan den Impetrant. De Gedaagde 't selve heeft genaast, en tot Vlissingen geconcludt. dat de aanbodinge bij hem gedaan sal werden verclaart van waarde, en d' Impetrant gecondemnt. dat huijs aan hem over te laten. Dat d' Impetrant daar jegens nemende contrarij concle. Schepenen op den 9e. Octbr. 1706 den gede. sijn eijs hebben geadjudict. Dog dat d' Impetrant daar van appellerende, jegens den gede. heeft geobtineert 4 defaulten, en sijn intendith overleverende daar bij geconcludt. Dat de Gedaagde sal worden versteeken van alle exceptien en weeren etc. en voorts verclaart niet geregtigt tot de voorsz. naasting, maar sijn eijs ontseijt. Dat mitsdien wegens den Gedaagde geen defensie gedaan sijnde, men niet weet hoe 't regt van naasting daar legt, dog de Gedaagde sijn maagschap met Johanna Lampsius, nog ook sijn regt niet bewijstende, den Impetrant sijn eijsch te moeten adjudiceren.

De Hr. Van Vrijhoeven
Niet wetende of de Gedaagde oijt kennis van dagvaardingen heeft gecregen, immers geen defensie gedaan sijnde. Sou de saak nog wat laten leggen.

De Hr. Admiraal
Dat dit huijs ann. 1698 is gecogt bij Johanna Lampsius, en nu als en effect van haar boedel weder vercogt, dog de Gedaagde niet bewijsende, dat hij van desselfs maagschap is. Als de Rapportr.

De Hr. Verbrugge
Dat 't regt van Gedaagde schoon defaillt. moet ingesien worden. Dat volgens de keuren van Vlissingen, van alle vercogte goederen, die niet bij woonsdag so geboden sijn gepurgeert van alle die van 't maagschap sijn, naasting valt. Dat de gede. 't wel niet bewijst, maar bekent is, en self uijt de naam blijkt, dat hij van 't maagschap is. Dat dese vercoping ook niet door woonsdagse geboden gesuijvert is. Sulx te oordelen, dat de Gedaagde gelijk heeft, maar geen defensie gedaan hebbende. Sou 't nog wat laten leggen.

De Hr. De Vries
Dat de Gedaagde als 'er al al naasting viel, moest bewijsen, dat hij van 't maagschap is, maar sulx niet doende. Als de rapportr.

De Hr. Sluisken
Idem.

De Hr. Schaap
Dat de Gedaagde niet bwijst nog 't regt van naasting in gesubhastt. goed, nog dat hij van 't blood is, min in wat graad. Maar praesumerende dat schepenen dat alles best hebben geweten, en dese saak nog jong sijnde, en niet wetende wer de gede. is. Sou dit nog wat laten leggen.

De Hr. Keetlaer
Dat de Gedaagde schijnt gelijk te hebben, maar 4 defauten hebbende laten gaan, en niets bewijsende. Als de Rapportr.

De Hr. Van Bijnkershoek
Wel te cunnen aannemen 't regt van naasting. Maar de Gedaagde niet bewijsende, dat hij van bloede is. Idem.

De Hr. Praeses
De Gedaagde nog 't regt van naasting, nog sijn maagschap bewijsende, en de defaulten wel sijnde, mitsges. een jaar geleden. Idem.

1710

Den 10. Decbr. 1710
Rapport 40 gld.

Resolutie in sake van Matth. van Boeck coopman tot Amst. Impetrant in cas d' appel
ca.
Anthonij Noel soo hij procedt. Gedaagde

De Hren Verbrugge en Keetlaer commissren.
Dat op 3 Meij 1691 tusschen Anth. la Rose en Floris la Rue sijnde gemaakt een contract van compagnie wegens een plantage in Suriname en d' Impetrant ann. 1693 de helft van La Rose heeft overgelaten aan La Rue. Dat de Gedes. q.q. vervolgens in Oct. 1709 voor 't Hoff hebbende geconcludt. dat d' Impetrant sou worden gecondemnt. aan des Gedes. principaal M. Craffort als voogd van Anna la Rue, te praesteren 't effect van de conventie, die 'er tusschen hem en La Rue wegens d' overlating en wederoverneminge van de helft der voorsz. plantage genoemt Rorack gemaakt, en sulx de voorsz. Craffort q.q. te indemneren van de proceduren, die hem ter sake van die halve plantage door N. Houtcoper voor den Raad van Suriname worden aangedaan, en aan de Gedaagde over te leveren copie van de bescheijden, tot bewijs, dat hij Impetrant bevoegt was, de helft van die plante. aan la Rue over te doen, onder expurgatie van eede, ten minsten bij provisie, en den Impetrant daar jegens hebbende genomen contrarij concle. 'T Hoff op den 26e. Maart 1710 de versogte provisie heeft geadjudiceert, waar van geappellt. sijnde, en d' Impetrant praesenterende te verclaren, dat hij noijt als mede compagnen eenig part heeft gehad in de plantage Rorak, of gequalificeert te sijn geweest om de helft daar van aan La Rue te vercopen en sulx geen bescheijden daar van heeft. Te oordelen, dat d' Impetrant of sijn helft, of wel die van La Rosa, of als eijgen of als swager, of als daar toe gequalificeert aan La Rue eeft overgelaten, dat de Gedaagde sich daar toe fundeert op menigvouldige brieven van Impetrant en geexhibeerde reeckenen. waar uijt blijkt, dat d' Impetrant eijgentlijk self is geweest compagnon, die plantage telkens noemende sijne of onse plantage etc. ook die helft aan La Rue heeft aangeboden, en dese die geaccepteert heeft, en daar na de heele plantage heeft gestaan alleen op de naam van La Rue, en hij daar van ook is geweest in 't besit tot 1707 en den Impetrant dese handelinge met La Rue gedaan hebbende. 'T zij dat hij compagnon is geweest of niet, gehouden is dat contract te praesteren, en den Gedaagde te indemneren, maar d' Impetrant willende verclaren geen bescheijden te hebben, daar toe niet can werden gecondemnt. Sulx sou met die correctie verclaren niet beswaert.

De Hr. Verbrugge
Te oordelen, dat de helft van dese plantage effective aan Impetrant heeft gecompeteert, immers hij die aan de Gedaagde q.q. heeft vercogt. Sulx Idem.

De Hr. Admiraal
Dat d' Impetrant dit contract moet praesteren 't zij dat hij 't heeft gedaan als eijgenaar of anders. Mitsdien Idem.

De Hren. De Vries
Sluijsken

en Schaap
Idem.

De Hr. Van Bijnkershoek
Dat d' Impetrant dit suo nomine vercogt hebbende het twede lid van sente. van 't Hoff, als contradictoir vervast, bijsonder nu door de praesentatie van Impetrant. Sulx
Idem.

De Hren. De Roovere
en Praesident
Idem.

1711

Den 14. Febr. 1711
Rapport 30 gld.

Resolutie in sake van Corn. van Schorel en Dick van Neck Impetranten in cas van Reforme.
ca.
Godschalk en de wede. van Pieter Hops Gedaagdens

De Hr. Admiraal Rapportr.
Dat d' Impetrant in dese sake tot Amsterdam hebbende geconcludt. dat de Gedaagdens souden worden gecondemnt. aan haar aanstonts in waag aldaar op ordinaris conditien te leveren sodanigen partij van 140 kassen nieuwe succade ano. 1702 gemaakt, en nu met 3 schepen uijt Portugaal tot Amsterdam waren geconsigneert gecomen, en die de Gedaagdens den 23 Apr. 1703 aan d' Impetranten hebben vercogt mitsgrs. te vergoeden de schade en interesse door de non leverantie geleden quanti unquam plurimi met praesentatie van de cooppenn. a 22 st. De Gedaagdens daarjegen hebben genomen contrarij concle. en schepenen 25 Junij 1704 de Ged. hebben gecondemnt. in den inhouden van clachte, dog 't Hoff dat vonnis heeft te niet gedaan en den eijs ontsegt, waar van werder geprovoct. sijnde. Dat de coop is in confesso, maar que. over de conditie, dat nam. die kassa op 't arrivement van de schepen hier te lande moeten worden gelevert, en 't die conditie is gepurificeert of niet, omdat die niet sou de Gedaagdens maar eene Walbeeck sijn geconfisqueert. Welken aangaande te oordelen ja, also de Gedaagdens niet uijtdruckelijk hebben bedongen, dat die kassen juijst aan haar Rhederij souden moeten worden geconsigneert en deselve kassen hier gecomen sijnde als haar eijgen hebben gearresteert. Sou de sente. te niet doen, en met correctie van 't quanti unquam plurimi tot die prijs die de succade waardig was, op die tijd als die moest gelevert sijn, d' Gedaagdens verclaren bij 't vonnis niet beswaert.

De Hr. Verbrugge
Dat bij de vercopinge geen andere conditie is gevoegt, als dat de kassen hier te lande moegen sijn gearriveert. Sulx Idem.

De Hren. De Vries
en Sluijsken
Idem

De Hr. Schaap
De vercopinge absolut gedaan sijnde als de kassen maar souden sijn gearriveert, sonder andere conditie en sou de prijs begroten op 24 st. so als de succade vercogt is. Idem.

De Hr. Keetlaer
Idem.

De Hr. Van Bijnkershoek
Dat de Gedaagdens hebben vercogt de succade die voor haar reekene. tot Lissabon lag en ten minsten omvatende een ondermans goed hebben vercogt mitsdien ook gehouden sijn. Voorts te oordelen, dat de prijs moet gereguleert worden na de tijd, op welke die moest gelevert sijn, 't gunt hier is op 't arrivement. Sulx als de Hr. Admiraal.

De Hr. De Roovere
Als de Hr. Schaap

De Hr. Van Vrijhooven
Idem.

Den 3e. Julij 1711
Rapport 30 gld.

Resolutie in de sake van Engel Habet Impetrant in cas d' appel
ca.
Jacob Meurissen Gedaagde

De Hr. Verbrugge Rapportr.
Dat d' Impetrant van de Gedaagde hebbende gecocht eenige Schotse kolen, en die niet voldoende, de Gedaagde tot Amst. jegens deselve heeft geconcludt. tot betaling van 1682 gld. capitaal, cum interesse a mora jegens 8 pr. 100, en de coop van 182 heed en 8 vaten van die kolen. Dat d' Impetrant daarop seggende te hebben gecocht goede colen, en dese sodanig niet sijn geweest, wel praesenteert 66 heed en 35 maten van dien kolen, aan den Gedaagde werder te laten volgen, of soo veel te betalen, als de andere kolen hebben gegolden, of die weerdig geoordeelt werden. Maar schepenen ano. 1702 den Impetrant hebben gecondemnt. in de clagte, en 't Hoff, na dat den Impetrant nog onder reqte. civile had geconcludt. om gereleveert te werden van voorsz. coop. In Decbr. 1705 die reqte. civile heeft gerejecteert, en den Impetrant verclaart niet beswaert, waar van weder geappellt. sijnde. Dat de Gedaagde segt dese kolen vercogt te hebben voetstoots, en daar toe produceert de verclaring van 2 getuigen en van de koolmeters, inhoudende, dat den Impetrant die kolen gesien heeft, seijde die wel te kennen, en die gecocht had, soo als sij waren. Dat al d' omstandigheden voor de Gedaagde sijn, mits die doende den gepraesenteerden suppletoiren eed. Sou den Impetrant verclaren niet beswaert.

De Hr. Admiraal
Te oordelen, dat d' Impetrant moet proberen, dat hij goede kolen heeft gecocht. Dat hij die kolen wel heeft laten visiteren, maar wel 6 weeken na de coop. Dat hij die voor en na de coop heeft gesien, 66 heed ontfangen, en 32 heed daar van weder vercogt. Voorts om de gemelde verclaringen etc. den eed niet nodig. Oordelen sou simpel verclaren niet beswt.

De Hr. De Vries
Uit 't proces niet te sien, dat 'er goede kolen vercocht sijn. Idem.

De Hr. Sluijsken
Om de verclaringen en al 't gedrag Idem.

De Hr. Schaap
Niet te weten, of kolen op 't enkel gesigt cunnen gekennt werden. Dit immers geen proef houdende kolen sijn geweest. Te oordelen, dat de vercoper moest bewijsen, dat hij die voetstoots vercocht heeft. Dat hij daar toe maar een getuijge heeft, waarbij comende het weder vercopen van 32 heed, en anders omstandigheden. Als de Rapportr.

De Hr. Keetlaer
Te oordelen, dat de coper moet bewijsen, dat hij gelaedeert en bedrogen is. Naast als de Hr. Admiraal.

De Hr. Van Bijnkershoek
Dat d' Impetrant 12 dagen na de coop dese kolen door 't geregt heeft laten visiteren, en dit heeft geoordeelt, dat die kolen niet leverbaar, bruijkbaar, nog taxabel waren. Sulx de Gedaagde moet bewijsen, dat hij die voetstoots vercocht heeft. Dat daar toe maar een getuijge is, ook niet in forma probanti, waarop den Impetrant niet te cunnen condemneren, maar sou die verclare. nog doen recoleren, en den ander den suppletoiren eed. Verclaren niet beswaert.

De Hr. De Roovere
Dit werk bedenkelijk te vinden, echter met den eed en mits d' interessen gerekent a 4 pr. 100. Idem.

De Hr. Van Vrijhoeven
Om de verclaren. en 't gedragen van Impetrant de kolen hebbende gesien, en een gedeelte daar van weder vercocht. Simpel niet beswaert.

Den 18e. Decbr. 1711
Rapport 20 gld.

Resolutie in sake van Hel. Vesters, wede. van Hr. Van Cruijningen Impte. om Exece. te sijn decerneren

ca.

Carel van Besse q.q. Gedaagde

De Hren. Sluijsken en Bijnkershoek commissren.
Dat d' Impte. in Jan. 1711 van Elisabet Beaufaij hebbende gecocht seeker huijs en erve alhier in Hage voor 9500 gld. onder belofte van 't selve met den eersten op te dragen, onder wille. condemne. van Rade, die in Maart 1711 daarop is gedecernt. Deselve Elis. Beaufaij cort daar na is geworden insolvent, en de gede. tot curateur daar over sijnde gestelt, d' Impte. alhier tegen den selven heeft geconcludt. dat executio sal werden gedecerneert op de voorsz. condemne. en sulx de Gedaagde gecondemnt. het voorsz. huijs en erve aan haar te transporteren. Dat de Gedaagde seggende, dat d' Impte. haar can bekent maken op de praeferentie daar jegens heeft genomen contrarij

concle. en d' Impte. daarop gepraesenteert van de coop te desisteren, mits de reets betaalde cooppenn. en verpondingen worden gerestituueert, en sij van alles bevrijd. Te oordelen, dat geen opdracht sijnde gedaan, nog de 40e. penn. betaalt, d' Impte. maar een personele actie heeft, en de curateur buijten al de crediteuren niet can gecondemnt. werden, om dit transport te doen. Dat hier aan d' Impte. al 2 maal nihil is te verleent op reqten. waar bij in effect. selve wierd versocht, en d' Impte. al hare actien tot laste van Boedel moet brengen op 't judiciele praeferentia. Sulx soude op den eijs simpelijk ontseggen, of gereserveert d' Impte. hare actie op de praeferentie.

De Hren. Sluijsken
Van Vrijhooven
Admiraal
De Vries
Schaap
Keetlaer
De Roovere
et Praeses Omnes Idem.

Resolutie in de sake van Fred. Adolf Graaf van Lippe, Impetrant in cas d' appel en Requirt. van Reaude.
ca.
W. Anth. de Glaeges Gedaagde en Gerequirde.

De Vries en Schaap Commissen.
Dat de Hr. van Sommelsdijk ano. 1657 aan Wolphart van Brederode, waar van den Impetrant erfgenaam is, op interest of rente hebben gegeven een somme van 73.000 guld. en daar van bewijsen een schutbrieff gepasseert voor schepenen van Vianen, in den jare 1668 daar van 12000 guld. heeft getransporteert aan den Gedaagde in desen, dat die eerst doende op het hypothecq. Voor 't Hoff tegen den Impetrant heeft geconcludeert tot voldoeninge van voors. 12.000 gld. cum interesse. Dat die Impetrant daarop alleen praesenterende de jaarlijksche rente daarvan te voldoen tot dat hij 't capitaal soude aflossen, sustineerde dit to sijn een constitutie van rente, die niet can worden opgeeijst, ook volgens de Costumen van Vianen. 'T Hoff den Impetrant heeft gecondemneert de voors. 12000 gld. te betalen met de interessen van dien en daar van geappellt. sijnde. Commissen. hem hebben verclaert niet beswaert waar van reauditie versogt sijnde. Te oordelen, dat alleen moet ingesien worden de schultbrief, en dat daar bij bedongen is, dat 5 jaren na dato de helft van 't capitaal en een jaar daarna de wederhelft soude moeten afgelost werden, en indien de crediteur 't selve lange wilde laten staan, dan voorts alle jaar mit geheel of ten deele, mits drie maanden to voren werdende gewaarschout. Mitsdien dit geen constitutio van den rente is, maar ten simpel mutuum, en sulx soude blijven bij 't appoinct.

De Hren. De Vries
Admiraal
Verbrugge
Sluisken

Bijnkershoek
et Praeses
Omnes Idem.

1712

Den 18. Novbr. 1712
Rapport 30 gld.

Resolutie in sake van Roel Jansz. Swanenburg cum suis Impetranten in rel. d' appel
ca.
Philippus van Limburg q.q. Gedaagde

De Hr. De Roovere Rapportr.
Dat de Gedaagde tot Nieucoop hebbende geconcludt. tot betalinge van inhoud sekere schepenen schultbrief tot 800 gld. met d' onbetaalde interessen zedert Meij en dat 't huijs en land in processe gemelt sal worden verclaart daar voor te sijn verbonden executabel, en dat de 2e. Impetrant als possesseur 't selve sal gedogen, d' 1e. Impetrant daarjegen heeft genomen contrarij concle. en d' ander gepraesenteert volgens accord met des Ged. principaal aan Gedaagde over te geven een stuk lants begroot op 325 gld. en dan nog te ge. 475 gld. dog bij hem op interest te houden, dat dit gerefuseert sijnde, schepenen ano 17... den eijs jegens den 1e. Impetrant hebben ontseijt, en den 2e. Impetrant mits 't selve accord met eede beogende verclaart met sijne praesentatie te mogen volstaan. Dat daarvan geprovoct. sijnde 't Hoff 20 Febr. 1705 dat vonnis heeft te niet gedaan, en aan Gedaagde sijn eijs geadjudiceert, waarvan weder geappellt. sijnde. Dat d' Impetranten des Gedaagdes schultbrieff agnosceren, maar seggen, dat de principaal een andere debiteur nam. den 2e. Impetrant heeft aangenomen en d' 1. Impetrant als personele debiteur gelibereert, dog dat 't voorsz. accord alleen word bewesen door een vercaring van 2 schepenen van Nieucoop, en over de conditien verschil is, waar tegen de schult hier soo claar sijnde. Sou verclaren niet beswaert.

De Hr. Admiraal
Dat de Gedaagde 't nader accord niet ontkent, maar segt 't selve onder die conditie gemaakt te sijn, dat 't voorsz. stukje lants sou werden getransporteert vrij van Banwerk, en dit niet cunnende werden gepraesteert, 't contract nul is. Dat de 2 schepenen maar verclaren, dat des gedes. principaal 't voorsz. contract extra judicium geconfesseert, en uijt d' aantekeninge van secretis. en aangeving van coop blijkt, dat sulks is geschiet met de conditie van vrijdom van 't banwerk. Dat ook 't lant noijt aan Gestera is getransport. nog bij hem verhuert, maar bij de 2e. Impetrant sulx 'er geen novatie is, nec animus novendi, et deficiente conditione contractus deficit. Mitsdien Idem.

De Hr. Verbrugge
Idem.

De Hr. De Vries
Te oordelen, dat de 2e. Impetrant dit land niet vrij van banwerk cunn transporteren, de contrahenten van dat accord weder sijn afgegaan. Voorts Idem.

De Hren Sluijsken
Schaap en
Keetlaer
Idem.

De Hr. van Bijnkershoek
Wel eenig bedenken te hebben op 't accord. Echter Idem.

De Hr. Praesident
Als de Rapportr.

Den 9e. Decbr. 1712
Rapport 40 gld.

Resolutie in sake van Nic. van Amerengen en Jan van Castel, qq. Impetranten van gijse.
ca.
Mr. Johan Cieijen Raad in Rade van Brabt. Gegijsde.

De Hren. Admiraal en de Roovere commissen.
Dat d' Impetranten q.q. in jare 1710 aan den Gegijselde hebbende vercoft seker huijs en erve op de Huwele Burgwal alhier voor 10500 gld. op vercheijde conditien en specialijk voor vrij gelt van alles, en daar bij desen H. Rade condemnatie sijnde gedecernt. nu in gijselinge heeft geconcludt. dat de Gegijsde. sal gijseling houden tot dat hij voldoet de voorsz. wille. condemne., en sulx tot dat hij d' opdracht van 't voorsz. bij hem gecofte huijs sal hebben ontfangen, en daar neven betaalt den 40e. en 80e. penn. met de 10e. verhoging, item 't pontgelt etc. Dat de Gegijsde. daarop seggende, dat d' Impetranten hebben aangenomen 't voorsz. huijs te suijveren van alle lasten, praesenteert die opdracht te ontfangen, mits ijder betalende de helft van 40e. en 80e. penn. Dewijl wel van de landen, daar mede vercoft, maar niet van 't huijs is bedongen, dat de coper die alleen soude betalen, en eenige andere nutsen. Maar te oordelen, dat dit ten respect van de respe. copers van alle parcelen, en sulx ook van 't huijs is geconditioneert, 't selve ordinaris gebruijkelijk is, en de Gegijsde. het in 't eerst self soo schijnt begrepen te hebben. Sulx sou hem condmeneeren gijselinge te houden tot hij dit voldoet.

De Hr. Admiraal
Over de 5 andere poincten bij den Gegijsde. gemoveert geen que. meer sijnde, nopens de 40e. en 80e. penn. Te oordelen, dat dit wel wat duijster in de voorwaarde is gestelt, door de separatie van landen, daar 't claar van staat, en van 't huijs, maar uijt de gantsche voorwaarden, mitsges. de context en connexie van saken blijkt en in 't begin expres is bedongen dat de respe. copers in 't generaal de cooppenn. vrij en suijver van alle lasten sullen betalen. Dat tusschen de landen en 't huijs maar onderscheijt is gemaakt ten aansien van opdracht en betalinge. Dat dit in publique vercopingen altijd soo bedongen word, en geen reden van onderscheijt te vinden. Sulx idem, cum interesse zedert Meij of wel 17 Junij 1711.

De Hr. Verbrugge
Idem.

De Hr. De Vries
Dat de vercoper alleen tot haar laste nemen de landen en 't huijs te suijveren van alle lasten tot Decbr. 1710, soude gehouden te sijn niet anders te betalen. Voorts Idem.

De Hren. Sluijsken
en Schaap
Idem.

De Hr. Van Bijnkershoek
Te oordelen, dat de erste generale periode van te suijveren tot Decbr. 1710 alleen siet op verponden. en 100e. penn. en reparatien en dat de 2e. periode, dat de respe. copers sullen betalen de 40 en 80e. penn. alleen staat op de copers van verscheijden partijen lants wordende daar na geseijt, en ten reguarde van de huijsinge etc. sonder van den 40e. penn te melden. Dat die immers dubieus is, en dan na regten tegen de vercopers moet verstaan werden. Mitsdien sou den eijs desen aangaande ontseggen.

De Hr. Praesident
Als commissen.

1713

Den 12. Januar 1713
Rapport 50 gld.

Resolutie in sake van Francois Frens, Impetrant in cas d' appel
ca.
Samuel de Back Gedaagde

De Hr. Keetlaer Rapportr.
Dat de Gedaagde profeert, dat hij in Novbr. 1699 op Mensters aan den Impetrant heeft vercoft en gelevert 4 vaten onberoofde Mee, mitsges. nog eenige andere balen en vaten, te samen voor de somme van 3669 gld. 5 st., en d' Impetrant daarop wel heeft betaalt 2000 gld. maar hij de rest niet voldoende op praetext, dat die 4 onberoofde valschelijk sijn gemengt geweest met sant, so dat die wel 20 pr. 100 minder waard waren. De Gedaagde tot Rotterdam heeft geconcludt. dat d' Impetrant sal worden gecondemnt. aan hem te betalen 1669 gld. 5 sts. over 't restant van voorsz. cooppenn. cum interesse tegen 5 pr. 100 a mora, maar d' Impetrant sustinerende niet gehouden te sijn de coop van voorsz. 4 vaten gestant te doen, wel praesenteerde wegens d' andere Mee, als restant te betalen 149 gld. Maar voorts heeft geconcludt., dat de coop ten aansien van die 4 vaten sal werden te niet gedaan, en den Gedaagde sijn eijs ontseijt. Dat schepenen den 9 Maart 1703 den Impetrant alleen hebben gecondemnt. aan Gedaagde te betalen de voorsz. 149 gld. de verdere coop te niet gedaan, en den Impetrant voorts verclaart met sijn praesentatie te mogen volstaan, waar van geappellt. sijnde. Dat 't Hoff 7 Meij 1707 't voorsz. vonnis heeft te niet gedaan, den Gedaagde sijn eijs geadjudiceert en den Impetrant gecondemneert de geeijste 1669 gld. 5. te betalen. Dat hier van weder geprovoct. sijnde en bij den Impetrant gepraesentt. te verclaren, dat de voorsz. 4 vaten Mee, na dat die aan hem gelevert sijn, wel bewaart en met geen sant vermengt sijn. Alleen de que. is, of dese coop valide is of niet. Dat de coop

is geschiet op Mensters, en sulx valide is, schoon daar na bevonden is, dat de Mee met sant was gemengt, also d' Impetrant dat te voren aan de Mensters moest gesien hebben, en de coopluiden elkander omtrent een maand te voren hadden geinsinueert, dat sij de mee voortaan souden vercopen en leveren op Mensters soo als die was. Sulx sou verclaren niet beswaert.

De Hr. Van Vrijhooven
Dat d' Impetrant dese Mee heeft vercoft op Mensters, deselve soo geexamineert en soo ontfangen. Dat hij 10 a 12 dagen daar na die niet can querelleren en d' Impetrant geen vervalschinge bewijsende. Idem.

De Hren. Admiraal
Verbrugge
De Vries
Sluijsken
Schaap
Van Bijnkershoek
De Roovere
et Praeses
Omnes Idem.

1714

Den 16e. Maart 1714
Rapport 40 gld.

Resolutie in sake van Mattheus ter Westen q.q. Impetrant in cas d' appel
ca.
Mr. Pieter van Loon Gedaagde

De Hr. Van Vrijhooven Rapportr.
Dat de Gedaagde van de procurr. Aken moetende hebben 10000 gld. op desselfs procurrs. ampt geleent, bij verbaal voor 't Hoff van hem is gequalifict. om soo hij voor 14e. Jan. 1704 niet wierd voldaan desselfs acte van resignatie ofte officie van procureurs ampt te mogen vercopen. Dat de Gedaagde niet voldaan werdende, 't selve heeft vercogt voor 15200 gld. in Junij 1704 en de meeste penn. betaalt sijnde de voorsz. Haviis bij liquidatie van 29e. Oct. 1706 heeft belooft wegens 't overige ten behoeve van Gedaagde nog te passeren een obligatie van 5235 gld. 15 st. Dog de Gedaagde geen effect daar van becomende voor 't Hoff jegens den Impetrant heeft geconcludt. tot kennen of ontkennen van voorsz. acte van liquide. en sulx dat d' Impetrant sal werden gecondemnt. ten behoeve van Gedaagde te passeren obligatie ter somme van 5235 gld. en den inhouden van dien te betalen cum intere. a. 4 pr. 100 zedert den 29e. Oct. 1706. Dat den Impetrant sustinerende ook 't procurrs. ampt voor H. Raad te hebben gecoft, dog 't selve niet becomen, en gelicht hebbende Reqte. civile, om gereleveert te sijn van 't tekenen van voorsz. liquidatie in reconve. heeft geconcludt., dat den gede. aan hem Impetrant tot vergoedinge van winstdervinge, schade en interessen sal betalen 2000 gld. en nog 1300 gld. bij hem over de coop van 't procureurschap voor H.

Rade aan de procurr. Hoogstad gegeven cum interesse zedt. 1 Meij 1797 en in conve. gepraesentt. mits 't geeijste in reconve. afslag streckende 't restant van voorsz. 5225 gld. te betalen en voorts genomen contre. concle. Dat 't Hoff de voorsz. reqte. civile rejecterende, in conventie den Impetrant heeft gecondemnt. aan de gede. te betalen de voorsz. 5235 gld. cum intere. en in reconve. den Impetrant sijn eijs ontseijt, waar van bij den Impetrant geappellt. sijnde. Te oordelen, dat de coper en vercoper geen andere interesse hebben gehad als beijde de procureurs ampten soo voor den Hog. Rade als 't Hoff te vercopen. Dat 't procurrs. ampt van H. Raad niet is gelevert, ja den coper 6 maanden verhindert, aldaar te occuperen, en doen nog 't selve van procurs. Hoogstad heeft moeten copen voor 1300 gld. sulx soude voor 't 1e lid van reconve. aan d' impte. adjudiceren cum duijsent guld. maar voorts verclaren niet beswt.

De Hr. Admiraal

Dat bij des Gedes. qualificatie ten verbale alleen is gesproken van d' acte van resigne. van 't procurrs. ampt. voor 't Hoff, maar in d' acte van coop bedongen, dat als Havuis voor 't procurrs. ampt. voor H. R. ijets sou moeten geven 't selve aan cooppenn. sou worden gecort, en dat de 15200 gld. aan gede. niet souden werden betaalt voor dat Havuis soo bij 't Hoff als den H. Raad den genaam was verclaart. Maar de procurrs. plaats voors. H. R. door de gede. niet is vercogt, nog belooft die te praesteren, dog bedongen dat alles sou geschieden ten costen en perikle van Havius. Dat het corten van penn. voor 't procurrs. ampt voor H. R. te geven maar is bedongen, als 't Hoff verstaan sou. Dat sulx moest comen tot laste van procurr. van Aken, en 't Hoff dit in contrarij heeft verstaan geen reden van relief te vinden. Dat d' Impetrant wel wil verclaren niet gesien te hebben, dat die laatste clausule in liquide. stond, als hij die teijkende, maar dit absurd is. Sou d' Impetrant verclaren niet beswt.

De Hr. Verbrugge

Te geloven, dat voor de 15200 gld. ook heeft vercogt 't procurrs. ampt voor H. R. te betalen soo cas, als Havius bij 't Hoff en den H. R. sal sijn verclaart aangenaam en aldaar acte becomen. Dat dit niet gepraesteert sijnde de Gedaagde immers in winstderving gehouden is, die soude adjudiceren tot 1000 gld. voorts om de getekende liquide. en dat den eed bij d' Impetrant gepraesentt. te gevaarlijk is. Mits de Gedaagde 't contrarij verclarende, verclaren niet beswt.

De Hr. De Vries

Dat de Gedaagde eijgentlijk maar vercogt heeft 't procur. ampt voor 't Hoff, en schoon de betalinge eerst is bedongen, als hij ook bij den H. Raad was verclaart aangenaam, de Gedaagde niet heeft belooft dat te praesteren. Dat de liquide. is gemaakt, na dat de procurrs. plaats hier al geweijgert was, en de corting van 1300 gld. maar bedongen is, als 't Hoff verstont. Dat dit tot laste van Van Alken con gebrackt werden, en 't Hoff 't contrarij verstaan heeft. Sulx niet beswt. Anders sou de winstderving maar begroten op 600 gld.

De Hr. Sluijsken
Dat de vercogte acte van resignatie wel alleen can sien op 't procurrs. ampt voor 't Hoff maar in d' acte van coop ook staande dat Havius bij den H. R. moest verclaren sijn aangenaam, ook op dat ampt gesien is. Immers 't 1e. lid van reconve. gefundeert, waar voor d' Impetrant sou geven 800 gld. maar voorts de liquide. daar seggende. Mits de Gedaagde 't contrarij van Impetrant verclarende, niet beswaert.

De Hr. Schaap
Dat Havius bij den H. Raad noijt aangenaam is verclaart en sulx na de letter van 't accord nog geen betalinge con gevordert werden. Dat de liquide. inhoud dat hij sou costen, 't gunt hij voor 't procurrs. ampt voor H. R. sou geven, dog dat de Gedaagde alleen vercogt heeft 't procurrs. ampt voor 't Hoff, hoewel in die suppositie, dat Havius 't ook voor H. R. sou becomen. Dat nopens 't dedommagemt. geen beding is. Sulx niet beswt. Immers de winstdervinge niet hoger nemen als op 600 gld.

De Hr. Keetlaer
Dat de Gedaagde niet heeft vercogt als d' acte van resignatie voor 't Hoff, en sulx de Gedaagde in geen winstdervinge wegens 't procurrs. ampt voor H. Raad vervolgens niet beswt.

De Hr. Van Bijnkershoek
Te oordelen, dat de Gedaagde beijde de procurrs ampten voor 't Hoff en H. R. heeft vercogt, en bedongen is, dat 't gelt niet sou werden gegeven voor dat Havius ook bij H. R. is aangenaam, verct. Dat die conditie nog niet expliceert, sulx 't gelt nog niet can geeijst worden, en 't vercogte nog niet geleveert sijnde d' er is actio quanti minoris. 'T gunt hier nu is de 1300 gld. voor 't ampt voor H. R. gegeven, en des impte. winstdervinge 't gunt wel gefundeert sou sijn, maar de liquide. daar leggende, en 't Hoff verstaan hebbende, dat de 1300 gld. niet tot laste van Van Alken can worden gebrackt, die hier nu ook niet te cunnen laten corten. Maar voor winstderving van een half jare van Sept. 1706 tot Febr. 1707 toeleggen 5 a 600 gld. Voorts niet beswt.

De Hr. De Roovere
Oordelende dat beijde procurrs. ampten sijn vercogt, ja de Gedaagde dit self soo heeft begrepen en toen niet gelevert sijnde sou d' Impetrant de 1300 gld. laten corten, en voor winstdervinge 1000 gld.

De Hr. Praeses
Dat beijde procurrs. ampten schijnen vercogt te sijn, maar om de liquide. en de sente. ampt. heft niets. De winstdervinge werdende gestelt op 1000 gld. Als de Hr. Van Bijnkershoek.

Den 24e. Octbr. 1714
Rapport 50 gld.

Resolutie in sake van Jan Does, Jan de Vos en Pieter Does q.q. Impetranten in rel. d' appel
ca.
Sara, Elisabet en Isabella Maria van Heussen Gedaagdens

De Hr. De Roovere Rapportr.
Dat de 3 Gedaagdens en Coen. van Heussen 't samen hebbende gehad een huijs tot Amsterd. deselve Gedaagdens den 15e. Julij 1695 op den voorsz. haren Broeder hebben gepasseeert een procuratie om ook uijt haar naam op dat huijs te negotieren 6000 gld. onder verband van haar personen en 't selve huijs. Dat die vervolgens in die qualitt. op 28e. Julij 1695 hebbende gepasseert 2 obligatien ijder van 3000 gld. d' Impetranten op 10 Decbr. 1708 den voorsz. Coen. v. Heussen hebben gesommeert, gerenovt. en gegijselt tot betalinge van die 6000 gld. Deselve aanwijsinge heeft gedaan op dat huijs en d' Impetranten een schatbrief hebbende becomen, om 't selve huijs te vercopen. Dat op 19. Jan. 1709 publijcq is vercogt, dog dat de Gedaagdens daar na seggende, dat die capitalen noijt aan haar sijn opgeseijt, nog eenige sommatie of executie tegen haar gedirigeert. Daar jegens hebben becomen mandt. van reforme. en geconcludt. tot nullite van de schatbrief, uijt crachte van welke 't geregt van Amsterdam het huijs en erve haar Gedaagdens in eijgendom toebehorende op 19e. Jan. 1709 heeft vercocht, en dat die schatbrief en vercopinge sullen worden te niet gedaan. Dat bij d' Impetranten daar jegens sijnde genomen contrarij concle. 'T Hoff op 18e. Maart 1712 die schatbrief en vercopinge heeft te niet gedaan, waar van geappellt sijnde. Dat de keur van Amst. segt, dat geen goed bij executie can werden vercocht, ten sij d' insinuatie daar van behoorlijk is gedaan aan d' eijgenaars of possesseurs van die goederen. Dat de Gedaagdens seggen, dat haar broeder geen eijgendom meer op die tijd aan dit huijs had, maar sijn $\frac{1}{4}$ pt. al te voren was vercogt. Dat sij Gedaagdens te Haarlem wonende, dit alles hebben geignoreert, en haar broer geen procuratie heeft gehad, om dit huijs in executione aan te wijsen, of te laten vercopen. Dat immers hier deficieert, 't gunt de keure requireert, en geen insinuatie nog sommatie aan Gedaagdens is gedaan, en daarom soude verclaren niet beswaert.

De Hr. Admiraal
Dat schoon de 3 Gedaagdens en haar broer elk voor $\frac{1}{4}$ pt. waren eijgenaars van dit huijs, de sommatie en renovatie direct aan geen van 4 is gedaan, maar alleen aan 't huijs en de persoon van advt. Van Veelen, daar Coenr. v. Heussen sijn domicilium had, maar van huijs was. Dat in gijselinge die dit huijs wel heeft aangewesen, en daarop wettig een schatbrief is verleent, dog dat d' Impetranten niet bewijsen, dat sij alvorens eenige opsegginge van capitalen hebben gedaan, die niet als in Julij vervielen. Dat de procuratie van Gedaagdens niet segt, om dit huijs in executione aan te wijsen, nog dit een sequele daar van is, ook Coenraad in sijn privee, en niet als last en procure. hebbende is gesommeeert en gerenovt. nog hij in die qualt. aanwijsinge heeft gedaan. Dat d' obligatie in solidum, en de comunicatie van beneficie de Gedaagdens niet obsteert, maar dat veijlinge of vercopinge van 't $\frac{1}{4}$ pt. van Coenraad ano. 1694 gedaan

geen effect heeft gehad, en de Gedaagdens in haar procure. van 1695 self seggen, dat hem die nog $\frac{1}{4}$ pt. toequam en hij ook daar na van huren heeft genoten. Sulx te oordelen, dat deselfs portie wel is aangewesen en vercocht, dog nopende 't verdere sou verclaren niet beswaert.

De Hr. De Vries

Dat nooijt opsegginge van dese capitalen is gedaan, nog de sommatie of renovatie aan Gedaagdens self, maar alleen aan Coen. v Heussen, en dit niet can bestaan als voor sijn vierde part. Sulx Idem.

De Hr. Sluijsken

Dat van geen opsegging blijkt, nog de sommatie en renov. anders als aan Coenr. v. Heussen is gedaan. Dat die nog voor $\frac{1}{4}$ pt. eijgenaar was. Mitsdien Idem.

De Hr. Schaap

Dat 't $\frac{1}{4}$ pt. van Coenraad ano. 1694 wel is vercogt, maar van overgang des eijgendoms, of betalinge van cooppenn. of 80e. p. blijkt, sulx dit $\frac{1}{4}$ pt. sijnde gebleven aan Coenraad immers was verbonden en executabel. Voorts dat voor Julij 1708 geen opsegging van 't gelt is gedaan, en sulx die obligen. sijn gecontinueert tot Julij 1709, en inmiddels geen executie con geschieden vervolgens als de Hr. Admiraal.

De Hr. Keetlaer

Nopende 't $\frac{1}{4}$ pt.: Dat 't selve ano. 1694 is vercocht door een publijcque acte daar van blijkt, en den executant schijnt voldaan te sijn. Immers d' Impetranten 't contrarij niet doen blijken, sou hier op interloqueren. Anders als de rapportr.

De Hr. Van Bijnkershoek

Dat van geen opsegginge blijkt, en sulx geen geen[3] exece. con gedaan werden voor de vervaldag, ook de sommatie en renove. aan Gedaagdens self niet is geschiet. Schoon haar namen in sommatie staan. Nopende t' $\frac{1}{4}$ pt.: Dat hier geen decreetbrief is, nog blijk van betalinge van 80e. penn. maar echter een publijcqe acte van vercopinge. Dat de Gedaagdens in haar procure. Coenraad nog erkennen als eijgenaar voor $\frac{1}{4}$ pt. maar niet te denken, dat dit doleus is geschiet en dat ijeder in solidum is geobligeert en dit seer bedenkelijk. Dog naast in 't geheel niet beswaert.

De Hr. Van Vrijhooven

Dat hier geen opsegging is, geen insinuatie aan Gedaagdens gedaan en Coenr. v. Heussen sijn mandatum heeft geexcedeert. In omnibus Idem.

---

3 Sic! d. V.

Den ...[4] Octbr. 1714
Rapport 70 gld.

Resolutie in de sake van Mr. Joh. Ger. Vossius Impetrant in rel. d' appel
ca.
Mr. Carel Rosenboom Gedaagde

De Hr. Van Bijnkershoek Rapportr.
Dat d' Impetrant poseert, dat de Metselaar J. Coster hem in Aug. 1708 vragende of hij sijn huijs alhier op de Princessegragt wilde vercopen, hij geantwoort heeft ja, en daar voor geeijst 22000 gld. met bijvoeging dat 't huijs boven de verponde. en 2 hypothequen nog was belast met sekere reele last ten behoeve van 't geemene land. Dat Coster eenige dagen daar na vragende, hoe groot die last was, hij heeft gesegt, dat hij sulx niet kan nog verstond wat realisatie was, dog dat hij 't met die last wilde vercopen en vrij gelt bedingen. Dat Coster daar rapport doende aan Gedaagde speciaal heeft gemelt van die reele last, en daar over weder spreckende mit d' Impetrant hij Impetrant andermaal heeft gedeclart. als voren en dat daarop de coop met Coster voor Gedaagde is gesloten voor 18000 gld. Dat ook de Gedaagde sig die coop met die onbegrote reele last heeft laten welgevallen, en den Notar van Smaling de acte daar van doen opstellen, en in die acte is gestelt dat wegens die last voor 100 of 200 p. moest betaalt werden 53 gld. 12 St. Dog dat de Gedaagde d' opdragt van dit huijs niet willende ontfangen, omdat 't in uijtheemse 100e. penn. stond op 100 gld. Den Impetrant hem heeft geconvenieert voor 't Hoff en aldaar geconcludt., dat de Gedaagde sou worden gecondemnt. d' opdragt van voorz. huijsinge met de reele last, groot en cleijn, als die was boven de verponde., te ontfangen, en de coppenn. daar van tot 18000 gld. te betalen cum interesse, zedt. Meij 1709 afslaande solutum. Dat de Gedaagde seggende de coop gemaakt te sijn op die condite, dat de reele last niet hoger sou lopen als een ordinaris verponde. of 53 gld. 12 st. in reconve. heeft geconclud., dat d' Impetrant dit huijs sou leveren vrij en onbelast, behalven de reele last van 53 gld. 12 st. voor ijder 100 p. en in conve. gepresentt. den opdragt also te ontfangen. Dat voorts wederzijds praesentatie sijnde gedaan 't Hoff op 4 Novbr. 1712 gelet op de praesentatie en delatie mitsgrd. acceptatie van eede, mits den Gedaagde eede verclare, dat hij voor 't sluijten van coop niet heeft geweten, dat de last op 't huijs staande in ijder consent. van 100e. p. hoger heeft gemonteert als d' ordinaris verponde. of 53 gld. 12 st. etc. in convenie den Gedaagde heeft verclaart met sijn praesentatie te mogen volstaan, en sulx hem Gedaagde gecondemnt., d' opdragt te ontfangen met een reele last van 53 gld. 12 st. voor jder 100 p. en daar den eenen te betalen de penn. tot 18000 gld. afslaende solutum, en in reconve. den Impetrant gecondemnt. 't voorzs. huijs te leveren vrij van alle lasten, behalven die van 53 gld. voor ijder 100 p. en 't selve aan alle verdere lasten te ontheffen bij reuijs van eed, den eijs in conve. geadjudiceert en in reconve. ontseijt, met compense. van costen. Waar van geappellt. sijnde. Dat dese last nu sekerl. voor ijder 100e. penn. beloopt 100 gld. Dat 1. Coster segt, dat d' Impetrant dit hijs heeft willen vercopen met die reele last, soo

4 Die Angabe des Datums fehlt in der *resolutie*. Aus dem Bericht von Van Bijnkershoek lässt sich entnehmen, dass es der 31. Oktober 1714 ist.

groot en kleijn, als die was, maar niet dat hij 't soo gecocht heeft, behalven, dat hij ook singulier is en maar een mandataris, ja dit sou st. tegen de acte. Dat des Gedes. acceptatie van eed is conform de delatie, ja de sente. dat nog stuccen ordinaris en de critiques van Impetrant wegnoemt, en de Gedaagde nu bereijd is, dien eed soo te doen, maar bedenkelijk is, of de delatie na de sente. en acceptatie nu niet can gevordeert werden. Dat 't contract wel spreekt van 53 gld. voor ijder 100 of 200e. penn. maar des Impts. intentie is geweest dit te verstaan van 200e. penn. also vrij 't self voor hem soo heeft uijtgedruckt, en 't tegen hem moet geinterpreteert werden, dog soude ijder van partijen dragen de helft van differentiale 46 gld. 8 strs. sonder reguard te nemen op de eeden, en voorts den Impetrant sijn eijs adjudiceren, cum interesse.

De Hr. De Vries
Dat Coster die dese coop gedaan heeft self verclaart, dat d' Impetrant heeft gesegt dat hij 't huijs niet ander wilde vercopen als met die reele last en vrij gelt van alles bedingen, schoon hij 't niet wist te begroten en hij dat alvorens aan Gedaagde gerapporteert hebbende, de coop daar na heeft aangegaan, maar die last in 't geschreven contract word begroot op 53 gld. 12 st. voor ijder 100e. of 200 p. 'T gunt den Impetrant can verstaan hebben van 't gunt hij boven de liquidatie moest bijleggen, en niet can gedacht hebben die last op sig te houden, anders 't huijs sou vercoft sijn voor 16500 gld. Dat de verclare. van Van Smaling strijt tegen sijn eijgen opgestelt contract. Sou de sente. te niet doen, en den eijs in conve. adjudiceren.

De Hr. Sluijsken
Dat des Impetrant intentie notoir is geweest dit huijs te vercopen met de last en voor vrij gelt. Dat Coster ook op ordre van Gedaagde 't selve soo gecocht heeft voor 18000 gld. vrij gelt, sonder dat die last is begroot, en Coster sulx die aan verscheijde heeft gesegt. Voorts Idem.

De Hr. Schaap
Dat den Impetrant den gedesereerden dag niet in terminis geaccepteerden eed sch. daar sente. op gevolgt is, in appel can revoceren. Dat dit huijs bij de Gedaagde den Coster is gecocht met een onbegroote last volgens de verclaren. van Coster en van der Smaling self, sonder dat die bedongen is, dat die last soude werden begroot. Dat d' Impetrant altijd heeft gesegt, dat hij den tijd meer, d' ander min moest geven, 't gunt notoir moest verstaan werden van 't gunt hij in liquid. moest hij leggen, en dit ook voldoet aan 't 2e. van 't alternatif in 't contract. Sulx Idem.

De Hr. Keetlaer
Dat des Gedes. acceptatie niet over een comt met de delatie, en sulx d' Impetrant een delatie heeft cunnen revoceren, uijt al 't gedrag te moeten vaststellen, dat dit huijs met dese gehele uijtheemsche last, soo als die was is vercogt. Voorts Idem.

De Hr. De Roovere
Dat dese last is onsplisbaar en ook van 't huijs niet can afgenomen werden ja 't huijs notoir met de last vercocht is. Voorts Idem.

De Hr. Admiraal
Dat de gedane delatie, soo als die legt, niet geaccepteert sijnde can revoceert werden. Dat de Gedaagde door Coster dit huijs gecogt hebbende met een onbegrote last. Die

last op sig moet nemen, sou groot en cleijn, als die is. Dat 't huijs sou absolut is vercogt voor 18000 gld. en den Impetrant van die geheel heeft willen afsien. Dat hij ook niet heeft gesegt, dat die last niet meer was, maar dat hij bij verrekeninge niet meer moest toegeven of bijleggen als 53 gld. 12 strs. Voorts Idem.

1715

Den 27. Julij 1715

Rapport 25 gld.

Resolutie in de sake van Anna Maria Goot Impte. in relief d' apple
ca.
Johann Palmquist envoye van Coning van Sweden qq. Gedaagde

Voor den Raed bepleijt
De Hr. de Vries
Dat d' Impte. in jare 1709 van Gedaagde cum suis hebbende gecogt de Hoffstede Vlierenburg bij Voorburgh voor 9000 gld. te betalen $\frac{1}{3}$ pt. contant en de rest in 2 terminen, vrij en onbelast behalven de verponde. 100e. penn. etc. en nog een personele last van 84 gld. speciaal geaffecteert op dat goed, en in het transport ook sijnde gestelt. Dat men met die 84 gld. conde verekening volgende de placaaten van Lande, d' Impte. bij dat transport wel $\frac{1}{3}$ pt. van coppenn. heeft betaalt, maar sij weijgerende 't overige ten vollen te betalen, de Gedaagde haar voor 't Hoff heeft geconverneert, en geconcludt. tot betalinge van de verdere cooppenn. Dat de Impte. darop segt, dit goed wel gecogt te hebben op de bovengem. conditien, maar onder versekering, dat de last van 84 gld. in tijd van oorlog maar eens wierd betaalt, en dat men daamede stonde liquideren, atquin dat die op 't goed staat als een personele uijtheemsche last voor ijder 100e. penn. en praesenterende dat met eede te verclaren, of 't contrarij door den gede. en sijn vrouw te laten sweeren. Onder beneficie van dien heeft genomen, contrarij concld. Doch 't Hoff op 11 Decbr. 1714 d' Impte. heeft gecondemnt. aan Gedaagde te betalen 2 maal 3000 gld. cum intere. a 4 pr. 100 zedt. 1 Meij 1709, waar van geappellt. sijnde. Dat d' Impte. voor hare wel heeft 2 verclaren. 1. van een gast bij haar wonende en 1 van haar t' huijsman. Dat de Gedaagde soude hebben gesegt, dat men met dese 84 gld. conde liquideren, en die maar eens moest worden betaalt, maar dat de Gedaagde voor hem heeft 2 publijque instrumenten een voor een Notaris en 't ander voor schepenen gepasseert, en daarom, en dat de voors. getuigen sijn Domestijcq en singulier. Sou d' Impte. verclaren niet beswaert.

De Hren. Admiraal
Schaap
Koetlaer
Van Bijnkershoek
De Roovere
en Praesident
Omnes Idem.

1718

Den 22. Febr. 1718
Rapport 50 guld.

Resolutie in de sake van Johan Arent van Cats Gedaagde bij anticipe. en Appellant
ca.
Mr. Charles Codde en H. Van der Duijn q.q. Geappelldens.

De Vries Rapportr.
Dat den Appellt. in Febr. 1713 van de Geappelldens. hebbende gecoft een huijs in't Westende alhier, met de meublen, en nam. het huijs[5] en 't huijs voor 7000 gld. en de meublen voor 450 gld. op te dragen, den 1 Meij 1714 mits dat den appellt. van de coopschat soude betalen 5 per 100 zedert den 1. Meij 1713, en hij in gebreke blijvende die penn. te voldoen, op den 30. Oct. 1714. Bij 't Hoff condemn. op dat contract is gedecerneert, en vervolgens bij so Geappelldens. in gijseling geconcludt. Dat den Appellt. sou gijseling houden tot dat hij de voorsz. conditien van coop had holdaan, en sulx ontfangen had d' opdragt van 't voorsz. huijs, en daar voor betaalt de voorsz. somme van 7000 en 450 gld. cum intere. zedert 1 Meij 1713 en 't cartseer gelt tot 1 fl. per gld. etc. Van 21 ter ende sij 't selve huijs te leveren vrij en onbelast en te suijveren tot 31 Decbr. 1712. Dat d' Appellt. daarop praesenterende te voldoen, mits hebbende behoorlijke securiteijt, wegens eenige legaten, een versogt poenaal etc. nemende voorts. contrarij concle. voor als nog. 'T Hoff op den 9 Maart 1717, der Geappelldens eijs heeft geadjudict. en den appellt. geordonnt. die penn. te consigneren onder den griffier cum exps. Dat daar van geappellt. sijnde, den Appellt. als nog heeft gepraesent. aan Geappelldens. q.q. te betalen en te presteren, 't gunt, waar too hij volgens 't contract gehouden is, mits sijn hem dat huijs leveren vrij en onbelast, ook van fideicommis, en sulx toonen ten genoegen van den H. Rade, of daar voor stellen waarborgen, welk geresenseert sijnde en de saak voldongen. Dat wel poenaal aan 't Hoff is versogt, maar noijt surcheantie veel min poenaal verleent. Dat het fideicommis op 15 Maart 1708 bij de Staten is afgedaan, mits de penn. wordende besteed tot betalinge van crediteuren van Jan Smits Hoppendorf dat den Appellt. gelt en pand niet can houden in sijn hand. Dat de sente. is conform de condemnatien. Sulx sou verclaren niet beswaart.

De Hr. Keetlaer
Dat er geen poenaal is, het fideicommis afgedaan, en den appellt. in de consignatie securiteijt heeft. Mitsdien Idem.

De Hr. Van Bijnkershoek
Dat dit huijs legalijk is verbonden voor 2 legaten, een van 1200 en een van 800 gld. Dat wel van 't eerste is gereminicieert en ook van 't laaste, dog dit is geschiet voor 4 minderjarige kinderen sonder approbatie. Dat dit gelt ook niet can betaalt worden aan de Geappelldens. omdat sij tweder hande qualitt. hebben, maar de consignatie den Appell. secur stelt, en daarom Idem.

---

5 Sic! d. V.

De Hr. Van Santheuvel
Dat de sente. niet is conform de condeme. nog conclusio. Dat noijt poenaal is verleent, 't fideicommis afgedaan, en de consignatie securiteijt genoog is. Sulx Idem.

De Hr. van der Hoop
Dat dese penn. moeten geemployeert worden volgens 't octroy tot betaling van creditenen van Jan Smits Hoppendorf, 't welk bij de sente. soude voegen. Voorts Idem.

De Hr. Admiraal
Dat hier geen poenaal is, en 't fideicommis afgedaan. Voorts niet beswaert.

Den *25. Febr. 1718*
Rapport 40 gld.

Resolutie in de sake van Nicolaas van Kempen soo hij procedt. Impetrant in rel.
ca.
Lucas Coudin Gedaagde

De Hr. Admiraal rapportr.
Dat Adam van Kempen voor wie d' Impetrant comt op den 6 Julij 1706 aan de Gedaagde heeft vercoft 5000 pd. Eijlandse Walvisbaarden tot 41 gld. de 100 pd. te leveren van die tijd af tot 30. Novbr. ter keuse van den coper, en indien de partij binnen die tijd niet wierd aangeseijt, dat de leverantie dan sou moeten geschieden op den voorts. 30 Novbr. 1706. Dat vervolgens de Gedaagde op 23. Oct. 1706 aan den Impetrant heeft laten insinuieren, dat hij Impetrant de voorsz. baarden ter wage soude leveren, en soo niet geprotesteert van costen, schade en interessen daar door gelijden. Dog den Impetrant in gebrecke blijvende, de Gedaagde voor schepenen der Stad Amst. jegens hem heeft geconcludt. dat den Impetrant sou werden gecondemnt. aan hem Gedaagde aanstonts te leveren 5000 pd. Walvis baarden, wel geconditiont. de cortste 6 voet lang en 't stuk door een wegende 4 pd. gelijk hij Impetrant in vaste coop aan Gedaagde heeft vercoft, tot 41 gld. de 100 pd. met vergoedinge van alle de costen, schade en interen. quanti unquam plurimi. Dat d' Impetrant daarjegens nemende contrarij concle. schepenen op 27e. Maart 1708 den Impetrant hebben gecondemneert in de clagten cum exps. Dat daar van geappellt. sijnde, d' Impetrant heeft gepraesentt. te betalen de schaden en interen. bij den Gedaagde geleden door het niet tijdig leveren van vercofte walvis baarden mits die wordende gerekent tot sodanigen waarde, als die in prijs waren op 23. Oct. 1706 als wanneer de leverantie moest gedaan sijn, maar dit gerefuseert sijnde, 't Hoff op 2e. Julij 1713 den Impetrant heeft verclaart niet beswaert. Dat daar van weder geappellt. sijnde aan H. Rade commissen. van rolle de inhibitie hebben afgedaan tot 58 voor 100 pd. soo als de waarde van baarden was op den tijd, als de leverantie was geeijst, en sulx nu de quaestie is, of d' Impetrant gehouden is quanti unquam plurimi. Dan of hij met sijn praesent. mag volstaan. Dat 'er voor welken voor en tegen sijn, maar de Gedaagde negert dat het eerste hier, en bijsonder tot Amsterdam altijd practicabel is, en als een costuime onder de coopluiden. Dat Impetrant daar tegen ook heeft verscheijde wetten, en gewijsdens van desen H. Rade voor al daar een dag tot de leverantie is gestelt, waar bij hij soude voegen, maar d'

Impetrant hier in seer getergiverseert had ende sou hem wel met sijn praesente. laten vostaan, maar egter condemneeren in de costen tot dato van de praesente. gevallen, en de verdere compenseren.

De Hr. Keetlaer
Idem.

De Hr. Van Bijnkershoek
Idem, en in dit geval sou den Impetrant om sijn voorgaande tergiversatie en contrarij concle. ook condemneren in d' interessen van die 58 pr. 100 volgens Sande... [6] met de costen tot de praesente. en mits de Gedaagde ook nu niet gehouden zij de leverantie te ontfangen.

De Hren De Roovere
Van Santheuvel
Van Hoop en
De Vries
In omnibus Idem.

Den *23. Mart 1718*
Rapport 25 gld.

Resolutie in de sake van Abr. Jansz. Roos en David de Zutter q.q. cum suis Impte.
in rel. d' appel
ca.
Jan Swinas soo hij proced. Gedaagde

Voor den Raad bepleijt
De Hr. De Vries
Dat de Makelaar De Roux voor 't jaar een huijsen in jare 1693 aan d' Impetranten hebbende vercoft verschijde huisen en Landen onder Goedere, om daar uijt Jan en Pieter Mesdag te betalen de copers, schoon lang in 't possessie geweest, weijgerende de coopenn. te betalen. De Gedaagde in Novbr. 1709 van 't Hoff heeft geeischt mandt. van R. A. en geconcludt. dat d' Impetranten zullen worden gecondemnt. hunne cooppenn. te voldoen, cum interes. a $4\frac{1}{2}$ pc. 100 zedert dato van coop, mitsgdrs. de opdragte, daar benevens te ontfangen, dat d' Impetranten daarop praesenteerende, de opdragt te ontfangen en de cooppen te betalen, of toe te gaan, dat de Gedaagde de penn. die reets geconsignt. sijn, eischte mits dat de Gede sijn qualt. verifiere, en nopens 't verdere nemende contre. concl. 'T Hoff op 19 Maert 1717 den Gedaagde sijn eijs heeft geadjudiceert. Dat daar van geappellt sijnde, hier que. is, of d' Impetranten gehouden sijn interessen van dese coopenn. te betalen. Dat de gede. sig fundeert op de L. 5 D. de act. empti. omdat d' Impetranten hier de vrugten hebben getrocken, en dat gelt en pand niet can sijn in eene hand. Dat d' Impetrant daar tegen seggen, dat sij nog geen opdragt hebben becomen, ook volgens de conditien geen interessen schuldig sijn, dat sij gepraesent. hebben, de penn. te consigneren, ja sommige reets geconsignt. en andere die in gewitheijt gehouden. Maar dat d' Impetranten haar in

6 Das Zitat fehlt in der *resolutie*.

de possessie hebben gestelt, en de geconsigneerde penn. weder geliest sulx ook in d' interessen gehouden sijn. Dog alleen zedert dat sij effective in possessie sijn geraakt en met die correctie sou verclaren niet beswaert.

De Hr. Schaap
Nopens 't begin van d' intere.: Idem. Dog dat die ook maar behoren gerekent te worden, niet uijt cragte van 't beding, maar van de wet, en sulx tot a 4 per 100 tot dato van consigne. Dog dat den Impetrant ano. 1699 sijn penn. hebbende geconsignt. en daar gelaten tot die tijd toe alleen interen. schuldig is. Maar voorts niet beswaert.

De Hr. Keetlaer
In omnibus Idem.

De Hr. Van Bijnkershoek
Dat d' Impetranten interessen schuldig sijn, omdat sij sijn gewest in de possessie van 't goed, dog allen van die tijd af, en soo lang als die niet in consignatie sijn geweest. Volgens des Geds. eijgen contrapraesentatie, en wel tegen $4\frac{1}{2}$ per 100 volgens de stipulatie. Voorts niet beswaert.

De Hr. De Roovere
In omnibus Idem.

De Hr. Van Santheuvel
Mits interen. wordende betaalt zedert de possessie tot de consignatie, a 4 per 100 niet beswaert.

De Hr. Admiraal
Idem.

Den 20e. Septbr. 1718
Rapport 60 gld.

Resolutie in de sake van Jan Langerack en Jan Moor q.q. Impetranten in relief d' appel
ca.
Jacob en Matth. Cristoffers q.q. Gedaagdens

De Hr. Van Bijnkershoek Rapport.
Dat de Gedaagdens poseren, dat sij in de jaren 1695 en 1696 van den Impetrant hebben gecoft 78 en nog 6 vaten tabacq, op conditie dat die tabacq 6 maanden sou moeten goed blijven dog dat die in Sweden ontpakt werdende verrot en ondeugend is bevonden en dat sij op de 78 vaten vaten[7] hebben moeten verliesen 2632 gld. en op de 6 vaten 354 gld. en vervolgens voor schepenen van Amsterdam jegens den Impetrant hebben geconcludt. dat hij soude werden gecondemneert aan Gedaagdens te betalen de voorsz. 2632 gld. 10 st. wegens schade en refractie gevallen op de voorsz. 78 vaten en nog 354 gld. over schade op de 6 vatjes. Dat den Impetrant die conditie ontkennende en voorts nemende contrarij concle. Schepenen op 21e. Jan. 1700 mits den Impetrant verclarende dat de voorsz. tabacq niet is verkoft met die conditie, dat deselve 6 maand.

7 Sic.

goed sou moeten blijven den eijsch hebben ontseijt. Dat daar van geappellt sijnde, en grieven gepropont. voor soo veel den eed is geinjungeert en den ejis niet simpel ontseijt. 'T Hoff op 3e. Junij 1707 dat vonnis heeft te niet gedaan, en d' Impetranten gecondemnt. aan de Gedaagdens te betalen 2632 gld. 10 st. cum interesse a mora, wegens schade gevallen op de 78 vaten tabacq en verder niet. Dat daar van sijnde geappellt. aan desen H. Rade en geen grieven gepropont. Hier geen que. meer is over de schade op de 6 vatjes gevallen voorts te oordelen, dat de Gedaagdens haar positie dat dis is geweest de selve tabacq, die geleveert is, en dat deselve soo verrot en verdorven was met seer veel extracten van brieven, clagten en verclaringen van coopluij, schippers en schijpvoerders hebben bewesen. Maar dat de que. is, of d' Impetranten die schade moeten dragen. Dat de Gedaagdens hebben een verclare. van 12 coopl. en 4 makelaars, dat volgens d' usantie alle tabacq. werd verstaan vercoft te sijn op conditie van 6 maanden goed, d' Impetranten daar tegen een verclare. van 6 coopl. dat dit expres moet bedongen sijn, waaromtrent te oordelen, dat niet blijkt, dat dit meer als als[8] 35 vaten bedongen is, en dat de voorsz. usantie niet genoeg is bewesen, echter dat dit geen coopmans of leverbaar goed is geweest, nog in die corter tijd soo bedorven can sijn, en sulx tot vergoedinge van die schade aan Gedaagdens competeert actio quanti minoris. Dat alle d' objectien van Impetranten niet doorgaan, sulx sou de selve verclaren niet beswaert.

De Hr. Admiraal
Dat het vercofte goed uijt de natuer sweet sijn goed en leverbar en dit niet behoeft bedongen te werden, anders de coper heeft een actie quanti minoris, en hier blijkende dat dese tabacq bedorven was, en soo veel schade daarop geleden is. Idem.

De Hr. Schaap
Dat dese schade is gevallen op dit vercofte goed. Voorts Idem.

De Hren. Keetlaer
De Roovere
Van der Hoop en
Van Vrijhoeven
Idem.

Den 30e. Septbr. 1718
Rapport 40 gld.

Resolutie in de sake van Corn. van Schorel in comp. en Dirk van Neck, Declarten., Gedebattdens. en Gerequirden.
ca.
Godschalk Cops en de Wed. van Pieter Cops Gedeclardens., Debatt. en Requirten.

De Hr. Admiraal rapportr.
Dat de Gedeclardens. wegens de nonleverantie van vercofte succade bij sente. van H. Rade in dato den 11e Febr. 1711 sijnde gecondemnt. in de costen, schade en interesse, te rekenen na de waarde, soo als de prijs van succade is gewest ten tijde als deselve

8 Sic.

moest gelevert sijn. De Declarten. sustineren, dat sij de 140 st. succade moesten gelevert hebben op den 12. Julij 1703 dar de schepen gearriveert sijn, en de leverantie versoght is. Dat de prijs da is geweset 28 fl. 't pond, en dat de declarten. die van Gedeclardens. hadden ingecost tegens 22 fl. welk verschil over 140 kassen, houdende te samen, ijder gerekent op 130 pd. 18200 pd. en na aftrek van 30 pd. per kas of 4200 pd. voor tarra met 14000 pd. in geld bedrag 4200 gld. en voor interesse a 4 pc. 100 zedt. 12 Julij 1703 tot 12 Julij 1711 en sulx te samen 5544 guld. mitsdien concluderen, dat de voorsz. schade en interessen sullen worden getaxeert op 5544 gld. en die soo aan de Declarten. voldaan. Dat de Gedeclardens daar tegen seggen, dat die succade niet eer als ten minsten 3 a 4 dagen na 't arrivement conde gelevert worden, ontkennen dat de prijs toen 28 st. is geweest, maar alleen 23 en $\frac{1}{3}$ st. ja dat op 16. Julij van deselve succade door Walbeecq voor 23$\frac{1}{3}$ st. is vercoft, en dat het verschulden meer bedrag 809 gld. Dat de succade na aftrek van de tarra tot 32 pd. per kas (gelijk Walbercq die vercoft had), maar heeft belopen 1275 pd. en sulx praesenteren voor de geadjudiceerde schade en interessen ilico te betalen de voorts. 809 gld. en voorts nemen contrarij concle. Waarop nopens de tijd, prijs, tarra en interessen, te moeten seggen, dat bij de sente. van 12e. Julij 1703, niet is gefixeert nog ook consteet, wat dag dese schepen tot Amsterdam gearriveert, dan alleen, dat 'er op den 9e. Julij onder Wallbecq al waert op dese succade is gedaan, en Walbeecq die op 16 en 18. Julij al weder vercoft en gelevert heeft. Dat de Declarten. wel producten hebben, dat de succade in Maand Julij is vercoft voor 25, 26 en 27 st. maar juist niet van 12e. Julij. Voorts dat dese succade ter wage niet is gewogen, en dat volgens verscheijde verclaren. ordinaris voor de tarra van ijeder kas word afgetrocken 30 pd. Sulx de dag met het te cunnen fixeren, maar sou de prijs nemen op 26 st. de tarra op 30 pd. en schoon bij de sente. geen interessen sijn geadjudict. Echter de Declarten. nog in 7 Jaren geen voldoening van 't geadjudiceerde hebbende cunnen becomen, sou dengeenste interen. wel cunnen adjudiceren, soo 't in dese instantie can vallen.

De Hr. De Vries
Sou de prijs stellen op 26 st. en de tarra op 30 pd. Maar dat de sent. geen interessen geeft, en nu eerst een sekere somme, die te voren illiquide was, is geadjudiceerd waarom hier geen interessen te cunnen adjudiceren.

De Hr. Schaap
Dat de succade van Walbeecq voetstoots is vercoft. Sou de prijs hier nemen op 26 a 27 st. Nopens de tarra: Dat de kassen na aftreck van selve doorgaan geen 100 pd. blijven, maar in de 90 daarom sou 't gewigt maar nemen op 13000 pd. en geen interessen adjudiceren.

De Hr. Keetlaer
Als de Hr. De Vries

De Hr. Van Bijnkershoek
Dat de sente. geen interessen adjudiceert van de meerder waarde, en uijt interen. betaalt worden van geadjudiceerde capitalen. Sou voor alles een adjudiceren 2800 gld.

De Hr. De Roovere
Als de Hr. De Vries

De Hr. Van der Hoop
Dat d' interessen bij de voorg. sente. niet sijn ontsegt maar geomitteert sou dit poinct nog refereren. Nopens 't verdere: Idem.

De Hr. Van Vrijhooven
Als de Hr. De Vries.

Den 26e. Novbr. 1718
Rapport 40 gld.

Resolutie in de sake van Pieter van Assendelft cum suis, Impetranten in rel. d' appel
ca.
Petronella Hogenhoek wede. van der Hoeven Gedaagde

Hr. De Vries Rapporteur
Dat d' impten. op den 8e. Septbr. 1708 van de Gedaagde hebben gecogt sekere schuer, er en pakplaets tot Vlaardingen voor 1050 gld. en de penningen betaalt, ook op den 11e. Septbr. 1713 wel transport daar van is gedaan, maar d' Impetranten sustineerde dit transport niet behoorlijk te sijn gedaan, omdat het maar voor 1 schepen en den secretars. was geschiet, en de belendingen daar in niet sijn gespecificeert, soo dat ook een ten woorden daar nevens leggende erf daar onder begrepen is. Voor 't Hoff jegens de Gedaagde hebben geconcludt. tot kennen of ontkennen de coop van voorsz. schuer, erf en pakplaats, en sulx dat de Gedaagde sal werden geccondemnt. aan d' Impetranten wettig te cederen en transporteren den eijgendom van selve schuer, erf en pakplaats met de belendingen, soo als de Gedaagde die van ouds beseten had, met designatie van belendingen. Dat de Gedaagde daar jegens segt, 't voorsz. transport sodanig te hebben gedaan, als 't behoort, en soo als aan haer en hare voorsaten is gedaan, en voorts nemende contrarij concle. 'T Hoff op 9 Febr. 1714 de Impetranten haar eijsch heeft ontseijt, cum exps. waar van geappellt. sijnde. Dat 't gebruijk van Abr. Hooghoek van dit erf hem geen eijgendom con geven. Dat de verclare. van Jan Corn. van Burgh, als der Impetranten Mandataris en singulier, niet genoeg is, sou d' Impetranten verclaren niet beswaert.

De Hr. Admiraal
Idem.

De Hr. Schaap
Soo als hier geconcludt. is. Idem.

De Hr. Keetlaer
Idem.

De Hr. Van Bijnkershoek
Mits de costen voor 't Hoff werdende gecompenseert. Idem.

De Hr. De Roovere
Idem.

De Hr. Van Vrijhoeven
Als de Rapportr.

Den 8e. Decembr. 1718
Rapport 30 gld.

Resolutie in de sake van Mr. Adriaan Boon Impetrant in relief d' appel
ca.
Johan Schopman q.q. Ged.

De Hr. Schaap Rapportr.
Dat den Impetrant op den 1e. Julij 1716 van Gedaagde hebbende gecogt de heerlijkheijt van Giessen met het regt van Patronaatschap, als mede 't huijs en hofstad, met 10 Morg. lands leenroerig van haar Ed. Groot Mog. en nog 3 M. allodiaal land, vrij en onbelast, te suijveren van alle lasten tot 1715 incls. en mits de cooppenn. werdende betaalt den 1 Novbr. 1716 en d' andere helft den 1 Meij 1717, te leveren soo de coper wil bij willig decreet, sonder dat de cooper onder eenig praetext de cooppenn. onder sich sal mogen houden voor de somme van 6800 gld. Dat op 4 Febr. 1717 daar op condemn. sijnde gedecernt. den Gedaagde den Impetrant heeft gegijselt, en onder praesente. van 't vercogte goed ten coste van Impetrant te leveren bij willig decreet, en 't selve te vrijen van alle lasten tot 1715 incls. geconcludt. tot voldoeninge van voorsz. condemne. en dat den Impetrant sal ontfangen 't verlij en opdragt van die vercogte goederen mitsges. betalen alle verdere oncosten, voldoen de helft van cooppenn. cum intere. en passeren behoolijke custingbr. a 4 per 100. Dat d' Impetrant seggende, dat 'er gesustint. word, dat dese heerlijkht. legaalis verbonden voor het cost van een getrocken lotterij, en belast met een uijtheemse personele 100. penn. tot 300 gld. jeder, praesenteert al de coopconditien en condemne. na te commen, 't verlij en opdragt te ontfangen, en de cooppenn. te voldoen, mits alvorens de voorsz. lasten werdende afgedaan en bij reus. Van dien hebbende genomen contrarij concle. 't Hoff op 30 Maart 1718 mits de Gedaagde q.q. volgens sijne praesente. de heerlijkheijt van Giessen met de huijsinge, hofstad en landerijen ten sijnen costen levere, bij willig decreet en al de selve vrije van d' ordines en extraords. lasten tot 1715 incls. condemnt. den Impetrant gijselinge te houden volgens den eijs cum exps. Dat daar van geappellt. sijnde, hier que. is 1o. of de voorsz. lasten op dit goed leggen en 2o. van wat operatie dit can sijn. Dat dit goed wel is vercogt vrij en onbelast, en de periode van eenige praetexten den Impetrant niet obsteert, maar dat hij niets bewijst van 't cost van loterij ook dit geen legaal hypotheecq voor de kerk op dit goed soude leggen, immers dit door 't willig decreet daar van soude gesuijvert worden, nopens den uijtheemsen 100 p. Dat het decreet 't goed daar van niet can suijveren. Dog dat 'er geen bewijs is, dat dese heerlijkheijt daar mede belast is, maar eer van 't contrarij uijt des Impts. eijgen productie onder f. 1o. 't gunt maar spreekt van 89 M. lands, ook niet de 3 M. allodial land nog de hofstad en 10 Morg. Also niet blijkt, dat die 10 M. van voorsz. belaste 89 M. sijn afgedeelt, nog dat die selfde 10 M. hier sijn vercogt. Dat ook het uijtheems altijd met 1e. qinte. is verrekent, dat d' interessen niet veel cunnen sijn, immers niet van de cautse en penn. soude. Mits de helft van costen voor 't Hoff werden gecompenst. verclaren niet beswaert.

De Hr. Admiraal

Dat den Impetrant niets wegens de penn. van loterij, en of den heer die heeft genoten, bewijst, ook dit geen legaal hypotheecq geeft, immers 't regt op de penn. can gevordert werden. Dat ook niet blijkt wat van dese goederen met d' uijtheemse 100 p. is belast, nog dat dese 10 M. sijn een gedeelte van 89 M. 'T gunt den Impetrant sou moeten verifieren, 't welk den Impetrant bij interlocutie soude ordonneren, en die gedaan sijnde, sou de sente. moeten te niet daan. Soo niet dan echter de costen voor 't Hoff in 't geheel compenseren.

De Hr. De Vries

Nopens 't legaal hypotheecq: Dat de kerkmrs. cunnen bekent maken op de praefere. Maar wegens d' uijtheemsz. 100 p.: Dat die wel niet word geverifieert, maar seer bedenkelijk, ja seer apparent is, dat onder de voorsz. 89 M. dese 10 M. en misschien ood de 3 M. begrepen sijn. Sulx soude mede hierop interloqueren.

De Hr. Keetlaer

Ten aansien van 't legaal hijpotheecq 't geen seer bedenkelijk is Idem. Voorts dat de heerlijkheijt en de 3 M. met geen personele 100e. p. belast sijn, maar nopens de 10 M. veel bedenken is. Egter den Impetrant dit niet verifieert. Sulx als de Hr. Schaap, of liever simpel niet beswaert.

De Hr. Van Bijnkershoek

Nopende 't legaal hijpotheecq: Dat hier self niet consteert van de schult, immers dit op de praefere. can gevordert werden. Dat het decreet van personele 100e. p. niet can suijveren, maar niet blijkt, dat dit goed daar mede is aangeslagen immers niet de heerlijkheijt, nog de 3 M. Maar dit nopens de 10 M. seer probabil is, en dat die onder de 89 M. sijn begrepen en een gedeelte daar van, 't welk den Impetrant bij interlocutie sou ordonneren te bewijsen en daarom van interen. en costen nog niet te cunnen seggen.

De Hr. De Roovere

Idem

De Hr. Van der Hoop

Belangende 't legaal hypotheecq Idem. Maar dat wegens de 100e. p. veel bedenken is ten aansien van 10 M. als een gedeelte van belaste 89 M. om het product van Impetrant onder f 1o. sou den ontf. De Bruijn hierop hooren. Anders Idem.

De Hr. Van Hees

Op 't legaal hypoteecq Idem. Voorts dat seer apparent is, dat die 10 M. sijn een gedeelte van 89 om het product onder f. 1. als de Hr. Van Bijnkershoek.

De Hr. Van Vrijhoeven

Als de Hr. Van der Hoop.

1719

Den *30. Maart 1719*
Rapport 40 gld.

Resolutie in de sake van Willem Hendr. van Marselis, ca. Eij. in R. A.
ca.
Johan Romswinkel Janssoon Verwerder

Voor den Raad bepleijt.
De Hr. Admiraal.
Dat de Eijs. in jare 1703 aan den verw. hebbende vercogt de hofstede Elswout voor 51000 gld. te betalen in drie termijnen, nam. op Meij 1703 $\frac{1}{3}$ pt. nog $\frac{1}{3}$ op Octob. 1703 en de rest op Meij 1704. Den Verwerder in Meij 1703 wel heeft betaalt 17200 gld. maar de 2e. en 3e. termijnen ingehouden. Dat daar over proces sijnde gevallen, partijen in jare 1718 eijndelijk sijn geaccordt. en die termijnen ook betaalt, onder reserve van eeinge poincten, en dien volgens d' Eijrs. alhier hebben geconcludt. dat den Verwerder sal worden gecondemn. als nog te betalen de interessen van voors. 2 laetste termijnen, mitsgrs. de werde van alle de beelden, volgens taxatie met den interest van dien, waarjegens bij den Verwerder sijnde genomen contrairj concl. en daar na gepraesentt. met de Eijsr. te liquideren wegens eenige gedane oncosten d' interessen van 9000 gld. bij hem in Decbr. 1703 aan d' Eirs. geseent. Te oordelen, dat den Verwerder 't gebruijk en de vrugten van plaats gehad hebbende d' interessen aan d' Eijs. behoren, geadjudiceert te worden a lite contestata voor 't Hoff, sijnde de 26. Julij 1706, voorts dat defentien als de plaats vercogt sijnde, daar bij ook behoren de beelden daartoe specterende, maar niet de beelden allen tot ornament dienende. Dat de beelden in fussen vast staande ook onder de coop behouden en noijt nog de waarde van de beelden gemeten sijnde geen interessen daar van te cunnen adjudiceren.

De Hr. De Vries
Nopens d' interessen te oordelen, dat die behoren betaalt te werden van ijder termijn, maar dat die belooft en vervallen sijn. Belangende de belden: Dat hier alle de beelden bij 't contract sijn geexcipieert, en bedongen is, dat de verwr. die hij taxatie soude aannemen. Dog sou geen interessen daar van adjudiceren.

De Hr. Schaap
Dat den Verwerder de possessie van dit goed van den beginn heeft becomen en de vrugten genoten, sulx ook interessen schuldig is, en wel van deze termijnen af. Nopens de beelden: Dat hier buiten de coop sin geexcipieert alle de beelden met de voeten of pedestalen, waaronder te begrijpen alle die niet absolut in de mindering verkoft sijn, welke dan soude adjudiceren, met d' interessen zedt. de taxatie.

De Hr. Keetlaer
Nopens d' interessen van cooppenn. Idem. Aangaande de belden: Dat alleen geexcipieert sijn de beelden staande op losse pedestallen, dog sou ook daar van geen interessen adjudiceeren.

De Hr. Van Bijnkershoek

Op de interessen van de captialen, licet nulla mora emptoris inercesserit juxta l. 13 § 21 D. de act empti idem. Nopens de beelden: Dat de plaats vercogt sijnde ook de fonteijn vercogt is, en de beelden die daar aan vast sijn of ursakelijk daar toe behoren. Sulx mede de oordelen, dat hier alleen geexipieert syn de losse beelden staande op losse pedestalen, en d' interessen daar van te moeten ontseggen.

De Hr. De Roovere

De Verwerder van 't begin af hebbende gehad 't gebruijk en de vrugten van plaats. Nopens d' interen. van cooppenn. Idem. Belangende 't verdere: Dat alle de beelden sijn geexipt. sonder distinctie. Sulx soud die adjudiceren dog allen d' interessen daar van zedt. de taxe.

De Hr. Van der Hoop

Op 't eerste Idem. Op de beelden: Dat d' exceptie niet claar is en die moet geinterpreteert werden toe nadele van vercoper, en sulx als de Hr. Van Bijnkershoek.

De Hr. Van Hees

Nopens 't 1e. Idem. Aangaande de beelden: Dat naar geecipieert sijn alle de beelden staande op losse pedestalen buijten de muer. Sulx Idem.

De Hr. Van Vrijhooven

Op 't eerste Idem. Op 't tweede als de Hr. De Roovere.

Den 1e. Julij 1719

Rapport 20 gld.

Resolutie in de sake van Mr. Adr. Boon Impetrant in rel. d' appel
ca.
Johan Schopman q.q. Gedaagde

De Hr. Schaap Rapportr.

Dat den Impetrant bij sente. van desen H. Rade in dato den 22 Decbr. 1718 geordonnt. sijnde te bewijsen, dat de omtrent 10 Morg. lands die den Impetrant op den 1e. Julij 1716 van Ged. q.q. met het huijs en de hofstad van Giessen heeft gecogt sijn een gedeelte van 89 Morg. 2 Hond, die in personelen 200e. penn. sijn aangeslagen, en gemelt staan in het extract bij d' Impetrant geproduct cum F 1o. 1o. en nader productie daar toe heeft gedaan, waarom en andere redenen in voorige advijsen van 8 Decbr. 1718 gealleegeert te oordelen dat de vercogte 10 Morg. niet anders cunnen werden geconsidereert dan als een gedeelte van voorsz. 89 M. 2 H. en mitsdien den Impetrant met sijne praesentatie rakende de hofstad met dese 10 Morg. behoort te cunnen volstaan. En nopende de interessen te meenen, dat den Impetrant geen interessen schuldig is, als niet gehouden sijnde den opdragt te ontfangen voor dat het vercogte vrij gelevert wierd.

De Hr. Admiraal

Te oordelen, dat den Impetrant de interlocutoire sente. hier booven gemelt heeft voldaan, en dat hij niet gehouden was, belast goed te ontfangen, en op sulx Idem.

De Hren. De Vries
en Keetlaer
Idem.

De Hr. Van Bijnkershoek
Dat bedenkelijk is, of de heerlijkheijt van Giessen mede niet is geaffecteert door het aanslaan in d' uijtheemse 200 penn. ja sulx te oordelen, en dat vervolgens die mede moet ontlast werden. Voorts Idem.

De Hr. De Roovere
Idem.

De Hr. Van der Hoop
Over de 10 Morgen geen twijffel te hebben, maar dat bedenkelijk is, of het woord jurisdictie reflecteert op de hofstad of op de heerlijkheijt. Dat de heerlijkheijt door de caveling van vorige possesseurs is ontlast van 't personeel en die last gebragt op 't land, soude van d' ontlasting van de heerlijkheijt niet spreken. Voorts Idem.

De Hr. Van Hees
Dat praesumptijf is, dat alle de goederen van de Hr. Van Giessen in 200e. p. sijn aangeslagen sijn. Voorts Idem.

De Hr. Van Vrijhoeven
Idem.

Den 14e. Septbr. 1719
Rapport 30 gld.

Resolutie in de sake van Joannes van der Lip Impetrant in cas d' appel
ca.
De Wede. en Boedelhoudster van Adolv Sueelerwald Gedaagde

De Hr. Van Hees Rapportr.
Dat partijen met den andere hebbende gehandelt in goud- en silverwerk des Gedes. waarbij flot van reeken. van 14 Febr. 1695 is schuldig gebleven 2250 gld. en na eenige gedane betalinge nog 1151 gld. Dat d' Impetrant geen voldonee. daar van becomende voor 't geregt van Hage heeft geconcludt. tot betalinge van die 1151 gld. 2 st. 8 p. Dat de Gedaagde daarop seggende dat 'er geaccordeert, dat den Impetrant het goud- en silver soo goed coop soude leveren, als de Gedaagde het van een andere soude cunnen crijgen, en dat sij 't goud van andere heeft gecogt de 6 mark tot 36 gld. en 't silver de 6 mark tot 28 gld. en de 5 mark tot 26 gld., heeft gepraesenteert het ook soo aan Impetrant te betalen, en bij refuijs van dien genomen contrarij concle. Dat dit gerefuseert sijnde Schepenen op 18e. Octbr. 1702 mits d' Impetrant verclare, dat hij in jaren 1695, 1696 en 1697 aan de Gedaagde heeft gegeven pertinente reekene. van leverantie in ijder van selve jaren gedaan, met specificatie van de sommen, en de Gedaagde daar jegens niet heeft geprotesteert, de Gedaagde hebben gecondemneert de voorsz. 1151 gld. te betalen. Maar 't Hoff na gedane praesentatie van eede van Gedaagde dat de prijsen noijt in so reckeningen sijn uijtgedrukt, en gelijke contrapraesente. van Impetrant op 21e. Junij 1709 dat vonnis heeft te niet gedaan, de

Gedaagde verclaert met haar praesente. voor den Haag te mogen volstaan, partijen gecondemneert in de inhoude van selve, en den Impetrant sijn verderen eijs ontseijt, waar van weder geappellt. sijnde, en wederzijds geinhareert bij haar praesente. van eede. Dat d' Impetrant sig fundeert op d' aantekeninge in sijn boek en dat hij 't elkens jaarlijx de reekene. heeft overgegeven met expressie van de prijs en de Gedaagde dat heeft geacquiesceert. Nopende het 1e.: Dat in confesso is, dat noijt over de prijs is gehandelt en sulx 't boeck dit niet can termineren. Op het 2e.: Dat den Impetrant dit moest bewijsen, en de praesentatie van eede in sijn eijgen saak daar toe niet genoeg is, ja de Gedaagde 't contrarij praesentt. te verclaren, en sulx dit na d' ordinaris prijs van die tijd moet gereguleert werden, welke hier bij de Gedaagde bewesen en gepraesentt. sijnde. Sou verclaren niet beswaert.

De Hr. Admiraal
Dat wel maar waren worden gelevert sonder beding of uijtdrucking van de prijs, maar de que. of hier bij en in de overgegeven reekenen. de som is uijtgedrukt. Dat in des Impts. boek soo is aangetekent, en hij dat met eede wil bevestigen, waar aan meer te moeten defereren als aan de negative gepraesenteerden eed van Gedaagde Sou verclaren bij 't vonnis niet beswaert.

De Hr. De Vries
Soude verclaren in desen doen beleggen in forma probanti.

De Hr. Schaap
Sou meer defereren aan d' extracten uijt de boecken als aan de verclaringen, en te geloven, dat alle jaar een reekene. met uijtdruckinge van de prijs is overgegeven en daar op telkens betalinge gedaan, maar juijst niet tot die prijs. Dat ook de prijs is verhoegt en die tot Amsterdam en in den Haag verschilt. Sou dit soo wat tusschen beijde nemen.

De Hr. Keetlaer
Aan des Impts. eed nopens de prijs in sijn boek gestelt met te cunnen defereren en schoon de prijs 't elkens bij d' overgegeven reeke. was gestelt dit nog niet genoeg is, also de durig, maar op reekene. sijnde betaalt, de prijs op 't flot van reekene. soude sijn gereguleert. Voorts als de rapportr.

De Hr. Van Bijnkershoek
Dat partijen 't eens sijn, dat hier te voren geen prijs is gedefineert, en in sulk geval d' aantekeninge van vercoper in sijn boek niet bewijst. Maar dit staat arbitrie boni viri, dat niet blijkt, dat de reekenen. jaarlijx sijn overgeleveert, veel min dat die sijn geacquiesceert. Also d' er waar op reekene. is betaalt. Dog dat de prijs courant moet betaalt werden, niet soo als den Impetrant of ook de Gedaagde die stelt, maar als de Hr. Schaap.

De Hr. Van der Hoop
Soude dit adjudiceren ter die prijs, als 't in voorgaande gefloten reekenen. is voldaan.

De Hr. Van Vrijhoeven
Dat de prijsen degelijks veranderen, in dese onsekerheijt naast als de Hr. Schaap, et ita concle. jus.

1722

Den *26. Junij 1722*
Rapport 50 gld.

Resolutie in de sake van Bruijn van Marken en Pieter van Schagen ca. Impten en rel. d' appel, Geexcipden. en Requirten.
ca.
Johannes Landsman, Gedaagde, Excipt. en Geregde.

Hr. De Roovere Rapportr.
Dat d' Impetranten poserende, dat sij op 15. Novbr. 1710 aan Gedaagde hebben vercogt een huijs tot Zweests voor 1640 gld. te betalen binnen 8 of 14 dagen met alle de lasten, en dat de Gedaagde haar niet voldede, voor 't Hof hebben geconcludt. dat de Gedaagde sou werden gecondemnt. den opdragt van dat huijs te ontfangen en de cooppenn. te betalen cum intere. en al de lasten van 40den p. etc. Dog dat de Gedaagde daar jegens sustineerende, dat d' Impetranten eerst 't huijs moeten suijveren van alle lasten, legaal en speciaal hypotheecq etc. heeft geconclud. dat d' Impetranten aan hem sullen geven copje van acte van gecommitt. Raden, waar bij blijkt, dat die haar regt op dat huijs aan impten. hebben gecedt. en de 4000 gld. aan 't land syn voldaan, voorts gecondt. 't selve huijs te suijveren van lasten onbetaalde reparatien en 100. penn. onder den gede. te laten af te consigneren 400 gld. voor $\frac{1}{6}$ pt. in een hypotheecq van 2100 gld. opdragt te doen en in den opdragt te laten insereren. Dat de Gedaagde met sijn pomp water sal mogen trecken uit der Impetranten waterbak, en uit water uit hare priel, en 't ligt van des Ged. keuken niet mag worden betimmert, en in con. gepresent. dan de cooppenn. te voldoen. Dat op bij d' Impetranten en daar na ook bij den Gedaagde praesentatie en contrapraesente. sijnde gedaan, dog gerefuseert 't Hof op 31 Julij 1716.[9]

1723

Den 17e. April 1723
Rapport 30 gld.

Resolutie in sake van Mr. Maerten Robijns Impetrant in rel. d' appel en gerequirde.
ca.
Henricus Verploeg q.q. Gedaagde

De Hr. De Roovere Rapportr.
Dat in desen quaestie sinde over de coop en leverantie van nog resterende 466200 pd. hooij bij de Gedaagde onder meer quantiteit in Sept. 1697 aan den Impetrant vercocht, begroot op 2564 gld. welke d' Impetrant segt niet gelevert nog toegewogen te sijn, en dat veel van 't selve naader rot en schimmelagtig was. Bij interlocutorie sente. van 20 Maert 1717 is geordonnt. de wederzijdse verclaringen te doen beleggen in forma probanti. Dat 't selve gedaen sijnde het bijsonder daarop aancomt, of de

9 Hier endet die *resolutie*.

Gedaagde in mora is geweest van dit vercogte hooij te leveren, of den Impetrant om 't selve te ontfangen, dan of dit bederf is geschiet per casum fortuitum. Waarop de nader conventie van practijcq te moeten oordelen, dat den Impetrant in de schult is en hij bij die conve. 't perikel op sig genomen heeft. Sulx sou den Impetrant verclaren bij de sente. van 't Hof te wesen niet beschwaert, met d' interessen en Reqte. civile geeijst a lite contesta.

De Hr. De Vries
Dat[10]

1724

Den 30 Novbr. 1724
Rapport 25 gld.

Resolutie in sake van Mr. Joh. van der Voort Impetrant in cas d' appel met subste. relief
ca.
Jacob van der Koof coopman tot Delft Gedaagde

Voor 't collegie van Rade bepelijt
De Hr. Keetlaer
Dat de Gedaagde in Septbr. 1720 aan den Impetrant hebbende vercogt 2 actien in de compe. van commercie tot Rotterdam, 't gen 105 pr. 100 te leveren den 21e. Jan. 1721. Dog den Gedaagde weijgernde die te ontfangen en te betalen. De Gedaagde tot Rotterdam jegens den Impetrant heeft geconcludt. tot ontfanging van voorsz. actien en betaling van beloofde cooppenn. cum intere. a mora. Dat d' Impetrant seggende dat de Gedaagde ten tijde van coop geen actien hadde, en daarom die coop nul is. Daar jegens heeft genomen contre. concle. Dog Schepenen op 29e. Apr. 1722 den eijs hebben geadjudiceert maar sonder interessen, en 't Hof op 14e. Januar. 1724 den Impetrant heeft verlcaert niet beswaert cum interesse a lite contestata, waar van weder sijnde geappellt. en versogt relief van 't aangaan en tekenen van 't voorsz. contract van coop, als doleus en met laesie ultra dimidium, en jegens alles sijnde genomen contrarij concle. Te oordelen, dat nopen de laesie moet ingesien werden met de tijd van de leverantie, maar van de coop, en dan hier geen sonderlinge laesie is. Also de Gedaagde op selven dag 2 actien heeft gecogt voor 90 per 100. Ook geen dolus in 't contract te vinden, en dat de placaten op d' Oost- en Westinde. actien, waar op den Impetrant sig in desen fundeert, niet te pas comen. Sulx sou 't relief rejecteren, en voorts verlcaren niet beswaert.

De Hren. Schaap
De Roovere
Van der Hoop
Van Hees
Visscher

10 Hier endet die *resolutie.*

Van Bleiswijk
Duirkant
et Praeses
Omnes Idem.

Den 13en. Decbr. 1724
Rapport 60 gld.

Resolutie in de sake van Joh. Ignat. Facher, Impetrant in relief d' appel
ca.
Leendert de Coning Gedaagde

De Hr. Keetlaer Rapportr.
Dat de Gedaagde op 30 Novbr. 1713 aan Impetrant hebbende vercogt 318 stucken soo eefene als gebloemde pelangs leggende in een kist voor elf guld. 't stuck. Den Impetrant op 5 Dec. wel 100 st. daar van heeft afgehaalt en betaalt, maar weijgerende de resterende af te halen. De gede. hem voor schepenen van Haag heeft geconvenieert en geconcludt. tot kennen of ontkennen van voorsz. coop en sijne handtekeninge, voorts dat d' Impetrant te werden gecondemnt. de resterende 218 st. pelangs af te halen, en te betalen tot 11 gld. 't stuck bedr. 2398 gld. cum intere. zedt. 30 Novbr. 1713. Dat den Impetrant daar jegens seggen na dat er nu vrij minder effene stucken die meer waardig sijn, in de kist waren, als hij gecogt had in reconve. heeft geconcludt. dat de Gedaagde sou worden gecondt. aan hem Impetrant te leveren sodaing 134 st. effene, en 84 gebloemde pelangs, als wegen reste van 't contract van 1713 onder den Gedaagde nog moesten berusten, in in[11] conve. gepraesent. nevens de levering van selve 134 en 84 st. deselve te betalen tot 11 gld. Dat daarop schep. 17 Maart 1717 in conqe. interl. de Gedaagde bij eede verclarende, dat hij, zedert dat hij de sleutel van voorsz. kist aan Impetrant heeft overgegeven, daar niet in is geweest, veel min iets daar uijt heeft gehaalt of verandert, den eijs aan Gedaagde hebben geadjudict. en den eijs in reconve. ontseijt, dog bij refus van dien eed, het contrarie. Dat d' Impetrant daar van appellerende en mede een eed praesenteerende 't Hof hem heeft verclaert niet beswaert, waar van weder geappellt sijnde. Te oordelen, dat de Gedaagde over 't overgang van sleutel van dese kist, ook de leverantie van dit goed aan Impetrant heeft gedaan, en mitsdien 't selve ook tot sijn perijkel was, immers dat d' Impetrant sou moeten bewijsen, dat de Gedaagde doleus dese stucken soude hebben vermindert of verandert. Sulx sou verclaren niet beswaert.

De Hr. Schaap
Que. hier sijnde wat gecogt en wat gelevert is. Dat volgens 't getekende contract speciaal sijn vergot 185 effene en 134 gebloemde stucken, dat daar van op 5 Decbr. sijn gelevert 49 effene en 51 gebloemde, en blijkt dat op de voldoeninge van provisie in de kist sijn bevonden 74 effene en 143 gebloemde st. en sulx 9 of 10 gebloemde meer als 'er in gelegt waren, en soo veel minder effene schoen er al 100 effene uijt gelevert waren. En sulx niet gelevert word, 't gunt vercogt is. Dat er ook 2 sleutels van kist

11 Sic.

cunnen syn geweest, soude onder beneficie van eed bij den Impetrant gepraesentt. de sente. te niet doen.

De Hr. De Roovere
Dat niet bewesen word, dat de gede. in desen qualijk soude gehandelt hebben, en de saak of 't verschil soo gering sijnde, niet beswaert.

De Hr. Van der Hoop
Dat dit goed na dato van coop, en 't overleveren van sleutels en bedingen van interen. is geweest voor rekene. van koper, sulx ook de verandering die er mogt sijn gevallen, considererende dit als een depositum, 't en ware bewesen wierd, dat de Gedaagde doleus had gehandelt. 'T welk hier niet sijnde, soude immers wel eenige ameliatie van des gedes. eed, d' Impetrant verclaren niet beswaert.

De Hr. Van Hees
Dat de coper met het nasien van 't goed en aanneminge van 't self mitgrs. d' overneming van sleutel, dit goed voor sijn reekene. heeft genomen, so dat de Gedaagde sig met de qualiteit of quantiteijt van 't selve niet meer had te bemoeijen. Sou mits de Gedaagde ook verclarende, dat 'er geen 2 sleutels sijn geweest, verclaren niet beswaert.

De Hr. Visscher
Dat dit contract wel is geperfecteert en 't goed aan Impetrant gelevert dog als een depositum onder de Gedaagde is gebleven, en aan depositaris alle voorsorge moet dragen en restitueren 't gunt hij ontfangen heeft per l. 41 D. de pos. waarom hier sijnde de verclar. van een getuijge, dat er maar 51 effene st. uijt de kist genomen sijn, en d' Impetrant dit met eede willende bevestigen, over sulx nog 134 st. moeten over sijn. Als de Hr. Schaap

De Hr. Van Bleiswijk
Dat dese coop niet is geschiet per aversionem, sed numere et quantitate, en 't goed niet gebragt onder de magt van Impetrant en sulx geen traditie ofschoon de sleutel is overgegeven. l. 35 § 5 D. de contr. empt. et l. 92 D. de per. r. v. en sulx 't perijkel comt voor Gedaagde die moet leveren 't gunt hij vercogt heeft, of 't ongeval moet bewijsen, als in pignore et deposite. Sulx ook soude reguard te nemen op den eed. Idem.

De Hr. Duircant
Dat volgens 't contract 185 effene sijn vercogt en niet gelevert maar onder den Gedaagde gebleven, en dan 't perikel comt tot laste van vercoper l. 33 D. de contr. empt. en daarom en verder geallegde. redenen. Idem.

De Hr. Praesident
Dat hier op de coop warlijk geen traditie of datio possesionis is maar eerst als de stucken afgehaelt en gelevert sijn, immers 't goed onder den Gedaagde is gebleven als een pignus of depositum, die mitsdien 't behoude getal moet restitueren, 't en ware hij casum fortuitum con bewijsen, waar bij comende de verclare. van 1 getuijge, en de gepraesenteerden eed van Impetrant mits hij alleen verclare, dat hij maar 51 efene en 49 gebloemde st. uijt de kist afgehaelt heeft. Idem.

1725

Den ... [12]
Rapport 50 gld.

Resolutie in de sake van Roelof Fouteijn Impetrant in cas d' appel
ca.
Johanna Damen

De Hr. Van Hees Rapporteur
Dat de Gedaagde poseert, dat den Impetrant op 20e. April 1705 van ... [13] heeft gecogt 25 stucken goede coopmans preef houdende brandewijn a 50 virtels 't stuck van 18 pd. en op 1 Aug. daar na nog gelijke 25 st., maar d' Impetrant in gebreke blijvende die op den tijd te ontfangen, de Gedaagde op appoinctt. van schepenen van Amst. de selve publijcq heeft doen vercopen, en daar bij op d' 1. partije 1592 en op der 2e. 650 gld. minder daar van gemaakt sijnde, als te voren bedongen was. Jegens den Impetrant heeft geconcludt. tot betalinge en namptissemt. van voors. 1592 en 650 gld. met d' intere. a 8 pr. 100. Dat den Impetrant seggende dat de Gedaagde in dese coop doleus heeft gehandelt en vercogt 't gunt hij niet had, en sulx ward. Dat ook de Gedaagde sig voorts niet volgens 't contract en de practijcq heeft gedragen, en geen fransse, maar gecomponeerde brandewijn had, daar jegens heeft genomen contrarie concle. Maar schepenen den Impetrant hebben gecondemnt. volgens den eijs, en 't Hof op 20e. Sept. 1720 hem verclaart niet beswaert. Dat daar van weder geappellt sijnde. Dat de contracten sijn in confesso, dat men dingen can vercopen, die men niet heeft, als in reguarde van actien is verstaan. Dat de brandewijnen behoorlijk sijn gerooijt, getaxeert en vercogt met kennis en toelating van Impetrant en alles bij hem is geacquisceert. Dat van 2 partie geen rooijing gerequirt. en die ook niet noodsakelijk was, nog d' overlevering van sleutels van de hofdoor. Dat geen dolus van Gedaagde in dese sake word bewesen, nopens d' interessen. Dat de keuren van Amst. van 't jaar 1609 in coopmanschappen aan den Gedaagde claar toeleggen 8 pr. 10, en dit bij den Impetrant niet werd tegengesproken. Sulkx te moeten verclaren niet beswaart.

De Hren Schaap
en Keetlaer
Idem.

De Hr. De Roovere
Wel eening bedenken te hebben op d' interessen, en die wel te cunnnen modereren. Anders Idem.

De Hr. van der Hoop
Op de saak self Idem. Maar op de interen. te oordelen dat de hem alleen plaats heeft, als 't goed gelevert is, en de koper in possessie sijn. Dan in gebreke blijt de cooppen. te betalen, en dit claar blijkt uit de renovatie van de keur ano. 1665, ook de costuime van 1658 d' interen. reguleert op 5 pr. 100, en daar na op 4 pr. 100. Warom en in de keure van 1669, sou d' interen. maar nomen op 4 pr. 100.

12 Das Datum fehlt in der Quelle. Es ist der 11. Januar 1725.
13 Die Angabe des Namens fehlt in der Quelle.

De Hr. Visscher
Te oordelen, dat de keuren van 1609 en 1665 in veride observantia sijn en d' 1e. van geen leverantie spreekt, en de 2e. alleen, als 't good om contant gelt is vercogt. Voorts als de Hr. Rapportr.

De Hr. Van Bleiswijk
Nopens d' interen.: Dat de keuren van 1609 en 1665 praesupponeren een leverantie, maar hier niet applicabel sijn, also de leverantie hier door d' informatie, 't appointt. en de vercopinge geschiet is. Waarom als de Rapportr.

De Hr. Duirkant
Op de sake self, en ook nopens d' interen. also oordele de leverantie hier te sijn geschiet. Sulx Idem.

De Hr. Praesident
Nopens de saak self: Idem. Belangende d' interessen: Dat het 't selve is, de leverantie te doen, of dat die gepraesentt. sijnde door de quaatwillight. van de koper niet geschiet. Dat hier geen culpa venditoris is en mitsdien Idem.

Den 9 Januari 1726[14]

Resolutie in de sake van Jan van Ryn cum s. voogden over de minderjarige kinderen en erfg. van P. Ekhuijsen Ged. bij artic.
ca.
Helena de Vries wede. ald. Hedsben Geappel.

Rapport. f. 60 guld.
De Heer De Roovere Rappr.
De Geappde. poseert dat 1. de knuijt en sijn vrouw aan Hedsben hebben verkogt en getransporteert een obligatie van 6000 gl., en van de penn. voldaan. Dat de sake van de knuijt toen eenigsints in verval waren, maar niet sonder Hoop van redres, dewijl hij was geingageert in de negotie van granen die aan 't rijsen waren. Dat hij Hedsben aan de knuijt wel heeft willen accorderen die obligatie weder te sullen overdoen als hij de daar voor genote penne. kon restitueren. Dat hij te vreden was onder eede te verklaren, dat de knuijt, wijnig tijds na 't verkopen en transporteeren van de voorts. obligatie bij hem Geappde. is gekomen en gesegt heeft dat hij occasie had bekomen, om vermits de granen gemonteert waren. Deselve granen te verkopen, dog dewijl die granen waren verpand en beleent, dat hij bevorens de penn. waar voor die beleent waren aan den beleender gaven wilde opbrengen. Dat hij wijders daar toe ook wel soude willen employeren de voorts. oblige., hetsij met die onder 't goed vinden van Hodson weder van hem over te nemen, en so aan imand anders te verkopen of belenen, en dat hij Geappde. het selve geschiet sijnde remboursement van sijn opgeschote penn. voor de voorsz. oblige. alsdan soude vinden uijt het provenu van de kooppenn. van de granen. Dat hij Geappde. op de voorts. propositie van hem de knuijt de voorts. oblige. aan hem niet hadde willen toebetrouwen, als mits dat deselve in die staat quam te blijven. Dat de knuijt daar van of omtrent niet sou kunnen disponeren als

14 Die Seiten im *resolutie-boek* sind vertauscht. Die Entscheidung trägt nach Van Bijnkershoek das Datum 28. Dezember 1725.

met consent en concurrentie van de Geappde. en dat hij Geappde. daarom de voors. obligatie met het transport aan de knuijt niet had gegeven of gefieert om te sien of hij daar toe een koopman konde vinden. Dat de knuijt daar op nader insterende dat hij met de oblige. niets konde doen als den Geappde. het transport in handen hield tot een teken van sijn eijgendom, en dat hij Geappde. aan hem de oblige. maar eens geven soude of imand genegen was deselve te kopen, en dan naderhant met de Geappde. te overleggen of hij ook soude kunnen resolveren om aan hem de knuijt te laten de facultijt, om met het provenu der oblig. de belening der granen af te doen, en sijn eigen remboursement uijt de kooppenn. der granen te vinden. Dat den Geappde. de voorsz. nader instantie van de knuijt vervolgens ook sodanig begrepen had, dat hij sig mit praejudiceerde omtrent den eijgendom der obligatie wanneer hij daarvan het transport in handen hield, en de oblig. alleen eens gaf aan de knuijt om die te laten vertoonen en te sien of daar een koper toe konde gevonden worden. En dat hij geappde. deselve oblig. daar op vervolgens alleen sodanig en met het geme. insigt in handen van de knuijt gegeven hebbende in eenigen tijd van deselve niet anders gehoord had als dat de knuijt 't reclameren als sijn eijgen goed; Daarom oordeelen den Eijs wel geadjudiceert te sijn, sijnde de alternative van deselve ten voordele van de Impetranten

Hr. Schaap
Dat de koop tot Amst. voorkomt als versonnen in de obligentheid van de wede. De Vries over de tijding van de insolventie van carceris. En sulks een simulate koop. Dat hier geen volkomme preuve is dat verkooping op coopmans conditien wil seggen voor contant gelt. So het hierop aanquam sou requireren het boek van den Gedaagde waaruijt het extract genomen is, waarin gevonden word dat de koop is geschiet voor contant gelt. Dat de luijden direct sijn ingescheept sonder gebragt te sijn op de solder of pakhuijsen van carceres. Dat den Gedaagde geweten heeft dat deselve buijten de provincie werden versonden en sulks carceris niet meer had de vrije beheering over desen. Dat den Gedaagde carceris in geen het weeken om betaling heeft aangesproken, en eerst voor den dag gekomen na desselft insolventie. Daar door moet gesegt worden afgesien te hebben van de verkogte luijden onder haar hebbende carceris omtrent 20000 gld. heeft gecrediteert. Soude sententie te niet doen, en den eijs ontseggen.

Hr. De Roovere
Als de Rappr.

Hr. V. Hoop
Dat den eijs rust op fundament dat den Gedaagde eijgenaar sou sijn gebleven van de huijden in quaestie. Dat de koop tot Amst. moet gehouden worden als niet geschiet. Dat de Wede. de Vries is geweest commissionaris van carceres, en de huijden heeft kunnen beleenen, en verkoopen. Dat sij bewijst te sijn creditrice van carceres en heeft gehad regt van retentie, sou swarigheid maken. Te oordeelen dat door verkoping op koopmans conditien moet verstaan worden verkoping voor contant geld, maar schoon de koop was voor contant gelt sou de reclame egter niet doorgaan. Dewijl volgens de keuren van Zeeland den verkoper, wanneer de koper na de leverantie niet betaalt, gehouden is incontinenti het selve te vervolgen, voor al wanneer hij weet dat het selve buijten de provincie versonden word. Dat den Gedaagde sijde in dat geval moet gesegt

worden carceris gecrediteert te hebben. Sulks sou de sententie te niet doen, en den eijs ontseggen. Maar sou swarigheid maken indien geoordeelt wierd dat de revindicatie plaats had de geijste kosten schaden etc. te ontseggen.

Hr. V. Hees
Door coopmans conditien te verstaan voor contant geld. Dat de wede. De Vries sijnde commissionaris van carceris moet gehouden worden als een en deselve persoon. De huijden in quaestie niet sijn overgegaan aan een derde, maar dat den gede. door sijn gedrag moet geoordeelt worden van sijn regt op het verkogte goed afgesien te hebben, en den kooper gecrediteert, en alleen een personeele actie tegens hem behouden te hebben l. 3 C. de pactis. inter empt. et vend. hier bij de keuren van Zeeland. Idem.

Hr. V. Bleijswijk
Dat de wede. De Vries sijnde commissionaris van carceres geen regt van retentie tegens hem kan allegeeren indien de huijden gebleven sijn in den eijgendom van den verkoper. Dat de generale regel leert dat het goed blijft aan den verkoper so lang het niet is betaalt, niet tegenstaande de overlevering, ten ware hij had credit gegeven. Hier dan de vrag an fides habita sit de pretio. Dat den Gedaagde probeert dat dese koop is geschied voor contant gelt. Dat den Gedaagde binnen ses weeken het arrest heeft gedaan, het geen een convenabile tijd schijnt. Sulks niet beswaert.

Hr. Duirkant
Idem.

Hr. Praeses
De twede koop te seponeren. Dat volgens het regt den koper geen eijgenaar word, sonder betaling, ten ware den verkoper met hem te crediteren contentement nam. Dat de wede. De Vries het regt van retentie alleen kan allegeeren tegen carceres. Dat alle koop moet gesegt worden om contant geld te sijn ten ware het contrari bleek uijt de conditien. T' geen hier niet blijkt, maar eer dat het contant is gescheet. Het gemeene regt bepaalt geen tijd hoe lang den verkoper het regt van revindicatie behoud, verscheijde keuren stellen den tijd van ses weken voor prompte betaling, ende keure van Zeelant moet door *verser daat* verstaan worden een bequamen tijd, den Gedaagde heeft het arrest gedaan binnen ses weeken; Sulks te oordelen een bequamen tijd te wesen, en den Gedaagde van geen nonchalance te kunnen beschuldigen. Idem.

1727

Den 3 April 1727
Rapport f. 50 gl.

Resolutie in de sake van Josua Israel d' Andrade Impetrant in R. d' appel
ca.
Joseph Barsilay Gedaagde

Hr. V. Bleiswijk Raporteur
Impetrant post. dat den Gedaagde den 24 Meij 1715 had ontfangen f. 84:20:- en sig daar voor verbonden van die tijd af tot 1 Jan. 1726 altijd te ontfangen 2000 pond goede leverbare cacao in baren tegen 11 st. het pond, en verders volgens costumen. Dat

hij de Gedaagde op 8 Aug. 1715 het geinterpelleert tot het ontfangen van de cacao, leggende op de selder van Nunes Mercado. Dat den Gedaagde sulks niet hebbende willen doen so als het behoorde, hij den Gedaagde heeft doon aanseggen dat hij de Cacao aan de waag gereed sou hebben, gelijk hij die den 10 Meij 1717 in negen balen heeft doen brengen aan de waag, en gelaten onder de waagdragers voor risico van den Gedaagde Concludt. tot Amst. dat den Gedaagde sal worden gecondt. de voorz. 2000 pond Cacao te ontfangen en nevens den ontfangst te betalen tegens 11 st. het pond so als deselve 9 balen den 10 Meij 1717 ter waag hebben gewogen onder corting volgens costumen met vergoeding van de costen schaden en interessen door des Geds. tergeversatie geleden en nog te lijden.
Den Gedaagde post. dat de aansegging van 8 Aug. 1715 is strijdig met de stijl mercantiel. Schepenen 19 Junij 1718 ontseggen den eijs. Daar van geprovoceert sijnde heeft 't Hoff 23 Octob. 1720 verklaart niet beswaert. Den Impetrant appelleert aan den H. Rade dat niet blijkt dat het nodig was de cacao aan de waag te leveren om te inspecteren. Dat den Impetrant heeft voldaan aan het contract, en door het niet willen laten storten van de cacao sijn regt niet heeft verloren. Consteert dat de cacao te laten inspecteren anders word gepractiseert, dat de oneelijkheid van den Impetrant niet word bewesen. De laaste insinuatie renverseert de eerste niet. Den Gedaagde is altijd in mora geweest, sou de gewijsdens te niet doen en den eijs adjudiceren.

Hr. Schaap
Geen bewijss in 't proces dat de inspectie moet geschieden aan de waag. Den Impetrant heeft de insinuatie van 8 Aug. wel gedaan, maar de Gedaagde die niet op komende of imand sendende, moest den Impetrant niet versoeken de cacao te verkopen. Maar dat die soude werden geinspecteert door het appointement van schepenen om te inspecteren viel het wel in die termen. Dog den Impetrant had het daar niet bij moeten laten, maar de cacao laten brengen aan de waag. Die een ander in mora wil stellen moet aan sijn kant doen al wat hij kan den Impetrant dit hier met hebbende gedaan. Sou de gewijsdens confirmeren.

Hr. Keetlaer
Dat bewesen moest sijn dat de costumen tot Amsterdam mede brengen, dat door de insinuatie niet is voldaan. Maar dat de cacao sou moeten werden gebragt aan de waag om geinspecteert te worden. Naast daar toe interloqueren, anders als de Rappr.

Hr. De Roovere
Dat den Impetrant aan sijn kant heeft voldaan. Als de Rappr.

Hr. V. Hoop
Dat dit een costumiere quaestie is waar de inspectie moet geschieden. Den Impetrant sou moeten bewijsen dat het costumier is dat hij kan volstaan met te wergen van den Gedaagde hetgeen hij heeft gewergt. Daar toe interloqueren.

Hr. V. Hees
Te meenen dat een verbale obligatie niet genoeg is. Dat bij tergiversatie den Impetrant de cacao had moeten depositeren l. ult. C. de luis. Pign. l. 9 C. de sol. Dat hier gevorseert word in een geval om actu te acquireren. Tot Amsterdam moet de leverantie van weegbare goederen aan de waag geschieden gelijk den Impetrant sulks

selfs naderhand heeft begrepen. Sulks den Impetrant aan sijn kant niet hebbende voldaan. Sou verklaren niet beswaert.

Hr. Duirkant
Idem.

Hr. V. Does
Sou de Gedaagde bij interlocutie ordonneren te bewijsen, dat de inspectie en leverantie moet geschieden an de waag.

Hr. De Grande
Dat den Impetrant na de aansegging verpligt was te leveren, hetwelk moest geschieden aan de waag. Den Impetrant sulks niet doende heeft aan sijn kant niet voldaan. Sou verklaren niet beswaert.

Hr. President
Dat de condemnatie niet verder sou kunnen gaan als tot vergoeding van costen, schaden en interessen. Sulks dat den eijs niet kan volgen so als die ligt. Dat hier is een contract van koop en verkoop, waarin de bona fides moest te pas komt. Daar aan heeft den gede. het meest gemanqueert. Dat de quaestie uijt het contract gedecideert moet werden, het contract requ. tot liberering van den Gedaagde Dat het moeten ontfangen van de cacao niet word aangesegt, den Impetrant heeft de aansegging gedaan. Doen was het de post van den Geds. de leverantie te posseren. Het contract requireert goede leverbare cacao. Daar toe was inspectie nodig, komt natuurlijks voor dat die geschiede ter plaatse daar de Cacao was. Den Gedaagde wil hebben dat de cacao word gestort. Sulks kon niet wel aan de waag geschieden. Sulks den Impetrant voldoende met de cacao te willen laten inspecteren volgens gebruijk, en den Gedaagde sijnde geweest in mora. Sou de gewijsdens te niet doen.

Postea geresolveert te interloqueren vide sententie 5 April 1727.[15]

Den 27 November 1727
Raport f. 20:-:-

Josua Israel d' Andrade Impetrant in R. Appel
Joseph Barsilay Gedaagde

Hr. V. Bleiswijk Rapporteur
Bij interlocutoire sententie van den 5 April 1727 is aan de Gedaagde geordineert binnen den tijd van drie maanden an de pronunciatie te bewijsen, dat tot Amsterdam stijl mercantil is, dat een verkoper, die sijne koopmanschap sijnde van die natuur, dat te moet worden geinspecteert en aan de waag gelevert, verpligt is deselve aan de waag door de koper te laten inspecteren om vervolgens aldaar gelevert te worden, soud er nopens de aanbieding van de inspectie te mogen volstaan, mit den koper te insinueren, de plaats in pakhuijs, alwaar de koopmanschap legt en 't meer dat de koper deselve aldaar kan doen inspecteren, mit offerte van deselve, wel bevonden sijnde, immidiert daarop ter wage te leveren.

15 Diese *resolutie* fehlt.

De Gedaagde moet aan die interlocutie voldoen, sal sig in sijne defensie geweetigt worden. De certificatie van 27 cooplieden 13 makelaars segt, indien de koper begeert, de Verwerder heeft sulks niet begeert, in de negotie moet de bona fides praevaleren, en geen laptien plaats hebben. Die Gedaagde heeft op alderhande wijsen getragt de leverantie te ontgaan. Sulks is aan de interlocutie niet voldaan. Sou den Eijs adjudiceren.

Hr. Schaap
De insinuatie van den 8 Aug. is volgens de costumen. De Gedaagde heeft door te antwoorden op de insinuati. Ik hoor en sie niet gepeccert tegen de costumen. De Impetrant had doen, niet moeten stil sitten, maar de cacao aan de waag gesonden hebben, door dat niet te doen is hij in mora geweest. Sou verklaren niet beswaert.

Hr. Keetlaer
De Gedaagde heeft de inspectie aan de waag niet gerequireert, en heeft niet voldaan aan de costumen. De Impetrant wel, sou de eijs adjudiceeren.

Hr. De Roovere
Idem.

Hr. V. Hoop
Door de interlocutie is verstaan dat het op dat fait aankomt en dat de decisie van de saak daar aan hangt. De gede. heeft aan de interlocutie niet voldaan, en is in mora gestelt. Idem.

Hr. V. Hees
Uit de costume blijkt dat de inspectie geschiet in het pakhuijs, of dat de koper sig moet declareren als hij die aan de waag wil laten doen. Idem.

Hr. V. Does
De Gedaagde heeft aan de interlocutie niet voldaan. Idem.

Hr. Praesident
Idem.

1729

Den 13. Julij 1729
Rapport f. 50:-:-

Josua Israel d' Andrade, Declarant
ca.
Joseph Boertelay Debatte.

Hr. V. Bleiswijk Rapporteur
De Declarant heeft geobtineert sententie van den H. Rade van 20 Decbr. 1727 waarbij na te nietdoening van 't vonnis van Schepenen van Amsterdam van 29 Junij 1718 en de confirmatoire sententie van den Rade Provinciaal van 23 Octob. 1720 de Debatte. is gecondemneert aan de Declarant te vergoeden alle kosten, schaden en interessen bij de Declart. gehad en geleden, en nog te hebben en te lijden ter sake de Debattr. de Caracquese Cacao, ten Processe gemeld en pendente lite voor den Rade Provinciaal ten

versoeke van de waagdragers van 't Swartehoedeveen op authorisatie van Schepenen van Amsterdam verkogt, niet heeft ontfangen en nervens den ontfangst aan de Declart. betaalt tegen 11 st. het pond, na advenant deselve Cacao in 9 balen den 10 Meij 1717 ter waag van Amsterdam heeft gewogen, met verklaring dat des Declartn. verderen eijsch, ter eerster instantie gedaan, door de voorsz. verkoping is komen te cesseren. De Declt. heeft den Debattr. uit kragte van een actie van default en derde gijseling met apprehensie gecogeert op de Voorpoorte. Den 26 Octob. 1728 levert de Declart. aan den H. Rade annex aan sijn Rewr. declaratie van costen, schaden en interessen bestaande in vier posten: 1. De voorsz. 9 balen hebben 10 Meij 1717 gewogen na aftrek van twe pond tarra, voor ider baal 1952 pond, komt a 11 st. per pond, f. 1073:12:-. Bij de verkoping is geproveniert na aftrek van pakhuijshuur etc. volgens overgeleverde memorie van de waagdragers f. 388:9:- sulks de Declart., als hij de f. 388:9:- ontfangt, schade lijd f. 685:3:-. 2. Komt de Declart. voor interessen van de voorsz. f. 1073:12:- sedert 8 Aug. 1715 tijde van de eerste insinuatie tot 8 Aug. 1728 sijnde 13 jaren a 8 per co. volgens de Keuren van Amsterdam van 28 Novb. 1609 en 30 Jan. 1665 de somme van f. 1116:14:- en voorts tot de voldoening. 3. Aan de Notaris Butting voor de eerste instantie betaalt f. 2:-10:-. 4. Aan de Notaris 't Zeewe voor de twede insinuatie en assistentie aan de waag etc. f. 4:10:-. Concludeert tot taxatie van de twe posten tot de voorsz. sommen. De Debatt. segt

1. Dat de Declart. de Cacao eigener authoriteit heeft doen brengen onder de waagdragers in plaats van sovas de Debaatt. nalatig bleef die te ontfangen deselve ten pericule van de Debatts. te doen verkopen, wanneer hij daar van sou hebben kunnen maken $9\frac{1}{2}$ st. per pond. Dat vervolgens ten laste van de Debatt. niet konnen werden gebragt de onkosten wegens Pakhuijshuur etc. en darselfs de verkoping ten versoeke van de waagdragers voor rekening en ten pericule van te Declars. den Debatt. niet raakt. Dat uit het geringe provenu blijkt dat het geen leverbaar goed is geweest. Presenteert so veel te betalen als de Cacao omtrent 8 Aug. 1715 vervolgens prijs courant minder als 11 st. per pond is waard geweest en sulks $1\frac{1}{2}$ st. bedragende na advenant van 1952 pond f. 146:19:-. Sustineerende etc.

2. Dat de interessen sijn exorbitant en alleen konnen gepraetendeert werden van f. 146:19:- tegens 4 per Co. sedert 8 Aug. 1715 tot 8 Aug. 1728 en sulks f. 76:-2:8.

3. Dat de Declar. verpligt was binnen de gem. tijd de ontfangst van de Cacao aan te seggen en daarom de kosten van de insinuatie niet komen tot laste van de Debattr.

4. Dat de twede insinuatie was onnodig, omdat de Declart. sovas de Debatt. in gebreke bleef op de eerste insinuatie de Cacao te ontfangen deselve door een makelaar had moeten doen verkopen ten pericule van de Debatt. De Declart. segt bij contradebat dat hij bij de twede insinuatie den Debatt. heeft doenaansagen dat hij Declart. de Cacao aan de waag soude senden om bij de Debatt. ontfangen en betaalt te werden dan dat de Debatt. daar na niet heeft omgesien en dat de Declarat. genoodsaakt de Cacao ter waag te laten wegen en in het pakhuijs van de waagdragers brengen voor rekening en risico van de Debatt. en dat hij immediaat daar na bij reqt. van Schepenen heeft verkregt authorisatie om de Cacao ten laste van de Debatt. te mogen doen verkopen welke authorisatie tot verkoping naderhand is verleent aan de waagdragers niet ten pericule van de Declarat. maar mee verhoor van partijen en gepraejudiceert iders regt. Welk regt bij sententie is gebleken voor den Declart. te sijn, dat bij de sententie is

verstaan dat de Cacao wsa leverbaar goed, dat het de schuld is van de Debatt. dat hij de Cacao twe jaren heeft laten leggen. Bij refuus voldingen.
1. Post. De Declart. moet volgens de sententie hebben 11 st. per pond, daar is geen dispuut over de quantiteit nog over het provenue, de objecten sijn van geen belang. Het is de schuld niet van de Declart. dat de Cacao niet aanstonts is verkogt. Het verdere is reets voor de sententie geallegeert sonder effect. Dit adjudiceren.
2. Post. De keur is applicabel en word niet gecontestiert, dat het land ten tijde van het maken van de keur hoger interessen betaalde als nu maakt geen verandering. De geallegeerde gewijsdens sijn neit applicabel over het ingaan van de interessen is geen dispuut. Die moeten betaalt werden tot de voldoeninge. Idem.
3. Post. Door de insinuatie quam de obligatie in de wereld die moet komen tot laste van diegene die regt wil verkrijgen. Dit negeren.
4. Post. Dese is veroorsaakt door de schuld van de debattt. Dit adjudiceren.

Hr. Keetlaer
Idom.

Hr. Schaap
Idem.

Hr. De Roovere[16]

1730

Den 13. Januari 1730

Rapport f. 40:-:-

Resolutie in de sake van Dina Burs Wede. Fruijtier Impetrante in R. d' appel
ca.
Andries Boele, Gedaagde

Commissen. Hn. De Roovere, Duirkant
De Gedaagde 22 Decb. 1725 obtineert Mandt. van Relief in R. A. met committimus aan den gerigte van Middelburg, en concludeert ten interinemente van 't relief en dat hij sal worden gereleveert van het aangaen en sluijsen van de coop van de Hofstede Middelproge, het ontfangen van de opdragt en betalinge der cooppenningen en verdere homologatien etc., en in R. A. dat de coop sal worden gerescindeert, en de cooppenningen gerestitueert ter somme van 389 £14 s. 11 G. V. en 't geen den Ged. sal toonen over mitte verbeteringe te hebben betaalt, mit de interessen a 3 per co. a lite mota, onder prestatie van de hofstede wider af te staan bij de restitutie van de cooppenningen, of ten minste (latende de keure) dat hij sal worden gecondemnt. te gedogen dat devoorsz. hofstede werde gereduceert tot de opregte waarde volgens gedane of te doene taxatie in 't geen bevonden word daar voor desen de regte waerde te hebben betaalt te restitueren met de interessen a lite mota. Dese presentatie sijnde gerefuseert en de sake bji contrari conclusie voldongen, hebben Schepenen bij haar vonnis 23 Feb. 1728, alvorens ten principalen regt te doen geordonneert dat de voorm. hofstede door dijkgraaf etc. van de Oostwatering met reguardneming wat deselve tijde des verkoops

16 Hier endet die *resolutie* ohne weitere Voten.

waardig was niet in abstracto maar in concreto sal worden getaxeert, ten overstaan van twe Schepenen in presentie van partijen, om sulks gedaan nader te disponieren met statoring van de costen. Daar van geappelleert aan den R. P. en geconcludeert tot nullite of correctie van 't voorsz. vonnis en dat den eijs sal worden ontsegt. De Gedaagde proponeert exceptie van inprovocabilitijt, versoekende daar op alvorens regt, en subordinate tot approbatie ilico, immers tot afdoening van de clausule van inhibitie. 'T Hof 29 Septb. 1728 admitteert de excpetie. c. e., waar van geappelleert aan den Hogen Rade. Te oordeelen dat dit vonnis is mere interlocutoir en voor de Impetrante daar in geen irreparabel grief resideert en den regter bevoegt sodannige interlocutie te doen volgens Artl. 149 van de instructie van den R. P. Artl. 102 van de instructie van den H. R. en het Verdrag tusschen Holland en Zeeland van den jare 1674. Sou verklaren niet beswaert.

Hr. De Roovere
Hr. Schaap
Hr. Keetlaer
Hr. V. Hoop
Hr. V. Hees
Hr. V. Bleiswijk
Hr. V. Does
Hr. De Grande
Hr. President
Omnes Idem.

Den 19 Meij 1730
Rapport f. 80:-:-

Jan Douive, Impetrant in Relief d' appel en Verwerder a minima
ca.
Werner Ruloff Ged. en Eijssr.

Hr. V. Hees Raporteur
De Impetrant poseert voor den Rade Provinciaal, dat hij in op[17] 23. Sept. verbonden bij schriftelijke acten om aan den toonder ...ste te leveren 5000 ponden walvischbaarden, wel geconditioneert goed, de koste 6 voet en het [...] door een wigende vier pond, te weten van den lasten Aug. tot den laste Novb. 1723 mits 8 dagen te voren aanseggende te betalen tot 125 gld. de 100 pond. Nevens de leverantien onder korting van 1 per co. voor promtelijke betaling en mits dat het staan soude in de keure van den toonder, of hij in die tijd de 5000 pond baarden wilde ontfangen dan niet en indien in de voors tijd geen aansegging wierd gedaan souw de praemie verschijnen en de acte van geen waarde sijn. Dat de Impetrant merkende dat de baarde in prijs steigenden, op 25 Octob. 1723 van Hendrik Grieland heeft gekogt 4000 pond baarden wel geconditioneert goed, de korte 6 voet en door een wigende 4 pond, van 25 Octob. 1723 tot ult. Novb. niet 8 daten te voren waarschouwende en betalende 176 gld. de 100 pond onder corting als voren dat sij ... Novb. van Grieland heeft gekogt 1000 pond als voren

17 Sic. Die *resolutie* ist kaum leserlich.

doet de Ged. als houder van de acte aanseging hebbende gedaan de Impetrant gelijke aansegging heeft gedaan aan Grieland. Dat Grieland 23 Novb. 1723 aan de waag heeft gebragt 5000 pond baarden. Dat de Gedaagde heeft geweigert de baarden te ontfangen onder pretext dat die niet na behoren volgens het contract geconditioneert waren. Dat de Impetrant mede geweigert hebben die baarden van Gieland te ontfangen de Ged. die heeft doen arresteren. Dat Hendrik Rijgerbos seggende te sijn eigenaar van de baarden, sig tegens dat arrst heeft geopposiert, en daar over tussen den Ged. en Rijgerbos processert jam tijden het voors. aarest 19 Feb. 1724 is afgedaan sonder dat de Impetrant in die proceduren is bekent geweest. Dat de Gedaagde in mant 1724 den Impetrant heeft door arresteren om jurisdictie te funderen, en tegen hem geconcludeert to decretatie van't aarest en tot levering van de baarden gecomittitueert volgens de voors. acte, met vergoeding van costen, schaden en interessen door de nonleverantie. Mede het kost en schadeloss afdoen van arrest mit de gevolgen van dien geen interessen nog te cruteren. Dat de Impetrant vermits hij gelijk contractheid aangegaan met Grieland en dat so die ter waag gebragte baarden niet na behoren waren geconstitueert, Grieland diegene was die den Impetrant mest indemneren en presteren dat sodanige baarden werden gelevert als volgens het contract behoorden, of dat anders, in cas de baarden door Grieland ter waag gebragt na behoren geconstitueert waren. De Gedaagde als dan ten onregt geweigert had die te ontfangen, concludeert tegens Grieland tot prestatie dat de 5000 pond baarden wgens hem aan de waag gebragt waren geconstitueert volgens de twe contracten met hem aangegaan, en den Impetrant te condemneren van den Eijsch van de Gedaagde presenterende de beloofde coppenningen en pretenteert als nog ter waag te leveren de voors ter waag gebragte baarden tegen de daar voor beloofde kooppenningen, concludeert verder tot afdoening van 't arrest, kost en schadeloos. Grieland pretenteert te besorgen dat deselve baarden alsnog aan den Impetrant worden gelevert mits voldoende de kooppenningen, meede costen, schaden en interessen geleden en nog te lijden dat daar op Novb. 1724 sijn gevolgt twe vonnissen, bij een van welke het arrest op de persoon von de Impetrant is gedecreteert en hij gecondemneert aan de Gedaagde te leveren 5000 pond baarden wel geconditioneert goed gewagt en lengre als voren, met vergoeding van kosten schaden en interessen door de nonleverantie gelauteert en nog te lauteren mits de Gedaagde voldoen de beloofde cooppennignen en den vordering ontsegt mits compensatie van costen en niet tot ander. Grieland is verklaard mit sijn presentatie mogen volstaan en partijen hem niede daar in gecondemneert met compensatie van costen. De Impetrant appelleert aan den Raade Provinciaal, en concludeert tot nullitie in ten opsigte van Grieland dat de Impetrant eijs souw worden geabjudiceert en in reguarde van de Gedaagde dat de Impetrant souw werden verklart mit seijne prestatie te mogen volstaan en de Geds. sijn verederen eijsch ontsegt. Wegens Grieland is genomen contrari conclusie en wegens de Gedaagde geproponeert grieven a minima tot adjudicatie van den gehelen eijsch en nopens de leverante van den tot afdoening van de clausule van inhibitie. Dat daar op is geprocedeert interluctr. contentie 27 Julij 1725 en naderhand sententie van 5 Feb. 1728 waar bij de clausule van inhibitie bij provisie is afgedaan. Dat de Impetrant heeft geappellert aan den H. Rade, en aldaar vordragen de saek hier principalen voor te brengen en de mits daar te verlopen pleijte gescheit is. De Gedaagde posseert dus de Impetrant door personas internas op 23 Novb. 1723 aan de waag hebbende doen brengen 5000 pond baarden om die aan de Gedaagde te leveren. De Gedaagde ondervonden heeft dat die niet na behoren waren geconstitueert dat hij daar op weggegaan sijnde. Kort daar na met een notaris en getuigen is wedergekomen en meede brengende sijne beloofde kooppenningen. Dus beide baarden genoegenacht heeft geexamineert en geweigert te ontfangen, als quat, sipide geconditioneert so als die uit Groenland door de vissers worden aangebragt en 't pond wegen, naar dat schon droog en wel geconditioneert sijn, de corste 6 voet lang en dat cromme en krumrugige van de regten uitgesogt sijn, en beschadigen niet worden gehouden voor baarden die ongevolge van de voorts. contracten gegeven konnen worden. Dat hij heeft geprotesteert van sijn gereetheid en ongereetheid van de Impetrant en voots van costen etc. Dat sintemals 23 Novb. 1723 geintimeert heeft de voorts. baarden te ontfangen en de Gedaagde om redenen voors. daar aan niet heeft gedefereert. Dat hij daar door seer is benadeelt dewijl de baarden so die uit zee komen waar uit de regten niet gesegt sijn op die tijd wierden verkogt de 100 pond 190 gld. etc. regte sonder krommen 215 gld. en de krommen 175 a 176 gld. Dat de Gedaagde sustinerende dat de baarden den Impetrant toe quamen, deselve heeft gearresteert om jurisdictie funderen dat sij 24 Novb. aan Schepenen heeft verkregt appointement waar bij twe neutrale Cooplieden souden worden gecommitteert in de baarden te inspecteren en te sien of die so waren, als volgens het voors. contract gelevert moeten werden, en om hem bevinding aan d' Gedaagde leveren aanstandig schriftelijk berigt. Dat Schepenen hebben gecommitteert J. Wijnkoop en L. Schelten dat sij den Impetrant heeft geinsinueert door de inspectie soude geschieden ten einde hij of iemand van sijnen wegen die souw kunnen bijwonen. Dat die gecommitterdens hebben bevonden, dat de baarden meest waren krom en kromruggige, en enige aan discopper beschadigt, en daar van gegeven schriftelijk raport, reserverende de interpretatie gelijk hij in Maart 1725 hebben gedeclareert dat die baarden niet leverbaar waren. Volgens het contract dat hij ter sake van 't gedane arrest door Rijgerbos is gedagvaart om 't selve af te doen. Dat sij daarvan kennis heeft gegeven aan Uitermark als gemagtigde van de Impetrant ten einde de Impetrant die saak mede soude defenderen, indien Impetrant geadverteert souw sij, dat twe die saak mitsdien sulks souw sijn voor rekening van den Impetrant die daaran niet heeft gedefereert dat Schepenen 19 Feb. 1724 het arrest, kost en schadelos hebben afgedaan mits Rijgerbos en der beide verklaarden, dat de baarden souw toequaam, dien bij rekening van dien het arrst gedecreteert dat Rijgerbs den eed heeft afgelegt en van schepenen versogt, dat twe menschen souden werden gecommitteert ten overstaan van de Ged., so hij present. wilde sijn om de baarden te examineren en te oordelen hoe vile die sedert 23 Novb. gedepreticeert waren, de reden daar van niet te drukken, en daar van te verlenen acte. Dat het ... en daar toe hebben gecommittert J. Boelema en A. de Veer. Dat Reijgerbos d' mant erst de baarden heeft vervoert van de waag. Dat de Impetrant der inhoud van de interlocutoire sententie heeft verfolgen continerende dat daarbij sij gecommitteeren J. V. Taarling en J. Boelman en J. Wessels Mulring om ten overstaan van partijen en Grieland de baaarden te inspecteren en 't examineren het contract, het gesustineerde te horen, en den Rade Provinciaal schriftelijk te berigten of de baarden waren Eijsland of van de vereijste cong. en gewigt, of door vervolsting of anders hetsij uiterlijke of innerlijke quade gestelt haden moeten gehouden werden voor onleverbaar na het contract, en in 't generaal of te Impetrant met de leverantie

behoort te volstaan of niet om 't selve gesien nader gedisponeert te worden. Na behoren, dat die den aan den Rade Provinciaal schriftelijk raport hebben overgelevert dat de baarden publijq verkopt sijn voor 163 a 164 gld. de 100 pond, dat de Gedaagde ingevolge van 't verbaal het nopens van de kooppennigen na [...] gande der den Impetrant bleef de penningen na aftrek van 1 per co. de pen op de [....] en provisie etc. heeft ontfangen. De Gedaagde allegeert drie redenen om aan te tonen dat hij de [...] berhoefd te ontfangen.
1o. Dat de Impetrant geen enige baarden warden. Def. reden is niet voldoende, het waren baarden die gepresenteert werden met kennis van den eigenaar, de Ged. considereende heeft der baarden als den Impetrant toe behorende.
2o. Dat die baarden meest cromruggig en beschadigt waren en dat dat so is bevonden dat het op sig selfs geen voldoende reden het contract spreekt van veel geconditioneert en met onregt of kromruggige de baarden so die uit zee komen sijn unust regt, meest krum. De Gedaagde had moeten bewijsen dat self competentie gevul van regte baarden daar niet onder was.
3e. Dat het meest alle kromme en genoegsam geen regte waren dese baarden in quaestie voor sodanig gestelt mogen opnemen. De Impetrant spreekt dat personeel niet tegen, maar sullen eerst daar mede te mogen volstan maar sodanige baarden sijn niet voldoende aan het contract. Het contract legt generaal de Gedaagde kan niet pretenderen regten alleen en behoeft niet te vreden te sijn met kromme l. 37 De. leg. 1o. Hier bij komt een advis van coopluiden dat de baarden moeten gelevert worden so als de uit de wal is gesniden worden het produit waarbij gesegt word dat men kan volstaan mit kromme en niet geproduceert. Het souw moeten wijken voor een contrari productie betweld. 't . . . , de natuurlijke reden en conform is aan 't regt souw op dese point verclaren niet beswaart. Met opsigt tot de grieven a minima: De Gedaagde sustineert met dat de Impetrant was eigenaar van de baarden, maar dat de Impetrant oorsaak gaf dat de Gede mit. 'T oordelen dat de Impetrant eigenaar was. De Impetrant heeft in het aan presenteren van de baarden waar van hij geen eigenaar was niets onbehoolijks gedaan en heeft geen doleusen toeleg gehad. De Gedaagde die baarden refuserende, bleven die in de staat als sij te voren waren. De Gedaagde had geen noodsakelijke reden om te oordelen dat die baarden den Impetrant toequamen. Dat het andeling van den Impetrant is niet ongewoon. De Gedaagde wist dat het baarden waren die den Impetrant niet toequamen. Souw de grieven ontseggen.

Hr. Keetlaer
Idem

Hr. De Roovere
Op het eerste point idem op de grieven de Gedaagde moest die baarden opnemen als baarden van den Impetrant sulks heft sig die wel gearesteert souw de grieven repareren.

Hr. V. Hop.
V. Bleiswijk,
Duirkant
Als de Hr. V. Hees.

Hr. V. Does
Op het eerste point Idem, op het twede souden beding wijgeren.

Hr. De Grande
Als de Hr. V. Hees.

Hr. President
Op het eerste point Idem. Op de grieven de Impetrant is oorsaak van de costen van 't proces over het arrest, in het onsekere oordelen dat het dominium van de baarden op den Impetrant is overgegaen soud de grieven repareren.

Den *23. Meij 1730*
Rapport f. 40

Jan Toum Impetrant in R. Appel
ca.
Hendrik Grieland Ged.

Hr. V. Hees Rapporteur
De Impetrant poseert in concludeert als in de vorige saak is gemaakt. De Ged. segt dat in sijn contract meet den Impetrant mede is gestipuleert dat onder gem. Gedaagde de leverantie niet werd aangesegt de leveringen ontfangen souw moeten geschieden op 30 Novb. 1725 dat de bedonge grijl van 176 gld. op die tijd seer viel was dewijl de ongekorte baarden dre golden 195 gld. meer tot 215 gld. toe. Dat de Gedaagde ten daar van de leverantie de verkogte baarden aan de waag gelevert hebbende, den Impetrant daar meede in so verre genoegen genomen heeft, sonder op deselve eenige de minste bretique te maken, en wijder deselve baarden selfs overgewaten en geoffereert aan selfs.
De prijs hefft an den Impetrant en den Gedaagde gereguleert was de mijst van kromme baarden de gemagtigde van den Impetrant heeft op de leverantie genoegen genomen met kromme baarden. De Impetrant ondertekent dat door die baarden het contract is voldaan, en sustineert judicielijk, dat die volgende sijn: Niet beswaert.

Hr. Keetlaer,
De Roovere
Idem.

Hr. V. Hoop.
Niet om de prijs, maar om het gedraag van de Impetrant. Idem.

Hr. V. Bleiswijk
om het gedrag van het Impetrant gemagtigde. Idem.

Hr. Duirkant
Om de prijs en 't gedrag van de Impetrant. Idem.

Hr. V. Does.
De Grande
Idem.

Hr. President de Impetrant heeft genoegen genomen. Idem.

1732

Den 12 Septemb. 1732
Rapport f. 50:-:-

Resolutie in de sake van Cornelis van Leewn Impetrant van Reformatie
ca.
Leentje Jansz. Col eenige dogter en erfgename van Neeltje Huijgen Verhoef wed. Jan Dirks Col. naderhand getrout met Pieter Cornelijs Gedaagde

Rapporteur Hr. V. Hees
Impetrant poseert voor den Rade Provinciaal dat hij bij publique veijlinge op 30 Dect. 1718 volgens sekere conditien van Dirk van Swieten als procuratie hebbende van Pieter Cornelisz en desselfs vrou Neeltje Huijgen Verhoef heeft gekogt seker huijs, erve, berg en twe schuuren gelegen te Noorden onder Niekoop met een partij wij hoijen kinnesland groot te samen omtrent $7\frac{1}{2}$ morgen met de selft belendingen bij de conditien geexpresseert, en voorts belast met 4 Morgen 593 Roeden verpondingen en Morgengeld met 6 Morgen 500 Roeden Molegelden 1 gl. 5 st. Buijsgeld als mede met sekere baanwerken voor 730 gl. Dat hij Impetrant na de voltrekking der koop hebbende genomen inspectie en ondersogt na de grote en constituie der voors. partijen sig verbeeld heeft. Dat die so groot niet waren als bij de conditien was voorgegeven en daarom eer de opdragt moest gescheiden de selve door twe landmeters doen meeten en daarbij bevonden die die niet groter waren als 5 M. 589 R. Dat hij daarom ongehouden was het volle montant te voldoen, en na proportie moest werden ontheft van de belastingen. Dat 10 Meij 1719, nadat in mindering had betalt 300 gl. voor Schepenen van Niekoop is geaccordeert dat van de sijde van den Impetrant souw werden genomen Claas Pieters Liefweit en Dirk van Cijle en van de verkoper q.q. Maarten van Spengen en Cornelis Gewits de Leefen om de perceelen te meeten en waarbij sij widersijts aan de vier persoonen hebben overgegeven hoe het land moest werden gemeeten hetsij droogland of het land met waters en dat den Impetrant als het 300 R. minder bevonden wierd daar op niet souw seen, dat anders na proportie van de onkosten en van de penningen en ongelden daar op staande van de koopprijs souw korten. Dat de persoonen bij den Impetrant gekosen sig op de bestemde tijd hebben laten vinden dog niet die van de verkoper. Dat de verkoper in plaats van andere te kiesen den Impetrant heeft gedagvaart voor Schepenen van Niekoop en onder presentatie van de verkogte partijen an den Impetrant op te dragen na stijl locaal op sodanigen tijd en plaats als Schepenen souden nomineren te concluderen dat den Impetrant souw werden gecondemneert opdragt van de gekogte partijen na stijl locaal te ontfangen en de resteerende cooppenningen ter somme van 430 gl. aan de verkoper q.q. te betalen met de interessen jegens 4 per co. in 't jaar sedert de Impetrant de verkogte partijen en possessie heeft gehad tot de voldoening.

C. C. Dat den Impetrant meenende dat de conventie alvorens moest nagekomen werden heeft verklaart te wilden te sijn om te helpen procederen tot het meeten der landen en na gedane metinge opdragt te ontfangen, en de resteerende cooppenningen te voldoen mits 't hem inlat het land meer als 300 R. klijnder wierd bevonden als 't was verkogt daar aan aflsag souw strekken al het geen het land klijnder wierd bevonden, alles na proportie van de onkosten kooppenningen en ongelden, daarop staande. Dat de verkoper daar jegens gepretendeert heeft op costen van ongelijk door een neutrale geswore landmeter, bij 't gerigt te eligeeren de landen te laten meeten en hetgeen deselve klijnder bevonden wierden aan den Impetrant afslag te laten strekken na advenant van de cooppenningen en onkosten daarop gevallen, mits door den Impetrant aan den verkoper invoegen, voors. souw werden goed gedaan 't geen deselve partijen grooter als verkogt sijn souden bevonden werden.

Schepenen 13 Febr. 1720 condemneeren den Impetrant opdragt te ontfangen van de goederen en landen beeder bij eijs gemelt jegens gelet op de contrapresentatie ordonneeren dat de landen door een geswore neutrale landmeter bij den geregte daar toe te committeeren sullen werden gemeeten, en dat, indien bij die meeting bevonden wierd dat het land boven de 300 R. minder als $7\frac{1}{2}$ Morgen ter halver sloot gemeeten klijnder is als hetselve bij den verkoper q.q. is verkogt, van die ondermate na proportie van de beloofde cooppenningen en onkosten daar op gevallen tot aflsagge strekken, condemneeren den Impetrant de resterende cooppenningen ter somme van 430 gl. onder den voors. aflsag aan den verkoper q.q. op te leggen en te betalen, met de interessen a 4 per co. in 't jaar sedert den Impetrant de gekogte partijen in possessie heeft gehad, met condemnatie van costen sedert de contrapresentatie en met compensatie van de voorgaande.

Den Impetrant so omdat het vonnis strijdig was mit de conventie als om dat het vervalle een decisie van iets waar over geen judicieele contestatie was gevallen en was een decisie volgens het eige declaratoir van 5 van 7 Schepeneen 't eene maal strijdig aan de costumen te Noorden onder Niekoop regeerende en particulier voor den Impetrant met delatie tot de constitutie van de voors. landen ter uijterste laesief, als deselve partijen op somminge plaatsen sijn seer smaal en de korter extraordinair breet op sommige plaatsen $3\frac{1}{2}$ R., heeft geappelleert aan den Rade Provinciaal en inhaererende sijn presentatie ter eerster instantie gedaan, verklarende te freden te sijn met der verkoper ingevolge van de conventie te procedeeren tot het doen meeten der landen in des wegen dat de twe persoonen aan de zijde van den Impetrant en de twe persoonen bij verkoper daar toe bij de conventie gekosen of en lat van onwilligheed of belet vier andere personen van ider sijde twe in plaats van de vorige te nomineren of wel bij den Hove daar toe te stellen, mits bij twe in het district van Niekoop woonagtig sullen oordelen en uijtspreken hoe dat het voors. land moet gemeten werden, 't sij droog land, of het land met het water, en dat die gekore personen als dan te samen de metig der landen sullen doen verklarende verder te vreden te sijn, na dat sulks gedaan sal sijn, opdragt van de landen te ontfangen en daar benevens de cooppenningen te voldoen met de interesse, so als geeijst sijn mits aan de eene kant op de kooppenningen afslag strekke 300 gl. daar op betaalt en dat aan de andere sijde de Impetrant niet anders gehouden is te betalen als na rate de morgentalen, waar op de landen gemeeten sullen werden de ongelden en op kosten mits na deselve proportie gerekent, mitsdien verstande dat indien het land bij die meting bevonden wierd niet meer te verschillen van de begrooting en de veijling gemelt, hij sig daar mede niet sal behelpen. Onder beneficie van die presentaatie concludeert in appel ordinaris modo. De verkoper segt dat schoon waar mogt sijn dat tussen hem en den Impetrant afgesproken was om door de persoon bij den Impetrant vermeld de metinge te laten doen het welk nogtans in alles so als de Impetrant narreert niet word geparoueert, egter ook waar is dat noit gemaakt is een schrijftelijk compromis. op zegel. Dat twe van de arbiters geweijgert hebben sig daar mede te bemoeijen waar door die conventie is vervallen, refuseert de presentatie en neemt contr. concl.

'T Hoff 29 Maart 1723 verklaart met het vonnis in quaestie te wesen niet beswaert. c. e. Den Impetrant obtineert Reformatie 't welk den 30 Julij aan de verkoper is geexploiteert, den 29 Meij 1724 is het voorsz. mandt. bij edicte geexploiteert aan de Gedaagde wonende onder het Stigt van Utrecht. Den 20 Jul. 1724 is eijs gedaan, en door de procureur V. Ruijl dag genomen. Den 2 Novb. 1724 is de Gedaagde uijtgeroepen en ten twede maal bij edicte gedagvaart, noit compareert heeft het Hoff gehoort V. Ruijl, verleent versteeg van antwoord en voor 't profijt van dien de sake gehouden voor voldongen.

Wat aangaat de conventie: Blijkt wel van sodanig verdrag, en dat hetselve door de secretaris in 't protocl is opgestelt en ter eerster instantie in de dingtalen is geadvenieert, het 27 Art. van de Ordonnantie op 't segel requireert een segel. Die souw te pas komen als arbiters souden fungeren dit libereert de contrahenten niet, dog het verdrag is van self vervallen door het declaratoir aan 2 arbiters die sig ongenegen waren de arbitrage aan te nemen. Uijt het verdrag blijkt niet dat partijen van het ordinaris regter hebben willen afsien. Man wil dat de saak is verbleven aan gecomiteerde personen sulks dat den Impetrant wel is geconvenieert voor Schepenen van Niekoop. Dus geen nulliteijt dewijl door het nemen van contrari conclusie het proces so is geinstrueert dat geoordeelt moet werden hoe de meeting moest geschieden. Sulks Schepenen dit hebben kunnen decideeren wat aangaat de verklaring. Om te bewijsen dat de meeting moest geschieden sonder water, daar van is de periode (alter quaestie valt over de begrooting) te generale de intentie van die verklaringen niet sijn als er belendingen genoemt sijn. Dat dan de slooten niet gemeeten souden werden, dan souden de verkopers met de helft van 't water blijven sitten. Het geen in de verklaring daar bij komt (als er land bij de roede word verkogt) in die termen word hier niet geverseert. Hier is land verkogt met belendingen die sijn een gedeelte van 't geen de verkoper besitten moeten mede gemeten werden in de cntrapresentatie, sijn de ongelden vergeeten. Souw die in de sententie daar bij voegen en onder de mits verklaren niet beswaert.

Hr. Keetlaer
De Roovere
V. Bleiswijk
Durirkant
V. Does
De Grande
President
Idem.

Tegens de Gedaagde die dag genomen had is bij non comparitie verstecq[18] verleent daarom het 228 Art. van de instructie niet applicabel. Souw den Impetrant condemneren in de costen.

18 In der *resolutie* ist das Wort „defaut" durchgestrichen mit „verstecq" überschrieben.

Den *13. Februarij 1733*
Rapport f. 60:-:-

Resolutie in de Sake van Levi en Salomon Fles Impetranten in Relief Appel
ca.
Manuel Montesinos de Mesquita Gedaagde

Rapporteur Hr. V. der Does
De Gedaagde poseert dat hij 11 Julij 1720 sig bij een praemi contract heeft geobligeert te leveren aan Adriaan Alderwerelt of t' ander van 't selve contract tot op 1 Oct. daar aan een partij van 1000 Ponden VL capitale actie in de Westindische Compagnie ter kamere Amsterdam, belast met 95 per co. reparitie, ten prijse van 300 per co. monteerende een somme van 18000 gl. dat hij op 1 Octob. op sijn rekening in 't capitaal boek der actien van gem. compagnie ten minste nog hebbende 12000 gl. aan actien, de Impetranten ten selven dage bij insinuatie de voors. 1000 Ponden VL. hebben opgeeijscht en versogt prompte en datelijke leverantie van deselve uitbelofte van de bedonge cooppenningen daar nevens te voldoen. Dat daar door de voors. handeling van optie sijnde overgegaan tot een volkomen contract van koop, en tengs komende daar van kennis hebbende bekomen, hij de Impetranten verscheide malen heeft versogt en aangemaant en wel voor den 11 Octob. en groose versoendag der Joodse Natie sijnde geweest den 12 Octob. 1720 dat aan hem mogt werden gegeven rekening ende persoon genoemt aan en op wiens naam hij Gedaagde de opgeeiste actie souw leveren en transporteren. Dat hij van deselve daar op telkens delatoir antwoord had gekregen, en dat nog wat gedult mest hebben. Dat hij daar van in gebreke blijvende en te noemen door wie deselve actie souw worden betaalt hij het voors. aan de Impetranten bij insinuatie op 15 Novb. daar an heeft doen afvragen en voersoeken dat hij sonder tijdvertuigen de 1000 Ponden VL. captiale actien souden hebben te ontfangen en te betalen of te doen ontfangen en betealen en bij faute van dien protesteren als na stijle, dat sij daar van nalatig blijvende hij Gedaagde bij Reqe. aan Schepenen heeft versogt om de voors. actie courant door een makelaar te doen verkopen, transporteren etc. Dat Schepenen na dat de Impetrant voor haar waren geciteert en niet gecompareert, het versoek hadden geaccordeert, en dat de makelaar Gerrit Denijs deselve op 2 Decb. 1720 tot 120 per co. aan de Gedaagde had verkogt bedragende 7200 gl. met verklaringe dat op die tijd sulks was gewesset de hoogst prijs, die hij van imand anders daar voor had kunnen maken. Dat de Impetrante mitsdien uijt hoofde van de voors. handeling van koop en verkoop der actie sijnde gebleven schuldig 10800 gl. en nalatig die met de interessen sedert 2 Decbr. 1720 te voldoen de Gedaagde hem heeft geda(g)vaart en te Amsterdam geconcludeert dat de Impetrante ider in solidum, mits de een voldoende de ander sal sijn bevogt, sullen worden gecondemneert aan de Gedaagde op te leggen en te betalen de somme van 18000 gl. bankgeld tot welke somme de party actie door de Impetranten is opgeeist met de interessen van dien a mora tot de voldoening te vreden sijnde daar op tot afslag te laten strekken de somme van 7200 gl. waar voor de actie door de makelaar is verkogt alles volgens de beschijden daar van sijnde C.C. De Impetranten poseren conform des Geds. positieren met relatie so wegens het aangaan

van 't contract als het doen der insinuatie en op eijschen van de actie en wijders dat de Gedaagde in plaats van de leverantie promptelijk en ter selver tijd te presteren daar omtrent was gebleven in gebreke, dat sedert de voors. actien considerabel in prijs sijnde gedaalt de Gedaagde 15 Novb. 1720 deselve aan haar had angeboden, dat hij da de acceptatie wijgerende, de Gedaagde 1 Novb. 1720 heeft geobtineert de verkoping van de actie sonder praejudicie van iders regt, nemen contr. concl. Schepenen 19 Maart 1722 adjudiceren den eijs mits de Gedaagde onder eede verklare de Impetranten te meermalen voor 15 Septb. 1720 te hebben aangemaant tot den ontfangst van de partij en telkens dilatoir antwoord van de Impetranten te hebben ontfangen met compense. van costen en bij refuus van den eed ontseggen den eijs. C. C. De Impetranten hebben van dat vonnis geappelleert aan den Rade Provinciaal. De Gedaagde segt bij Recontre dat hij ontkent in gebreke te sijn gebleven de leverantie prompt. te presteeren, presenteert onder eede te verklaren dat hij voor 11 Octob. 1720 te meermalen de Impetrant heeft eersogt en aangemaant en rekening en een persson te noemen aan en op wiens naam bij Gedaagde de opgeeiste actie souw leveren en transporteren en dat van deselve daar op telkens dilatoir antwoord had bekomen en dat nog wat gedult mest hebben behalven het geene hem bij het vonnis was geinjungeert. De Impetranten seggen dat noit is gebleken dat de Gedaagde 1 Octob. 1720 op sijn rekening souw hebben gehad 12000 gl. dat hij nog souw moeten bewijsen sedert 11 Julij tot 1 Octob. ten minsten 1000 Ponden VL op sijn rekening te hebben gehad, dat hij tot voordeel nemen de erkentenis van de insinuatie op 1 Ooct. dewijl de Gedaagde dat wel wijst gehouden te sijn tot prompte en dadelijke leverantie op poene van vergoeding der schaden, sijnde de handeling der actien op die tijd aan de uijterste praecisheid gebonden waarom dan ook door de opeissing de optie niet is verandert in koop en verkoop. Dat de Geds. geseijt de insinuatie wel had gesien wie de thoonders waren van 't contract en aan wie en op wiens rekening de actie mest worden getransporteert. De Impetranten ontkennen de aanmaning, en seggen dat des Geds. insinuatie van 15 Novb. 1720 is gedaan buijtens tijds, de Gedaagde segt dat het een constant gebruijk is dat de opeijsing een optie contract word een vaste koop, dat nade opeijsing het transport niet word gedaan dan nadat de leveraar heeft gevordert, of dat de koper heeft opgegeven op wiens rekening de actie sal worden getransporteert. De Impte. geobtineert hebbende Reqe. civile om reconvt. te doen, seggen dat sij bij nader examinatie van 't praemi contract bevonden hebben dat ter eerster instantie vorseeegent was te repeteren de 1500 gl. bij den Gedaagde geneten om voor deleverantie gedurende de voors. tijd vast te staan, concluderen in reconv. dat de Gedaagde souw worden gecondemneert aan de Impetranten als houders en toonders van het voors praemicontract te restitueren de se. van 1500 gl. met de interessen a 4 per co. sedert 1 Octob. 1720 tot de voldoening. De Gedaagde heeft daar tegens genomen contr. concl. 'T Hoff 6 Febr. 1728 in concl. approbeert het vonnis ter eerster instantie en in reconventie onsegt den eijs C. C. De Impetranten obtenieren appel van den Hogen Rade alwaar de sake ordinari modo is voldongen.

Te oordelen dat door de opeijsing het praemi contract is verandert in een vaste koop, de Impetrant sijn gehouden geweest die koop te presteren, de praemi word niet gegeven voor de leverantie maar om dat de trekker vast souw staan gedurende sekere tijd te leveren. De Gedaagde is niet in mora gebleven, de Gedaagde heeft meer als 1000 Ponden VL in de compe. gehad, al had de Gedaagde de actie niet gehad, souw daar door de koop niet sijn vervallen. Het blijkt dat de Gedaagde de Impetranten te meer malen heeft aan gemaant om de actie te ontfangen. Alle bedenkelijkheid daar omtrent word weggenomen door de geinjungeerde eed. De insinuatie tot opeijsing is inpersonaliter, sulks wist de Gedaagde niet aan wie moest transporteren. Het indossement segt aan de orders van de Impetranten dan was het de pligt van de Impetrant aan de Gedaagde op te geven aan wie sij souw transporteren. Posito sed non contest. Dat de Impetranten en Gedaagde beide in mora waren geweest, souw volgens de l. 51 de act. empti venditi de koper moeten geoordeelt worden in mora te sijn gebleven. Sulks niet beswaart mits den datum in het vonnis wordende gecorrigeert. de conv. wordende geadjudiceert vervalt de reconv.

Hren. Keetlaer
De Roovere
V. Hees
Bleiswijk
Deurkant
De Grande
en President
Idem.

1734

Den 18. Junij 1734
Rapport f. 100:-:-

Pieter van der Hensel als descendenten van Eland Ament, Impetrant van gijseling
ca.
Mr. Cornelis Grave Gegde.

Hrn. Van Hoop en V. Bleijswijk commissrn.
Den 5 Meji 1731 is bij den H. Rade ten behoeve van de Impetrant en ten lasten van de Gegde. condemnatie gedecerneert op coopvoorwaarden en acte van koop van 17 Jan. 1732 houdende eerst generale conditien waar op onder anderen is geveelt een woning met huijs, schuur bergen en ge.. met 31 morgen 350 roeden lands gelegen in de Solierhookse polder, onder Vlaardingen. Die beeder bij particulere voorwaarden daar na sijn geexpresseert worden de alle de partijen en elk van dien apart geveilt, voor vrij en onbelast met daar op staande dan den heer sijn regt, doende elke partij jaarlijks in de verpondingen so veel als bij elke particulier loop voorwaarde word uitgeerakt, en wijders die partij belast met sodanige molen- en sluis- en andere ongelden als buitlanden, en voorts met sodanige vrijdomen geregtigheden en servituten als elke partij is hebbende of subject souw mogen sijn, sonder dat de veelders uit presteren of afweren van servituten, hoe genoemt gehouden willen sijn, als werden etc. Alle de partijen en elk van dien geveilt voestoots, de opdragt te ontfangen in April immers voor 1 Meij 1732 op welke generale en volgende particuliere conditien door de Impetrant is opgeveilt een woning etc. volgens opdragt brief in dato 20 April 1589 waar bij hetselve aan de voorts Eland Arien is opgedragen, en die aan den koper sal worden

overgelevert belent etc. De Gedaagde is. 31 Jan. 1732 koper gebleven voor 390 gld. per morgen concludeert dat de Gegde. sal werden gecondemneert gijseling te houden tot dat sal hebben voldaan aan de coop conditien en sulks tot dat hij sal hebben ontfangen den opdragt van de voorsz. woning en landen volgens opdragt brief van 20 Sept. 1589 en tot dat hij sal hebben voldaan de cooppenninge ter somme van 390 gld. per morgen afslaande solutum. Sijnde de Impetrant te vreden de opdragt te doen en de penningen onder quitantie te ontfangen. De Gegde. segt, dat nog bij de generale nog op de particuliere voorwaarden mentie is gemaak van de dijk, dijkagen, Bijnsen, waar mede de woning etc. belast sijn, niet tegenstaande, die in de opdragt brief van 1589 sijn geexpressert doot presentatien ilico te ontfangen de opdragt te ontfangen ens de cooppenningen te voldoen, onder korting van 5615 reets betaalt mits de landen worden opgedragen speciaal gevrijt en ontheft van sijn dijk en dijkage en jaarlijke bijnsen, of anders mits uit de coppenninge blijve berusten 1600 gld. onder afsondelijt of V. Leijden, tevreden sijnde sijn acte raulijks te institueren voor den H. Rade susteneernde en sig rofus neemt contrari conclusie. De Impetrant seggen, dat sij bij de coopconditien hebben te kennen gegeven, dat buiten de verpondingen moelen morgen en sluijsgelden nog andere lasten waren als op buitlanden, dat in de opdragt brief van 1589 volgens de welke de woning ten worden gelevert werd gemelt van dijkslasten en bijnsen dat in de huurceel die op de veiling is voorgelesen van het dijks anders oud word gemelt refuicteren de prestatie, persistendo voldongen.
Het is in confesso dat 'er beide die lasten sijn de Gegde. moet geconsiderert werden als acten moet bewijsen dat het goed vrij is verkogt sonder die lasten. De Impetrant seggen al waren die lasten verswegen moet de gege. bewijsen dat sij daar van kennis gehad hebben l. 1 § 1 l. 91 § 1. l. 39 ff. de act. empt. dat argument is te swak so de jure als de facto. De jure kan actione ex empto gedestingueert werden of de verkoper de last geweten heeft of niet. In de wetten word niet gesproken de actione quanti minoris. 'T regt distingueert tussen de actien, l. 13 en ff. de act. empt. l. 9 C. eod. in terminis l. 61 ff. de aedil. edict. maakt tussen distinctie met l. 15 § 1. ff. de evict. ubi legendum servitut. pro servit. Voet en Matheus requereren de keenis a parte actoris, nu seer dese distinctie met daar word niet bewesen dat de Impetrant daar van kennisse gehad hebben. De oude opdragt brief van 1589 houdnde conditien waarmede verkogt is onder staan die lasten en het twede argument is sterker dat volgens coopconditien en andere ongelden als buurlanden dat daar sijn geen andere ongelden als de lasten in questie te beduiten, behalven dat [twede] die lasten costumier sijn blijkt uit de woorden na de opgave of personligen sodanige benaming genoeg is de gegde. nergens ... per l. 31 ff. de act. empt. maar verdeens speculatie is bij ... te swak schoon al de landen en die polder de lasten subject waren van wil hem nu die sijn die daar aan niet subcet sijn. In 't process sijn twee wisden tegen die kon sien dat het land in questie die lasten subject is, en sijne jaerlijk 25 als buurlanden, en subject vrij en onbelast van dijk... als buurlanden niet onderworpen sijn, het derde argument uittering de lasten staan in de opdragt brief van 1589 en daar toc io goinsoroort, de weeg De relatie is narratief of possesief. So de realtie possesief is, is het hier relevant. Het is te segen wij verkopen 't so als 't is op gedraagen, die brief had wel behoren overgelevert te sijn maar dat geeft geen verandering in 't regt, waar om heeft de Gegds. die niet gerequereert. Hij heeft se gerequereeert, waarom die niet gelesen en de koop gewaagt. Sulke onvoorsigtige

kopen sijn de jure valide l. 18 ff. de act.emp. dit argument is peremptoir voor de Impetrant de dijkpligtigheed levert ook een groot argument niet om dat de huurceel die voorgelesen is gewaegt van dijkagie geld, uit de huurceel volgt de scientia emptoirs. Het komt 'er niet op aan hoe hij aan die scientie komt. Het regt pretendeert de metu niets l. 48 § 3, 4 ff. de aedl. edict. l. 17 § ult. eod. Souw den eijs adjudiceren mit compenst. v. costen.

Hr. V. Hoop.

Het komt aan op de dijkpligtigheid, geen exempel en 't gesien, da er de lasten sodannig uitgedrukt sijn als in cas subject. Hier was maar een eenig instrument waar uit van de natuur van 't verkogte kon blijken, waarom de conditien nu geheel anders gestelt als in de opdragt brief van 1589. De vraag of de koper die twe lasten tot sijn lasten moest nemen dependeert van de wetenschap of onkeende van de koper en verkoper. Het is in confesso dat de verkoper het geweten heeft, de koper allegeert sijn onkende bij de vijling en gewinning. De de[19] verkoper moest specifice distingueren die voornamentlijk aandoen de natuur van servituten de Impetrant begrepen heeft dat se de lasten moesten expresseren. Sij hebben 't ook gedaan maar gebrekkelijk, een gedeelte neemt men uit de oude opdragtbrief het effentuele slaat men over. Hierop is geen generale beweerding applicabel, daar sij self 't begrepen dat sij specificeren moeten gelijk sij doen. De verkopers konnen niet volstaan met so een generale bewoording. Het regt leert dat het dubiuse moet geinterpreteert werden tegen de verkoper, had klaarder moeten spreken. Maar nur een bijns- en dijkpligtigheid onder huurlasten begripen te minder daar de bijnsen in Holland voor al sijn extraordinare lasten. Dus kan de expressie en andere ongelden als buurlanden de Impetrant niet te stade komen. De generale costume die alle de landen en die polder dijkpligtig sijn moesten de Impetrant bewijsen. Daar toe is niet geproduceert. Geen een exempel dat de koper die lasten moet betalen sonder dat specificq in de conditien geexpressert waren. Al was het costumier dat al de landen die polder daar mede waren belast, hadden de verkopers den koper daarvan moeten certioreren omdat het een servitut is. De relaten in de coopsconditien volgens de opdragt is hier singulier omdat de lasten in de conditien niet gespecificeert maar tot een ander instrument gevingsegeert werden. Daar uit blijkt dat de verkopers geen intentie hebben gehad om het land met die lasten te verkopen. Sie hadden 't moeten seggen met sodanige lasten als geexpressert sijn in de oude opdragtbrief. Het moet die opdragtbrief geconsidereert als een referent, tot de coopconditien, want is niet voorgelesen, maar ter contrari als de koper daar na vragt is niet gegeven wel gerenvojeert aan Assendelft en gesegt geseelt dat naderhand aan 't krijgen de koper hoeft daar geen mente toe te doen de verkoper moet en presteren de relatie heeft maar sijn extentie tot de designatie van de huur penningen, huurjaren, maar niet tot de laste. Dijkagegeld is duister, souw dat op nemen voor ordinare lasten, niet voor extraordinaris dijkpligtigheid. Twetens 't kunnende opgenomen werden hoe tegen den verkoper interpreteren. He is een grote kordigheed van de Notaris dat niet heeft opgenomen den teneur van de eerste opdragtbrief. Souw de iustam quanti minoris adjudiceren.

19 Sic.

Hr. Keetelaar
De Gegde. heeft roukoop self verterijen. Het komt daar op aan, of die lasten moeten verstaan werden uit de coopconditien geen preffeert fertigen of niet. Daar omtrent als de Hr. V. Bleiswijk. Daar manqueert niets aan als dat de eerste opdragtbrief niet is voorgelesen. Die moest waneer overgelevert met om de belending maar om de lasten te sies de koper moet het sig self wijsen dat hij niet beter heeft geinformeert. Als de Hr. v. Bleiswijk.

Hr. De Roovere
Is verkogt met daar op staande als de Heer sijn regt. 'T beijnsen- en dijklasten sijn den Heer sijn regt niet. De lasten hadden geexpresseert moeten sijn. Als de Hr. V. Hoop.

Hr. V. Hees
Het regt is klaar dat generale bewoordingen niet genoeg sijn l. 39 § 6 ff. de act. emp. et vend. Nu verkoopt moet klar spreken, te meer als sij het wet. Dan mag hij niet voetstoots verkopen, vor al neit omtrent sulke lasten als hier in questien die de koper juste et legitime kon ignoreren. l. 34 § ult. ff. de contr. empt. et vend. De koper is niet in de quade trow wil sijn onkund met eede sterken. Souw de Gedaagde verklaren met sijn presentatie te moegen volstaan.

Hr. Duirkant
Als de Hr. V. Bleiswijk.

Hr. V. Does
Idem.

Hr. De Grande
Als de Hr. V. Hoop.

Hr. President
Komt alleen aan op de actio quanti minoris of die hier plaats heeft. Komt aan op de scientia emptoris l. 15 § 1 ff. de contr. empt. en of die ignorantia niet is supina ignorantia, l. 29 ff. de contr. empt. Maar hier is 't gespecificeert in de opdragt brief het is een supina ignorantia van de koper. De koper moet weten wat dijkage geld was. Dijkpligtigheed is dat in particulier der dijk moet houden, dat is een extraordinare last die geexpresseert had moeten werden. Met de presentatie laten volstaan.

1736

Den *23. Februarij 1736*
Rapport f.[20]

Salomon Elias Koopman te Rotterdam zoo voor zigh selven, als in den naam van de Compe. gaande op den naam van Salomon Elias, en Eleasar Nathans, Koopluiden te Rotterdam en Amsterdam Impetranten van Mand. van Reformo.

ca.

Geertruijd Middelant We. en Boedelhouster van Jacob Sintefroy Ged.

20 Eine Angabe zur Höhe des *rapportgeld* fehlt.

Heeren Van Hees en Duirkant Commissen.
Salomon Elias heeft op den *8 Juny 1723*, voor Schepenen van Amsterdam geeischt van Jacob Sintefroy betalinghe van f. 208:– onder kortinge van 1 pcto. voor prompte betalinghe, en f. 624:-11- mede ondergelijte kortinge, ter zaeke van twee distincte Parthijen Thee op den *5.* en *21. Mey 1721* publicq in 't boeke aan den voorw. J. Sint. verkoght door de makelaar Eduard Daniels, en gelevert, om tegens en nevens de leveringh, te werden betaaldt, met de interessen a mora tot ... tegens 8 pcto. in 't jaar.
De voors. J. Sintefr. heeft bij zijn antwrt. daar tegens gezeght, dat hij al op *21. Augusti 1721* uijt naam van Eduard Daniels op dezelve Rekeningh, die in deese wederom wordt geemploijeert, ter Vierschaar gedaghwaart is, dat de zaak aldaar noch litispendent is, en pretendeert op die procedures voort te gaan, en neemdt bij rebus contrarie concle. De voors. J. Sintefroy. middelerwijlen overleeden zijnde is de gem. eijsch verneeuwt tegens de Gedaagde den *22. Novemb. 1729* dewelke, daar tegens, als toen simpelijk heeft genomen contrarie conclusie. Voldingen. Bij vonnis van *2. Maart 1731* werdt den eijsch ontzeght c. e. Appell daar van aan R. P. Aldaar bij *eijsch* geposeert behalven 't gundt voors is, dat de voors. Thee was door de Impetranten aan voorm. makelaar toegesonden en voor derzelver reekeningh in 't boek verkoght te worden. Op den eijsch door voorm. makelaar E. Daniels tegens J. Sintefroy gedaan, heeft dezelve op den *10. Maart 1722* geantwort, dat die E. Daniels de voors. Parthijen Thee niet voor zijn eijgen, maar voor rekeninge van zijn meester aan hem J. Sintefroy had verkoght, en also de Reekeningh uijtgegeven, dan dat dezelve E. Daniels in gebrecken was gebleven van op te geeven, wie zijn meester was, voor de welken bij bestaat in Rhegten te ageeren, veel min dat hij daar toe was gequalificeert, praesenterende de geeijschte sorte voldaan, naadat E. Daniels zoude opgegeven hebben voor wien hij ageerde, en beweesen, dat van zijn principaal tot deese invorderingh behoorlijk was gequalificeert. Daar op hebben de Impetrant geoordeelt best te doen zelver vor den dagh te komen, en den vorn J. Sintefroy te daghvaarden voor Schepenen der Stad Amsterdam. Conclusie orde. modo tot nullite. ofte correctie.
Antwt. In appell daar bij zeght de Gedaagde, dat wijlen haar man met den makelaar E. Daniels verscheijde negotien en handelingen hadde gedaan, ter welker zaake hem nogh een merkelijke se. competeerde. Dat 't ook gebeurt was, dat de voors. E. Daneils op den *5* en *24. Mey 1721* had gehad een publique vendutie van Thee, voor rekeningh van zijne principalen. Erkendt wijders dat haar man als toen heeft gekoght de voors. 2 parthijen thee voor de sommen respecte., die alhier als noch geeijscht worden. Erkendt mede dat de voors. thee aan hem ter waagh gelevert is, de eerste parthij den *6. Mey* en de tweede den *24.*, doch zeght, dat gelijk de voors. partijen moesten worden betaaldt contant, en bij de leverantie ofte aan den gene E. Daniels, ofte aan zijne principalen, haar man. Daar voor ook aanstande had geerditeert in zijne boeken den voors. E. Daniels, en also de voorm. koopschat voldaan onder aftrek van 1 pcto. voor prompte betalinghe. Dat E. Daniels daar ook meede genoegen heeft genomen. Dat doorgaens also is gehandelt tuschen haar Gedaagde man, en E. Daniels, ofte dat wel anderzints assignatien op haar Gedaagdens man zijn getrokken, welke alsdan bij hem zijn geaccepteert en betaaldt. Dat ter zaake van de verkoghte thee geen assignatien zijn getrokken, noch ook zelfs geverificeert wordt dat de Impetranten daar van nooijt

eijgenaars geweest zijn. Dat zij Gedaagde na aftrek van de 2 geeijschte somme nogh van voors. 1 pcto. Daniels te pretendeeren heeft f. 269:-10:- Conclusie tot approbatie. *Bij Replijk* poseeren de Impten dat de voors. 2 partijen thee door E. Daniels niet alleen beweesen zal worden te zijn verkoght voor reekeningh van zijne meesters Salomon Elias en Eleasar Nathans, maar ook dat E. Daniels, door de verantwoordinge van de voors. verkoghte Partijen, het mortant der kooppen. van de koopers, die in gebreken waaren gebleven te betalen, hadde gestelt in 't debet van zijne reeken., tuschen hem en de Impetranten uijstaande, en alzoo de Impetranten heeft geassignt. op die gebrekkige kopers, en onder anderen ook op des Gedaagdens man. Dat ook die andere gebrekkige koopers te Amsterdam ter voldoeninge geconvenieert zijnde, ook ter dier saake ten behoeven van de Impetranten zijn gecondemneert geworden, ontkennen wel expresselijk dat E. Daniels zou hebben beijgeklaght dat der Gedaagdens man hem ter zaake van de voors. 2 parthijen thee alhier in questie zou crediteeren, ofte dat dezelven aan hem in zijn particulier zou worden gerescontreert. Dat ook zelfs der Gedaagde man een contrarie gedragh gegens E. Daniels heeft gehouden. Hinc inde is gepersisteert voor re- en dupligk. Bij sentie. van R. P. van *10. February 1733* verklaart de Impetranten niet beswaart c. i.
Reformatie aan den H. Rade alwaar een ordinair gedingh is gevallen. Vooraf moet geremarqueert worden, dat hier in appell alleen in 't proces is Salomon Elias zogh wel adsciberende de qualt. van de Compe. van Salomon Elias en Eleasar Nathans, doch zonder eenige productie of bewijs. Het proces ter eerster instantie is op beider namen gegaan. Ergo zijn hier niet dezelve Personen in 't gedingh als er te Amsterdam geweest zijn.
Hier tegens zeght men, Eleasar Nathans is overleden, dat Salomon Elias nu zoo wel na de doodt van zijn Compagnon vermagh intevorderen voor bijder reekeningh, 't geene hun bijde competeerde, als bij zijn leven, en dat anders de Gedaagde t' zij bij wegen van exceptie van non qualificatie, of anderzints des Impetrants qualt. behoorde tegengesproken te hebben, dan zou de Impetrant zigh daar op hebben kunnen in staat stellen. Ja zelfs dat de Gedaagde des Impetrant qualt. niet heeft gedesavoueert.
Hier is te onderzoeken
1o. Of de Impetrant bewijst den Eijgendom tot de verkoghte thee 't zij voor hem, 't zij in Compe. met Eleasar Nathans?
2o. Of hij dan evenwel wel Rhegt heeft om de kooppenn. te eijschen geconsidert., dat der Gedns. man, dezelve zou verrekendt hebben en gecompenseert op een grooter se. welke Eduard Daniels aan hem verschuldight was?
Op het eerste: Niet van applicatie *D. 3.* Want is maar een bloote rekeningh, niet getrokken uijt eenigh boek. Hoe is te begrippen dat hij $8\frac{1}{2}$ jaar zou hebben gewaght, daar hij voor contant verkoght hadde, en ook aftrekt 1 pcto. voor prompte betalinghe. Maar ziet dan *2o.* Zijnde een declaratoir van E. Daniels in *do. 16. Maart 1722,* na gesloote reekeningh van voors. E. Daniels met den Impetrant an zijn Compagnen, op *18. Februari* bovorens, zeedert welke E. Daniels het vervolgen van deese actie aan den Impetrant heeft overgelaaten.
Obj.: Manteert geen geloof want
1o. Een makelaar moet binnen 24 uuren zijn meester overgeeven ingevolge de Ampl. Ordonnantie van *22 Octob. 1693.*

Rs. Een Makelaar moet, das gerequireerdt zijnde zijn meester binnen 24 uuren noemen. De reeden is niet alleen om dat daar aan zou wijlen zeer kost geleegen teggen den kooper, dat hij met ten eersten weet, wie zijn debiteur is. Maar ook voornam. dat de makelaars anderzints lightelijk zouden kunnen eluderen de ordonnantie, haar verbiedende voor eijge reken te negotieren. Wat absurditeijt, dat als een makelaar die opgevinge, 't zij doleuselijk, of door maghtzaemhijdt nalaat, hij daar door rhegt zou krijgen, om daar door dit middel zijn eigen schulden te compenseren, en den verkooper van zijn rhegt tot de kooppenn. te versteken. De ordonne. declart in zodanigh een last de handelingh niet viel maar steldt daar op een boete van f 25. Die in een qualt. verkoopt heeft uit eijgen hoofde geen rhegt tot de kooppenn., en kan derhalven, 't zij met, of tegen zijn wille, aan hem in zijn privé niet in compensatie gebraght werden.
2o. Met goedt is volgens *D. 1* et *2* van Impetrant door twee makelaars verkoght *Erns le Faber* en *E. Daniels,* en gevolgenlijk het declaratoir van E. Daniels is niet genoegh. En ofschoon Le Faber nu doodt is, volgens zeggen van den Gedaagde, heeft hij noch geleeft tot in *Octob. 1727.*
Rs. Deese twee respe. verkopingen, waaren wel aangeleght door twee makelaars, maar ieder verkoght nochtans afzonderlijk 't geene hij in mandatis hadde. Dit blijkt 1o. quia Daniels heeft de presumtie voor zigh, want compagnieschap of combinatie tuschen makelaars is bij *Ampl. Ord.* van *22 Octob. 1693* verboden. 2o. de voors. prodten. zelve in fine wijsen aan, dat ieder thee afzonderlijk voor hunne respe. meesters aangetekendt is. De voors. Prodn. *D. 1. en 2* zijn extracten uijt de publique verkop. berustende ter secretaris.
Obj. Der Gedaagdens man heeft den *12 Septemb. 1721* bij zijn concl. van antwrt. gepresenteert te betalen in dien E. Daniels naar zijn meester wilde noemen, dogh heeft daar op niet gerepliceert.
Rs. Heeft daar van een schriftelijk declaratoir gegeeven den *10 Maart 1722.*De reeden warom hij daar meede van te voren geen haast gemaakt heeft is niets geraght. En kon in allen gevallen den eijgenaar van de verkoghte thee niet prejudictieren.
Obj. Warom den eijgendom niet bewesen door een Factuur van de thee, wanneer dezelve van Rotterdam is verzonden an E. Daniels. Het conosement, of aantekeningh in dien dezelve per marktschuit is vervoert. Waar de declaratie van courtagie van E. Daniels. Waar de brieven van ordres tot de verkopinge?
Rs. Dewijl de Gedaagdens man van eersten af aan erkendt heeft, en de Ged. noch erkend, dat de voors. thee niet gekoght is van E. Daniels in zijn particulier, maar voor zijn meester is 't genoegh, dat hij schriftelijk opgeeft wie zijn meester is, en dat zigh ook nooijt zeedert een andere eigenaar van die thee heeft opgedaan. Want de vraage is maar, of de Gedaagde alsdan, niet secuur de bij haar verschuldighde thee aan den Impetrant betalen konde.
Verder bewijs van eijgendom van de Impetranten aan die thee blijkt uijt *l. 2* et *3.* Zijnde twee assignatien door E. Daniels wegens de voors. thee getrokken op Jacob Sintefroy der Gedaagdens man den *5 en 24 Mey 1721* respc. Atqui niet apparent dat dezelve ten voors. tijden waarlijk geteekendt, min dat zij aan J. Sintefroy ten voors tijden zouden vertoondt zijn. Want warom zou hij dan in 't proces hebben behoeven te vragen declaratoir door E. Daniels wie zijn meester was, presenterende als dan te voldoen? Waarom zou E. Daniels uijtgesteldt hebben van dat aanstonds te declareren,

want dan was alles uijtgeweest? Dan zou J. Sintefroy ook buijten twijffel contant betaaldt hebben, gelijk de Gedaagdens per *f. 1-5.* bewijst, dat haar man dat altoos gewoon was te doen op assignatie gaf of rekening gaf van E. Daniels. Ergo deese 2 producten in effecte niet anders als l. 1.
Een *derde bewijs* levert uijt K. zegende de rekeningh courant van E. Daniels met den Impetrant q.q. Atqui conferineert maar *l. 1o* voor zoo verre aantoondt dat de voors *2* assignatien op de van voors. rekening courant aan den Impt zijn overhandight, te weeten op *18. Febr. 1722* en de Impetrant alzoo daar voor door E. Daniels is gedebiteert.
Obj. Is niet geextrahert uijt een boek van E. Daniels, en in tegendeel wijsen de boeken van J. Sintefory aan lib. *D. 1. et 2.* van de Gedaagdens dat hij E. Daniels daar voor in zijn particulier heeft geredicteert.
Rs. 'T prod. K. moet noodzakeligh uijt een boek geextraheert en geformeert zijn. En de aantekeningen van J. Sintefroy kunnen te minder in deesen veranderingh maaken, wyl in confesso is, dat E. Daniels de thee voor zijn meester verkoght en gelvert heeft.
Tweede Point: De Gedaagde heeft aan E. Daniels mogen betaalen, want anders zou de Impetrant niet gepermitteert hebben dat E. Daniels proces tegens J. Sintefroy ondernomen hadde. Ergo magh ook aan denzelven compenseeren.
Rs. Nemo procedit consequentia. Die is qualificeer. 't zij expresse vel tacite, om voor mij betalinghe te ontfangen, is daar door immers in geenen deelen gequalifict. om mijn crediteur tot quittinge van zijn privé schuldt te compenseren. Of nu de pretensie van f. 1088 die de Gedaagde sustineert ten lasten van E. Daniels gehadt te hebben uijt hoofde van handelingen die *ao. 1723* zijn voorgevallen tuschen der Gedaagdens man J. Sinetefroy en E. Daniels deugdelijk zij en er 't hujus loci en behoeft men hier dietshalven niet te examineeren. Men vindt wel uijt 't boek van J. Sintefroy dat hij E. Daniels wegens de twee parthijen thee heeft gecrediteert. Maar geenzints dat hij denselven E. Daniels weeder zou hebben gedebiteert met 't voors. saldo van f. 1088.
Obj. E. Daniels heeft eevenwel te vreeden geweest met die Resolutie, want anders zou hij zijn proces tegens den Geds. man wel vervolght hebben.
Rs. Die pretensie van J. Sintefroy is eerst *ao. 1723* geboren , hoe kan hij dan om de reeden 't Proces tegens hem 't welk voor die tijdt begunnen was hebben laaten steeken. Maar 2o. Esto, zoo dat den Impetrant prejuditieeren.

Hr. Durikant Idem.

Vid. de *volg. zaake.*

Den *23. Februarij 1736*
Rapport f.[21]

Salomon Elias, zoo voor zigh zelf als in den naam van de Compagnie gaande op den naam van Salomon Elias en Eleazar Nathans, Coopluiden te Rotterdam en Amsterdam Impetranten van Mandt. van Relief en R. A.

Ca.

Eduard Daniels Makelaar te Amsterdam Gedaagde

21 Eine Angabe zur Höhe des *rapportgeld* fehlt.

Hr. Van Hees en Duirkant Commissen.
Deese R. A. is daar op gefundeert, dat de Wede. Sintefrey in de andere zaak (hier voorgaande) haare defensie daar op neemet, dat haar man de van haar geeijschte sent. wegens de verkoghte Thee aan den Gedaagde hadde geresoontreert, en hij alzoo daar van geprofiteert. En schoon de Impetrant als noch vermeinet dat die defensie niet valabel is, hij eghter voor zoo veel daar op in de vorige instantien reguard zou mogen genomen zijn, reeden heeft om den Gedaagde te verplighten. Dogh deese laat aan te trekken, ten eijnde bij effectueere bij de wede. Sintefrey, dat zij den Impetrant betaalet, of anders deswegens zelfs verantwoorde en voldoeninge geene aan den Impetrant, niet tegenstaande hij in zijn rekeningh courant op *18 February 1722*, door hem ondertekend. Da 2 Partijen Thee (hier noch in questie) bereits presentelijk verantwoordt moghte hebben, te weeten onder de Posten van Debat, onder de benaminge van als noch onbetaalde Restantposten, en waar van hij de assignatien aan den Impetrant hadde behandigt.
Eijsch dat hij (voor zoo veel des noods) werde gereleveert van 't overneemen van 2 assignatien, en het laaten voldingen onder de Posten van debet in des Geds. Rekeningh Courant de zwee sommas, waartoe de assignatien zijn relatieff, niets gegens. alle verdene homologatien die daar op enigsints zouden mogen weerden gevolght, en de Gedaagde wijders gecondt. te effectueeren dat de Impetrant voldoeninge bekomen van de *2* Partijen, breder vermeldt. ter s. van f 206:19 en van f. 612:15. Ingevolge van deselfs twee gegeeve assignatien met de interessen gegens 8 pcto. a mora tot de voldoeninge, de Impetrant te vreeden zijnde aan den Gedaagde te restitueren de voorts *2* assignatien, als meede cessie van actie ten lasten van de Wede. J. Sintefrey.
De *Gedaagde* zeght bij *antwort* dat de Impetrant in zijn Gedaagdens Rekeningh Courant de voors. twee Posten heeft laaten valideeren, en vervolgens van hem Gedaagde heeft overgenomen de voors. twee assignatien, en dat het derhalven zeer absurd is hem daar over nu noch moegelijk te vallen. Dat hij Gedaagde met de uijterste bevreemdinge heeft gesien, dat de Wede. Sintefrey in de Procedures tegens den Impetrant heeft bestaan te pretexeren, dat haar man, ter zaeke van verschiede handelingen met den Gedaagde gehadt, hem Gedaagde op de Boeken hadde gecrediteert wegens de voors gekoghte Thee, en dat also, dan die Restante derselve twee Posten aan den Gedaagde presenselijk zouden werden betaalt. Want, behalven dat J. Sintefrey niet bevooght zou zijn geweest den Gedaagde daar voor op zijne boeken te crediteeren, dewijl de voors. Thee den Gedaagde niet concerneerde in zijn Prive, maar alleen door hem, als Makelaar, was verkoght voor Rekeningh van den Impetrant. Zoo vertrowet ook de gede. dat nooyt bewesen zal kunnen worden dat J. Sintefrey zelve hem gede. daar voor ooyt op zyn boeken heeft gecrediteert, en indien eghter 't zelve, buiten vermoede, moghte gevonden worden, zoo is hij Gedaagde volkomen gerust, dat nooijt zal worden beweesen, dat zulks met weeten, veel min met consent en approbatie van hem Gedaagde geschiedt is, en daar over segt met den Gedaagde is gereekendt of geliquideert.
Contrarie Conclusie zoo op het Relief als R. A. voldongen.

Hr. Duirkant
De J. Sintefroy heeft niet err, voor dat hij door den Makelaar L. Daniels gedaghvaart was ter betaliinghe gevraagd na den naam van zijn meester. Ergo moet hij 't sigh zelve imputeeren, dat hij niet ter behorlijker tijdt betaaldt heeft, en zijne wed. daar van als nu de last draagen. Zoude darom den Eijsch van Salomon Elias c. s. tegens haar, zo als die leght bij te niet doeninge van de twee vorige gewijsdens adjudiceeren. En den Eijsch tegens Daniels in R. A. dienvolgende aan Salomon Elias c. s. ontseggen met compensatie van kosten.

Hr. Van Hees
'T is in Confesso dat de 2 Partijen Thee, alhier in questie, door den Makelaar Daniels voor zijn Meester publick zijn verkoght aan J. Sintefroy, en aan hem geleevert. De vraaghe is of de voors. J Sintefroy niet gehouden was aan deselve betalinghe te doen van de voors. 2. partijen?

Moet voldoen. En als de Koop is gedaan door een gevolmagtigde, dat als de Principaal zelve voor den dagh komdt, de betalinghe aan denzelven geschieden moet. Het komdt er dar op aan op 't geene men hier tegen inbrenght. De. Gedaagdens (Wede. Sintefroy) fundeert haare tegenspraak daar op, 1o. dat de Impetrant in deesen geen regt of interest zou hebben. En dan, 2o. dat haar man deese Thee langhe voldaan heeft aan Daniel des Impetrant gemagtigde, en dat wel bij wege van rekente.

Ad 1o. Ten schrijftelijk declaratoir van Daniels gecontineert niet deszelfs afgegeve Rekeningh courant, an de afgevinge van 2 assignatien wegen deese 2 Partijen, door voors. Daniels getrokken op J. Sintefroy ter behoeven van den Impetrant Concedo dat 't bewijs compleeter zou kunnen zijn. Want uijt de boeken van den Impetrant of zijn Compagnie is er niets in 't Process. Failet is ook berust op *10. Maart 1722,* en alsoo omtrent de 10 Maanden naa de gedaane verkopinge dat L. Daniels den Impetrant van zijnen maakelar opgeeist. En de afleveringh van de voors. 2 assignatien op J. Sintefroy, wordt eerst in 't debet gesbragt van den Impetrant ter tijde van de overleveringh van de Rekening Courant van L. Daniels met den Impetrant te weeten op *18 February 1722.* Maar de vraagh is, of daaran, dat er compleeter zou kunnen blijken van den ligenden van den Impetrant de Gedaagde 't gekoghte goedt, ofte de verkreege waarde van dien, magh onder haar handen zonder betalinghe. Nego want *1o* daar is geen zwarigheijdt van naameninge. Niemandt als Daniels heeft dat goedt verkoght, niemandt derhalven, als dan welken hij voors. zijn meester opgeist, kan, nogh magh den kooper voor den verkoper in deesen erkennen, noch aan denzelven betalinghe doen. Moght 't zeer waar zijn, dat L. Daniels zijn waare meester verswegen hadt, die zou daar over zijn regress hebben tegens L. Daniels, maar niet tegens de Gedaagde kunnen sustineeren, dat zij quaade betalinghe gedaan hadde. Met zijn mobilia die hier verkoght zijn, quae non habent sequelam.

3o. der Gedag. man heeft 't zelver zoo begrepen, als hij daar L. Daniels hier voor al in *Aug. 1723* in Rhogten betrokken is geworden. Hij advoceert dat hij betalinghe verschuldight is aan den Meester van L. Daniels, welken hij zou komen op te geeven, en van welken hij qualificatie zoude tonen, om betalinghe te mogen ontfangen. Nu de opgenuge geschiedt zijnde, en de Meester zelver opkomende, is al de swarigheijdt, die der Gedaagdens man gemaakt hadde, weckgenomen.

Bbg. 'T is apparent dat Jan de Bruin Jank. de eigenaar is van den Thee, die nu is van voortvlugtige. Ter zaake van verboden handel op Oost Indien, over besten de gedreeven te hebben. An de Maagtbeschower van Amsterdam heeft onder des Gedaagdens man bewest gedaan, wegens al wat onder hem zou mogen zijn, toekomende aan voors. J. de Bruijn.

Nr. 1o. Dat bemest is *ao. 1721* gedaan, en gevolgelijk lange verjaart?

2o. Wat blijke in 't minste dat dit goedt van voors. Jan de Bruijn zou wesende niets wardt daar toe geproduceert?

3o. Daar zijn sequesters in de man zijn goederen gestelt, deselfs boeken zouden dan dat wel geopenbaart hebben.

4o. Maar als het zoo al eens was, dan zou niet aan de gede. kunnen verhaaldt worden, maar aan L. Daniels, die haar een verkeerden eigenaar van 't verkoghte goedt zou opgegeven hebben.

Obj.: L. Daniels moest binnen 24 uuren zijn meester opgegeven hebben?

Rj.: Dan moest men hem daar naa gevraaght hebben. De eijgenaars of mandanten kunnen davon niet lijden. De keure steldt daar op ook maar alleen een boete van f. 25. 'T is van groote aangelegenheijdt in de negotie, dat 't geene in de publique verkopinghen voor contant verkoght ward, onder zodanige dilaijen, niet onbetaaldt blijve.

Ad 2. Het tweede middel van defensie: 'T is verrekent met L. Daniels.

Rj. 1o. Der Gedaagdens man heeft dat niet geallegeerdt, maar in tegendeel gepresentert te betaalen, als hij maar weeten moght wie de Meester van L. Daniels was.

2o. 'T is eerst na *Maart 1723* dat J. Sintefroy crediteur van L. Daniels geworden is, volgens 't eigen boek van J. Sintefroy. Wat reeden nur, dat een commissionaris als hij twee jaaren na de, dat hij iets procuratorio nomine verkoght heeft, in zijn prive debiteur wordt van den koper, derzelve koper aan dien commissionaris zou mogen compenseeren, 't geen zijn principaal van den kooper te eijschen heeft.

3o. Maar al was zelver all te tijde van deese koop van 5.en *24. Mey 1721.* J. Sintefroy crediteur geweest van L. Daniels, 't geene hij in zijn prive schuldigh is, kan immers niet gecompenseert worden met 't geene zijn principaal moet hebben.
Non sit compensatio quam inter vera debitorem et creditorem.

Obj. Aan L. Daniels heeft mogen betalighe geschieden. Ergo ook aan hem gecompenseert worden, wegens 't geene hij aan J. Sintefroy verschuldight was.

Rj. Als zodanigh een compensatie of rekontre bij L. Daniels ooijt geadvoueert was, dan zou het eerst te pas komen kunnen to den zaaken, of dat egaal zou moeten gerekendt werden. Atqui dat facte is noijt geschiedt. Noijt is 't geliquideert zusschen J. Sintefroy en L. Daniel op die wijse, dat L. Daniels de Gedaagde of haar man wegens de 2. voors koopen gequitteert heeft.

Obj. L. Daniels en deszelfs Rekeningh Courant met den Impetrant door hem zelve hier geproduct., wijst dat aan, want daar bij profiten L. Daniels diese f. 830:– even als of hij ze reelijk aan den Impt hadde opgetaldt.

R. Die assignatien werden daar in 't debet van den Impt gebraght niet als betaaldt, maar in tegendeel als assignatien die noch onbetaaldt standen, nevens noch 4 andere onbetaalde assignatien.

Obj. Waar toe die dan in het debet van den Impetrant gebraght, en deszelfs credit daar meede vermindert?
R. Dat is conform de stijl van boekhouden. 'T waaren assignatien door L. Daniels getrokken ten behoeve van den Impetrant zoodraa L. Daniels die assignatien den Impetrant ter handt stelden moest hij dat aantekenen op zijn boek. Dat nu, kon hij daar niet anders brengen als in het debet van den Impetrant, op een presumpeele nam. Dat de betalinghe daar op volgen zou, maar die niet volgende, zoo blijft de schuldt noch open. Zoo wierd alttos wegens afgegeve wisselbr. en assignatien boek gehouden en anders kan 't ook niet ordentlijk geschieden.
Ergo zoude de twee vorige gewijsdens te niet doen.
De geeyschte interessen zijn conform aan de Keure van Amsterdam. En in twee andere gevallen heeft men zigh meede daar naar alhier bij den H. Rade gereguleert.
De Eijsch in R. A. tegens L. Daniels komdt door de adjudicatie van den eijsch tegens de Wede. Sintefroy van zelfs te vervallen.

Hr. Ketlaar
Idem

Hr. de Roovere
Idem.

Hr. van der Hoop
Hier is de vraagh of de Impetrant bevoeght is de Koopschat van de Thee te eijschen? Van toelegh tusschen Daniels en Sintefroy, om den Impetrant op te lighten, en van den kopschat te ontzetten, blijkt hier niets, want dat hij door 't bewest, 't welk de Magdtoficier onder hem hadt laaten doen, bekommert war, om niet aan een verkeerde betalinghe te doen, had zijn. De Impetrant moet bewijsen zijn eijgendom aan de Thee. Daar toe leidt hij niet anders over als een simpele verklaringh onder de handt, zonder presentatie van eede, en zelfs zonder 't zelve met zijn boek te confirmeren, daar hij nochtans van alles volgens de Ordonnante boek moet houden. Op diet declaratoir kan te minder regard genomen werden, om dat het niet overeenkomdt met 't gedragh door Daniels judicieelijk gehouden, want daar in eijscht hij voldoeninge in zijn particoulier. Waar is een brief van order, of eenige andere compendentie wegens dese The tuschen den Impetrant en Daniels. De Rekeningh courant van Daniels blijkt niet uijt zijn boek geextraheert te zijn. Hier komdt hem voor, door Daniels een Schelmstuck gepleeght te zijn, ten voordele van den Impetrant. Hetwelk lightelijk door den H. Rade kan ontdeckt worden, dewijl wij Daniels hier in 't Proces hebben, maar voor hem is dat niet noodig.
Obj. Hier verfaaren wij omtrent mobilia.
R. Mobilia door een non gequalificeerde verkoght, zijn niet te min een object van een rei vindicatie.
Obj. Des Gedaagdens Man heeft andere defensie gedaan.
Rj. De defensie moet zo nauw nict bepaaldt worden, dat, hangende het proces, een ged. of zijn erfgenaam, geen ander, en beeter middel van defensie zou mogen gebruiken. Ook zou de Gedaagde de present. door haar man gedaan altoos hebben mogen revoceeren.
Conclusie: Niet beswaert met de vorige gewijsdens mits de kosten van de 2e. instantie werdende gecompenseert.

Maar soude in de R. A. tegens Daniels, hem, Daniels condemneren, want houde een vuijl gedragh, dewijl hij den Impetrant erkendt voor zijn meester, en de eigenaars van de Thee.

Hr. Van Bleiswijk

De eijgendom van de Thee zou klaarder kunnen bewesen worden. Maar magh daarom de koper 't goedt houden zonder betalinghe? Het goedt is door Daniels publick verkoght, en ter waagh niet anders door hem gelevert, als voor eijn Meester, en in de procedures daar na geintameert door Daniels in zijn prive, eijscht hij niet anders als zo, als hij dezelve verkoght en gelevert hadde, en gevolgelijk niet in zijn prive, want zoo vermoght, nogh hadt hij ook niet verkogt, maar als makelaar voor zijn meester. Al hadt Daniels 't goedt gestolen, zo langh de waare eijgenaar niet gekomdt, maar den kooper hem Daniels, of den geenen, die hij voor den eijgenaar opgeeft, betalinghe doen.

Wat namaenighe zou er noch tegen de Geden. wegens dese Thee kunnen geschieden, want' t is goedt dat geen sequela heeft? Sleght is her wel gehandelt door Daniels, en wonderlijk dat 't werk in zijn rhegte staat klaarder voorkomdt, maar dat neemdt niet wegh, dat de Gedaagde niet zou moeten betaalen. Ergo de vorige gewijsdns. te niet doen, en de R. A. tegens Daniels ontzeggen als Commissn.

Hr. van der Does

Zeer sterk als *Hr. van der Hoop.* Zou den Impetrant bij interlocutie opleggen uijt zijn book, en anders zijn Rhegt tot de Thee. Naader ordonneren te bewijsen.

Hr. de Grande

Het declaratoir van den Makelaar komdt voor als een extract uijt zyn boek, want hij specificeert in 't zelve wat ook den zelven eijde uijt de publique venditie bij anderen verkoght is. Als de kooper niet betaaldt heeft de bij hem gekoghte Thee moet zijn erfgenaame dezelve noch betalen. De Rescoutrens aan Daniels raaken den Impetrant niet.

Ergo als Commissen.

Hr. Hop

Moebel goed is geen Reclame subject. Wat reeden dan waarom een kooper in een publique venditie betalinghe kunnen ontgaan aan den geenen, die de makelaar voor zijn meester opgeeft.

Voorts als de *H. H. van Hees* en *Bleiswijk* en in de conclusie Idem.

Hr. Praesident

Vinde dit werk zoo geembarasseert niet als het aan eenige Heeren toeschijndt. Voor te komen van de quest. waar in de Impetrant ageert, is bij mij voldaan aan de bedenkelijkheidt. De verkopt mobilia is bevoeght den prijs te vorderen, als 't maar waar is, dat hij de verkoper is. Geloof niet dat een koper ooijt anders gesustineert heeft. Dus konden aan waaren worden te Amsterdam, die uijt alle hooken van de wereldt gekonden zijn. Dat nu door een derde verkoght is, moet maar bewesen werden dat die derde de mandataris is geweest. De vraagh nu wat bewijs dat daar toe nodigh is? Mijns oordels, niets anders, als 't declaratoir van den man, die de verkopinge gedaan heeft, voor al als dat een makelaar is. Hoe zou dat ook anders mogelijk zijn. Het is waar dat makelaars boek moeten houden, maar is dit declaratoir niet zoo wel de aantekeningh en schrift van den Makelaar, als zijn boek. Des Gedaagdens mand, die ook een makelaar was heeft judicielyk ook niet anders gewerght, en daar op presentatie gedaan moet dat begrip en die presentatie niet werken tegen zijn erfgenaam. Als er verkoght is voor iemandt innominatum, moet er een opgevinge geschieden van den meester, en die heeft dan Rhegt in betalinge te ontfangen, of anders geeeft de Makelaar een assignatie ten behoeve van zijn meester, ten lasten van den kooper. Kan 'er moraliter getwijffeldt werden, of de assignatien die Daniels van deerde twee partijen gegeven heeft, zullen door den Impetrant vertoondt zijn aan Sintefroy, en dat de men betalinghe daar van doen komdt, dat Sintefroy een quaade betaaler is. In allen gevallen zou de Geds. maar hebben kunnen vragen. Het bewijs, dat de Impetrant de Thee hadt doen verkopen, en niet of hij de eigenaar was. Aan dat requisit nu is niets meer nodigh, als het declaratoir van den makelaar. De Grooste defensie van de Geds. bestaat ook niet daar in daar de *twee* de semper van de *Heeren* het het opnemen. Maar alleen dat haar man zou gerescontreet hebben met Daniels, en alsoo reets de van haar gevorderde penn. voldaan. Het welk noghtans meede geheel ongefundeert is. Maar de swarigheijdt omtrent de interessen is, of de mora van den kooper, wel kan gecondsidereert worden voor dat de makelaar zijn meester hadt opgegeeven, 't welk eerst geweest is den *10 Maart 1722*. Dat declaratoir nu zal de Gedaagdens eerst gekregen hebben bij wisselingh van inventaris so in 't proces *ao. 1729* tegens haar begonnen. De consignatie van koopschats in zoo eene gelegendtheijdt is niet prackticabel. Hij behoorde de assignatien, bij insinuatie vertoondt hebben aan Sintefroy. 'T is wel ongewoon, dat men niet als na de van de wisselingh van stucken zou interessen adjudiceren, en daarom derelve. waartoe wijsen a lite mora tegens de gends. *ao. 1729*.

Doch de conclusie van den Raadt is geweest conform het advijs van Commissarissen.

1741

Den 25 Julij 1741
Rapp f. 30:-:-

Jan Jongen, Abraham Wijting Mr. Metzelaer en Jan Prins Mr. Timmerman, alle wonende te Rotterdam, Impn. in relief d' appel

ca.

Mr. Jacob Mispelblom Beijer, Heer van Zuid Scharwoude, wonende te Schiedam Gedaagde

Voor den Raad bepleijt
Hr. V. Hees Rapporteur
D' 1e. Impetrant heeft op 24 Dec. 1733 gekogt van den Gedaagde toen mede wonende te Rotterdam seker stal, koetshuis en bovenwoning staande op Stadsgrond op de magere Varkenmarkt aldaar met sodanige vijdommen, conditien, servituten, regt en geregtigheden als deselve hebbende en lijdende mitsgaders tot dien dag toe gebruikt en gepossidert war volgens de oude giften en andere bescheiden daar van sijnde, die aan den koper souden werden overgelevert om hem daar na te reguleeren, vrij en niet anders belast als met een recognitie van f. 12, die jaarlijks aan de stad moeten werden betaalt, en dat voor f. 4800, en hebben sig de 2 laaste Impn. voor voldoening

der voors. koopenn. tot borgen als principalen gestelt. De voors. oude bescheiden aan den 1n. Impetrant na het voltrekken van die koop sijnde overgelevert, is daaruit bevonden, dat het erf, waar op de voors. stal etc. staat, op 2 Meij 1699 bij Burgr. van Rotterdam aan Elias de Ruuik mede Burgr. aldaar was geaccordt., mits voor de voors. vergunning jaarlijks aan den Thesaurier Ords. van de Stad betalende f. 12, en 't selve sijnde tot wederseggens toe. Dewijl nu door de voors. vergunning tot wederseggens toe niet anders gegeven is geweest als een precarium, en de Gedaagde sulks egter voor d' Impn. verborgen heeft gehouden, so hebben d' Impn. gemeent, dat de voors. koop uit hoofde van die doleuse behandeling was ipso jure nul. Des onaangesien evenwel heeft de Gedaagde d' Impn. tot prestatie van de voors. koop gedagvaart voor den geregte van Rotterdam, en aldaar geconcludt. in conformite van de acte van de voors. koop gemaakt, te vreden sijnde aan den 1n. Impetrant te geven gifte en eijgendom van het voors. gekogte en verder te doen en te presteeren 't gunt waar toe hij van sijne sijde in kragte van de voors. verkoop gehouden was. Antwo. cont. concle. Voldingen. Vonnis 26 April 1736 adjudict. den eisch met compensatie van kosten. Mandt. Relief van appel met Relief en Committimus aan den R. P. *Eisch* ten interinemente van 't relief in voors. Mandt. geinsert. dat dien volgende d' Imptn. (voor so veel des noods en verders nog anders niet) souden werden gerelevt. van het aangaan van 't contract van koop en daar voor geinterponeerde borgtogt respe. en gestelt in den staat, als of het selve contract van koop nooit aangegaan, en voors. borgtogt nooit was geinterpont. geworden, voorts ten interinemente van de clausule van relief, mede in voors. Mandt. geinsereert om te worden gerelevt. van de indebite interjectie en verheffing en prosecutie hunner appellatie, en in appel tot nullite of correctie van 't vonnis van Schepn. van Rotterdam in do. 26 April 1736 in ge. en dat aan den Gedaagde sijnen eisch en concle. ter 1r. instantie gedaan en genomen als nog soude werden ontsegt. Contr. concle. Voldingen. Sente. van 't Hof 18 Julij 17.. rejectt. de clausule van relief in der Impn. Mandt. geinsert., ontseit d' Impn. hunnen eisch en concle. ten interinemente van dien gedaan en genomen, en in appel verklaart d' Impn. bij het vonnis van Schepn. van Rotterdam voorn. te wesen niet beswaert c. exp. Appel H. R. Ordinair voldingen. D' Impn. na 't voldingen als nog inhaererende hunne concle. voor desen H.R. in appel genomen en daar op wel expresselijk regt versoekende, doen dien onvermindert en sonder daar van af te gaan, ten overvloede prese., te vreede te sijn, in gevalle deselve concle. had (buijten verwagting) niet soude mogen volgen, in dien gevalle en anders niet te presteren en te voldoen de conditien van de koop ten processe gemeld, onder aflsag van sodanigen somme als bij desen H.R. of bij neutrale personen daar toe bij desen H.R. te noemen en te qualificeeren sal worden gearbitreert, dat het gekogte minderwaardig soude mogen sijn, als de uitgeloofde kooppenn. komen te bedragen uit hoofde dat het verkogte erf bij de uitgifte van 2 Meij 1699 inhoud de clausule tot wederseggens toe, sustineerende met de prese. te kunnen volstaan.
In consideratie 't nullite van 't contract ex capite doli, 2. Relief, 3. actie quanti minoris. Ad 1 't geallegeerde regt spreekt van gevallen, daar de koper geen gelegentheid gehad heeft, om kennis van de vitia van 't verkogte te krijgen. Die hier niet, want hier is relatie gemaakt tot de oude gifte, en bij gevolg geen dolus. De koper had die kunnen examineeren. Ad 2.: 'T relief ongefundt., want berust mede op de dolus, die 'er niet is. Ad 3: Dit word ook gefundt. op de verswijging van de clausule tot wederseggens

toe. Aan den Gedaagde kan hier omtrent niets te stade komen, dat hij gesegt heeft dat het stond op stads grond en recognitie betalen moest, want dit infereert maar erfpagt. De relatie tot de oude briefen moet het daan goedmaken, en te meenen, dat die ook voldoende is. Daar is wel een contrarie decisie in de saak van Pieter v. d. Hoef c. s. q.q. Impen. van Gijseling Ca. Cornelis 's Gravesande Gegde. 1734. Maar gewijsdens maken geen regt, en men moet in het dissolveeren van koopscontracten of verminderen van koopprijsen niet faciel sijn. Concle. niet beswaart.

Hr. Keetlaer
Alles komt hier aan op de verswijging. Maar die is hier niet. Daar is hier geen grond verkogt, en daar is relatie gemaakt tot de oude brieven. Dit genoeg. Concle. Idem.

Hr. Rovere
Idem.

Hr. V. d. Does
Idem.

Hr. De Grande
Nopens dolus en relief Idem. De actio quanti minoris had binnen 's jaars geinstitueert moeten werden. Idem.

Hr. Hop
Daar is geen verswijging en die moet het fundt. van alles sijn, want 't geen iemant weten kan per relationem, moet hij sig imputeeren als hij 't ignoreert. Nu is hier gesegt, dat de stal stond op stads grond, en als de koper getwijffelt had, hoe hij sulks verstaan moest, had hij de oude brieven moeten examineeren, waar toe hij voor 't overige gerenvoijeert wierd. Idem.

Hr. Mollerus
Hier wel geen expresse dolus, maar res ipsa in se dolum habet. Een venditor moet alle vitia, die hij weet en voor al latentia aan de hand geven, generale bewoording niet genoeg. Dat de koper de bescheiden niet ingesien heeft is geen supina ignorantia, welke alleen de koper schaden kan. Mit de bewoording van 't koopcontract moest de koper denken, dat het erfpagt of ten minste jus superficiei was, 't geen hij kogt. Dus hier een essentiale error omtrent de substantie van 't verkogte, en gevolgelijk geen consensus l. 55 l. 57 D. de obl. et act. Concle.: Sente. van 't Hof en vonnis te niet doen, sonder regard te nemen op 't relief den eisch ter 1r. instantie ontseggen.

Hr. Praeses
Geen bewijsen hier van dolus, maar komt het nog aan op de verswijging, en so 'er iets verswegen is, 't geen gesegt had moeten, is 'er fundt. tot de actio redhibitoria, so 't vitium groot is, of tot de actio quanti minoris, so 't vitium klein is. Relatie tot de oude brieven niet genoeg, want dat is maar een generaal seggen, 't geen na regten niet sufficient is. Maar hier speciaal gesegt, dat het op stads grond stond. In aedificata cedunt solo, so 'er geen conditien ter contrarie sijn. Wilde nu de koper er meer van weten, so had hij de oude brieven moeten nasien. In de geallegeerde decisie was niets specifice gesegt, en alleen maar relatie gemaakt tot oude brieven. Concl. niet beswaert.

Concle. Impn. verklaart niet beswaart c. exp.

Den 28. Oct. 1741[22]
Rapp. f. 40:-:-

Hendrik Leethijs wonende alhier in den Hage Impetrant in appel
Ca.
Carel van Belle en Jacob van Tingen als bij acte do. 7 Julij 1740 aangestelde Curateurs in den insolventen boedel van Josina Pantekoek Wed. en ergename van Johannes Ammama Gedaagde

Voor den Raad bepleijt
Hr. Bleiswijk Rapporteur
D' Impetrant als koper en de notaris van Zanen als last en procuratie hebbende van de voorn. Wed. Ammama als verkoper hebben op 30 Meij 1739 voor de notaris van Beckestein en getuijgen gepasst. seker contract van koop, waar bij aan den Impetrant is verkogt sekere huijsinge en erve staande alhier in den Hage op de zuidzijde van de Langegragt met twee agterhuises onder expresse stipulatie dat de oude brieven en bescheiden tot deselve huijsinge gehorende aan hem Impetrant voor het doen der opdragt souden worden ter hand gesteld om te examineeren en dat de voors. huijsinge aan hem wierd verkogt vrij en onbelast niets daar op staande als den Heer sijn regt, en mits dien dat de hypothequen en verdere lasten daar op gevestigt door den verkoper of sijne principale souden worden gesuivert met bijvoeging dat de opdragt soude moeten werden gedaan en ontfangen op 1 Julij toen aanstaande. Wijders is geconditioneert dat partijen contractanten ieder voor de helft souden dragen den 40e. penn met de 10e. verhoging mitsgaders den 80 penn. het schrijven en segelen van de brieven van opdragt en 't geene daar van verder dependent en dat de huurpenn. van de twee agterhuises in het Kalkstraatie met het doen der opdragte souden lopen ten voordeele van den koper, hebbende de verkoper tot sijnen laste genomen, dat de respe. verpondignen tot ult. Dec. 1738 zouden werden gesuivert en voldaan. Al aanstonde is gebleken, dat de verkoper q.q. of wel sijne principale niet in staat was om de voors. koop te presteeren, vermits reeds op 11 Junij 1739 door eenen Jan van Scherpenzeel en Cornelis de Beter woonende te Rotterdam, en naderhand op 15 Sept. daar aan volgende door Jonas Gutsche (so hij ageerde) is gedaan arrest op de kooppenn. onder den Impetrant berustende. De voors. Wed. Ammama en haar gemagtigde hebben sulks met 'er daad ook begrepen, naar dien sij voor den voors. 1 Julij aan hem Impetrant de voors. brieven en bescheiden niet hebben doen overhandigen of eenige interpellatien hebben gedaan om op de voors. tijd den opdragt aan hemt te doen. De gem. Wed. heeft ook aan zig blijven behouden de volkome dispositie over deselve huisen en segt deselve doen te huur stellen en het grote huis tot na verloop ten eenige maanden van den volgenden jare 1740 bewoont en de huurpenn. van de twee kleine of agterhuises geprofiteert gehad. Midlerwijlen heeft gem. Wed. alleen in Nov. 1739 aan den Impetrant doen proponeeren, dat hij zoude betalen de hypothequen en agterstallige verpondigen op de voors. respe. huisen staande als mede de helft van de onkosten op het transport vallende, en dat bij het doen der opdragt de penn. daar voor uitgeschoten soude korten, dog heeft d' Impetrant die propositie van de hand gewesen. Zedert dien tijd

22 Die vorhergehende Entscheidung in der Quelle trägt das Datum 31. Oktober 1741.

heeft de gem. Wed. de saak al mede gelaten buiten vervolg, tot dat eindelijk op 7 Julij 1740 ten versoeke van de gem. Wed. bij den geregte van s' Hage tot Curateurs in haar boedel sijn aangestelt de Gedaagdens met speciale authorisatie aan den Impetrant in der minne of ander door middelen van regten te constringeeren het transport van de voors. blok huijsen en erven te ontfangen. D' Impetrant daar toe door de Gedaagdens sijnde aangesproken heeft als toen geweijgert de voors. opdragt te ontfangen, als aan het contract van koop niet meer zijnde verbonden. De Gedaagdens hebben daar op den Impetrant immediaat nog in deselve mannd Julij 1740 voor den gem. geregte doen dagvaarden, en ten dage dienende alvorens eisch te doen bij de middelen van den gedeclart., dat zij aan hare sijde bereid waren deselve huijsinge vrij en onbelast en niets daar op staande dan den Heer sijn regt aan hem Impetrant te leveren, en dat de hypothequen en verdere lasten daar op gevestigt souden werden gesuivert, en de verpondingen een jaar verder betaalt als bij het contract van koop was bedongen, en dat tot ult. Dec. 1739 ingesloten. De Gedaagdens hebben verders alvorens eijsch te doen gepresentt. de voors. opdragt invoegen voors. en volgens den inhoud van het bovengem. contract van koop in do. 30 Maij 1739 als regte doen en onder benefe. van die prsse. eisch doende geconcludt., dat d' Impetrant soude werden gecondt. den opdragt van de voors. huisinge als nog te ontfangen, en de daar bij beloofde koopenn. ter se. van f. 6350 in promptis te betalen met de interesse van dien a 4 pco. a tempore litis motae, saltem litis contestate tot de betalinge toe. refus prese. contr. concl. Voldingen. Vonnis van Schepenen van den Hage 26 Jan. 1741 condemnt. den Impetrant van de Gedaagdens q.q. te ontfangen den opdragt van de huijsinge en erve aan hem op 30 Meij 1739 verkogt door de notaris van haren q.q. volgens contract van koop deswegen ten voors. dage gepasseert en nevens de opdragt aan de Gedaagdens q.q. in promptis te betalen de daar voor uitgeloofde kooppenn. ter se. van f. 6150 mits de Gedaagdens volgens hare gedane prese. deselve huisinge suiverende van de verponding tot den laasten Dec. 1739 ontseggende aan de Gedaagdens q.q. de geeischte interessen, mits door hen daar gegens geprofiteert wordende de huure van van de voors. twee agterhuisjes tot den dag van de opdragte toe met compensatie van kosten. Appel Hof. Eisch Ord. modo. de Gedaagdens alvorens te antwoorden inhaereerende als nog hare voors. prese. bij eisch ter eerster instantie gedaan, en onder benefe. van dien nemen contr. concle. Voldingen. Sente. van 't Hof 28 Julij 1741 niet beswaert c. exp. Appel H. R. Eisch ord. modo. de Gedaagdens verhaereren wederom hunne voors. prese. en nemen contr. concl. Voldingen.
Q. Of vonnis en Sente. wel gewesen sijn, of niet? Na 't geding in appel komen geen geeischte interessen maar in considerate. Volgens vonnis van den Haag souden de verpondingen zedert 1739 komen ten laste van den Impetrant Dus te examineeren 1. of d' Impetrant als nog opdragt ontfangen moet? 2. Hoe de betaling van de verponding gereguleert moet werden? Ad 1: De defensie van den Impetrant daar tegen is a) dat het contract van koop vervallen is na regten, b) dat ook mutus consenu daar van gerecedeert is. Ad word bijgebragt, dat d' Impetrant niet heeft gecontracteert met de Wed. Ammarna maar met de notaris Van Lanen. Dog dit tutel, want Van Laren is hier mandataris geweest volgens een acte, die bij 't contract geexhibeert is. D' Impetrant heeft zelf aan Van Laren in die qualiteit insinuatie gedaan. 2. Word gesegt dat het contract conditional is, om dat 'er staat, dat dit en dat geconditioneert is, dog

dit ridicul. Ook dat de opdragt op 1 Julij 1739 geschieden moest, maar dit is weder geen conditie, so als een conditie na regten genomen word, waar 't is een beding. 3. Word geallegeert, dat hier een mora venditionis is, maar daar door word na regten geen contract nul gemaakt. L. 13 C. de act. emti l. 14 C. de resc. vend. de mora die er soude mogen geweest sijn voor den 6 Julij is gepurgeert door de insinuatie van den 3e. en de overlevering van de bescheiden. Zedert is er geen mora aan de zijde van de verkoopster geweest. D' Impetrant had sig nopens de bescheijden moeten expliceeren. D' Impetrant heeft selfs in Nov. 1739 een zeer redelijke propositie van de verkoopster verworpen. 4. Word gesegt dat aan de Gedaagdens soude obsteeren de exceptie van adimpleti contractus, maar dit maakt ook geen contract nul, en kan selfs post litem contestatam gepurificeert worden. Voet ad t. D. de act. emti n. 23. L 93 ult. D. de pign. act. Hier is reeds alvorens eisch te doen bij presente. die exceptie gepurificeert ad l. van het recedeeren van 't contract geen blijk. Waarom heeft dan d' Impetrant de bescheiden niet terug gegeven? D' Impetrant erkent self dat in Nov. 1739 de verkoopster sig nog aan 't contract heeft gehouden. Dat de verkoopster eenige huur ontfangen heeft is wel gedaan, anders was door lang verset van de huurders het geld geheel weg geweest. Voor so veel gesegt word dat de hypothequen voor de opdragt gesuivert moeten worden, dit staat niet in 't contract. Genoeg dat te gelijk geschied, so als de Gens. gepresentt. hebben en bij vonnis van den Haag gevolgt is. Ad 2: Volgens contract moest de Impetrant met het bein van 1739 de verponding betalen, en met 1 Julij 1739 de vrugten trekken. Ergo een half jaar eer de lasten betalen, als vrugten trekken. De Gedaagdens hebben door haar prese. 't een en 't ander een jaar verder geextendeert, en voorts. interessen geeischt a lite contestata. Schepenen van den Haag hadden dat moeten volgen, en de interessen a lite contestata adjudiceeren, mits daar op afslag strekkende de huuren sedert do. van den eisch. Nu is het in die staat gebragt voor 't ontseggen van de interessen, en 't niet proponeeren van grieven a minima dat het niet wel te redresseeren is. Als d' Impetrant gecondt. was geworden om interessen te betalen, soude hij meer betaalt hebben als de verpondingen bedragen. Daarom lief 't alles laten so als het is. Conclusie niet beswaert.

Hr. Keetlaer
Idem

Hr. Roovere
Idem

Hr. V. Hees
Idem

Hr. V. d. Does
Idem

Hr. de Grande
Idem

Hr. Hop
'T werk van de mora Jure Rom. duijster. Maar 't komt er hier niet op aan. Genomen d' Impetrant had uit hoofde van die mora regt gehad om van 't contract te recedeeren, hij heeft dat aan de verkoopster geremittt. door sijne insinuatie van 3 Julij 1739.

Want daar bij heeft hij nader eenige bepaling van tijd gepresentt. de opdragt te sullen ontfangen, na dat de bescheiden aan hem souden wesen overgelevert. Idem.

Hr. Mollerus
Idem. Maar ten opsigte van de verpondingen te meenen, dat die bij de Gedaagdens betaalt souden moeten werden tot een half jaar voor de opdragt. Ook bij de sententie wat klaarder doen uitsteken als bij 't vonnis van den Haag gedaan is. Dat de Hypothequen met het doen van den opdragt gesuijvert moeten werden.

Hr. Praeses
Idem met Hr. Bleiswijk

Bij sente. d' Impetrant verklaart niet beswaert c. exp.

Den 23. Nov. 1741
Rapp. fl. 60:-:-

Charles Joseph d' Overschie Heer van Baertwijk so voor hem selven, en voor sijn Schout, Schepenen en Secretaris van Baartwijk Impetrant van Mandt. van Mainte.
Ca.
Leendert Luijben, wonende te Oudenheusden Gedaagde ende nog als intervenieerende en de saak aanneemende van Arnoldus van Caam, Procr. voor den geregte der Stad Heusden mede Gedaagde

Hn. V. Hees en Hop Commiss.
D' Impetrant poseert, dat ofschoon hij en sijne predicesseurs als Heeren van Baartwijk van alle oude tijden af tot nu toe hebben gehad het regt en ook sijn geweest en gebleven in de rustige en vredige possessie van dat door en ten overstaan van Schout, Schepenen en Secretaris te Baartwijk worden gedaan alle publijcque veijlingen en verkopingen van goederen onder de jusidictie van Baartwijk voorvallende en aldaar aangelegt en verrigt wordende, egter des. Gedaagde met assistentie van den 2e. Gedaagde sonder interventie of overstaan van gem. Schout, Schepenen en Secretaris en 't laast van Julij 1739 binnen Baartwijk voorn. heeft gedaan een publijcque opveijling en verkoping van eenige landen aldaar gelegen; en dus den Impetrant daar door in opgem. sijne possessie vel quasi geturbeert. *Eisch* dat d' Impetrant so voor hem selven, als voor Schout, Schepenen en Secretaris van Baartwijk voorn. sal werden gemaintent. in de possessie vel quasi van dat alle publijcque veijlingen en verkopingen onder de jurisdictie van opgem. sijne Heerlijkheid Baartwijk voorvallende en gedaan wordende geschieden door en ten overstaan van den Schout, Schepenen en Scretaris van Baartwijk voorn. tot afdoening van de turbatien en adjudicatie van de Recrede. c. exp. De Gedaagde segt, dat van alle oude tijden in de Stad en respe. dorpen van den Lande van Heusden ieder een of self of door of met assistentie van sodanige personen, als iemant daar toe geliefde te verkiesen, onverhindert sijne vaste goederen, aldaar gelegen, publijcquelijk heeft geveilt en verkogt, sondert dat sulks door en ten overstaan van Schout, Schepenen en Secretaris van de voors. stad of respe. dorpen heeft behoeven te geschieden. Dat de 1e. Gedaagde genegen sijnde eenige Landerijen onder de jurisdictie van Baartwijk,

mede gelegen in den Lande van Heusden, te verkopen, tot het reguleren van de verkoping aldaar heeft versogt den 2e. Gedaagde, die ten dien ende de nodige billetten heeft doen aanslaan, waar bij de koopdag is gepraefigeert tegen den 28 Julij 1739 ten huise van Emit van Luijk. Dat de 1e. gede. geadsistt. met den 2e. Gedaagde ten bestemden dage ten huise voors. is gekomen, om de veilinge of insettinge van de voors. goederen te doen, en ook vervolgens op 25 Julij ten gesetten dage tot het doen van de finale verkoping. Dat op beide die tijden bij het voorlesen de conditien van wegen den Drossaert of Schout, Schepenen en Secretaris van Baartwijk is gedaan protesteeren tegen een preterse turbatie, die haarl. in het preterse regt der publijcque veilingen en verkopingen wierd aangedaan. Dat de 2e. Gedaagde daar op heeft te gemoet gevoert, dat sodanig gepretendeert regt voorkwam als een nieuwigheid, dog dat egter de Gedaagde te vreden was, ingevalle de voorn. Drossaart of Schout, Schepenen en Secretaris hun regt konden bewijsen, haar met de veiling en verkoping te laten gewerden. Dat als ten bij den Drossaart of Schout en Secretaris daar op is erkent, dat sij het selve regt niet anders konden bewijsen, als daar door dat sij in de preterse gewoonte waren. Dat de 2e. Gedaagde daar op in substantie heeft geantwoord, dat sodanige gewoonte geen regt gaf, en dat sulks sigtelijk van tijd tot tijd kon sijn gedaan of door toegeventheid of door vreese van de goede Ingesetenen voor het geregt, dat hij mitsdien met de verkopinge soude voortgaan, dog dat de 1e. Gedaagde te vreden was, wanneer 't gesustineerde van 't geregt mogt blijken aan henl. alles te voldoen, waartoe de 1e. Gedaagde eenigsints verpligt was. Dat vervolgens de voors. landen van den 1e. Gedaagde sonder verder verhindering sijn verkogt, en naderhand voor Schepenen der Stad Heusden aan de kopers sijn opgedragen. Dat mitsdien aan de beide Gedaagdens gansch onverwagt is te voren gekomen, dat den Impetrant op 23 Julij 1740 en sulks so lang na do. van de voors. gedane veiling en verkoping het voors. Mandt. heeft versogt en geobtint. Mits welke wel expresselijk ontkennen de den Impetrant of desselfs Schout, Schepenen en Secretaris van Baartwijk te hebben geturbt. in eenige possessie val quasi waar in sij met opsigt tot de Gedaagdens in desen eenigsints souden mogen sin manuteribel, alvorens te antwoorden doende prse. verklaart te vreden te sijn, mits d' Impetrant summierlijk aan Hn. Commn. van desen H. R. ten overstaan van den Gedaagde komt aan te tonen, dat ieder een die sijne goederen, gelegen onder Baartwijk vrijwillig publijcq wil veilen en verkopen, gehouden is het selve te doen door of ten overstaan van Schout, Schepenen en Secretaris aldaar, indien gevalle aan den voorn. Schout, Schepenen en Secretaris te voldoen, so veel als sij respectivelijk na redelijkheid immers ter arbitrage van Hn. Commissn. van desen H. R. wegens de voors veilinge en verkopinge door of van wegen den 1e. Gedaagde in Julij 1739 gedaan konnen eisschen of pretendeeren, sustineerende etc. en bij refus. en onder benefe. van dien neemt contr. concl. tegen den verderen of anderen eisch en verdere of andere recrede. c. exp. D' Impetrant segt, dat ten desen alleen geverseert wordende in cas possessoir, vervolgens alhier over de Impte. regt geen quaestie wesen kan. Dat niettemin d' Impetrant boven sijn actens possessoir ook nog voorsien is niet alleen van seer klare preuves rakende sijn regt van 't door en ten overstaan van sijn Drossaart, Schout, Schepenen en Secretaris te doen en te laten verrigten generalijk alles wat in eenige andere vrije Heerlijkheden in Holland door Wethouders aldaar gedaan moet of mag worden, maar ook nog dat aan des Impte. predecesseurs dat voors regt en ook de possessie mitsgaders de executie

van dien selfs in judicio contradictorio bij sent. van desen H. R. is geadjudict. geworden, en dat niet alleen omtrent het verrigten van deese of geene saken in 't particulier, maar ook in 't generaal van alle soorten van juisdictien, en dat met speciale seclusie van Burgemn. en Regeerders der Stad Heusden refus prepe. persistit voor replijcq.
De Gedaagde segt, dat onder de Landerijen, die in Julij 1739 tot Baartwijk door den Gedaagde publijcq sijn geveilt en verkogt, is geweest een stuk Leengoed releveerende van den Heere van Baartwijk, hetwelk na de voorn. publijcque veiling en verkoping voor Stadhouder (sijnde den Drossaart en Schout van Baartwijk) en Leenmannen van Baartwijk op den koper is verlijd, en dat daar uit onder anderen ook blijkt, dat dese proceduren, waarin na verloop van een jaar na d. van de voors publijcque veiling en verkoping ter Rolle van desen H. R. is eisch gedaan, ten uiterste sijn vexatoir. persistit voor dublijcq.
De voorname qe. in desen tussen de partijen is, of d' Impetrant daar van is in de possessie, dat alle publique veijlingen en verkopingen, die iemant na gedane affictie van billetten vrijwillig komt aan te leggen onder Baartwijk, geschieden moeten door en ter overstaan van Schout, Schepenen en Secretaris aldaar? So het daar voor moet worden gehouden is de turbatie in confesso. Indien dese qe. was van deselve natuur als de ordinaire possessoire saken, so souden allereerst moeten worden ingesien de bewijsen, die d' Impetrant sustineert aan de hand te hebben om de possessie vast te maken. Maar het is in desen so gestelt, dat men niet kan oordeelen over de valeur van de bewijsen of over de kragt, die men er aan attribueeren moet, ten sij men eerst sig daar op fixeere, wat hier te lande in thesi het gemeene regt omtrent dese materie medebrengt. Dat nagegaan wordende, so vind men geen algemeene Landwet, die dicteeren soude, dat niemant sijn goed publiquelijk soude mogen verkopen sonder assistentie van het geregt, en die wet 'er niet sijnde, so is het dan in thesi facultatie om het geregt 'er over te roepen of niet. So is het ook bij den H. R. begrepen in de sake van Schout en Geregte van Voorburg Impn. van Mainte. Ca. Mr. Nicolaas van Assendelft Gedaagde op 20 April 1723. Twee saken soude men hier tegen kunnen inbrengen. 1. Placc. van Keijser Carel 10 May 1529 't geen so wel van verkopen als van opdragen en transporteeren spreekt. 2. De Leere van Bort Tr. van H. en N. H. 2. 37. 4. 19. Maar 't Placc. van Keijser Carel moet sane sensu worden opgevat van sodanige gevallen, daar de verkoping en opdragt te gelijk geschieden. Anders sode niemant eenig vast goed selfs onder de hand verkopen mogen; en daarom verstaat niemand het gem. Placc. anders als van opdragten en hypothecatien. Dat het ook so verstaan moet worden blijkt uit het placc. op den 40 Penn. van 11 Maert 1723, sen. 16. 18. 19. Ten opsigte van de leere van Bort staat te remarqueeren, dat hij er niet even eens van spreekt op de eene plaats als op de andere. Cap. 2. n. 37 segt hij, dat Schout, Schepenen en Secretaris over alle publijcque verkopingen staan; maar Cap. 4. n. 19 segt hij dat alleen van den Schout, den hij selfs daar wil dat ook over de verhuuring van landen onder 't Ambagt staan moet. Sed sit ut sit, 't een en 't ander is sonder eenige autoriteit geallegeert, 't Imp. dan in thesi aan een ieder gepermitt., om sijn goed publijcq te verkopen 't sij met assistentie van 't Geregt, 't sij sonder; en so word het ook op verscheide plaatsen gepractis. ex. gr. te Delft, te Gouda. Particulierlijk op 't so ook in de Stad van Heusden, en in verscheide dorpen van 't land van Heusden, waar van bwijs in 't proces is. Maar hoe seer sulks nu in thesi so is en op die plaatsen

en ieder daarin handelt na sijn welgevallen, so kunnen er evenwel ook andere plaatsen wesen die faculteit niet is; en die faculteit kan benomen wesen tweesints 1. of door een expresse keure of plaatselijke wet, 2. of wel door sodanig een contrarie gebruik, waar door iets dat facultatie is kan werden geprescribeert. De fraag is of hier in Baartwijk een van beide is? Van eenige Keure is bij den Impetrant geen allegatie gedaan. Maar men fundeert nog op eene possessie, daar man verscheide bewijsen toe heeft overgelegt. Derhalven nu tot het examen van de actens possessoir hier mede over te gaan, en te ondersoeken of die sijn van sodanigen aard, dat daar door iets dat facultatie is kan werden geprescribeert. De vraag is dan eerst hoedanig een diergelijke possessie gestelt moet wesen? Daar toe is niet genoeg, dat een geregt eenige exemplen kan voor den dag brengen van verkopingen daar het geregt overgestaan heeft. Want die bewijsen niet anders, als dat die verkopers wel ten overstaan van het geregt hebben willen verkopen, maar sij bewijsen geensints dat sij het geregt hebben moeten daar over roepen. Op die grond dan so bewijsen de exempelen die d' Impetrant produceerte niets ter weereld, want daaruit blijkt niet dat het geregt ongerequireert en jure suo 'er bij gekomen is. Het doet 'er ook niet toe, dat de Gedaagde geen contrarie exempelen weet voor den dag te bringen, en dat de getuigen seggen, dat alle publijcque verkopingen daar sij van weten ten overstaan van 't geregt geschied sijn. Want iets dat merae facultatie is kan simplici non usu niet werden verloren. Maar wat soude 'er dan moeten wesen? Daar soude moeten blijken, dat 'er Ingesetenen of Ingelanden waren geweest in Baartwijk, die sonder het geregt publijquelijk hadden willen verkopen, maar die daar in waren verhindert geworden door het geregt, en die aan de Ordres van het geregt hadden geacquiesceert. De vraag is, of dat hier is? Ten sodanig geval word geallegeert, en als dat geval pertinent was en het was ten genoegen bewesen 't soude genoeg sijn, want een Heer behoeft geen possessie te bewijsen tegen alle sijne Ingesetenen. Van dat geval word gesproken in de Certificatie sub N. 10 en 't schijnt te wesen het selve geval, waar van de Verkoop Cedulle is sub N. 8 Maar so verkogt die verkoper niet alleen uit sijn eijgen hoofde maar ook op speciale authorisatie van Schout en Weesmeestn. en 't sijn ook geweest die, die gesustint. hebben over de verkoping te moeten staan en die 'er ook over hebben gestaan, niet de Schepenen. Het was een Weduidenaer, en apparentlijk waren de Weesmr. voogden over sijne kinderen, aan wien een gedeelte van het te verkopen land toekwam. De Vraag is of men uit sodanig een exempel consequentie mag trekken tot andere vrijwillige verkopingen, daar geen authorisatie toe nodig is? 2. Daar is geen ander bewijs als de Certificatie van Schout, Schepenen, Weesmr. en Secretaris, voor wien d' Impetrant so wel ageert als voor sigselve. De centrale getuigen weten van dit exempel niet, en bij gevolge so hapert het ook aan het bewijs. En als dan dit exempel niet te stade kan komen, so manqueert het aan sodanige actens possessoir waar door de faculteit die de Ingesetenen namens gemeen regt hebben heeft kunnen werden benomen. Op die grond in dubio te inclineeren voor de vrijheid. Dus de Recrede. ontseggen, en niet nodig te spreken van andere reflexien, daar andersints van soude moeten gesproken worden ex. gr. Dat de eisch generaal spreekt van alle verkopingen, en dus so wel van meubel als immeubel goed. Ondertussen van meubel goed maar een acte possessoir sub n. 5 en dat was een executie. 2. Dat in den eisch gemaakt word van Weesmeestr. contrarie aan des Impte. eygene verklaringen. 3. Dat hier het Mandt. gexploictt. is meer als een jaar na de gedane veiling en precies een jaar na de gedane verkoping. Ondertussen seer bedenkelijk bij bij,[23] of men na onse practijq niet so wel als bij de Romeinen intra annum a tempore turbatione ageeren moet.

Hr. V. Hees
Eerst te considereeren wat in thesi hier te lande ten platten lande in dese materie regtens is. Van oude tijden af ten platten Lande gebruikelijk geweest, dat publijcque verkopingen van vaste goederen genoegsaam over al ten overstaan van 't geregt geschieden. Bort Tr. van H. en N. H. V. Leeuwen ad Art. 36 Cst. van Rijnland. Maar uit blijkt, dat het in Rijnland, Delfland, 't Land van Putten so costumaar is. Dit schijnt geintroduct. te sijn om daar door een middel van bestaan aan de Officianten te verschaffen. De gem. Auteuren allegeeren verscheide Decisien, so oude als nieuwe van 't pondgeld, en dit pondgeld sijn eijgentlijk leges van publijcque verkopingen. Daar sijn nog twee andeere Decisien in de Papeg. 1 D. Dat pondgeld in geene uitgiften te vinden, en des proflueert het geheel uit het gebruik. Dit getruik bij die Decisien gewettigt ten opsigte van andere, tegen wien eijgentlijk geen gebruik was. So moet het ook hier geschieden tegen den Gedaagde In Baartwijk sijn alle verkopingen, daar men van weet, geschied ten overstaan van 't Geregt. 'T Geval van 1733 niet aan een sijde te stellen. Schout en Secretaris, die daar van verklaren sijn wel niet neutraal, maar Schepenen, die om de twee jaren afgaan en weinig profijt 'er van hebben, kunnen daarom niet gereprocheert werden. Wat is er gemeender, als dat de Geregten Certificatien van Costuijmen geven? Maar van meubel goed is de Costuim so generaal niet. Daar van ook hier geen particulier bewijs. Dus dit uit te sonderen. Ook volgens de distinctie van de Certificatien te distingueeren tussen Goederen van Mondignen en Onmondigen. Opp. hier niet binnen 't jaar geageert. In ten opsigte van de verkoping, die alleen 't wesentlijke is, is 't Mandt. binnen 's jaars versogt, en niet op 't jaar geexploictt. In Interdicto uti possidetis had men een annus utilis. Dus kan men dit so precies niet nemen. Onse remedia possessoria sijn niet gederiveert uit het R. Regt, maar uit de Fransche practijcq. De Instructien requireeren alleen dat men binnen 's jaars ageert in complaincte. Instr. van 't Hof Art. 39. In simpele possessie of mainte. word dit niet gerequireert. Rebuss. Conclusie: Recrede. adjudiceren met opsigt tot onroerende goederen. Nopens roerende, niet ontseggen, om dat de Verklaringen generaal spreken, maar daar omtrent de saak laten beschrijven.

Hr. Keetlaer
Nopens de remarques in 't laast van 't advijs van den jongsten Commissaris gemaakt onnodig sig te expliceeren. Nopens de grond van de saak. Idem met Hr. Hop. particuliere Keuren of Costuijmen komen hier niet in consideratie. Conclusie: Recrede. ontseggen.

Hr. Rovere
Idem.

Hr. Bleiswijk
In opsigt van vaste goederen varieert het gebruik in de Steden. In sommige staat het geregt over de verkoping in sommige niet. Maar 't is 't gemeene Land evenveel of 't

23 Sic.

dus of so geschied, want de 40e. penn. moet eerst bij den opdragt betaalt worden. Van meubel goed is het wat anders. In opsigt van publijque verkoping van meubel goed, soe moet 'er ook 40 penn. betaalt worden so wel als van den opdragt van immeubel goed, except veldvrugten en eenige weinige andere, maar die moet betaalt worden aanstonds. Dus moet 'er een boel Cedul. van gemaakt worden door eenig publijcq persoon Vendumeester of ander ten einde het land niet gefraudeert werde. Op 't platte Land sijn 'er geen Vendumeesters, maar daar assisteert over al het Geregt, en daar is reden voor. Daar blijkt ook niet ter contrarie van 't Land van Heusden in opsigt van meubel goed. Maar nu is dit waar dat de possessie evenwel bewesen moet worden aan de sijde van den Impetrant De natuur van de saak wijst aan, dat men het bij een roopen van een menigte van menschen nodig heeft tot een publijque verkoping. Sal dit so sonder kennis van de Magistraat geschieden? Hoe sal ook in opsigt van meubel goed het gemeene Land anders aan sijn geregtigheid komen? Die consideratien maken dat men in opsigt van 't bewijs ten desen facil moet sijn. Hier nu sijn in 't proces twee verklaringen, die van verkopen van allerleij goed so meubel als immeubel sonder onderscheid spreken. De 1e. verklaring is wel reprochabel met opsigt to Schout en Secretaris maar juist niet met opsigt tot Schepenen. Op de 2e. verklaring valt niets te seggen. Die luiden hebben oder eede gesworen, dat sij te Baartwijk het altijd so gesien hebben. Opp.: Die verklaringen bewijsen maar, dat de menschen het wel so hebben willen doen, maar die leveren geen manuteribale possesse uit. M. Dat gaat niet aen in de omstandigheden waar in wij sijn in statu civili. Nopens het geval van Beijers, dat volgens 't se. advijs concludert soude sijn, ook bewijs genoeg. Dus de eisch gefundt. so generaal als sij legt. Opp.: 'T Mandt. na 't jaar geeploictt. R. niet nodig dat het binnen 's jaars geschiede. Dit te meermalen verstaan. ex gr. de Wed. Everwijn q.q. c. s. Impe. van Mainte. Ca. Jacob. d. Dussen c. s. q.q. Gedaagdens 19 Maert 1732. Ook geen distinctie te maken tussen goederen van mederjarigen en minderjarigen. Dat makt desen Gedaagde niet. Conclusie: Recrede. adjudiceeren.

Hr. V. d. Does
De grote Qe. hier over publijque verkopingen van vast goed, die vrijwillig geschieden. Nopens meubil goed sels so resolut niet te wesen als 't vorige advijs. Daar Vendumeesters sijn, worde die betaalt bij den koper maar niet bij de Verkoper. Maar dat daar te laten. D' Impetrant heeft hier geen titul of keure ten opsigt van sijn district. De actens possessoir bewijsen niet, dat 't geregt is over gestaan heeft jure suis. 'T exempel van Beijers niet geef. Daar souden ook meer exempelen moeten weesen als een. De verklaringen bewijsen ook sodange possessie niet als hier soude moeten wesen. Conclusie: De saak ten principale laten instrueeren.

Hr. de Grande
Op de meeste plaatsen word vast goed ten overstaan van het geregt verkogt, maar niet over al. Dus komt het 'er op aan hoe 't in Baartwijk is, en ten dien opsigte is 'er bewijs genoeg in 't proces, dat daar 't geregd over de publijque verkopingen van vaste goederen staat. Van meubel goed is 't gebruik nog generaalder ten plaaten Lande. Daar is ook veel reden voor, want andersints soude 'er altijd een terrible desordre sijn. In de Steden is een Vendumeester of Secretaris die 't Geregt representeeren. De 40e. penn. soude het niet doen, want die word van sommige dingen aan den Secretaris, van

andere aan een Pagter betaalt. Ten regarde nu van de possessie hier van de verkoping van meubel goed sin 'er wel geen exempelen, maar den aangaande sijn de verklaringen genoeg. Opp.: Te laat geageert A.: 'T Mandt. binnen 's jaars versogt. Ook niet nodig om binnen 's jaars in mainte. te ageeren. Conclusie: Recrede. adjudiceeren.

Hr. Mollerus
Van roerend goed onnodig te spreken. 'T bewijs daar van niet specifiq. ook dien aangaande geen turbatie. Nopens vast goed Idem met Hr. Hop. Te meer daar d' Impetrant hier wil hebben dat de verkoping selfs door sijn geregt geschied. Mattheus De Auctionibus segt, dat een auctio is privata of publica. En bij hem is het een auctio privati, al geschied het met sammenvoeging van een ieder, als maar 't geregt niet assisteert. Nopens de possessie is 't bewijs seer mager. Op sijn best maar 3 a 4 exempelen, en daar schijnen de verklaringen uit gedecrneert en op gegrond te sijn. 'T geval van Beijers niet pertinent een sodandig exempel soude ook niet genoeg sijn. Daar soude moeten wesen een actuam frequentia een praescriptie kan maar werken tegen den geenen, die acquiesceert, en niet tegen anderen. Conclusie: Om de bedenkelijkheed evenwel bij de andere advijsen geoppert niet. Recrede. ontseggen, maar de saak ten principalen laten instrueeren.

Hr. Praeses
Door Publique verkopingen hier de sodanige te verstaan, welke geschieden convocato populo. Ten opsigte van meubel goed is het werk seer embarassant. Veele Steden hebben betrog, dat Vendumeesters de verkopingen doen van huisraad, maar wat doet dat tot het generale. Maar nu verder. Na 't gemeene regt verkoopt ieder sijn goed so hij wil. Moet dat niet gevolgt worden so lang 'er geen wet of gewoonte ter contrarie is? Wet is 'er niet, die generaal is. Alleen moet het Geregt staan over den opdragt van immeubel goed. Sijn 'er ergene particuliere Keuren, die moet men volgen. Hoe is 't nu met het gebruik? Dat gebruik varieert. De meeste men schon requireeren 't geregt majorie autoritatie gratia, maar wat doet dat tot andere, die 't so niet willen doen. Consequentien uit de 40 penn. maken geen regt. De meeste van diergelijke gebruiken sijn corruptelen, gelijk als 't pondgeld Art. 39 Pole. Ordtie. Simpele exempelen leveren geen gebruik uit. Men moet voornamelijk insien, of sodanig een gebruik in judicio contradictorio gewettigt is l. 74 D. de LL. sodanig soude 't gebruik moeten gestelt sijn. Conclusie: Egter om de bedenkelijkheden licet ten principale laten instrueeren.

Post: Hr. Keetlaer, Rovere en Hop mede ten principale instrueeren.
Atque ita conclusum.

1743

Den 1 Junij 1743
Rapport f. 50.-.-

Josua Israel d' Andrade Koopman tot Amsterdam Impetrant van Mandament in cas relief d' Appel ten eene
contra

Isaacq Das Var en Isaacq de Pinto, in qualt. als executeurs van den testamente en voogden over de minderjarige kinderen en erfgenaamen van Sara Pareira Brandon, wed. van Benjamin Lambuese del Sotto en eenige geinstitueerde erfgenam van David Pareira Brandon, mitsgaders contra Secretarissen der Stad Amsterdam, Geds. ten andere sijde.

Bepleit in den Raad.
Hr. Keetlaer
Josua Israel d' Andrade de Impetrant in deesen leen den 6 Junij 1715 aan eenen Ab. Nunis de Mercado voor sig selve en als gemagtigde van sijne susters en schoonsuster f. 1000:-:- te restitueeren een jaar daar na met d' interessen a 4 p. Co. in 't jaar, passeerende de voorm. Mercado daar van een Scheepenkennisse voor scheep. van Amsterdam, en daarbij sijne, en den verdere constituanten goederen voor de voldoening deer somme niet alleen verbindende, maar sig, en de verdere constituanten voors ook houdende voorgeloopandt, geeigenpand, en met alle regten overnommen. De gem. debiteuren ten vervaldage in gebreeken blijvende het gem. capl. of interessen te voldoen, doet den Impetrant den 16 Octob. 1716 ten huiserlasten bij executie verkoopen den selven huijs en erve staande en leggende op de Nieuwe Heeregragt over het besjies huijs binnen Amsterdam waar van kooper blijft eenen David Pareira Brandeon voor een somme van f. 7802. De selve Brandon voldoet mit de voorsz. Kooppenningen, de 100e. Penn., kosten van executie, en andere lasten gelijk ook meede nog op den 19 Julij 1719 aan eenen Hendrik Schaepdijk f. 1060:-:- in voldoening van een Scheepenkennisse met de daar op verloope interessen van dato 8 Jan. 1718, waarmede die op de overschietende kooppenn. was gehypothequeert. Den 11 April 1721, doen Secretarissen der Stad Amsterdam, of wel een van de selve afschrijving van alle de resteerende overschietende kooppenningen aan den vorm. Mercado, houdende van de selve alleen ter dispositie van den Impetrant in consignatie leggen f. 1150:-:- specialijk in voldoening van sijn gem. Scheepenkennis met de interessen van dien, voor welker beloop hij berijds op 13 Meij 1717 volgens costume der Stad Amsterdam hadde gestelt twee sufficante borgen ten einde gem. somme ten allen tijden, door hem soude konnen werden geligt en ontfangen. De Impetrant na verloop van enigen tijd ordre gegeeven hebbende, om de selve penn. te ligten uit de consig. en der vind, dat de secretarissen van Amsterdam sijnde de 2e. Gedaagde, de selve, eigener autoriteit, en op 11 Febr. 1727 hadden gedemanueert en afgeschreeven ten behoeven van eenen Joseph Da Veiga q.q. in mindering van een Scheepenkennis van f. 2000:-:- van dato 11 Maart 1706. De 2e. Gedaagde daar over door den Impetrant aangesprooken sijnde, geeven hem een assignatie ten lasten van den bovengem. Mercado so voor sig selve, als in sijn qualt., dog sonder effect, vermits de insolventie en 't clandestin verstrek van den selven en sijne susters, als van den selven borgen. Waarop de Impetrant sig addresseert aan Scheep. der Stad Amsterdam, versoekende bij reqt. den selven appointt., waar hij Secretaris of Secretarissen ten afschrijving gevaceert hebbende, souden werden geordonneert, om aan hem of sijne gemagtigden afschrijving van de bovengem. somme te verleenen. Welk neq. bij appoinct. 21 Julij 1729 gestelt sijnde in handen van gem. secretarissen, sustineeren de selve dat de bovengem. Brandon als kooper, den Impetrant moest voldoen, en assigneeren vervolgens den Impetrant op den selven, maar wederom vrugteloos,

hebbende de gem. Brandon deselve sustenue wel expresselijk gecontradiceert. En hier op verder sijnde gevolgt, drie successive appointm. van Scheep. van Amsterdam in datis 1 Febr, 9 Meij en 7 Julij 1739, bij welker eerste den Impetrant gecondemneert is geworden, om den voorm. kooper Brandon, en bij het tweede, om desselfs erfgenamen te citeeren op de extraordinaris rolle, en eijndelijk bij het derde (na dat de selve Scheep. t' gem. berigt van Secretarissen hadden gesien en geexamineert) om ordinario modo te procedeeren; so heeft vervolgens de Impetrant de respective Geds. voor Scheepneen van Amsterdam gedagvaart, en aldaar teegen de selve eijsch doende, geconclud. dat de eerste Geds. q.q. sullen werden gecondemneert, aan den Impetrant op te leggen en te voldoen de somme van f. 1150:-:- welke ten sijnen behoeven als Impetrant van Executie in de consignatie den gem. stad waaren blijven leggen, met de interessen van dien a lite mota tot de rolle en effectuele voldoening toe, ten minsten bij provisie tot namptissement, of, indien hem sijn voorm. eisch en conclusie, ten opsigte van de gem. eerste Geds. niet mogt koomen te volgen, dat als dan de 2e. Geds., sullen worden gecondemneert aan hem op te leggen en te voldoen sodanige somme van f. 1150:-:- als ten sijnen behoeven in de consignatie waaren blijven leggen en door de 2e. Geds. qualijk afgeschreeven geworden, met de interessen van dien a lite mota tot de volle en effectuele voldoening, ten minsten bij provisie tot namptissement cum exp. Onder presentatie nogtans om aan de 2e. Gedaagde bij voldoening van het geeischte te sullen restitueeren twee biljetten van afschrijving of assignatien, t' een van do. 27 Augtd. 1728, het andere van 14 Jan. 1730. Daar op bij de Geds. genommen sijnde contrarie concl. was die sake bij verder exhibit voldongen, en daarinne gevolgt een vonnis van Scheepenen van Amsterd. in dato 25 Octob. 1737 waar bij den Impetrant sijn eisch was ontseit met condemnatie van kosten. De Impetrant van dat vonnisse gekoomen sijnde in appel aan den Rade Provincial, en aldaar in dat cas gevallen sijnde het ordinair voldingen, was bij sententie van denselven Rade Provincial in dato 24 Septb. 1742 verklaart met het voorsz. vonnisse te weesen niet beswaert cum exp. En van deselve sententie geappelleert sijnde aan desen H. Rade, alwaar die sake in dat cas hadde gekreegen het behoorlijk voldingen, was vervolgens nu de vrage 1o. of de Eijsch en conclusie ten eerster instantie teegen de eerste Geds. genomen is gefundeert, 2o. of die ontsegt werdende, die 2e. Gedaagde tot de voldoening moeten werden gecondmeneert. Dat het fundament van de actie die den Impetrant institueerde, ingesien werdende bleek, dat hij was crediteur van een geexecuteert perceel met f. 1150:-:- so van cop. als van interessen en vervolgens dat hij de voldoening daar van vorderende, sustineerde een acite die hem debite competeerde. Maar dat de vraag was of hij sijn eisch was insigtende, teegen die gehouden sijn hem te voldoen. Dat hij dienaangaande teegen de 1e. Gedaagde notoirlijk ongelijk hadde, dewijl die de kooppenningen van haar gekogte bij executie hadden voldaan, en vervolgens alles gepresteert, wat van haar was te vergen, en bovendien bij opdragt van Burgm. van Amsterdam waaren geworden eigenaars van het gekogte, en ook quijtscheiding gekreegen hadden. Dat wel was geobjecteert dat onaangesien hetselve, de kooper en sijne erfgenamen tot de geeiste voldoening souden sijn gehouden, om dat aan de keure dese Stad Amsterd. van 22 Jan. 1669, meedebrengende dat voor de afschrijveing cautie gestelt en de kooper gehoort moet werden op de sufficance der borgen, niet soude sijn voldaan. Maar dat hier op te nef reflecteeren was, dat uit kragte van die keur aan de kooper niet was te vergen voor de sufficance der borgen in te staan, dat boven dien die cautie sufficant geweest soude konnen sijn geweest. Dat ook niet klaar was, of de kooper op die sufficance was getont maar dat in allen gevallen, het selve niet gedaan sijnde, van hem niets, uit dien hoofde konde werden gevordert. Dat ten opsigte van de 2e. Gedaagde haar defensie, als of de secretaris de afschrijving gedaan hebbende, alleen, en niet sij alle hadden woeten geconvenieert werden, ongefundeert was, want dat sij tegelijk het geld trekkende in allen gevallen imand die de schade vergoede soude moeten uitmaaken. Dat vervolgens de dagvaard. wel was gedaan, en de vraag bleet, of de 2e. Gedaagde so als se sijn gedagvaart, gehouden waaren te voldoen. Dat ten dien opsigte was koomende in consideratie, dat de Impetrant had konnen opkoomen en sijn geld krijgen, en dat zulks niet gedaan hebbende, het ongeluk daar uit voorgekoomen aan sig self hat te wijsen. Dat bovendien De Veiga q.q. een brief hadde gehad van 1706 en de Impetrant alleen van 1715 en dat dus aan de eerste, de afschrijving wel en wettig was gedaan. Dat hier aan niet obsteerde dat de Impetrant cautie voor sijne f. 1150:-:- hadde gestelt, want dat die penningen de sijne niet waaren geworden door de cautie, maar onaangesiende selve cautie waaren gebleeven van deselve natuur als se te vooren waaren. Ad opus jus habentium. Dat niet gemoveert hadde het geallegeerde nopens het bewijs dat op Secretarissen soude leggen, om die sufficante den borgen van de afschrijving aan de geexecut. te bewijsen, nog de l. 1 § 13 ff. de magistr. conven. als sijnde die als een privilegie voor minderjarige en ten faveure van de selve geintroduceert. Vde. Voet en andere compendia. Dat van gelijke niet moveerde, het geobjicieerde, dat de afschrijving aan Da Veiga was geschied buiten autoriteit van Scheepenen, als komende die autoriteit alleen te pas, als Secret. swarighijd maaken, maar geensints als sig geen swarigheeden opdoen. Concludendo te oordeelen dat de Eijsch en concl. ten opsigte van de 1e. Ged. was ten uitersten ongefundeert en dat ten opsigte van de 2e. Geds. deselve wel meer gefundeert was, maar egter so niet dat darom het vonnis van Scheep. van Amsterd., nog die confirmatorice sententie van den Rade Provinciaal te veranderen.

Hr. Van der Does
De actie teegen de 1e. Gedaagde is ongefundeert, want die hebben door het doen van consignatie voldaan, en sijn van alle actie gelibereert. De Keur 1669 quam niet te pas, als siende alleen daar op, dat als kooper voldoed de kooppenn., da verkoopen de penn. soude moogen ligten, en op bergen geinquireert zoude konnen werden. Ten opsigte van 2e. Ged., wel maar dat Impetrant 13 Meij 1717 cautie hadde gestelt, maar ook, dat nooit afschrijving versogt heeft en penn. heeft laaten leggen, daar door heeft hij sig selfs geprejudicieert, en moet sig dat wijsen. Als Hr. Keetlaer.

De Grande
Idem.

Hr. Hop
De sustenue van den Impetrant teegen de 1e. Geds. was de ongerijmthijd self. Teegen de 2e. Geds. deed sig in den beginne meerden bedenkelijkhijd op, maar die verdween ook als men het werk nagant in sijne omstandigheeden. Soude de Impetrant gelijk konnen hebben, moest hij toonen, dat de f. 1150:-:- waaren geworden sijne eige penn., hij beroept sig daar toe wel 1. op sijn gestelde cautie, 2. op seeker vonnis in cas

van arrest tuschen hem en de geexecut. op 28 Meij 1720 geweesen. Maar ten opsigte van het 1e. soude gedoceert moeten werden uit het regt of wel uit de Costuimen van Amsterd., dat daar het stellen van een cautie in deese materie een ficta traditio en een constitutum possesorium wierd geintroduceert. Dat is uit het regt niet te haalen, veel min uit de Costuimen van Amstd., en selfs veel eer het contrarie als dat ook waar was, soude in 't afschrijving boek aanstonds aanteekening van een gestelde cautie moeten gedaan werden, maar dat geschied niet eer voor dat de dadelijke afschrijving geschied. Selfs blijkt er niet, dat Secretarissen er kennis afkrijgen, dat een cautie werd gestelt, want die word maar door Scheep. geteekent. Andersints soude ook de reekenk. ten opsigte van sodanige penn. niet meer weesen een consignatie ad opus jus habentium, maar een depositaris van een particulier. Dit was teegen de natuur van de kamer, en in allen gevallen als de reekenk. Dat deed, soude daar van in deesen moeten blijken, en sekerlijk soude dan nieuw consignatie geld gevordert sijn geworden. Dat ten opsigte van het 2e. te weeten het vonnis, de Impetrant daar door ook geen eigendom van de penn. hadde gekreegen. Volgens 't selve waaren de geexecut. onder beneficie van haar presentatie, waar bij sij verklaart hadden wel te moogen lijden, dat de Impetrant sij Scheepenk. ontfing, of dat het beloop daar van voor so veel hem aanging, onafgeschreeven wierd gelaaten, geadmittert om de resteerende koopp. bij provisie te ontfangen onder cautie, en 't arrest bij provisie afgedaan. Dit vonnis was een res inter alios quo casu ten reguarde van Da Veiga geweest. Toen hij quam waren er nog penningen in de consignatie, en de Impetrant had bij 't vonnis niet anders gekreegen, als dat die f. 1150:-:- in de consignatie, voor so veel de geexecuteerdens aanging moesten blijven leggen. Idem.

Hr. Mollerus
De cautie was maar geweest iets waar door afschrijving konde werden bekoomen, en sine qua non. So den Impetrant wilde sustin. dat de f. 1150:-:- waar voor cautie gestelt waaren geworden sijne eige penn. soude hebben moeten doen blijken dat afschrijving hadde versogt. Idem.

H. Pauw
Conform. Den Impetrant soude meer grond hebben als afschrijving hadde versogt, het stellen van cautie was geen onodig om eigenaar van dese penn. te werden.

Hr. Van Hees
Idem.

Conclusie:

Te verklaren, dat de Impetrant mit het vonnis van scheepenen van Amstd., en met de confirmatoire sententie van den R. P. niet is beswaert, met condemnatie van kosten.

1744

Den 7. Febr. 1744
Rapp. fl. 40:-:-

Claus van der Spek, Pieter van Alfen als in huwlijk hebbende Aantje van der Spek, Petronella van der Spek Wed. Pieter Cerste Stolke, en Pieter Vollebregt nagelante kinderen en erfgenaamen van Cornelis Claassen van der Spek, en nog de voorm. Pieter van Alfen voor sig selve Impetranten van Mandam. om indemnatie te sien decerneren

Contra

Feunis Boerman, woonende te Overschie onder de Poortexije der Stad Delft, Gedaagde

De Hn. Keetlaer en Pauw Commissarissen

Dat de Impn. ten overstaan van schout en scheepenen van Overschie en Hoogeban na voorgaande attaxie van billietten haden gevijlt een huijs en erve en gelegen te Overschie onder anderen op conditie "dat elk die bod, bood of geld trek sijn woord en bod soude moeten gestand doen tot en al waar 't schoon dat een ander daar na verhoogd of meerder bood geduurende welke tijd de verkoopens haar keur en optie souden behouden, of sij de koop souden willen laaten volgen dan niet, en aan wien sij het gevijlde geweren souden, het sij aan dengeenen die voor of na geld getrokken of maar simpel gebooden hadde" met redene bijvoeging "dat de aansegging van de koop soude werden gedaan bij ofte van wegens de verkoopers aan den secretaris ofte den geregtsboode aldaar, en bij absentie aan imand van haar huijsgesin, waar na de bieders souden moeten verneemen, en dat de kooper voor sijn beloofde kooppenningen en voldoeninge der voorwaarden dadelijk wegens het toelaan van de koop soude moeten stellen twee sufficante borgen onder renunciatie van de Ordinarice beneficie en willige condemnatie van den H. Rade."

Dat de Gedaagde in de gem. vijling voor 't voors. huijs en erve gebooden hebbende f 1910:-:- die koop aan hem ook behoorlijk was geinsinueert en aangesegt, dog dat hij wijgerig en gebreckig was gebleven de gem. borgen te stellen, de koopconditien te ondertijkenen en opdragt van 't voors. huijs en erve te ontfangen, op pretext dat sijn beboode bod verhoogt sijnde door Jacobus Stolte met de somme van f 10:-:-, deselve Jacob Stolte in 't hoogste bod gebleven soude sijn. *Eijsch* dat de Ged. sal werden gecondemneert de conditien en voorwaarden waar op het huijs etc. is gevijlt en verkogt, na haar forme en inhoude te voldoen, opdragt van deselve te ontfangen, en daar beneevens de uitgeloofde kooppenningen te betaalen met de interessen van dien a 4 pto. jaarlijks seedert den1 Meij 1743 tot de voldoening, en dat tot dien einde condemnatie op de voors. koopconditien en opgevolgd koop sal werden gedecerneert cum exp. Dat de Ged. daar teegen hadden gesegt, dat hoe seer de positiven etc. het egter meede en waarhijd is, dat sodra de voorwaarden en coopconditien aan de omstandens door de secretaris van Overschie, of desselfs gewoone clerk waaren voorgeleesen door de verkoopers tot een trekpenning voor degeene die hoogst in 't bod souw blijven is opgesteeken en somme van f 10:-:- welke trekpenn. dan ook aan een J. Stolk, die voorsgem. huijs en erve hadde gebooden in de vijling f 1920:-:- als sijnde de hoogst bieder is overgegaan sonder dat imand van deselve laager bieders is genoteert of aangeteekent geworden. Dat daar op al wijders door de verkoopers voor een naader trekpenning sijn opgesteeken 3 enkelde goude Ducaten om geprestiteert te werden bij dengeenden die het bod van den hoogsten bieder met f 300:-:- soude verhoogen. Dog welke 3 Ducaten bij niemand sijnde getrokken so is hetselve afgeslaagen tot op f 80:-:- boven het geboode bod van f 1920:-:- en daar door de Impn. als verkoopers opgehouden. Dat vervolgens alle de omstandens en bieders door den geregtsboode van Overschie sijnde bedankt deselve ook alle de kaamer, waarinne de verkoopers saaten sijn uitgegaan, uitgenommen de meergem. Jacobus Stolte, die daar in gebelven is. Dat de verkoopers daarna het huijs en erve ten deesen in questie ten principalen hebben gedaan ophangen op f 2400:-:- dog wederom afgeslaagen sijnde is hetselve door de verkoopers opgehouden op f 2930:-:- en dus f 10:-:- merder als de hoogste bieder J. Stolk daarvoor gebooden hadde. Dat het een gerecipieerde costuime is dat wanneer bij een publique verkooping de trekpenning aan den hoogsten bieder is overgegeeven de overige bieders daardoor van hun woord en bod sijn ontslaagen, hebbende de Imp. nog daar en boven na het overgeeven van den trekpenning het voors. gevijlde huis niet allleen ter principalen gedaan aflaan, maar ook hetselve aan sig gehouden. Mitswelke contrarie conclusie voldingen.

Dat de vraag daar het in deese op aanquam hierinne was bestaande of de Eisch en Conclusie was gefundeert dan niet? Dat bij de koopconditien waarbij gestipuleert was dat ieder die bod bood etc. mits contra bonos mores was gecontracteert. Dat in confesso was dat die waaren voorgelessen, als ook dat de Ged. gebooden hadde f 1910:-:- en dat hem de koop behoorlijk was aangesegt. Dat wel waar was dat de koop nog onder de beder geann., nog door de Gedaagde onderteekent was, maar dat sulks niet obsteende genoeg sijnde dat de Gedaagde gebooden hadde, als hebbende hij daar door sig tacite gesubjecteert aan de voors. conditien, welke nog subsisteerden en inleiten een subjectie aan willige condem. van desen H. Rade. welke vervolgens scheen gedecerneert te moeten werden. Dat hierteegen in consideratie waaren gebraagt tree exceptien. 1o. Dat eene Jac. Stolke, als het hoogste en hooger als de Ged. gebooden hebbende, het trekgeld hadde genooten. Dat het trekgeld een arrha was, en dat vervolgens de Impen. door de overgaaf van dien aan een hooger bieder, gefonden moesten werden daar door den eersten en laager bieder van sijn bod ontslaagen te hebben. Dog daar teegen te meenen dat het trekgeld niet anders als een praemie was, om de bieders te animeeren, en dat door het selve geen contract van koop wierd gecelebreert, en voor al niet in deesen, daar de verkoopers sodanige conditie van het verkogte te konnen gunnen aan die wilde voor sig hadde. Dat wel was voorkoomende ten processe een verklaaring van verschijde Schouten en Schepenen van verschijde dorpen in Delfland, affirmerende dat volgens de pracktijcq in haar heerlijkh., de verkooper met het overgeeven van den trekpenn. aan een hooger bieder, verstd. wierd de voorige en minder bieders van sijn bod ontslaagen te hebben, maar dat seer bedenkelijk was voorkoomende, of de conditien door de verklaring konden werden vernietigt. 2o. Dat de periode in de koopc. soude geinterpreteert, en alleen op den hoogsten bieder die het trekgeld getrokken of in de tuschentijd in de gewining hooger gebooden hadde, betrekkelijk gemaakt moesten werden. Uitwijsens sekere verklaaring van verschijde Makelaars en Notarissen hier in den Hage ten processe geproduceert, en besetsende in substantie dat het een gerecipieerde costume was dat wanneer bij een publique verkooping de trekpenning aan den hoogsten bieder is overgegeeven, de overige bieders daar door van hun woord en bod waaren ontlaagen. Dat die verklaaring het werkelijke wel bedenkelijk maakte, maar dat nogtans swarighijd maaken soude daar op door te gaan. Dewijl se een costuim importeerende niet wel verder als den Haag, daar die luijden tangeerden, gaan konde, en niet te Overschie alwaar deese veiling geschied was. Behalven dat ten processe meede was overgelegt een certificatie van Schout en Scheep. en Secretaris van Overschie, seggende dat de conditien hier boven gem. daar waaren costum en niet dat de geinterpreteert werden, als aan de sijde van de Gedaagde was gedaan. Dat het mitsdien van speculatie was uit de bovengem. verklaaring van de Maakelaars etc. alhier een costume optemaaken, en ook dat deselve so geheel soude werden genegoteert, de materie van koop en verkoop al van de Pracktijcq dependeerende. Dat conclude. de Ged. soude doen verifieeren nader, dat de costuime so als die bij de voorts. Makelaars was verklaard ook tot Overschie gerecipiert was, dog indien dat niet gerequireert wierd soude sig aan de coopcond. houden.

Hr. Keetlaer
Idem.

Hr. Van Bleiswijk
Dat het genoeg was volgens de koopc. dat insied, al heeft hij geen tregeld getrokken, en al is hij niet aangeteekend. Dat de swarighijd resulteerde uit de verklaaringen, maar dat da dien den klaar te weisen met relatie tot de plaats, daar de handel was geschied. Dat de verklaring van de Schouten en Scheepenen van verschijde dorpen etc. niet ter saake was doende, als niet spreekende van een geval daar de koopc. leggen als in cas subject de certificatie van Schout etc. te Overschie bedingde niet veel en de verklaring der Makelaars etc. den deerden wel, en gaaven een Advis instrueert en geene andere reedenen van weetenschap als dat sij hetgeen se seggen so hebben se 'er practiseeren, en so begrijpen, allegeerende geen exempel, nog een eed praesenteerende dat aan de verklaaring niet gedeteneert konde werden, en dat om de reede swarigheijd maaken soude in de interlocutie in hoc judicio summario. En mitsdien de Gedaagde condemn. soude.

Hr. Van der Does
Dat die bood sig de conditien, schoon te niet onderteekende, subjecteerde. Dat dese conditien seer klaar waaren en de Gedaagde mitsdien condemneeren soude. Dat de vraag was of er evenwel iets in de saak voorquam waarom de Ged. gehibueert moest werden, en te meenen van neen. Want men dien de dan iets te praeduceeren dat de opgem. conditien renoverseende, door de verklaaringen wierd dat niet geeffectueert. En buiten de selve was er geen aantijding altoos om te koomen in de concl. van den eersten Heer. Conclo. als Hr. Van Bleiswijk.

Hr. De Grande
Idem.

Hr. Hop
Idem. De vraag was of men een costuime souw konnen noemen, hetgeen ingaat om de klaare letter van de conditien te nemen securiv. een costume moest bestaan met de geinduceerde nu besteende daar aan dat de costume, een duidelijke conditie van verkooping als in deese onwerksame weapen.

Hr. Mollerus
Geen costume kon plaats hebben, daar sulke duijdelijke conditien waaren als hier. Dan souw de costume niet sijn een interpretatie van de conditien, so als se sijn moest, maar een collisie met de conditien, 't geen inloopen soude teegen de getonde sin. Idem.

Hr. van Nispen
Van de costumen van de eene plaats, te raisonneeren tot de andere gaat niet aan. Dat considereende dat die er niet was, en dat mitsdien het contract tusschen partijen aangegaan moest gelden. Idem.

Hr. Van der Santheuvel
Dat bedenkelijk vond de conditien te interpreteeren als de Impetrant dat deeden, omdat sulks occasie tot tomberien geeven konde. Ook was er geen blijk dat de explicatie die de Impetrant aan deselve geeven, met de costume te Overschie overeen soude komen. Conclo. te interloqueeren.

Hr. President
Dat hier waaren klaare conditien, waarvan men niet afkonde, ten sij se inhelden bedingen contra bonos mores. Dat de conditien hier gemaakt niet van die natuur waaren, hielden niets onbetaamlijks in, of hetgeen in geene soude sin geprohibeert. Dat aanbelangende de verkl. der Makelaars de selve geen bewijs uitleeverde dat in judicio contradictorio, hetgeen sij seiden, soude sijn sodanig begreepen. Idem.

Conclusie aan den Impetrant sijn Eisch in Conclusie te adjudiceeren

Den 12 Novembr. 1744

Rappt. f. 40:-:-

Maria onderwater Weduwe en Boedelhoudtster van Mr. Samuel Everwijn Vrouwe van Brandwijk en Gijbelandt Impte. van Mand. van Maintenue
Contra
Sevinus Haak Predicant tot Bleskingsgraaff Gedaagde

D. Hr. Keetlaer en Pauw Commissarissen
Dat de Gedaagde bij executoriale verkooping voor den R. P. kooper geworden sijnde van 20 M. en 300 R. land gelegen onder Brandwijk, de Impte. op fundament van de possessie te sijn om van ider mogen land in haar Heerlijkhijd gelegen en verkogt werdende te vorderen 6 gt., voor 't regt van nakoop, van den Gedaagde het selve regt weegens de voorsz. door hem gekogte landen meede had de gevordert. En dat de Impte., op de wijgering van den Gedaagde om dat regt te voldoen, hadde versogt van deesen H. R. Mandament van Maintenue, en uit kragte van dien den Gedaagde gedagvaart hebbende, teegen den selven *Eijsch* doende hadde geconcludeert. Dat de Impetrant q.q. sal werden gemaintineert in de possessie vel quasi van te trekken, of te genieten 6 gt. van ider morgen over 't regt van nakoop van de landen in de voorsz. Heerlijkheid gelegen, en verkogt werdende tot afdoening van de turbatie, en bij Provisie tot adjudicatie van de recredentie. Dat de Gedaagde bij *antwoord* hadde gesegt, dat hij op 24 Junij 1743 bij executoriale verkooping ter Rolle van den R. P. bij het aftrekken van het seegel van de wasse van de brieven van decreet kooper sijnde geworden van seekere Hofsteede met de Landerijen groot en geleegen ut supra vervolgens ook bij de interpositie van den Decrete voor gem. Raade Provinciaal, na dat de geexecuteerde en allen anderen, die eenig regt, actie, of toeseggen soude willen pretendeeren op of aan die voorsz. Hofstede cum annexib., waren onterft, is geerft, gevestigt, en daarinne

gedecreteert, om de selve te moogen gebruiken, behouden, en besitten, als vrij eigen goed. Dat hoe seer de Impte. op de interpositie van het decreet gedagvaart sijnde, niet is gecompareert, en mitsdien teegen haar is verleent default, mitsgaders aan haar geimponeert een eeuwig swijgen en silentie, sij egter heeft gesustineert bevoegt te sijn, om in plaats van 't regt van naasting, of nakoop van alle landen in de voorsz. Heerlijkhijd gelegen, en verkogt werdende te genieten een somme van f. 6:-:- p. M. Dat nadien de conditien waar op de voorm. verkooping is geschied van 't voorsz. regt van naasting niet melden, en de Impte. op de interpositie van den Decrete haar gesustineert regt niet heeft geallegeert, de Gedaagde gedeclineert heeft de betaaling van f. 6:-:- p. Morgen te doen. Dat egter de Gedaagde etc. *contrarie concle. Voldingen.*
Dat de vraag in desen is, of de Eisch is gefundeert, en mitsdien of de Impte. bewijst 1o. dat sij is in de possessie van 't geen waar in sij wil gemaintineert sijn? 2o. Dat sij daar in door den Gedn. is geturbeert? Praemitt. dat hier geen questie is over een eigentlijk genaamde naasting of nakoop, maar 't geen hier voorkomt schijnt te sijn een redemtie van dat regt van nakoop, welx regt van nakoop 't selfde schijnt te sijn met 't regt van naasting, Facondenk Beschr. van Zwijd. p. 320. Naaltwijk heeft regt van nakoop sonder redemptie, als nakoop dan op sig self bestaat, schijnt het het selfde de sijn als naasting. 'T is seckerlijk geen pondgeld, en de Impte. toont ook ten processe dat sij 't so niet considereert. Hier is geen disput of de Impetrant 't regt van naasting competeert in onderhandsche verkoopingen, maar de vraag is of sij in de possessie is om dat regt te exerceeren in cas van publique verkoopingen, en inspecie van decretale verkoopingen bij executie. De productie daartoe bij de Impte. gedaan tendeert meestendeels om te probeeren dat sij of hare predecesseuren geweest sijn in de possessie van dat regt in materie van onderhandse verkoopingen, en voor soverre werde de possessie bij den Gedaagde niet gecontesteert. Al toonde de Impte. in de possessie te sijn van een regt van nakoop te hebben indefinite, soude men daar uit niet konnen vaststellen, dat sij was in de possessie van dat regt met relatie tot publique verkoopingen. Het contrarie is self gerecipieert, en de reede daar van schijnt eenvondig deese te sijn, omdat dat regt sijnde gerecipieert en geintroduceert teegen de gronden van het regt, niet geextendeert maar so veel moogelijk moet worden gerestringeert. De schrijvers seggen ook bijna unanim, dat 't in publique verkoopingen geen plaats heeft, Neost. Decis. Cur. Sup. decis. 29, Voet ad tit. D. de leg. comm. no. 23, ibi Groenew. ad l. 16 D. de ret. ant. jud. possid., Bijnkersh. Quaest. Jur. pr. lib. 3 c. 14. De Impte. toont wel dog maar bij een actus privatus, dat sij in de possessie soude sijn om 't voorsz. regt te exerceeren in publique verkoopingen, maar vind swarighijd op een enkele acte possessoir de recredentie te adjudiceeren, voor al terwijl 't regt self aan loopt teegen 't gerecipieert regt. Bovendien al was het bewijs van de Impte. ten dien opsigte volkoomen, soude dat geen argument uitleeveren, dat sij eo ipso daar in was met relatie tot executoriale verkoopingen. Dat dat regt voor als geen plaats heeft in die verkoopingen leeren alle de boveng. schrijvers, cui adde Anth. Matth. de auct. lib. 1 c. 16 n. 41. De Impte. produceert ook wel een acte possessoir, dat bij eene executoriale verkooping het regt van nakoop aan haar is betaalt, behalven dat dat is de eenige acte possessoir die men bijbrengt, is dat werk ook seer suspect. 'T raakt de selve executoriale verkooping, waar op de Gedaagde sijn land heeft gekogt, en 't is ook niet buiten suspicie dat de Impte. dat so met dien

kooper heeft bestelt, om ten minsten eenigen acte possessoir te kunnen allegeeren. En dus bewijst dan de Impte. de possessie niet. So er geen possessie is, is er ook geen turbatie, maar 't is bedenkelijk, of de contrarie concl. van den Gedaagde niet te ver gaat. De eisch legt generaal, nu contesteert de Gedaagde niet, dat de Impte. is in de possessie van het voorsz. regt ontrent onderhandse verkoopingen. De Gedaagde had dan leever behooren te doen presentatie, van wel te moogen lijden dat de impetrante voor so ver wierd gemaintineert, en verder kunnen neemen contr. concle. Maar nu neemt hij die eenvoudig, en schijnt daar door in 't geheel de possessie te contradiceeren, en dus door die generale concle. haar te turbeeren. Dog aan de andere sijde blijkt uit de middelen van de concle. van antwd. dat de Gedaagde alleen sustint. dat de Impte. van het voorsz. regt in publ. et execut. verkoop niet in de possessie. Op dat fundament alleen neemt hij contr. concl., en sulks kan die alleen so verre geextendeert werden en vervolgens die contr. concl. niet relatif sijnde tot eenige andere possessie, kan de Gedaagde niet werden gesegt de Impte. daar in te hebben geturbeert. Conclo. Recredentie te ontseggen.

Hr. Keetlaer
Idem. Hier is maar minus actus, en nog suspect. Idem.

Hr. Van Bleiswijk
De Impte. toont niet in de possessie te sijn om de 6 gt. in publique en executoriale verkoopingen te trekken. Idem.

Hr. Van der Does
Idem.

Hr. De Grande
De Impte. toont niet in de possessie te sijn ter percipieeren 't regt van nakoop van goederen bij Decreet verkogt. Idem.

Hr. Hop
'T is niet te presumeeren dat bij menschen gedengen geene publique of executoriale verkoopingen in deese Heerlijkhijd gedaan souden sijn. Nu toont de Impte. maar van een enkel geval en dat is nog so suspect, en vervolgens profluеert daar uit dat de Impetrant niet is in de possessie, want anders souw sij meerder gevallen voor den dag brengen. Idem.

Hr. Mollerus
Idem.

Hr. V. Santheuvel
'T bewijs ontrent de publique verkooping is sterk genoeg, 't kan niet wel anders beweesen worden daar uit kan geargumenteert werden tot executoriale verkoopingen, dog hier is maar een acte possessoir, die niet genoeg is. Idem.

Hr. President
In genere werd genoeg beweesen de possessie van te percipieeren den nakoop. Maar se werd niet getoont ten aansien van executoriale verkoopingen, als hier, want het bewijs dat ten dien opsigte voorkomt is maar van een enkele actus, en bestaat ook in een scriptura privata quae non probat pro scribente. Idem.

Conclo.

Te verklaaren dat er voor de Impte. geen Provisie valt.

1750

Den 12. Febr. 1750
Rapp. fl. 80:-:-

Marte Le Febure Wed. F. Rigail so zij procedeert c. s. aangenoomen hebbende de arrementen van den Processe gevoert op den naam van F. Rigail Impen. in Appel, met de Clausule van Relief
Contra
Jan Souire gedaagde

De Hr. van Ruster Rapporteur
Op 4 Jan. 1740 verkoopt de Gedaagde 20 vaaten traan aan Francois Rigail op ordinaire conditien. Den 5de. send de kooper sijn kuiper na Saandam, om gem. vaaten die daar laagen, te sien opvullen, deselve te ritsen en met het merk van gem. kooper te merken. Den 6de. send de Gedaagde de traan na Amsterdam, de schipper daar arriveerende adresseert sig aan 't huis van de kuiper, verneemende waar hij de traan moest lossen. Gerenvoyeert sijnde aan seeker schip in den inlang. vertrekt de schipper sonder versuim daar na toe tragtende ter bestemder plaatse gekoomen sijnde de lossing en overtrakeling te doen. Maer de schip door de sterke verst. niet gebragt kunnende werden aan het schip, om de overlaading te doen, en de schipper geinformeerd werdende dat het nog wel $\frac{1}{2}$ uur souw duuren, eer hij aan boord van 't schip souw konnen koomen, wijgert de schipper die tijd aftewagten uit vrees van met sijn schuit in 't eis vast en besnelt te raaken, en vertrekt vervolgens met sijn schuit en de ingelaaden traan na Saandam, dog niet verder als in de Saan konnende koomen doot eis, is hij daar blijven leggen, en heeft sijn schip en inlaading aldaar bewaakt moeten werden 73 daagen. Den 21 Maert doet de Gedaagde deselve traan weeder in Amsterdam brengen, en aan Rigail andermaal offereeren teegen de betaaling der kooppenn. en f. 73:-:- voor 't bewaaken. Dog de betaaling door Rigail gerefus. werdende, doet de Gedaagde de schuir met traan weederom vaaren na Saandam. En doet naderhand aanbieding om volgens uitspraak van goede mannen deselve traan wederom te Amsterdam te doen bringen, maar de gem. Rigail blijvende declineeren de selve te ontfangen, dagvaart in tegendeel den Gedaagde *voor Scheep. Amsterd. Eisch* tot vergoeding van de kosten, schaden en interessen door 't niet leeveren der gem. traan gehad en geleeden. De *Gedaagde conclud.* daar teegen 't exceptieve ten fine van nietontfankelijk, en tot absolutie van de instantie (2) dien onvermindert tot ontsegging van den Eisch c. e. (3) voor soverre die conclusie den hem niet mogt volgen, doet *Presentatie* om aan gem. Rigail de 20 vaaten traan tegen voldoening van de koopp. en de interessen van dien, en de onkosten so weegens 't bewaaken als anders daarop gevallen, op ordinaris conditien als nog weederom te leeveren, en onder beneficie etc. *Contr. Conclusie refus praesent. Voldingen. Vonnis 14 Maert 1742.* Scheep. absolveeren den Gedaagde van de instantie c. exp. *Rigail dagvaart* den Ged. *andermaal voor gem. Scheep. Eisch,* om als nog aanstonds aan hem in Amsterd. of aan boord van sodanig schip voor gem. stad,

als hij eissr. soud aanwijsen, en teegen betaaling der kooppenn. te leeveren de gem. traan, met vergoeding van kosten, schaade en interessen, urs. c. exp. *Antw. Contr. Conclusie Voldingen. Vonnis 9 April 1743.* Condemneert den Ged. conform den eisch met compens. van kosten. *Appel Hof. Eisch* van Gedaagde *presenteerende* als nog aan gem. F. Rigail op ordinaire conditien te Amsterdam te leeveren de voorsz. traan sodanig als de selve sig geegenwoordig bevind, mits neevens de leevering voldaan werde de koopp. interess. a 4 pcto. de onkosten op 't bewaaren en bewaaken, 't andermaal naar Amsterdam brengen, en van daar weeder na Zaandam transporteeren van deselve, gevallen mitsgaders pakhuis huuren, onder beneficie van dien *ordin. concl.* De Imp. *refuseert die present.* et neemt *contr. concl. Voldingen. Sententie Hof* 23 Junij 1749 doet te niet het vonnis, verklaar. den Ged. met present. te kunnen volstaan, ontseit den verderen Eisch ter eerster instantie gedaan, et condemneert den Impetrant in de kosten van die instantie, zedert de presentatie en compenseeren de verdere. *Appel H. R.. Ordinair voldingen.* In questie de twee voorige gewijsden, en dus den eisch en presentatie. De sustenue van den Gedaagde daar Rigail de leverantie nu niet kan vorderen, omdat hij eerst gevordert heeft alleen koesten etc. gaat hier niet aan, wijl de Gedaagde daar gesustineert heeft, dar men kosten alleen met kan eischen maar de levering te gelijk moet eischen, en dat is bij Schep. gejustificeert vervolgens kan nu den Gedaagde niet sustineeren dat de leverantie niet sonder kunnen gevordert werden. De Gedaagde heeft die sustenue bij 't Hof ook niet geinhereert, want de presentatie is niet subordinatelijk gedaan maar alleen geraakt 't subject van ondersoek. De sustenue van den Impetrant gaat ook niet aan, dat op de presentatie geen reguard souw konnen werden genoomen, omdat daar door souw gerenverseert werden de originale questie, wijl over demits en geen judicium ter eerster instantie heeft gegaan, dat dus daar toe alleen geemployeert kon worden een Eisch in Reconventie. In appel kan men presenteeren 't geen men eerst gewijgert heeft sodanig geclausuleert als goedgevonden werd, men heeft sig daar op ook ingelaaten. De eenige questie nopens den Eisch is over de kosten, schaade etc. In de presentatie is de questie alleen over 't waakloon, en interessen verscheenen tot 23 Maert 1740. Want de anderen sijn maar gevolgen, alsmeede de verdere onkosten. De vrag is dus of de Gedaagde de leverantie heeft kunnen accrocheeren aan de betaaling der f. 73:-:- waakg. en interss. tot die tijd toe. De traan is verkogt op ordinaire conditie dat is vrij aan boord of in de stad, die conditie op te neemen voor een pactum contractum adjectum, en niet als sijnde van de substantie van de koop. De eigentlijke levering geschied door 't merken etc. der vaaten, dat leevert uit een ficta traditio en van die tijd gaat den eigendom over. Sed quidquid sit de Ged. is geobligeert geweest die traan te leeveren of in de stad of aan boord, en de Gedaagde erkennt die gehoudentheid, en toont in 't proces dat hij daar aan heeft tragten te voldoen. Dog in confesso, dat dat factum nooit gepresteert is, en de Gedaagde begrijpt self dat hij 't nog moet presteeren, schonn hij 't reets gefragt heeft. Dat blijkt uit de presentatie dat hij leeveren wil te Amsterdam. Dus 1. de vraag of de eisch tot kosten is gefundeert 2. of de Gedaagde kan vorderen interessen en waakloon. So hier een versuim was van Rigail souw 't werk gaat sijn. Dog daar van consteert niets. Men heeft aanstonds aan de schipper van de schuit geweesen, waar 't schip lag, en de vaaten geblikt 't scheepvolk heeft alle moeiten gedaan om de schuit aan de sijde van 't schip te krijgen. Het aftreken leevert geen versuim uit, want geschied niet dan bij noodsaaklijkheid, en na omstandigheid van saaken als sulks vereischt werd. So hier versuim was, souw 't eer sijn aan de kant van den Gedaagde want de schipper heeft met willen afwagten de nodige tijd. Opp.: De schipper was gelast binnen Amsterdam te komen, dus hoefde hij niet weer aan boord te gaan. Rj.: 'T blijkt aan de sijde van de Gedaagde dat geordonneert is 't goed te leeveren aan boord. Opp.: Hij heeft alles gedaan wat hij kost, en is vi majori belet, en dus vrijgestelt a mora. Rj.: warom presenteert men dan als nog te leeveren, van de onmooglijkheid kan men niet oordeelen, wijl de schipper is heen gegaan. Hij heeft voor sijn schuit wel gesorgt sijn instr. behartigt, maar sal dat de Imp. moeten boeten? Dat raakt hem niet. Is de Gedaagde schadeloos gestelt van de kosten indien de schuit daar was bevrooren geraakt, darom moet hij niet schadeloos sijn van 't geen door sijn vertrek is veroorsaakt. Hij heeft het eerste verkoosen. De traan is tot sijn risico geweest tot de leverantie, ergo ook de gevolgen van dien. Men stelle dat het volstrekt onmooglijk was geweest. Dan souw de Eisch ter vergoeding van kosten seedert 6 Jan. tot 23 Maert ongefundeert sijn, maar egter de mits van de Gedaagde tot interss. a f. 73:-:- weegens legdaagen niet gefundeert sijn. Want 't vrugteloose tentamen souw den Gedaagde niet libereeren van sijn verplighting. Is hij dan als nog verpligt ingevolge 't contract moet hij de traan leeveren vrij, en hij kan dan niet vergen saaken, die tempore emptionis niet te pas quaamen. Interess. koomen voor al niet te pas want 't pactum is niet voldaan. Geen reede warom 't casus fortuitus Rigail meer souw moet teffen als de Gedaagde Co.: Bij te niet doening van de sententie van 't Hof, den Ged. verklaaren niet beswaert, souw er bijvoegen dat de Gedaagde niet verder gehouden is tot vergoeding van kosten als seedert 23 Maert 1740.

Hr. Mollerus
Buiten questie te stellen, dat Rigail niet in culpa is, so er versuim is, is bij den Gedaagde Dog die ook te stellen extra culpam tradendi. 'T is so klaar niet dat de Ged. 't factum van den schipper souw moeten presteeren, indien hij nalaatig was geweest, en of Rigail den schipper dan niet souw hebben moeten aanspreeken. Dog dat in medio te laaten. Daar blijkt niet dat de traan binnen $\frac{1}{2}$ uur absolut souw gelost sijn geweest. Uit de omstandeigheeden is natuurlijk dat 't moraliter onmoogelijk was. Dus hier ab omni parte een caas fortuitus. Als men kosten, schade etc. eischt, moet er consteeren de mora aut culpa venditoris. Op 6 Jan. is daar van niets so ook niet op 23 Maert. 'T komt er maar op aan of de f. 73:-:- wel sijn geeischt, en te meenen van ja. 'T sijn impensae necessarie geweest, die de emtor moet draagen. Daaruit volgt ook de gefundeertheid der mitsen. Dog de interessen sijn qualijk geeischt. Op 23 Maert, want de verkooper was toen niet in mora accipiendi geweest, en ook niet in 't vervolg. Se souden in allen gevallen eerst kunnen beginnen van de presentatie voor 't Hof gedaan, daar se gepresenteert worden neevens de leevering. Co.: De presentatie te wettigen, dog de interessen alleen te laaten loopen, van de tijd van de presentatie voor 't Hof.

Hr. Pauw
Notoir dat hier is een perfecta venditio, waarbij self gekoomen is een ficta traditio. De vraag is eerwoudig, of 't beding om deese traan te transporteeren niet gepresteert sijnde, de onkosten daar uit ontstaan moeten gedraagen werden bij den kooper of bij den verkooper. So de eene of ander in culpa is moet die se dragen. De Schipper van de

schuit is 't seekerhijd niet, want die heeft sijn best gedaan, en uit de omstandigheeden komt 't voor, dat het moreel onmoogelijk was 't schip te naaderen, sonder in 't eijs beknest te raaken. Do te meenen dat de kooper niet vrij te spreeken is van versuim. De schipper is reets s' morgens in de stad geweest, en men heeft hem eerst na de middag na boord laaten vaaren. Men heeft de schuit ook eerst in de stad laaten koomen. Toen de schuit aan het schip quam moest het nog afgeraket werden. In dat saisoen en in so een harde verst, had de kooper van sijn kant meer sorg mogen draagen, dat alles in gereetheid was. Dus hij niet is buiten reproche, en de Gedaagde van sijn kant alles gedaan hebbende, was in sijn vermoogen was, moet gehouden werden op die tijd dat beding effectivelijk te hebben gepresenteert, en hij is vervolgens bevoegt tot de geeiste onkosten, en tot de interessen loopende 2 weeken na de koop, omdat de kooper gereekent moet werden van die tijd af 't gekogte in hande te hebben gehad. Co.: Te verklaaren niet beswaert.

Hr. Van Nispen
In modio te laaten of er een culpa is. Immer sij is niet aan de kant van den Gedaagde De schipper heeft sig self tot utiliteit van 't goed geretineert. 't gepresteerde sijn impensae necessariae in rem emptoris. De leverantie moet gehouden werden gedaan te sijn. De Impetrant verpligt tot het gepretend. Co.: Niet besw.

Hr. Van Santheuvel
De gemaakte Kosten moeten koomen tot last van den Imp. Als impensae in rem emtoris factae. Met de traan Amstd. te brengen souw men konnen seggen dat de Gedaagde gedelegeert had de kant beding voldaan. Want 't aan boord brengen schijnt daar als een beleeftheid opgenoomen te worden de schipper in allen gevallen gedaan hebbende 't geen van sijn devoir was, moet de casus fortuitus koomen tot laste van den Impetrant Idem.

Hr. Dierkens
Idem.

Hr. President
De Gedaagde is verpligt geweest, en heeft het ook so begreepen om de traan te leeveren aan Rigail, of te Amsterdam of aan boord ter keuse van Rigail als kooper. Daar blijkt niet dat Rigail in 't ontfangen van de traan eenige culpa begaan heeft. 'T is enkel een casus fortuitus dat de overscheping niet geschied is. Nu dat toeval formeert de Ged. 2erly actie. 1. van kosten, schaden, en interss. van dat hij daar so lang heeft moeten wagten na sijn geld voor de verkogte traan. 2. f. 73:-:- weegens waak en beaarde van sijn schuit in de eis aan. Ad 1.: Die kunnen niet geeist werden van den geenen die per moram, culpam of andersints daartoe oorsaak heeft gegeeven. Geen van die dingen hebben plaats in Rigail. Ergo worden se ten onregt van hem geeischt. Ad 2.: De selve rakende de conservatie van 't goed, meot en koomen tot lasten van den kooper. text expr. l. 13 § 22. ff. de act. empt. Co.: De sententie te niet doen, voor so veel aangaat de condemnatie tot vergoeding van kosten etc. en de Imp. nopens den verderen inhout der voorsz. instantie te verklaaren niet beswaart.

Den 16 Julij 1750
Rapp. fl. 70:-:-

Jacob van Bergsland, Koopman te Rotterdam Eiss. in R. A.
contra
Anthony Sijpestein, wooned. te Delft, Verwerder

De Hr. Mollerus Rapporteur
Tuschen partijen op 27 Augstt. 1749, wanneer de Verwerder was geweest te Rotterdam, gehandelt sijnde over de koop en verkoop van des eisschers Branderij staande te Rotterdam, met alle de gereedschappen etc. en de selve koop, so de eissr. sustineert, geslooten sijnde onder verschijde conditien, en onder anderen dat het geconvenieerde vervat some werden in een contract van koop 't geen daags daar aan soude geteekent werden, wijgert de Verwerder het selve contract van koop te teekenen. *De* Eissr. den Verwerder hebbende doen dagvaarden voor Scheep. van Delft, en seedert geconvenieert sijnde met den selven deese saake voor den H. R. over te brengen doet de Eischer, alhier *Eisch,* om 't voorsz. contract van koop te teekenen etc. De Gedaagde allegeerende niet geweeten te hebben, dat de Branderij stond op stads grond, nog ook dat de selve gesubjecteert was aan die lasten en stipulatien, als hij seedert uit de uitgiftbrief had gesien, ontkent voorts de voltrekking den koop en sustineert dat hij daar inne in allen gevallen ultra dimidium souw weesen geledeert, en neemt *contrarie conclusie. Voldingen.*
In questie den Eisch die vooraf te beschouwen op sig self en dan komt se voor gefundeert te sijn, door de verklaaringen in 't verbaal fol. etc. de allegatien van Eischer werden door de depositie van twee getuigen volkomen geverifieert. Niettemin komt den Eisch tot het teekenen van 't contract ongefundeert voor. 'T blijkt niet dat sulks is afgesprooken geweest, en so 't al was afgesprooken souw de koop nog niet geperfecteert sijn. De defensie bestaat (1) in een ontkentenis van koop, (2) dat se in allen gevallen niet is voltrokken, (3) dat hier sulke vitia voorkoomen, die den kooper, so er koop libereert van de nakooming, (4) dat se ook niet is aangegaan op de voorsz. conditien. Ad 1. Men reprocheert de twee getuigen, dat de eene is des Eisch. boesemvrind, en de andere sijn swaager. De relatie van de eene werde niet beweesen en die blijkt dan irreprochabel. 'T is waar dat de andere des Eischers swaager is, maar 't regt arceert geen swaager van 't geeven van getuigenis. Matth., De Prob. c. 5. laat het aan 't arbitrium judicis. Hij kan dan geemployeert werden als getuige, dog daar door werd de partij de reproche niet afgesneeden. Vid. Huber, P. 2 rer. jud. 57. Hij is seekerlijk niet irreprochabel als met ten eenemaal neutraal, en 't souw vreemd sijn dat defect te suppleeren door eenen suppletoiren eed van den Eischer, die directelijk geinteresseert is. So 't daar bij bleef souw swarigheid maaken den Eischer in 't gelijk te stellen. Dog hier concurreeren verschijde omstandigheeden tot corroberatie van de koop. 'T is seeker dat de Verwerder aan 't huis van den Eischer geweest is, en dat hij de branderij heeft besien, en dat men heeft hooren bieden f. 17000:-:-, dat hij van te vooren bij eenen Van Putt en meede over sijn branderij heeft gesprooken, en geneegentheid tot koopen heeft gehad. De Verwerder durft sig in 't Proces self niet uitlaaten, ontrent 't geen toen gepasseert souw sijn. Men toont hier self een mistrouwen in sijn sustenue. De Verwerder heeft geen eed gepresenteert dat 't er geen koop geslooten souw sijn, daar hij nogtans gepresenteert heeft te sweeren, dat hij niet geweeten heeft gehad, dat

de branderij in questie te koop was, voor dat hij 't borretje heeft gesien. Als hij de getn. te Rotterdam heeft gevraagt op contra interrogatoiren, heeft men se self niet gehoort op de ingredienten van hunne verklaaring. Dus daarmeede de getuigenis van de tweede getuige gepurgeert, en gaat de 1e. defensie niet aan. Ad 2. segt men dat er een schriftelijke koop is aangegaan, en dat men kan peniteeren so lang 't geschrift niet is gecompleteert. Dog van een schriftelijke koop blijkt niet. fac. H. Groot 3. 14. 57. Ad 3 segt men (a) dat niet gesegt is dat de Branderij stond op stads grond, (b) dat hij niet geweet heeft de lastige conditien, vermelt in de uitgift brief, (c) dat hij geledeert is ultra dimidium. Ad a. 'T is onwaar, dat de Verwerder sulks niet geweeten heeft, want hij heeft de billetten der recognitie gesien. Ad b. 'T blijkt niet dat de Verwerder de uitgift brief gesien heeft, ook niet dat hij door den Eischer is gecertioreert van die lasten, daartoe egter een venditor verpligt, l. 1 D. de act. emt. l. 39 eod., ook niet dat de Eischer bij de koop sig generaliter souw hebben gerefereert tot de oude brieven dog 't geen self niet genoeg souw sijn, d. l. 39, Groot, De Jure B. & P. 2. v. 2. n. 9. De vraag is nu of die lasten so swaar sijn, dat hij die geweeten hebbende, de Branderij niet souw gekogt hebben. De eerste is dat seekere ligten precarie werden vergunt, de twede dat het nooit dan tot een branderij souw moog werden geapproprieert, 't geen waarlijk geen geringe last was maar die lasten sijn egter niet sodanig, dat so de Verwerder se geweeten had, hij souw gehouden moeten werden se niet te sullen gekogt hebben. Dog dat kan aangaan dat hij 't geweeten hebbende dan voor minder souw gekogt hebben en dan souw hem kunnen competeeren de actio quanti minoris. Dog dat kan hier in hoc statu processus niet gearbitreert werden, souw op dit point de actie aan den Verwerder reserveeren. Ad c. Van lesie ultra dimidium blijkt niet. Ad 4. De conditien in den Eisch voorkoomende proflueeren of uit de koop per se, of se werden door de verklaaring van de twee getuigen beweesen. Dog so de voorsz. swarigheid aangaat komt in consideratie, of de Verwerder in mora is geweest. Dog dat souw aangaan, in geval de Verwerder een presentatie had gedaan en dus daar door den Eischer in mora had gestelt. Dan te meenen dat de mora wel gestelt is integaan met prmo. Jan.
Co.: Den Verwerder in substantie te condemneeren conform den Eisch, met agterlaating van het teekenen, gereservt. den Verwerder voor deesen H. R. te kunnen sustineeren, dat hij souw kunnen korten, 't geen 't perceel om de lastige conditien minder waardig souw moogen sijn, behouden daar teegen des Eischers defensie.

Hr. Van Nispen
Men heeft den Verwerder alles gegeeven en vertoont, waar na hij gevraagt heeft, hij heeft niet gevraagt de uitgift brief. So hij 't niet gevraagt heeft is 't sijn schuld. So 't met studie versweegen is, souw daar uit vloen en alleen een actio quanti minoris en die te reserveeren. Dog souw eerst interloqueeren, en den Eischer ordonneeren te bewijsen, dat de Verwerder kennis heeft gehad van de lastig conditien, en bij ontstentenis van dien condemneeren onder reserve van de actio quanti minoris. Voorsz. Idem. Postea in omnibus Idem.

Hr. V. Santheuvel
Als men een gebouw met permissie van de stad stelt op stads grond is 't altoos so, dat het gebouwde blijft in sijn eerste destinatie. De Verwerder souw moeten toonen dat deese lasten extraordinair sijn. Hij had sig moeten informeeren. So deese Branderij

de selve last als andere subject is, heeft de Eischer gebruik gemaakt van 't gemeen regt. Dus niet voor de reserve, dog soude wel kunnen koomen tot eene interlocutie, ten einde de Verwerder bewijsen, dat deese branderij swaarder belast is als anderen. Voorts. Idem.

Hr. Dierkens

De Verwerder had sig moeten informeeren en is niet bedroogen. Idem als Hr. V. Santh. sonder reserve.

Hr. Van Ruster

Het teekenen van 't contract ligt op geslooten in de natuur van de saak en strekt tot beeter gehengenis van 't geconvenieerde. Anders moet het alttos afhangen van getuigen. Dus souw sulks niet agterlaaten bij de sententie. De tweede getuigen des Verwerder swager kunnende geadmitt. werden, moet eo ipso irreprochabel sijn, en dus sijn hier 2 vallable getuigen. De Verwerder heeft wel niet geweeten van de lastige conditien, dog weetende dat de Branderij stond op stads grond, moest hij vragen na de lasten. So als erfpagt werd uitgegeeven moet se blijven in sijn eerste destinatie. Dog dat niet passende op de twee andere servituten, soude meede sijn voor de reserve. Idem als Hr. Mollerus.

Hr. Alewijn

De Verwerder had de uitgift brief moeten vraagen, dus de reserve er aftelaaten. Souw 't teekenen niet uitstrecken.

Hr. Pauw

De koop werd completelijk beweesen. Niet te derven seggen dat een vrouws broeder een gants irreprochable getuige soude sijn, dog hier concurreeren so veele pregnante indicien van 't aangaan van een koop, dat daar door sijn getuigenis genoegsaam gesuivert is. Soude niet condemneeren tot 't teekenen van 't contract dan souw men 't contract moeten volgen, en egter koomen daar in saaken voor, die, hoewel gering, egter niet beweesen worden. De Eischer had den Verwerder kennis moeten geeven van de servituten. Heeft men aan wweerstanten daar om niet gedagt, moet sulks koomen tot lasten van den kooper, d. l. 1 & 39 de act. empt. & l. 69 § 5 de evictione. De getuigen melden daar van ook niet. In 't contract staat wel, dat de Eischer 't verkogt heeft met hebbende en lijdende servituten, dog de get. spreeken daar niet van, en so eene generale inunciatie souw hem volgens de gealleg. wetten ook niet libereeren. Niet de durven seggen dat de Verwerder moest weeten dat dit erf tot geen ander gebrijk kon geemployeert werden als tot een branderij om dat hij wist dat het stads grond was, en dat dan de eerste destinatie niet kan verandert werden. De weetenschap kan men wel presum. en vinden van de selve praticq en plaats, dog de Verwerder was geen brander nog Roterdammer. Idem als Hr. Rapporteur.

Den 8 October 1750

Rapp. f. 70:-:-

Mr. Cornelis Pieter PompevanMeerdervoort, Ambagtsheer van Swijndregt Impetrant in Mainete.

Contra

Mr. Pieter Hendrik Schook so hij procedeert Gedaagde.

D. Hn. Van Nispen en Alewijn Commissn.
De Gedaagde in 1749 binnen Dortregt in 't openbaar gekogt hebbende een zoutkeet met 7 pannen, mitsgaders twee tuijnen met de huijsen daar op staande voor f. 33300:-:-en 1 Stuiv. van ieder gt. voor Rantsoen, onder conditie dat de koopers alleen en in 't geheel souden moeten betaalen den 40e. Penn. met de 1e. verh., het Pondgeld en nakoopindien het beide, of een van dien betaalt moest werden, doet ter secretarij van Swijndregt aanseggen bereit te sijn tot het doen en neemen van 't transport, en 't betaalen der 40 P. en verdere geregtel. kosten, mitsgaders tot het voldoen van alle sodanige regten, en costen als behoorlijk souden blijken, met regt gevordert te kunnen werden. Ter secretarije voorn., nadat deselve aansegging bij nader insinuatie was gereitereert, refuseert men de opdragt te doen, ten waare de Gedaagde betaalde het Pondgeld en nakoop ut s. De verkoopers goed gevonden hebbende 't verkogte te leeveren bij willig decreet van den R. P. versoekt de Impetrant hangende de procedures daar over van H. R. Mand. van Mainetenue. *Eisch* om te werden gemaintt. in de Possessie ut s. tot afdoening van de Turbatie, en adjudicatie van de Recredentie. De *Gedaagde* doet *Declaratoir,* alsnog te vreeden te sijn om ter saake van de voorsz. koop te betaalen sodanig regt van nakoop en Pondgeld, als de Impetrant sal kunnen aantoonen, hem of den schout en secretaris van des selfs ambagt ter dien saake te competeeren onder beneficie van etc. *contrarie conclusie op alles.* De Impetrant *refuseert 't Declaratoir. Voldingen.*
In questie de Possessie en Turbatie. Ad 1. Niet noodig hier te inquireeren op de titel Bort van Ambagtsh. 1 D. N. 12 brengt die regten onder ambagtsgevolg, en daar meede is de Impetrant verleit. nopens de nakoop, word de possessie beweesen van 1667 tot 1749 so ook van 't Pondgeld. Ad 2. De wijgering van betaaling is turbatie. Conclo. Recrede. te adjudiceeren.

Hr. Van Nispen
De Possessie van nakoop van onderhandse verkoopingen blijkt overvloedig, 't blijkt ook dat 't betaalt is weegens publique verkoopingen. In alle conditien van publique verkoopingen word ook nakoop onder de lasten opgetelt. In specificaiten van publique verkoopingen, en de lasten daar op loopende word nakoop ook gemelt v. n. 14 et 15 van betaaling van Pondgeld is meede overvloedig beschijd. Opp.: Sommige actens melden niet van die lasten, immers niet van beide. Bij dat 't in de transporten niet is aangeteekent is geen bewijs dat 't niet sou betaalt sijn. Dus hier blijkt van de Possessie, en er is manutenibel, sonder in 't regt te hoeven te treeden. Het Declaratoir self leevert uit een turbatie in de possessie. Idem.

Hr. Mollerus
So de Gedaagde gepresenteert had die lasten te betaalen onder reserve van sijn regt, sou hem in 't gelijk stellen. Dog 't declaratoir stelt hem niet vrij van turbatie. Dus te moeten treeden in de possessie. In medio te laaten, of er in pondgeld en nakoop titel nodig is volgens de Politiq. Ordonne. Art. 39. Te meenen dat de Possessie quoad factum niet word beweesen. Ontrent nakoop schijnt er wel veel bewijs te sijn, dog van verschijde verkoopingen is geen nakoop bevonden. Fac. n. 7 tot 25. en schoon 't daar staat in de Coop conditien blijkt daar van verschijde niet is betaalt, in publique verkoop. van 1689 tot 1721 waar in nog van nakoop nog van Pondgeld werd gemelt.

Opp.: Is van tijd tot tijd geexerceert, en dan een apparent regt. Bij Recredentie geinventeert ne partes ad arma veniant, en om een interim te hebben. Dog deese Recredentie tendeert ad dandum, en is in effecte een Provisie van Namptissement, en dan moet er liquide beschijd sijn dat nu is er niet. Dus ten dien opsigte de Recrede. niet gefundeert. Ontrent 't Pondgeld heeft men in de oude tijden niet geexerceert, want 't is niet opgegeeven in 't que. Hier in deese eeuw is 't ook niet altoos betaalt. Van deese Perceelen in questie is te vooren geen Pondgeld betaalt. Immers is er geen bewijs van verkoopp. buiten de heerlijkheid. De verklaringen sijn van geinteresseerde luiden. Co.: Recrede. te ontseggen.

Hr. Pauw

Op possessoire gronden kan men in materie van nakoop en Pondgeld doorgaan, en 't Art. 39 van de Polit. Ordonn. is, en de Resolutien van de Staaten, en door gewijsdens van de beide Hoven waarbij daar aan niet gedefereert is, in ongebruik. Deese regten da sijnde objecten van een possessoire instantie, is daarin genoeg eene possessie van so veel tijd, als er gerequireert werd in andere regten. Nu blijkt hier van een geinterrumpeerde possessie van 1729 tot 1749 en dus van 20 J.en die is genoegsaam om daar op de Recredentie adjudiceeren. Indien men hier moest ondersoeken, hoe het in voorige tijden was gegaan, en of die possessie nooit was geinterrumpeert gewest sou men hier al so diep in die materie moeten treeden als of men ten petitoire regt soude moeten doen. Dog dat komt hier niet te pas op de Recredentie. De Possessie van 't Pondgeld te genieten scheen de verkoopingen buiten de Heerlijkheid sijn geschied, consteert wel niet uit specifique actens, dog daar van blijkt genoegsaam in de verklaaring van de Scheepenen en Boode, die neutraal sijn, wijl die van 't Pondgeld niet profiteeren. Idem als Hn. Commissn.

Hr. V. Santheuvel

De instructie van den H. R. requireert geen titul in Pondgeld en nakoop, schoon die instr. maar 2 jaaren na de Politique Ordonn. in de weereld is gekoomen. De Gedaagde brengt niet in questie of Pondgeldverschuldigt is van verkoopingen, buiten de Heerlijkheid. Voorts als Hr. Pauw.

Hr. Dierkens

Idem.

Hr. Van Ruster

Niet noodig een immemoriale possessie te toonen. Genoeg dat het getoont werd van een convenable tijd, nu is hier bewijs van 20 J. De verklaaringen selfs souden, buiten de Productie voldoende sijn. Bedenkelijk of de reproches niet souden moeten werden uitgestelt tot 't principaal. Te twijffelen, of als imand regt heeft van Pondgeld te trekken, het eo ipso niet heeft van verkoopingen buiten de Heerlijkheid. 't Pondgeld is geen dedomagement van Schouten en Secretarissen van Ambagtsh. want dan souden de regeering van de Stad daar een verkoopp. geschied 't Pondgeld moeten genieten. Bort meent dat het Pondgeld werd genooten om de schouten te beeter te doen bestaan c. Art. 39 van de Polit. Ordonn. is obsoleet, door 't contrarie gebruik, en verschijde gewijsdens. De Turbatie is klaar. Idem.

Hr. Mauregnault
Idem.

Hr. President
Genoeg 't bewijs dat een tijd van 20 J. regt om Pondgeld te genieten is geoeffent. 'T Pondgeld is een emolument voor scheepenen tot haar onderhoud, en dat behoort niet te werden geeludeert, door de verkoopingen op andere plaatsen aanteleggen. Daar toe is geen Titul nodig. Turbatie klaar. Idem.

Conclusie Recredentie te adjudiceeren.

1754

Den 3 Maij 1754
Rapp. f. 110

Corrit Kraaij Oud Commis. der Stad Hoorn, als in Huwelijk hebbende Jannetie Alderts Groot, en Cornelis Sandbrink als in Huwelijk hebbende Annetie Alderts Groot Impn. van Relief d' appel en Regten. van Requeste Civile
Contra
Frans Janse Koopman wonende op de Koepoortsweg even buiten Hoorn, Gedaagde en Gereqde.

D. Hr. Dierkens Rapporteur
Aldert Groot Schoonvader van d' Impetranten, en Claas Nierop wonende te Berkhout als Eijgenaars ieder voor de helft onder de hand hebbende verkogt op 8 Feb. 1748 aan den Gedaagde het geheele huis, genaamt de Gaargoedsboomgaert met 28 Morgen 229 Roeden Lands, staande en gelegen aan 't einde van Keern aan den Hoornsen weg voor f. 5200, waar van 10 Feb. 1748 ter Secretarije aldaar aangeving is gedaan, hebben die Impn. q.q. op 28 Maert daar aan behoorlijke naastinge en bekentmaking gedaan met de vereischte presentatie conform de keuren op de naasting te Hoorn geemaneert. De Impn. kinderen sijnde van gem. Verkopers seggen tot die naasting bevoegt te sijn, doen Eisch, *dat sij sullen werden verklaart geregtigt tot de voors. naasting van 't voors. geheele huis en land, onder presentatie van in allen deele de koopsconditien te willen nakomen, en het regt van naasting te voldoen cum exp.*
De Gedaagde segt bij antwoord, dat de koop niet is geschied ter smuig buiten kennis en voorweten der naaste vrienden van Claas Nierop en Aldeert Groot, maar met volkome voorkennis etc. Contr. concl. Voldingen. *Vonnis Hoorn* 3 Maert 1749 verklaert d' Impn. tot voors. naasting van het geheele huis etc. bij eijsch gemeld niet geregtigt te sijn, mitsdien den Gedaagde absolverende van desen Eisch en genomen conclusie c. exp. *Appel* R. P. Ordin. voldingen.
Impn. uit kragte van Reqte. Civile amplieerende hunne Concle., concludeeren, *dat sij in den eijgendom van 't verkogte huis sullen werden gestelt.* Contr. concl. tegen den geamplieerden eisch so als die ligt. Voldingen. *Sententie* 14 Maert 1752 mits de kosten van de 1e. instantie werden gecompenseert, niet beswaert, en ontseijt den geamplieerden Eisch c. exp. *Appel H. R.* Impn. alvorens Eijsch te doen, doen presentatie, in cas de Gedaagde binnen 6 weeken declareert, dat hij genegen is de eene helft van 't voors.

huis voor sig te behouden, en wijders over te geven, dat de naasting van gem. huis en landerijen met opsigt tot de andere helft volkomen effect sal sorteeren, en dat sij Impn, q.q. in den Eijgendom van de helft sullen worden gestelt, in sodanig geval ook bereid te sijn van de voors. koop met opsigt van de eerstgem. helft als nog te sullen afsien, en bij reufs en onder benef. etc. Eisch ord. modo, refus presentatie. Ordin. voldingen.

In questie de vorige Gewijsdens. Naasting strict te interpreteeren, Voet ad tit. de l. comm. n. 9. In confesso te stellen, dat de formaliteiten van de naasting sijn geobserveert, want dat confesseert mij partijs geding, en men mag dan ter sijde stellen de critiques daar omtrent, bij de schriftuur van den Gedaagde gemaakt. Men heeft eerst 't geheel genaast, nu is men bij de presentatie vor den H. R. te vreden met de helft, kan men so sijn conclusien veranderen, semel tantum retrahendum, Neost. Decis. H. R. 29. Nu sijn de Impn. niet geregtigt tot naasting van 't geheel. Men kan niet verder naasten als de cognatis verkogt heeft. Zo d' Impn. dat regt gehad hadden, hebben sij daarvan afgesien. Uit depositie van Claas Narop blijkt, dat d' 1e. Impetrant present is geweest als Makelaar van de koop, en den Gedaagde geluk heeft gewenscht met de koop. Des getuijge wel singulier, maar hier komt bij des Gedaagde presentatie van eed die in sijn geheel moet opgenomen worden, en conform is aan 't voors. gedeposeerde, dat genoeg om den 1e. Impetrant te repelleeren. Dog te meenen dat de 2e. Impetrant geen meer regt heeft. Faut de voors. presente. van eede, d' Impn. bewijsen 't contrarie ook niet, en doen ook geen contrarie presente. van eede. Hij verseert ook niet in de termen van de keur, de koop niet geschied ter smuig, clandestin. Conclusie: Niet beswaert.

De Hr. Mollerus

Te meenen dat de 1e. Impt wel is geseeludeert van de naasting, omdat hij rebus et factis tacite daar van heeft afgesien. Fac. verkl. sub E, dat hij den Gedaagde geraden heeft f. 500 'er op te leggen, en den Gedaagde gefeliciteert heeft met de koop, en dat presenteert de Gedaagde ook met eede te bevestigen, die 2 pointen voor waarheid op te nemen, en importeeren een afsien van de naasting, dat afsien niet te halen daar uit dat de 1e. Impetrant bij de koop is present geweest, omdat 't negotium kon geschieden ipso invito, Voet ad tit. de l. com. n. 16. 'T animeeren tot de koop op sig self alleen sou mogelijk ook niet genoeg sijn, want dat belette de naasting niet maar baande ter die weg toe, want dat word eerst geboren als 'er een koop is. Dog de felicitatie met de koop infereert een afsien. Na de koop ontstont sijn regt, dan moest hij niets seggen, dat met sijn regt niet bestaan kon, die gedeclareerde intentie kan hij niet muteeren in praejudicium alteruis, l. 75 de r. j. ubi v. J. Gothefr. Ten opsigte van den 2e. Impetrant, is 'er niets in 't proces, dat hij sou hebben toegestemt de koop, de Keur van Hoorn hier de rigtsnoe. De Gedaagde heeft bij 't geding toegestaan, dat aan de formaliteiten is voldaan, en 't sijn captien, die men deswegens maakt bij de schriftuur, hier ook termini habiles, want vast goed onder de hand verkogt. De vraag of genaast kan worden voor 't geheel, of alleen ten deele? De 2e. Impetrant sekerlijk geregtigt tot de helft, so 't verkogte bij sijn schoonvader, dog hij kan niet naasten de helft verkogt bij den vreemden verkoper, Voet ad tit. de leg. comm. n. 19.

Obj. 't geheel genaast, dan kan de helft niet geadjudiceert worden. R. is chicaneus, men ken sijn sustenue verminderen, als was hier geen presente. gedaan, had de regter 't gedeelte moeten toewijsen. Schoon hij den geregtigt is tot de helft, moet de koper niet behandelt worden, en aan dien de vrijheid gelaten worden om 't geheel over te laten, Sande 3. 5. 10.

Conclusie: Beide Gewijsdens te niet doen met relatie tot den 2. Impetrant, en hem geregtigt verklaren tot de naasting van 't aandeel van A. Groot in 't verkogte perceel, mits voldoende 't regt daartoe staande, en in allen dele de koopsconditien nakome, en wijders mits hij mede gehouden sij om ter begeerte van den Gedaagde ook het aandeel van Claas Nerop in 't verkogte over te nemen, en 't verder of ander gesustineerde ontseggen, en met relatie tot den 1e. Impetrant, mits de Gedaagde onder eede verklare, dat, na dat hij den Gedaagde tot het verhogen van sijn bod heeft aangemoedigt, hij vervolgens na 't sluiten van den koop, denselven daar mede heeft geluk gewenscht. Verklaren niet beswaert.

De Hr. Pauw

Den 1e. Impetrant te repelleeren als gerenuntieert hebbende aan 't jus retractus, die iemant animeert tot kopen, daar na met de koop geluk wenscht, declareert daar door, dat hij, voor so veel in hem is, die koop voor wettig houd en gestant saldoen, dat nu kan niet bestaan met het regt van naasting. Omtrent den 2e. Impetrant word niets diergelijks geprobeert, dus hij niet geheel gesecludeert kan worden, dog hij kan niet verder bevoegt sijn te naasten als voor de portie van sijn schoonvader, want wijl hij sijn regt krijgt ex cognatione, kan hij onmogelijk dat verder extendeeren, als tot het geen sijn cognatus heeft verkogt, dat nu is maar de helft, Haber in praelect. post tit. de rescind. vend. n. 17. Jus retractus individuum so te verstaan, dat als in eene koop door een persoon verscheide perceelen sijn verkogt, de naaster alles moet naasten, en niet kan uit kippen deese of geene perceelen, dog dat komt hier niet te pas. Voorts Idem met Hr. Mollerus.

Hr. Van Nispen

Met relatie tot den 2e. Impetrant Idem. Bedenkelijk of men den 1e. Impetrant geheel kan repelleeren, uit 't gelukwenschen van de koop volgt geen afsien van naasting. Hij kon den koper mit reden gelukwenschen, want so hij daar na wilde naasten, profiteerde die volgens de keur 2 pr. co., wie sal seggen wat de 1e. Impetrant toen in mente gereserveert hielt, dat positijf ook niet bewesen. Zou beide de Impn. geregtigt verklaren tot de helft.

Hr. V. Santheuvel

De 2e. Impetrant sekerlijk geregtigt, dog men wil hem hier bij het 2e. en 3. advijs de helft geven, en casu quo 't geheel, en hij wil maar de helft van de helft hebben. De 1e. Impetrant so niet te repelleeren, hij naast nom. ux., nu heeft sijn vrouw niet present geweest bij de koop, en sal den 't doen van de man de vrouw so ver kunnen praejudiceeren, en haar regt weg geven? Idem met Hr. V. Nispen.

Hr. Alewijn

So men den 1e. Impetrant repelleert, en 't 2e. en 3e. advijs volgt, sou den 2e. Impetrant maar $\frac{1}{4}$ competeeren, want dan soude de 1e. Impetrant hebben afgesien van sijn part ten behoeve van den Gedaagde, dog de 1e. Impetrant heeft niet afgesien. Idem.

Hr. De Mauregnault
De 1e. Impetrant heeft afgesien van de naasting, de 2e. geregtigt tot de helft, als de 1e. heeft afgesien heeft de 2e. het geheele regt verkregen. Idem met Hr. Mollerus.

Hr. De Grande
De 1e. Impetrant te houden van de naasting afgesien te hebben, door 't animeeren tot koop en gelukwensching met de koop, dus hem te secludeeren, dog als men hem secludeert kan sin portie niet accresceeren aan den 2e. Impetrant, wijl sij concurrenter vragen. Conclusie: Den Impetrant repelleeren, en aan den 2e. Impetrant te adjudiceeren de naasting van de helft der portie van Aldert Groot.
Postea. De 1e. Impetrant schijnt de oudste Dogter van den verkoper in Huwelijk te hebben, en de 2e. Impetrant een jonger Dogter, nu secludeert de oudste de jongste, en dus sou de 2e. Impetrant ook geen regt tot de naasting hebben, en in die suppositie Idem met Hr. Dierkens.

Conclusie conform Advijs Hr. Mollerus.

1756

Den 14. Dec. 1756
Rapp. poenaal f. 30
gijseling f. 50

Cornelis Santbrink n. ux. Impetrant van Gijseling en van poenaal
Ca.
Frans Jansz. Koopman Gegde. en Gedde.

Hn. Pauw en Hoeufft Commissn.
Sente. H. Rade 1 Junij 1754[24] verklaart den Impetrant geregtigt tot de naasting van het verkogt aandeel van Aldert Groot in het huis etc. mits hij voldoe het regt daar toe staande, en in allen deele de koopsconditien nakome etc. op de renovatie, en daar van Gijs. betekent sijnde antwd. de Gegde. in subste., dat volgens een gemaakte liquidatie d' Impetrant had aangenomen hem te betalen f. 1875 waar van hij in gebrecke bleef hem te betalen, niet tegenstaande hij Gedaagde voor commn. uit 't geregt van Hoorn aangenomen had te sullen preseeren al 't geen, waar toe hij uit voors. sente. gehouden was, dog dat d' Impetrant op die presie. niets had gelieven te antwoorden. Dat hij sig daarom genoodsaakt had gevonden middelen van regten tegen hem te gebruiken etc. Impetrant segt bij Eisch, dat partijen op 26 Julij 1754 sijn 't verdragen, dat d' Impetrant wegens 't verschuldigde uit hoofde van 't genaaste zoude voldoen f. 1875 agter welke liquidatie kort daar na wegens den Impetrant is gesteld een quite. waar in volgens afspraak ook is gebragt, dat de Gegde. aannam het effect der voors. Sentie. den Impetrant ten volle te sullen laten genieten, en hem in allen opsigte als Eijgenaar van de eene helft van 't voors. perceel te sullen erkennen, en van sijn regt van eijgendom met hem Gegde. egaal te sullen laten jouisseeren, en dat hij consenteerde, dat de opdragt van 's Impts. aandeel ter secretarije van Hoorn ten

24 *Resolutie* vom 3. Mai 1754, s. o.

behoeven van den Impetrant soude werden gesteld etc. welke quite. door den Gegde. is geapprobt. Dog dat in plaatse van alles finaal af te doen, de Gegde. heeft gesustint., dat d' Impetrant op nieuws naasting soude moeten doen, immers dat nog bij hem sou moeten werden afgelegt een eed voor S.S. van Hoorn, hoe seer sulks nooijt nog bij 't doen der naasting nog daar na was gevergt, nog bij de voorn. sente. een eed aan hem was geinjungt. etc. Mits welke *presie.* te vrede te sijn, de voors. som van f. 1875 op een deser twee wijsen te voldoen etc. Item des begeert wordende over te nemen het verkogte aandeel van Klaas Nierop, onder benefe. van dien Eisch, Gijseling te houden tot dat ect. sulks tot dat de Gegde. hem Impetrant sal hebben gelaten den eijgendom van ut s. en mitsdien tot dat hij Gegde. sijne handen sal hebben getrokken van 't voors perceel, en wijders geconsentt. dat ter secretarije van Hoorn 't voors aandeel behoorlijk op 's Impts. naam werde gesteld, en daar van aan hem acte werde verleent c. exp. Gegde. segt bij *antwd.* dat op gehoude compariten voor S.S. van Hoorn bij den Gegde. is geinsteert op de voldoening van voors. geconvenieerde som, en 't offers, dat vermits bij Keure 23 Maert 1686 is gestatueert, dat een naaster gehouden is te voldoen 't regt daar toe staande, en des begeert werdende, bij eede te verklaren, dat hij de naasting voor hem selfs doet, en dat d' Impetrant ingevolge de voors. Sente. verpligt sijnde te voldoen het regt daar toe staande, hij ook gehouden was ter requisitie van den Gegde. dien eed te presteeren, met offerte van den Gegde. om van sijn sijde ook te voldoen, dog dat d' Impetrant na geen middelen van accommodement heeft willen luisteren dat d' Impetrant begrijpende dat 't accord tot betaling der voors. som niet was een ingredient van de sente. van den H. R. den Impetrant tot voldoening van dat geconvenieerde heeft gecondemt. voor S.S. van Hoorn, en aldaar Eisch gedaan etc. waar tegens den Impetrant van den H. R. heeft versogt Mandt. poenaal, dat de presie. van den Impetrant ter voldoening der voors. f. 1875 is captieus, dat boven dien de procedures, die de Gegde. genootsaakt is geweest ter dier sake te ondernemen als nog litispendent sijnde, hij sig op dat lid der vors. presie. niet kan inlaten. Mits welke refus presie. doet contrapresie. als nog bereid te sijn aan de voors. sentie. te voldoen, en oversulks aan d' Impetrant te laten den eijgendom van ut s. en te consenteeren in de opdragt, mits nogtans dat d' Impetrant voldoe het regt tot de door hem gedane naasting staande, en in allen deele de koopsconden. nakome, en mitsdien onder anderen ook bij eede verklare, dat hij de voors. naasting voor hem selve heeft gedaan, sonder dat iemand buiten hem direct nog indirect 't selve aangaat. En mits d' Impetrant wijders aan den Gegde. betale de voors. som fan f. 1875 en hem schadeloos stelle wegens de kosten der procedures, die hij genootsaakt is geweest tot invordering derselve te ondernemen voor S.S. van Hoorn en aldaar nog litispendt. sijnde. De Gegde. in dien gevalle bereid van de voors. procedures af te sien, als mede om so veel hem aangaat te consenteeren dat de som van f. 250 door den Gegde. te Hoorn geconsignt. aan de Erfgen. van Aldert Groot werden geextradt., sustineerende etc. bij refus en onder benefe. contr. concl. Impetrant refust. de contraprese. so als die legt, en perst. voor repl. Gegde. voor dupl. Gegde. segt bij nader Concle., dat hij geresolvt. heeft ook van 't verder regt hem in desen competeerende af te sien, liever als met d' Impetrant in deese inste. verder te disputeeren. Mits welke, revoceerende de voors. prese. bij antwd. gedaan, verklaart te accepteeren dat lid van de presie. hij den Impetrant gedaan voor so ver hij daar bij heeft verklaart bereid te sijn de

voors. f. 1875 te voldoen, zijnde de Gegde. daar tegen bereid om voor soo veel hem aangaat, te consenteeren dat de som van f. 250 etc. als bij antwd. en wijders als nog refuseerende des Impts. verdere presie. als captieus, doet contrapresie. te vreede te sijn te voldoen aan de voors. Sentie. en sulks om aan den Impetrant te laten den eijgendom etc. ut s. (dog sonder de eijgevoegde mitsen) sustinerende met de voors. contrapresie. en presie. te mogen volstaan, en bij refus en onder benef. pers. als apud acte. Impetrant segt bij nadere Concle., dat de Gegde. niet voldoet met een acceptatie en contrapresie., die in alles except de kosten conform is aan 's Impts. gesustineerde in Gijseling. Dat hij ook had moeten presenteeren alle de kosten van executie in Gijseling. Mits welke, verklaart, mits door den Gegde. betaalt wordende de kosten van executie in Gijseling tot do. deses, niet alleen te accepteeren de presentie. of overgifte, onder welke de Gegde. heeft geacceptt. de voldoening van f. 1875 door den Impetrant jegens de voldoening van den Gegde. aan de voors. Sente. H. R. aan den Gegde. geoffereert, bij welke presie. de Gegde. verklaart heeft bereid te sijn, voor so veel hem angaat te consenteeren ut s. maar daar en boven ook te accepteeren des Gegs. voors. contrapresie. waar bij hij verklaart heeft etc. en op al het selve te versoeken condie., en bij refus en onder benefie. van de voors. acceptatie refuseerende des Gegs. voors. accepte. en contrapresie. pers. als apud acta.
Op 23 Dec. 1754 obtint. d' Impetrant van den H. R. Mandt. poen. tegen den voortgang der procedure, te Hoorn. *Eisch* tot decretie. van de beveelen en interde. poen. tegen den voortgang der procedures door den Gedaagde voor S.S. van Hoorn tegen den Impetrant geentameert, en dat deselve als wel en te regt verleent stathouden en volkomen effect sorteeren sullen met interdictie van etc. c. exp. De Gedaagde doet *declaratr. en presie.* te vrede te sijn met de voors. proceduren te Hoorn direct of indirect niet verder voort te gaan, maar in tegendeel deselve onvervolgt te laten, sustineerende met etc. te mogen volstaan, en bij refus en onder benefe. van dien antwe. concl. tot ontsegging van den verderen of anderen Eisch c. exp. D' Impetrant mits bij den Gedaagde betaalt werdende de kosten van desen processe tot do. deses gevallen, acceptt. het voors. declar. en presie. versogt daar op condie. en bij refus en onder benefe. van dien refuseerende 't voors. declar. en presie., so als 't selve is leggende, pers. voor repl. De Gedaagde inheererende sijn voors. declar. en presie. mitsgrs. refuseerende de mits daar aan d' Impetrant de acceptatie desselve accrocheert, pers. voor dupl.
Omtrent de Gijseling blijkt dat de Gege. te Hoorn geinsteert heeft op 't doen van een eed, dat heeft aanleiding gegeven tot procedures van executie. Daar insteert de Gegde. weder op 't doen van dien eed, en meent dat sulks legt in de Sentie. *mits voldoende 't regt daar toe staande.* Dog de Gegde. so hij die verging al doen kan, kan se niet doen in Gijs., maar op eene ander requisitie, en wel bij den H. R. die mits dan ongefundt., en de Gegde. daar door oorsaak der kosten. Dog de Impetrant had ook al gemakkelijken kunnen wesen. Zou dan hier den Gegde. condemneeren in $\frac{3}{4}$ der kosten, en den Advt. van den Impetrant condemneeren voor sijn schriftuur niet meer Artlen. in declaratie te brengen, als volgens 't reglt.
Omtrent 't poenaal de Eisch te Hoorn niet eenvoudig tot f. 1875 maar uit hoofde van een liquidatie van een Sentie. H. R. Daar was niet aangegaan een solemneele conventie, waar bij afgesien was van de Sentie. Die som was de Impetrant niet anders schuldig

als uit hoofde der Sentie., en de Gedaagde moest daar tegen presteeren 't effect van de naasting. Dus de Gedaagde de oorsaak der Kosten. Dog d' Impetrant heeft sig ook vrij ongemakkelijk getoont. Zou den Gedaagde ook condemneeren in $\frac{3}{4}$.

Hr. Pauw

Nopens 't poenaal. Qe. of Gedaagde door sijn instie. te Hoorn daar toe geen genoegsame reden heeft gegeven. Te meenen van ja. De gansche brouillerie daar uit ontstaan, dat hij geinsteert heeft dat d' Impetrant voor af een eed moest doen, daar door de betaling door den Impetrant gedilaijeert toen convenieert de Gedaagde den Impetrant te Hoorn, en schoon de Eisch daar eenvoudig legt en van geen eed spreekt, sou dat point egter, 't geen alleen disput veroorsaakte, daarin ondersoek sijn gebragt, daar het egter alleen hoort tot de kennis van den H. R. Accedit dat in den Eisch mede voorkomt een presie. van den Gedaagde om aan de Sentie. van den H. R. te voldoen onder sekere mits dat hoorde mede aan den H. R. D' Impetrant had ook reeds hier procedures van executie begonnen, daar in kon 't een en 't ander gedemesleert werden. Zou condemneeren in de kosten.

Nopens de Gijs. Qe. of de defensie van den Gedaagde tot do. van sijn laaste presie. so frivool is, dat se een condie. van kosten verdiend. Komt aan op de mits van 't afleggen van den eed. Die denfensie komt probabel voor, en berust op de keur. D' Impetrant meent egter dat so ongerijmt is. 1. Omdat die eed in den loop van 't proces nooijt is gevergt. Dog daar in kwam die verging niet te pas, de bevoegtheid van d' Impetrant tot de naasting wierd geheel wedersproken. 2. Omdat se niet legt ingesloten in de sente. van H. R. Dat waar, maar wijl daar over geen Qe. is geweest, volgt daar ook uit, dat die requisitie tot het doen van den eed soude sijn afgesneden. 3. Omdat bij 't doen der liquidatie van dien eed niet is gesproken. Dog daar uit kan geen tacite renuntiatie gehaelt werden. Men hoeft sig hier nog voor nog tegen finaal te determineeren, 't is genoeg dat de defensie problematicq is, om vrij te spreken van een Condie. van kosten. Zou de kosten compenseeren.

Hr. Mollerus

Nopens 't poenaal geen probabile reden tot 't aanleggen van de instie. te Hoorn. Dus daar tegen gepast poenaal. Idem. Nopens de Gijs. Uit de Keur op sig self is de verging van den eed seer gefundt. De Sentie. snijd se ook niet af, schoon se 'er niet inligt. Niet te kunnen sien, dat door de liquidatie is afgesien van dien eed. Dus die defensie soo ongefundt. is en bedenkelijk of d' Impetrant geen gedeelte der kosten sou moeten dargen. Dog aan de andere kant sustint. de Gegde. bij antwd. weder refusie van de kosten van de inste. te Hoorn, 't geen ongefundeert is. Idem.

Hr. V. Nispen

Op 't poenaal. De f. 1875 geen ingredient der Sentie., en konden toen niet uit kragte derselve gevordert werden. De Gegde. kon dan den Impetrant roepen voor sijn dagelijkse Regter. D' Impetrant kon daar ook exceptie allegeeren. De verging van den eed kon niet ophouden de betaling, die liquide was. Die verging was ook billijk, en daar aan niet voldaan sijnde, heeft sulks aanleiding gegeven tot 't proces. Dog over en weder misverstand. In Gijs. is de presie. voldoende. Zou in beide insten. de kosten compenseeren.

Hr. V. Santheuvel
Op 't poenaal. De procedures te Hoorn weder regtelijk ondernomen. Daar was reeds een executie begonnen. Dus kon de Gedaagde niet eijschen betaling, en dan nog in executie gaan disputeeren over 't in besit stellen van den Impetrant Idem met Hr. Pauw. Nopende de Gijs. De mits van den eed de eenige niet. Die is sekerlijk bedenkelijk, dog in de andere heeft hij ongelijk. Zou den Gege. condemneeren in de helft der kosten.

Hr. Dierkens
Op de Gijs. Als de Gegde. eindelijk ziet, dat hij kwalijk geprocedt. heeft, moet hij de kosten betalen. Zou hem dus condemneeren in de kosten. Op 't poenaal. Dat geen gepast middel. D' Impetrant heeft sig te Hoorn te ver ingelaten. D' Impetrant moet hier de kosten dragen.

Hr. Boreel de Mauregnault
Op 't poenaal: De f. 1875 geen ingredient der Sentie. Dan poenaal ongepast. Idem met Hr. Dierkens. Op de Gijs-: Meer bedenkelijk, dog te meenen dat onder de woorden *'t regt daar toe staande* mede behoort 't doen van den eed. Idem met Hr. Pauw.

Hr. V. Hees
Op 't poenaal: Door de inste. daar gebuteert de voldoening aan de Sentie. daar te bringen. De f. 1875 waren ook een remplacement van de Sentie. Idem met Hr. Pauw. Op de Gijs.: De mits van den eed ten minsten een problematique Qe. Idem met Hr. Pauw.

Hr. Buijs
Op 't poenaal. De procedures te Hoorn onnodig, en 't but 't werk daar over te brengen. Idem. Op de Gijs.: Bij de Sentie. 't regt niet benomen tot de vordering van den eed. Maar die daar in niet leggende, kon hij die mits hier in de Gijs. niet introduceeren. Hier komt bij de mits van de resusie van kosten te Hoorn. Idem met Hr. Dierkens.

Hr. Praeses
Men had hier 2 gijselingen moeten entameeren hinc inde. De instie. te Hoorn so vreemt niet uit hoofde der liquidatie. Zou de kosten daar op compenseeren. Op de Gijs.: Door de nadere presie. is 't proces uit, en daar door moet hij betalen de vorige kosten. Dog tot 't geen na do. is gedaan, is de schuld van den Impetrant, en zou dus den Impetrant voor so ver moeten condemneeren in de kosten. Zou ook den Advt. van den Impetrant verbieden te declareeren wegens 't gedane na do. der laaste presentie.

1757

Den 11 Febr. 1757
Rapp. f. 60:-:-

Maria Repelaar Wed. Mr. Pieter Hendrick Schoock c. s. als Voogden over de minderjarige kinderen van gem. Mr. P. H. Schook Eissr. in R. A.
Ca.
Mr. Cornelis Pieter Pompe van Meerdervoort Ambagtsheer van Swijndregt Verwerder

Hr. Mollerus Rapporteur
Gem. Schook heeft in Nov. 1749 etc. v. 29 Sept. 1750 Maintenue Sentie. in Recrede. ibid. ten behoeve van den Verwerder gem. Schoock daar op hebbende betaalt 't gevorderde regt van nakoop en pondgeld, zijn partijen 16 Nov. 1751 bij verbaal verdragen, dat door de Eissr. tegen de Verwerder ter sake ut s. voor den H. Rade soude werden Eisch gedaan in cas petitoir etc., en dat daar mede de procedurs in cas possess. litispendent zouden blijven buiten verder vervolg met compense. van kosten. *Eisch* dat verklaart soude werden, dat de Verwerder als Ambagtsheer ut s. niet is geregtigt, en dus onbevoegt om van alle vaste goederen in gem. heerlijkheid gelegen, die publicq of uit de hand verkogt werden voor nakoop te genieten 1 p. c. der koopprijs, mitsgaders van door den ut s. voor pondgeld te doen trekken 8 penn. p. gld. van de koopprijs. Dat wijders de Verwerder q.q. sal werden gecondt. de som van f. 1165:10 ter sake van nakoop en pondgeld onder cautie de restit. betaalt te restitueeren met interessen a 4 p. c. zedert de betaling, ten minsten a li. c. tot de restitutie c. exp. *Antwd.* dat in de Zwijndrechtse Waard sijn elf Ambagtsheerl. dat in 10 derselver als een gemeen regt practicabel is dat van alle vaste goederen in deselve gelegen, 't sij publijcq 't sij onder de hand verkogt wordende word betaalt wegens verkogte onder de hand 't regt van nakoop ten behoeve der Ambagtsheeren, en voor in 't publicq verkogte niet alleen nakoop als voren, maar ook pondgeld voor den Schout etc. Dat nakoop en pondgeld altoos als 2 bijsondere regten in gem. en andere naastgelee Heerlijkt. zijn en nog werden gehouden. Dat niemant in de voors. 10 Heerlijkh. heeft bestaan, so veel de Verwerder weet tegen 't voors. regt sig te opposeeren, of dat bij oppositie bij een Mandt. poss. daar tegen is voorsien, ten dien effecte dat 't voors. regt is geconserveert. Dat de Verwerder en sijn predecessrs. sijn verleid. etc. dat door den Verwerder en sijne predecess. bij alle verkoping van vaste goederen in 't publ. of uit de hand is genoten 1 p. C. voor nakoop, mitsgrs. onverlet door den Schout etc. is getrokken voor pondgeld van alle publ. verkogte vaste goederen 8 penn. p. gld. van de koopprijs. Dat in der tijd met verpondigen sijn belast 't schout ampt met de paardetol als mede den nakoop respe. gecompeteert hebbende aan den Ambagtsheer van Schobbeland, of van Zwijndrecht en van Molenaars ambagt of Meerdervoort, wanneer de voors. Ambagten in oude tijden sijn gecombineert geweest. Mits wekle Contr. Conclusie Voldingen.
In consideratie
1. Wat dat is 't regt van nakoop; wat is pondgeld. 'T regt van nakoop en van naastinge 't selfde, als het eijgentlijk genomen word, dog in cas subject niet op te vatten in sijn natuurlijke significatie om 't verkogte goed te mogen naasten, dat werd door den Heer niet gepretendeerd, maar voor een regt om te genieten sekeren penn., waar door 't regt van naasting werd geredimeert, sonder dat 't in de keus van de koper staat om 't eed aan den Heer af te staan of te redimeeren. 'T pondgeld eijgentlijk te noemen een regt van den Heer self, te meenen 't pondgeld in sijn origine te considereeren als een honorarium voor de schouten voor gedane diensten bij publijque verkopingen, Bijnk. Quaest. Jur. priv. l. 3 c. 14.
2. De Eisrs. sustineeren de negative van dat gene waar van de Verwerder in cas possessoir heeft gesustint. de affirmative, en so, dat de Eissrs. de Concle. woordelijk volgen, die bij de Verwrs. in cas possessoir is genomen. De actio negatoria hier gepast, daar qe. is over een regt ten laste van een anders vast goed. Maar komt in bedenken

aan wie van partijen incumbeert het onus probandi. Verwerder sustint. te sijn vrij van die last eensdeels als reus, en anderdeels om dat hij is in de possessie, en bij Sentie. H. Rade daar in erkend. Egter te meenen dat gelijk regulariter de geene, die geconvenieert word actione negatoria bewijsen moet (Boekelm. en Ulr. Huber ad tit. ff. si serv. vindic. Strijck de act. forens. in vestig. l. 2 n. 4 84) so ook de Hr. van Swijndrecht in desen sijn gesustineert regt moet probeeren. Dit steunt op goede redenen, schoon de Verwerder is in de possessie, want 't Regt in 34 J. de interd. et alibi sprekende van 't commodum possessionis alleen betrekkelijkis tot res corporalis, sijnde het geheel anders gelegen in servituten, 32 J. de action. Selfs Cuijac., Tract. 9 ad Afric. l. 15, De Oper. nov. nun. noteert daarom dat possessie so wel in actione negatoria als confessoria geen onderscheid maakt in het onus probandi, dog qe., om dat den Heer is Verwerder of daarom 't onus probandi incumbeert aan de Eissrs. volgens Cuij., d. l. te meenen van neen. Schoon 't regt leert actori incumbit probatio sulks steunt op die grond dat den actor doorgaans iets affirmative poseert, en den Verwerder negeert, maar dit heeft geen plaats in de actio negatoria, wanneer van applicatie is de l. 2 ff. de probat. die absolut spreekt sonder distinctie tusschen actor of reus, want niemant kan een pur negative bewijsen, boven dien den Eissr. sustint. dat sijngoed is vrij, den Heer dat 'er een servitut op is. Nu moet men presumeeren pro libertate, donec contrarium probetur. Verwerder houd sig ook niet simpelijk bij de defensive, moest dan maar de Sentie. van recredie. hebben overgelegt door 't overleggen van stukken tot bewijs van sijn gesustineerde oude possessie, geeft den Verwerder aanleiding om ook die te examineeren, ja verpligt den Regter daar op reguard te neemen.
3. Uit den Eisch en Contr. Conclusie proflueeren dese vragen, 1. of aan den Verwerder als Heer van Swijndrecht toekomt 't regt van nakoop voor sig selven, en 't regt van pondgeld voor sijn Schout, soo ja, 2. of 't quantum van 't regt van nakoop is 1 p. C. en van 't pondgeld $2\frac{1}{2}$ p. C., 3. of den Verwerder dat regt van nakoop competeert van alle soo publijque als onderhandse verkopingen en 't pondgeld niet alleen van publique verkopingen die voor Schout en SS. maar ook die buiten de Heerlijkh. geschieden, 4. of die beide regten gevordert kunnen worden van alle vaste goederen in Zwijndrecht, en particulier van 't goed in qe. Ad 3. te meenen den Verwerder in allen gevalle sijn regt te verre extendeert, al toonde hij dat hij was verleijd met 't regt van nakoop, en met een deugdelijke keur of gejustificeerde costume dat hij pondgeld konde vorderen. 'T regt van nakoop, so als 't bij den Verwerder werd gesustint., is een gefixeerde afkoop van 't regt van naasting. Dus kan die redemptie geen plaats hebben, als in gevallen waarin het regt van naasting self soude kunnen plaats hebben. Atqui 't eijgentlijke regt van naasting heeft plaats alleen in onderhandse niet in publijque verkopingen, Bijnk. Quast. Jur. priv. l. 3 c. 14, Sente. H. R. 12 Nov. 1744 tusschen de Vrouw van Brandwijk en Levinus Haak. De redemptie kan dan ook geen plaats hebben als in onderhandse verkopingen, te minder om dat 't regt van nakoop als een belasting is, strictissimae interpretationis, Grot. H. C. 2e., 3e. D. Cons. 201.
Opp.: De Verwerder in possessione longa om 't ook van publijque verkopingen te trekken.

R.: 1. Een notoire usurpatie en vervolgens exactie, so 't waar was. Dus in bedenken of ten minsten in so verre niet sou moeten in aanmerking komen Art. 39 van de Polit. Ord., dog dat in medio te konnen laten, want schoon 't regt van nakoop door een immemoriaale possessie in genere geverifieerd wierd, soude den Verwerder sig daar mede niet kunnen behelpen in publique verkopingen, of ten minsten soude hij die possessie in specie moeten verifieeren ten aansien van sodanige verkopingen heeft hij geen bewijs van desulke nakoop genoten te hebben voor dese eeuw, als alleen in 1669 en 1679, maar het bewijs daar van is niet alleen niet omni exceptione majus, (als sijnde slegts een privata scriptura van den Officient van den Heer) maar komt ook seer suspect voor, als men daar mede vergelijkt de quitantie en memorie van kosten, rakende de verkoping van 1679, waar in van 't regt van nakoop niet gemeld werd. 'T oudste bewijs, dat van meer kragt soude sijn, is van Oct. 1701, daar staat 't regt van nakoop, als betaalt aangetekent op de uitgegeve Francijne brief, maar dat levert geen immemoriaale possessie uit.
Q.: Of dan geen prescriptie is, waar door 't regt van nakoop soude sijn geprescribeert lapsu trientis saeculi.
R.: Dan soude 't niet alleen een ongeinterrumpeerde possessie moeten sijn maar ook een sodanige possessie en praescriptie, die ook tegen de Eissrs. in desen als possesseurs van de Zoudpannen in que. soude kunnen geallegeert werden. Die praescriptie tegen 't goed van de Eissrs. in desen niet te vinden 't contrarie blijkt. Dese perceelen sijn verkogt in 1697 sonder dat in de koopsconditien is gesproken so min van 't regt van nakoop als van pondgeld. In 1722 is eerst 't transport van de koop geschied, en den Heer heeft verklaart deswegens voldaan te sijn van 't regt van nakoop met f. 37:16 sijnde slegts een quadrupel van een som van over de f. 20000 (van pondgeld word niet gesproken) dat is geen effective betaling van 't regt van nakoop a 1 p. C. maar een transactie en kan geen acte possessoir genoemt worden, die een initium praescriptionis soude sijn.
Conclusie: Den Heer competeert geen regt van nakoop van alle publique verkopingen.
Aangaande 't pondgeld: Resolut dat 't selve niet kan werden gevordert, als de verkoping niet voor den geregte van de plaats geschied, als in cas subject, want werd gegeven voor de diensten van de Schout in de verkopingen gedaan. Anders geen termini habilis. Sente. H. R. Sept. 1732 tusschen H. van Goudswaard en Wed. Cuijkkoven.
Opp.: Den kan dat regt illusoris werden gemaakt.
R.: Daar is geen wet tegen de verkoping elders te doen Sente. H. R. Apr. 1723 tusschen Geregt van Voorburg en N. van Assendelft, Nov. 1741 tusschen den Hr. v. Baartwijk en Leendert Luben. De perceelen in qe. sijn ook in 1697 te Dordrecht geveijlt. In 't geheel geen possessie ter contrarie op dit point. Verwerder heeft geen een geval kunnen te borde brengen van een publ. verkoping buiten Zwijndrecht, waar in bedongen veel min betaalt is pondgeld. De verklaring van de Schout is maar van 1728 af, en geen neutraal bewijs. Van de Scheepenen is maar een, die zedert 1715 heeft gedient, en brengen geen van alle een eenig geval bij.
Conclusie: Verwerder geen regt om pondgeld van publique verkopingen buiten de Heerlijkheid te vorderen.

Ad 1. Nopende 't regt van nakoop in genere beschouwt. Dat geen generaal Hollands regt, selfs niet over al bkent, maar alleen in sekere quarteeren, ook geen regt van den Heer van Zwijndrecht in 't particulier is daar mede niet verleijd. Blijkt ook niet dat den Heer van Zwijndrecht 't selve door een andere concessie van den Souverain heeft gekregen. 'T soude den moeten wesen een regt van de Zuid-Hollandse Heeren, en in 't bijsonder van de Ambagtsheeren in de Swijndrechtse Waard. Dat niet te hebben kunnen vinden. Oudenhoven spreekt sig self op verscheide plaatsen tegen, als hij meld van regt van nakoop. Resol. Holl. 18 Feb. 1595 toont wel aan dat de Rentmr. van Zuid-Holl. wegens de Graaflijkheid dat regt heeft geoeffent, maar daar uit volgt niet, dat per se ook competeert aan de Ambagtsheeren, schoon daar mede niet verleijd sijn. Daar is ook selfs omtrent Genieten van onderhandse verkopingen geen bewijs van een vreedige immemoriaale possessie veel min tegens een perceel. Remarquabel dat in considerabile verkopingen, als van Zoutpannen, aan den Heer self betaalt soude sijn in 1682, 1685, 1697 en daar na, als wanneer de Hr. de qe. daar over met de kopers onder de hand schijnt te hebben afgemaakt. 'T pondgeld een generaalder gebruik, ook in particuliere gevallen en quartieren gejustifict., is evenwel geen in 't generaal gejustificeert Regt. In Nov. 1600 hebben de Staten van de Rekenkamer nog informatie gevordert, wat pondgeld de Schouten trekken, en uit wat hoofde. De possessie mede niet gaaf hier omtrent in Zwijndrecht en nahirige heerlijkheden. Heeft verscheide malen gefluctueert ook ten aansien van het quantum. An. 1679 blijkt 't pondgeld geeischt te sijn, maar dat 't niet betaalt is, en dat egter de opdragt geschied is, onder reserve quasi van 't regt van pondgeld. Geen bewijs dat eeijt is gepoursuiveert, dus die weijgering geacquisct. door den Hr. soude ook swarigheid maken omtrent de nakoop in onderhandse verkopingen, en pondgeld van goederen in de Heerlijkt. verkogt.
Den Eijsch te ontseggen. Evenwel ook swarigheid om die te adjudiceeren, daar souden mogelijk nader bewijsen kunnen geproduct. worden aan de sijde van den Hr. Hier komt bij dat de Heerlijkh. Zwijndrecht al in 1632 in verponding is aangeslagen met regt van nakoop, en dat pondgeld een oortie van 't pond bij verkopingen van Weeskinderen goed als andersints in Zuid-Holl. van ouds is geuseert geweest, volgens een soo genaamt Hantbetern bij Oudenh. p. 549.
Conclusie: De Verwerder verklaren niet geregtigt te sijn om nakoop te genieten van publique verkopingen, nog pondgeld van sodanige publ. verkopingen, die buiten Zwijndrecht geschieden, en dienvolgens den Verwerder condemneeren tot restitutie van 't geen in desen ter sake van nakoop en pondgeld is betaalt c. int., en voor so veel wijders tusschen partijen werd gecontrovertt. of en tot wat som aan de Verwerder 't regt van nakoop competeert van onderhandse en pondgeld van publ. verkopingen in Zwijndrecht ten overstaan van Schout en Geregte, dien aangaande doen compareeren ten fine van accord. etc.
Hr. Pauw
De sustenue, so als se bij den Eisch is geintroduct., gaat veel verder, dan het geval, 't welk tot dit proces aanleiding heeft gegeven. Het goed in qe. is publijcq en buiten de Heerlijkh. verkogt vervolgens zoude het in hypothesi aan de Eissrs.genoeg sijn, om te kunnen repeteeren, 't geen sij uitgeschoten hebben, dat gedefinieert wierd, of aan den Heer en zijn Officianten in diergelijk geval nakoopen pondgeld competeerden. Indien men verder gaat, en definieert of 't een en 't ander in eenig geval competeert, doet men

regt in thesi. 'T geen men niet gewoon is, dus te meenen, dat voldoende is, dat hier bepaalt word, of den Hr. en sijn Officianten in 't voorlanden zijnde geval nakoop en pondgeld competeert. De Verwerder moet hier zekerlijk bewijsen, te meer wijl hij hier assereert een regt, 't welk tegen de gemeene gronden van de regten, die hij sustineert, aanloopt. Nakoop op te vatten als bij 't 1e. advis dat de woorden naasting en nakoop originelijk van deselfde betekenis zijn, blijkt uit confrontatie van verscheide costumen, daar se met den anderen verwisseld werden. Nakoop nu na de hedendaagse opvatting zijnde een redemptie penn. van 't regt van naasting, kan geen plaats hebben, daar naasting zelf geen plaats heeft. Nu heeft naasting geen plaats in publ. verkopingen. Dus ook niet nakoop. Volgens de natuur der zaake dan kan hier nakoop geen plaats hebben. Niettemin zoude het possessione kunnen worden geacquirt., dog daar toe zoude nodig zijn een longova possessie, om dat de natuur van de zaak obsteert. Ook te gelooven, dat indien een diergelijk regt door de possessie van $\frac{1}{3}$ van een Eeuw konde gepraescribt. worden, voldoende zoude zijn, dat gepossideert was contra quemcuncque, schoon 'er geen bewijs was van een specifique possessie tegen den geene, contra quem agitur. Men zoude anders nooit een regt per possessionem kunnen acquireeren. Sulks so begrepen: In materie van pondgeld 23 Nov. 1747 en in casu jurisdictionis 12 Maert 1745. Dog hoe seer sodanig regt selfs praescriptione trientis seculi contra quemcumque soude kunnen werden geacquirt., zo soude het egter niet baten indien die geene, tegens welke men 't selve van emploij wilde maken, sig te vorens daar tegen had geopposeert, en daar aan was geobtempert., want dat zoude ten zijnen opsigte geen possessie sijn. Hoe is het nu gesteld met het perceel in qe. Uit de confrontatie van K. 9, 10 et 11 bij den Eissr. en H 5 en R 11, 12 van den Verwerder blijkt klaar, dat de Hr. van zijn regt van nakoop bij een vorige publ. verkoping van dit perceel, heeft geglisseert. Vervolgens hoe zeer in genere, die possessie bewesen mogt worden, kan de Hr. om voors. reden niet gesegt worden in de possessie te zijn omtrent dit perceel. Even eens is het gelegen met het pondgeld, 't welk selfs bij vorige verkoping van dit perceel niet betaalt is v. K 9, 10, 11.
Concle.: Zou den Verwerder verklaren niet geregtigt om van 't perceel in qe. te vorderen nakoop en pondgeld, en hem condemneeren tot restitutie, gereserveert hinc inde het verder gesustineerde.

Hr. V. Nispen
Wat nakoop is blijkt uit 't Handvest 14 Meij 1637 bij Oudenh. p. 307. De Graaf had 't jus retractus. Die de landen overgedaan hebbende, hebben de Ambagtsheeren dat ook verkregen. Dat cesseert wel in publ. verkoop, maar daar uit volgt niet, dat nakoop, 't geen een erkentenis is van des Heers regt, cesseert. Nu is de Verwerder verleijd met de Ambagtsh. en allen zijnen toebehoren, alleen uitgesondert Veer- en Dijkgeld. Dat regt ook geuseert in Zwijndrecht, en bij de staten erkent in den aanslag in de verponding. Pondgeld word betaalt voor 't consent 't geen de Schout als Graaflijkheids Officier geeft tot de overdragt. In dit district ook in gebruik, en dat genoeg. De Eissr. zoude sijn exemtie moeten tonen. Het quantum blijkt uit de usantie. Conclusio: Eisch ontseggen.

Hr. V. Santheuvel

De Verwerder moet hier bewijsen, wijl hij tegen de liberteit een onus assereert. Uit de natuur van de zaak is hij actor, en hij is alleen Verwerder geworden door beding bij Verbaal Nakoop geen gemeen regt in Holland, want dan sou 't aan alle Heerlijkheden moeten competeeren. In Zuid-Holl. is 't op verscheide plaatsen onbekent. Zo men 't al uit 't verleij wilde halen, zou 't alleen betrekkelijk sijn tot landen, en niet tot gebouwen. Hier egter een nakoop bekent, als blijkt uit den aanslag in de Verpond. in 1632. 't eerest blijk van usus is wel van 1667 maar al was het tusschen 1632 en 1667 niet geuseert, zou daarom dat gejustificeert regt niet verloren sijn. Men verliest jura incorporalia zo niet solo non usu, ten zij 'er een resistentie ab altera parte bijkomt. Uit K 6 en 7 bij de Eissrs. self blijkt, dat in 1680 van Zoutpannen nakoop betaalt is. Bij de Verkoping van deze Zoutpannen is in 1697 ook nakoop betaalt. De 1 p. c. schijnt nader gefixeert te sijn in 't begin van deese eeuw. Zou dus swarigheid maken, 't regt van nakoop aan den Verwerder af te wijsen. Pondgeld geen algemeen regt, dog kan door possessie geacquirt. worden. Uit K 5 bij de Eissrs. blijkt, dat 't hier en corruptele is. In 1679 heeft men sig geopposeert, en 't transport is egter gevolgt. Daar door is de vorige possessie geinterrupt., men heeft gevarieert in 't quantum, en begonnen met kleine perceelen. Van precieuse panden, in specie van zoutpannen is 't nooijt gevordert als in 1735 van 't perceel in qe. ook bij vorige verkopingen geen pondgeld betaalt. Conclusie nakoop ontseggen, pondgeld adjudiceeren.

Hr. Dierkens

De Verwerder heeft een genoegsame titul in sijn verleij, die seer generaal is. De aanslag in de verponding ook een titul omtrent de nakoop. Hier ook de costume locaal, en een actuum frequentia. Bij Handvt. 1409 word Ridderkerk vrijgesteld van naasting. Volgt daar niet uit, dat daar die exemptie niet is, dat regt generaal aan Ambagtsheeren competeert? Nakoop is een erkentenis van 't dominium, en komt so wel te pas in publijque als onderhandse verkopingen. 'T pondgeld bedenkelijker is onredelijk omtrent verkopingen buiten de Heerlijkheid, omtrent andere redelijk, en daar van zijn hier verscheide exempelen. Conclusie: Nakoop ontseggen, adjudicieeren nopens 't pondgeld omdat buiten de Heerlijkheid is verkogt en 't verdere ontseggen.

Hr. Boreel de Mauregnault

Nakoop wat anders als naasting, 't laaste raakt consanguinei, het eerste is een regt van den Heer. Nu heeft den Heer voor sig een seer ampel verleij, en den aanslag in de verponding is ook geuseert en betaalt in 1697 van 't perceel in qe. Pondgeld in verkopingen buiten de jurisdictie onredelijk. Idem.

Hr. V. Hees

De Verwerder moet bewijsen het onus contra naturalem libertatem. De Verwerder wil wel dat het gansche werk van nakoop en pondgeld gedecideert word. Dus men in alles moet treden. Nakop is volgens Kiliaan retractus. Nakoop schijnt te sijn een penn., waar door 't goed van den Heer moest worden gelost, dus 't niet geschikt kan werden na de regels van naasting. Zo 't hetselfde was als naasting, quo titulo sou 't dan aangeslagen worden in de verponding? Want wat emolument steekt 'er in, goed voor deselfde pris als een ander te kunnen kopen? Dan komt de distinctie tusschen publ. en onderhandse verkoop. niet te pas. Dat regt nu bewijst de Verwerder klaar door de verkl. van S.S., die geen interest hebben, maar in tegendeel nadeel, wijl sij als ingeseetenen sig aan die last subjecteeren. Hier ook meenigvuldige exempelen. In 1632 ook aangeslagen. Al is 'er somtijde wat minder gegeven, zal dat 't regt benemen? Dus de nakoop in deese Heerlijkheid gevestigt. Pondgeld ook genoten sedert 1670. Conclusie: Eisch ontseggen.

Hr. Buijs

So klaar niet, dat de Verwerder bewijsen moet, daar hij in de possessie is, en de Eissr. eijgentlijk institueert een condictio indebiti. Dog niet nodig dat te definieeren. Nakoop geen gemeen regt, dog van ouds bekent v. Handv. v. Riederw. 1403 Resol. Holl. 5 Jul. 1581 verklaart dat 't placc. van de nakoopen in Holland weer sal worden gerenovt., waar door ten dien opsigte de polit. Ord. is te niet gedaan. Resol G. R. 18 Febr. 1595 ontslaat de Rentmr. van Zuid-Holl. en Noord-H. van de verantwoording van den nakoop der verkogte landen. Zwijndrecht daar mede aangeslagen in 1632 in tegendeel gevoijeert omtrent Ridderkerk. De Verwerder heeft 't ook van publ. verkoop. Nakoop iets anders dan naasting. 'T laaste competeert aan propingui et vicini. 't eerste competeerde aan de Graaf en is getransportt. op de Ambagtsheeren, en sproot uit een subjectie der landen, en wierd betaalt als een erkentenis. De Souverain begrijpt selfs, dat dat regt ook competeert van publ. verkoop. v. Resol. 1595, welke spreekt van publ. verkoop. v. Koopscondn., waarop in 1730 bij de Staten is verkogt de Heerlijkheid van Stolwijk, ubi ceditur 't regt van nakoop van alle verkogte etc. goederen, zijnde den 40 penn. subject. Hier ook een langdurige possessie. Pondgeld en gemeender regt ook aan de Schouten van Kennemerl., Amstell. en Hoog Rhijnl. toegelegt bij Resol. van 18 Feb. 1595 van Gec. RR., en die landen schijnen elders verkogt te sijn dan in de jurisde. Bort, V. Amb. 40 n. 22 considereert 't ook als Ambagtsgevolg. Hier ook een lange possessie. Conclusie: Eisch ontseggen.

Hr. Praeses

Nakoop distinct van naasting v. Pol. Ord. Art. 39 ubi distincte enumerantur. Nasting is een regt van nadering, nakoop om een seeker tantieme van 't verkogte te vorderen. Naasting competeert aan de affinis, om de goederen in de familie te houden, en te verbeteren. Nakoop competeert aan desulke niet, maar aan den Grondheer. De Graaf gaf zijn land onder die conditie uit v. Handtv. voor Ridderw. 1403 en daar uit het regt van nakoop. Van naasting sijn geen placcaten bekent, maar wel van nakoop. Het eerste kan niet beswaart worden, 't laaste wel. Degelijk, diepondgeld heeft, heeft het waar ook 't goed verkogt wierd. Dat hebben de Staten so begrepen. Resol. 1595, 96, 97, 98, 99. Zo men 't een en 't ander so niet opvat, sou het van een ieder dependeeren, om den Heer en zijn Schout van hun regt te ontsetten. De Polit. Ord. Art. 39 is in dese respect bij de Staten selfs niet geobservt., maar door posterieure Resoln. ut s. den bodem. ingeslagen Resol. Holl. 5 Jul. 1581. Geen wonder dan dat de Groot sig niet beroept op de Polit. Ord. Nakoop en Pondgeld ook gejustifict. in 1632 door den aanslag in de verponding. Hier ook titul in 't verleij en in de voors. aanslag in 1632. De actens possessoir hier niet verder nodig, dan om te fixeeren het quantum. Idem.

Conclusie

Den Verwerder verklaart niet geregtigt pondgeld te genieten wegens publ. verkoopn. buiten de Heerlijkh. en gecondt. te restitueeren het uit dien hoofde onfangene van de

Eissrs. met de gevorderde interessen en de verdere Eisch ontsegt, met compense. van kosten.

1759

Den 20 Decemb. 1759
Rapp. f. 100:-:-

David Moses Levij, wonende te Amstm. Impetrant van appel
ca.
Jan Hanhof mede wonende aldaar, ab procure. hebbende van Maria Jeane Nodille Wede. van Jean Guard, in leeven Koopman te Parijs, als Moeder en Voogdesse over de minderj. kinderen en erfgen. van haar gem. Man Gedaagde

Hr. Buijs Rapporteur
V. narratio facti in 't register der geextendeerde Sententien.
In qe. (1) de origineele Eisch in Conve. (2) in Reconve. Ad (1) tendeert tot te rugneming der Vaten Parlemeoer, of tot restitutie van het kort uit hoofde der laesie ultra dimidium, item tot voldoening van f. 110:6. Men fundeert dus den Eisch tot restitutie op een laesie ultra dimidium op die geleverde schilpen, en daar op slaande remedium l. 2 C. de resc. vend. Dog dat remedie kan de Gedaagde niet te staan komen. Te concedeeren, dat 't ook plaats kan hebben in permutatione, maar dan moet men het niet willen appliceeren op eenige speciale goederen, waarover de nuling gaat, maar op de gansche vernuling. Daar omtrent zou de laesie moeten werden getoont, en dus tot rescissie der gansche nuling an den gecontendt., Gr. Inl. 3. 52. Nu sustineert de Gedaagde geen laesie op de gansche nuling, maar op eene specie, welke geen laesie over de helft op 't geheel, maar alleen op sijn best een laesie van $\frac{1}{9}$ sou uit maken. Daar komt bij, dat Guiard, schoon hij lang na de leverantie te Amstm. is geweest, niet voorgewend heeft minder in qualiteit of quantiteit te hebben ontfangen. So Guiard minder gewigt had ontfangen, zou hij tot het kort een actie hebben, dog de Gedaagde bewijst niet, dat de schilpen bij ponden zijn verkogt, en dat hij minder zou hebben ontfangen. Zou dus op dit point den origin. Eisch ontseggen. Nopens het lid tot betaling van f. 1106 spruitende uit de conventie om $\frac{1}{3}$ in contant te betalen die berekening geschied in suppositie, dat Guiart de verkogte quantiteit galonnen en bloemen heeft gelevert, dog dat word gecontestt. bij d' Impetrant. Dus dit lid dependeert van de gefundeertheid van den Eisch in reconve. Ad (2) word gefundt. daarop, dat Guiart alleen sou gelevert hebben 1024 oncen in plaats van 1186 dependeert voorts daar van, of geconvenieert is, dat sou leveren 600 dosijn bloemen, en dat maar gelevert sijn 470 dosijnen. D' Impetrant beroept sig daar toe op een verkl. van 2 consonante Getn. Es sijnde de Joden, die door Guiart als Makelaars sijn gebruikt, en dus te meer geloof meriteere. Die 2 pointen worden compleet door de Getn. beweesen, en daar tegen kan niet opwegen het notitieboekje van Guiart self. Obj.: De galonnen gewogen met ijser gewigt, en galonnen worden vernegotieert met Brabants gewigt. R.: Quid inde? Dan sou men moeten tonen, dat de differentie tusschen die gewigten sou uitmaken 't verschil tusschen 1024 en 1186 oncen. Dog die calculatie maakt men selfs niet op, en is ook niet te maken. De Keuren van Amstm. seggen ook, dat possementen moeten gewogen

worden met Trooijs gewigt, 't geen maar $\frac{1}{256}$ ligter is dan 't Amsterdamsch. Hier komt bij een pretensie van 2 p. co. korting, dog die ongefundt., om dat geconditioneert is prompte betaling van $\frac{1}{3}$. Concle.: Bij te niet doening van Vonnis en Sententie, Eisch in Convie. ontseggen, in Reconve. adjudiceeren, na aftrek van f. 66 uit hoofde van de voors. 2 p. co.

Hr. Mollerus
Ad Eisch in Convie.: Naast te inclineeren tot niet beswaart omtrent het 1e. point. In medio te laten, of de schilpen sijn verruilt in sodanige quantiteit als gesustint. word. Het is in confesso, dat si bij de ruiling sijn geestimeert op ruim f. 3000. Qe.: Of getoont word ten dien opsigt een laesie ultra dimidium? Te meenen ja. Daar toe een formeele acte van spectie, en ingenomen advis van luiden des kundig, en toen getaxeert op f. 648. Dus een laesie ver boven de helft. Aan de identiteit der vaten niet te twijffelen. In 't proces geen de minste blijk van 't contrarie. Vast te stellen, dat se sijn gekomen in 't huis van Romberg. Ze daar te verruijlen heeft niet kunnen geschieden sonder kennis van die luijden. Dat 't egter geschied zou zijn, sou men ten minsten op een presumtive wijse probabel moeten maken. D' Impetrant heeft occasie gehad om bij 't doen der inspectie de identiteit te contradiceeren. Daar bij niet gekomen sijnde, heeft hij de identiteit nagegeven. Van die allegatie ook geen gebruik gemaakt bij 't geding. Qe.: Verder, of de quantiteit niet is vermindert, of de qualiteit verandert? Niet geschied bij de opening op 1 Aug., want 2 geten., die present sijn geweest, verklaren zulks. Geen schijn van bewijs, dat daar na door Guiart zouden geopent sijn, of verandering gemaakt in de qult. Qe.: Of 't remedium l. 2 C. de resc. vend. hier te pas kan komen, om dat niet gaat over de gansche ruiling. Dog de verscheide goederen sijn separatlijk geestimeert, en soo ook de 9 vaten, en dan so veel partijties als 'er sijn, en soo veel sommen als 'er sijn, soo veel handelingen en ruilingen sijn 'er al kan de Gedaagde sig op de l. 2 C. niet fundeeren, is egter seeker, dat hij enorm gelaedeert is, en dus schadeloos moet gestelt werden, en dan souden in consideratie kunnen komen de actio redhibitoria en quanti minoris, en de vorige gewijsdens kan men wettigen op grond van de actio quanti minoris. Ad Eisch in Reconvie: Idem met Hr. Rapporteur. Conclusie: Gewijsdens te niet doen, voor so ver de Reconvie. is ontsegt, en 't 2e. lid van de Convie. geadjudict. is.

Hr. Pauw
In medio te laten, of 't remedium l. 2 C. de rescind. vend. hier wel geappliceert is. Niet te durven seggen, dat men hier so veele ruilingen moet stellen, als 'er differente specien van goederen sijn geweest, want schoon die specien wel apart van weerskanten sijn getaxeert, zijn se egter niet bij verscheide partijen tegen elkander verruilt, maar van beide zijden de estimatie der differente goederen zijnde opgemaakt, zijn deselve bij eene handeling tegen den anderen geruilt. De vaststellende, dat 'er genoegsaam blijkt van een verregaande laesie omtrent de schilpen, is het seker dat de Gedaagde regt heeft om te contendeeren tot schadeloosstelling. En schoon hij dan een verkeert middel mogt gebruikt hebben, moet hij daarom niet gerepelleert werden. Idem.

Hr. Van Nispen
Niet klaar genoeg, dat deselfde schilpen sijn getaxeert, die door den Impetrant gelevert sijn. So dat waar was, sou d' Impetrant een schurk sijn. Idem met Hr. Buijs. Nopens

den Eisch in Reconve: Te meenen, dat d' Impetrant te kort genoten heeft 109 oncen galon, dog meer dan hij voorgeeft, dus daar mede den Eisch te verminderen. Omtrent de bloemen: Idem.

Hr. Van Santheuvel
'T werk der schilpen seer duister. So lang Guiart in 't land is geweest, heeft hij sig over de schilpen niet beklaagt. Se sijn 6 weeken buiten 't bereik van d' Impetrant geweest. Dus geen grond genoeg om d' Impetrant in 't ongelijk te stellen. Sou ordonneeren op dat point te compareeren tot schikking, of om meer ligt te krijgen. Omtrent de galonnen Idem met Hr. V. Nispen.

Hr. Dierkens
Soo hier laesie was sou Guiart moeten relief versogt hebben tegen de gansche handeling. Hij is selfs in culpa geweest, met niet eer voor den dag te komen. Dus de Eisch in Convte. ongefundt. Idem met Hr. Buijs.

Hr. Boreel de Mauregnault
Idem.

Hr. Heufft
Idem.

Hr. V. Hees
Hier een ruiling van diverse goederen, die elk op een seekere prijs geestimeert sijn. Dus soo veel separate handelingen, als er partijen goed sijn. Sulks de laesie omtrent elke partij in consideratie kan komen. D' Impetrant als hij de identiteit der schilpen contesteert, moet sulks bewijsen, of hij taxeert den ander en veele anderen van dolus. Omtrent de Convie.: Idem met Hr. Mollerus. Omtrent de Reconve.: Idem met Hr. V. Nispen.

Hr. Praeses
In medio te laten wie in dolo of culpa zijn. Men had moeten ageeren actione non adimpleti contractus. Ex d. l. 2 C. kan niet geageert worden, 't en sij de laesie over 't geheel ging. Dog sal men den Gedaagde daarom in 't geheel in 't ongelijk stellen? Neen. Men sou hem moeten openlaten een actie. Idem met Hr. Buijs mits reserveerende den Gedaagde sijn actie tot suppletie der geleverde schilpen.

1766

Den 18 Decemb. 1766
Rapp. f. 70

Pieter van Lelijveld wonende te Leyden Impetrant van rel. d' appel
Ca.
Everhardus Righeut Gedaagde

Hr. Hoeufft Rapporteur
V. narr. facte in 't register der geextende. sentien.
Qe. Of Impetrant is beswaart, dan niet? Sij heeft geinstt. de actio fenium regund., competeerende aan haaren tot distinctien hunner limiten dog de Gedaagde contestt.

des Impts. eijgendom en segt dat hem alleen compett. een servitut op 't gedeelte van den uiterdijk in qe. dog uit de transporten er is klaar, dat d' Impetrant is geworden eijgenaar van 't gedeelte uiterdijk tegelijk met het binneland. 'T is wel niet uitdrukkelijk verkogt en getransportt., maar de transporten leggen in bewoordingen, die 't selve effect hebben ex gr. daar word een doorvaart gegeven door de koot atqui daar kan men niet komen, sonder op dat gedeelte uiterdijk te komen. Dat streekje uiterdijk word gedesignt. door de leweerding van op en afscheeping, om dat het daar toe alleen dienen kan. Quidqd. sit de Gedaagde kan geen regt op dat stukje pretendeeren en hij sou dan allegeren 't jus tertie, so hij seijde, dat niet d' Impetrant maar een ander daar van eijgenaar was. D' Impetrant heeft sekerlijk de possie. van 't gansche gedeelte van den uiterdijk na de. der sentie. in cas possessr. van H. R., en voor al na S. van het decl. van de teransportanten, waar bij sij afstand hebben gedaan van dat gedeelte aan den Impetrant Hij besit dan dit land, en dus is hij vicinus van den Gedaagde ook niet speculatief of de finis hier moeten gefixeert worden. De sloot heeft te voren daar toe gedient en toegedamt. Conclusie: Te niet doen gewijsdens, en op nieuw regt doende (om dat d' Impetrant na 't 1e. vonnis heeft geobtint. voors. declar.) den eisch adjudicieeren, en loci in cas van discrepari toe op de voldoening ordonneeren te compareeren.

Hr. Pauw
Als men den eisch considert. als een actie finium regund. sou men seggen, dat de gedeeltelijken eijgendom van den Impetrant aan 't stuk land, waar van hij de limiten wil gefixeert hebben, in contistabel en selfs in confesso is, dog niets minder dan dat. Egter, so de eisch sal aangaan, moet die eigendom vast staan. Daar van moet constieren uit de opdragten, dog daar uit is 't manifest, dat aan den Impetrant geen eijgendom, maar alleen een regt, een servitut is opgedragen, want 't land, 't welk verkogt en getransportt. is, word gesegt te hebben een opscheeping, legging en afscheeping op den grond. Dat was niet nodig uit te drukken. So die grond selfs het land volgde die klare grund nu heeft d' Impetrant soeken te eludeeren. Met de executrs. van 't testt. van B. Vergunst op te roepen voor 't Hof die luijden sig over een saak van soo weijnig belang met een proces overvallen aende hebben lever gewilt te declareeren, dat deese grond onder de koop van 't land begrepen was, dan verder te procedeeren. Dit blijkt klaar uit hun declar., wijl se sulks bij de voorafgaande middelen seggen, dat sij geen intentie gehad hebben dat gedeelte uiterdijk in qe. aan den Impetrant te verkopen. Dat declar. kan de waarheid der saak dan niet veranderen, en men moet altoos sijn recours weder neemen tot het transport, om te sien wat verkogt is. Sodanig declar. kan wel prejudicieeren aan die geenen, die het doen, maar niet aan anderen, Voet ad tit. de acq. rer. dom. n. ult. Conclusie: Niet beswaert.

Hr. V. Nispen
De eijgendom van dit gedeelte legt opgesloten in de transporten. De grond, sonder welke de op en afschaeping niet kan geschieden, is een gevolg van die op en afscheeping, en die grond niet bepaalt, hoe groot se mog sijn, dat eenigsints duijster sijnde gevraagt de auctores van d' Impetrant, en door die een declar. gedaan, 't geen hem eijgenaar erkent uit de transporten. Conclusie: Gewijsdens te niet doen en eisch adjudiceeren.

Hr. V. Sandheuvel
Na het declar. den Impetrant voor eijgenaar te houden. Idem.

Hr. Dierkens
Bij de transporten dit gedeelte uiterdijk niet getransportt. 't declar. der executrs. contradictoir, en maar gedaan om in geen proces ingewikkelt te worden. Idem met Hr. Pauw.

Hr. Boreel de Mauregnault
Uit 't declar blijkt van 's Impts. eijgendom. Idem met Hr. V. Nispen.

Hr. Graafland
D' Impetrant fundt. sijn actie op den eijgendom der 9 M., en sustint. op dat fundt. den eijgendom van 't gedeelte uiterdijk dat laaste maakt geen gedeelte uit der 9 M, en is iets bijsonders dat blijkt daar uit dat d' Impetrant in 't proces over de naasting segt dat gedeelte niet genaast is. Uit de opdragten blijkt sulks uit want de 9 M. worden getransportt. als hebbende etc. en dat iets bijsonders de eisch kan dan, so als 't legt niet volgen. Voorts de transporten op te vatten als in 't 2e. advijs. *hebbende* de nott. daar een jus servitutis. Anders sou 't seggen, dat die 9 M. den eigendom van die grond van den uiterdijk hadden. Quod absurdum. 'T declar. van d' executrs. strijd met een vorig declar. van deselfde executrs., en selfs met de middelen van dit declar. self. 'T declar kan niet waar maken, dat niet waar is, en en[25] altoos te recurreeren tot 't transport. Idem met Hr. Pauw.

Hr. V. Hemert
De letter der transporten importt. meer een servitut dan eijgendom. So heeft d' Impetrant het ook begrepen in de posse. instie. dog egter waarschijnlijk, dat de ijgendom van 't quaestieuse gedeelte mede begrepen is geweest in de verkoop. 'T was een bagatel, waar aan de boedel van vergunst niets had. 'T declar. ook op te neemen als een elucidatie van 't transport. Dog dit liefst niet te urgeeren, en selfs te seponeeren. Partijen te considereeren als confines. D' Impetrant ook een bonae fidei poss. Hij gemaintent. in de possie. de Gedaagde heeft geen meer regt dan tot op de 60 voeten. D' Impetrant moet weeten, hoe ver hij sijn regt van op en afscheeping mag gebruijken. Hoe sal 'er anders een scheijding komen. D' Impetrant is de naaste om die te procureeren. Idem met Hr. V. Nispen.

Hr. Praeses
Naast met Hr. Pauw. Dog liever nog tenteeren een schikking tusschen partijen.

Den 18 Decemb. 1766
Hr. V. Hees abst.
Rapp. f. 80:-:-

Catherina de Wilde, Wede. Abr. Josua Braconier, als Ambagtsvrouwe van Alphen
Impte. van rel. d' appel
ca.
Pieter van Lelijveld Gedaagde

25 Sic.

Hr. V. Sandheuvel Rapporteur
V. narr. facti in 't register der geextende. sentien.
Qe.: Of de naasting gefundt. is? En de vraag of de ambagtsvrouw die heeft mogen doen? Sij segt uit meer dan eenen hoofde daartoe geregtigt te sijn. Men fundt. sig op 't transport bij w. decreet, sijnde bij de conditien gestipult., dat de heerligkh. had regt van naasting, en dat niemant daartegen in oppositie is gekomen, en dat bij 't decreet is geimpont. een eeuwig silentium. Sig fundt. sig mede op prescriptie, en op de Keur van Rhijnl. dog 't raisonnement uit 't decreet gaat niet aan, want op 't decreet komt niets in consideratie, dan of iemand regt heeft op 't goed, en om vrij te sijn van evictie. Voet De acq. rer. dom. n. 40 wie sou hier op gekomen sijn, so 'er geen presen interesse was. Bijnk. Qu. J. Priv. c. 13 kent dat regt aan de tegenwoordige ambagtsheeren niet toe, en so ook andere schrijvers. Neost. Dec. H.R. 49 segt egter dat verscheijde ambagtsheeren dat hebben, soo ook Grotius, maar sij seggen niet uit wat hoofde. Verleijbrief is 'er in 't proces niet, als op d' Impte. in 1745, waarin van geen naasting word gemeld. Sij segt verleijt te sijn met 't regt, 't geen Boshuijsen had, die de heerl. besat in 1580, en die, segt men, dat regt geoeffent heeft, 't welk geconfirmt. is bij sente. van 't Hof in 1587, dog die sentie. niet geproduct., en niet te vinden, waar die is. Sed sit ita, daar is de naasting niet geschied door den Heer, maar door den schout, en soo is het ook in de exempelen bij d' Impte. geproduct. sub K. 3, 4. Dus kan dat d' Impte. als ambagtsvr. niet te stade komen. Obj. de schout doet het nomine domini. R.: Als men prescriptie allegeert, moet men stricte bewijsen, Bort v. Amb. 4 n. 16 kwalijk geallegt. De schout representt. den Heer in judicialib. De Heer stelt pro lubitie den schout wel aan, maar aangesteld sijnde joaisseert hij van de regten aan denselven competerende, nu segt de Costume van Rijnl., dat de schout de naasting heeft, sonder van den heer te melden, dus 't iets personeel is, gelijk dat ook blijkt uit 't geen gesworen moet worden, dat men naast voor sig selven, en sijn eijgen geld. So dat 35 Art. met grond kon geallegt. worden voor d' Impte. sou daar uit volgen, dat alle ambagtsheeren in Rijnl. regt van naasting hebben, 't geen egter nog niemant heeft durven sustineeren. Conclusie: Niet beswaert.

Hr. Pauw
De decisie in de vorige saak levert een genoegsame grond uit om in deese te verklaren niet beswaart, want daar bij verstaan sijnde, dat de Gedaagde door de koop der 9 M. te gelijk eijgenaar is geworden van 't gedeelte uiterdijk, en dat gedeelte door d' Impte. niet genaast sijnde, moet sij gerepellt. worden om dat sij de geheele koop niet genaast heeft, dog daar en boven hier grond genoeg om te verklaren niet beswaert. D' Impte. probeert sekerlijk geen titel. Langdurige possie. word ook niet beweesen. Men product. maar 2 exempelen, en die in materie van naasting, 't geen en odieus regt is, niet genoeg om een possie. aan te halen. Daar en boven probeeren deselve alleen ten voordeele van den schout en niet van den ambagtsheer. Idem.

Hr. V. Nispen
Idem.

Hr. Dierkens
Idem.

Hr. Boreel de Mauregnault
Idem.

Hr. Graafland
Veel meer bedenkelijkheit te vinden, en sou lever de sentie. van 't Hof te niet doen. Eisch adjudiceren.

Hr. V. Hemert
Idem met Hr. V. Santheuvel.

Hr. Praeses
De decisie in de vorige saak is een gave grond, en op deselve alleen Idem.

1767

Den 17. Septemb. 1767
Hr. Praeses en Graafland abst.
Rapp. fl. 80:-:-

Jan Coenraad Brand Koopman te Amstn. Impetrant van rel. d' apel
Contra
Sara Graver Wede. Abraham ter Berck, en Zoon Gedaagde

Hr. Hoeufft Rapporteur
D' Impetrant koopt op 16 Dec. 1760 van de Gedaagde 27 pakjes Cassia tot f. 24 't Cento, dog weijgert de leverante aan de Waag op de binnenschaal aan te nemen. Geds. doen daar op 13 Jan. 1761 den Impetrant insinueeren omme die selve aan de waag te komen ontfangen. D' Impetrant antwoord bereijd te sejn die te ontfangen, mits de leverantie geschiede op de buijtenschaal, waar op de Gedaagde de Cassia aan de Waag hebbende gesonden, en zig in actuiteit tot de leverantie gesteld, dog aldaar door een der Waagdragers van d' Impetrant sijnde gesegt van sijn Meester ordre te hebben, om op de buitenschaal te ontfangen, hebben de Geds. d' Impetrant geconvenueert voor Sch. van Amsten. *Eisch* dat sou worden gecondt. voors. Cassia als nog ter Waag van de Geds. op de binnenschaal te ontfangen en over te nemen en te betalen de kooppenn. c. interess. sedert de leverantje op 13 Jan. to 8 p. co. tot de voldoening, met vergoeding van kosten de door 's Impte. weijgering gehad en nog te hebben. Exp. *Eisch in Reconvie.*dat de Geds. souden werden gecondt. aan d' Impetrant ter waag op de buijtenschaal onder gewone korting te leveren gem. Cassia fistula, en te vergoeden de kosten etc. door weijgering ex niet leverantie des Gedt. veroorsaakt, en nog etc. c. exp. offereerende de kooppenn. bij de leverantie onder gewone korting van 4 p co. onder korting nogtans van de kosten, schade etc. *In Convie. proie.* bereijd te zijn voors. Cassia op de buitenschaal te ontfangen, en de kooppenn. met korting van 4 p. co. en van 't beloop der kosten etc. in reconvie. gevordert in promptis te voldoen, susteneerende etc. en bij refus en onder beneficie. *Antwd.* Contr. Conclusie *In Reconvie. Antwd.* Contr. Conclusie *Voldingen. Vonnis* 19. Nov. 1761 in Convie. adjudict. en in Reconvie. ontsegt den Eisch c. exp. *Appel* Hof Ords. *Voldingen. Sentie. Hof* 21 Feb. 1762 verklaart niet beswaart met compe. van kosten, en sonder condie. in de boete van 't fol appel. *Appel* H. R. Ord. *Voldingen.*

In qe. alleen, of de Cassia en qe. te leveren 13 Jan 1761 op binnen of buijtenschaal, daar van dependeeren de wedersijdse geeischte vergoedingen van kosten, als mede de deductie der p. centen in conf. dat hier geen particulier beding nopens de weging is tusschen beijde gekomen, item dat deswegens geen speciaale Keur is. Men findt. sig hinc inde op de Costume. Gedaagde fundeeren sig op declaratoiren, die strijdig schijnen, dog meer geloof te attribueeren aan die der Gedaagde wijl luijden tot de Waag horende ben. kunnen getuigen van een Costume tot de Waag horende v. l. 2 C. de ponderat. Nopens de interessen 8 p. co.: De leverantie te houden voor dadelijk de jure geschied te sijn, wijl de Gedaagde gereed was, soo hij geoordeeld word regt te hebben willen leveren op de binnenschaal, moet sulks voor een effective levering gehouden worden. Dus de Eisch te deen opsigte ook gefundt. op de Keur. Conclusie niet beswaart.

Hr. V. Nispen
De Makelaar de Cassia kopende heeft gekogt goed, dat na sijn intentie moest gelevert werden op de buitenschaal. Geen sufficient bewijs, dat Cassia fistula gelevert moet werden op de binnenschaal selfs is 'er een contrarie bewijs. Conclusie sou vorige gewijsdens te niet doen, en Eisch in Reconvie. adjudiceren dog sou liefst om de geringheid van 't interest Compie. tot schikking ordonneeren.

Hr. V. Sandheuvel
Uit de prode. van d' Impetrant selfs blijkt, dat de Costume voor de binneschaal is, want waarom anders bij Koopconditien bij d' Impetrant geproduct. gesegt, dat de levering sou geschieden op de buijtenschaal, dat was onnodig, soo sulks Costumier was. Nopens de 8 p. co. interessen de reden der Keur, dat geld en pand niet in eene hand moet sijn. Dat hier niet, dus de Keur buiten applicatie, en die strict op te vatten. Conclusie: Idem met Hr. Hoeufft, dog alleen te adjudiceeren interessen a 4 p. co.

Hr. Dierkens
Idem met Hr. Hoeufft.

Boreel de Mauregnault
Idem.

Hr. V. Hees
De Geds. hebben voor sig beedigd verklen. de geten. van d' Impetrant sprecken bij turbe en onbeedigt. D' Impetrant dus in mora sijnde, gehouden in interessen a 8 p. co. Idem.

Hr. V. Hemert
Idem.

Hr. Pauw
De verklen. lopen tegen elkander direct in, dus te kiesen aan welke de praeferentie te geeven. Nu hebben die van de Gedaagde dat prae, dat se gegeven zijn door luijden van de waag, en dus periti in arte, item dat se sijn beeedigt, ten minsten gegeven op den eed in den aanvang hunner bediening gedaan. Dus hun getuijgenis te praefereren. Nopens de interessen a 8 p. Co.: Die te considereren als poenale interessen, die alleen plaats kunnen hebben omtrent kopers, die op frivole praetexten in mora sijn de koopprijs te voldoen. Voor sodanige kunnen niet gehouden worden, die een probabile reden van

contradictie gehad hebben, dat nu d' Impetrant sodanige probabile reden gehad heeft blijkt uit het proces self, waar in hij gemunieert is met soo veele verklen. ten faveure van sijn sustenue. Dat indien men op 't getal van geten. wilde doorgaan, hij sou moeten triumpheeren. Conclusie: Mits de interessen niet hoger berekent worden, dan tegen 4 p. Co. Niet beswaert.

Postea
Omnes Idem met Hr. Pauw.

1768

Den 15 Maart 1768
Hr. V. Sandheuv. abst.
Rap. f. 80

Arij van Breda, meerderj. jongman, wonende te Swammerdam, als delibereerende erfgn. van sijn Grootmoeder Matern. Trijntie Heerwijk, in leven laast Wede. van H. van der Maan Impetrant v. rel. d' appel
Ca.
Arij van der Maan Gedaagde

Hr. Graafland Rapporteur
V. narr. facti in 't Register der geextende. Sentien.
De Eisch in Convie. fundt. men 1. op een dolus van den Gedaagde in de onderhandeling, en sluiten van de koop en opdragt etc. 2. op een laesie ultra dimidium. Ad 1. segt men dat de Gedaagde van 's Impts. Vader Kai hebben belooft, den alleen te Breu en Sluijswijk sou mogen venten, en dat hij de onkunde van denselven sou hebben waargenom om se hoger te verkopen. Dat ook belooft is, dat de kustingbrief niet sou opgesigt werden, so lang de interessen betaalt wierden. Dat hij geeffectueert heeft de tekening en approbatie van 't contract, sonder dat van 't een en ander daarin mentie werd gemaakt. Dat ook de acceptatie der opdragt door dreij gementen is verkregen, sonder dat aan beloften was voldaan, en dat de stipulatie nopens de kustingbrief is tegen 't beding. Dog van die positiven geen bewijs dan in een verkl. van 's Impts. Vader, en in een van den Impetrant selfs. Dog tegen de 1e. verkl. staat ontkentenis van den Gedaagde Hij getuigt ook in zijn zaak. Met hem was gehandelt, en hij getuigt ook tegen de inhoud van auttent. instrumenten. Het beding van allen te venten, en dat de bode dat niet in 't opstal sou hebben geinsert., niet waarschijnlijk. Waarom tijde der opdragt daar dan neits van geoppert? Van 't beding is aflossing apparent niet gesproken, en sal naar stijle geinsert. zijn in de kustingbrief. Waarom geen verkl. genomen van de bode, op wiens doen men sig ook hier beroept? Ad 2. daar toe geproduct. 3 verkln. van Groters te Bodegraven en Gouda, dat sij in Maij 1664 de grutterij waardig hebben bevonden, twee f. 4500 en onder de f. 5000, voorts dat deese grutterij in 1719 maar heeft gegolden f. 1400, en dat de Gedaagde se in 1728 van sijn Moeder heeft overgenomen voor f. 2500, en men product. bewijs, dat sedert daar aan wijnig verandering door den Gedaagde is gemaakt. De vraag of dat genoegsam bewijs is? Et sic videndum, quid laesio ultra dimidium. Nopens den koper daar omtrent

discrepeeren de DD. v. Voet ad tit de rescind. vend. n. 5. Te meenen, dat de laesio moet bestaan in een alterum tantum, want men moet niet facil sijn, om contracten uit hoofde van laesio te rescinderen. Ita Donell. ad l. 2 C. de resc. vend. et alii. D' Impetrant sou dan moeten bewijsen, dat de grutterije tijdens verkoop 27 Aug. 1762 niet was waardig geweest f. 5500 die gem. verkln. nu spreeken niet van die tijd, maar van 1764. Se calculeeren ook de waarde uit 't debit, 't geen d' Impetrant, tijde dat hij de grutterije nu exerceerde, daar van dus kan daaruit niet afgenomen werden de waarde tijde der verkoping. Het debit en meering kan bij hem vers. sijn. Die verkln. kunnen het dan niet aanhalen. Dog sou dit ten minsten 't onus probandi contrarium niet resteeren op den Verwerder. Donell. l. d. schijnt daar toe over te hellen, en dat laat sig horen, wanneer een bepaalde stuk goeds is verkogt. Dog dit kan niet aangaan in een materie als deese, daar in affect een meering en winning is verkogt, en daar 't huis 't principaal niet is het rigtsnoer der taxatie is ook alleen geweest het bet van d' Impetrant, en niet van 't geen die Gedaagde heeft gehad. Nu kan men niet wel bepalen, wat debit olk grutterij hebben kan. Dat is geen object van een taxatie, waar na toe sal men sig reguleeren? De meering van den koper kan selfs in consideratie komen, ook niet die van den verkoper, want kan afhangen van verscheijde omstandigheden. Dus so seer bedenkelijk, of men in deese materie gebruik kan maken van de l. 2 C. de resc. vend, en dat te meenen van omdat geen laesie kan gefixeert worden d. l. 8 C. eod. Nu te geloven, dat de Gedaagde duur heeft verkogt, dog dat, op grond nopens 't desaveu der qualt. van delibereerende erfgn. niet nodig te ondersoeken. Daar toe ligt 't gem. niet. De betaling der 2 reets ook geen questie l.20 de acq. haered. Conclusie niet beswaert.

Hr. Pauw
Idem. Dog om de bedenkelijkheden in de materie van de l. 2 C.de resc. vend. voorkomende sou de kosten voor den Rade Provl. gevallen compenseeren.

Hr. V. Nispen
Geen bewijs van dolus, ook niet van laesie ultra dimidium tijde der verkoop. Die sou egter wel te bewijsen sijn, maar dat bewijs sou moeten gehaalt werden ex domo adversari, en dat kan d' Impetrant sekerlijk niet krijgen, anders sou hem injungeeren sulks nader te bewijsen. Idem met Hr. Graafland.

Hr. Dierkens
Idem.

Hr. Boreel de Mauregnault
Idem met Hr. Pauw.

Hr. Hoefft
De qualt. van delibereerende erfgn. uit de sentie. te laten, en te substitueeren, sig qualificeerende etc. om geen laesie te geeven aan het desavele dier qualitt. So 'er bedrog is, heeft d' Impetrant sig self bedrogen. Nopens de laesie, hoe die te taxeeren? Daar de meering van omstandigheden afhangt. Idem met Hr. Graafland

Hr. V. Hees
Idem met Hr. Pauw.

Hr. V. Hemert
Idem, en nopens de qualt. Idem met Hr. Hoeufft.

Hr. Praeses
D' Impetrant contendt. tot relief van de koop en alle de gevolgen van dien. Dien Eisch wel ontsegt. De dolus word niet bewesen. Wat aangaat de gesustineerde laesie ultra dimidium. In medio te laten of de l. 2 C. de resc. vend. applicabel is op een grutterij of deergelijke meering. 'T is genoeg dat 't Impts. Grootmoeder en sijn Vader, die als haar gemagtigde de grutterij gekogt heeft, die koop iterativelijk geapprobt. hebben. Een minor geaedeert sijnde, kan major factus ratihabeerende geen relief vragen, hoe veel te meer verliest een majorennus ratihabeerende 't benef. van relief. De Vader heeft al aanstonds bedenking gemaakt over de extensie der koopconditien, maar die egter getekend, en de koop gesloten 27 Aug. 1762. In Sept. heeft de Wed. in presentie van de Vader en Zoon de koopsconditien mede getekend, en de koop geratihabeert. In Maij van het volgende jaar het transport ontfangen, f. 4000 betaalt, en voor de verdere koopprijs een kustingbrief gepasst. Ad Reconvie. tot aflossing van de kustingbrief, groot f. 7000 meer bedenken. De koopsconditien niet behoorlijk aangevuld, nog daar bij uitgedrukt, wanneer de kustingbrief sou worden afgelost. 'T geen dan nog na aequiteit behoort te werden gearbitreert. Obj.: De kustingbrief segt, dat die ten allen tijde mag werden opgesegt. R. die claus. so op te vatten, dat eerst kan werken, na dat de kustingbrief een convenable tijd sou hebben gelopen, want de conditie, dat f. 7000 op 't verkogte sou blijven staan. Ondersteld een sekere tijd, binnen welke die niet sou worden opgesegt, anders sou 'er geen kustingbrief gemaakt zijn, en dan kan Gedaagde die f. 7000 het eerste jaar opeisschen, ja selfs immediaat na passeeren van transport en kustingbrief opseggen. Dan was het even of 't geheel contant moest betaalt werden, maar dat kan met het beding en intentie der contrahenten niet bestaan. Conclusie 't point van reconvie. in advijs houden, ten dien opsigte ordonneeren te compareeren ten fine de aflossinge te reguleeren bij accord, en bij ontstentenis van dien nader te bepalen arbitrio judicis. In Convie. niet beswaert ut Hr. Pauw.
Conclusie: Niet beswaert mits de kosten voor den Rade Provl. werden gecompenseert.

1773

...[26]
Hr. Graafl. abst.
Rapp. f. 70:-:-

...[27] Dorpe van Almkerk Impetrant in cas d' appel
Ca.
Jan Hendrikse van Suiverkerk, wonende onder Emmickhoven, Gedaagde

Voor den Raad bepleijt
Hr. V. Hemert Rapporteur
Op 3 Maij 1768 transportt. Mr. Belaarts aan den Gedaagde een derde partij der

26 Den 15e. Decbr. 1773 [nicht lesbar].
27 Nicht lesbar.

Ettingen van de Kade van den Prik en Schamswaert af Karremelkspolder met de buijtengeronden aan de Bleekkil, beginnende van 't oostelijke Hein van den Uijtweg bij de uitwateren de sluijs of van 't sluijsgat van gem. Karremelkspolder en strekkende Oost- en Noordwaart op so ver hem toebehoort, gelegen onder Almkerk. Op 28 Maij 1768 compart. in absentie van den schout voor 3 Sch. van Almkerk de Impetrant, ten kennen gevende, dat tot sijn kennis was gekomen 't voors. transport, en dat als hij is de naast gelande van voorn. kade, land en buitengersen, met desselfs dijkhaveling, leggende ten Oosten van 't voors. getransporte., en nog met een stuck land en de voors. Polder Prik en Schanswaert, zijnde de eerste partij leggende ten Noorden, hij dienvolgens geregtigt is tot de naasting van 't selve verklarende hij voorn. Ettingen met de buitengronden aan de Bleekkil te naasten, doende ten blijke der dadelijke naasting op 't voors. getransporte. gras- en aardroering, aannemende na te doen en te beloven al 't geen de koper voor gedaan heeft, en om met eede te verklaren, dat de naasting gedaan word met sijn eijgen geld, en ten eigen behoeve, en voor neemant anders, sonder arg of list, mitsgs. om te prosteeren en na te komen 't geen hij na regten en costumen eenigsints in cas van naasting gehouden is. Op 12 Aug. 1768 citeert de Impetrant den Gedaagde voor S.S. van Almkerk tegen 16de. *Eisch* om verklaart te worden geregtigt tot de naasting van voors. derde partij der Ettingen van de kade, en dat dus de Gedaagde sal worden gecondt. de koop derselve met de buitengronden, so dat behoort, in te brengen, mitsgrs. sijn kanden van 't selve af te trekken, en aan d' Impetrant te laten volgen met de vrugten en baten sedert 't doen der naasting geprovent. en hangende de procede. nog te proveneeren, sijnde d' Impetrant te vreden de kooppenn. en gevolgen van dien te betalen, en te restitueeren, voorts genereelijk na te doen etc. als bij voorm. acte van naasting. c. exp. en geprejudt. en geresent. des Impte. regt, om desnoods de koper en verkoper te laten sweeren, dat 'er geen bedrog in de koop is geschied, om den nakoop te beletten, conform 't Handv. v. Woudrickem en Lande van Altena. *Eisch in Rece.* dat d' Impetrant sal worden gecondt. seker in die Kade te ontruimen en hem daar mede te laten handelen na sijn welgevallen en te vergoeden alle kosten, schade etc. door de onregtmatige occupatie van den Impetrant gehad en nog te hebben c. exp. in Conve. *Antwd.* Contr. Conclusie *Antwd. in Reconvie.* tot ontseggen voor als nog. *Voldingen Vonnis* 7 April 1770 adjudt. Eisch in Convie. en ontsegt die in Reconvie. voor als nog met comp. v. kosten. *Appel* Hof ord. *Vold. Sentie.* Hof 25 Jan. 1773 doet te niet voors. vonnis, adjudict. eisch in reconvie. en ontsegt die in convie. en condemnt. den Impetrant so in convie. als reconvie. in de kosten van de 1e. instie., en compenseert de kosten in appel. *Appel* H. R. ord. *voldingen.*

In qe. de vorige gewijsdens. Ad eisch in convie. de verkoper heeft alleen van H. Ed. Gr. Mog. gekogt de ettinge der kade en niet de kade selfs, en die alleen heeft hij ook aan den Gedaagde verkogt. So naasting omtrent ettingen sal plaats hebben, moeten se kunnen genaamt worden. erf., waar van 't Handv. Art. 78 spreekt. Dog dit gaad niet aan erf. betekent de grond self. Hier nu geen grondeijgendom verkogt, maar alleen de vrugten, die op de kade gregen. Ook geen exempel geproduct. van genaaste ettingen. So hier naasting te pas kuam, sou ze moeten geschieden door den grondeijgenaar. Obj.: De eijgenaar der ettingen, is 't ook van de kade v. koopsconden. in 1728. R. daar bij worden selfs de ettingen van de landen onderscheijden. Obj.: De ettingen in de verpond. aangeslagen. R.: Op die conditie sijn se verkogt in 1728 door de graafl. die word ook geheven van de enigten van immobil goed. Obj.: Ook aangeslagen in 't collateraal. R. ja de ettingen alleen de Impetrant toont ook niet te sijn de naastgelegende hij heeft de dijkekaveling, waar uit hij naasten wil, niet en eijgendom gehad tijde der naasting het stukje ...[28] een gemeene barmsloot tusschen beijde. Ad eisch in reconve. het enige in qe. behoort tot des Gedaagde koop en de huur is uit. Conclusie niet beswaert.

Hr. Pauw
Qe. Of hier regt tot naasting? Te meenen van neen, omdat de ettingen niet sijn een object van naasting uit hoofde van viciniteit om uit dien hoofde naasting te sustineeren, moet, die naast, een naastgelegen erf hebben, en daar moet een naastgelegen erf verkogt sijn, i. e., een vast stuk gronds, Handv. Altena § 78. Hier nu verkogt ettingen van de kade etc. dat bestaat alleen in een regt van vrugttrekking van de kade, om die te kunnen afwijden. Obj.: Worden gelijk gesteld aan ontelbaar goed. Worden getransportt. voor 't geregt, subject den 40 penn. en men betaalt 'er collateraal van. R.: Ja, in alle die respecten, omdat ze gekogt zijn aan, en producten zijn van ontelbaar goed. Maar daar uit volgt niet, dat ze, even als 't land selfs, door een naastgelegen buurman zouden kunnen genaast worden. Obj.: Niet alleen erven, maar ook diengelijke regten, als erfpagten, chijnsen of tienden kunnen werden genaast, Cost. v. Rhijnl. Art. 19, Gr. 3. 16. 4, Bijnk. Q. J. Priv. l. 3, C. 13., p. 482 f. R.: Conceditur, maar wie heeft in alle die species regt van naasting? Alleen de consanguinei en de eijgenaars der erven en landen, op welke iemant anders een last besit, ex. Gr. van erfpagt, van chijns, van tiende word sodanig regt verkogt, heeft de eijgenaar van 't land regt om 't selve te naasten, de Gr. ebd. n. 17. Hier heeft dan wel naasting plaats, maar alleen bij consanguineus en den eijgenaar van de kade, en sekerlijk niet bij een vicinus. Idem.

Hr. V. Nispen
Idem.

Hr. V. Sandheuvel
Idem.

Hr. Dierkens
Idem.

Hr. Boreel de Mauregnault
Idem.

Hr. Hoog
Ettingen alleen een regt van vrugttrekking, en geen erf, dus niet naastbaar uit hoofde van viciniteit. Idem.

Hr. Praeses
Idem.

---

28 Hier fehlen eine bis zwei Zeilen.

1775

Den 8 April 1775
Hr. Hoeufft en V. Hemert abst.
Rapp. f. 36 in ieder saak

C. P. van Leijden Heer van Warmond Impetrant v. Maint.
ca.
Den Advt. Witte Tulling als zeggende last en procurie. te hebben van Willem Anna van Wassenaar, die vor gem. advt. Tulling heeft geintervenieert
Item ca.
Willem Anna van Wassenaar en J. van Lutzenburg, Schout en Baill. der gem. Heerl.
Gedaagde

Hn. Boreel de Mauregnault en Graafland Commissn.
De Impetrant segt bij 't Mandt. 5 en 10 Nov. 1774 1o. dat hij van Meir. d' Aumalei heeft gekoogt gem. Heerl. c. annexis, 2o. dat die ook aan hem is getransportt. en op hem verleijd, 3o. dat hij ook van dat alles de dadelijke possie. heeft aanvaard, en sig daar in ook actueel bevind. Dat de 1e. Gedaagde, onder protest van een ongefunde. naasting der gem. Herrl. met en benevens den 2e. Gedaagde daarin met hem mede werkende, hem op een verregaaande wijse heeft geturbt. Dat particulier de Advt. Tulling hem heeft geturbt. door een insine. in do. 3 Nov. 1734, dat hij Impetrant, hangende 't proces over de naasting voor R. P. zig soude hebben te abstinueeren van in gem. Heerl. eenige actens seigneuriaal te pleegen, 't sig met opnemen van eenige Dorps of Ambagtsreel, aanstellen van bediendens, geregten officianten of andersints, of 't exerceeren van de jagt en fisscherije, en van de besik in de kerk als Heer te occupeeren. *Eisch* 22 Nov. tegen Tulling en 30 do. tegen de 2e. Gedaagde om te worden gemaintentt. in de possie. v. quasi van gem. Heerl. en van de exercitie der praerogativen, praeminenten, regten en geregitgheden daar toe behoorende, item in de possie. van de verdere bij 't Mandt. gem. en door d' Impetrant gekogte, en bij hem gepossidt. wordende goederen tot afdoening der turbie. en adjudicte. der recredie. c. exp. *Antwd.* van 1e. Gedaagde voor sig self, en als intervenieerende voor Tulling bij 2 Conclen. 9 Maart 1775 dat hij sijne naasting wel sal weeten te justificeeren. Dat voor soo ver hij aan d' Impetrant heeft vermeent de exercitie van sodanige regten en geregitgheden, als de wettige Heeren van Warmond in der tijd hebben geoeffent, niet directelijk te moeten toekomen, maar in tegendeel aan hem te moeten kennelijk maken die sustenuen, welke sijns bedunken, uit die gedane naasting proflueerden, hij nimmer daardoor kan worden verstaan, daar door eenige feijtelijke hindernis en turbie. aan d' Impetrant in de beoeffening van sijn gepretendt. regt te hebben willen toebringen. Dat hij in tegendeel ontkent den Impetrant als Heer van Warmont, 't geen de Impetrant, na sijn Geds. sustenue nimmer op een wettige wijse heeft geacquirt., vel min de exercitie daar van op eene manuteribele wijse gepossidt., immer feijtelijk te hebben geturbt. Dat bovendien en gepast is, en al te premituur, om in desse possse. instie. te willen demelleeren iets, waar over bereids procedt. in R. A. voor R. P. sijn litispendent tusschen hem en d' Impetrant mits welke Contr. Conclusie c. exp. *Antwd.* van 2e. Gedaagde eod. die dat de Impetrant sig niet explict., of hij

Gedaagde in zijn prive, dan in sijn qualt. sou hebben geturbt. Dat hij in sijne qualt. geen feijtelijke turbie. ten respecte van d' Impetrant heeft gepleegt. Dat hij uit sijn eijgen chef en voor sig self ook geene domarcke heeft gedaan, welke de minste atteinte aan 't vermeinde regt van d' Impetrant soude hebben kunnen toebringen. Dat hem seer weijnig differeert, of de Impetrant, dan wel de 1e. Gedaagde werde geagnosct. als Heer van Warmond, en dat hij niet van intentie is, de eene partij bovende andere te agnosceeren of te desavoueeren als sig absolut willende gedragen aan 't geen deswegens in tijd en wijlen sal worden begrepen, mits welke contr. concl. c. exp. *Voldingen* op alles.

Van de possie. consteert de Impetrant bij koop eijgenaar geworden en wel zo, dat hij tijde van 't contract alles moest nemen tot sijn schade en bate sic puto titulo in de facultative possie. van 't gekogte daar op terstond seigneuriale actens gepleegd, en so gecontint. voor en na de aangeving van den Gedaagde als naaster bedienders gecontint., collecte gepermitt., orders gegeven tot verandering van sitplaatsen in de kerk 't doen doen van reparatien van de weg. Dit alles gedaan voor do. den introductie van de naasting. Daar na op dien voet bij d' Impetrant gecontint. Obj.: De naasting ondernomen voor des Impte. verleij en scabinale overdragt. R.: De koop daar zijnde, en de voors. actens gepleegt zijnde suo nomine, kan die possie. niet invalide worden, om dat nog geen verleij had. Een naaster kan dat niet allegeeren. Sustenu van naasting depossidt. niet, en kan 't verleij en overdragt niet belasten, kan dus te minder beletten de possie. van de regten, die overgedragen sullen moeten worden. Wie tog sou inmiddels possideeren? Het interim moet notoir sijn voor d' Impetrant als kooper, een eisch in cas van naasting toond sulks selfs aan. Nopens de turbie. denunciatie van naasting op sig self sou geen turbie. sijn, dog 't geen daar buiten gaat en den ander troubleert, wel degelijk. Atqui de insinie. van 3 Nov. tendeert om sig te abstineeren van executie van seigneuriale regten. Obj.: Hoefde 'er niet aan te defereeren. R.: Wierd met dat oogmerk niet gedaan. Was een bedreijging, en men heeft ook alles gedaan om die te werk te stellen. Hier ook turbie. in contr. concl. Hier komt bij de insinie. 4 Nov. van den Gedaagde aan 't geregt, om den Impetrant niet als Heer te erkennen. Item de publicie. eod. die. Nopens den 2e. Gedaagde, die heeft geturbt. in sijn qualt. als Schout en Baill. so als hij is opgeroepen en wel generaliter met den 1e. Gedaagde te securideeren in sijne actens turbatoir tegen d' Impetrant speciaal ook daar door, dat hij 4 Nov. in 't geregt heeft voorgeleesen een insine. van den 1e. Gedaagde met een bijgevoegde comminatie, om 't geregt te persuadeeren daar aan te obtempereeren. Hij heeft ook gg. den Bode geordt. de publicie. van 4 Nov. van den 1e. Gedaagde te doen. Hij heeft ook genomen contr. concl. contradictoir selfs met sijn voorafgaande posituren. Sou ten principalen regt doen. Conclusie: Eisschen adjudiceeren c. exp.

Hr. Boreel de Mauregnault
Idem.

Hr. Pauw
Idem.

Hr. V. Nispen
Idem.

Hr. V. Sandheuvel
Idem.

Hr. Dierkens
Idem.

Hr. Hoog
Idem.

Hr. Praeses
Idem in de sake tegens W. A. v. Wassenaar en Lutsenburg, dog bedenken te hebben, of d' Impetrant wel eenige noodsake heeft gehad om een afsonderlijk proces aan te leggen tegen den Advt. Tulling, die in het doen der turbatoire insine. van 3 Novemb. slegts de manus ministra van sijn lastgeever is geweest. Immers te meenen, dat de Impetrant gesien hebbende 't antwd. van den principalen Gedaagde waar bij hij voor sijn mandataris intervenieerde, en die sake voor de sijne aannam, had behoren te renuncieeren van de instie. tegen Tulling. 'T is incongru, dat hier in de weereld komen sullen 2 Sentien. waar van 'er een nutteloos sal wesen, en geen executie sal vallen, want de eene geexecutt. weesende, sal de andere geexecutt. sijn, behalven dat de Sentie. in deese instie., die tegens Tulling begonnen is te vallen, tegens hem, die door Impetrant geheel losgelaten is, niet executabel kan sijn. De H. R. behoort ook aan de Practisijns geen voet te geeven tot sodanige vermeinigvaldiging van processen, waar door de litiganten met onnodige kosten werden gesurchargt. Conclusie: Te verklaren, dat door de decisie in de sake tegen W. A. v. Wassenaar des Impts. eisch en concl. in de saketegen Tulling aangelegt komt te ceseeren, den intervenient ook niet te kunnen condemneeren in eenige kostenvan die instie. welke niet hij, maar d' Impetrant, immers sedert d' interventie veroorsaakt heeft. Dus ten minsten deselve te moeten compenseeren.

Übersicht der Observationes bei Van Bijnkershoek und Pauw und Decisien von Van Bleiswijk

Decisie Nr.	Observation
1	Obs. Tum. Nr. 1974
2	Obs. Tum. Nr. 1975
3	Obs. Tum. Nr. 1979
4	Obs. Tum. Nr. 1982
5	Obs. Tum. Nr. 1986
6	Obs. Tum. Nr. 1991
7	Obs. Tum. Nr. 1994
8	Obs. Tum. Nr. ?
9	Obs. Tum. Nr. 1996
10	Obs. Tum. Nr. ?
11	Obs. Tum. Nr. ?
12	Obs. Tum. Nr. ?
13	Obs. Tum. Nr. 2013
14	Obs. Tum. Nr. 2022
15	Obs. Tum. Nr. ?
16	Obs. Tum. Nr. ?
17	Obs. Tum. Nr. 2029
18	Obs. Tum. Nr. 2033(?)
19	Obs. Tum. Nr. 2037(?)
20	- (s. Obs. Tum. Nr. 2040)
21	- (s. Obs. Tum. Nr. 2040)
22	Obs. Tum. Nr. ?
23	Obs. Tum. Nr. 2053
24	Obs. Tum. Nr. 2054
25	Obs. Tum. Nr. 2056
26	Obs. Tum. Nr. 2066
27	Obs. Tum. Nr. 2068
28	Obs. Tum. Nr. 2070
29	Obs. Tum. Nr. 2080
30	Obs. Tum. Nr. 2083
31	Obs. Tum. Nr. 2084(?)
32	Obs. Tum. Nr. 2087
33	Obs. Tum. Nr. ?
34	Obs. Tum. Nr. 2093
35	Obs. Tum. Nr. 2095
36	Obs. Tum. Nr. 2094(?)
37	Obs. Tum. Nr. 2098
38	Obs. Tum. Nr. 2100
39	Obs. Tum. Nr. 2101
40	Obs. Tum. Nr. 2115

41	Obs. Tum. Nr. 2121
42	Obs. Tum. Nr. 2147
43	Obs. Tum. Nr. 2148
44	Obs. Tum. Nr. 2150
45	Obs. Tum. Nr. 2153[29]
46	Obs. Tum. Nr. ?
47	Obs. Tum. Nr. 2175
48	Obs. Tum. Nr. 2171
49	Obs. Tum. Nr. 2181
50	Obs. Tum. Nr. 2185
51	Obs. Tum. Nr. 2191
52	Obs. Tum. Nr. 2195
53	Obs. Tum. Nr. 2202
54	Obs. Tum. Nr. 2205
55	Obs. Tum. Nr. 2208(?)[30]
56	Obs. Tum. Nr. 2211
57	Obs. Tum. Nr. 2217
58	Obs. Tum. Nr. 2221
59	Obs. Tum. Nr. 2227
60	Obs. Tum. Nr. 2234
61	Obs. Tum. Nr. 2238[31]
62	Obs. Tum. Nr. 2243
63	Obs. Tum. Nr. 2242
64	Obs. Tum. Nr. 2245
65	Obs. Tum. Nr. 2244[32]
66	Obs. Tum. Nr. 2258[33]
67	Obs. Tum. Nr. 2277
68	Obs. Tum. Nr. 2278
69	Obs. Tum. Nr. 2283[34]
70	Obs. Tum. Nr. 2288
71	Obs. Tum. Nr. 2293
72	Obs. Tum. Nr. 2296
73	Obs. Tum. Nr. 2297
74	Obs. Tum. Nr. 2305
75	Obs. Tum. Nr. 2313
76	Obs. Tum. Nr. 2318
77	Obs. Tum. Nr. 2326
77b	Obs. Tum. Nr. 2394
78	Obs. Tum. Nr. 2332

29 Anschluß an Decis. 7/9(?) und 32.
30 Dazu Decis. 97 und 120.
31 Zu Obs. Tum. 1979 (dazu Decis. 3).
32 Dazu Decis. 117.
33 Nicht 2258*.
34 Zu Obs. Tum. 2177.

79	Obs. Tum. Nr. 2333
80	Obs. Tum. Nr. 2341
81	Obs. Tum. Nr. 2331
82	Obs. Tum. Nr. 2355
83	Obs. Tum. Nr. 2350
84	Obs. Tum. Nr. 2360
85	Obs. Tum. Nr. 2368
86	Obs. Tum. Nr. 2374
87	Obs. Tum. Nr. 2387
88	Obs. Tum. Nr. 2390
89	Obs. Tum. Nr. 2391[35]
90	Obs. Tum. Nr. 2399
91	Obs. Tum. Nr. 2392
92	Obs. Tum. Nr. 2424
93	Obs. Tum. Nr. 2432
94	Obs. Tum. Nr. 2433
95	Obs. Tum. Nr. 2464
96	Obs. Tum. Nr. 2456
97	Obs. Tum. Nr. 2478[36]
98	Obs. Tum. Nr. 2483
99	Obs. Tum. Nr. 2493[37]
100	Obs. Tum. Nr. 2505
101	Obs. Tum. Nr. 2502
102	Obs. Tum. Nr. 2528
103	Obs. Tum. Nr. 2537(?)
104	Obs. Tum. Nr. 2540
105	Obs. Tum. Nr. ?
106	Obs. Tum. Nr. 2549
107	Obs. Tum. Nr. 2550
108	Obs. Tum. Nr. 2551
109	Obs. Tum. Nr. 2556
110	Obs. Tum. Nr. 2563
111	Obs. Tum. Nr. 2565
112	Obs. Tum. Nr. 2567
113	Obs. Tum. Nr. 2576
114	Obs. Tum. Nr. 2580
115	- (s. nach Obs. Tum. Nr. 2614)
116	- (s. nach Obs. Tum. Nr. 2614)
117	Obs. Tum. Nr. 2622[38]
118	Obs. Tum. Nr. 2625 f.
119	- (s. nach Obs. Tum. Nr. 2631)

35 Dazu Decis. 132.
36 Dazu Decis. 120.
37 Dazu Decis. 56.
38 Dazu Decis. 65.

120	Obs. Tum. Nr. 2644
121	Obs. Tum. Nr. 2645
122	Obs. Tum. Nr. 2673
123	Obs. Tum. Nr. 2699
124	Obs. Tum. Nr. 2710
125	-[39]
126	Obs. Tum. Nr. 2711
127	Obs. Tum. Nr. 2755
128 A	Obs. Tum. Nr. 2780
128 B	Obs. Tum. Nr. 3257
129	Obs. Tum. Nr. 2790
130	Obs. Tum. Nr. 2794
131	Obs. Tum. Nr. 2798
132	Obs. Tum. Nr. 2804
133	Obs. Tum. Nr. 2835
134	Obs. Tum. Nr. 2850
135	Obs. Tum. Nr. 2865
136	Obs. Tum. Nr. 2862
137	Obs. Tum. Nr. 2876[40]
138	Obs. Tum. Nr. 2914
139	Obs. Tum. Nr. 2966
140	Obs. Tum. Nr. 2969
141	Obs. Tum. Nr. 2975
142	Obs. Tum. Nr. 2991
143	Obs. Tum. Nr. 3036
144	Obs. Tum. Nr. 3044
145	Obs. Tum. Nr. 3051
146	Obs. Tum. Nr. 3074
147	Obs. Tum. Nr. 3084[41]
148	Obs. Tum. Nr. 3145
149	Obs. Tum. Nr. 3184
150 A	Obs. Tum. Nr. 3189
150 B	Obs. Tum. Nov. Nr. 125[42]
151	Obs. Tum. Nr. 3194
152	Obs. Tum. Nr. 3121
153	Obs. Tum. Nr. 3246

39 Obs. Tum. Nr. 2714 fehlt, dieser Fall könnte die Lücke füllen

40 Dazu Decis. 40.

41 Dazu Decis. 68.

42 Dazu Decis. 150 A.

Index

RECHTSHISTORISCHE REIHE

Band 1 Studien zu den germanischen Volksrechten. Gedächtnisschrift für Wilhelm Ebel. Vorträge gehalten auf dem Fest-Symposion anläßlich des 70. Geburtstages von Wilhelm Ebel am 16. Juni 1978 in Göttingen. Götz Landwehr (Hrsg.) 1982.

Band 2 Hans Poeschel: Die Statuten der Banken, Sparkassen und Kreditgenossenschaften in Hamburg und Altona von 1710 bis 1889. 1978.

Band 3 Thomas Kolbeck: Juristenschwemmen, Untersuchungen über den juristischen Arbeitsmarkt im 19. und 20. Jahrhundert. 1978.

Band 4 Norbert Hempel: Richterleitbilder in der Weimarer Republik. 1978.

Band 5 Rolf Stratmann: Die Scheinbußen im mittelalterlichen Recht. 1978.

Band 6 Martin C. Lockert: Die niedersächsischen Stadtrechte zwischen Aller und Weser. Vorkommen und Verflechtungen. Eine Bestandsaufnahme. 1979.

Band 7 Joachim Rückert/Wolfgang Friedrich: Betriebliche Arbeiterausschüsse in Deutschland, Großbritannien und Frankreich im späten 19. und frühen 20. Jahrhundert. Eine vergleichende Studie zur Entwicklung des kollektiven Arbeitsrechts. 1979.

Band 8 Peter Bender: Die Rezeption des römischen Rechts im Urteil der deutschen Rechtswissenschaft. 1979.

Band 9 Friedrich Karl Alsdorf: Untersuchungen zur Rechtsgestalt und Teilung deutscher Ganerbenburgen. 1980.

Band 10 Dietmar Willoweit/Winfried Schich (Hrsg.): Studien zur Geschichte des sächsisch-magdeburgischen Rechts in Deutschland und Polen (Sammelband). 1980.

Band 11 Brigitte Hempel: Der Entwurf einer Polizeiordnung für das Herzogtum Sachsen-Lauenburg aus dem Jahre 1591. 1980.

Band 12 Klaus-Detlev Godau-Schüttke: Rechtsverwalter des Reiches. Staatssekretär Dr. Curt Joël. 1981.

Band 13 Rainer Polley: Anton Friedrich Justus Thibaut (AD 1772-1840) in seinen Selbstzeugnissen und Briefen. Teil 1: Abhandlung. Teil 2: Briefwechsel. Teil 3: Register zum Briefwechsel. 1982.

Band 14 Michael Wettengel: Der Streit um die Vogtei Kelkheim 1275-1276. Ein kanonischer Prozeß.1981.

Band 15 Otto Wilhelm Krause: Naturrechtler des sechzehnten Jahrhunderts. Ihre Bedeutung für die Entwicklung eines natürlichen Privatrechts. 1982.

Band 16 Helga Spindler: Von der Genossenschaft zur Betriebsgemeinschaft. Kritische Darstellung der Sozialrechtslehre Otto von Gierkes. 1982.

Band 17 Holger Otte: Gustav Radbruchs Kieler Jahre 1919-1926. 1982.

Band 18 Rüdiger Teuner: Die fuldische Ritterschaft 1510-1656. 1982.

Band 19 Gerhard Dilcher/Rudolf Hoke/Gian Savino Pene Vidari/Hans Winterberg (Hrsg.): Grundrechte im 19. Jahrhundert. 1982.

Band 20 Karl-Hans Schloßstein: Die westfälischen Fabrikengerichtsdeputationen - Vorbilder, Werdegang und Scheitern. 1982.

Band 21 Birger Schulz: Der Republikanische Richterbund (1921-1933). 1982.

Band 22 Engelbert Krause: Die gegenseitigen Unterhaltsansprüche zwischen Eltern und Kindern in der deutschen Privatrechtsgeschichte. 1982.

Band 23 Meent W. Francksen: Staatsrat und Gesetzgebung im Großherzogtum Berg (1806-1813). 1982.

Band 24 Gerd von Sonnleithner: Bearbeitung des Handelsrechts durch Ignaz von Sonnleithner in seinem "Leitfaden über das österreichische Handels- und Wechselrecht". 1982.

Band 25 Rudolf Palme: Rechts-, Wirtschafts- und Sozialgeschichte der inneralpinen Salzwerke bis zu deren Monopolisierung. 1983.

Band 26 Helen Bosshard: Pestalozzis Staats- und Rechtsverständnis und seine Stellung in der Aufklärung. 1983.

Band 27 Jens Jessen: Die Selbstzeugnisse der deutschen Juristen. Erinnerungen, Tagebücher und Briefe. Eine Bibliographie. 1983.

Band 28 Günter Martin Jensen: Das Domanium Waldeck. Die rechtliche Zuordnung eines Fürstenvermögens. 1984.

Band 29 Johann Heinrich Kumpf: Petitionsrecht und öffentliche Meinung im Entstehungsprozeß der Paulskirchenverfassung 1848/49. 1983.

Band 30 Sabine Frey: Rechtsschutz der Juden gegen Ausweisungen im 16. Jahrhundert. 1983.

Band 31 Dietrich Joswig: Die germanische Grundstücksübertragung. 1984.

Band 32 Andreas Baryli: Konzessionssystem contra Gewerbefreiheit. Zur Diskussion der österreichischen Gewerberechtsreform 1835 bis 1860. 1984.

Band 33 Gerhard Oberkofler: Studien zur Geschichte der österreichischen Rechtswissenschaft. 1984.

Band 34 Rudolf Lauda: Kaufmännische Gewohnheit und Burgrecht bei Notker dem Deutschen. Zum Verhältnis von literarischer Tradition und zeitgenössischer Realität in der frühmittelalterlichen Rhetorik. 1984.

Band 35 Jens Jensen: Die Ehescheidung des Bischofs Hans von Lübeck von Prinzessin Julia Felicitas von Württemberg-Weiltingen AD 1648-1653. Ein Beitrag zum protestantischen Ehescheidungsrecht im Zeitalter des beginnenden Absolutismus. 1984.

Band 36 Horst Schröder: Friedrich Karl von Savigny. Geschichte und Rechtsdenken beim Übergang vom Feudalismus zum Kapitalismus in Deutschland. 1984.

Band 37 Andreas Hatzung: Dogmengeschichtliche Grundlagen und Entstehung des zivilrechtlichen Notstands. 1984.

Band 38 Matthias Klasen: Das Billwerder Landrecht. Landrecht und Landgericht in den Hamburger Elbmarschen. 1985.

Band 39 Rainer Jamin: Aufbau, Tätigkeit und Verfahren der Auseinandersetzungsbehörden bei der Durchführung der preußischen Agrarreformen. 1985.

Band 40 Henry Winter: Teilschuld, Gesamtschuld und unechte Gesamtschuld. Zur Konzeption der §§ 420 ff. BGB - Ein Beitrag zur Entstehungsgeschichte des BGB. 1985.

Band 41 Hermann Eichler: Verfassungsbewegung in Amerika und Europa. 1985.

Band 42 Dagmar Bandemer: Heinrich Albert Zachariae. Rechtsdenken zwischen Restauration und Reformation. 1985.

Band 43 Eva-Christine Frentz: Das Hamburgische Admiralitätsgericht (1623-1811). Prozeß und Rechtsprechung. 1985.

Band 44 Karl Lillig: Rechtsetzung im Herzogtum Pfalz-Zweibrücken während des 18. Jahrhunderts. Ein Beitrag zur Geschichte der territorialen Rechtsbildung. 1985.

Band 45 Walter Weber: Die Entwicklung der Sparkassen zu selbständigen Anstalten des öffentlichen Rechts. Ein Beitrag zur Entwicklung des Anstaltsbegriffs im 19. Jahrhundert. 1985.

Band 46 Bärbel Baum: Der Stabreim im Recht. Vorkommen und Bedeutung des Stabreims in Antike und Mittelalter. 1986.

Band 47 Hans Popp: Die nationalsozialistische Sicht einiger Institute des Zivilprozeß- und Gerichtsverfassungsrechts. 1986.

Band 48 John Karl-Heinz Montag: Die Lehrdarstellung des Handelsrechts von Georg Friedrich von Martens bis Meno Pöhls. Die Wissenschaft des Handelsrechts im ersten Drittel des 19. Jahrhunderts. 1986.

Band 49 Volker D. Anhäusser: Das internationale Obligationenrecht in der höchstrichterlichen Rechtsprechung des 19. Jahrhunderts. 1986.

Band 50 Udo Beer: Die Juden, das Recht und die Republik. Verbandswesen und Rechtsschutz 1919-1933. 1986.

Band 51 Herbert Grziwotz: Der moderne Verfassungsbegriff und die "Römische Verfassung" in der deutschen Forschung des 19. und 20. Jahrhunderts. 1986.

Band 52 Ralf Conradi: Karl Friedrich Eichhorn als Staatsrechtslehrer. Seine Göttinger Vorlesung über "Das Staatsrecht der deutschen Bundesstaaten" nach einer Kollegmitschrift aus dem Wintersemester 1821/22. 1987.

Band 53 Dieter Dannreuther: Der Zivilprozeß als Gegenstand der Rechtspolitik im Deutschen Reich 1871-1945. Ein Beitrag zur Geschichte des Zivilprozeßrechts in Deutschland. 1987.

Band 54 Stephan Felix Pauly: Organisation, Geschichte und Praxis der Gesetzesauslegung des (Königlich) Preußischen Oberverwaltungsgerichtes 1875-1933. 1987.

Band 55 Rüdiger Schulz: Die Entstehung des Seerechts des Allgemeinen Deutschen Handelsgesetzbuches unter besonderer Berücksichtigung der Bestimmungen über die Reederei, den Schiffer und die Schiffsmannschaft. 1987.

Band 56 Reinhold Reis: Deutsches Privatrecht in den Weistümern der Zenten Schriesheim und Kirchheim. 1987.

Band 57 Jürgen Christoph: Die politischen Reichsamnestien 1918-1933. 1987.

Band 58 Gerhard Oberkofler/Eduard Rabofsky: Hans Kelsen im Kriegseinsatz der k.u.k.-Wehrmacht. Eine kritische Würdigung seiner militärtheoretischen Angebote. 1988.

Band 59 Arne Wulff: Staatssekretär Prof. Dr. Dr. h.c. Franz Schlegelberger. 1876-1970. 1991.

Band 60 Gerhard Köbler (Hrsg.): Wege europäischer Rechtsgeschichte. Karl Kroeschell zum 60. Geburtstag. 1987.

Band 61 Rüdiger Hütte: Der Gemeinschaftsgedanke in den Erbrechtsreformen des Dritten Reichs. 1988.

Band 62 Markus Göldner: Politische Symbole der europäischen Integration. Fahne, Hymne, Hauptstadt, Paß, Briefmarke, Auszeichnungen. 1988.

Band 63 Wolfgang Kröner: Freiheitsstrafe und Strafvollzug in den Herzogtümern Schleswig, Holstein und Lauenburg von 1700 bis 1864. 1988.

Band 64 Werner Gaile: Die Norder Theelacht. 1988.

Band 65 Karl v. Kempis: Andreas Gaill (1526-1587). Zum Leben und Werk eines Juristen der frühen Neuzeit. 1988.

Band 66 Wolf-Rüdiger Osburg: Die Verwaltung Hamburgs in der Franzosenzeit. 1811-1814. 1988.

Band 67 Christian Schudnagies: Hans Frank. Aufstieg und Fall des NS-Juristen und Generalgouverneurs. 1988.

Band 68 Otmar Jung: Senatspräsident Freymuth. Richter, Sozialdemokrat und Pazifist in der Weimarer Republik. Eine politische Biographie. 1989.

Band 69 Joachim Lohner: Das landeshauptmannschaftliche Gericht in Oberösterreich zu Beginn der Neuzeit. Eine Darstellung des oberösterreichischen Prozeßrechts am obersten Territorialgericht des Landes anhand der oberösterreichischen Landtafel. 1989.

Band 70 Bernd Klemann: Rudolf von Jhering und die Historische Rechtsschule. 1989.

Band 71 Adalbert Langer: Männer um die österreichische Zivilprozeßordnung 1895. Zusammenspiel / Soziales Ziel. 1990.

Band 72 Robert-Dieter Klee: Die Landessuperintendentur Lauenburg. Ursprung und Entwicklung sowie Ende der Sonderstellung des Kirchenkreises Herzogtum Lauenburg durch die nordelbische Kirchenvereinigung. 1989.

Band 73 Heinrich Herrmann: Die Gehöferschaften im Bezirk Trier. 1989.

Band 74 Wilhelm Brauneder, Franz Baltzarek (Hrsg.): Modell einer neuen Wirtschaftsordnung. Wirtschaftsverwaltung in Österreich 1914-1918. 1991.

Band 75 Thomas Dreyer: Die "Assecuranz- und Haverey-Ordnung" der Freien und Hansestadt Hamburg von 1731. 1990.

Band 76 Bernhard Sendler: Die Rechtssprache in den süddeutschen Stadtrechtsreformationen. 1990.

Band 77 Brigitte Lehmann: Ehevereinbarungen im 19. und 20. Jahrhundert. 1990.

Band 78 Michael Sunnus: Der NS-Rechtswahrerbund (1928-1945). Zur Geschichte der nationalsozialistischen Juristenorganisation. 1990.

Band 79 Stefan Schulz: Die historische Entwicklung des Rechts an Bienen. (§§ 961-964 BGB). 1990.

Band 80 Gerhard Lingelbach, Heiner Lück (Hrsg.): Deutsches Recht zwischen Sachsenspiegel und Aufklärung. Rolf Lieberwirth zum 70. Geburtstag dargebracht von Schülern, Freunden und Kollegen, herausgegeben von Gerhard Lingelbach und Heiner Lück. 1991.

Band 81 Manfred Krohn: Die deutsche Justiz im Urteil der Nationalsozialisten 1920-1933. 1991.

Band 82 Angelika Kühn: Privilegierung nationaler Minderheiten im Wahlrecht der Bundesrepublik Deutschland und Schleswig-Holsteins. 1991.

Band 83 Georg Brun: Leben und Werk des Rechtshistorikers Heinrich Mitteis unter besonderer Berücksichtigung seines Verhältnisses zum Nationalsozialismus. 1991.

Band 84 Wolfgang Simon: Claudius Freiherr von Schwerin. Rechtshistoriker während dreier Epochen deutscher Geschichte. 1991.

Band 85 Friedrich-Carl Wachs: Das Verordnungswerk des Reichsdemobilmachungsamtes. Stabilisierender Faktor zu Beginn der Weimarer Republik. 1991.

Band 86 Jens-Uwe Petersen: Die Vorgeschichte und die Entstehung des Mieterschutzgesetzes von 1923 nebst der Anordnung für das Verfahren vor dem Mieteinigungsamt und der Beschwerdestelle. 1991.

Band 87 Ulrike Haibach: Familienrecht in der Rechtssprache. Die historische Entwicklung zentraler Ausdrücke des geltenden Familienrechts. 1991.

Band 88 Joern Christian Nissen: Die Beratungen des Seeversicherungsausschusses der Akademie für Deutsches Recht zu einem neuen Seeversicherungsgesetz (1934-1939). Ein Beitrag zur Entwicklung der allgemeinen Lehren des Seeversicherungsrechts unter besonderer Berücksichtigung des Handelsgesetzbuchs und der Allgemeinen Deutschen Seeversicherungs-Bedingungen 1919. 1991.

Band 89 Diethard Bühler: Die Entstehung der allgemeinen Vertragsschluß-Vorschriften im Allgemeinen Deutschen Handelsgesetzbuch (ADHGB) von 1861. Ein Beitrag zur Kodifikationsgeschichte des Privatrechts im 19. Jahrhundert. 1991.

Band 90 Gerhard Oberkofler: Die Vertreter des Römischen Rechts mit deutscher Unterrichtssprache an der Karls-Universität in Prag. Vom Vormärz bis 1945. 1991.

Band 91 Ulrich Andermann: Ritterliche Gewalt und bürgerliche Selbstbehauptung. Untersuchungen zur Kriminalisierung und Bekämpfung des spätmittelalterlichen Raubrittertums am Beispiel norddeutscher Hansestädte. 1991.

Band 92 Heinz Marcus Hanke: Luftkrieg und Zivilbevölkerung. Der kriegsvölkerrechtliche Schutz der Zivilbevölkerung gegen Luftbombardements von den Anfängen bis zum Ausbruch des Zweiten Weltkrieges. 1991.

Band 93 Kirsten Kraglund: Familien- und Erbrecht. Materielles Recht und Methoden der Rechtsanwendung in der Rechtsprechung des Oberappellationsgerichts der vier Freien Städte Deutschlands zu Lübeck. 1991.

Band 94 Reinhard Lorenz: Die politische und rechtliche Stellung des Proletariats in Preußen in der Zeit zwischen den Reformen und der Revolution 1848/49. 1991.

Band 95 Eric Hilgendorf: Die Entwicklungsgeschichte der parlamentarischen Redefreiheit in Deutschland. 1991.

Band 96 Hans J. Reiter: Die Handelsgesellschaft Villeroy & Boch von der Gründung 1836 bis zum Jahr 1878. 1992.

Band 97 Martin Johannes Heller: Reform der deutschen Rechtssprache im 18. Jahrhundert. 1992.

Band 98 Michael Kotulla: Die Tragweite der Grundrechte der revidierten preußischen Verfassung vom 31.01.1850. 1992.

Band 99 Michael Siefener: Hexerei im Spiegel der Rechtstheorie. Das crimen magiae in der Literatur von 1574 bis 1608. 1992.

Band 100 Andreas Ebert-Weidenfeller: Hamburgisches Kaufmannsrecht im 17. und 18. Jahrhundert. Die Rechtsprechung des Rates und des Reichskammergerichtes. 1992.

Band 101 Enno Bommel: Die Entstehung der Verwirkungslehre in der Krise des Positivismus. 1992.

Band 102 Ralph Steppacher: Die Berücksichtigung der bäuerlichen Postulate bei der Entstehung des ZGB und der Revision des OR. Ein Beitrag zur schweizerischen Kodifikationsgeschichte (1893-1912). 1992.

Band 103 Martin Fleckenstein: Die Todesstrafe im Werk Carl Joseph Anton Mittermaiers (1787-1867). Zur Entwicklungsgeschichte eines Werkbereichs und seiner Bedeutung für Theorie- und Methodenbildung. 1992.

Band 104 Jörn Eckert: Der Kampf um die Familienfideikommisse in Deutschland. Studien zum Absterben eines Rechtsinstitutes. 1992.

Band 105 Jörg Grotkopp: Beamtentum und Staatsformwechsel. Die Auswirkungen der Staatsformwechsel von 1918, 1933 und 1945 auf das Beamtenrecht und die personelle Zusammensetzung der deutschen Beamtenschaft. 1992.

Band 106 Andreas Rohde: Die Garantiehaftung des Vermieters und ihr Verhältnis zum Unmöglichkeitsrecht in dogmengeschichtlicher und modernrechtlicher Sicht. 1992.

Band 107 Tjark Siefke Kunstreich: Gesamtvertretung. Eine historisch-systematische Darstellung. 1992.

Band 108 Jürgen Krüger: Blindheit und Königtum. Die Blindheit des Königs Georg V. von Hannover als verfassungsrechtliches Problem. 1992.

Band 109 Wolfgang Putschek: Ständische Verfassung und autoritäre Verfassungspraxis in Österreich 1933-1938 mit Dokumentenanhang. Verfassung und Verfassungswirklichkeit. Mit einem Anhang: Denkschriften von Rechtsanwalt Dr. Erich Führer 1936/37. 1993.

Band 110 Klaus Hofmann: Die Verdrängung der Juden aus öffentlichem Dienst und selbständigen Berufen in Regensburg 1933-1939. 1993.

Band 111 Franz Kilger: Die Entwicklung des Telegraphenrechts im 19. Jahrhundert mit besonderer Berücksichtigung der technischen Entwicklung. Telegraphenrecht im 19. Jahrhundert. 1993.

Band 112 Wilhelm Brauneder (Hrsg.): Heiliges Römisches Reich und moderne Staatlichkeit. 1993.

Band 113 Thomas Heinrich: Das preußische Nichtehelichenrecht: Von der Aufklärung zur Reaktion. 1993.

Band 114 Gerald Kohl: Jagd und Revolution. Das Jagdrecht in den Jahren 1848 und 1849. 1993.

Band 115 Christian Schudnagies: Der Kriegs- oder Belagerungszustand im Deutschen Reich während des Ersten Weltkrieges. Eine Studie zur Entwicklung und Handhabung des deutschen Ausnahmezustandsrechts bis 1918. 1994.

Band 116 Elisabeth Bellmann: Die Internationale Kriminalistische Vereinigung (1889-1933). 1994.

Band 117 Julia Pfannkuch: Volksrichterausbildung in Sachsen 1945-1950. 1993.

Band 118 Jörg Offen: Von der Verwaltungsgemeinschaft des BGB von 1896 zur Zugewinngemeinschaft des Gleichberechtigungsgesetzes von 1957. 1994.

Band 119 Dorothee Kohlhas-Müller: Untersuchungen zur Rechtsstellung Theoderichs des Großen. 1995.

Band 120 Monika Rose: Das Gerichtswesen des Herzogtums Pfalz-Zweibrücken im 18. Jahrhundert. Ein Beitrag zur territorialen Gerichtsbarkeit im Alten Reich. 1994.

Band 121 Jörn Eckert / Hans Hattenhauer (Hrsg.): Bibel und Recht. Rechtshistorisches Kolloquium 9. - 13. Juni 1992 an der Christian-Albrechts-Universität zu Kiel. 1994.

Band 122 Robert Martin Mizia: Der Rechtsbegriff der Autonomie und die Begründung des Privatfürstenrechts in der deutschen Rechtswissenschaft des 19. Jahrhunderts. 1995.

Band 123 Walther Graf von Plettenberg: Das Fortleben des Liber Iudiciorum in Asturien/León (8.-13. Jh.). 1994.

Band 124 Wolfgang Schulz: Das deutsche Börsengesetz. Die Entstehungsgeschichte und wirtschaftlichen Auswirkungen des Börsengesetzes von 1896. 1994.

Band 125 Frank Hagemann: Der Untersuchungsausschuß Freiheitlicher Juristen. 1949-1969. 1994.

Band 126 Andreas Rethmeier: "Nürnberger Rassegesetze" und Entrechtung der Juden im Zivilrecht. 1995.

Band 127 Edith Grether: Die Poesie der Throne. Die Juristen in der Fruchtbringenden Gesellschaft. 1995.

Band 128 Anna Bartels-Ishikawa: Der Lippische Thronfolgestreit. Eine Studie zu verfassungsrechtlichen Problemen des Deutschen Kaiserreiches im Spiegel der zeitgenössischen Staats. 1995.

Band 129 Jörg Schmidt: Otto Koellreutter 1883-1972. Sein Leben, sein Werk, seine Zeit. 1995.

Band 130 Christian Hattenhauer: Wahl und Krönung Franz II. AD 1792. Das Heilige Reich krönt seinen letzten Kaiser - Das Tagebuch des Reichsquartiermeisters Hieronymus Gottfried von Müller und Anlagen. 1995.

Band 131 Jutta v. der Decken: Das Seearbeitsrecht im Hamburger Stadtrecht von 1301 bis 1603. 1995.

Band 132 Detlev Schmidt: Die Reform des Rechts der Handelsvertreter von 1953. 1995.

Band 133 Gabi Roßdeutscher: Privatautonomie im Scheidungsrecht. Scheidungsbezogene Vereinbarungen in den letzten 200 Jahren. 1995.

Band 134 Harald Kahlenberg: Leben und Werk des Rechtshistorikers Walther Merk. Ein Beispiel für das Verhältnis von Rechtsgeschichte und Nationalsozialismus. 1995.

Band 135 Michael Steitz: Adelbert Düringer am Reichsgericht (1902-1915). Seine aktienrechtlichen Entscheidungen und sein Einfluß auf das Aktienrecht in Deutschland. 1995.

Band 136 Christian Becker: Beata Justorum Translatio. Juristen in schleswig-holsteinischen Leichenpredigten. 1996.

Band 137 Christoph Seiler: Vom Allgemeinen Landrecht zum Bürgerlichen Gesetzbuch. Dargestellt am Beispiel der höchstrichterlichen Judikatur zum kaufrechtlichen Sachmängelgewährleistungsrecht. 1996.

Band 138 Bernd Mayer: Die Vertrauensmännerausschüsse auf den preußischen Steinkohlegruben an der Saar. Entstehung und Wirken. Eine rechtshistorische Untersuchung. 1996.

Band 139 Rochus Scholl: Juden und Judenrecht im Herzogtum Pfalz-Zweibrücken. Ein Beitrag zur Rechtsgeschichte eines deutschen Kleinstaates am Ende des alten Reiches. 1996.

Band 140 Meike Bursch: Judentaufe und frühneuzeitliches Strafrecht. Die Verfahren gegen Christian Treu aus Weener/Ostfriesland 1720-1728. 1996.

Band 141 Markus Hillenbrand: Fürstliche Eheverträge. Gottorfer Hausrecht 1544-1773. 1996.

Band 142 Ulf Häder: Das gemeinschaftliche Oberappellationsgericht thüringischer Staaten in Jena. Ein Beitrag zur Geschichte des Gerichtswesens im 19. Jahrhundert. 1996.

Band 143 Andreas Bauer: Das Gnadenbitten in der Strafrechtspflege des 15. und 16. Jahrhunderts. Dargestellt unter besonderer Berücksichtigung von Quellen der Vorarlberger Gerichtsbezirke Feldkirch und des Hinteren Bregenzerwaldes. 1996.

Band 144 Christian Wirth: Der Jurist Johann Andreas Georg Friedrich Rebmann zwischen Revolution und Restauration. 1996.

Band 145 Stefanie Müller: Die Rechtsprechung des Hanseatischen Oberlandesgerichts zum persönlichen Eherecht in Hamburgischen Gerichtsfällen von 1879-1900. 1996.

Band 146 Jean-Nicolas Morisset: Der Frachtvertrag in der *Ordonnance de la marine* von 1681. 1996.

Band 147 Dirk Lentfer: Die Glogauer Landesprivilegien des Andreas Gryphius von 1653. 1996.

Band 148 Wencke Mull: Die Haftung für Einsturzschäden nach den §§ 836-838 BGB in der Rechtsprechung des Reichsgerichts. 1996.

Band 149 Renate Zelger: Teufelsverträge. Märchen, Sage, Schwank, Legende im Spiegel der Rechtsgeschichte. 1996.

Band 150 Guido Kraß: Das Arrestverfahren in Frankfurt am Main im Spätmittelalter. 1996.

Band 151 F. Benedict Heyn: Die Entwicklung des Eisenbahnfrachtrechts von den Anfängen bis zur Einführung des Allgemeinen Deutschen Handelsgesetzbuches (ADHGB). 1996.

Band 152 Thomas Lang: Die Staats- und Verfassungslehre Carl Salomo Zachariaes. 1996.

Band 153 Michael Hebeis: Karl Anton von Martini (1726-1800). Leben und Werk. 1996.

Band 154 Gerald Hubert: Die Diskussion um die rechtliche Natur der Bizone in den Jahren 1947-1949. 1996.

Band 155 Christof Horn: Die Rechtsprechung des Reichsgerichts in Ehescheidungssachen der Jahre 1900 bis 1905. 1996.

Band 156 Hermann Nehlsen / Georg Brun (Hrsg.): Münchener rechtshistorische Studien zum Nationalsozialismus. 1996.

Band 157 Jan Otto Clemens Kehrberg: Die Entwicklung des Elektrizitätsrechts in Deutschland. Der Weg zum Energiewirtschaftsgesetz von 1935. 1997.

Band 158 Johannes Tradt: Der Religionsprozeß gegen den Zopfschulzen (1791-1799). Ein Beitrag zur protestantischen Lehrpflicht und Lehrzucht in Brandenburg-Preußen gegen Ende des 18. Jahrhunderts. 1997.

Band 159 Dietmar Olsen: Das kaufrechtliche Sachmängelgewährleistungsrecht des Code civil in der Rechtsprechung deutscher Gerichte im 19. Jahrhundert. Ein Beitrag zur Ablösung der Partikularrechte durch das BGB. 1997.

Band 160 Ulrich Bernhardt: Die Deutsche Akademie für Staats- und Rechtswissenschaft „Walter Ulbricht" 1948-1971. 1997.

Band 161 Claudia Susan Hoppe: Die Bürgschaft im Rechtsleben Hamburgs von 1600 bis 1900. 1997.

Band 162 Franz-Rudolf Ecker: Die Entwicklung des Bergrechts im Saarbrücker Steinkohlenrevier bis zum Ende des 18. Jahrhunderts. Ein Vergleich mit dem älteren deutschen Bergrecht. 1997.

Band 163 Anne Katrin Rückert: Politik und Privatrecht in der „konservativen Revolution". 1997.

Band 164 Gisbert Laube: Der Reichskunstwart. Geschichte einer Kulturbehörde 1919-1933. 1997.

Band 165 Nicolas Lührig: Die Diskussion über die Reform der Juristenausbildung von 1945 bis 1995. 1997.

Band 166 Regula Gerber Jenni: Die Emanzipation der mehrjährigen Frauenzimmer. Frauen im bernischen Privatrecht des 19. Jahrhunderts. 1997.

Band 167 Mischa A. Färber: Das gemeinschaftliche Testament in der höchstrichterlichen Rechtsprechung zum Allgemeinen Preußischen Landrecht und zum BGB. Ein Beitrag zur Ablösung der Partikularrechte durch das BGB. 1997.

Band 168 Catherine Antoinette Gasser: Philipp Lotmar 1850-1922. Professor der Universität Bern. Sein Engagement für das Schweizerische Arbeitsrecht. 1997.

Band 169 Lars Immisch: Der sozialistische Richter in der DDR und seine Unabhängigkeit. Der Versuch eines Rechtsvergleiches zum Unabhängigkeitsbegriff in der bundesdeutschen Rechtsordnung. 1997.

Band 170 Jessica Jacobi: Besitzschutz vor dem Reichskammergericht. Die friedenssichernde Funktion der Besitzschutzklagen am Reichskammergericht im 16. Jahrhundert, dargestellt anhand von Kameralisten. 1998.

Band 171 Ewald Hügemann: Die Geschichte des öffentlichen und privaten Mietpreisrechts vom Ersten Weltkrieg bis zum Gesetz zur Regelung der Miethöhe von 1974. 1998.

Band 172 Lutz Rentzow: Die Entstehungs- und Wirkungsgeschichte der Vernewerten Landesordnung für das Königreich Böhmen von 1627. 1998.

Band 173 Sabine Stürmer: Mühlenrecht im Herzogtum Pfalz-Zweibrücken während des 18. Jahrhunderts. Ein Beitrag zum Wirtschaftsrecht eines deutschen Kleinstaates im Alten Reich. 1998.

Band 174 Mario Bogisch: *Nemo testis in re sua.* Das Problem der Zeugnisfähigkeit bei der Anwendung der deutschen Zivilprozeßordnung von 1877. 1998.

Band 175 Rainer Oßwald: Pactane sunt servanda? Freiwilligkeit, Zwang und Unverbindlichkeitserklärungen im islamischen Vertragsrecht malikitischer Schule. 1998.

Band 176 Bettina Kern: Der preußische BGB-Entwurf von 1842. 1998.

Band 177 Inken Fuhrmann: Die Diskussion über die Einführung der fakultativen Zivilehe in Deutschland und Österreich seit Mitte des 19. Jahrhunderts. 1998.

Band 178 Annette Rieck: Der Heilige Ivo von Hélory (1247-1303). Advocatus pauperum und Patron der Juristen. 1998.

Band 179 Frank Bottenberg: Die Hamburgische Strafprozeßordnung von 1869. 1998.

Band 180 Matthias Krauß: Das kursächsische Postrecht von seinen Anfängen bis zum Ende des Alten Reichs. 1998.

Band 181 Torsten Schmidt: Die Entmündigung von den Anfängen des BGB bis zu ihrer Ablösung durch das Institut der Betreuung. 1998.

Band 182 Christian Nunn: Rudolf Müller-Erzbach. 1874-1959. Von der realen Methode über die Interessenjurisprudenz zum kausalen Rechtsdenken (Leben und Werk). 1998.

Band 183 Christian Ortloff: Das staatskirchenrechtliche System Wilhelm Traugott Krugs. Glaubens- und Gewissensfreiheit – eine Forderung der Vernunft. 1998.

Band 184 Christian Hattenhauer: Schuldenregulierung nach dem Westfälischen Frieden. Der sog. § *de indaganda* und seine Umsetzung im Jüngsten Reichsabschied (AD 1648 und 1654). 1998.

Band 185 Werner Schubert: Preußen im Vormärz. Die Verhandlungen der Provinziallandtage von Brandenburg, Pommern, Posen, Sachsen und Schlesien sowie – im Anhang – von Ostpreußen, Westfalen und der Rheinprovinz (1841-1845). 1998.

Band 186 Silvia Schumacher: Das Rechtsverhältnis zwischen Eltern und Kindern in der Privatrechtsgeschichte. 1999.

Band 187 Kai Sommer: Die Strafbarkeit der Homosexualität von der Kaiserzeit bis zum Nationalsozialismus. Eine Analyse der Straftatbestände im Strafgesetzbuch und in den Reformentwürfen (1871-1945). 1998.

Band 188 Jan Erik Backhaus: Volksrichterkarrieren in der DDR. 1999.

Band 189 Ralf Ruhnau: Die Fürstlich Thurn und Taxissche Privatgerichtsbarkeit in Regensburg. Ein Kuriosum der deutschen Rechtsgeschichte. 1999.

Band 190 Antonio Grilli: Die französische Justizorganisation am linken Rheinufer 1797-1803. 1999.

Band 191 Stephanie Kammerloher-Lis: Die Entstehung des Gesetzes über die religiöse Kindererziehung vom 15. Juli 1921. 1999.

Band 192 Jan Telp: Ausmerzung und Verrat. Zur Diskussion um Strafzwecke und Verbrechensbegriffe im Dritten Reich. 1999.

Band 193 Kurt von Pannwitz: Die Entstehung der Allgemeinen Deutschen Wechselordnung. Ein Beitrag zur Geschichte der Vereinheitlichung des deutschen Zivilrechts im 19. Jahrhundert. 1999.

Band 194 Sylvia Busch: Die Entstehung der Allgemeinen Gerichtsordnung für die Preussischen Staaten von 1793/95. Ein Beitrag zur Geschichte der Kodifikationsbewegung und der Reform des Zivilprozesses in Preußen im 18. Jahrhundert. 1999.

Band 195 Dirk Bieresborn: Klage und Klageerwiderung im deutschen und englischen Zivilprozeß. Eine rechtshistorische und rechtsvergleichende Untersuchung unter besonderer Berücksichtigung der Beeinflussung durch das römisch-kanonische Verfahren. 1999.

Band 196 Andreas Thier / Guido Pfeifer / Philipp Grzimek (Hrsg.): Kontinuitäten und Zäsuren in der Europäischen Rechtsgeschichte. Europäisches Forum Junger Rechtshistorikerinnen und Rechtshistoriker München 22.-24. Juli 1998. 1999.

Band 197 Franz Smola: Die Fürstlich Liechtenstein'sche Kunstsammlung. Rechtsfragen zur Verbringung der Sammlung von Wien nach Vaduz in den Jahren 1944/45. 1999.

Band 198 Frank Martin Krauss: Das geteilte Eigentum im 19. und 20. Jahrhundert. Eine Untersuchung zum Fortbestand des Teilungsgedankens. 1999.

Band 199 Matthias Frey: Die spanische Aktiengesellschaft im 18. Jahrhundert und unter dem Código de Comercio von 1829. 1999.

Band 200 Alexandra Gilde: Die Stellung der Frau im Reichsstrafgesetzbuch von 1870/71 und in den Reformentwürfen bis 1919 im Urteil der bürgerlichen Frauenbewegung. Eine Analyse ausgewählter Straftatbestände. 1999.

Band 201 Malte Dießelhorst / Arne Duncker: Hans Kohlhase. Die Geschichte einer Fehde in Sachsen und Brandenburg zur Zeit der Reformation. 1999.

Band 202 Jörg Hillmann: Territorialrechtliche Auseinandersetzungen der Herzöge von Sachsen-Lauenburg vor dem Reichskammergericht im 16. Jahrhundert. 1999.

Band 203 Carsten Engler: Die Kommanditgesellschaft (KG) und die stille Gesellschaft im Allgemeinen Deutschen Handelsgesetzbuch (ADHGB) von 1861. 1999.

Band 204 Vesta Hoffmann-Steudner: Die Rechtsprechung des Reichsgerichts zu dem Scheidungsgrund des § 49 EheG (EheG 1938) in den Jahren 1938-1945. 1999.

Band 205 Michaela Thiele: Die Auflösung von Arbeitsverhältnissen aufgrund Anfechtung und außerordentlicher Kündigung nach der Rechtsprechung des Reichsarbeitsgerichts (1927-1945). 2000.

Band 206 Peter Landau / Hermann Nehlsen / Mathias Schmoeckel (Hrsg.): Karl von Amira zum Gedächtnis. 1999.

Band 207 Marcus Flinder: Die Entstehungsgeschichte des Zivilgesetzbuches der DDR. 1999.

Band 208 Boris Franz Leo Bromm: Die Entstehungsgeschichte des Berufs des Handelsvertreters. Unter besonderer Berücksichtigung der Sozialgesetzgebung in den Jahren von 1871-1933. 2000.

Band 209 Winfried C. J. Eberstein: Das Tierschutzrecht in Deutschland bis zum Erlaß des Reichs-Tierschutzgesetzes vom 24. November 1933. Unter Berücksichtigung der Entwicklung in England. 1999.

Band 210 Patrick Deller: Der „nach dem Vertrage" vorausgesetzte Gebrauch (§ 459 Absatz 1 Satz 1 BGB). Eine kaufrechtliche Untersuchung unter Berücksichtigung rechtshistorischer wie rechtsvergleichender Grundlagen. 2000.

Band 211 Eckard Freiherr von Bodenhausen: Haftung des Geschäftsherrn für Verrichtungsgehilfen im Straßen- und Schienenverkehr. Eine Analyse der Entscheidungen des Reichsgerichts zu § 831 BGB (1900-1945). 2000.

Band 212 Birte Gast: Der Allgemeine Teil und das Schuldrecht des Bürgerlichen Gesetzbuchs im Urteil von Raymond Saleilles (1855-1912). 2000.

Band 213 Hansjörg Michael Huber: Koloniale Selbstverwaltung in Deutsch-Südwestafrika. Entstehung, Kodifizierung und Umsetzung. 2000.

Band 214 Ulf Björner: Die Verfassungsgerichtsbarkeit im Norddeutschen Bund und Deutschen Reich (1867-1918). Eine rechtshistorische Untersuchung über Gerichtsbarkeit im Spannungsfeld von Politik und Recht innerhalb der von Bismarck geschaffenen deutschen Bundesstaaten. 2000.

Band 215 Mathias Freiherr von Rosenberg: Friedrich Carl von Savigny (1779-1861) im Urteil seiner Zeit. 2000.

Band 216 Reinhard Binder-Krieglstein: Österreichisches Adelsrecht 1868-1918/19. Von der Ausgestaltung des Adelsrechts der cisleithanischen Reichshälfte bis zum Adelsaufhebungsgesetz der Republik unter besonderer Berücksichtigung des adeligen Namensrechts. 2000.

Band 217 Claudia-Regine Nerius: Johannes Lehmann-Hohenberg (1851-1925). Eine Studie zur völkischen Rechts- und Justizkritik im Deutschen Kaiserreich. 2000.

Band 218 Ludger Meuten: Die Erbfolgeordnung des Sachsenspiegels und des Magdeburger Rechts. Ein Beitrag zur Geschichte des sächsisch-magdeburgischen Rechts. 2000.

Band 219 Christoph Alexander von Wilcken: Die Reformbestrebungen zum Genossenschaftsgesetz in der Frühzeit der Bundesrepublik. Die Beratungen der Sachverständigenkommission zur Überprüfung des Genossenschaftsrechts 1954 bis 1958 und der Referentenentwurf von 1962. 2000.

Band 220 Verein Junger RechtshistorikerInnen Zürich (Hrsg.): ¿Rechtsgeschichte(n)? ¿Histoire(s) du droit? ¿Storia/storie del diritto? ¿Legal Histori(es)? Europäisches Forum Junger Rechtshistorikerinnen und Rechtshistoriker Zürich 28.-30. Mai 1999. 2000.

Band 221 Hans Christian Schüler: Die Entstehungsgeschichte der Bundesnotarordnung vom 24. Februar 1961. 2000.

Band 222 Nils-Eberhard Schramm: Die Vereinigung demokratischer Juristen (1949-1999). 2000.

Band 223 Silke Anke Torp: Das Rechtsverhältnis zwischen den Eltern und ihren Kindern. Dienstleistungspflicht, Aussteuer und Ausstattung. Eine Analyse der Rechtsprechung des Reichsgerichts und des Reichsarbeitsgerichts zu den Vorschriften der §§ 1616 bis 1625 des Bürgerlichen Gesetzbuches in der Zeit von 1900 bis 1945. 2000.

Band 224 Martin Jürgen Maaß: Die Geschichte des Eigentumsvorbehalts, insbesondere im 18. und 19. Jahrhundert. 2000.

Band 225 Stefanie Langer: Rechtswissenschaftliche Itinerarien. Lebenswege namhafter europäischer Juristen vom 11. bis zum 18. Jahrhundert. 2000.

Band 226 Ulrich Schmitz: Der Unterhaltsanspruch des nichtehelichen Kindes gegen seinen Erzeuger. Die rechtsgeschichtliche und dogmatische Entwicklung im deutschen Recht. 2000.

Band 227 Sebastian Günther: Friedrich Carl von Savigny als Grundherr. 2000.

Band 228 Henning Ibs: Hermann J. Held (1890-1963). Ein Kieler Gelehrtenleben in den Fängen der Zeitläufe. 2000.

Band 229 Matthias Rücker: Wirtschaftswerbung unter dem Nationalsozialismus. Rechtliche Ausgestaltung der Werbung und Tätigkeit des Werberats der deutschen Wirtschaft. 2000.

Band 230 Hendrik Sandmann: Die Entwicklung von Begriff und Inhalt des Wirtschaftsrechts durch die Rechtswissenschaft in der Weimarer Republik. 2000.

Band 231 Sibylle Müller: Gibt es Menschenrechte bei Samuel Pufendorf? 2000.

Band 232 Karin Olechowski-Hrdlicka: Die gemeinsamen Angelegenheiten der Österreichisch-Ungarischen Monarchie. Vorgeschichte – Ausgleich 1867 – Staatsrechtliche Kontroversen. 2001.

Band 233 Johannes Mierau: Die juristischen Abschluß- und Diplomprüfungen in der SBZ/DDR. Ein Einblick in die Juristenausbildung im Sozialismus. 2001.

Band 234 Jörg Wolff (Hrsg.): Stillstand, Erneuerung und Kontinuität. Einsprüche zur Preußenforschung. 2001.

Band 235 Friedo Schröder: Die anwaltliche Tätigkeit während der nationalsozialistischen Herrschaft. Eine Analyse der anwaltlichen Argumentation in Zivilprozessen anhand der vorhandenen Prozeßakten der Landgerichte Frankenthal, Wiesbaden, Limburg und Frankfurt und der Handakten der *jüdischen Konsulenten* des OLG-Bezirks Frankfurt. 2001.

Band 236 Der Code pénal des Königreichs Westphalen von 1813 mit dem Code pénal von 1810 im Original und in deutscher Übersetzung. Herausgegeben und mit einer Einleitung versehen von Werner Schubert. 2001.

Band 237 Klaus Richter: Deutsches Kolonialrecht in Ostafrika 1885-1891. 2001.

Band 238 Kai von Lewinski: Deutschrechtliche Systembildung im 19. Jahrhundert. 2001.

Band 239 Alexander Herzog: Sittenwidrige Rechtsgeschäfte in der höchstrichterlichen Rechtsprechung aus den Jahren 1948-1965. 2001.

Band 240 Claudia Rönnau: Die Beratungen des Wasserrechtsausschusses der Akademie für Deutsches Recht zu einem Reichswassergesetz (1934-1941). Ein Beitrag zur Dogmatik der Begriffe *Gemeingebrauch* und *Sondergebrauch* in der Zeit des Nationalsozialismus. 2001.

Band 241 Momme Rohlack: Kriegsgesellschaften (1914-1918). Arten, Rechtsformen und Funktionen in der Kriegswirtschaft des Ersten Weltkrieges. 2001.

Band 242 Rolf Geyer: Der Gedanke des Verbraucherschutzes im Reichsrecht des Kaiserreichs und der Weimarer Republik (1871-1933). Eine Studie zur Geschichte des Verbraucherrechts in Deutschland. 2001.

Band 243 Felix Lorenz Benjamin Lehmann: Der Rote Adlerorden. Entstehung und rechtliche Grundlagen (1705-1918). 2002.

Band 244 Marc Ludwig: Der Pfändungsschutz für Lohneinkommen. Die Entstehungs- und Entwicklungsgeschichte der Vorschriften zum Schutz vor Lohnpfändung in Deutschland. 2001.

Band 245 Alexander Wachter: Dorfschule zwischen Pastor und Schulmeister. Zur Säkularisierung des niederhessischen Schulwesens im 19. Jahrhundert. 2001.

Band 246 Richard Scholz: Analyse der Entstehungsbedingungen der reichsgerichtlichen Aufwertungsrechtsprechung. Untersuchung unter besonderer Berücksichtigung der konservativen Geldpolitik der Reichsbank und der Inflationspolitik der Reichsregierung. 2001.

Band 247 Judith Laeverenz: Märchen und Recht. Eine Darstellung verschiedener Ansätze zur Erfassung des rechtlichen Gehalts der Märchen. 2001.

Band 248 Christina Schenk: Bestrebungen zur einheitlichen Regelung des Strafvollzugs in Deutschland von 1870 bis 1923. 2001.

Band 249 Nils Werner: Die Prozesse gegen die Landvolkbewegung in Schleswig-Holstein 1929/32. Ein Beitrag zur Justizkritik in der späten Weimarer Republik. 2001.

Band 250 Wolfgang Walter: Das Duell in Bayern. Ein Beitrag zur bayerischen Strafrechtsgeschichte. 2002.

Band 251 Jörn Eckert / Kjell Å. Modéer (Hrsg.): Geschichte und Perspektiven des Rechts im Ostseeraum. Erster Rechtshistorikertag im Ostseeraum 8.–12. März 2000. 2001.

Band 252 Jan Könighaus: Die Inauguration der Christian-Albrechts-Universität zu Kiel 1665. Symbolgehalt und rechtliche Bedeutung des Universitätszeremoniells. 2002.

Band 253 Andreas Görgen: Rechtssprache in der Frühen Neuzeit. Eine vergleichende Untersuchung der Fremdwortverwendung in Gesetzen des 16. und 17. Jahrhunderts. 2002.

Band 254 Ralf Schäfer: Die Rechtsstellung der Haigerlocher Juden im Fürstentum Hohenzollern-Sigmaringen von 1634-1850. Eine rechtsgeschichtliche Untersuchung. 2002.

Band 255 Regine Schmalhorst: Die Tierhalterhaftung im BGB von 1896. Die Entstehung und Änderung des § 833 BGB sowie eine Analyse der Rechtsprechung des Reichsgerichts bis 1908. 2002.

Band 256 Thomas Hense: Konrad Beyerle. Sein Wirken für Wissenschaft und Politik in Kaiserreich und Weimarer Republik. 2002.

Band 257 Christian Mahlmann: Die Strafrechtswissenschaft der DDR. Klassenkampftheorie und Verbrechenslehre. 2002.

Band 258 Henning Kahmann: Die Bankiers von Jacquier & Securius 1933–1945. Eine rechtshistorische Fallstudie zur "Arisierung" eines Berliner Bankhauses. Mit einem Geleitwort von John Kornblum. 2002.

Band 259 Volker Friedrich Drecktrah: Die Gerichtsbarkeit in den Herzogtümern Bremen und Verden und in der preußischen Landdrostei Stade von 1715 bis 1879. 2002.

Band 260 Andreas Klass: Standes- oder Leistungselite? Eine Untersuchung der Karrieren der Wetzlarer Anwälte des Reichskammergerichts (1693-1806). 2002.

Band 261 Wolfgang Eder: Das italienische Tribunale Speciale per la Difesa dello Stato und der deutsche Volksgerichtshof. Ein Vergleich zwischen zwei politischen Gerichtshöfen. 2002.

Band 262 Albrecht Cordes / Bernd Kannowski (Hrsg.): Rechtsbegriffe im Mittelalter. 2002.

Band 263 Thomas Hildebrandt: Die Brandenburgischen Provinziallandtage von 1841, 1843, und 1845 anhand ausgewählter Verhandlungsgegenstände. 2002.

Band 264 Jan Finzel: Georg Adam Struve (1619-1692) als Zivilrechtler. 2003.

Band 265 Björn Carsten Frenzel: Das Selbstverständis der Justiz nach 1945. Analyse der Rolle der Justiz unter Berücksichtigung der Reden zur *Wiedereröffnung* der Bundes- und Oberlandesgerichte. 2003.

Band 266 Nils Reichhelm: Die marxistisch-leninistische Staats- und Rechtstheorie Karl Polaks. 2003.

Band 267 Raik Schneider: Altrechtliche Personenzusammenschlüsse. Ihre Entwicklung unter besonderer Berücksichtigung des Rechts des Großherzogtums Sachsen-Weimar-Eisenach sowie der Herzogtümer Sachsen-Meiningen und Sachsen-Gotha. 2003.

Band 268 Anke Meier: Die Geschichte des deutschen Konkursrechts, insbesondere die Entstehung der Reichskonkursordnung von 1877. 2003.

Band 269 Stefan Jens Jordan: Leben und Werk des Tübinger Rechtsprofessors Wilhelm Gottlieb Tafinger 1760-1813. 2003.

Band 270 Stefanie Hubig: Die historische Entwicklung des § 23 ZPO. Zum Ursprung und Fortleben des Vermögensgerichtsstandes im deutschen Prozeßrecht des 19. Jahrhunderts. 2003.

Band 271 Michael G. Perband: Der Grundsatz der freien Beweiswürdigung im Zivilprozeß (§ 286 ZPO) in der Rechtsprechung des Reichsgerichts. 2003.

Band 272 Mathias Bouveret: Die Stellung des Staatsoberhauptes in der parlamentarischen Diskussion und Staatsrechtslehre von 1848 bis 1918. 2003.

Band 273 Barbara Széchényi: Rechtliche Grundlagen bayerischer Zensur im 19. Jahrhundert. 2003.

Band 274 Sylvia Scharfenberg: Die Entstehungsgeschichte des Beurkundungsgesetzes vom 28. August 1969. 2003.

Band 275 Urte Nesemann: Die schwedische Familiengesetzgebung von 1734 bis zu den Reformgesetzen von 1915 bis 1920 und deren Einfluss auf die Gesetzgebungsprojekte der Weimarer Republik. Unter besonderer Berücksichtigung der Rechtsstellung der Frau und des unehelichen Kindes. 2003.

Band 276 Alexandra Brück: Die Polizeiordnung Herzog Christians von Braunschweig-Lüneburg vom 6. Oktober 1618. 2003.

Band 277 Torsten Landwehr: Das Kommissionsgeschäft in Rechtswissenschaft, Gesetzgebung und Rechtspraxis vom 16. bis zum Ende des 18. Jahrhunderts. 2003.

Band 278 Tassilo Wilhelm Maria Englert: Deutsche und italienische Zivilrechtsgesetzgebung von 1933–1945. Parallelen in der Rechtsetzung und gegenseitige Beeinflussung unter besonderer Berücksichtigung des Familien- und Erbrechts. 2003.

Band 279 Tobias Prang: Der Schutz der Versicherungsnehmer bei der Auslegung von Versicherungsbedingungen durch das Reichsgericht. 2003.

Band 280 Thorsten Lieb: Privileg und Verwaltungsakt. Handlungsformen der öffentlichen Gewalt im 18. und 19. Jahrhundert. 2004.

Band 281 Michael Rühling: Das Ladenschlussgesetz vom 28. November 1956. Vorgeschichte, Entstehung des Gesetzes und weitere Entwicklung. 2004.

Band 282 Kathrin Nawotki: Die schleswigsche Deichstavengerechtigkeit. Vom 17. Jahrundert bis in die Gegenwart. Eine gewohnheitsrechtliche Superfizies an nordfriesischen Deichgrundstücken und ihre Entwicklung. 2004.

Band 283 Erik Nils Voigt: Die Gesetzgebungsgeschichte der militärischen Ehrenstrafen und der Offiziersehrengerichtsbarkeit im preußischen und deutschen Heer von 1806 bis 1918. 2004.

Band 284 Dorothea Riedi Hunold: Die Einführung der allgemeinen Wechselfähigkeit in der Schweiz in der zweiten Hälfte des 19. Jahrhunderts. Unter besonderer Berücksichtigung der politischen, wirtschaftlichen und sozialen Verhältnisse. 2004.

Band 285 Thomas Gergen: Pratique juridique de la paix et trêve de Dieu à partir du concile de Charroux (989–1250). Juristische Praxis der Pax und Treuga Dei ausgehend vom Konzil von Charroux (989–1250). 2004.

Band 286 Kathrin Bethkenhagen: Die Entwicklung des Luftrechts bis zum Luftverkehrsgesetz von 1922. 2004.

Band 287 Heiko Lüpkes: *Die Verbrechen der Diener des Staats im Allgemeinen Landrecht für die Preußischen Staaten von 1794 und ihre Entwicklung zu den Vergehen und Verbrechen im Amte im Strafgesetzbuch für die Preußischen Staaten von 1851.* 2004.

Band 288 Mirco Peter Hirsch: Von der Erbbescheinigung des Preußischen Rechts zum Erbschein des Bürgerlichen Gesetzbuchs. 2004.

Band 289 Bettina Günther: Die Behandlung der Sittlichkeitsdelikte in den Policeyordnungen und der Spruchpraxis der Reichsstädte Frankfurt am Main und Nürnberg im 15. bis 17. Jahrhundert. 2004.

Band 290 Seunghyeon Seong: Der Begriff der *nicht gehörigen Erfüllung* aus dogmengeschichtlicher und rechtsvergleichender Sicht. 2004.

Band 291 Steffen-Werner Meyer: Bemühungen um ein Reichsgesetz gegen den Büchernachdruck. Anläßlich der Wahlkapitulation Leopolds II. aus dem Jahre 1790. 2004.

Band 292 Ulrich Löffler: Instrumentalisierte Vergangenheit? Die nationalsozialistische Vergangenheit als Argumentationsfigur in der Rechtsprechung des Bundesverfassungsgerichts. 2004.

Band 293 Norbert Koch: Die Entwicklung des deutschen privaten Immissionsschutzrechts seit Beginn der Industrialisierung. Unter besonderer Berücksichtigung des Einflusses der höchstrichterlichen Rechtsprechung. 2004.

Band 294 Julius Ludwig Pfeiffer: Das Tierschutzgesetz vom 24. Juli 1972. Die Geschichte des deutschen Tierschutzrechts von 1950 bis 1972. 2004.

Band 295 Bert-Hagen Strodthoff: Die richterliche Frage- und Erörterungspflicht im deutschen Zivilprozeß in historischer Perspektive. 2004.

Band 296 Tim Kannewurf: Die Höfeordnung vom 24. April 1947. Entstehungsgeschichte und Einordnung in die Entwicklung des Anerbenrechts. 2004.

Band 297 Steffi Heine: Die Methodendiskussion nach Inkrafttreten des Bürgerlichen Gesetzbuches und die Gründung des Vereins *Recht und Wirtschaft.* 2004.

Band 298 Anne Marlene Simon-Holtorf: Geschichte des Familienwahlrechts in Frankreich (1871 bis 1945). 2004.

Band 299 Jürgen Busch: Das Germanenbild der deutschen Rechtsgeschichte. Zwischen Wissenschaft und Ideologie. Mit einem Vorwort von Herwig Wolfram. 2004.

Band 300 Jan Kohlmann: Der Marsch zu den Gräbern von Karl und Rosa. Geschichte eines Gedenktages. 2004.

Band 301 Christian Rainer Schlicht: Die kumulative Schuldübernahme in der Rechtsprechung des Reichsgerichts und in der zeitgenössischen Literatur. 2004.

Band 302 Hans Peter Glöckner: Positive Vertragsverletzung. Die Geburt eines Rechtsinstituts. 2006.

Band 303 João Manuel Azevedo Alexandrino Fernandes: Die Theorie der Interpretation des Gesetzes bei Francisco Suárez. 2005.

Band 304 René Funk: Die Wahlprüfung der volksgewählten Abgeordneten der Volksvertretungen im Frühkonstitutionalismus. Eine Untersuchung der Wahlprüfung in den Kammern der Abgeordneten des Großherzogtums Baden, des Königreichs Württemberg und des Großherzogtums Hessen. 2005.

Band 305 Carolin O'Sullivan. Die Ahndung von Rechtsbrüchen der Seeleute im mittelalterlichen hamburgischen und hansischen Seerecht (1301–1482). 2005.

Band 306 Martin Jürgens: Staat und Reich bei Ernst Rudolf Huber. Sein Leben und Werk bis 1945 aus rechtsgeschichtlicher Sicht. 2005.

Band 307 Florian G. Dürselen: Franz Beyerle (1885–1977). Leben, Ära und Werk eines Rechtshistorikers. 2005.

Band 308 Kai Bandilla: Urheberrecht im Kaiserreich. Der Weg zum Gesetz betreffend das Urheberrecht an Werken der Literatur und Tonkunst vom 19. Juni 1901. 2005.

Band 309 Stefan Mieth: Die Entwicklung des Denkmalrechts in Preußen 1701–1947. 2005.

Band 310 Catharina Lodemann: Die Geschichte des französischen *acte de gouvernement*. 2005.

Band 311 Christina Wicke: Kodifikationsbestrebungen und Wissenschaft in Hessen-Darmstadt im vorkonstitutionellen Zeitalter. Zu der Beteiligung der Gießener Rechtsprofessoren an den Gesetzgebungsarbeiten in Hessen-Darmstadt in der Zeit zwischen 1769 und 1820. 2005.

Band 312 Christiane Chlosta: Nur dem Gesetz unterworfen? Eine rechtsgeschichtliche Untersuchung zu Idee und Wirklichkeit richterlicher Gesetzestreue unter besonderer Berücksichtigung der Aufwertungsrechtsprechung und des richterlichen Prüfungsrechts. 2005.

Band 313 Kathrin Dirr: Hoheitsrechtliche Streitigkeiten zwischen den Kölner Erzbischöfen und der Stadt Köln auf Grundlage reichskammergerichtlicher Verfahren des 16. und 17. Jahrhunderts. 2005.

Band 314 Michael Racky: Die Diskussion über Gewaltenteilung und Gewaltentrennung im Vormärz. 2005.

Band 315 Petra Thiemrodt: Die Entstehung des Staatshaftungsgesetzes der DDR. Eine Untersuchung auf der Grundlage von Materialien der DDR-Gesetzgebungsorgane mit zeitgeschichtlichen Bezügen. 2005.

Band 316 Julius F. Reiter: Entstehung und staatsrechtliche Theorie der italienischen *Carta del Lavoro*. 2005.

Band 317 André Book: Die Justizreform in der Frühzeit der Bundesrepublik. Die Beratungen der Kommission zur Vorbereitung einer Reform der Zivilgerichtsbarkeit in den Jahren 1955 bis 1961. 2005.

Band 318 Frank Zentz: Das amerikanische Strafverfahren als Element der Besatzungspolitik in Deutschland. Erziehung zur Demokratie durch den *Court of Appeals* 1948–1955. 2005.

Band 319 Friederike Quaisser: Mietrecht im 19. Jahrhundert. Ein Vergleich der mietrechtlichen Konzeptionen im Allgemeinen Landrecht für die Preußischen Staaten von 1794 und dem gemeinen Recht. 2005.

Band 320 Stefan Burghard: Professor Dr. Wilhelm Kahl – Leben zwischen Wissenschaft und Politik. 2005.

Band 321 Günter Baranowski: Die *Russkaja Pravda* – ein mittelalterliches Rechtsdenkmal. 2005.

Band 322 Christina Schneider: Die SS und „das Recht". Eine Untersuchung anhand ausgewählter Beispiele. 2005.

Band 323 Werner Schubert (Hrsg.): Zivilprozessreform in der Weimarer Zeit. Quellen zur Emminger-Zivilprozessverordnung vom 13.2.1924 und zu den Arbeiten der Zivilprozesskommission des Reichsjustizministeriums (1922–1930). Eingeleitet und herausgegeben von Werner Schubert. 2005.

Band 324 Felix Gaul: Der Jurist Rudolf Isay (1886–1956). Ein verantwortungsbewusster Vermittler im Spannungsfeld zwischen dynamischer Rechtsschöpfung, ökonomischem Wandel und technischem Fortschritt. 2005.

Band 325 Konstanze Braun: Dr. Otto Georg Thierack (1889–1946). 2005.

Band 326 Eckart Klein / Stefan Chr. Saar / Carola Schulze (Hrsg.): Zwischen Rechtsstaat und Diktatur. Deutsche Juristen im 20. Jahrhundert. 2006.

Band 327 Stefan Botor: Das *Berliner Sühneverfahren* – Die letzte Phase der Entnazifizierung. 2006.

Band 328 Andreas Köhler: Die Sorgerechtsregelungen bei Ehescheidung seit 1945. Scheidungsstrafe und verordnete Gemeinsamkeit. 2006

Band 329 Lars Düwel: Die Nichtigkeit und Anfechtbarkeit der Ehe in der Rechtsprechung des Reichsgerichts zwischen 1900 und 1945. 2006.

Band 330 Katalin Polgar: Das Oberappellationsgericht der vier freien Städte Deutschlands (1820–1879) und seine Richterpersönlichkeiten. 2007.

Band 331 Julia Schweitzer: Schiffer und Schiffsmann in den Rôles d'Oléron und im Llibre del Consolat de Mar. Ein Vergleich zweier mittelalterlicher Seerechtsquellen. 2007.

Band 332 Diana-Catharina Kurtz: Das Institut der Adoption im preußischen Allgemeinen Landrecht und im französischen Code civil zwischen Rezeption römisch-rechtlicher Prinzipien und verändertem Familienverständnis. 2006.

Band 333 Dino Joakim Duderstadt: Spiel, Wette und Differenzgeschäft (§§ 762–764 BGB) in der Rechtsprechung des Reichsgerichts und in der zeitgenössischen Literatur. 2007.

Band 334 Ronald Hoffmann: Die Domänenfrage in Thüringen. Über die vermögensrechtlichen Auseinandersetzungen mit den ehemaligen Landesherren in Thüringen nach dem Ersten Weltkrieg. 2006.

Band 335 Joachim Windmüller: *Ohne Zwang kann der Humanismus nicht existieren...* – „Asoziale" in der DDR. 2006.

Band 336 Sven Christian Gläser: Die Mediatisierung der Grafschaft Wertheim. Der juristische Kampf eines kleinen Reichsstandes gegen den Verlust der Landesherrschaft und seine Folgen. 2006.

Band 337 Benjamin Schleyer: Friedrich Wilhelm Bornemann (1798–1864). Eine Juristenkarriere im Preußen des 19. Jahrhunderts. 2006.

Band 338 Die Reform des Ehescheidungsrechts von 1976. Quellen zum Ersten Gesetz vom 14.6.1976 zur Reform des Ehe- und Familienrechts (Parlamentarische Ausschussprotokolle – Anglikanische Denkschrift von 1966 zur Scheidungsrechtsreform – Schlussabstimmung 1969 in der Eherechtskommission des Bundesministeriums der Justiz). Eingeleitet und herausgegeben von Werner Schubert. 2006.

Band 339 Andreas Feld: Das Bayerische Gesetz zum Schutz des Eigentums an Erzeugnissen der Literatur und Kunst gegen Nachdruck vom 15.04.1840. Vorgeschichte und Zustandekommen. 2007.

Band 340 Bernd Wörner: Adelbert Düringers Einfluß als Richter am Reichsgericht in Leipzig auf dem Gebiet des Personengesellschaftsrechts. 2007.

Band 341 Jan Jelle Kähler: Französisches Zivilrecht und französische Justizverfassung in den Hansestädten Hamburg, Lübeck und Bremen (1806–1815). 2007.

Band 342 Jörn Eckert / Pia Letto-Vanamo / Kjell Å. Modéer (Hrsg.): Juristen im Ostseeraum. Dritter Rechtshistorikertag im Ostseeraum 20.–22. Mai 2004. 2007.

Band 343 Ferdinand von Weyhe: A.E. Wassermann. Eine rechtshistorische Fallstudie zur „Arisierung" zweier Privatbanken. 2007.

Band 344 Martin Klaus Römermann: Kündigungen und Kündigungsschutz im Franquismus. 2007.

Band 345 Thomas Hoffmann: Der Landrechtsentwurf David Hilchens von 1599. Ein livländisches Rechtszeugnis polnischer Herrschaft. 2007.

Band 346 Ingo Ullmann: Die rechtliche Behandlung holsteinischer Leibeigener um die Mitte des 18. Jahrhunderts. Dargestellt unter besonderer Berücksichtigung der Schmoeler Leibeigenschaftsprozesse von 1738 bis 1743 sowie von 1767 bis 1777. 2007.

Band 347 Petra Fischer-Langosch: Die Entstehungsgeschichte des Familiengesetzbuches der DDR von 1965. 2007.

Band 348 Lasse O. Johannsen: Die rechtliche Behandlung ausreisewilliger Staatsbürger in der DDR. 2007.

Band 349 Ralf Schlottau: Deutsche Kolonialrechtspflege. Strafrecht und Strafmacht in den deutschen Schutzgebieten 1884 bis 1914. 2007.

Band 350 Hartwig Brandt / Ewald Grothe (Hrsg.): Rheinbündischer Konstitutionalismus. 2007.

Band 351 Nora Lutze: Der Verwandtenunterhalt nach den §§ 1601 bis 1603 und §§ 1610 bis 1612 BGB in der Rechtsprechung des Reichsgerichts. Unter Berücksichtigung der Entstehung des BGB. 2007.

Band 352 Frank Thiäner: Das Verhältnis von Aufsichtsrat und Abschlussprüfern in der rechtshistorischen Entwicklung bis 1937. 2007.

Band 353 Britta Heymann: Ernst Melsheimer (1897–1960). Eine juristische Karriere in verschiedenen staatlichen Systemen. Mitarbeiter im Preußischen Justizministerium in der Weimarer Republik, im Justizministerium Preußens und des Reiches sowie Richter am Kammergericht in der NS-Zeit und Erster Generalstaatsanwalt der Deutschen Demokratischen Republik. 2007.

Band 354 Susanne Adlberger: Wilhelm Kisch – Leben und Wirken (1874–1952). Von der Kaiser-Wilhelms-Universität Straßburg bis zur nationalsozialistischen Akademie für Deutsches Recht. 2007.

Band 355 Moritz Waibel: Josef Berchtold (1833–1894). Ein Leben gegen den Ultramontanismus. 2007.

Band 356 Aline Levin: Erinnerung? Verantwortung? Zukunft? Die Beweggründe für die gemeinsame Entschädigung durch den deutschen Staat und die deutsche Industrie für historisches Unrecht. 2007.

Band 357 Ferdinand Krause: Die hergebrachten Grundsätze des Berufsbeamtentums. Eine rechtshistorische Analyse. 2008.

Band 358 André Tiebel: Die Entstehung der Schutztruppengesetze für die deutschen Schutzgebiete Deutsch-Ostafrika, Deutsch-Südwestafrika und Kamerun (1884–1898). 2008.

Band 359 Holger Ruff: Sittenwidrige Rechtsgeschäfte in der späten Kaiserzeit. Die Entwicklung der reichsgerichtlichen Rechtsprechung zu § 138 BGB von 1900 bis 1914. 2007.

Band 360 Frank Rohrer: Strafjustiz im Dritten Reich und in der SBZ/DDR. Die personelle und organisatorische Neuordnung des Justizapparates in den totalitären Diktaturen (1933–1955) mit ihren Auswirkungen auf die Rechtsprechung zum politischen Strafrecht. 2007.

Band 361 Hans-Georg Knothe / Marc Liebmann (Hrsg.): Gerichtskultur im Ostseeraum. Vierter Rechtshistorikertag im Ostseeraum. 18.–20. Mai 2006 in Greifswald. 2007.

Band 362 Christina Meß: Das Vertragsrecht bei Adam Smith. 2008.

Band 363 Quellen zur dänischen Rechts- und Verfassungsgeschichte (12.–20. Jahrhundert). Herausgegeben von Ditlev Tamm, Werner Schubert und Jens Ulf Jørgensen. 2008.

Band 364 Günter Baranowski: Die Gerichtsurkunde von Pskov. 2008.

Band 365 Mark Spengler: Die Entstehung des Scheckgesetzes vom 11. März 1908. 2008.

Band 366 Ivan Biliarsky / Radu G. Păun (eds./éds.): The Biblical Models of Power and Law. Les modèles bibliques du pouvoir et du droit. Papers of the International Conference, Bucharest, New Europe College 2005. Actes du colloque international, Bucarest, New Europe College 2005. 2008.

Band 367 Thomas A. Roth: Ausgestaltungen der Rechtsfähigkeit im 19. und 20. Jahrhundert. Zur Rechtspersönlichkeit natürlicher Personen in den bedeutenden deutschen Zivilrechtsordnungen. 2008.

Band 368 Björn Alexander Rautenberg: Der Fiskal am Reichskammergericht. Überblick und exemplarische Untersuchungen vorwiegend zum 16. Jahrhundert. 2008.

Band 369 Thorsten Miederhoff: *Man erspare es mir, mein Juristenherz auszuschütten.* Dr. iur. Kurt Tucholsky (1890–1935). Sein juristischer Werdegang und seine Auseinandersetzung mit der Weimarer Strafrechtsreformdebatte am Beispiel der Rechtsprechung durch Laienrichter. 2008.

Band 370 Philipp Nordloh: Kölner Zunftprozesse vor dem Reichskammergericht. 2008.

Band 371 Judith Freund: Die Wechselverpflichtung im 19. Jahrhundert. 2008.

Band 372 Hans-Michael Empell: Gutenberg vor Gericht. Der Mainzer Prozess um die erste gedruckte Bibel. 2008.

Band 373 Rainer Schröder: Die DDR-Ziviljustiz im Gespräch – 26 Zeitzeugeninterviews. 2008.

Band 374 Christian Neschwara: Die Lebenserinnerungen eines österreichischen Juristen aus der Zeit des Vormärz. „Selbstbiographische Skizzen" des Freiherrn Karl Josef Pratobevera (1769–1853) herausgegeben aus dem Familienarchiv. 2008.

Band 375 Stefan Ullrich: Untersuchungen zum Einfluss des lübischen Rechts auf die Rechte von Bergen, Stockholm und Visby. 2008.

Band 376 Johanna Gertrude Schmitzberger: Das nationalsozialistische Nebenstrafrecht 1933 bis 1945. 2008.

Band 377 Christian Brom: Urteilsbegründungen im „Hoge Raad van Holland, Zeeland en West-Friesland" am Beispiel des Kaufrechts im Zeitraum 1704–1787. 2008.

www.peterlang.de

Peter Lang · Internationaler Verlag der Wissenschaften

Viola Heutger

Ein gemeineuropäisches Kaufrecht

Vision oder nahe Zukunft?

Frankfurt am Main, Berlin, Bern, Bruxelles, New York, Oxford, Wien, 2007.
258 S.
Salzburger Studien zum Europäischen Privatrecht.
Herausgegeben von J. Michael Rainer. Bd. 22
ISBN 978-3-631-56576-6 · br. € 48.70*

Dieses Buch bietet eine Einführung in die Diskussion über ein europäisches Kaufrecht. Die Gesetzgebung zum Kaufrecht ist in Europa stark beeinflusst von internationalen Regeln und strengen Bestimmungen zum Verbraucherschutz. Ein europäisches Kaufrecht muss daher sowohl den Anforderungen des grenzüberschreitenden Handels entsprechen als auch den Verbraucher schützen. Die Europäische Kommission hat in verschiedenen Dokumenten unterschiedliche Optionen zur Harmonisierung des Kaufrechts innerhalb Europas ausgearbeitet, die in diesem Buch kommentiert werden. Die Arbeitsweisen der akademischen Studiengruppen zum europäischen Vertragsrecht werden vorgestellt und der Kaufrechtsentwurf der *Study Group on a European Civil Code* wird besprochen. Probleme bei der Vereinheitlichung des Kaufrechts, wie zum Beispiel sprachlicher oder ökonomischer Natur, werden behandelt.

Aus dem Inhalt: Europa und das Kaufrecht · Das europäische Privatrecht und das Kaufrecht · Rechtsharmonisierungsprojekte in Europa · Vision oder nahe Zukunft?

www.ingramcontent.com/pod-product-compliance
Ingram Content Group UK Ltd.
Pitfield, Milton Keynes, MK11 3LW, UK
UKHW021919290926
8980IPUK00015B/1359

9 783631 583180